壹卷
YE BOOK

让 思 想 流 动 起 来

文艺复兴经典书系

吴琼 主编

现代画家、雕塑家和建筑师传

[意]乔凡尼·彼得罗·贝洛里　著

吴忌　译

四川人民出版社

壹卷
YE BOOK

图书在版编目（ＣＩＰ）数据

现代画家、雕塑家和建筑师传/（意）乔凡尼·彼得
罗·贝洛里著；吴忌译 . — 成都：四川人民出版社，
2023.2
　（文艺复兴经典书系/吴琼主编）
　ISBN 978-7-220-12971-1

　Ⅰ.①现… Ⅱ.①乔… ②吴… Ⅲ.①画家—列传—
西方国家—现代②雕塑—艺术家—列传—西方国家—现代
③建筑师—列传—西方国家—现代 Ⅳ.① K815.7

中国版本图书馆 CIP 数据核字 (2022) 第 240052 号

XIANDAI HUAJIA、DIAOSUJIA HE JIANZHUSHI ZHUAN

现代画家、雕塑家和建筑师传

（意）乔凡尼·彼得罗·贝洛里　著

吴　忌　译

出 版 人	黄立新
策划统筹	王定宇　封　龙
责任编辑	王定宇　李隽薇
版式设计	戴雨虹
封面设计	李其飞
责任校对	吴　玥　林　泉
责任印制	周　奇
出版发行	四川人民出版社（成都三色路 238 号）
网　　址	http://www.scpph.com
E-mail	scrmcbs@sina.com
新浪微博	@ 四川人民出版社
微信公众号	四川人民出版社
发行部业务电话	（028）86361653　86361656
防盗版举报电话	（028）86361661
照　　排	成都木之雨文化传播有限公司
印　　刷	成都蜀通印务有限责任公司
成品尺寸	190mm × 260mm
插　　页	16
印　　张	36.25
字　　数	650千字
版　　次	2023 年 2 月第 1 版
印　　次	2023 年 2 月第 1 次印刷
书　　号	ISBN 978-7-220-12971-1
定　　价	168.00 元

目　录

译者说明

关于注释，此中译本的注释包括原注和译注，标示为"原注"的是英译本中赫尔穆特·沃尔所注，标示为"译注"的是此中译本的译者所注，以便对英译注释做适当的补充。如果没有特意标注，则该注释为沃尔所注。

关于人名翻译，此中译本主要参考的是新华通讯社译名室编的《世界人名翻译大辞典》（中国对外翻译出版公司 1993 年版）。有的人名在英译本中有不同的拼法，比如 Gian-Lorenzo Bernini 和 Gian Lorenzo Bernini，若参照《世界人名翻译大辞典》，则前者可译为"詹洛伦佐·贝尔尼尼"，后者可译为"吉安·洛伦佐·贝尔尼尼"，鉴于这两种拼法基本可以通用，以及全书人名译法统一原则，本书将其统一译为"吉安·洛伦佐·贝尔尼尼"。再比如，贝洛里的名字有两种拼法，即 Giovanni Pietro Bellori 和 Giovan Pietro Bellori，前者可译为"乔凡尼·彼得罗·贝洛里"，后者可译为"焦万·彼得罗·贝洛里"，鉴于 Giovan 是 Giovanni 的简称，本书采用"乔凡尼·彼得罗·贝洛里"这一译法。简言之，此中译本的人名翻译以英译本的人名拼写为准，综合考虑《世界人名翻译大辞典》和国内目前常用的译法，尽量做到同一个人名的译法全书统一。

关于地名翻译，较常见的地名采用国内目前常用的译法，不太常见的地名采用意译和音译相结合的译法，比如 Torre Annunziata 音译为"托雷安农齐亚塔"，palace of the Torre de la Parada 意译为"捕猎场宫殿"。

关于作品名称是否加书名号，为作品命名这一行为可视为当代博物馆和美术馆机制的产物，标志着对作品意义的解读和框定，它所代表的现代性观看并不存在于贝洛里的时代，所以在此中译本的正文部分，即贝洛里对作品的介绍和描述中，没有用书名号标示作品名称；而注释部分，即沃尔的加注中，按照目前的惯例为作品名称加上了书名号。

关于全书沃尔所作的原注中出现的信息不一致情况，尤其是人名拼写、人物生卒年等，有些地方随文作了标注。若有其他此类情况，敬请广大读者指正。

献 词

尊贵可敬的阁下：

　　受到您守护各类高贵的设计艺术的仁慈之心激励，我秉持着最谦卑的忠诚，向您献上《画家、雕塑家和建筑师传》。在作为一国之君、无上光荣的路易十四陛下的任命下，您监管的不仅是国家之伟业，还是国家之华彩，以提升各门学科研究。在您身上，高雅艺术认出了它们的保护者米西纳斯（Maecenas），绘画、雕塑和建筑找到了指引。您亲自将它们引向王座，使它们前途无量。[1]因此，您的威名传遍八方，我作为最忠诚的一员，同样对您抱有崇敬之情，并将这份敬意铭记在我写的这本书开头，此书是我呈给您的不朽献礼。在这本书中，您和知名艺术家们同享名誉，其中就有大名鼎鼎的尼古拉·普桑，这位著名画家使今日的法国拥有了足以自满的属于她的阿佩莱斯（Apelles）。[2]所以这本书首先去往友善的巴黎，那里是学术研究和艺术的庇护所，孕育出无数的有才之士。除了维护和平的勇武的帕拉斯，以及她的军事科学和先进武器，还有兴盛的图书馆、各个科学及文学学院。除此之外，还有绘画、雕塑和建筑这三类艺术的学院，以学者和大师、博学典范、用来激发潜能的竞赛奖励而闻名。但最能鼓励良好表现的是您的高贵风度，那些满心牵挂国家的人立志进入学院，才华横溢者将获得奖赏。让每一个有才华的人都攀上高峰吧，让他无须畏惧无常的命运，因为您已向美德和荣誉献上一座神殿。而慷慨无量的陛下在罗马成立了另一个学院，以教育法国年轻人绘画、雕塑和建筑艺术。[3]那些凯旋门、记功柱和卡比托利欧山正是关于这所学院之优越的出色例证和永久典范。[4]法兰西学院主管夏尔·埃拉尔[5]阁下鼓励我写下这篇献词，愿他将我引向风度高雅的您。我谦卑且忠诚地拜倒在您面前，恳请您将此书和我的效劳纳到您的庇护之下。我为您的福气安康而向上帝祈祷。

　　您最谦卑和忠诚的仆人

乔凡尼·彼得罗·贝洛里

── 注释 ────■

[1] 科尔贝（Colbert，1619—1683 年）于 1664 年被任命为法国建筑、艺术及制造厂主管。他重组并确立了路易十四于 1648 年成立的巴黎绘画和雕塑皇家学院（Royal Academy of Painting and Sculpture of Paris）的法令条规。

[2] 公元前 4 世纪的古希腊画家，亚历山大大帝的宫廷画师，以能以假乱真地描绘事物的画技受到古代文人们推崇（普林尼：《自然史》，35，79 - 97；琉善：《琉善文集：诽谤》，2 - 5）。

[3] 路易十四于 1666 年成立了罗马的法兰西学院。

[4] 贝洛里指的是提图斯、韦帕芗（Vespasian）和君士坦丁的凯旋门，以及图拉真和马可·奥勒留的记功柱。卡比托利欧山是罗马七丘中最宏伟的一座，古时是罗马的宗教和政治中心。在米开朗琪罗的设计下，卡比托利欧山上有一个三条边的广场，广场中央矗立着一个马可·奥勒留的骑马像，从贝洛里的时代直到今天都是如此（这个雕像最近被替换成了复制品）。

[5] 关于夏尔·埃拉尔，参见附录。1672 年，埃拉尔依照科尔贝的盾徽为贝洛里《现代艺术家传》卷首版画绘制了一幅墨水和水彩的最初草图（《美的理念》，第 2 卷，第 492 - 493 页，图片 14.1）。

致读者

　　恺撒·奥古斯都建立了罗马帝国，他因建下的丰功伟绩而被敬奉为神。征服埃及后，他造访了伟大的马其顿国王亚历山大大帝的陵墓，为了纪念这位英勇的帝王，他在遗体上铺满鲜花，为其戴上金王冠，以表敬意。然而，当亚历山大里亚人随后邀请他去参观托勒密王室的陵墓时，他回答，他愿意瞻仰一位帝王，但对死人没兴趣。[1]的确，有些人认为，可以通过文学唤回关于已死之人的回忆，使其在大众心中永垂不朽，那么，他们应当听从奥古斯都这位智慧的王者的回复：再现配得上永恒名望的人，而不是随便哪个死人都可以。从这方面来说，有的人应该被批评，他们在选择书写对象的时候，选的不是能激励后人奋发图强的值得尊敬的榜样，而是低下和普通的主题。由此，那些不才之人发现毫无美德、完全不值得赞美的人大获成功，因而受到极大的鼓舞，傲慢地追名逐利。这一恶行已经渗入文学领域，各本年鉴中充满了颂词和伟人名号。在梭伦的时代，只能找出 7 位贤人[2]，如今倒是没有获得金鼎之殊荣的人连 7 个都不到。我们这里要写的是造型艺术的艺术家，所以我们谈的是绘画、雕塑和建筑，这些优秀的艺术门类和诗歌一样，容不得只会模仿的平庸之辈。它们拒绝碌碌无为的艺术家，只将不朽的桂冠赠予真正的有才之士。即使高雅艺术已然衰落，当今的绘画还是取得了成就，但很难发现有出色本领的好画家，更不必说如拉斐尔那般的至高才华。而雕塑找不到这样一位顶流者，因为它没有达到绘画的高度，大理石依然没有达到叙事的层级，能拿来夸耀的只有米开朗琪罗的寥寥几个雕像，这些雕像比不上古代雕塑。[3]在布拉曼特、拉斐尔和博那罗蒂对建筑的贡献之后，鲜少有建筑师仍不懈地研究，建筑也很快就衰落了，堕落于我们的时代。[4]在这极少数的艺术家之中，有很多来自各地的画家。有些人批评乔尔乔·瓦萨里吹捧佛罗伦萨和托斯卡纳画家的作品，给予它们过度的赞美，他们自己却也犯了同样的错误，也是在无尽地堆砌。[5]但凡当今在罗马拿过画笔或凿子、在建筑上放了块石头的人，巴格利奥尼就为他们写传，在教皇格列高利十三世到教皇乌尔班八世这 50 年多一点的时间跨度里，他足足写了 200 个艺术家的传记。[6]不仅是传记作家，还有那些记录罗马等意大利各个城市值得纪念之物的人，都不放过任何一块石头、一件画作，将微不足道的东西和真正有价值的东西混作一谈，使感兴趣的外国人在漫长无用的搜寻中疲于奔命。[7]要想让这一点不证自明，此处可以诉诸古代的名人传记作家的威信。我们不应该习惯于不值得赞美之人总是获得赞赏，当我们意识到那种人的作品都能被赏识，我们绝不能进一步认为我们比他们值得更多赞美，以及我们能不付出努力就取得荣耀。确实，如普鲁塔克所说，只有当作品让读者想要去模仿它们，或者激励读者想要知道如何去做类似行为时，作品对读者而言才是有益的。[8]这也是为什么当我立志写自阿尼巴勒·卡拉奇复兴绘画以来最现代的画家、雕塑家和建筑师的传记时，我沉思关于他们的记忆，发现自己受到极大的限制，几乎找不到可以写的对象。然而，考虑到艺术中存在已久的困难，我略微扩展了名单，谨记那些最著名的古希腊画家和雕塑家也并非完人，所以我动笔写的时候汇总了一小部分艺术家的作品和言行。做出这个决定，我毫不在意有些人的看法，他们会指责我一无所知，因为我略去了一些他们认为最了不起的大人物。[9]他们会对我大加指责，说我花费了这么长时间[10]准备，本应出版一本皇皇巨著，却只写出这么几个人的传记。令我厌烦的是，他们指责我的点不在于我写了哪些人，而是我写了多少人，这本传记有多厚。即使如此，亲爱的读者，这就是我非常荣幸地呈现给你们的第一部分，我和其中几位大师有很深的私交[11]；关于其他人，我从与他们相识的人那里获知了近年来的回忆。他们的作品现在都能看到。还有几位艺术家我将在第二部分提到，主要是弗朗切斯科·阿尔巴尼和圭多·雷尼，我目前还没有集齐他们的生平信息。虽然涉及的艺术家人数比较少，他们创作的值得铭记的作品却很多。我遵循多产的琉善的做法，他通过描述一个公共浴场就充分阐述了建筑师希庇阿斯[12]的才能[13]，所以我选择了这些艺术家最具代表性的杰作。我略过了很多作品，因为我认为将其交给博学之人评判会更恰当，而不是单凭我去判断和裁定它们是否出色。我在有些作品上花费了更多笔墨，因为我早先描写过梵蒂冈宫拉斐尔厅的壁画[14]，当我准备撰写这本传记时，尼古拉·普桑建议我采取同样的写作方式，除了总体构图，还应该进一步描述每个特定人物的构思和动作，以及和情感（affetti）[15]相伴随的行为。这样做的同时，我也总是疑心自己对各个细枝末节的描述是否太过琐碎，导致其变得难以理解、冗长乏味，绘画的愉悦在于观看，而非描述。单纯依靠自己的想象，赋予人物本来不存在的意义和感情，扭曲人物的形象，使其变得和原作不同，这是不对的。所以，我将自己的身份限定为只是一个译者，采用最简单直白的写法，只描述作品本身，呈现作品的构思和技巧，使人们了解每件作品的可取之处，它们最值得称赞的特点能成为效仿的对象。如果我达到了这个目的，亲爱的读者，请接受我为你而写的这本书。如果你对我持有异议，并且在绘画上很有研究，请你在批评我时秉持公正，我将对此心存感激。如果你对艺术抱有狂妄的自负之情，被他人意见左右，请知晓我不是为你而写，别让我成为你指责的罪人。

—— 注释 ——■

[1] 贝洛里此处的引文来源是苏维托尼乌斯（Suetonius）的《罗马十二帝王传》（De Vita Caesarum）："就在这前后，他派人把装有亚历山大大帝木乃伊的石棺从亚历山大里亚的帝王陵墓区抬来，长久地凝视之后，他把一项金王冠戴在遗体头上，往身上铺满鲜花，以表敬意。而后，当他被问及'是否也愿意参观托勒密王室的坟墓？'时，他回答说：'我是来看一位帝王，而不是一排尸体。'"（盖乌斯·苏维托尼乌斯：《罗马十二帝王传》，R. 格拉菲斯译，巴尔的摩，1957 年，第 59 - 60 页）——原注
此处参考的中译本是苏维托尼乌斯：《罗马十二帝王传》，张竹明、王乃新、蒋平等译，商务印书馆 2000 年版，第 56 页。译文有改动。——译注

[2] 梭伦是公元前 6 世纪初的古希腊政治家、诗人和雅典制度改革者。

[3] 关于贝洛里对米开朗琪罗的其他批评，参见《阿尼巴勒·卡拉奇传》《迪凯努瓦传》《马拉蒂传》。

[4] 这里指的是弗朗切斯科·博罗米尼（Francesco Borromini，1599—1667 年）设计的建筑。贝洛里在巴格利奥尼《艺术家传》的空白处写道，博罗米尼设计的四喷泉的圣查理教堂"丑陋又畸形，野蛮，极度无知，是建筑的腐化者，是当今时代的耻辱"。

[5] 瓦萨里（1568 年）。

[6] 巴格利奥尼（1642 年）。

[7] 比如费里尼（Felini，1610 年）；切利奥（Celio，1638 年）；托蒂（1638 年）。也可参见舒特（Schudt，1930 年），第 233 - 262 页。

[8] 《伯里克利》，2，2 - 3："那些对于拥有者不能发挥作用或产生利益的东西，就是见到以后不能引起模仿的热情，无法激励我们做出类似行为的愿望。然而就美德而言，仅仅陈述这方面的行为，就会对人类的心灵产生很大的影响，既要赞誉所作所为的成效，也要效法贯彻实施的人员。"（《希腊罗马名人传》，第 3 卷，B. 费林译，伦敦和纽约，1916 年，第 7 页）——原注
此处参考的中译本是普鲁塔克：《希腊罗马名人传》，席代岳译，吉林出版集团有限责任公司 2009 年版，第 284 页。——译注

[9] 贝洛里略去的艺术家包括弗朗切斯科·博罗米尼和彼得罗·达·科尔托纳，他们的传记出现在比较当代的帕塞里《艺术家传》中（1772 年；1934 年编辑版）。巴尔迪努奇（Baldinucchi）的 1682 年著作写了吉安·洛伦佐·贝尔尼尼的传记，贝洛里之所以没有写到贝尔尼尼，是因为贝尔尼尼在 1672 年还在世。

[10] "这么长时间"应该指的是贝洛里完成《现代艺术家传》耗费的时间。1660 年 8 月，他正在写《阿尼巴勒·卡拉奇传》，并且已经快写完《多梅尼基诺传》【普里维泰利（Previtali，1976 年），第 22 页，注释 5；第 23 页，注释 1】。瓦萨里的《艺苑名人传》第三版于 1647 年在博洛尼亚出版，为了写出与其类似的名人传记，贝洛里从 1640 年代就开始搜集材料。在《凡·戴克传》中，贝洛里说肯内姆·迪格比爵士"在乌尔班八世任教皇期间，作为英格兰女王派遣的国外常驻代理人旅居罗马，他为我提供了凡·戴克去往伦敦宫廷任职后发生的所有事情的完整叙述"（迪格比在 1645 和 1647 年停留于罗马，此时不是乌尔班八世的任期，他已在 1644 年去世，而是英诺森十世的任期；参见《凡·戴克传》，注释 66）。贝洛里关于鲁本斯的玛丽·德·美第奇系列画像的描述很有可能是基于安德烈·菲力比安提供的信息，菲力比安在 1647 至 1649 年间旅居罗马，贝洛里本人并没有见

过这些画像（参见《鲁本斯传》，注释42）。《多梅尼科·丰塔纳传》的写作时间可以从贝洛里的文字推论出来，他说菲利斯水渠四个喷泉的装饰在克雷芒九世（1667—1669年）任期内"现在已经被改成"，以及那不勒斯的新港口"直到现在，在总督堂·佩德罗·德·阿拉贡任职期间才完工"，这个时期指的是1666至1671年间（参见《多梅尼科·丰塔纳传》，注释65、91）。博雷亚（2001年），第57页出版了一封贝洛里写给弗朗切斯科·阿尔巴尼的信，这封信证实了《卡拉瓦乔传》于1645年完成。在《普桑传》中，贝洛里说《阿什杜德的瘟疫》这件作品藏于罗浮宫，说明他是在1665年或之后写下的这句话，路易十四在这一年买下了黎塞留公爵的藏品（参见《普桑传》，注释34）。至于《多梅尼基诺传》在《现代艺术家传》第一部分出版的同一年正在写作中的相关证据，包括"在当前的1672年"发生的一场地震（《多梅尼基诺传》），《马拉蒂传》提到的"在当前的1695年"，以及贝洛里引用的圣丽塔玫瑰经协会写给马拉蒂的信件的落款日期是1695年8月4日，说明贝洛里至少在1695年中期正在写马拉蒂的生平和作品（参见《马拉蒂传》）。

[11] 在贝洛里写到的艺术家中，他熟识阿尔加迪、迪凯努瓦、多梅尼基诺、兰弗朗科、普桑、萨奇和马拉蒂。

[12] 公元2世纪的古罗马建筑师。

[13] 琉善：《希庇阿斯》【《萨莫萨塔的琉善文集》（*Luciani Samosatensis Philosophi Opera*），巴黎，1615年，第845–849页】。

[14] 贝洛里（1695年）。

[15] 关于"affetti"这个概念的翻译问题，可参见于润生：《〈墨丘赫尔斯和亚格劳洛斯〉中普桑的激情表现与寓意》，《艺术探索》，33（6），2019年，第39–40页。——译注

《名画记》序言节选 [1] | 小斐洛斯特拉托斯

  想要正确掌握绘画艺术的人必须十分懂得人之本性，也必须知道如何表现人的品性特征，包括不发一语的人，还有面庞结构、眼神性情和眉毛特征中隐藏的含义，简言之，就是所有和思想有关的东西。只要足够精通这些东西，画家就能抓住整体，他的手就能细致地表现出每个人的姿态，无论此人是狂怒的、气愤的、忧郁的还是高兴的，抑或容易激动的、深陷爱河的。一言以蔽之，他将能够画出每个人的恰当特性。更重要的是，这种幻象是甜美的，不会引发任何羞愧。站在实际上不存在、却让人感觉它们存在的事物面前，深受它们影响，相信它们确实就在现实里存在，这还不足以引发愉悦吗？我认为，古人和贤者写下许多关于绘画中的对称的论述，为人体各部分比例确立准则，仿佛只有经由符合自然度量的和谐的身体，才能领会心灵的震颤。不符合此种类别和度量的人体就不是由自然而来，而合理的心灵运动属于自然。如果对此略加思索，就会发现绘画和诗歌有一定的关联，二者都在某种程度上诉诸想象，诗人在场景中召唤诸神的在场，以及与之相关的宏伟、高贵和愉悦。类似地，诗人以文字言说的东西，绘画在画板上将其描绘出来。[2]

注释 ■

[1] 《名画记》（*Imagines*）分为两组，描写的是那不勒斯藏品中的画作。第一组的作者是老斐洛斯特拉托斯（Philostratus the Elder）（生于约公元190年）。第二组大概写于公元300年，作者是他的孙子，被称作小斐洛斯特拉托斯（Philostratus the Younger）【参见《斐洛斯特拉托斯》（1931年）】。

[2] 这段略有改动的引文是贝洛里从小斐洛斯特拉托斯《名画记》第二组的序言中截取出来的。亚瑟·费尔班克斯（Arthur Fairbanks）【《斐洛斯特拉托斯》（1931年），第283–285页】将其翻译如下："每个想要成为真正的（绘画）艺术大师的人都必须熟知人之本性，他必须能够分辨人的品性特征，即使他们不发一语，还有面庞状态、眼神和眉毛特征所揭示出的东西，简言之，就是所有和思想有关的东西。如果他在这些东西上很熟练，他就能抓住每个特性，他的手将成功地表述每个人自己的故事——无论此人是疯狂的，或者气愤的、沉思的、高兴的、容易激动的、深陷爱河的。一言以蔽之，

他将画出每个人的恰当特性。他的作品中的幻象是令人愉悦的，不会引发责难。站在实际上不存在、却让人感觉它们存在的事物面前，深受它们影响，相信它们确实就在现实里存在，而且这没有造成任何损害，这难道不是合理的、无可指摘的、能够为人们提供娱乐的方式吗？我认为，古代的智者们写下许多关于绘画中的对称的论述，可以说是在为人体各部分之间的合理关系确立准则，仿佛只有当人体和谐地符合自然度量时，艺术家才能成功表现思想的感情。他们声称，不正常的和超过度量的人体无法表现合理构成的个体的感情。然而，如果对此略加思索，就会发现绘画艺术和诗歌有一定的关联，二者都诉诸想象。比如，诗人在场景中让诸神现身，仿佛他们确实在场，还有所有使思想感到愉悦的高贵、宏伟和力量属性。绘画艺术与之类似，通过人物的线条表现诗人以言语描述之物。"这段的头两句话在尤尼乌斯（Junius，1991 年），第 207－208 页上也略有不同："每个想掌握绘画的人必须彻底理解人之本性，知道如何表现每个人的特性，此人的举止、外观和行为，包括不发一语、不做一事的人。他必须分辨此人的面庞结构、眼神性情和眉毛模样中暗含的力量。简言之，他必须观察所有能帮助他做判断的事物。只要熟练掌握了这种技能，所有人都无疑能够在所有种类的作品中取得巨大成功。只要有需要，他能画出一个疯狂的人、一个气愤的人、一个沉思的人、一个深陷爱河的人。一言以蔽之，他能再现每个人最好、最恰当的部分。"贝洛里比尤尼乌斯引用了长得多的段落，说明他是直接引自斐洛斯特拉托斯，而不是间接引自尤尼乌斯。

画家、雕塑家和建筑师的理念，取自自然美，比自然高等

乔凡尼·彼得罗·贝洛里发表于罗马圣路加学院[1]的演讲，1664 年 5 月第三个周日，学院院长卡洛·马拉蒂阁下

论理念[2]

那至高永恒的智慧，自然的造物主，在创造非凡的作品时深入自己的内部，确立了最初的形式，即"理念"（Idea）。每个物种都是这最初的理念的表现，由此形成了令人惊叹的造物之情境。月亮之上的天体恒久不变，永远保持着美和秩序。我们凭借它们匀称的球体和光辉的外观，将其认作永恒的完善和极致的美。月亮之下的天体则相反，它们受制于变化和丑。虽然自然总是试着使造物变得完美，然而由于质料的不均等，形式也随之改变。人的美尤其混杂，就像我们在人群中发现的数不尽的畸形和比例失调。出于这个原因，优秀的画家和雕塑家模仿最初的造物主，也在他们的思想中形成一个更高等的美的范本，通过沉思这个范本，他们去除色彩或线条上的缺陷，以完善自然。当代达罗斯（Daedalus）[3]或阿佩莱斯[4]这类人的崇高才华的神圣帷幕被揭开，理念或者说掌管绘画和雕塑的女神就会向我们显现，降临到大理石和画布之上。理念源于自然，又超越自然，成为艺术的原型。智慧的罗盘衡量理念，而理念衡量双手。想象激活理念，而理念使形象鲜活。在最伟大的哲学家看来，艺术家的头脑中必定存在着典范性的起因，他们绝对地遵循这些始终最美、最完善的起因。画家和雕塑家的理念是思想中的完美范例，对眼前事物的模仿实则相似于想象中理念的形式。这就是西塞罗在献给布鲁图的《演说家》中给出的定义：相应的，在雕塑和绘画中有着某种完美和卓越之物——艺术家依据这一智慧的理想再现眼前之物——因此我们以头脑构思完美修辞术的理想，用耳朵却只能抓住摹本（Ut igitur in formis et in figuris est aliquid perfectum et excellens, cuius ad excogitatam speciem imitando, referuntur ea quae sub oculis ipsa cadunt, sic perfectae eloquentiae speciem animo videmus, effigiem auribus quaerimus）。[5]因此，理念构成了自然美的完善，将真实和眼前之物的逼真性相结合，总是朝向最好、最非凡的存在，所以理念不仅和自然相争，而且超越了自然。理念向我们展示的是高雅且完善的作品，而自然的造物通常不会在每个方面都完美无瑕。普

罗克洛斯（Proclus）在《〈蒂迈欧篇〉评注》里提到过这点，他说如果你选一个自然塑造的人，再选一个雕塑艺术塑造的人，就会发现前者不如后者出色，因为艺术更加精准。[6] 宙克西斯（Zeuxis）[7] 从 5 个少女身上选取她们各自的特点，创作出著名的海伦的形象。西塞罗曾为演说家举这个例子，指导画家和雕塑家思考最好的自然形式的理念，从各个人体选取最高雅的形式。他不认为他能仅凭某个人体就找到所有足以表现海伦之美的完善层面，因为自然不会使任何人体在每个方面都达至完善。他试图将各种特质在美的画像中结合起来，而他不认为他能单从某个人身上找到所有特质，因为自然从不将任何事物塑造得完美无瑕，每个方面都尽善尽美（Necque enim putavit omnia quae quaereret ad venustatem uno in corpore se reperire posse, ideo quod nihil simplici in genere omnibus ex partibus natura expolivit）。[8] 因而，马克西穆斯·泰里乌斯（Maximus Tyrius）认为，画家笔下的画像所塑造出的美取自各个人体，这样的美不存在于自然中的任何一个人体身上，无论这个人体有多么接近美的雕像。[9] 帕拉西阿斯（Parrhasius）对苏格拉底表明过同样的观点，即在每个形式上追求自然美的画家必须从各个人体选取并综合他们各自最完美的部分，因为难以发现完美的单个人体。[10] 与之相对的，自然比艺术低等很多，有的艺术家追求相似性和完整模仿人体，却不选择理念，他们也因此而招致批评。德米特里（Demetrius）被指责过于自然主义[11]；狄奥尼修斯（Dionysius）被谴责笔下的人物形同我们这样的普通人，他通常被称作 ἀνθρωπογράφος，即"普通人的画家"[12]；帕乌西亚斯（Pausias）[13] 和佩里科斯（Peiraeikos）[14] 被斥责得最厉害，因为他们模仿的是最坏、最低劣的东西。就像在我们的时代，米开朗琪罗·达·卡拉瓦乔过于追求自然主义，他按人们本来的样子去画他们，邦博奇奥（Bamboccio）则画得最差。[15] 利西波斯（Lysippus）[16] 责备平庸无能的雕塑家，因为他们按照人们本来的样子去创作，而利西波斯自豪地认为他是按照人们应当是的样子去创作，这也是亚里士多德教给诗人和画家的独一准则。[17] 菲迪亚斯（Phidias）[18] 从未受过此种责难，他创造的英雄和神明形象使观者惊叹不已，因为他模仿的是理念，而不是自然。西塞罗在谈到菲迪亚斯时，肯定了他在表现朱庇特和密涅瓦[19] 时，没有从其他对象身上寻求相似性，而是在自己的头脑中构想一种美的宏伟形式，坚定地以之为指向，在思想和实践上关注这种相似性。确实，那位伟大的雕塑家在创作朱庇特和密涅瓦的雕像时，没有以任何人为模特，而是在他自己的头脑中有着一种超然的美的形象。他全神贯注地凝视这个美的形象，以此引导自己作为艺术家的双手，创造神的相似性（Nec vero ille artifex cum faceret Iovis formam aut Minervae contemplabatur aliquem, a quo similitudinem duceret, sed ipsius in mente insidebat species pulchritudinis eximia quaedam, quam intuens, in ea defixus, ad illius similitudinem artem et manum dirigebat）。[20] 虽然塞涅卡（Seneca）是斯多葛派哲学家，也是严厉对待艺术的评判者，但他将其视为伟大的成就，惊叹于菲迪亚斯从未亲眼见过朱庇特和密涅瓦，却依然能够在头脑中构想出他们神圣的形象。菲迪亚斯从未见过朱庇特，却能将其表现为雷霆之君；密涅瓦从未站在他面前，他的思想却能运用如此出色的技巧，形成一种关于神的概念，并且将他们展示出来（Non vidit Phidias Iovem, fecit tamen velut tonantem, nec stetit ante oculos eius Minerva, dignus tamen illa arte animus, et concepit Deos, et exhibuit）。[21]提亚那的阿波罗尼奥斯（Apollonius of Tyana）教给了我们同样的道理，比起模仿，想象使画家更为睿智，因为模仿只能表现眼前之物，而想象还能表现与眼前之物相关的不在眼前之物。[22]现在，如果我们还想比较古代贤人的箴言和现代贤人的妙语，莱昂·巴蒂斯塔·阿尔贝蒂（Leon Battista Alberti）教导过我们，在一个人喜爱的所有事物中，他不仅要喜爱相似性，更应当喜爱美，他必须从各种美的对象身上选取其中最值得称赞的部分。[23]莱昂纳多·达·芬奇指导画家要自己形成这种理念，深思眼前之物，选取所有事物最出色的部分。[24]乌尔比诺的拉斐尔，已知画家中的大师[25]，在写给卡斯蒂利奥尼的信中如此描述自己笔下的伽拉忒亚[26]：为了画出一位美人，我需要见到许多美人，但美人是很少的，我便动用头脑中的某种理念。[27]在这个时代，圭多·雷尼在美的层面的造诣超越其他所有艺术家，当他将大天使米迦勒的画像送往罗马的托钵僧教堂时[28]，他也给担任乌尔班八世内务主管的高级教士马萨尼[29]写了封信：我本想用天使的画笔和天堂的形式去描绘天堂里的大天使，但我无法升上高远的天堂，只能徒劳地在尘世里找寻。所以我看向自己在理念中确立的形式。丑的理念同样存在，但我将其留给恶魔，而我对恶魔想都不愿想，丝毫不愿让他出现在我的头脑中。[30]所以，圭多自豪地认为自己擅长描绘美，不是按眼前之物的本来面貌，而是相似于他在理念中看到的形象，正因如此，他笔下被诱拐的美丽的海伦[31]被人们称赞为足以和宙克西斯的海伦像[32]相媲美。然而，海伦本人并没有艺术家描绘的那样美，她身上总有不完美的瑕疵。据说她本人从未远航到特洛伊，取而代之被运往那里的是她的雕像，也正是为了这个美丽的雕像打了十年的仗。传言荷马在诗中崇敬一个并非绝美的女人，是为了讨好希腊人，使他写的特洛伊战争更加有名，就像他夸耀阿喀琉斯的强大和尤利西斯的忠言。所以，现实中海伦的美比不上宙克西斯和荷马塑造出的她的形象。没有任何现实中的女人拥有克尼多斯的维纳斯雕像（Cnidian Venus）[33]或者被赞誉为美的形式的雅典的密涅瓦雕像[34]那般无上的美，现在也找不到任何现实中的男人能像格里肯（Glycon）的法尔内塞赫拉克勒斯雕像[35]那样强壮，没有哪个现实中的女人能像克莱奥梅尼（Cleomenes）的美第奇维纳斯雕像[36]那样美。正因如此，当最优秀的诗人和演说家想要称颂某种超脱凡人的美时，就会将其与雕像和绘画相比较。奥维德在描述俊美的马人库拉路斯（Cyllarus）时，赞美他可与最精美的雕像相媲美：

Gratus in ore vigor, cervix, humerique,

Manusque

Pectoraque Artifucum laudatis proxima signis. [37]

（他的脸很有精神，很喜人，他的颈、肩、胸和手，你会赞美他能与艺术家最完美的雕像比肩。）

奥维德还在其他地方极高地赞颂了维纳斯，称如果不是阿佩莱斯将她描绘出来，她还静静地躺在出生的那片深海里：

Si Venerem Cois numquam pinxisset Apelles
Mersa sub aequoreis illa lateret aquis. [38]
（假如科斯画家阿佩莱斯不曾画过维纳斯，她还躺在深深的大海里。）

斐洛斯特拉托斯称赞欧福耳玻斯（Euphorbos）的美，将他比作阿波罗的雕像[39]，同时认为阿喀琉斯比其子尼奥普托列墨斯（Neoptolomus）更美，就像雕像比现实中的美人更美。阿里奥斯托（Ariosto）在描写安杰丽佳（Angelica）的美时，将被绑在岩石上的她比作一位技艺高超的艺术家创作的雕像：

Creduto avria, che fosse stata finta,
O d'alabastro o d'altro marmo illustre,
Ruggiero, o sia allo scoglio cosi avvinta
Per artificio di scultore industre. [40]
（鲁杰罗定以为是座雕像，勤劳的雕师把杰作展现。那女子被捆在秃岩之上，如明亮光滑的云石一般。）

阿里奥斯托此处效仿了奥维德对安德洛墨达的描写：

Quam simul ad duras religatam bracchia cautes
Vidit Abantiades, nisi quod levis aura capillos
Moverat, et tepido manabant lumine fletu,
Marmoreum ratus esset opus. [41]
（珀尔修斯看见她两臂绑在粗硬的岩石上，除了她的头发在轻风中微微飘动，除了热泪沿着两颊簌簌地流着以外，他真以为她是座大理石雕像呢。）

马里诺以同样的方式赞美提香所作的抹大拉画像，将艺术家的理念置于自然事物之上：

Ma ceda la Natura, e ceda il vero

A quel che dotto Artefice ne finse,

Che qual l'avea de l'alma, e nel pensiero,

Tal bella e viva ancor qui la dipinse. [42]

（对于博学的艺术家创造出的她，让自然臣服，也让现实退让吧，如同她在他的灵魂和思想中那么美丽和生动，他也将她如此描绘了出来。）

从这点来看，卡斯特尔维特罗（Castelvetro）对亚里士多德悲剧论的批评是不公正的，因为他认为绘画的长处不在于形象的完美，而在于形象和自然的相似，无论自然是美的还是丑的，仿佛过度的美会损害相似性。[43] 卡斯特尔维特罗的论点只适用于严格追求再现的艺术家和肖像画家，他们不推崇理念，听命于丑陋的面容或身体，无法在不损害相似性的同时增添美或修正自然的丑，否则肖像画就会变得比较美，但没那么相似。哲学家（即亚里士多德——译者注）的头脑中没有这种严格再现的模仿，优秀画家和完美形象塑造者运用理念，他以这些人为例，教给悲剧作家最杰出之人的道德行为。他是这么说的：既然悲剧模仿比我们更好的人，诗人就应向优秀的肖像画家学习。他们画出了原型特有的形貌，在求得相似的同时，把肖像画得比人美（Ἀποδιδόντες τὴν οἰχείαν μορφὴν，ὁμοίους ποιοῦντες，χαλλίους γραφουσιν）。[44] 因此，将人们描绘得比现实中更美，将其完善，是和理念相一致的。美的理念不是只有一种，它有多种形式，包括强大的和宽宏的、愉悦的和精致的，涵盖各个年龄和性别。所以我们不仅像帕里斯那样赞扬秀美的伊达山（Mount Ida）上娇美的维纳斯，称颂尼萨（Nysa）花园里柔美的巴库斯，还崇尚迈那洛斯（Maenalos）和提洛（Delos）这两座险峰上背着箭袋的阿波罗和女弓箭手狄安娜。奥林匹亚的朱庇特的美必然与萨摩斯（Samos）的朱诺的美不同，而林德斯（Lindos）的赫拉克勒斯的美也和塞斯比阿（Thespiae）的丘比特的美不同。所以，不同的形式适合不同的人物，美其实就是使事物拥有恰当的和完善的本质，最优秀的画家通过沉思各个事物的形式来选取美。我们还必须认识到，既然绘画再现的是人的行动，画家应当同时在脑海中持有与此类行动相符的情感例证，就像诗人保有与愤怒、羞怯、悲伤、愉快，以及笑与泪、恐惧与勇敢等有关的理念。艺术家必须持续不断地思考自然，以便将情绪深深地烙印在头脑中，他无法单凭自然对其进行描绘，而必须先在地在自己的想象中构建此类情绪。为了达到这个水平，极大的专注力是必需的，因为灵魂的运动只能被短暂一瞥，转瞬即逝。当画家或雕塑家试图模仿源自强烈感情的心灵运作时，他无法在眼前的模特身上看出这种运作，模特不仅没有感情，而且使自己的思想和身体在摆出的姿势中失去活力，在他人的意志控制下静止不动。所以，艺术家需要基于自然创作他们的作品，观察人们的感情，协调身体的动作和心灵的运作，好让二者交互作用。建筑也是如此，它也有其至高的理念。斐洛（Philo）说上帝就像出色的建筑师，通过观照他意图的理念和范例，依据理想的理性世界建构感性世界。[45]
既然建筑以一种典范性的原因为基础，它便也高于自然。所以奥维德在描述狄安娜的山洞
时说，自然依照艺术造了这个山洞：

Arte laboratum nulla，simulaverat artem

Ingenio Natura suo. [46]

（这不是艺术家开凿的，而是大自然模仿了艺术，巧妙做成的。）

托尔夸托·塔索（Torquato Tasso）在描述阿米达（Armida）的花园时或许也参照了这
一段：

Di natura arte par，che per diletto

L'imitatrice sua scherzando imiti. [47]

（自然的艺术，出于她自身的愉悦，巧妙地模仿她的模仿者。）

亚里士多德有过一番关于宏伟建筑的论说[48]：假如一所房屋属于自然事物，那么自
然的建造方式和建筑别无二致，自然需要遵循同样的规则，使其达至完善。诗人也运用建
筑师的技巧去构想排列着拱门和柱子的神之居所，他们就是这样描述日神和爱神的皇宫，
将建筑抬升至天堂。古代的智慧求索者总是观察自然事物最美的部分，由此在思想中形成
这种神圣的美的理念；而另一种主要以经验为基础的理念是极其丑恶卑劣的，柏拉图认
为，理念必须是基于自然的关于物的完美认识。[49]昆体良教育我们，经由艺术和人的才华
而被完善的所有事物，它们的起源都是自然本身，真正的理念即从自然而来。[50]所以，那
些对真理一无所知、只以惯例行事的人描绘出的是幽灵，而不是人物。还有与这些人同类
的另一群人，他们借用别人的才识、效仿别人的想法，这种人的作品不是自然的女儿，而
是自然的杂种，他们笃信自己老师的画法。这些艺术家缺乏才华，不知道如何选择最好的
部分，只会追随老师的缺陷，形成最坏的理念，这使他们的恶行变得越发严重。那些作为
自然主义者而出名的艺术家的思想中毫无理念，他们原样复制对象的缺陷，习惯于丑陋和
错误。他们还将模特奉为自己的老师，一旦模特离开视线，他们的艺术也就随之消失了。
柏拉图将前一种画家比作智者，智者的出发点不是真理，而是意见的错误幻影。[51]后一种
画家就像留基伯（Leucippus）和德谟克利特（Democritus），他们随意地用虚无的原子组
成对象。[52]那些艺术家指责绘画艺术是意见、惯例，就像克里托拉奥斯（Critolaos）认为
雄辩术由言说惯例和取悦技巧构成，是 τριβη（单纯的惯例）和 κακοτεχνια（劣质的形
式），更确切地说是 ατεχνια（艺术的匮乏），一种没有艺术和理性的习惯，剥夺思想的机

能，把一切都交付给感官。[53]在他们看来，最优秀的画家具有的至高智慧和理念不过是一种个人的创作方式，无知和知识被相提并论。但高尚的有才之士将美的理念作为思索对象，只对其全神贯注，将其视作神圣之物。普通人依靠视觉感官体会万物，他们赞扬按照自然而画的作品，因为他们习惯于以这种方式被创造出来的事物。[54]他们称赞美的色彩，而不是美的形式，因为他们对形式一窍不通。他们对文雅感到厌烦，却追逐新奇的东西；他们厌恶理性，对意见随波逐流，远离艺术的真理，而理念的高尚拟像恰恰以这个真理为立足点。还需要提到的是，如上文已经说过的，古代雕塑家在创作时运用理念，所以我们应当研究完美的古代雕塑作品，它们可以将我们引向完善后的自然之美。出于同样的原因，我们还应当将目光投向其他杰出的大师，不过这个问题将留给另一本专论模仿的著述，以回应有些人对古代雕像的批评。关于建筑，我们认为建筑师必须构想一种高雅的理念，确立一种理解力，以之为准则和道理，他的创造就会包含秩序、排列、度量，以及整体和部分之间的和谐比例。至于柱式的装饰，他会发现古代艺术家的范例已经确立和证实了理念，前人在漫长的研究中成功赋予这门艺术以风格。古希腊人制定了规范以及最恰当的比例，这经由各个博学的时代和一系列学者的一致看法得到了证实，成为非凡的理念和极致的美的准则。这种美对每种事物而言都是极其特殊的，一旦更改，必然会遭到损毁。令人惋惜的是，有些人的新奇改造破坏了美，丑与美并行不分，就像恶德与美德纠缠不清。唉，我们从罗马帝国的衰亡就能看出来这个病症，所有的高雅艺术都没落了，其中建筑艺术消亡得最厉害，因为那些野蛮的建筑师鄙视古希腊罗马的典范、理念和极其精美的古迹，在许多个世纪里源源不断地产出各种怪异的样式奇想，用丑恶的无序把建筑变得模样可怖。布拉曼特、拉斐尔、巴尔达萨雷[55]、朱里奥·罗马诺和米开朗琪罗选取最优雅的古代建筑形式，尽力将建筑从恢宏的废墟恢复为原本的理念和外观。然而，如今这些博学多才的人不仅没有收获感谢，反而和古人一起，被今人忘恩负义地责备，仿佛他们只是在毫无才能和创新地模仿古人。结果就是，每个人都以自己的方式对建筑有新的想法和歪曲，将其展示在建筑立面和公共广场上。毫无疑问，这些人作为建筑师全无科学素养，没有资格担此名号。他们制造不知所谓的角度、断裂的要素和扭曲的线条，使建筑物乃至城市和纪念物都变得畸形。他们用虚假的灰泥、碎块和不成比例的东西分割基座、柱头和柱子[56]，维特鲁威（Vitruvius）谴责这类改造，并为我们提供最好的范例。[57]优秀的建筑师保有十分好的柱式形式，画家和雕塑家选取自然最优美的部分，完善理念，他们的作品超越了自然，如我们已经表明的，这是艺术所能到达的巅峰。人们对雕像和画作抱有的崇敬之情，以及艺术家享有的奖赏和荣耀即由此（理念）而来。蒂曼提斯（Timanthes）[58]、阿佩莱斯、菲迪亚斯、利西波斯等众多画家以此种荣誉而闻名，他们超越凡人的形式，用自己的理念和作品博得赞叹。这种理念可以当之无愧地被称为自然的完善、艺术的奇迹、智慧的远见、思想的典范、想象的光明，它是照耀门农（Memnon）雕像的东方旭日，是温暖普罗米修斯所作的画像、赋予其生命的火焰。这一理念引导维纳斯、美惠三女神和丘比特离开伊达花园和基西拉岛（Cythera）海岸，居于坚硬的大理石和缥缈的阴影中。因为理念，赫利孔山（Helicon）上的缪斯女神们使色彩不朽；也是出于理念，帕拉斯不屑于巴比伦布料，而夸耀代达罗斯画作中的亚麻布。因为雄辩的理念比不上绘画的理念，就像视觉远比言语有效，我已找不到合适的语言，故此沉默。

注释

[1] 圣路加学院于 1593 年由费德里科·祖卡里（参见附录）成立。学院的教学宗旨是指导年轻艺术家们的素描能力，以改革设计艺术。学院开设的课程包括艺术理论辩论和演讲。

[2] 对贝洛里这篇讲稿的翻译同时参考了另一个英译本：Giovanni Pietro Bellori, "The Idea of the Painter, the Sculptor, and the Architect Chosen from the Higher Natural Beauties of Nature", trans. Kenneth Donahue, in Elizabeth Gilmore Holt (ed.), *A Documentary History of Art*, Vol. II: *Michelangelo and the Mannerists*; *The Baroque and the Eighteenth Century*, New York: Doubleday Anchor Books, 1958, pp. 93 – 105。另一个中译本可参见贝洛里：《现代画家、雕塑家和建筑师传》，范景中主编：《美术史的形状：从瓦萨里到 20 世纪 20 年代》，傅新生、李本正译，中国美术学院出版社 2002 年版，第 62 – 76 页。——译注

[3] 代达罗斯是古风时代（公元前 7—公元前 6 世纪）的传奇艺术家、工匠和发明家，据说他是神庙的建造者，第一个制作了能行走、移动手臂、张开眼睛的雕像。

[4] 公元前 4 世纪的古希腊画家，亚历山大大帝的宫廷画师（普林尼：《自然史》，35，79 – 97；琉善：《琉善文集：诽谤》，2 – 5）。

[5] 《演说家》，3，9。贝洛里有一处更改了西塞罗的原文，贝洛里写的是"艺术家依据这一智慧的理想再现眼前之物"（cuius ad excogitatm imitando, referentur ea quae sub oculis ipsa cadunt），西塞罗写的是"艺术家据此再现原本不在眼前之物"（cuius ad cogitatam speciem imitando referentur ea quae sub oculos ipsa non cadunt）。按博雷亚【贝洛里（1976 年），第 14 页，注释 5】的说法，贝洛里的这段引文不是直接引自《演说家》，而是间接引自尤尼乌斯的《古代绘画》（De pictura veterum）【尤尼乌斯（1637 年），第 10 页】。然而，贝洛里肯定同时参考了这两个文本：参考了《演说家》，因为尤尼乌斯对西塞罗的引用只到 cadunt 这里；参考了尤尼乌斯，因为他也在 ipsa 和 cadunt 这两个词之间加了 non，尤尼乌斯的引文是"在事物的形式和外观之中有着某种完美、卓越之物，通过模仿这一想象之物，得以再现原本不在眼前之物"【译文来自尤尼乌斯（1991 年），第 24 页】（In formis igitur & figuris est aliquid perfectum & excellens, cujus ad excogitatam speciem imitando referentur ea, quae sub oculus ipsa non cadunt）尤尼乌斯和贝洛里的意思是可见世界的物体相似于一种想象中的智慧的理想，西塞罗则相反，他认为理念排斥自然中的可见之物。——原注

"然而，贝洛里肯定同时参考了这两个文本：参考了《演说家》，因为尤尼乌斯对西塞罗的引用只到 cadunt 这里；参考了尤尼乌斯，因为他也在 ipsa 和 cadunt 这两个词之间加了 non"这一句的原文为 "However, he must have consulted both: the Orator because Junius cites Cicero's sentence only as far as the word 'cadunt'; and Junius because he too inserts the word 'non' between 'ipsa' and 'cadunt'...", 结合上下文理解，西塞罗和尤尼乌斯在 ipsa 和 cadunt 这两个词之间加了 non，而贝洛里没有加，这和注引者这句话后半部分的逻辑"贝洛里参照了尤尼乌斯，因为二人都加了 non"不一致。特此注明，请广大读者指正。——译注

［6］普罗克洛斯：《柏拉图〈蒂迈欧篇〉评注》（*In Platonis Timaeum commentaria*），2，122b。引自尤尼乌斯（1637 年），第 3 页【译文来自尤尼乌斯（1991 年），第 14 页："如果你选一个自然造出的人，再选一个艺术雕刻出的人，绝不会是自然造出的人看上去更高贵：因为艺术在许多事物上更精准。"】。

［7］公元前 5—公元前 4 世纪的古希腊画家【普林尼：《自然史》，35，61 - 66；琉善：《宙克西斯或安提奥卡斯》（*Zeuxis or Antiochus*）】。

［8］西塞罗：《论修辞的发明》（*De Inventione*），2，1，12。贝洛里省略了句子第二部分的"perfectum"一词（西塞罗的原文是"ideo quod nihil simplici in genere omnibus ex partibus perfectum natura expolivit"）。普林尼（《自然史》，35，36，66）在罗马的菲吕帕柱廊（Philippus）见过宙克西斯的这幅海伦像。按西塞罗的说法，这件作品藏于意大利南部的城市克罗同的赫拉神庙。

［9］马克西穆斯·泰里乌斯：《文集》（*Dissertatio*），7，3，4 - 5。引自尤尼乌斯（1637 年），第 3 页："比如雕像，把各个人体被认为最好的部分集合在一起，通过对一种恰当的、纯洁的、比例得当的美的独特模仿使其得以实现。和雕像的美相比，你无法找到如此精准的人体。艺术总是在寻求最好的。"【译文来自尤尼乌斯（1991 年），第 13 页】（Statuarii è singulis corporibus, quae in ìis pulchra sunt, mira arte colligunt, & ex tam diversis unam imaginem efficiunt, & haec tam apte inter se confundunt ac miscent, ut nihil nisi unam quoque pulchritudinem, eamque concinnam ac veram exprimant. Nec invenias ullam naturalem pulchritudinem tam pulchram, ut cum imagine possit contendere. Artes nanque perfectum quid desiderant）

［10］色诺芬：《回忆苏格拉底》（*Memorabilia*），3，10，1："有一次当他进到绘画师帕拉西阿斯的家里和他谈话的时候，他对他说道：'喂，帕拉西阿斯……当你们描绘美的人物形象的时候，由于在一个人的身上不容易在各方面都很完善，你们就从许多人物形象中把那些最美的部分提炼出来，从而使所创造的整个形象显得极其美丽。''的确，我们正是这样做的'，帕拉西阿斯回答。"【译文来自波利特（1965 年），第 160 - 161 页】。以弗所的帕拉西阿斯是公元前 5—公元前 4 世纪的古希腊画家（普林尼：《自然史》，35，67 - 72）。——原注

此处参考的中译本是色诺芬：《回忆苏格拉底》，吴永泉译，商务印书馆 1986 年版，第 120 页。——译注

［11］公元前 5 世纪的古希腊雕塑家。根据昆体良：《雄辩术原理》，12，10，9，德米特里"被指责过于现实主义，相比作品的美，更关注作品的真"（H. E. 巴特勒译，《昆体良的雄辩术原理》，第 4 卷，伦敦，1922 年，第 455 页）。

［12］公元前 5 世纪的古希腊画家，以现实主义而闻名。根据亚里士多德：《诗学》，2，1448a，5 - 6："珀鲁格诺托斯描绘的人物比一般人好，泡宋的人物比一般人差，而狄俄努西俄斯（即狄奥尼修斯）的人物则形同我们这样的普通人。"贝洛里所说的"普通人的画家"引自普林尼：《自然史》，35，123 - 127。——原注

此处参考的中译本是亚里士多德：《诗学》，陈中梅译注，商务印书馆 1996 年版，第 38 页。——译注

[13] 公元前 4 世纪的古希腊画家（普林尼：《自然史》，35，123 – 127）。

[14] 公元前 3 世纪的古希腊画家。

[15] 邦博奇奥【彼得·凡·拉尔（Peter van Laer）】是 17 世纪主要活跃在罗马的荷兰画家和版画家，他开创了一种关于底层人民生活的自然主义绘画方式，被称作"邦博奇奥式"（bambocciate）。——原注

　　凡·拉尔隶属"独羽鸟"艺术团体（Bentvueghels），这个非正式团体主要由在罗马的荷兰和弗莱芒艺术家组成。依照这个团体的传统，成员应当取一个昵称，凡·拉尔的昵称就是 Bamboccio，意为"丑娃娃"，因为他体态欠佳。他的这个昵称后来成为该团体及其擅长的风俗画的代称。——译注

[16] 公元前 4 世纪的古希腊画家（普林尼：《自然史》，34，37；35，61 – 67）。

[17] 亚里士多德的原话并非如此，而是"既然模仿者表现的是行动中的人，而这些人必然不是好人，便是卑俗低劣者（性格几乎脱不出这些特性，人的性格因善与恶相区别），他们描述的人物就要么比我们好，要么比我们差，要么是等同于我们这样的人。正如画家所做的那样"（《诗学》，2，1448a，5 – 6）。——原注

　　此处参考的中译本是亚里士多德：《诗学》，陈中梅译注，商务印书馆 1996 年版，第 38 页。——译注

[18] 公元前 5 世纪的古希腊雕塑家（普林尼：《自然史》，34，49；36，15 – 19；帕萨尼亚斯：《希腊志》，5，1，1 – 11）。

[19] 即雅典卫城帕特农神庙的用黄金和象牙制成的巨型雅典娜（密涅瓦）雕像，以及奥林匹亚宙斯神庙的用黄金和象牙制成的巨型宙斯（朱庇特）雕像。

[20]《演说家》，2，8。

[21]《辩论集》（Controversiae），10，35。

[22] 老斐洛斯特拉托斯：《提亚那的阿波罗尼奥斯传》，6，19："模仿只能创作已经看见的东西，而想象能创作没有看见的东西；因为想象能依照现实，构想出理想形式。"【斐洛斯特拉托斯：《提亚那的阿波罗尼奥斯传》（Vita Apollonii Tyanensis），第 2 卷，F. C. 柯尼贝尔（Conybeare）译，剑桥（马萨诸塞）和伦敦，1989 年，第 79 页】贝洛里的引用来源应该是尤尼乌斯（1637 年），第 2 页："模仿只能创作已经看见的东西，与之相对，想象还能创作没有看见的东西，因为她能依照现实之物构思不知道的东西。"【译文来自尤尼乌斯（1991 年），第 25 页】（Imitatio enim hoc tantum operabitur, quod vidit: phantasia vero etiam quod non vidit: proponet enim sibi ipsum quod non novit, ad ejus quod est relationem）

[23] 阿尔贝蒂：《论绘画》（De pictura），3，55，画家"应当关注的不仅是事物的相似性，尤其还有美，因为在绘画中，美必须要是令人愉悦的……所以，应当从各种美的人体选择最出色的部分"【阿尔贝蒂（1972 年），第 98、99 页】。

[24] 贝洛里的引用来源是莱昂纳多·达·芬奇（1651 年），第 451 – 452 页。也可参见《普桑传》，注释 88。

[25] 贝洛里此处借用了但丁对亚里士多德的形容，《神曲·地狱篇》，4，131。——原注

　　此处参考的中译本是但丁：《神曲·地狱篇》，朱维基译，上海译文出版社 1987 年版，第 32 页。——译注

[26]《伽拉忒亚的欢庆》（Triumph of Galatea，1512 年），现藏于法尔内西纳别墅（Villa Farnesina），罗

马。拉斐尔的这封信写给他的朋友巴尔达萨雷·卡斯蒂利奥尼（Baldassare Castiglione，1478—1549年），后者的代表作是《朝臣》（*Il cortegiano*）。

[27] 这封信最早出版于皮诺（Pino，1582年），第29页。贝洛里删减了原文，并略微做了一些改动，原文如下："为了画出一位美人，我需要见到许多美人，假如您能和我一起选出最美的那个。然而，好的判断和美人都是很少的，我便动用头脑中的某种理念。"（Per dipingere una bella, me bisogneria veder piu belle, con questa condizione, che V. S. si trovasse con meco a far scelta del meglio. Ma essendo carestia e di buoni giudici, et di belle donne, io mi servo di certa Idea, che mi viene in mente）

[28] 圣灵感孕圣母教堂。参见《圭多·雷尼传》。

[29] 乌尔班八世·巴贝里尼在1623至1644年间任教皇。高级教士乔凡尼·安多尼奥·马萨尼（参见附录）是乔凡尼·巴蒂斯塔·阿古奇（参见附录）的朋友，继承了阿古奇的手稿。马萨尼以乔凡尼·安纳斯塔西奥·莫西尼这一假名出版了这封信，以及阿古奇《绘画专论》的片段，将其作为《阿尼巴勒·卡拉奇的80幅人像素描，西蒙·吉兰将其制作成蚀刻版画》（*Diverse figure al numero ottanta, disegnate de penna nell'hore di recreatione da Annibale Carracci intagliate in rame, e cavate dagli originali da Simone Guilino Parigino...*，Rome，1646）的初版序言，这是西蒙·吉兰依据阿尼巴勒·卡拉奇为工匠所作的素描而制作的蚀刻版画集。也可参见《多梅尼基诺传》。

[30] 贝洛里在《圭多·雷尼传》中引用了同一封信，但省去了最后一句（"而我对恶魔想都不愿想，丝毫不愿让他出现在我的头脑中"）。

[31]《强抢海伦》，罗浮宫博物馆，巴黎。参见《圭多·雷尼传》。

[32] 参见注释7。

[33]《克尼多斯的阿佛罗狄忒》（*Aphrodite of Cnidos*）是公元前4世纪的古希腊雕塑家普拉克西特利斯（Praxiteles）的作品。一件罗马临摹品现藏于比奥-克莱孟博物馆，梵蒂冈博物馆。

[34] 菲迪亚斯所作的雅典娜青铜像，被称作普马科斯的雅典娜（Athena Promachus），普林尼（《自然史》，34，19，54）将其描述为"如此精美的雕像，也被直呼为'美'（Fair）"（tam eximiae pulchritudinis, et formae cognomen acceperit）。

[35]《法尔内塞宫的赫拉克勒斯》（*Farnese Hercules*，首次记录是在1556年罗马的法尔内塞宫）现藏于那不勒斯国家考古博物馆。公元前1世纪的雅典雕塑家格里肯（参见G. K. 纳格勒：《新版艺术家大辞典》，第15卷，慕尼黑，1837年，第243页），他的名字被刻在赫拉克勒斯的大棒上。格里肯依照原件制作了一件临摹品，佛罗伦萨皮蒂宫的另一件临摹品上的铭文表明，原作者是公元前4世纪的古希腊雕塑家利西波斯。

[36]《美第奇的维纳斯》（*Medici Venus*）现藏于佛罗伦萨乌菲齐美术馆的看台，这是公元前1世纪的古希腊雕塑家克莱奥梅尼（普林尼：《自然史》，36，33）依据公元前4世纪古希腊雕塑家普拉克西特利斯圈内的一个雕像所作的临摹品，克莱奥梅尼的名字被刻在雕像的底座上。

[37]《变形记》，12，397-399。贝洛里略去了奥维德原诗的最后一句（"具人形的部分"，Et quacumque vir est）。尤尼乌斯（1637年），第3页引用了全诗，但尤尼乌斯将贝洛里略去的那一句改成了"Ex qua parte vir est"【译文来自尤尼乌斯（1991年），第14页："他和人类一样的所有部分。"】——原注

此处参考的中译本是奥维德：《变形记》，杨周翰译，人民文学出版社2008年版，第254页。译文有改动。——译注

[38]《爱经》(*Artis Amatoriae*),3,401-402。贝洛里略微改动了奥维德的原文,原文为"Si Venerem Cous nusquam posuisset Apelles/Mersa sub aequoreis illa lateret aquis"。根据赫西俄德:《神谱》,176-206,克洛诺斯阉割了他的父亲,将他的肉块投入大海后,维纳斯便从海里诞生,"这东西在海上漂流了很长一段时间,忽然一簇白色的浪花从这不朽的肉块周围扩展开去,浪花中诞生了一位少女……诸神和人类都称她阿佛洛狄忒(维纳斯)"。——原注

此处参考的中译本是奥维德:《罗马爱经》,黄建华、黄迅余译,上海文艺出版社2016年版,第195页;赫西俄德:《工作与时日 神谱》,张竹明、蒋平译,商务印书馆1991年版,第32页。译文有改动。——译注

[39]贝洛里的引文来源是斐洛斯特拉托斯:《论英雄》(*Heroicos*),33-39:"在身高层面,他(帕拉墨得斯)(Palamedes)和【忒拉蒙的儿子(Telamonian)】大埃阿斯(greater Ajax)一般高;在美的层面,普洛忒西拉俄斯(Protesilaos)说,帕拉墨得斯不输给阿喀琉斯、安提洛科斯(Antilokhos)和普洛忒西拉俄斯本人,还有特洛伊人欧福耳玻斯。"以及52:"(尼奥普托列墨斯)很高雅,但是比不上其父,和忒拉蒙的儿子大埃阿斯不相上下。普洛忒西拉俄斯对他的外貌做了同样的评判。他模样俊美,和父亲长得很像,然而,就像现实中的美人比不上他们的雕像,他也不及他的父亲。"【佛拉维乌斯·斐洛斯特拉托斯(Flavius Philostratus):《论英雄》,J. K. 贝伦森·麦克莱恩(Berenson MacLean)和E. 布拉德肖·艾肯(Bradshaw Aiken)译,亚特兰大,2001年,第111、153页】和贝洛里一样,尤尼乌斯(1637年),第3页合并和重写了这两段:我们同样会发现,斐洛斯特拉托斯确实经常对比古代知名英雄的美和雕像的美,如他对普洛忒西拉俄斯、欧福耳玻斯、尼奥普托列墨斯等人的描写【译文来自尤尼乌斯(1991年),第114页】(Philostratus quoque passim perfectissimarum formarum similitudinem non aliunde quàm à statuis petit. In Heroïcis enim de Protesilao agens inquit. Et rursus de Euphorbo. Ipsius itaque pulchritudinem Achivos quoque ait demulsisso, statuaeque ipsum similem fuisse, ut cùm pulcherrimè Apollo & intonsus & mollis videretur. De Neoptolemo denique agens, pulcherrimus ac patri Achilli quàm simillimum fuisse tradit. Tantum verò ab ipso superatum, quantum pulcri à statuis superantur)。

[40]《疯狂的罗兰》,10,96。——原注

此处参考的中译本是卢多维科·阿里奥斯托:《疯狂的罗兰》上,王军译,浙江大学出版社2018年版,第350页。——译注

[41]《变形记》,4,672-675。——原注

此处参考的中译本是奥维德:《变形记》,杨周翰译,人民文学出版社2008年版,第84页。——译注

[42]马里诺(1664年),第81页。贝洛里的引文是马里诺为提香《抹大拉》而作的一首诗的最后第14节的头四行,这幅《抹大拉》是哪一件尚不清楚。

[43]卡斯特尔维特罗(1576年),第72页。

[44]亚里士多德:《诗学》,15,1454b,10-11。——原注

此处参考的中译本是亚里士多德:《诗学》,陈中梅译注,商务印书馆1996年版,第113页。——译注

[45]依据亚历山大的斐洛:《论摩西有关创世的叙述》(*De opificio mundi*),4,上帝思想中的理念即为原型,没有理念,就无法创造出美的事物。——原注

此处参考的中译本是斐洛:《论〈创世记〉——寓意的解释》,王晓朝、戴伟清译,商务印书馆

2012 年版，第 15 - 70 页。

[46]《变形记》，3，158。——原注

此处参考的中译本是奥维德：《变形记》，杨周翰译，人民文学出版社 2008 年版，第 49 页。译文有改动。——译注

[47]《耶路撒冷的解放》，16，10。——原注

此处参考的中译本是塔索：《耶路撒冷的解放》，王永年译，人民文学出版社 1993 年版，第 550 页。译文有改动。——译注

[48]《物理学》，2，8，199a，12 - 13。这段中的"规则"（rules）和"完善"（perfection）术语不是出自亚里士多德，而是贝洛里自己的说法【参见潘诺夫斯基（1968 年），第 252 页，注释 34】。亚里士多德的原文是："假定一所房屋属于自然产生的事物之列，它的产生也会经过像现在由技术制造时所通过的那各个阶段；反过来，假定自然物不仅能由自然产生，而且也能由技术产生的话，它们的产生就也会经过和由自然产生时所经过的一样的过程。"【《物理学》，R. P. 哈迪（Hardie）和 R. K. 盖伊（Gaye）译，W. D. 罗斯（Ross）编：《亚里士多德全集》，第 2 卷，牛津，1953 年，第 199a 页】——原注

此处参考的中译本是亚里士多德：《物理学》，张竹明译，商务印书馆 1982 年版，第 63 页。——译注

[49]《斐多篇》，19，75 - A。

[50]《雄辩术原理》，2，17，9：艺术成就的所有事物均来自自然（Omnia quae ars consummaverit a natura initia duxisse）。引自尤尼乌斯（1991 年），第 15 页："艺术成就的所有事物，它们的初始都来自自然。"

[51]《智者篇》，136。

[52]公元前 5 世纪的古希腊哲学家留基伯和德谟克利特是原子论者，他们认为世界由无数不连续的原子在无尽虚空中偶然构成，这一理论与柏拉图和亚里士多德式自然观相反，后者认为自然是有限的、连续的，遵循某种宇宙模式。

[53]克里托拉奥斯是公元前 2 世纪的逍遥学派（Peripatetic）（即亚里士多德学派）哲学家。依据昆体良（《雄辩术原理》，2，15，23）的说法，克里托拉奥斯批评修辞学，将其视为单纯的"言说惯例"。

[54]阿古奇的《绘画专论》有类似的一段话，贝洛里可能知道这段话，并以其为引用来源："由此（即只会再现眼前之物的画家）而来的是，模仿自然而画的作品对大众而言很有吸引力，因为他们习惯于以这种方式再现的事物，对他们知道的事物的模仿让他们感到无比愉悦。"【马翁（Mahon）（1947 年），第 243 页】

[55]锡耶纳建筑师和画家巴尔达萨雷·佩鲁齐（Baldassare Peruzzi，1481—1536 年）。

[56]贝洛里此处暗指弗朗切斯科·博罗米尼（1599—1667 年）的建筑。

[57]《建筑十书》，7，5，3。维特鲁威批评的是被称为罗马绘画第四种风格的建筑式壁画，"曾经基于现实的模仿被如今不正确的品味蔑视"。

[58]公元前 5 世纪末的古希腊画家（普林尼：《自然史》，35，73 - 74；昆体良：《雄辩术原理》，2，13，12 - 13）。

第 1 章
阿尼巴勒·卡拉奇

伟大的拉斐尔用他高超的艺术将绘画之美推至顶峰，重现绘画曾有的古老荣耀，为绘画增添在古希腊罗马时期有过的光彩，从此，人们开始极度推崇绘画，仿佛它从天堂降临到了尘世。但尘世之物无法永远维持同一状态，已达到一定高度的事物总会在永恒的变动不羁中再次衰落。虽然艺术在自奇马布埃和乔托以来的 250 年漫长历史中不断发展，却也开始由盛转衰，曾经高雅的艺术女神变得低下和平凡。随着黄金时代的终结，绘画的各种形式快速消亡，画家则抛弃对自然的研究，用空想的样式主义（maniera）[1] 腐坏艺术，它基于艺术化创作，而非模仿。这个带给绘画以灭顶之灾的恶行萌芽于有名望的大师，进而根植于其后的各个学派。长此以往，画家的堕落程度之深，不仅相对于拉斐尔，甚至相对于样式主义的开创者而言也是如此。对绘画的赞美之声在如今的佛罗伦萨和整个托斯卡纳地区都已泯然不存，前者曾以绘画的摇篮自居，后者曾以众多专业画师闻名。罗马画派的画家不再关注古代或现代的范例，对那些有益的可取之物一概视而不见。即使是绘画传统残留最久的威尼斯，在最后一个真正的威尼斯画派画家丁托列托之后，却也和伦巴第[2]一样，早已不闻对色彩的赞赏。无论在意大利还是其他地方，再无称得上是画家的人。这听起来或许难以置信，因为从彼得·保罗·鲁本斯首个将色彩从外地带到意大利以来时日尚浅。[3]曾经重建艺术的费德里科·巴罗奇（Federico Barocci）在乌尔比诺才思枯竭，已无力挽救艺术。在这个动荡不安的漫长时期，艺术被划分为两个极端，一方完全基于自然，另一方则基于想象，两方在罗马的拥护者分别是米开朗琪罗·达·卡拉瓦乔（Michelangelo da Caravaggio）和朱塞佩·达·阿尔皮诺（Giusepe d'Arpino）[4]，前者对所见之物毫无取舍地原样复制，后者全然不顾自然，随心所欲，两人在当时都是名声在外的佼佼者，受到世人景仰。在这绘画面临生死存亡之际，群星之光照耀意大利，承上帝赐福，在博洛尼亚这个科学和学术之城将诞生一个伟大的天才，他让濒临灭亡的艺术重新崛起。这个人就是阿尼巴勒·卡拉奇（Annibale Carracci），我对他的介绍将以他得天独厚的气质为开始[5]，他的气质孕育了他的才华，使一般人难以兼顾的自然和艺术达至完美的融合。

关于阿尼巴勒的身世，其父安多尼奥·卡拉奇（Antonio Carracci）从故乡克雷莫纳（Cremona）移居到博洛尼亚，以做裁缝为生，勉力维持着家庭生计。在他的孩子中，大儿子阿戈斯蒂诺（Agostino）[6]从事绘画和雕刻，小儿子阿尼巴勒[7]从事金匠，也因此阿尼巴勒开始在他的堂兄卢多维科·卡拉奇（Ludovi-co Carracci）[8]那里学习绘画，并显现出极为出众的天资。卢多维科从他身上发现绘画才能，仿佛冥冥中有个伟大的老师在指导他，而这个老师就是充满智慧的自然。于是，卢多维科对阿尼巴勒悉心爱护，收他为弟子，教导他如何发掘这天赋。勤奋的阿尼巴勒立刻表现出强大的学习能力，他专注于自然之物的形式，将它们栩栩如生地描绘出来，这种寥寥数笔就能将所思所想具象化的能力在将来也会为人称道。

当阿尼巴勒还是个孩子时，这种高度集中力就已经帮了他大忙。有一次，他的父亲安多尼奥去克雷莫纳卖掉故乡的一小块农场，却在回博洛尼亚的路上被一群农民抢走了这一小笔钱。当安多尼奥去找当地执政官（podestà）报案时，人们惊讶地发现，陪同父亲的阿尼巴勒居然将那群偷钱农民的样貌和服装十分逼真地画了出来，每个人都能一眼认出画中人是谁，安多尼奥也因此轻松追回了钱财。认识到阿尼巴勒对艺术的专注后，卢多维科为了进一步磨炼他的技巧，准许他参与自己的某些作品，包括雷焦（Reggio）圣普洛斯佩罗教堂（San Prospero）圣器收藏室的马利亚和死去的基督[9]，在他不到 20 岁时完成的博洛尼亚圣格列高利教堂（San Gregorio）的基督受洗[10]，以及圣菲利斯教堂（San Felice）的基督受难与十字架下的圣母及圣徒[11]。如同羽翼丰满的雏鸟终将飞离鸟巢，阿尼巴勒不再满足于卢多维科的教导，科雷乔和提香的色彩已进入他的视野，他和阿戈斯蒂诺一起去了伦巴第地区。

他在帕尔玛全身心投入对科雷乔的学习，其影响可见于帕尔玛托钵僧教堂（church of the Capuchin Fathers）里精美的哀悼基督祭坛画[12]。画面中间是用裹尸布覆盖的死去的救世主，他被安置在坟墓底部。这具神圣的身体手臂下垂，肩膀靠在圣母的膝盖上；圣母坐在稍高处，右手抚着基督的面颊，在极度悲痛中支撑着基督的身体，向后背靠着石棺。画面深处是帮助圣母的圣约翰的半身像，他一只手朝向圣母，另一只手放在石棺上。他的右边是两个可以看见部分身体的天使，他们同情地从后边扶持着圣母，她苍白的脸庞歪向左肩，手臂无力地悬于坟墓之上，和基督一样毫无生气。和圣约翰同一边的下方是跪着的抹大拉的侧面，在基督背后哭泣的她双手交叉放在胸前，这个动作表现出她的悲伤。她对面是跪在地上的圣方济各，他向基督伸出双臂，朝向观者的视线引导着观者沉思这个悲痛的场景。圣方济各旁边是陷入悲伤和沉思的圣克莱尔（Saint Clare），她的左手置于右肩上，右手拿着圣餐的面包。画面上方的中间是一个坐在云中的天使，他怀中是倚在肩上的十字架，周围是天使们。人物的背景是黑色岩石，坐落其中的坟墓是一个雕刻精美的石棺，基督的圣体即放置在石棺底座上。很难明确判断在这幅学习科雷乔的画作中有多少是阿尼巴勒自己的创造，无论是人物的排布和动作，还是描线和填色，都有科雷乔的影子，这些在阿尼巴勒的笔下被调和在一起。当时路过帕尔玛的费德里科·祖卡里（Federico Zuccari）[13]对阿尼巴勒这幅年少之时完成的作品十分赞赏，声称阿尼巴勒将成为绘画界的领军人物，色彩仿佛在他对科雷乔的精神的承接中重获新生。

　　阿尼巴勒曾在拉努奇奥公爵（Duke Ranuccio）[14]的委托下画过几件作品，其中一幅是圣凯瑟琳（Saint Catherine）的神秘婚礼，画中的圣子坐在云端的圣母的膝上，圣子给跪着的圣凯瑟琳的手指戴上婚戒，一个天使扶着圣子的手臂。虽然天使和圣凯瑟琳不是全身像，但也遵循了同样的精确和理念。[15]在阿尼巴勒于帕尔玛所绘的习作中，尚有几幅他的临摹作留存于罗马的法尔内塞宫，特别是其中的圣母加冕，在两幅大画布上是双手置于胸前的圣母和为其加冕的基督。科雷乔曾在圣约翰教堂（San Giovanni）的旧拱顶上画过这件作品，在教堂的拆除和重建后，切萨雷·阿勒图斯（Cesare Aretusi）对其进行了复制。[16]

　　阿尼巴勒结束在帕尔玛及伦巴第周边地区的逗留后，前往威尼斯去和阿戈斯蒂诺汇合，后者已先去了威尼斯从事雕刻版画，等待阿尼巴勒和他会合。阿尼巴勒在威尼斯见到了尚在人世的保罗·委罗内塞（Paolo Veronese）、丁托列托和巴萨诺（Bassano）。[17]在巴萨诺的家里，他被其高超的画技欺骗，竟伸手去拿一本画出来的书。对于以画动物而著名的雅各布·巴萨诺，阿尼巴勒在写于瓦萨里书上的边注中如此评价他：雅各布·巴萨诺是一个非常有才华的画家，远比瓦萨里对他所作的评价更伟大，这不仅因为他的作品十分精美，更因为他能做出古希腊画家的神技，欺骗动物甚至画家，我本人就是例证，我曾在他家里被骗过了眼睛，以至于使我伸手去拿一本画出来的书。[18]

　　对于丁托列托，他在给卢多维科的信中写道：在我看来，丁托列托在有些时候能与提香相提并论，其他时候就水准失常。他的意思是丁托列托的发挥并不稳定。我之所以在这里介绍阿尼巴勒对他人的评价，而不是阿尼巴勒本人的作品，是因为阿尼巴勒在威尼斯没有创作过任何作品，而是专注于对大师的画作的学习，这也让他获得了长足的进步。回到博洛尼亚后，他接受了为圣乔治教堂（San Giorgio）画一幅祭坛画的委托，他在这件作品中描绘了福音传道者圣约翰和圣凯瑟琳。底座中间坐着圣母和圣子，旁边是年轻的圣约翰，这依然是幅精心研习了科雷乔的上佳之作。[19]他也在圣方济各修道院教堂（church of San Francesco of the Conventuals）为博纳索尼（Bonasoni）阁下绘制了圣母升天祭坛画，墓中的十二使徒画像不知所踪。这幅祭坛画也是一件很有价值的作品。[20]卢多维科震惊于他的弟弟[21]带回来的色彩技法，完全抛弃了自己早期的基于普罗卡奇尼[22]的风格，从曾经的老师转为阿尼巴勒的学生，并模仿他的技法。紧接着阿戈斯蒂诺也回到博洛尼亚，如阿戈斯蒂诺的传记所说，他们创办了著名的卡拉奇学院，它被称作"求知学院"（Academy of the Desirous），因为其理念就是对所有事物的求知欲。[23]阿尼巴勒、阿戈斯蒂诺和卢多维科三兄弟各自的博学得以融会贯通，博洛尼亚的许多青年才俊都慕名前来，除了对自然的学习，还有比例、解剖、透视和建筑。卡拉奇兄弟逐渐声名鹊起，三人经常一起被委托各种工作，其成果都获得了极大赞赏。在法瓦（Fava）阁下的府邸中，他们一起绘制了两件饰带画（frieze），分别是伊阿宋的冒险[24]和埃涅阿斯（Aeneas）在意大利建功立业[25]。后者被分成12幅画，根据维吉尔的描述，以西侬（Sinon）的故事为开始。在那些相对而言更好的构图中，对战哈耳庇厄（Harpy）这一场景被认为出自阿尼巴勒之手。一只长着翅膀、有着女人的脸及上半身的哈耳庇厄拖着尾巴，在掀翻的桌子旁边一只手拿着偷来的食物，另一只手挡在头上，哀叫着躲避背后一个举剑要刺她的士兵。不远处，另一个士兵抓住打算飞走的另一只哈耳庇厄。画面深处是坐着的安喀塞斯（Anchises）和其余正在制服这些邪恶怪物的特洛伊士兵。除了这幅画，阿尼巴勒还创作了一幅波吕斐摩斯（Polyphemus）大战特洛伊舰队的作品。海面上浮现出巨人的上半身，他狂暴地折断一棵巨大松树的动作显示出他高大的身形和无穷的力量。这些画作之间是用明暗法画的壁柱（pilaster），下面是一群正在攻击哈耳庇厄的裸体人像。完成这个工作之后，阿尼巴勒又和他的三个兄弟[26]一起在洛伦佐·马尼亚尼（Lorenzo Magnani）阁下的府邸大厅中画了另一件饰带画，这个作品奠定了卡拉奇之名在绘画各方面的地位，在色彩方面的成就更是在当时和现在都无人能与之争锋。这件饰带画由罗穆卢斯（Romulus）的14个故事组成，从母狼哺婴一直到升天成神。[27]在一幅画中，罗穆卢斯殴打努米托（Numitor）的牧人，后者在畜群里四散奔逃。一个人仰面朝天倒在罗穆卢斯的双脚之间，而罗穆卢斯正对着另一个向后看的人挥舞着大棒，旁边是一个似乎因为被打中而呻吟着以手护头的青年，这些人物都被画成动作逼真的裸体像。下一幅是双手反绑被带到努米托[28]面前的雷穆斯（Remus），前者从王座上向后者伸出手。然后是两兄弟刺杀阿穆利乌斯王（King Amulius），右边的罗穆卢斯扯着没戴王冠的阿穆利乌斯的额发，手中是出鞘的剑，左边的雷穆斯拽着阿穆利乌斯前胸的袍子，另一只手持剑捅向他的后背。另一个士兵从前面用长矛刺穿他，阿穆利乌斯整个人向后倒在王位上。紧接着是建造罗马城和用犁头给城墙选址，身穿铠甲的罗穆卢斯指挥公牛，划定城门所在处，好让农民移走犁头和推车，用土块填满城门所在处的犁沟。庇护所被描绘成位于卡比托利欧山（Campidoglio）悬崖和森林之间的偏远圣殿，画面前方是两个寻求庇护的人的半身像，其中一人一手拿剑，一手指向庇护所。这之后是强抢萨宾妇女，宴会上罗穆卢斯向士兵发出信号，一些人抓住女人的手臂，另一些将她们扛在肩上。被挟持的女人哭喊着，毫无还手之力地屈从于士兵的欲念和暴行。在画面中间，一个女人跪在地上，一手撑地，一个士兵从后面紧紧环抱着她，她用手抵着他的头盔，试图推开他，但士兵抓住她的手，使她的抵抗只是徒劳。其他人物都是站姿，而这个女人倒在地上，手臂的动作暴露出她仅披一小片薄纱的胸脯和乳房，披头散发地歪向一边的脸上满是痛苦。随后是身着盔甲的罗穆卢斯向朱庇特献上从阿克朗王（King Acron）那儿掠夺来的战利品。后面则是罗马人和萨宾人之间的战争，一个倒在地上的虔诚的女人头发飘舞，胸脯裸露，怀中还抱着一个婴儿，阻止她的兄弟杀死她的丈夫。再后面是塔提乌斯（Tatius）因未惩罚杀死他们的密使的凶手，在拉维尼（Lavinium）被劳伦廷人（Laurentines）弑杀献祭。他跪在祭坛前，一个士兵用长矛刺穿他的喉咙，另一个一边抓着他的肩膀，一边将匕首对准他的胸膛。罗穆卢斯虽然也跪在祭台前，却得以被赦免。其后是征服维爱（Veii），被俘的无能的老首领被众人耻笑，他穿着紫色的袍子，像个小男孩一样脖子上挂着垂饰，走在他前面的是吹着喇叭的传令者。这之后是罗穆卢斯称王后在罗马城墙上巡视，前有执政官，后有士兵。他穿戴华丽，全副武装，身披紫色战袍，头戴一个顶部由黄金制成的头盔。最后是罗穆卢斯在普罗克洛斯（Proclus）的见证下升天为神，他穿着盔甲现身于空中的景象表明他已升天，普罗克洛斯展开双臂跪在地上，以惊奇的眼神向他表达崇敬之情。

这些叙事性绘画（istorie）是仿架上画制式（quadri riportati），中间用坐着的裸体人像隔开。这些裸像位于横梁托架下方，仿佛支撑着天顶一样双手举在头顶上，脚边穿插着普托（putto）[29]和小萨提尔，他们举着悬挂在画幅和涡卷饰下面的花彩缎带。在每幅画的上方都有三个穿梭来去的嬉戏的小男孩，从画的左右两边伸手去够用作装饰的怪面人头。这件饰带画明显比上一件饰带画有进步，无论在构思、熟练度还是色彩方面都远胜上一个，被认为是阿尼巴勒及其兄长们一起创作过的最好的壁画。在整个作品中，卢多维科和阿戈斯蒂诺受到和阿尼巴勒同等的赞赏，这是很令人惊奇的。之前一直从事雕刻的阿戈斯蒂诺拿起画笔后，表明自己相对于雕刻家而言，是一个更成功的画家，而卢多维科也在抛弃了旧时卡米洛·普罗卡奇尼的风格后，以新风格迅速成长。简言之，三个人都获得了极大的成就，难以分辨谁更胜一筹，他们的风格和创作十分和谐，以同样的才能创作出同样的绘画。除此之外，阿尼巴勒的品格被认为起到极大的作用，因为他既不善妒也不求名，只是在以学院为优先的前提下，和其他二人一起进行创作。这是作为创始人和榜样的阿尼巴勒才有的优点，其他二人都要依靠他的指点和教导。这个可以从阿尼巴勒离开后他们的经历看出来，阿戈斯蒂诺又回归雕刻行业，而卢多维科曾经拥有的才能逐渐消失。阿尼巴勒在博洛尼亚也创作了其他著名作品。卡普拉里宫（Palazzo Caprari）小教堂的一幅作品描绘了被天使环绕的圣母，下面是远方的博洛尼亚城。[30]他在桑皮耶里宫（Palazzo Sampieri）一个房间的拱顶上画了一幅美德女神指引赫拉克勒斯的壁画[31]，在另一个房间画了被雷电击中的巨人[32]。在安杰莱利宫（Angelelli palace）的小教堂里可以看到他画的一幅基督复活图，阿尼巴勒本人对这幅画也十分满意，在画里签下了他的名字：ANNIBAL CARRATIVS PINGEBAT. MDXCⅢ（阿尼巴勒·卡拉奇所画，1593 年）。[33]画中的基督在一片光芒里升天，周围环绕着将云层拨开的天使，基督以一种安宁和胜利的姿势举起右手，左手拿着十字架的胜利旗帜。守卫们在震动中惊恐地从睡梦中醒来，一个旗手在这突然的颠簸中想要站起来，他一只手挡在身前，另一只手拿着旗帜。在前景中，一个仰躺在地上睡觉的守卫把手臂垫在脖子下面，枕在他的箭袋上，另一个人趴在坟墓石板上，头枕在双臂间睡得正熟，丝毫没有注意到从仍然神奇地封闭着的坟墓中升起的基督，更远处的一个人指着那依旧密封的大理石墓盖。色彩的力量在这件作品的每个人物身上都被发挥到极致，在夜晚的阴影和白昼的亮光之间是一片遥远的风景背景。依据这幅画所有者的商人[34]的账簿，阿尼巴勒收到的报酬是一大堆谷子、葡萄酒和钱币，在真正能以画谋生的圭多·雷尼（Guido Reni）之前[35]，这是那时的画家能从吝啬的博洛尼亚人那儿获取的仅有的报酬。同时，阿尼巴勒也给雷焦的圣洛克兄弟会（Confraternity of Saint Roch）画了一幅圣母升天图[36]，随后又画了一幅布施图的大型叙事性绘画[37]，圭多·雷尼还依照这件作品临摹了一幅蚀刻版画[38]。圣洛克位于画面一边的庭院门廊处，他站在较高的平台上，出于对基督的敬爱而散尽钱财。他侧身而立，一手拿着敞开的钱袋，一手分发钱币。在他下方，抱着孩子的穷人们踮着脚尖、伸着手争先恐后地往前挤，其中一个挤在前面的女人拿着碗接受圣洛克的施舍。在后面，一个盲人一手拿着中提琴和琴弓，一手扶着一个小男孩的肩膀，小男孩伸出一只手臂往前挤，另一只手还拉着后面盲人的衣角。这些人都站在两级高的台阶上，一个母亲正抱着小孩下楼梯，她一只脚踩在地面上，环顾其他拿到救济的穷人，环抱儿子的手里紧握装得满满的钱袋，平静的步伐和举止显示出她已经接受了布施。圣洛克的下方是一个光着膀子、孔武有力的年轻人，他用手推车载着一个残疾人，抓着车把手往前推，年轻人的健康和活力反衬出残疾人虚弱的四肢和毫无生气的脸庞，后者仰面躺着，一条腿伸在前面，一只手悬在车边，虔诚地拿着念珠。他们旁边是另一群拿到救济的穷人，前面一个伸展四肢坐在地上的女人靠在庭院的石头上，一边数手上的硬币，一边在下面用碗装硬币，同时漫不经心地看着推车里的残疾人。她后面是一个能看到膝盖以上部分的男人，他弯腰靠在石头上，用手指点数硬币。近旁有一个父亲背靠这个人坐着，他光着两条腿，可以看见交叉的双腿的侧面。他悠然自得地看着一个小男孩，后者一只手放在他腿上，快乐地向他展示另一个手心里的一枚斯库多（scudo）。[39]同时他手上还扶着另一个坐在石头上的婴儿，这小娃娃孩子气地拉起衣服来装钱币，眼睛还看着他哥哥手中的斯库多。一个在胸前攥着钱袋的小女孩也停下来热切地看着小男孩。还有很多对乐善好施的圣洛克表示崇敬之情的其他人物。阿尼巴勒在画面中表现了各种情感，创作出由一组极逼真的动作构成的场景，这是他最擅长的东西，而他对色彩的运用使每个人物都栩栩如生。在同一个城市的一座天主教堂里，他为公证人会堂（College of Notaries）绘制了一幅他们的守护圣徒圣路加（Saint Luke）画像，画中还有圣凯瑟琳、上方的圣母以及其他隐在云中的圣徒的半身像。因为小教堂里比较昏暗，这幅画被移到中间唱诗班的位置，时至今日去伦巴第的旅游者都会去那儿欣赏这幅珍宝级的画作。[40]在圣普洛斯佩罗教堂，他在商人行会小礼拜堂里画了圣母在膝上抱着年幼的圣子，圣方济各虔诚地吻圣子的脚，另有施洗约翰和作为公会守护圣徒的圣马太（Saint Matthew）。如今这幅画和圣母升天图、圣路加布施图等珍贵画作一起，藏于摩德纳最有威望的公爵的宫殿[41]，原处则替换上临摹品。最后，在博洛尼亚，阿尼巴勒为圣卢多维科修女会（sisters of San Ludovico）画了圣母在天使的簇拥下升天，画中还有圣方济各、圣安东尼、施洗约翰和下方的一个主教。[42]在圣体教堂（church of the Corpus

Domini），他在赞贝卡里家族（Zambeccari）礼拜堂里画了一件小幅的浪子回头，画中是浪子和在门前迎接他的父亲，以及其他一些人物，远景是一座桥和树木，这幅画在色彩和其他方面的完美程度同样无人能及。[43]

阿尼巴勒在很长一段时间里一直渴望能去罗马，那是汇聚了最崇高的精神的人文主义发源地，拉斐尔的名望和古典时期艺术强烈地吸引着他。这个想法在结识了帕尔玛公爵后变得越发强烈，此时的他早已在帕尔玛乃至整个伦巴第地区都无人不知。因此，当红衣主教奥多阿尔多·法尔内塞（Odoardo Farnese）[44]希望用绘画来装饰罗马的法尔内塞宫长廊和一些房间[45]时，阿尼巴勒受召去完成这项工作。来到罗马后[46]，他以公爵之名向主教呈上一幅他在帕尔玛画的圣凯瑟琳[47]，受到主教的热情款待。主教以官吏所享有的待遇招待他，给他及其两个助手每个月 10 个斯库多和其他“配给”（portions），这是罗马地区对每天发给宫廷官吏的面包和葡萄酒的称呼。在他为宫中礼拜堂绘制的画中，一个迦南妇人（Cannanite woman）俯卧在基督面前恳求他，手指着正在吃面包屑的狗，而基督用手安抚她，赞赏她的坚定信仰。他们背后是一片树木和远景的乡村建筑。这幅画在如今的处境中将难以保存下去，实在令人遗憾，因为它是一件如此美丽的作品。[48]阿尼巴勒在罗马被前人的博学所震撼，全身心地投入对艺术的沉思默想。阿戈斯蒂诺去罗马帮助阿尼巴勒在宫殿长廊[49]的创作。有一天，在其他人的陪同下，阿戈斯蒂诺正在称赞前人关于雕塑的丰富知识，喋喋不休地赞美拉奥孔雕像群[50]，发现一言不发的阿尼巴勒其实根本没注意他在说什么，便指责阿尼巴勒竟不会欣赏这样了不起的雕像。当阿戈斯蒂诺继续在他人的专心聆听下高谈阔论时，阿尼巴勒转身在墙壁上用炭笔精准地画出了那个雕像，仿佛它就在眼前一般。大家都被他的所作所为惊呆了，阿戈斯蒂诺不得不停下嘴，承认阿尼巴勒比他更懂得如何表现那个雕像。当阿尼巴勒准备离开时，他笑着对阿戈斯蒂诺说道：“诗人以话语作画，画家以作品为辩。”他巧妙地从不止一个方面回敬了自尊心受挫的阿戈斯蒂诺，因为后者总是卖弄文采，以诗人自居。此时也在红衣主教法尔内塞那儿供职的加布里埃莱·伯巴西[51]派人去雷焦取卢西奥·马萨里（Lucio Massari）依照大教堂的圣凯瑟琳像所画的临摹品[52]，他是卡拉奇学院的学生，非常擅于临摹他们的作品。[53]阿尼巴勒亲自把这幅画改成圣玛格丽特（Saint Margaret）像，这件作品现位于弗纳里圣凯瑟琳教堂（church of Santa Caterina de'Funari）的第一个祭坛。[54]圣玛格丽特一只手臂倚靠在刻有 SURSUM CORDA（提升你的心灵）的大理石基座上，一手指向天堂，另一只手拿着棕榈叶，膝上放着一本书。她姿势优美地将脸朝向亮处，曲起的膝盖上覆着阴影，一条龙躺在她脚边。这幅画装在祭坛上之后，许多画家都慕名而来，在各色评价中，米开朗琪罗·达·卡拉瓦乔在长久的驻足审视后，转头说道："我很欣慰，终于在有生之年发现了一个真正的画家。"言下之意是他从中看到了在罗马和其他地方都消失已久的高超的自然主义风格。阿尼巴勒为祭坛设计了镀金的木制装饰，祭坛正面是基督为圣母加冕[55]的两个半身像油画。同时他还在准备长廊的作品，因为在完成这个作品之前，他还中途为这个宫殿的书房（Camerino）画了壁画[56]，所以我将先介绍后者。除了对画面的具体描述，我还将详细论述其中最值得探讨的阿尼巴勒对道德的关注——据说他本人就是个极富道德感的人——还有阿戈斯蒂诺的博学，以及阿尼巴勒的朋友、著作等身的高级教士乔凡尼·巴蒂斯塔·阿古奇（Giovanni Battista Agucchi）[57]阁下提供的帮助。

　　阿尼巴勒和古代艺术家一样为了智慧而创作，如古希腊人般将绘画和哲学相结合，尤其是萨索斯岛的波利格诺托斯（Polygnotus of Thasos），他在雅典卫城柱廊的著名作品让芝诺经常从中找到能用以教授门徒的课题。[58]在这个书房中，壁画四周环绕着画出来的灰泥装饰，阿尼巴勒遵从古代诗人的智慧，创作出各种道德化的图像，用精美的作品表现美德女神的一举一动。

美德女神像

岔路口的赫拉克勒斯[59]（见图 1 - 1）

　　智者普罗底库斯（Prodicus the Sophist）[60]为了将易受感官享乐欺骗和引诱的年轻人导向美德，说过一个理智和感官之争的隐喻故事。他笔下的赫拉克勒斯是一个从小便独立自主的年轻人，正当他同时受享乐的诱惑和正直的引导时，面前出现了两位女士，她们是美德女神和享乐女神，都劝说他跟随自己。阿尼巴勒用画笔对这个故事进行了丰富的再创作，将这首诗歌升华成一幅画作。在这件位于书房拱顶正中间的作品中，坐着的年轻人赫拉克勒斯陷入沉思，他在两条路的岔路口驻足不前，不知哪条路才是正确的选择。他坐在中间的一块大石头上，右边是抵着地面的大棒，右手臂靠在布满节疤的大棒上，左手则放在棒子的把手上，在一种非常优美的平衡造型中，右脚往后伸，左脚往前伸。无论相对于色彩还是整个身体而言，对四肢的描绘都符合自然主义的模仿，同时还有对思想中的忧虑的表现，这个强壮的年轻人不是因为虚弱或疲劳靠在大棒上休息，而是因为他在思考。在两个女神的劝诱间摇摆不定的他停下了脚步。一个女神指给他看右边那山路崎岖难行但能通达有着苍翠景色的秀美山峰，带翼的珀伽索斯（Pegasus）为他指明登天之路，但他的脚下将是布满乱石和荆棘的寸草不生的险路。我们可以看见这个高贵女神的正面，随意扎起的绕在头上和额角边的头发在身后散开，勇猛果敢是她唯一的饰品。她左手持一把匕首或军用刺刀，掀起她红色披风的一角，以便去攀爬险峻的山峰，向前迈出的右脚没有穿鞋。除了举起的裸露的右手臂，她其余的身体部分都隐藏在束腰外衣和斗篷下。她向后看向赫拉克勒斯的眼神和指向宏伟峰顶的手势仿佛在说："站起来，跟随我，克服重重困难，我将赐予你尘世的荣光，让你和群星比肩。"美德女神的登山之路代表的是高尚的行为，行为必须在说教之前，这样才能正确地引导思想。左边的另一位女神双手为赫拉克勒斯展示那条平稳的捷径，路口有象征享乐、音乐和玩乐的怪面人头面具、纸牌和铃鼓。[61]她以后背示人，两手伸在身前，微笑着的诱人脸庞朝向赫拉克勒斯。从肩膀垂到双腿的透明披纱在微风中飘动，优雅地微微遮住赤裸的后背。透过披纱能看见她赤裸的四肢，一件在她左边打了个结的黄色褶裙诱惑地在身后飘扬。她的卷发优雅地在头上一圈圈编成王冠式样，穿着精巧鞋子的双脚踩在装点着娇嫩玫瑰和青翠树木的道路上。她受奢华和愉悦的滋养，呼吸怡人的芬芳，诱人的脸庞朝向赫拉克勒斯，仿佛在向他许诺，踏上这条平稳的道路的话，一定会是安全舒适的生活。但赫拉克勒斯仍然不为所动，脸上的表情暗示他将在深思熟虑后做出决定。可以明确看出美德女神将赢得这场博弈，因为尽管赫拉克勒斯在聆听享乐女神的声音，他的眼睛却看向美德女神，仿佛他的思想已经同意且惊叹于美德女神的力量：这幅画中蕴含的生命力就是如此充沛。在画面下方一角的美德女神脚边，有一个头戴月桂冠、裸露着上半身的诗人的半身像，他斜靠着坐在地上，一只手举着本书，面朝赫拉克勒斯，承诺只要赫拉克勒斯跟随美德女神的脚步，他就会一直用荣耀和不朽的史诗歌颂英雄赫拉克勒斯。还有一处能看出阿尼巴勒的智慧，在赫拉克勒斯的背后有一棵枝叶茂密的棕榈树，预示着他将来的伟大成就。在他粗犷的外表中暗含的是英雄的力量，明确表明他不会屈从于感官享乐的诱惑，而且美德女神的红色斗篷和紫色束腰外衣代表着神圣的勇猛之力，享乐女神穿的黄色布料则警醒我们享乐多么易于衰弱和消逝。

这件作品是一幅位于拱顶正中间的布面油画，像书房的其他作品一样，其横向的两边各有一幅椭圆形壁画[62]，其中一幅画的是赫拉克勒斯背负世界，另一幅则是休憩的赫拉克勒斯。

赫拉克勒斯背负世界

赫拉克勒斯背负世界，即赫拉克勒斯替年迈的阿特拉斯（Atlas）背负世界的神话[63]，展现了美德女神的力量及其信仰者的英勇。画面中间的赫拉克勒斯左膝跪地，拱着肩，右手从前面扶着背上的地球，左手从后背的后上方伸出并托着地球，两手一前一后紧扣着地球。他的姿态显示出无比的坚定和勇气，世界在他背上似乎更加稳定和安全，因为这个形象体现了赫拉克勒斯为人称赞的神力，肌肉发达的手臂和宽阔厚实的胸膛组成了能承受巨大重量的拱形。他四肢都裸露在外，肩膀上尼米亚猛狮的毛皮垂到股间并打了个结。这首诗歌提到赫拉克勒斯从阿特拉斯那里学习天文学，思考天穹和星辰的运行，这一内容在画中得到了极好的阐释。在赫拉克勒斯两侧各坐着一个天文学家，右侧的人一手拿着一个天体，观察行星的运行方式，侧脸朝向赫拉克勒斯，重心在左侧身体的坐姿显露出他裸露的右侧身体和后背，点缀着玫瑰色光芒的绿色服饰包裹着身体的其余部分。左侧的人同样是重心在左侧的坐姿，他左手持算盘，以修正右手拿着的罗盘，面朝赫拉克勒斯，观察星座并测量星辰运行的轨迹。他的胸膛和手臂都是赤裸的，手拿罗盘的同时手臂弯曲着置于膝上，黄色的披风从左肩经由股间垂到双脚。同样不能忽略的还有赫拉克勒斯的跪姿，不仅因为这样适合于他低位的负重姿势，更因为其中体现出的稳定性，跪着的姿势使他更易于在弯腰的时候找到垂直线上的重心，如果是站姿的话，他便无法长时间背负重物。根据低处灭点的位置，赫拉克勒斯位于中间，另外两人则在稍高处。在地球的重压下，他的动作使他看起来更庞大，举起的右手和向前伸出的右腿使以短缩法表现的呈圆形的大腿看起来变大了。相反的，跪在地上的左膝使其后的左腿和左脚只是一根简缩的线条。

　　回到画面的意义方面，它意指赫拉克勒斯和美德从对更高的宇宙事物的思考中获得力量，对宇宙的认识进一步指向对神的认识，这才是沉思的真正对象。

休憩的赫拉克勒斯

　　这一作品表现的是在朱诺仇恨的驱使下，赫拉克勒斯投入艰苦的十二伟绩征程，最后在疲惫中稍作休息。[64]他半歪着坐在一块大石上，一条腿伸直，另一条腿搭在石头上。休憩中的赫拉克勒斯丝毫不显虚弱之势，即使在这样平静的状态中，他也似乎充满着压迫感，随时可以征服奇珍异兽。他靠在左肘上，并不松懈的左手握成拳枕在脸颊下，右手握着另一边插在地上的匕首，尼米亚猛狮的皮毛覆在他的股间。疲惫的赫拉克勒斯眉目间仍然散发着暴戾之气，与怪兽的血战丝毫没有削弱他的锐气。他垂眼看着脚边英勇征程的战利品——雄鹿、野猪、金苹果，还有他战无不胜的武器——大棒、箭袋、弓。冥府三头犬被锁链拴在石头底座上，底座上刻着底比斯的斯芬克斯和一句希腊语：ΠΟΝΟC ΤΟΥ ΚΑΛΩC ΗCΥΧΑCΕΙΝ ΑΙΤΙΟC[65]，即辛勤地劳动才能酣畅地休息。这幅作品表现的是赫拉克勒斯达成诸多光荣功绩的动态行动，那幅赫拉克勒斯背负世界表现的则是静态的思想，二者都与人的美德和幸福有关，前者将美德作为其行动之目标，后者将美德视为思想之真理。埃及式的赫拉克勒斯代表力量，底比斯式的赫拉克勒斯则代表智慧。

拱顶上这两幅椭圆形壁画的后方是两幅扇形画，分别在房间两头，画的是同样的道德观下尤利西斯的故事，即从恶德之中得以治疗和解放。

解放者尤利西斯

这件作品描绘的是一个关于智慧的诗篇，即尤利西斯在归程中来到居住着邪恶女巫喀耳刻（Circe）的艾尤岛（island of Aeaea）[66]，在墨丘利药草的帮助下战胜喀耳刻的咒语，救下了自己和被变成野兽的同伴[67]。让我们把荷马描写的其他人物暂搁一边，先把关注点放在遭遇女巫和危险怪兽的智慧的尤利西斯身上。散发出诱惑力量的喀耳刻坐在白色大理石制成的卵形长榻上，上面雕刻着放荡嬉戏的维纳斯和朱庇特。她上身直起，双腿在及脚的紫罗兰色长袍中轻盈舒展，脚穿金色凉鞋。但真正表现出她的优雅的是在伸展的身体侧影中显露出的半裸胸脯，一边乳房裸露在外，背后闪着光的绿色外衫叠在双臂下，包裹着膝盖。她的右手拿着威力无比的魔杖，但并没有骄傲地举起它，反而低垂魔杖，以便在这些旅人面前隐藏自己的力量，只待他们饮下药水，便立刻施展她的魔力和诡计发动攻击。因此，虽然她垂下拿着魔杖的右手，枕着外衫的左臂却放在装满毒药的容器上，左手向一脚踏在长榻底台、正准备接过毒药的尤利西斯奉上酒杯。阿尼巴勒用了一种非常巧妙的方式描绘尤利西斯背后墨丘利的灵巧姿势，他一只带翼的脚悬在空中，伸手将药草从杯沿放入杯中。假使画中的墨丘利没有带翼头盔和手杖，我们仍然可以依据他的动作和面庞辨认出他的身份，所以他被置于画面深处的阴影里，他的头部却被清晰地突显，视线专注地投向手中的任务。他灵敏而隐蔽的动作让人不禁觉得他是在干最恶劣的偷窃勾当，然而实际上他的行为是出于高尚的目的，是为了治愈而非传播恶德。接受了墨丘利忠告的尤利西斯也表现出同样的智慧，以抵御诡计和拯救同伴。他身披一件扣在两边肩膀上的提尔式斗篷，从胸口绕到身后，掩在斗篷下的左手臂夹着长矛，斗篷下是装饰繁复、镶着金边的绿色皮制胸甲。地上躺着一个已被变形成长着猪脸的尤利西斯的同伴，他仍为人形的后背及其他身体部分朝着画面外。一道走廊通向曾是艾尤岛的喀尔刻海岬，虽然海岬上遍布岩石和毒草，女巫却用魅惑法力在上面变幻出树木苍翠的山丘。荷马借由这个神话，暗示愚蠢的人的灵魂在喀耳刻统治的世界将被变成野兽之躯，而明智的墨丘利的帮助使尤利西斯幸免于难。

被缚于桅杆上的尤利西斯

另一幅壁画表现的是尤利西斯的船队路过塞壬的海岛，她们会用美妙的歌声引诱过路者并残忍地杀害他们。渴望一听海妖歌声的尤利西斯先用蜡塞住同伴的耳朵，又命令他们把自己绑在船的桅杆上，好让自己不被塞壬美妙但危险的歌声吸引去。画中尤利西斯背在身后的双手和双脚都被牢牢绑在桅杆上，不耐烦地想要挣脱束缚。他抬起一只脚，摇晃他的镣铐，面朝正用甜美的歌声对他发出邀请的危险的塞壬姐妹。桅杆后面是露出部分身体的举着盾牌的密涅瓦，她把手放在尤利西斯的肩膀上，好帮他抵挡诱惑、克制自己。不远处的海岸上，塞壬正在放声歌唱，她们虽然上半身是妙龄少女，却有着带翅膀的肩、长满羽毛的腿和猛禽爪子般的双手。一个伸长脖子的船员一手拿着长矛，另一只手举在耳边，也想要听一听那禁断的音符。舵手坐在船头，手握船舵，脸朝向尤利西斯，仿佛在询问他到底是怎样的歌声。除了这些人，还有打着赤膊正全力划船驶离那臭名昭著、白骨累累的海岛的划手们。通过这个神话，荷马告诫人们，要想避免灾祸和不幸，就必须不听从感官享乐的诱惑，而用理性的桅杆绑缚自己[68]，一手持盾牌、一手扶着尤利西斯肩膀的帕拉斯即代表抵抗享乐诱惑的谨慎。在金色的船身上雕刻着坐在海马拉着的二轮战车中的海神尼普顿（Neptune），四周飞溅的水花中环绕着海神特里同（triton）和海仙女涅瑞伊得斯（nereid）。船首的铁嘴被制成一个恐怖的女神模样，她双手双脚覆盖着鳞片，辫子绕在她骑着的海豚身上。

书房里另有两幅扇形壁画，正对朝向宫殿庭院的窗户，分别是孝顺的卡塔尼亚兄弟（Catanian brothers）和珀尔修斯割下美杜莎之头，即对恶德的惩罚。

安菲诺莫斯和阿纳皮乌斯

当卡塔尼亚城（Catania）遭受埃特纳山（Mount Aetna）的大火肆虐时，安菲诺莫斯（Anphinomos）和阿纳皮乌斯（Anapius）两兄弟带着父母毫发无伤地逃离了火焰，人们因他们令人敬佩的孝心而称他们为 Pii（忠诚之人）。画中表现的正是这两兄弟的故事，其中一个人出现在画面中间，他全身赤裸，只在股间绕着一块布。他肩扛父亲，浑身表现出孝顺的品质，同样未着一缕的父亲靠在儿子坚实的后背上，右手放在这强壮的年轻人胸上，左手放在他肩上。

儿子弓着背，从两侧牢牢扶着父亲，左手臂伸到背后，将老人的大腿紧扣在身侧，举起的右手臂从另一侧环抱父亲。右方的远景里是跟在他身后的另一个兄弟的侧影[69]，他双臂环抱母亲的大腿，将她紧紧抱在胸前，她整个人挂在儿子的肩膀和脖子上，伸长双手，头发在风中飞舞，脸上满是惊恐的表情，脸庞苍白，颤抖地呼喊着上天保佑，面朝她的丈夫徒劳地安慰着她。他们将被烈火吞噬的家园废墟远远甩在身后。害怕和恐惧只见于软弱的女性，男性身上则是坚定和希望。画面左边是躺着的波吕斐摩斯，身旁是他的排箫和畜群，而天空在燃烧的山火的映照之下，灰烬如雨，火光四射。[70]

惩罚美杜莎

在埃塞俄比亚之海（sea of Ethiopia）的戈尔加第岛（Gorgadi isles）上住着戈尔贡三姐妹，她们是海神福耳库斯（Phorcys）的女儿。其中最美丽的是美杜莎[71]，她傲慢地认为自己的美貌和秀发凌驾于帕拉斯之上，愤怒的帕拉斯将美杜莎的金色头发变成恐怖的蛇，将她毁容成任何人只要看一眼就会石化的恐怖之相。朱庇特和达娜厄之子珀尔修斯被派去取美杜莎的头颅，墨丘利和密涅瓦分别赠他以带翼的飞靴和闪闪发光的盾牌，他可以从盾面上像照镜子一样看见美杜莎的倒影，从而安全地趁美杜莎熟睡之时袭击她。看哪，勇敢的珀尔修斯正左手攥着她蛇形的头发，右手中的宝剑已抵在可怖的戈尔贡的喉咙上。他没有直接面对面地看她，而是紧盯从旁协助他的帕拉斯手里的盾牌。他未着片缕，只头戴伏尔甘（Vulcan）打造的隐形头盔，双手轻盈地在身前行动，同时遵循帕拉斯的旨意，把脸转向一边，手持长矛保护他的帕拉斯在他面前举着映照出美杜莎娜恐怖身姿的盾牌。仅仅看见美杜莎在盾牌上的镜像，都足以让高贵强大的珀尔修斯畏惧地皱起眉头。站在二人中间的墨丘利因身为神而免受美杜莎视线的侵害，但也不禁为了避免看见美杜莎而面朝帕拉斯。美杜莎本来和姐妹们一起在遍布乱石、寸草不生的荒野上熟睡，却被出其不意地抓住头发，并且被剑抵住喉咙。她僵硬地坐在石头上，眼睛和嘴巴在恐惧中扭曲变形，张开双臂想要逃走，她头上的蛇群也随她一起惊醒过来，嘶嘶作响地缠绕着珀尔修斯的手。从这个神话的道德观来看，代表理性的珀尔修斯借用帕拉斯的盾牌，谨慎地把控自己，砍下代表恶德的美杜莎的头，而那些不假思索、只会直视恶德的人就会被变成石头。

在这幅画及其他作品中，我们可以发现一些错时论的例子。这是阿尼巴勒经常使用的手法，比如，墨丘利并不在场，也没有往喀耳刻的魔药里撒解药，因为在荷马的文本里，墨丘利把药草给尤利西斯后就飞走了；再比如，密涅瓦也没有伸手去阻止绑在桅杆上的尤利西斯，使其免受塞壬之歌的诱惑。阿尼巴勒这样构图是为了表现诸神的协助，诗人可以在不同时间段里描述多个行为，而画家必须将其凝缩为一个时间段里的单一动作。同样的，在珀尔修斯的神话中，墨丘利应当在之前就已赠剑于珀尔修斯，阿尼巴勒却将墨丘利安排进这个美杜莎的斩首场景之中，不过，拿着盾牌的密涅瓦的在场可以看作阿尼巴勒参考了琉善的版本。[72]画家有权在创作中应用错时法，或是将多个行为和时间压缩成历史或神话的一个瞬间。诗人能轻松地通过叙述去表达的东西，画家能将其展现为画幅的一瞬之间。此时的画家已然成了一个创造者，将他人的创作加工成自己的新创作，既加深了原作的内涵，又精简了原作的形式，营造出最完美的效果。在这些作品中，阿尼巴勒分别借由赫拉克勒斯、尤利西斯和卡塔尼亚兄弟的故事，向世人阐释了何谓动态的行动和静态的思想，如何治愈和避免恶德，以及何为连火焰都要为之绕道的伟大的美德力量。他最后呈现的是人和神一起惩罚作为恶德化身的美杜莎，她的傲慢和不敬使她妄图将自己置于神之上。这个主题的壁画确实适合放在亲王的房间，使他随时可以看见值得称颂的美德榜样。阿尼巴勒的隐喻性作品不是创造新故事，而是从已为人熟知的诗人的神话中选取主题，以达到惩恶扬善的最终目的。他主要以 3 种方式来运用修辞：第一种，将美德和恶德做对比；第二种，单独表达美德之善；第三种，单独表达恶德之恶。第一种方式可见于感官和理性之岔路口的赫拉克勒斯，以及在墨丘利和密涅瓦的协助下打败喀耳刻和塞壬的尤利西斯；第二种方式可见于赫拉克勒斯的英勇事迹和休憩、孝顺的卡塔尼亚兄弟的美德；第三种方式可见于惩罚美杜莎并割下她丑陋头颅的恶德。上述作品的装饰除了真正的镀金灰泥画框，作品之间另有画出来的灰泥浮雕（fictive stuccoes）的萨提尔、普托、叶饰和其他饰物，以装饰整个房间的拱顶，从下方窗户倾泻进的光线使拱顶的装饰清晰可见。阿尼巴勒将赫拉克勒斯的十二功绩画在树枝状装饰（rinceau）的圆形画中，象征法尔内塞家族的百合花镶嵌其中。在拱顶的四角是正义（Justice）、谨慎（Prudence）、节制（Temperance）和勇敢（Fortitude）四美德。在每幅神话主题的扇形壁画上方，阿尼巴勒增添了小型人像的镀金椭圆形壁画，象征着追随美德的人最终将获得的幸福和名誉。这些画出来的灰泥浮雕都极其精美，从底下细看的话，在创作者的精心设计下，它们与空气及柔和的光线和谐地融合在一起，因而不仅看起来栩栩如生，更是超越了我们通常所说的叶形装饰。这些神话壁画中的人物高约 4 掌（palmi）[73]，除了两幅较大的椭圆形壁画中的赫拉克勒斯是高约 6 掌。但在结束对书房壁画的讨论并转向长廊之前，这些画要求我们应当是留心且机敏的观者，对画作的鉴赏应深入其深层含义，而非停留于表面形式。这样的观者不会轻易满足于对画面的一瞥，而会倾听色彩无声的雄辩术，因为绘画的力量不会被眼睛束缚，而是能渗入思想。那些只是视线随意掠过最杰出艺术家的作品的人无疑会损害其中的美，面对这些高雅的画作时，他们仿佛在宴会上一样，仅仅满足于用眼睛去感受色彩的绚丽，评判装饰的繁复。无怪乎在大多数情况下，那些被作品的盛名吸引前去观赏的人很快就不满地离开，丝毫没有注意到作品中任何完美性，此中缘由无非是过于信任他们的第一感受，更是因为他们粗鄙的思想不足以欣赏美的事物，只会推崇那些他们认为是美、实则徒有其表的俗物。在他们身上发生的这种情况和一个去罗马学习拉斐尔作品的人一模一样，此人直奔梵蒂冈宫，进了长廊后像没头苍蝇一样到处找拉斐尔的画作。当别人指给他看穹顶上的壁画时，他抬头盯着上面那些小幅叙事性绘画，说道："我竟然专门跑来罗马看这种小画！"然而，就像拉斐尔和阿尼巴勒不是为了这种人而画一样，我们的艺术史也不是写给他们看的，当这些人走进这间书房时，他们无法理解这些小画幅的作品和其中描绘的人物情感。对这间美丽书房作品的分析可以帮助我们更好地理解接下来将要进入的长廊神话壁画的无声诗意。

法尔内塞宫长廊

长廊坐落于法尔内塞宫西侧，以安多尼奥·达·圣加洛（Antonio da Sangallo）的建筑为基础[74]，由贾科莫·德拉·波尔塔进一步设计。长廊长约 90 掌，宽约 28 掌，两边的侧墙沿边分部着方壁柱（flat column），这些壁柱支撑着檐板（cornice），互相之间分割出 7 个隔间，其中 3 个较大的隔间宽 9 掌多，其余 4 个较小的墙面宽不到 7 掌，3 个较大的墙面分别被夹在两个较小的墙面中间。在檐板以上的墙面上，阿尼巴勒绕着拱顶画了一件高约 14 掌的饰带画，并且用明暗法画了和饰带画等高的壁柱，这些画出来的壁柱就在真正的壁柱正上方。在 3 个较大的间隔部分，阿尼巴勒绘制了高约 8 掌、宽略不足 8 掌的彩色仿架上画制式壁画，带有画出来的灰泥装饰外框。在 4 个较小的间隔部分，他画的是直径约 6 掌、同样有四方形灰泥装饰外框的青铜色圆形浮雕画。在这些方形壁画和圆形壁画之间，还穿插着非常精美的仿灰泥浮雕的人像，他们上半身是人类，下半身简化为仿古形式的矩形。这些人像位于壁柱前面的底座上，仿佛在支撑着拱顶，有的人像头上还有托着上面装饰的壁架托。这些人像的底部是同等数量的彩色裸体年轻人像，他们面朝圆形壁画，手里的花彩（fastoon）环绕着各式人头像。为了使饰带画更加富有装饰性，不使方形和圆形壁画的序列看起来过于单调，阿尼巴勒将中间那幅方形壁画替换成宽约 18 掌、高 9 掌多的带镀金画框的更大画幅，这幅画的巨大尺寸使其几乎挡住了两旁圆形壁画的一半，因而画幅排列极其多变，具有极强的观赏性。长廊两头因空间限制，只能各容纳一幅方形壁画，但阿尼巴勒依然设法将其尺寸变更为高 14 掌多、宽 10 掌多，遮挡了其后两幅圆形壁画的大部分，而饰带画的其余装饰不变。拱顶的中央是酒神狂欢图（Bacchanal）[75]，在仰视的视角下，它有仿灰泥装饰的画框，长约 32 掌，高 16 掌多，两边是托着它的高 16 掌多、宽 9 掌多的两幅八边形壁画。其装饰之繁复精美难以尽数，在整体中蕴含着相似又不尽相同的惊人的多样性。因而我们将略过这些具体部分，虽然它们看起来十分赏心悦目，但过多的描述会令人厌倦。如前所述，那些青铜色圆形壁画和彩色四方壁画一样，都是在矩形的画框中。每个画框上方的中间统一有一个动物头式样的贝壳装饰，从贝壳口中吐出两道紧扣着壁柱的月桂花环，有的在胸像柱（term）后面，有的在萨提尔头边。相应的，这些画框下方的中间是各种大型彩色人头像，胸像柱下面的年轻人像手持的花彩就连到这些人头像上。因为画框比狭窄的圆形壁画要高，两侧高出的部分被填充了两个色彩生动的普托，他们嬉戏着将手伸向中间仿古风格的公牛头骨。胸像柱的人像是没有胡须的健壮少年和胡须茂密的健硕壮年男子，他们有的全裸，有的衣服遮着部分身体，有的头部裹着布料或者和赫拉克勒斯一样的狮皮，有的拿着大棒，也有的手举在头上，还有的胸膛、手臂或是双手完全挡在衣服里。旁边另外一些年轻人像使这些交错的人像排列更加复杂，他们背对着胸像柱，每幅画的两侧都笔直地站着一个人像，他们都或多或少露出胸膛、背部或其他身体部分，低垂着头，双臂交叠上举，这个支撑拱顶的动作体现出其重量。所有这些人物都是仿灰泥装饰的画像，与胸像柱下方的裸体青年人像相呼应，上文已介绍过这些色彩生动的青年人像，他们同样姿态各异地联结着饰带画下方的花彩。没有任何其他地方的装饰能像此处一般高贵华丽，高超的线条技巧、各部分之间的调和、熟练的明暗法运用使装饰的框架和人像都极其精美。为了这些仿灰泥装饰的画像，阿尼巴勒不仅专门绘制素描和草图，还特意为其制作浮雕模型，使人像能通过光影和明暗法达到以假乱真的效果。这个创作足以和最有名的古典作品相媲美，而这类装饰在现代未有能与其比肩者。在这件艺术作品的其他部分中，同样值得一提的还有长廊四角，胸像柱的人像被特意安排成在墙角相对而拥的姿势，具有极大的观赏性。为了不因墙角位置而损害画面的整体性，他们双手向前互相交叉，仿佛是在同一个平面上。同样的效果还可见于墙角中间的爱神，这个部分在下文将有详细描述。至此介绍完了阿尼巴勒投入大量精力创作的寓意画的布置和画作间隔的序列。尽管他得意于自己在其他事情上的得心应手，他承认为了这些装饰画做了诸多研究，出自他本人之手的大量草图证明了这点。[76]他借鉴了博洛尼亚的一些壁画[77]，但完善了构图，加进了不同的创作，风格也更加宏伟，使寓意画和装饰画、多样性和秩序性、整体和部分互相协调，无论在形式还是内容上都蕴含无限的美，因而接下来的分析需要以对作品之整体的概论为开始。

对作品的概述

在正式介绍寓意画之前，我们不妨先了解长廊拱顶四角的爱神像装饰，因为其中已暗藏长廊作品的整体构思和隐喻。阿尼巴勒用各种象征物来表现柏拉图的圣洁之爱和世俗之爱的对比。[78]在一个墙角处，他画的是圣洁之爱神和世俗之爱神的争斗，前者拽着后者的头发，代表神圣的哲学法则使灵魂脱离恶德而得到升华。相应的，其头顶散发圣光的月桂花环象征着战胜了世俗情感的灵魂升华。另一个墙角处是纯洁之爱神试图从不洁之爱神那儿夺过火把来压制他，但后者把火把藏在身后以保护自己。第三个墙角处两个拥抱的孩童是崇高之爱神和尘世之爱神，其中蕴含着激情与理性、美德和人性之善的结合。最后一个墙角是安忒洛斯（Anteros）从厄洛斯（Eros）处接过棕榈枝，这是依据埃利亚人（Eleans）在体育场的雕塑的排列方式[79]而作，因为据说安忒洛斯会惩罚不正当的情爱。而且，阿尼巴勒也加入了作为合理感情之基础的正义、节制、勇敢和仁爱四美德，下方有这四美德的小画像。[80]这四个墙角的爱神像和寓意画一起组成了神圣之爱和世俗之爱的主题。然而，在寓意画的创作中，阿尼巴勒没有像书房的壁画群一样，限定于某个确定的序列安排，而是因地制宜地安排作品的位置，以及协调作品之间的相互关系。在接下来对这些寓意画的详细描述中，我们将从表现世俗之爱的作品和酒神狂欢图开始，后者作为长廊壁画群中最大的一幅画作，位于拱顶的正中间，最能吸引观者的目光。[81]

巴库斯和阿里阿德涅的婚礼（见图1-2）

自印度凯旋的巴库斯（Bacchus）遇见被忒修斯（Theseus）抛弃的阿里阿德涅（Ariadne），被她的美丽打动的巴库斯娶她为妻，这幅画即向我们展示了阿里阿德涅和她盛大的婚礼。战胜了印度人的巴库斯坐在金色马车中，头戴葡萄藤的王冠，右手以执权杖般的姿势拿着酒神杖，举起的左手展示手中成熟的葡萄。他的姿态如此优雅而慵懒，没有将手臂完全伸直，从他的手臂下方可以看见一个帮忙扶着他的农牧神（faun）的头。如同卵形王座的马车使我们可以毫无遮挡地看见巴库斯优美的裸体，赫卡尼亚（Hyrcanian）之虎的毛皮[82]从他的左肩绕到右侧，并在胸前打了个结，虎头装饰在右肩上。[83]灵巧的姿势为巴库斯增色不少，他的脸和胸膛正面朝外，同时他的腿被描画成侧面，两条腿的位置一高一低，低的那条腿踏在金色马车的车轴上，马车上雕刻着葡萄藤环绕的山羊和普托。在巴库斯的左边，阿里阿德涅坐在比巴库斯稍前的银色马车里，同样是上身笔直的坐姿，露出一边肩膀，微侧的脸庞不再为忒修斯的不忠而愁容满面，而是在她天神爱人的陪伴下洋溢着平静且喜悦的神情。她的右手放在高抬的左膝上，姿态中散发出的庄重和优雅使她整个人充满圣洁的气质。她身穿蔚蓝色袍子，丘比特在她头顶举着星之王冠，王冠在天空的衬托下闪闪发光，这些都突显出她的圣洁。两只绑在车轭上的老虎拉着巴库斯的马车，一个背对画面的小农牧神一只手放在其中一只老虎的背上，另一只手举着老虎脖子上的缰绳。没有拴绳的山羊拉着阿里阿德涅的马车，一个孩子躺在山羊面前的地上，一只手挡在身前，另一个孩子在山羊后面拽着羊鬃毛阻止它们。队列前面是坐在驴背上、头戴常春藤的西勒诺斯（Silenus），从他的脸、秃头顶和大肚子可以认出来。他醉得东倒西歪，右手中的酒杯歪向一边，手肘撑在一个正大声吹号角的农牧神肩上。这个全裸的农牧神面朝前，只身披一件兽皮，在胸前打了个结。他的动作十分丰富，左手从背后扶着西勒诺斯，同时身子侧向右边，鼓着腮帮子吹右手的号角，充满活力。他前面又有一个较年幼的农牧神，扛着西勒诺斯的腿，紧紧地扶着他。阿尼巴勒为每个形象都找到了合适的构型，他将这个农牧神描绘成一个正值青春年少的乡村男孩形象。而在另一边，醉倒的西勒诺斯倚靠在一个年轻人肩上，手臂环绕着他的脖子，我们只能看见这个年轻人在西勒诺斯臂弯中的低垂面庞，他其余的身体都被挡住了，只隐约可见他在地面上迈进的脚，和其他前景里的人物保持着一定距离。一个萨提尔在前面牵着驴子，左肩扛着一袋装满葡萄酒的皮酒袋，随时准备为西勒诺斯倒酒。他转头看着正在嘶叫的驴子，牵着驴子脖子上用翠绿的常春藤做的缰绳，其他身体部分消失在画面之外。在西勒诺斯和萨提尔之间，有一个头顶巴库斯篮子的女祭司，从篮子里可以看见一只牛蹄，象征着对彭透斯（Pentheus）的惩罚。[84]她脸朝外，我们只能看见她举着篮子的那边肩膀和手臂。从她后面能看见一个年轻人的侧影，他应和着女祭司们的歌声和音乐，吹奏双管骨笛。在画面的最前方，有一个躺在地上的半裸女子，枕在小丘上弯曲的右手臂托着头，仿佛是被喧哗声从梦中吵醒，她转过头看向西勒诺斯，后者也回视着她。她是尘世的维纳斯，身旁是手臂交叠靠在她肩上的不洁之爱神。她的胸脯和股间都是赤裸的，左手拉起散在地上的遮盖其余身体部分的外袍。[85]她的整个姿势十分优美,一条腿的膝盖微微隆起,另一条腿笔直前伸,脚从点缀着深紫罗兰色的淡黄色外袍中露出来,她和西勒诺斯之间的对视暗示着醉酒和好色的关系。在巴库斯马车的另一边,车轮边是一个弯腰侧坐的萨提尔,他露出背部,右手抱着一只母羊的脖子,把它拉过来亲吻,撑在地上的左手臂大部分消失在画面外。在母羊头上的弯角上方,能看见一个躲在巴库斯马车后面的孩子的部分身体,他肩上扛着一个水壶。更上方是一个正两手敲着状若薄铜片的铜钹的女祭司,快活地笑着的脸庞朝向外部。最上方是一只大象的头,一个坐在它脖子上的人正用棍子控制它的行动,这象征着巴库斯从印度的凯旋。大象和骑象人都只有部分身体在画面内。在巴库斯和西勒诺斯的队列中间,即拉着巴库斯和阿里阿德涅马车的老虎和山羊的位置,画着一片远景的自然风景,这没有影响构图的整体性,因为在这片背景里有一个农牧神和一个女祭司。粗野的农牧神正在跳舞,他蹦跳着,摇晃脑袋,左手挥舞钩形手杖,右手从背后抓着左手臂下飘舞的衣服。同样在旋转跳跃的女祭司双手举过头顶,响亮地摇着一面小手鼓,裸露胸脯,头发和衣服在空中飞舞。就这样,婚礼队伍伴随着女祭司们的音乐前进,画面中载歌载舞的场景表现出因美酒而沉醉于甜蜜的疯狂的头脑。空中有三个飞翔的丘比特,一个头顶一桶葡萄酒,一个手中拿酒杯,剩下一个肩扛酒罐。

为了给这幅杰出的酒神狂欢图做准备,阿尼巴勒依照以前的雕塑和酒神作品画了一些草图。最初构思的酒神图是在女祭司们的簇拥下,农牧神们扶着马车中醉醺醺的巴库斯,这幅草图被保存在现今的图册中。[86] 阿尼巴勒后来将这个版本中的巴库斯改得更有威严,而将醉酒的模样更恰当地挪用到西勒诺斯身上。前景中斜靠在地上的维纳斯和农牧神的长度超过 11 掌,而第二层次的巴库斯和西勒诺斯队列的人物长度减少 2 掌,更后面的人物长度以同样的比例递减。在这幅画中也运用了错时法,因为画中阿里阿德涅头上是星之王冠,在诗人们的文本中,在她死后,巴库斯将她的秀发化作天上的星辰,以表怀念。阿尼巴勒灵活地运用了这个高贵的象征物,后世的其他画家,包括圭多·雷尼,在处理这个神话题材时也效仿了他的做法。

接下来要介绍的是拱顶上位于酒神狂欢图两侧的两幅八边形壁画,一幅是帕里斯从墨丘利处接过金苹果,另一幅是潘神向狄安娜献上羊毛。

帕里斯和墨丘利

三个女神争夺墨丘利找到的金苹果,都认为自己是最美的,金苹果应属于自己。但是,看哪,墨丘利从天而降,把金苹果给了帕里斯,让他来当这场评定女神的比赛的裁判。作为朱庇特信使的墨丘利面朝帕里斯，悬在空中的姿势敏捷而轻巧，降临到牧羊人帕里斯面前，双腿和带翼的双脚轻盈地悬浮着，右手递给帕里斯金苹果，左手举着喇叭，仿佛随时准备向神和凡人宣告谁将赢过其他女神，获得金苹果和最美女神的名誉。坐着的帕里斯确实有以后将赢得海伦芳心的优美身躯，他强壮的四肢表明作为赫克托的弟弟，他是个好猎手。但作为一个多情的人，他也兼备敏感细腻的天性，这从描绘他形象的柔和色彩中体现出来。他坐在一块大石上，右脚踩在左手握着的手杖的底端，右手伸向紧盯的金苹果。虽然他低垂的头只见侧面，但我们能看见他的整个胸膛和部分腹部，点缀着紫罗兰色的黄色披风在他身后飘扬，下摆叠在膝上。[87] 他那忠实的猎犬坐在他对面，它仿佛能感觉到墨丘利的神圣不可侵，没有狂吠，只是静静地看着这一幕。我们可以从帕里斯的身躯之优美和墨丘利的动作之灵敏体会到画家的高超技艺。从天而降的墨丘利是从线条和色彩的角度去表现的，他的胸膛到股间都在几乎没有提亮的阴影中，一件系在脖子下面的金黄色斗篷在他身后迎风鼓起。他一条腿在空中伸直，另一条弯着的腿从膝盖往后逐渐短缩。他拿金苹果的手向下伸，拿喇叭的另一只手则往上举。除了鼻子，他的眉毛和眼睛被掩盖在带翼头盔下，这让光线里的帕里斯的裸体更显美好。这两个形象的构图和色彩是整个长廊作品最好的部分之一。阿尼巴勒让墨丘利手持喇叭而非手杖，意指金苹果带来的是战争而非和平，同时喇叭也能让获得最美之殊荣的女神的名字传遍天上天下。阿尼巴勒这是效仿了拉斐尔在阿戈斯蒂诺·基吉（Agostino Chigi）[88] 长廊的作品，后者的墨丘利手持喇叭宣告丘比特和普赛克（Psyche）的婚讯。

狄安娜和潘神

　　诗人们说，礼物不仅对凡人充满诱惑力，甚至能吸引天上的神明。征服者狄安娜，这个最纯洁的女神，下落凡间，向野蛮而丑陋的潘神索取他的白羊毛。[89] 她从一片云彩中现形，左臂闲散地挎着弓，右臂急切地伸出去，眼睛紧盯那模样可怖的追求者举起的羊毛。她在空中向他倾下身子，抬起戴着月亮装饰的额头。她的表情不再傲慢而冷淡，而是收到礼物后的柔和与亲切。潘神以他山羊形状的腿直立，戴松树枝的头朝向狄安娜，角从枝叶中伸出来，侧面露出山羊般的脸和胡须。他举起粗壮的右手臂，向狄安娜献上珍贵的羊毛，下方的左手则握着手杖。这个姿势显露出他健壮的后背和部分毛茸茸的前胸，他只有上半身是人，从股间向下都长着皮毛。他脚边是一只山羊，畜群养在阿卡迪亚的麦那洛山上。从他脚下蜿蜒至远方的森林郁郁葱葱，而他身后大树的一截树枝上挂着他的排箫。

这些寓意画的周围是环绕四面墙的饰带画，即上文提到的方形和圆形壁画。下文将从正对窗户的侧墙的壁画开始，在两幅分别关于阿波罗剥皮马耳叙阿斯（Marsyas）和玻瑞阿斯（Boreas）强抢俄瑞堤伊亚（Orithyia）的圆形壁画中间，是婚床上的朱庇特和朱诺。

朱庇特和朱诺

诗人们认为，朱庇特和朱诺的结合意指爱神融合各个元素，使空气和火合而为一，从而维持了自然的富饶。朱庇特坐在柔软的床边，转身去拥抱他的新娘朱诺。她紧靠着朱庇特，一条腿跪在柔软的床上。朱庇特一只手环绕朱诺赤裸的肩膀，另一只手放在她大腿上，把她拉向自己。在对朱诺的深情注视中，朱庇特舒缓的面容散发出连天空也为之放晴的和善气息。他的庄严气质丝毫未因喜悦和多情而减弱，他将自己展示在最纯洁的女神面前，上半身赤裸，下半身掩盖在紫罗兰色的披风之下。他一条腿靠在婚床上，另一条腿伸向地面，腿边是一只老鹰。以侧面示人的朱诺显得温柔而羞涩，没有向拥抱自己并将自己拉向他的新郎弯下身。她露出胸脯，将只脱下半身的衣服盖在股间，使自己不至于全裸，身后的衣褶披散在脚边的地板上，旁边的一只孔雀展开它布满眼睛般图案的羽毛。虽然朱庇特的形象已极其优美，但更能体现阿尼巴勒想象力的是朱诺的侧面像，她的四肢就像菲迪亚斯[90]的雕像一般美好，暗示她曾为雷神的妹妹和妻子的魅力。

接下来是饰带画中一幅较大的方形壁画。

伽拉忒亚

在一群海仙女涅瑞伊得斯和丘比特的簇拥下，伽拉忒亚（Galatea）[91]掠过蔚蓝大海的平静海面。她不是坐在贝壳或金色马车上，而是裸身靠在一个海神特里同的背上，后者拥抱着支撑她。她一只脚点在水面上，左手臂放在海神肩上，伸出左手去感受和煦的微风，右手臂举过头顶，右手的两根手指优雅地捏着在空中飘舞的衣服。坐在海豚背上的三个海仙女姐妹跟在她身后，其中一个指着伽拉忒亚雪白的肌肤，其名"伽拉忒亚"即为牛奶之意。另一个队列前方的海神吹着海螺壳，为了表示声音之大，阿尼巴勒机智地在他旁边画了一个两手捂着耳朵的小丘比特，好像他无法忍受这巨大的声音。有些丘比特和海豚一起在前方的海面中载浮载沉，另有一些空中的丘比特拿着火炬、标枪和弓箭，给整个画面营造出一种活泼的氛围，后者均出自阿戈斯蒂诺·卡拉奇之手。

在冥府的欧律狄刻（Eurydice）和牛背上的欧罗巴这两幅圆形壁画之间，是恩底弥翁和狄安娜的方形壁画。

狄安娜和恩底弥翁

恩底弥翁[92]的美在他沉睡时最得彰显。他在狄安娜眼前沉沉地睡着，而狄安娜也一动不动，这不是由于画家本人的技术不足，而是因为狄安娜惊艳于恩底弥翁的美。在卡里亚（Caria）的拉特摩斯山（Mount Latmos）上，年轻的牧羊人手肘枕在一块岩石上，衣服覆在岩石上，使他柔嫩的手臂感觉不到岩石的坚硬，扶着头的手藏在头发里。他的脸侧向一边，双眼在沉睡中安静地紧闭，另一只手臂放在身侧，右手不再紧抓手杖，松开的手指只是轻轻环在手杖上。裸露的胸膛像他的脸庞一样微微倾斜，一件黄色的衣服覆盖在股间，从衣服中露出的双腿交叉着横在地面上。恩底弥翁就用这样的姿势静静地沉睡。在他枕着的岩石背后，狄安娜从云中探出半边身子，曾经冰冷而疏离的脸上现在是热情似火的神情，为恩底弥翁的如花青春和美貌而沉醉。她的脸庞倾向恩底弥翁的额间，既想又怕吵醒他般地轻轻拥抱他。她轻盈地张开手指，一只手放在他的脸颊和脖子之间，另一只手放在他的下巴和赤裸胸膛之间。她极其小心地注意不惊醒沉睡的恩底弥翁，甚至他身边忠实的猎狗都未从睡梦中惊醒。对角的树丛中有两个顽皮的丘比特，一个手指举在嘴边要求安静，另一个手持弓箭，窃笑着看最贞洁的女神被征服的样子。作为卡里亚的牧羊人，恩底弥翁经常在拉特摩斯山上观察月亮的阴晴圆缺，由此诞生了爱上他的月亮女神狄安娜从天而降与他相会的故事。[93]

在对面的墙面上有几幅同样顺序的画，两幅圆形壁画分别是丘比特驯服萨提尔并将其绑在树上，以及拥抱的萨耳玛西斯（Salmacis）和赫马弗洛狄忒斯（Hermaphroditus），这两幅画之间是维纳斯和安喀塞斯（Anchises）的壁画。

维纳斯和安喀塞斯

啊，丘比特，这大胆得该被责罚的爱神，甚至连他的亲生母亲都被他连累，经常因尘世之美而下凡。维纳斯坐在华美的金色床榻边，一如既往地以裸体示人。她一只手放在床上，另一只手举着衣物挡在胸前。她显得愉悦而温和，从四肢和面庞中传达出优雅和甜美的气息。她身边坐着面朝她的年轻的安喀塞斯，他一只手托着放在自己腿上的维纳斯的腿，另一只手脱下她脚上的厚底靴。[94]丘比特双手交叠着靠在她另一边的大腿上，一只脚踩在地面上，另一只脚踏在一个金色小矮凳上，上题一句维吉尔的箴言：GENUS UNDE LATINUM

（此为拉丁种族之开端）[95]，因为他们是罗马人的祖先，同时也暗指在罗马贵族中，法尔内塞家族是最古老神圣的。几乎全裸的安喀塞斯身上只有一件垂到脚边的狮皮，据英雄时代的传说，安喀塞斯是一个善于捕杀野兽的好猎手。据一张草图显示，阿尼巴勒模仿了一个古代雕塑，用精湛的技法创作了这幅作品中的安喀塞斯。

接下来是饰带画中间一幅较大的方形壁画，正对着那幅伽拉忒亚。

欧若拉和刻法罗斯

仙女欧若拉俯在她的爱人刻法罗斯（Cephalus）身上，双手抱着他强行将他塞进自己的马车。但她越是紧拥着爱抚他，这不情愿的年轻人越是强烈地挣扎着要把她从胸前推开。他一只手试图挪开她急切的手臂，仿佛要避免触碰到她一般向后高扬另一只手。出于对自己的妻子普罗克里斯（Procris）的爱，他转头避开她缠绕不休的索吻的嘴唇。地上是沉睡的年迈的提托诺斯（Tithonus）。头戴玫瑰的欧若拉本应准备启程，却在此耽搁下来。她只顾紧盯刻法罗斯，忘记了正从地平线上升起的太阳，阳光将她的衣服染成紫色和橙色。黑夜逐渐消退，她的两匹战马不耐烦地踩踏带着露水的微风，同时一个小丘比特正从一个装满鲜花的花篮向空中抛撒清晨新鲜的玫瑰，在晨光中叫醒熟睡的凡人。这幅作品和对面的伽拉忒亚都是出自阿戈斯蒂诺之手。

接下来的两幅圆形壁画是被潘神追赶的绪任克斯（Syrinx）变成芦苇和在爱神的指引下溺水的利安德（Leander），它们中间是赫拉克勒斯和伊俄勒（Iole）的方形壁画。

赫拉克勒斯和伊俄勒

有谁能真的抵挡得住爱神？在这幅作品中，赫拉克勒斯像个女人一样裹着他的情人伊俄勒的一件金色衣服，后者就坐在他身边。驯服了无数野兽的赫拉克勒斯面朝伊俄勒，右手摇着一面圆形的小手鼓[96]，伊俄勒正得意扬扬地享受被她征服的赫拉克勒斯为她演奏的音乐。她身披尼米亚猛狮的毛皮，狮爪在她柔软的胸脯前打了个结。这骄傲的美人将她未经征战的右手搭在赫拉克勒斯的大棒上，左手拥着她那女人气十足的爱人的肩膀，那曾经扛起行星的肩膀此时顺从于她那柔弱的手臂。她的四肢在粗糙兽皮的衬托下显得十分娇嫩，搭在赫拉克勒斯肌肉坚实的大腿上的腿尤为光滑细嫩。在这幅寓意画中，阿尼巴勒采用的故事版本来自塔索的一篇诗歌，塔索在这篇诗歌[97]中展示了他如优秀的雕刻家般的构型能力。同时阿尼巴勒在画面中加入了一个丘比特，他从敞廊里窃笑地看着赫拉克勒斯，指着这个被征服的英雄女人化的样子。

　　描述完两条横边上的六幅方形壁画后，剩下的还有长廊两端的两幅方形壁画，高 14 掌多，宽 10 掌多，画中人物也增加到几乎与之差不多的大小。长廊一端是求爱的波吕斐摩斯，另一端是愤怒的波吕斐摩斯。

波吕斐摩斯和伽拉忒亚

　　即使最凶残的野兽也能体会到爱意。看哪，这粗野的波吕斐摩斯，海神尼普顿的儿子，最高大的独眼巨人，坐在西西里海的峭壁上，迷恋着伽拉忒亚。他为了缓解苦闷，和着自己的排箫嘶哑地唱起了歌。在描绘这个人物时，阿尼巴勒遵循了荷马的诗歌对这个巨人巨大身形的描述[98]，以一种令人惊叹的方式提升了造型艺术，仅用寥寥数笔就展现出巨人庞大的四肢。波吕斐摩斯双手将错落不平的排箫举在唇边，顺着靠在岩石上的左臂俯下身子，露出他的胸膛和股间，伸长的右腿踩在地面上，左腿悬在手杖上，因为两手都拿着排箫，就把放牧装备放在身边。伽拉忒亚坐在海豚拉着的贝壳上，愉快地倾听他的歌声。她靠近岩石，右手臂搭在一个正驾驭海豚的仙女脖子上，后者覆满鳞片的腿浸在海浪中，半边胸脯和腰隐在半裸的伽拉忒亚身后。伽拉忒亚左手抓着在微风吹拂下飘荡在空中的紫色腰带，从她另一边能看见另一个仙女的脸和大半边胸脯。她朝波吕斐摩斯扬起的脸表明她十分喜爱他的歌声。[99]

　　这是阿尼巴勒在饰带画和拱顶壁画中的最后一幅作品，因为下方的画框旁边题记着 MDC 这一年份。[100]

愤怒的波吕斐摩斯

　　因为看见伽拉忒亚拥抱他的对手阿西斯（Acis），在愤怒的驱使下，波吕斐摩斯的爱意燃烧成了怒火。这可怕的巨人扭身向阿西斯投掷一块巨石，他的姿势表现出他的怒火之盛。他一只脚踩在石头上，往身后挥舞岩石，以便用最大力量把它投掷出去。[101]在远处的海岸，这不幸的年轻人早已扭头拔腿狂奔，一只手挡在身前。他侧头看着波吕斐摩斯，徒劳地试图躲避那致命一击，他的衣服在风中飞舞，从手臂往下覆盖他的半边大腿。更远处惊恐的伽拉忒亚已经跑到岸边，她的身体隐藏在悬崖阴影下，被跑向她的阿西斯挡住，后者位于她和光线之间。从她的表情和伸出的手臂都可以看出她也在逃跑，只能看见一点点她的腿，因为她已跑下岸边，潜入她的母亲多利斯（Doris）的怀抱。波吕斐摩斯被描绘得力大无比、气势逼人，展现出他的投石行为的恐怖。除了整体的宏伟气势，阿尼巴勒的这幅作品为莱昂纳多·达·芬奇的观点作了很好的例证，后者提过充满力量的动作，并在关于绘画的论述中多次提及，为了产生强大的冲击力要先蓄力：当一个人为猛烈的动作做准备时，他会尽可能地向与冲力相反的方向扭转自己的腰身，因而能使出最大的力量。在关于动作的一章他写道：当一个人投掷长矛或石头时，他应先脚尖朝向投掷对象，然后为了积蓄力量，将身体往相反方向扭转，继而迅速地回身到原初位置，并用力将手中之物投掷出去。[102]借由将手臂向后扭转和脚向前伸出，波吕斐摩斯做好了蓄力准备，笔直站着的右腿承担了身体的重量，前面屈膝的左腿则与手臂的作用力相对，由此平衡自己以右腿为轴的站立姿势，否则他将无法发挥出投掷的力量，就像莱昂纳多所教的那样。

在这两幅方形壁画的两个框角上分别坐着一个萨提尔，花彩从他们手中穿过，中间有一个高 4 掌、长约 10 掌的小幅方形壁画，位于拱顶之上某个仿佛更高的空间里，这实则是用错视法构建出来的错觉。此处的透视法产生了极其精美而难得的画面效果，所有和绘画艺术相关的技巧在整个长廊作品中都有体现。在拱顶上，阿尼巴勒营造出一个矩形的错视空间。在仰视的视角下，其内部装饰着多立克式的仿灰泥装饰，于是，观者的视线不再只是停留在空中，而是进入拱顶之上的另一个空间，这个空间具有无可比拟的真实感，仿佛不是被人为营造出来的。即使观者深知这只是一个假象，仍不免被欺骗双眼，这真是近代最具感染力的透视法作品。阿尼巴勒非常恰当地在长廊两端布置了这个虚拟空间，使得上方和下方的装饰能合适地衔接起来。以这两个错视空间为背景，分别是之前提到的两个坐着的萨提尔及中间的一幅小型方形壁画，其中一幅画的是朱庇特化作雄鹰强抢盖尼米得（Ganymede），另一幅是雅辛托斯（Hyacinth）在阿波罗的托举下升天，都是令人称赞的画像。整个饰带画和拱顶壁画到此完成。在壁带和壁画下面、横向墙壁的壁柱之间，每边各有六个壁龛，内部是 6 尊古代雕塑，上面有 6 个大理石半身像，周围是镀金的灰泥雕饰。这些并非出自阿尼巴勒之手，而是早先就已有的。然而，阿尼巴勒确实也贡献了一些小型人像的寓意画，这些作品将在后面介绍。此外，在一扇门的上方有一幅高 7 掌的方形壁画，画着一个抱独角兽的处女，而独角兽是神圣的法尔内塞家族的纹章。这件作品是多梅尼基诺根据阿尼巴勒留下的草图而作。虽然侧墙是这样布置的，但长廊两端的墙面没有这些装饰，阿尼巴勒在上面画了占满整个墙面的两幅大型方形壁画，长 22 掌多，高约 11 掌，这两幅正对着的壁画的内容都是珀尔修斯的故事。

珀尔修斯和安德洛墨达

安德洛墨达（Andromeda）[103]被绑在岩石上，等着海怪来吞食自己，岩石的坚硬反衬出她美丽躯体的娇嫩，但珀尔修斯将她释放，终止了无情的海仙女要求的死亡献祭。安德洛墨达坐在岩石中间，被残忍地绑在粗糙链条上的双手伸展着，胸脯和腰身都裸露在外，已然听到身后的大海里传来贪婪的海怪破浪而来的声音。她双眼噙着泪水，转过去的脸因为岩石的遮挡而看不见骚动。在死亡带来的恐惧和空中飞过的英雄带来的希望之间，她张开双臂，似乎在哀求。珀尔修斯在高空中骑在带翼的骏马上，一只手抓着长矛，另一只手攥着可怖的美杜莎的头发，其头颅正对海怪，后者已变成惨白的石头。[104] 在对面的海岸上，她的母亲卡西俄珀亚（Cassiopeia）高举着手，在绝望中低下她高贵的脸庞，担忧她那无辜的女儿的安危，后者因她的狂言而被惩罚，因为她竟敢称自己的女儿比海中仙女更美。她的父亲克普斯王（King Cepheus）一只手张开，另一只藏在衣服下的手掩着脸颊，传达出他的悲痛之情。在远处暗淡的海岸上，观望的人群遥指这个景象。

珀尔修斯和菲尼阿斯之争

被解救的安德洛墨达被许配给她的解救者珀尔修斯为妻，现在她又被卷入菲尼阿斯（Phineas）引起的争斗[105]，后者为了娶她为妻，袭击了皇宫和珀尔修斯。宴会的桌子被掀翻在地，桌上的金器皿也倒了一地。勇敢的珀尔修斯无须兵器就打倒了敌人，他拿弯刀[106]的右手垂在身边，左手攥着美杜莎的头发，高高举起她那可怖的头颅，他的朋友们躲在他身后，扭过头用手挡着眼睛。在珀尔修斯正前方，有一个正准备投掷长矛的战士，他就是勇猛的忒修勒斯（Thescelus）。他一边挥舞长矛，一边举起盾牌，就在这个姿势下被变成白色的石头。他的动作十分自然，为了蓄力攻击珀尔修斯，一条腿往前伸的同时，举长矛的手臂向后缩。他身边拿长矛往前刺的同伴也被石化了。在他们脚之间的地面上仰面躺着一个战士，他一只手伸直，另一只抓着匕首的毫无血色的手举在头顶。这边的画面大概就到此为止，但显然后面还有很多人，另一个战士转过身正举剑刺向某人，手里举着盾牌，其余的就看不见了，因为他的其余身体部分已被画框截断，画家让观者自己对看不见的部分发挥想象力。在画面另一边的珀尔修斯身后，他的一个友人抓着菲尼阿斯的头发，剑抵在菲尼阿斯的喉口。[107] 菲尼阿斯跪地求饶，但他已然抬头看见美杜莎的头颅，在祈求的姿态下被变成石头，死亡从美杜莎导向了菲尼阿斯。全身赤裸的菲尼阿斯的石化和其他人不一样，他的胸膛完全变成白色的大理石，而身体的其余部分是活生生的肉体和坚硬的石头的混合，他的大腿尚且是苍白的肉体的颜色。而其中最恐怖的怪物当属美杜莎：凶残的眼睛、贪婪的嘴、恐怖的面容和蛇形的头发。珀尔修斯的身体又是那么美，一件蔚蓝色的披风罩着他的裸体，从肩膀往下覆盖部分胸膛，如同墨丘利的打扮。他的头盔和双脚上长着翅膀。和诗人一样，阿尼巴勒在这件作品中创造出不可能的事物，从而增加画面的感染力，使无生命的物体有了生命力，因为珀尔修斯对手的武器和衣服既没有视力也没有生命，现在也都被美杜莎之头石化了，按常理来说这是不可能的。当诗人将各种特性赋予神话中的武器、岩石和石头等物，使它们也有人类般的感觉时，就会发生这种不合常理的错误。除了这点，阿尼巴勒还运用了另一项重要的绘画原则，即对事物清楚明了的表现，因为无声的艺术必须通过各种方式使人们理解作品中的含义。对于已经看惯了雕塑的观者而言，一个包括武器在内全身都被石化为白色大理石的人比其他表现方式更容易理解，奥维德本人[108]在这个故事中也把这些被石化的士兵称作武装的雕像，尤其是厄律克斯（Eryx），还有眼看着同伴被石化，然后自己也被变成雕像的菲尼阿斯。然而，阿尼巴勒深知这种做法中的不合理性，因而他同时采取了两种表现方式，一方面把菲尼阿斯画成石化的样子，另一方面将绕在他手臂和肩膀上的长袍画成彩色，而且他没有将这些人物画成埃塞俄比亚人本来的黑肤色，以避免他们在这两幅重要的叙事性绘画中看起来很丑陋。出于行文简洁考虑，此处略去对其他原因的讨论。

在这两幅方形壁画下面各有 3 个青铜雕塑样式的坐着的裸体人像，两侧的人像以侧面示人，中间的为正面像，均摆出双手举过脖子或头顶的抬东西的姿势，衣服披在身后，动作各异，多梅尼基诺也参与了这些人像的绘制工作。

不可否认，在这个堪称优雅诗篇的壁画群中，阿尼巴勒投入了他最为精湛的画技去构建和组织这些寓意画，他通过这个作品获得了卓越的成就，并达到了无人能企及的高度，由此赢得了不朽的赞美。他用惊人的创造力组织起这个壁画群，在如此众多的人像中，每个人像都被赋予了充沛的情绪和生命力。我们可以从中发现恐惧和爱等各种人类的感受，而且精美的衣饰使这些男女老少的裸像更加栩栩如生。在这个作品中，阿尼巴勒诠释了希腊人的美，仿佛是格里肯[109]和阿波罗尼奥斯（Apollonios）[110]等伟大雕塑家的雕像为他提供了赫拉克勒斯和波吕斐摩斯的原型。同样出色的还有他对拱顶方形壁画的位置安排，尤其是酒神狂欢图及其旁边的两幅寓意画。考虑到拱顶壁画里的人物形象在视野里将被拉长和变形而失去美感，他拉低了灭点位置，根据从下而上的视角对人物形象做了调整，以视觉效果为优先，而非一五一十地完全以短缩法再现事物的本来面貌。他以博学的大师为鉴，同时也为了达到非凡的视觉效果而适当地偏离了传统绘画法则。罗马，愿你的荣耀在阿尼巴勒的神来之笔下长盛不衰，曾经的绘画的黄金时代因他复苏。有这些传世之作在前，如果我们的年轻一代忽视绘画的荣光，而那些来自遥远国度的画家却蜂拥而至，那么我们确实应该受罚。对那些无法亲临罗马瞻仰原作之美的人而言，可以在好学的文明国度欣赏到这些高贵作品的临摹之作，尤其在巴黎，绘画和其他高雅艺术都可以享受到慷慨的皇室赞助。如今，在罗马学习的皇家院士为我们临摹了阿尼巴勒的作品，这些寓意画已被临摹为油画，并装饰在为陛下重建的罗浮宫的长廊上。[111]

寓意画的隐喻

阿尼巴勒将先前书房里的寓意画根据特定的目的做了编排，长廊的壁画也是如此，如上文所述，其主题是那 4 幅画所描绘的被神圣之爱规范的世俗之爱。的确，长廊寓意画的安排不像书房寓意画那样严格遵循主题，更多的是根据它们的位置而非主题。因此，我们将尽量简洁地对寓意画的隐喻做一个总结，这些隐喻使寓意画既有观赏性又有教育性，很好地将绘画和诗歌结合在一起。爱的主题贯穿各幅寓意画，展示了足以征服力量、贞洁和猛兽的爱的魅力，比如赫拉克勒斯、狄安娜和嫉妒其竞争对手阿西斯的波吕斐摩斯。拥抱的朱庇特、朱诺、欧若拉和伽拉忒亚让我们知道了天神之爱。潘神向狄安娜奉上的白羊毛和墨丘利给帕里斯的金苹果，爱通过这些礼物主宰人们的思想，也因此引起纷争。酒神狂欢意指醉酒是不纯洁的欲望的来源。所有轻视美德而耽于感官享乐之人的结局必为悲伤和惩罚，因此，被绑在岩石上的安德洛墨达等着被海怪吞噬，如同被缚于感官享乐的灵魂最终会成为恶德的食粮，除非代表理性和诚实之爱的珀尔修斯前来解救。其中最具美感的是菲尼阿斯和他的同伴们在代表感官享乐的美杜莎的视线中被石化的隐喻。那些圆形壁画中的故事，玻瑞阿斯强抢俄瑞堤伊亚、萨耳玛西斯和赫马弗洛狄忒斯、抱着绪任克斯的潘神、牛背上的欧罗巴、溺水的利安德和重返冥府的欧律狄刻，代表了世俗之爱引发的恶行和伤害，而阿波罗剥皮马耳叙阿斯代表了使灵魂得以摆脱皮囊的智慧。以上是对方形和圆形壁画故事的总结。除此之外还有一些小型人像，分布在神龛的灰泥装饰和窗户之间，它们也有同样的道德含义。在沐浴时被狄安娜发现怀孕的一丝不挂的卡利斯托（Callisto）代表堕落的贞洁，她后来被罚变成熊，暗指恶行的缺陷。伊卡洛斯（Icarus）代表鲁莽导致的堕落。被海豚救起的阿里翁（Arion）和被赫拉克勒斯解放的普罗米修斯则意指来自神圣之爱和美德的援助和奖励。普罗米修斯创造出人形的雕塑，向帕拉斯求助后，后者指引他去天上寻找让雕塑获得生命的方法。墨丘利将竖琴赠予阿波罗，指明智慧的和谐。最后的道德隐喻是在空中的朱庇特的帮助下，赫拉克勒斯屠杀看守金苹果园的巨龙，金苹果代表在神圣之力的协助下完成的英雄伟绩。

阿尼巴勒完成长廊及宫殿的其他作品之后，红衣主教奥多阿尔多·法尔内塞想让他在大厅里创作壁画，以几年前在弗兰德斯（Flanders）逝世的亚历山德罗·法尔内塞[112]的伟大事迹为内容。奥多阿尔多还想将罗马耶稣教堂（church of the Gesù）的穹顶装饰工作交给阿尼巴勒，这个穹顶壁画之前是在他叔叔的委托下完成的，但以前的绘画风格[113]已无法满足要求，因此他决定重绘穹顶壁画，包括下面穹隅的四博士像。但就像亚历山大大帝没能让阿佩莱斯[114]为自己作画，这些计划最后也没有实现，因为奥多阿尔多未能如约支付报酬，这个有违道德的问题总是在妨碍高贵的事业。奥多阿尔多想要为阿尼巴勒的辛勤工作支付酬劳，后者在来到罗马之后的 8 年时间里[115]完成了大量作品。阿尼巴勒等着领取主教的慷慨酬金，最终却在西班牙人胡安·德·卡斯特罗（Juan de Castro）的恶意干涉下未能如愿，这是个总干预主子事务的朝臣。在将阿尼巴勒任职期间花费的面包和酒水钱与应付的工资对比核算后，他说服主教用 500 个斯库多打发了阿尼巴勒，这些酬金用一个托盘装着送到他房间。可怜的阿尼巴勒对这个结果未发一语，但他的表情是愤慨的，不是因为钱财，他是不在乎这俗物的，而是因为他觉得自己已穷尽了灵感，但在不公的命运的迫害下，他甚至连必需的生活保障都得不到。这就是宫廷、王室和艺术的不幸处境，当一些人为了一己私欲去压迫别人，试图将一切都据为己有，他们的无知和傲慢就会让宫廷中再无美德。

我无法让自己不从这点去思考世界的运作方式。和以前的长廊作品的全部报酬相比，如今我们愿意为了阿尼巴勒的寥寥数笔，或者更准确地说，他的次等作品付出同等甚至更多的报酬，这就是天才名号的威力。但在大部分情况下，天才总是太晚才被发现。阿尼巴勒生性就极为忧郁不安，现在的他更是如此，总是哀叹自己的不幸，以致无法振作起来，甚至沦落到无法创作的地步。即使他想要继续创作，却被忧郁从他手中夺走画笔。为了寻回创作的自由，他来到环境美丽宜人的奎里纳勒山（Quirinal）上的四喷泉（Quattro Fontane）定居，这也是今天圣查理教堂（church of San Carlo）的所在地。

一开始他没有亲自接受委托，而是都交给他的学生去做。然而，恩里克斯·德·埃雷拉（Henríquez de Herrera）阁下向他提出委托，要他负责西班牙圣雅各教堂（church of San Giacomo degli Spagnoli）的圣迭戈（San Diego）[116]礼拜堂。他接受了这份工作[117]，并将这个工作交给学生弗朗切斯科·阿尔巴尼（Francesco Albani），由阿尔巴尼在他本人创作的草图的基础上绘制壁画。

起先他在天窗的位置画了一幅被天使和云彩围绕的天父的草图，天父一只手放在象征世界的球体上，另一只手举起，意味着他是宇宙的统治者。阿尔巴尼依据这个草图绘制了壁画[118]，但由于这个位置太过狭窄，阿尼巴勒无法爬上去对它加以润色。在他随后完成穹顶下方 4 个小幅叙事性绘画的草图后，在创作意愿的驱使下，他默默爬上脚手架，在没有其他草图的情况下，以 4 天一幅的速度直接画出了两幅叙事性绘画。一幅是尚为年轻人的圣迭戈赤裸着跪在教堂里，从神父手里接过圣方济各会的衣着，对面一幅则是圣迭戈从火炉中救出一个小孩的神迹，后者毫发无伤。阿尼巴勒修改了另外两幅叙事性绘画，它们是在同一时间由阿尔巴尼以他的草图为基础创作出来的，一幅是沙漠中的圣迭戈指给同伴看天使放在地上的面包，另一幅是作为隐士的年轻的圣迭戈跪在一个小屋边接受施舍。[119]同样的，在中间 4 幅椭圆形壁画中，圣方济各和圣雅各出自阿尼巴勒之手，使徒约翰和圣劳伦斯（Saint Lawrence）则出自阿尔巴尼之手。[120]礼拜堂拱顶的壁画工作以同样的方式进行了分工，阿尼巴勒和阿尔巴尼各负责一边的壁画，共同完成了圣母升天图，上方的圣母在天使的簇拥下张开双臂升上天堂，下方的圣徒在她的坟墓边惊奇地注视着她。[121]阿尼巴勒为此作了十分精美的草图，现在仍可看到。但 12 天后，他的病情突然加重，一次中风使他在一段时间内舌头僵直并且头脑混乱[122]，他不得不放下画笔，退出这个工作。虽然阿尔巴尼在此期间全心全意地等待他从疾病中痊愈，阿尼巴勒却改变心意，将阿尔巴尼从礼拜堂的工作中移除，让另一个学生西斯托·巴答罗丘（Sisto Badalocchio）[123]接替阿尔巴尼。但当时没有任何壁画绘制经验的巴答罗丘技巧拙劣，完全无法胜任圣徒传教图这一扇形壁画的任务。阿尼巴勒恢复理智后，罢免了巴答罗丘，又召回阿尔巴尼来重新画这幅壁画，但阿尔巴尼出于对作为同伴的巴答罗丘的尊重，只是简单地将它修改成干壁画，就像现在我们看到的那样。[124]阿尼巴勒彻底退出了这份工作，将一切事务都交给阿尔巴尼，后者在学习了阿尼巴勒的草图后，将人物的动作和情感生动地描绘了出来，完成了我们今天见到的两幅大型叙事性绘画和另一幅扇形壁画，这些都是非常优秀的作品。圣徒传教图下的侧墙上是一幅椭圆形圣母像壁画，下面是一幅圣迭戈用灯油治愈盲眼男孩的神迹的壁画。圣迭戈一只手倾倒油灯，另一只沾了灯油的手在一个男孩的眼睛上做记号。旁观者的情感都描绘得十分生动。站在后面的父亲手扶男孩的肩膀，眼带恳求地看着圣迭戈。他对面是一个男子的头部，见证了复明神迹的男人专注地注视男孩的眼睛。小男孩双手合十跪在地上虔诚地祈祷。画中的其他人物将在后面的阿尔巴尼传记中再做分析。[125]这件作品对面的壁画描绘的是另一个神迹，即作为看门人的圣迭戈私自向穷人分发面包，被神父当场抓住后，他敞开斗篷向神父展示已被变成玫瑰的面包，院长震惊地张开双手看着玫瑰。[126] 在这件作品上方的另一幅扇形壁画中，远处是圣迭戈的坟墓，在众多祈祷者的前方，一个人弯着腰张开双臂，向显现在坟墓上方的圣迭戈祷告；近景是一个惊讶的男人和两个裹着布的病人，其中一人指给另一人看坟墓。[127] 在祭坛上方的窗户旁，一边是施洗约翰，另一边是正在坐着看书的圣哲罗姆（Saint Jerome），这是由阿尔巴尼创作的[128]；下方是圣彼得和圣保罗，这是由兰弗朗科（Lanfranco）创作的。[129] 礼拜堂的工作完成后起了一场争执，赞助人埃雷拉不想支付先前说好的 2000 个斯库多，因为完成礼拜堂工作的人是阿尼巴勒手下的一个学生，而非他本人，但埃雷拉在看到最后的壁画成品之精美后感到十分满意，这场争执才得以平息。然而，酬金的问题又在阿尼巴勒和阿尔巴尼两师徒间引起了另一场争端，双方都因拒绝领取这份报酬而争吵不休。阿尼巴勒除了最开始的 200 个斯库多，不愿再拿更多的钱，坚持认为这 200 个斯库多足以支付他画的草图和壁画上的寥寥数笔，而阿尔巴尼认为构图和草图的所有价值都来自他的老师，对这些作品的赞誉也都是因为阿尼巴勒，他只不过干了些体力活儿。因此他也拒绝领取报酬，除非是阿尼巴勒分配给他的酬金，而且阿尼巴勒必须领取他自己的那份，一人一半。最后花了很大工夫才劝得阿尔巴尼走出家门去领取剩下的 800 个斯库多。[130] 不过，埃雷拉要求阿尼巴勒亲自画祭坛中间的祭坛画，即圣迭戈跪在地上，向基督引荐埃雷拉一个已恢复健康的儿子，他为了还愿而建造了这个礼拜堂。[131] 圣迭戈一只手拿十字架，另一只手指向男孩的头，后者双手交叠正对着他，上方坐在云端的基督在两个祷告的天使中间张开双臂。

虽然还有一些作品等着我们去记录，让我将它们留到本章的最后，现在先暂时偏离一下方向，探讨阿尼巴勒视金钱如粪土的高尚品德。除了他的良好品性，我还会简要介绍一些他的名言，都和绘画相关。在金钱方面，他并不是一个贪得无厌的人。正相反，不爱钱财的他总是把钱大敞着放在绘画的工具箱里，任何人都能随意去拿。除了不断的艺术创作以及从中得到的慰藉，他心中别无他想。如所有醉心于研究的人，他毫不关心世俗琐事。他不仅鄙视钱财，也不屑于炫耀卖弄，无论在生活还是工作中，他只和为人淡泊、不追名逐利的人来往。他也对傲慢的皇室和朝臣避之唯恐不及，在宫廷任职本就非他所愿，而他不修边幅的样子也让那些以貌取人的人们对他不屑一顾。因此，他和他的学生们在自己的房间里过着与世隔绝的生活，整天沉浸在绘画中的他总是将绘画艺术称作我的女神。他也因此无法容忍他的哥哥阿戈斯蒂诺沾染上宫廷之人的浮夸做派，每次他看见阿戈斯蒂诺和那些人一起在前厅厮混都十分气愤。[132]

虽然阿尼巴勒着装干净得体，但几乎只关心艺术的他并不是那么注意自己的胡子和衣领，有时他疲于工作，很晚出去透透气休息一会儿时，会尴尬地在宫殿或走廊碰见阿戈斯蒂诺，后者正和锦衣华服的有钱人混在一起。有一天，他结束工作，正形容不整的从长廊回住处，在路上碰到和一些骑士走在一起的阿戈斯蒂诺，这令他十分恼怒，他像是有要事商谈一般，将阿戈斯蒂诺叫到一旁并耳语道："记住，阿戈斯蒂诺，你是裁缝的儿子。"回到房间后，他在一张纸上画了他们的父亲戴眼镜穿针的样子，写上父亲的名字安多尼奥，父亲旁边是他们拿剪刀的老母亲。画完之后，他叫人把这幅画拿给阿戈斯蒂诺，被深深刺痛的阿戈斯蒂诺不久后就因为这个以及一些其他原因离开了阿尼巴勒和罗马，我和很多人都在罗马见过这幅画。[133]请诸君自行评定这件事究竟体现了阿尼巴勒的高尚精神还是暴露了他的卑劣为人，他的做法似乎不仅贬低了自己，也减少了他的财富，长廊工作的极少报酬即证明了这点。但是，如果考虑到他的其他言行，不难发现他性情中哲理的一面。有一次，警卫在夜里抓到他带着小刀，他并未提及自己为红衣主教法尔内塞工作，默默被警卫带走，当他因此被责问时，他回答，他认为不应该说一个人是另一个人的仆人。与此相关的还有一件事，有一天，当时作为罗马教皇侄子的红衣主教西比奥内·博尔盖塞（Scipione Borghese）[134]去拜访阿尼巴勒，当别人通报博尔盖塞已来到门口准备进去时，不想被发现的阿尼巴勒从一个小门离开房间，将接见事宜丢给学生。这件事发生在他生病期间，教皇保罗五世[135]急切地希望他痊愈，因为他早已听闻阿尼巴勒的大名，想雇用他绘制壁画，但饱受欺侮的阿尼巴勒十分唾弃这些大人物，也不想要他们的酬金。那些伟大的画家，包括早先的宙克西斯[136]、帕拉西阿斯和阿佩莱斯，后来的拉斐尔和提香，还有现在的鲁本斯和凡·戴克，这些人都和皇室高官关系十分亲密，为绘画带来尊严和利益，将绘画提升到其他艺术无法企及的地位。然而，画家和雕塑家都不应在宫廷事务上投入太多精力或是玩弄权术，这样的人都是在艺术方面能力不足、只会利用皇室和人民的赞美之词捞好处，最后沦落为一事无成。阿尼巴勒不仅性情率真，在言辞上也十分率性。虽然他聪敏又睿智，说的却总是家乡的简单词汇。他经常语出惊人，又会迅速地插科打诨，引得众人大笑。因此，他虽天性容易忧郁，却也常说些玩笑话，让听者觉得愉快又惊奇，艺术家们时至今日还经常说起他的妙语和诙谐之言。一个不成器的画家曾对他说，要给这块画布涂上石膏粉后在上面作画，他回答说："你还不如画完之后再涂石膏粉呢。"另一个画家拉着阿尼巴勒，展示了很久他为计划中的作品准备的一些素描，最后说道："抱歉，阿尼巴勒，我向你展示了太多辛勤劳动的成果，都让你觉得烦扰了。"他答道："完全不会，因为我一点儿也没看出来有什么成果。"骑士朱塞佩·达·阿尔皮诺听说阿尼巴勒批评自己的一件作品后，拿起剑向阿尼巴勒提出决斗，后者则拿起画笔说："那么我用这个同你决斗。"一次他像往常一样穿过城市，去蒙托里奥（Montorio）圣彼得教堂（San Pietro）欣赏乌尔比诺的拉斐尔画的基督变容图。[137] 他看见一个年轻人在山脚下临摹墙上乔凡尼·巴蒂斯塔·德拉·马卡（Giovan Battista della Marca）[138] 等人一些不太好的作品，他说："年轻人，别停在这儿，要爬到山顶上去。"他指的是拉斐尔的作品。这单纯的年轻人回答说他想先提升一下自己的技艺，阿尼巴勒又答道："正相反，你这是在贬低自己的技艺。"在西斯托和多梅尼基诺的一场比试中，西斯托自夸说他只用几天时间就完成了作品，而多梅尼基诺已经拖了好几个月了。阿尼巴勒对他说道："嘘，多梅尼基诺可比你快，因为他画得好。"他常常和乔凡尼·巴蒂斯塔·阿古奇阁下争论各种艺术问题，有一天，后者问他拉斐尔和提香的区别在哪儿，他回答，提香的作品让人愉悦，而拉斐尔的作品引人遐想，因此他觉得拉斐尔是最伟大的画家。他在另一个机敏的回答中也提到这个观点。有一次，他的朋友们在讨论诗歌，而他恰好也在，就像很多人总是喜欢评判那些他们不懂的艺术，他们当中一些人推崇塔索，一些人崇拜阿里奥斯托，都在滔滔不绝[139]，一言不发的阿尼巴勒只是静静听着，别人来问他的意见时，他答说他觉得拉斐尔是有史以来最好的画家。被问起圭多和多梅尼基诺在圣格列高利教堂的两幅壁画[140] 孰优孰劣时，他说，他认为圭多像老师，多梅尼基诺像学生，但是学生比老师懂得更多。另一个关于老妇人的例子将在多梅尼基诺传记中再介绍。[141] 他对自己的学生十分关爱，不是用言语，而是通过作品和示例来指导他们。待人和善的他总是把自己的工作放置一边，默默地一会儿从这个人、一会儿从那个人手里拿过画笔，直接用行动教导他们，对每个人都倾注极大的耐心和心血。这个美德体现了他过人的才能，从他的学院走出那么多伟大的画家，这无疑证明了他的学识之渊博。真正的才能是不仅自己有才识，而且能将这才能惠及给别人。在他之前只有著名的拉斐尔学院做到这点，这个优点是米开朗琪罗不具备的，他实际上缺乏创造力。提香害怕自己门下的丁托列托，最终将他逐出师门。这些故事在此按下不表。为人简朴的阿尼巴勒也喜欢这样去要求他的学生。有一次，一个年轻人被推荐到他的学院去学习，阿尼巴勒仔细地打量这个穿得十分时髦的年轻人，但没有说什么，后来当这个年轻人向他求要一些素描来临摹时，他退到房间里，很快就用非常写实的方式画了一张这年轻人穿着可笑衣服的画像，然后他走出房间说道："这就是你要的素描，好好学着吧。"这年轻人十分尴尬，从此改变了穿衣风格。阿尼巴勒也很喜欢带着学生一起去街上和教堂里鉴赏那些或好或坏的作品，他会对他们说："这才是正确的绘画方式，那个不是。"因此，当他看到拉特兰圣约翰教堂（San Giovanni Laterano）中君士坦丁的胜利[142]这个非常糟糕的作品时，他指着这幅画对学生们说："谁能相信胜利者居然是这么个毫无威严的小人模样。"相反，对于朱里奥·罗马诺（Giulio Romano）在梵蒂冈宫大厅里画的战争场面[143]，当他看到画面中胜利的君士坦丁在敌人、武器和战马中飒爽战斗，以及其中征服者对被征服者展现出的力量时，他情不自禁地背诵了塔索诗歌的头几行：

> Canto l'armi pietose, e'l capitano. [144]
>
> （我歌颂那虔诚的士兵与将领。）

他的意思是绘画也有自身的诗歌和英雄。不过，即使对严肃的艺术作品的研究，他也总是习惯半戏谑半玩笑。他不仅擅于说俏皮话，也画了很多幽默的作品。这就是那些有趣的滑稽肖像的来源，或者更确切的叫法是讽刺画，也就是根据每个人的生理缺陷，将他们的脸和身体在画中变形，带着一种滑稽的相似性，引人发笑。[145]这种模仿和诗人对可笑人物的描写是一致的。他曾画过一个头带月桂花环的驼背诗人，驼起的背形似帕纳塞斯山（Parnassus），画中还有缪斯女神和驼背的阿波罗。马里诺（Marino）在他的作品《画廊》（Galeria）中效仿这幅画写道：

> Porto il monte Parnaso in su le spalle. [146]
>
> （我背负着帕纳塞斯山。）

阿尼巴勒还擅于给自己的讽刺画配上讽刺诗。有一幅丑陋的朝臣的画像，画中人长着个大鼻子，一副花花公子的派头。他在画像下面写了这几句话：

> Temea Natura di non farlo a caso,
>
> Slargò la bocca, ed allungò gli orecchi,
>
> Ma si scordò di rassettargli il naso.
>
> （为了让他看着不那么磕碜，自然女神费心尽力，她加宽他的嘴巴，拉长他的耳朵，却忘了调整他的鼻子。）

有一些讽刺画在鉴赏家们手中，但其中最诙谐有趣的是讽刺肖像集，有各种各样滑稽的奇人怪象和有趣的格言，这是内罗拉（Nerola）亲王堂·莱利奥·奥尔西尼（Don Lelio Orsini）最喜欢的素描图集之一。阿尼巴勒还有另一种对生理特征的描绘方式，他将人的样貌画得像动物一样，但他最奇怪的模仿莫过于将人画成没有生命的物体，他会把一个男人或女人画得像个锅、罐子或是其他什么器具，即使这是个美人。除此之外，他还有很多别的奇思妙想，比如，他画的一个坐着的盲人正和着自己的竖琴在唱歌，他旁边是个弯着腰的庄稼汉，在鬼鬼祟祟地用一根中空的芦苇从他的酒瓶里喝酒。他一边喝酒，一边带着害怕的神情看着一个听盲人唱歌的小男孩。男孩听得如此入迷，以至于根本没有注意到背后的一只狗正试图从他手中偷走面包。这幅素描和其他一些作品现在都是我的收藏品。[147]我不会介绍他画的捕猎场面、花园、维纳斯的火炉与爱神[148]等其他作品，因为我已经偏离主题太远了。阿尼巴勒就是这样一个讨人喜欢、开朗又特别善良的画家，对那些善良又简朴的人，他总是不遗余力地让他们快乐。还有一件关于他的善良的事必须提一下，他经常会有从博洛尼亚来的信件，那个送信人总是不收他的邮费，而是让他画幅小画作为回报，并且这送信人还给他带了画布。这种事经常发生在画家身上，总会有些不正经的人在帮了一点小忙后立马就给画家送块画布，要求给他们画幅画，再不济也得是修改过的临摹作。无须多言，阿尼巴勒看出来这是个品性单纯的人，就愉快地给他画了一幅圣母的小画像，她正向观者展示睡在膝上的圣子。[149]我曾在兰弗朗科那里看到过这幅画，他回忆起这件体现阿尼巴勒善心的小事。长廊作品完成、脚手架都被撤除后，他画出门的部分，泥水匠做黏合等其他工作。到了吃饭时间，他没有支桌子，直接把拿来的食物放在地上，自己坐在脚手架的木板上，快活地说道："都过来一起吃吧，咱们都是一起工作的伙伴。"说到这里我又想起阿尼巴勒的不幸遭遇，此后他每天越发被忧郁折磨，身心都遭受极大伤害。春天来临后，在医生提出换个环境的建议下，他搬到那不勒斯，试图让自己能打起精神快活一点。但在那儿待了很短一段时间后，他迫不及待想回罗马，在天气已经变得很炎热的时候启程，这是非常危险的。然而，真正导致他死亡的还不是这个原因，更多是因为过度的性行为。他并未告知医生这一点，在不知情的情况下，医生为他放了血。然而，对高烧下已经非常虚弱的他而言，任何治疗都不起效果，回程后短短几天他就失去了意识，在1609年7月15日晚上的第一个时辰[150]，他人生的第四十九个年头，阿尼巴勒离开了人世。众所周知，拉斐尔也是在类似的不幸情况下去世的。[151]在生前的绘画生涯中，阿尼巴勒以拉斐尔为师，死后也想和他葬在一起。因此，在他弥留之际，带着极度的虔诚之心，他将墓地选在罗通达教堂（church of the Rotonda），这曾经的万神殿现已是献给圣母和圣徒们的教堂。这座神庙以其恢宏的罗马风格和高雅的建筑式样而流芳百世，如今将获得新的荣耀，它保存着两名最杰出的画家的遗骨，但愿他们伟大的灵魂将在天堂中与上帝同在。他去世后第二天，他的侄子安多尼奥·卡拉奇（Antonio Carracci）[152] 将他的遗体放置在墓地的灵柩里，并在他的头边安放了一幅他为红衣主教法尔内塞画的基督受嘲半身像，被犹太人嘲弄的基督头戴荆冕。[153] 此时，阳光普照大地，为他阖上双眼的乔凡尼·巴蒂斯塔·阿古奇阁下从旁协助，在场的还有作为画家和建筑师的乔凡尼·巴蒂斯塔·克雷森齐（Giovanni Battista Crescenzi）阁下、许多罗马贵族和圣路加学院（Academy of Saint Luke）[154] 全体成员，空中回荡着为死者吟诵的弥撒和祷告。人们从四面八方慕名而来参加这场沉痛的葬礼，瞻仰阿尼巴勒的遗体，仿佛此时躺在灵柩中的是拉斐尔。每个人都面露悲伤，他的学生们眼含泪水陪在亦师亦父的他身旁。人们为他的死给绘画带来的损失而悲叹，从他那已没有光彩的紧闭的双眼中看见色彩的明灯，亲吻那冰冷的手，它曾赋予光影以生命。随后他的遗体下葬，安多尼奥试着为他建一块纪念墓碑，上刻由阿古奇阁下撰写的铭文，然而这个计划被推迟了，直到安多尼奥自己也离开人世，也没能实施。因为我手中有阿古奇写的铭文的原件，现将其转录如下。或许有一天真的能看见它被刻在墓前的大理石墓碑上，至少在此处，作为对阿尼巴勒生平的悼文献上[155]：

　　我深知已逝的卡拉奇的为人，特于昨日撰写了一篇墓志铭，以赞美他的美德。虽然其中只提及最主要的两点，但他其余的品德都同样高尚：

D. O. M.

ANNIBALE CARRACIO BONONIENSI

PICTORI MAXIMO

QVI IN PINGENDIS ANIMIS SENSIBVSQUE

EXPRIMENDIS

GLORIAM PENNICILLI AVXIT

OPERIBVS SVIS CVM CAETERA OMNIA TVM IN

PRIMIS

VENVSTATEM ET GRATIAS CONTVLIT

QVAS ADMIRARI MAGIS QVAM IMITARI CONTVLIT

QVAS ADMIRARI MAGIS QVAM IMITARI ARTIFICES

POSSVNT

ANTONIVS CARRACIVS PATRVO INCOMPARABILI.

（伟大的天父在上，安多尼奥·卡拉奇将这篇墓志铭献给他无人
能及的叔父，博洛尼亚的伟大画家阿尼巴勒·卡拉奇。他的高超画笔
下既有内在灵魂之高雅，也有外在感官之愉悦。不仅如此，他的作品
中更蕴含着其他艺术家只能仰慕而无法模仿的无上的美。）

写完之后，当阿尼巴勒的侄子安多尼奥来访时，我把这篇墓志铭的意思解
释给他听，他表示非常满意，但希望能不偏颇于某一点，更多展示阿尼巴勒的
全能之才。事实上，很难判断他在哪个方面是最出色的。我提到的那两点都是
非常难做到的，尤其在曾是阿佩莱斯绝技的第二点上，他更是独占鳌头。另外
考虑的一点是，这篇墓志铭可能对墓碑的尺寸而言太长了，因此我将其删减为
以下内容：

D. O. M.

ANNIBALE CARRACIO BONONIENSI

PICTORI MAXIMO

IN QVO OMNIA ARTIS SVMMA

INGENIVM VLTRA ARTEM FUIT

ANTONIVS CARRACIVS PATRVO INCOMPARABILI.

（伟大的天父在上，安多尼奥·卡拉奇将这篇墓志铭献给他无人
能及的叔父和最伟大的画家，博洛尼亚的阿尼巴勒·卡拉奇。他代表
了艺术之巅峰，但他的才华已然超越了艺术。）

因为圣路加学院决定将这篇墓志铭刻在罗通达教堂的墓碑上，就在拉斐尔
墓碑的旁边，我们后来又加了几行上去：

QVOD POTERAS HOMINVM VIVOS EFFINGERE

VVLTUS

ANNIBAL HEV CITO MORS INVIDA TE RAPVIT

FINXISSES VTINAM TE MORS DECEPTA SEPVLCRO

CLAVDERET EFFIGIEM VIVVS ET IPSE FORES.

（啊，阿尼巴勒，只因你能描绘出人的生动相貌，嫉妒的死神夺

走了你的生命。若你画出另一个你来，那么死神都会被你欺骗，把你的仿品关进墓中，而你将还在人世。)

这就是阿尼巴勒简短的葬礼，但我认为，他死后最值得夸耀的是他的名望。他的名望在墓穴里陪伴着长眠的他，从他画笔下诞生的光明如长明灯一般照亮他的墓穴，而他的杰出名号即使在墓穴的黑暗中也会光彩熠熠。如同当今时代对他赞赏有加，他的名望将让他直到遥远的未来都永垂不朽。在一幅阿尼巴勒的肖像中，他的脸上露出深沉的忧郁，皮肤带着些橄榄色，双眼炯炯有神，还有宽宽的额头和圆圆的鼻子。[156] 他的发色较浅，没有刮胡子，就任其乱糟糟的。身体比例匀称，外表亲切谦逊。

人们受惠于阿尼巴勒的辛勤研究和丰富学识，尊称他为艺术的复兴者和领导者，是他重新确立和复活了线条和色彩的法则，使绘画在伦巴第和罗马重新崛起。他调和了科雷乔甜美而纯粹的风格和提香对色彩的掌控力，并从后者对自然的模仿晋升到更完美的理念和更完善的古希腊艺术。阿加西亚斯（Agasias）和格里肯[157] 的哪个雕塑能比得上他在法尔内塞宫长廊用明暗法创作的人像装饰？难道米开朗琪罗画的赫拉克勒斯和巨人能胜过他画的赫拉克勒斯和波吕斐摩斯？没有人能像他一样学到米开朗琪罗的精髓，但他后来完全抛弃了米开朗琪罗，他的目光越过最后的审判[158] 的绘画风格和人体解剖，落在拱顶间隔部分的健美男性裸像上，完美地将他们在长廊里复现了出来。他一生倾心于拉斐尔，将后者视作叙事性绘画方面的导师，由此提高自己的创作能力，致力于在画中体现充沛的情感和精确的模仿。他自身的风格结合了理念和自然，同时集以前的大师之所成于一身。对于阿尼巴勒，自然母亲似乎不介意无畏而光辉的艺术超越了她。关于这点，我将在下文引用阿尔巴尼写给我的信，他在信中对阿尼巴勒和阿戈斯蒂诺做了权威性的评论："我们不能一概而论地说他们的风格只习自科雷乔，因为他们先去了威尼斯，然后去了罗马。应该说他们还学习了提香，以及后来的拉斐尔和米开朗琪罗，他们的风格来自对各位顶尖大师的学习，融合了大师们最精华的成果，法尔内塞宫长廊证明他们在构图和设计方面已超过了其他人。但在行家看来，独自留在博洛尼亚的卢多维科不足以和阿尼巴勒相提并论，后者的才能远远超过了卢多维科，因为阿尼巴勒不仅效法拉斐尔，还研究了精美的古代雕塑。"但是，也有些对任何事都不满的严厉的批评者认为，阿尼巴勒虽然在罗马确实有改进他的风格，但并没有在色彩方面有进步。相反的，他们认为他的马尼亚尼宫大厅作品在色彩方面要高于法尔内塞宫长廊作品，他们得出结论说，阿尼巴勒博洛尼亚时期的作品在色彩方面较好，而罗马时期的作品在线条方面较好。[159]他们也认为长廊里那些仿灰泥装饰的胸像柱雕像和其他裸体人像部分要好于寓意画。[160]对于这些观点，我只想说，尼古拉·普桑曾经说过，阿尼巴勒创作的这些装饰部分超越了所有前人，甚至他自己，因为从来没有哪幅画有如此令人眼花缭乱的装饰，而那些寓意画是自拉斐尔以来构图最好的作品。关于他在罗马的作品的色彩问题，除了圣格列高利[161]和撒玛利亚妇人[162]这两件作品，还有法尔内塞宫书房的寓意画，长廊的墨丘利和帕里斯、朱庇特和朱诺以及伽倪墨得斯（Ganymede），这些都是色彩方面极好的例子。还有一个挨一个坐在胸像柱下方的极其精美的男性裸像。长廊作品中确实蕴含着绘画的力量与和谐，这样一个大型作品值得最大程度的赞美。阿尼巴勒的才华之横溢，仿佛是密涅瓦女神在庇佑他，使他随手就能创造出高难度的作品，而且这份才华不止为他自己，也为他的兄弟和学生等其他人指明了道路，几乎是手把手地带领他们走出困境和黑暗。然而，他也有遇到瓶颈的时候，无法在作品中达到他想要的完美，比如，在创作赫拉克勒斯背负世界这一作品时，他对这一形象做了许多研究，临摹了法尔内塞宫的一个赫拉克勒斯古代大理石雕塑。[163]为了完美地表现出这个形象，阿尼巴勒画了很多版本的赫拉克勒斯草图和素描，至今还保留着二十多张，这些都是为了创造出最完美的线条。最终的作品确实在艺术和自然方面都达到最完美的状态，以至于阿尔巴尼和多梅尼基诺这两个优秀的画家在处理同样的主题即阿特拉斯背负世界时，找不到其他的替代方法，他们发现不能改变阿尼巴勒的人物轮廓，最终在好的模仿和坏的原创之间选择了前者。这件事证明阿尼巴勒和他们二人都是非常优秀的。阿尼巴勒不止一次擦掉已经画好的长廊寓意画和装饰画的某些部分，因这些部分达不到他脑中出色的构想而非常不满。他自愿成倍增加工作量来重画，不仅绘制完成度很高的素描，还有草图，甚至包括一些油画。为了让我们对阿尼巴勒这个人的认识更加丰满，此处还要补充一些他为人上的缺点。除了值得赞美的优点，阿尼巴勒的作品中也有瑕疵，而且有时候他的玩笑开得太过，做了些不太光彩的事。因为他为人很随和，也就很容易被别人牵着走，比如他的一个学生因诺森奇奥·塔科尼（Innocenzio Tacconi），这个人控制了阿尼巴勒，出于一己私欲，不准其他人接近阿尼巴勒。他设法赶走圭多、阿尔巴尼和阿尼巴勒的亲哥哥阿戈斯蒂诺，直到阿戈斯蒂诺逝世。后来阿尼巴勒知晓了哥哥的死讯，才最终摆脱了他。这人不像其他同门能在艺术上有所建树，只会跟不学无术的人一样热衷于讨好老师求取好处。关于这件事，我必须承认，如果阿尼巴勒能及时善待阿戈斯蒂诺和他的学院，很多有价值的委托就不会被交到别人手上去。他们根本不重视这些工作，没有创作出配得上教皇的伟大作品，绘画因此而堕落，它不再是一门基于模仿的艺术，而变成单纯的手艺和体力活儿。已然意识到这个现实的教皇保罗五世在得知阿尼巴勒的才能后，下令无论如何一定要治好他的病，但阿尼巴勒已经无法恢复到能工作的状态了。这位好心的教皇最后下令将工作委托给博洛尼亚画派，这是当时对卡拉奇兄弟和他们的学生的称呼，尤指安多尼奥和圭多。[164]如果那些罗马画家没有一直霸占着盛名之位，博洛尼亚画派也会更快成名。

　　除了前面已提到的作品，最后还有一些剩余的作品需要介绍。在圣奥诺弗里奥（Sant'Onofrio）的马德鲁奇（Madrucci）阁下的一座礼拜堂里，有一幅阿尼巴勒的作品，画中是天使在空中托举圣殿，上方是圣母和圣子，圣子从一个器皿中倒出水来浇灭炼狱的火焰，炼狱下是一些嶙峋怪石。在众属圣母教堂（church of Popolo）的医师切拉西（Cerasi）的礼拜堂里，他绘制了一幅圣母升天图，并且设计了礼拜堂上方的壁画，一幅是肩上扛着十字架的基督出现在圣彼得面前，为他指出通向罗马的路，另一幅是月亮上的基督和他面前狂喜的圣保罗，中间一幅是圣母加冕图。这三幅都是因诺森奇奥·塔科尼所画，后经阿尼巴勒修改。他为圣彼济大教堂（Santa Brigida）画了圣母和圣子的草图，但最后的成品是由他的一个学生画的。[165]在河畔圣方济各教堂（church of San Francesco a Ripa）的马太家族（Mattei family）的礼拜堂里，他画了头枕在圣母膝上的救世主，抹大拉正拢着头发擦拭脸上的泪水，圣方济各双臂抱在胸前沉思，两个小天使指着救世主手上和脚上的伤口。[166]在西里欧山圣格列高利教堂（church of San Gregorio on Monte Celio）中为红衣主教安多尼奥·马里亚·萨尔维亚蒂（Antonio Maria Salviati）所建的礼拜堂里，有一幅圣格列高利跪着张开双臂、为炼狱里的灵魂祈祷的作品。圣格列高利身穿的罩袍和肩披的短斗篷色彩鲜活。两个天使分站他两旁，陪伴他祈祷，一个天使双手放在胸前，另一个指给圣徒看圣母。圣母的画像被画在同一个礼拜堂的侧面，据说她曾向圣格列高利显灵。圣格列高利上方是以散发光芒的圣鸽形象现身的基督和其他祈祷的天使。[167]在罗马之外的地方，在洛雷托圣所教堂（church of the Santa Casa in Loreto）有一幅圣母诞生图，一些妇人看着助产妇膝上的圣母，其中一个跪着的妇人弯腰去亲吻圣母的手，被天使们环绕的上帝张开双臂。[168]在斯波莱托大教堂（cathedral of Spoleto）有一幅阿尼巴勒的非常精美的作品，画的是圣母和金甘露。圣母坐在云端，两个天使为她加冕，她将一件盛着金甘露的外袍递向圣子，坐在她膝上的圣子一只手取金甘露，另一只手将甘露挥洒出去。下方的一个天使展开一个手卷，上面写有一句箴言 SVB TVVM PRAESIDIVM（在您的庇佑下）。地上是张开双臂的跪着的圣方济各，以及双手合十祈祷的他的同伴。

他们对面是一只手放在胸口、另一只手张开的圣多萝西（Saint Dorothy），她后面是一个提着一篮玫瑰的天使。画面深处是延伸的风景，画中题写了作画年份1591年。[169] 在罗马附近的格罗塔斐拉塔修道院（Abbey of Grottaferrata），有一个多梅尼基诺绘制的礼拜堂祭坛，其中有一幅出自阿尼巴勒之手的作品，画的是修道院院长圣尼鲁斯（Saint Nilus）和圣巴多罗买（Saint Bartholomew），画面上方是抱着圣子的圣母。

至于其他作品，包括私人收藏和亲王用以彰显地位的所有物，此处仅提及我们知道的部分。其中有一幅十分精美的达娜厄画像，她全身赤裸，撑起上半身半躺在床上，沉浸在黄金雨中，一只手从床幔中伸出来，地上的一个丘比特把弓箭扔在一边，忙着往箭袋里装金币。这幅真人大小的画像是堂·卡米洛·潘菲利亲王（Don Camillo Pamphili）献给尊敬的瑞典女王克里斯蒂娜（Queen Christina of Sweden）的礼物，后者尊敬地将其视作最杰出的画家的作品。[170] 在奎里纳勒山上的阿尔多布兰迪尼别墅（Villa Aldobrandini）里有一幅圣母加冕图，圣母在上帝和基督的中间，下面是一群天使。[171] 还有一个上帝向圣彼得显灵的小幅画作。[172] 此外还有一些扇形作品，是阿尼巴勒和学生共同完成的圣经故事，画中有风景和人像。它们曾在礼拜堂的弦月窗上，礼拜堂位于科尔索街（Corso）的阿尔多布兰迪尼宫（Palazzo Aldobrandini）。[173] 最值得赞美的是博尔盖塞别墅（Villa Borghese）的一件小幅铜版油画，躺在地上的圣安东尼被恶魔折磨，他朝前来帮助他的上帝张开双臂。[174] 另外还有两幅属于著名的洛伦佐·萨尔维亚蒂（Lorenzo Salviati）阁下的铜版油画。一幅是坐在圣母膝上的圣子为圣方济各祝福，圣方济各单腿跪在地上，为神圣之爱而狂喜，他双手放在胸前，一个天使将一只手放在他肩上。[175] 另一幅是坐在摇篮上的圣母将圣子抱在膝上，圣子手上拿着一个苹果，年轻的圣约翰看着圣子，同时拉着圣母的外袍，另一边的圣约瑟暂时停下阅读，手里还拿着眼镜。当这幅画还在蒙塔尔托别墅（Villa Montalto）时，因为十分精美而不断被人拿去临摹，当时就在他们的手中被逐渐磨损了。[176] 有一件无以出其右的作品，画的是还是个小婴儿的赫拉克勒斯在摇篮里徒手扼死毒蛇，这件线条流畅的作品画在1掌宽的胡桃木嵌板上，深得著名的红衣主教卡米洛·马西莫（Camillo Massimo）赏识。这件作品是献给科拉迪诺·奥尔西尼（Corradino Orsini）阁下的，他对阿尼巴勒十分友善。[177] 献给红衣主教的则是一幅很生动的沙漠中的圣约翰的画像，圣约翰坐在地上的一张老虎皮上，一只手拿着芦苇制成的十字架，另一只手指向基督，姿态十分优美。他侧坐的同时脸朝向画面外，一件红色的布料从肩上垂下。卢多维科·奇奥利（Ludovico Cigoli）后来在远处加上了较小的基督。这幅画今天可以在红衣主教弗拉维奥·基吉（Flavio Chigi）的宫殿中看到。[178]阿尼巴勒还画过一幅圣约翰像，坐在地上的圣约翰一只手放在地上，另一只手指着救世主。在一幅大约 4 掌高的画布上，撒玛利亚妇人虔诚地跪在基督面前，基督指着叙加城，圣徒们也都在画面里。[179]阿尼巴勒在与其他画家的竞争中画的这幅画，他们后来在佩鲁贾（Perugia）圣彼得教堂（church of San Pietro）有过创作。这件作品曾经保存在佩鲁贾的奥狄（Oddi）阁下府中，但后来被卖到荷兰。在他为红衣主教桑内西奥（Sannesio）[180]画的一些小幅作品中，有一幅圣斯德望（Saint Stephen）被乱石投掷而死的画像，圣斯德望跪在地上承受敌人的攻击，祈求上帝保佑，天使为圣斯德望带来王冠和棕榈枝，这个场景发生在城外的一片优美景色中。[181]另一幅是圣约翰正在传教，他身处一片树林中，还有一条停泊着小船的小河。[182]还有一幅是逃往埃及，圣母抱着圣子，圣约瑟正走下一道斜坡，手中牵着驴子的缰绳，天使们在空中撒播玫瑰和鲜花。[183]这 3 件作品现在都保存在陛下在巴黎的皇宫里。德·利扬库尔（de Liancourt）阁下在佩鲁贾的藏品里有一幅基督诞生图，双手放在胸前的圣母向干草堆上的圣子做祷告，圣约瑟站在一边，牧羊人聚集在周围瞻仰圣子，天上的天使们在歌唱欢庆，画中的色彩散发出神圣的光辉。[184]在另外一幅不一样的基督诞生图中，人物画得比较大，躺在马槽中的圣子散发出的光芒洒在圣母身上，后者正揭开裹着圣子的布料。他们身后的上方是一群膜拜的天使，身上的光芒和墙面的阴影形成对比，墙上坐着三个小天使。牧羊人在膜拜圣子，他们前面有一个手里托着一只鸽子的小男孩，他面朝站在旁边的父亲，他父亲把帽子抓在手里，一条腿跪在地上，怀中抱着另一个小男孩，后者一只脚放在他父亲膝上，也双手合十地看着圣子。后面跪着一个胡子剃得很干净的男人，在中间还可以看见一个站着[185]的老人的头部，手挡在眼前以遮挡耀眼的圣光。另一个站着的人伸出一只手指着刚出生的圣子。这些人物的动作相互协调，共同组成了这个场景。在另一边，圣母的背后站着一个正在吹奏风笛的牧羊人。我在此处详细记录下这幅画的内容，虽然原作已不知所踪，但多梅尼基诺绘制的临摹作现存于法国。[186]在这幅画中，阿尼巴勒学习了科雷乔的基督诞生图对光线的运用。科雷乔的这件作品曾在雷焦，如今在尊敬的摩德纳公爵（duke of Modena）宫中。[187]阿尼巴勒在伦巴第时曾花了很多时间去研究这件作品，至今还留存着他临摹的一件很精细的小幅铜版油画，现在是内罗拉亲王堂·莱利奥·奥尔西尼的藏品。[188]阿尼巴勒还画过苏撒拿和两个长老，一个长老一根手指放在唇边让她不要叫，拉开盖在她身上的布料，另一个长老一条腿跨过喷泉栏杆去窥探她的裸体。这幅画的原作也丢失了，现存的是兰弗朗科的临摹作。[189]在巴黎，在收藏了许多优秀艺术家作品的德·拉努（de la Noue）阁下的陈列室中[190]，有一件保存得非常好的阿尼巴勒的小幅圆形画，画的是圣母在逃往埃及的途中停下来休息，圣子坐在她膝上，圣约瑟牵着驴子，天空中有天使，还有一片非常优美的风景。[191]一幅沐浴的狄安娜和卡利斯托的寓意画也在那里[192]，还有喷泉边的维纳斯，美惠三女神正为她梳头。[193]值得一提的是阿尼巴勒在风景画方面的名气，如今人们把他的风景画当作构图的典范，他的画中都是田园牧歌式的美景，无论是上了色的画作还是没有上色的素描，他的风景画都无人能及，除了在这方面最为优秀的提香。他也很擅长画叙事性绘画和人像。他极大地改进了现实主义的绘画风格，即使在素描中也能精准地抓住每个人的外在相貌和内在灵魂，很多热爱素描的收藏家的藏品都能证明这点。同样完美的还有他的蚀刻版画和雕刻版画，其中大部分都在下文有介绍。

阿尼巴勒·卡拉奇的版画

基督诞生图。一边是圣母，另一边是来瞻仰圣子的牧羊人，他献上一个孩子和一只羔羊。中间是一棵大树的树干。圣母的背后是给驴子喂干草的圣约瑟。八开的蚀刻版画。[194]

坐着的圣母将圣子放在膝上，圣子把手放在圣克莱尔的圣物箱上，后面是圣约瑟。四开的蚀刻版画。[195]

圣母以及摇篮中的圣子，圣子拥抱着年幼的圣约翰，正在看书的圣约瑟靠坐在一边。四开的蚀刻版画。[196]

坐着的圣母将圣子放在膝上，圣母递给圣约翰一个杯子，圣约翰从杯子里喝水，后面是圣安娜。八开的蚀刻版画。[197]

基督头戴荆冕。坐着的基督双手绑在身前，一个士兵递给他芦苇，另一个将荆冕戴在基督头上。四开的蚀刻版画。[198]

圣母怜子。包着裹尸布的基督后背和头部枕在圣母膝上，一个女圣徒从背后扶着晕厥的圣母，圣约翰托着基督一只手臂，指给抹大拉看伤口。八开的蚀刻版画。[199]

抹大拉坐在一张芦苇编的坐垫上，对着固定在一截树桩上的十字架哀悼。四开的蚀刻版画。[200]

手中拿块石头的圣哲罗姆，非全身像。四开的蚀刻版画。[201]

喷泉边赤裸的苏撒拿遮挡自己的股间，面朝那两个正跨过小门走到喷泉的长老，后者都是半身像，一个长老乞求她，另一个则手指着城镇威胁她。对开的蚀刻版画。[202]

赤裸的维纳斯睡在床上，她脚边的一只萨提尔正在掀开遮盖她的布料，她头边的丘比特一只手指放在唇边制止他。四开的蚀刻版画。[203]

这些蚀刻版画后又被改为雕刻版画，因为阿尼巴勒在年轻时和他的哥哥阿戈斯蒂诺一起练习过这个。在阿戈斯蒂诺的帮助下，阿尼巴勒雕刻了一些坎皮（Campi）出版的克雷莫纳名人集里的画像。[204]

他也雕刻过圣母和哭泣的年幼的圣约翰，因为尚为幼儿的圣子出于孩子气的恶作剧把他的一只小鸟放走了，十分写实生动。出版于 1587 年的八开的雕刻版画。[205]

圣方济坐在一个横亘在地上的树干上，将十字架紧紧贴在胸前，对着膝上的骷髅头陷入沉思。出版于 1585 年的雕刻版画。[206]

但比这两个更美的是刻在红衣主教法尔内塞的一个银盘上的西勒诺斯，和阿戈斯蒂诺刻的另一个银盘是一对。在这个银盘上，西勒诺斯正坐着喝酒，一只跪着的萨提尔在他后面举着一个满满的酒袋，一个农牧神把酒袋拉到自己身边直接往嘴里倒酒。[207]周围是一圈葡萄藤、葡萄叶和葡萄的装饰。这幅雕刻画在构图和雕刻手法上可以和马坎托尼奥的技艺及拉斐尔的精美版画[208]相提并论，是对古典主义的完美诠释。

撒玛利亚妇人[209]和圣洛克[210]由圭多·雷尼制成蚀刻版画，虽然它们都被归到阿尼巴勒名下，但阿尼巴勒只提供了构图。

在为了避免篇幅过长而略过的众多作品中，有一些为红衣主教法尔内塞创作的作品必须特别提一下。在一件圣母怜子图中，圣母坐在坟墓上，一只手托着靠在她膝上的死去的基督的头，另一只手臂张开，悲伤地看着基督。阿尼巴勒还画了一个非常具有感染力的小天使，他用手指碰了一下荆冕，因刺痛而面露抱怨之色。[211]在学生的协助下，他还为红衣主教的一些小房间的天顶画了作品，在间隔部分分别画了黎明、白昼、拿竖琴的日之男神、夜晚、臂弯中睡着一黑一白两个孩子的夜之女神，有着恰当的理念和构图、各色风景和嬉戏的小丘比特。[212]在其他作品中，一幅关于里纳尔多（Rinaldo）的作品备受推崇，里纳尔多向后靠在阿尔米达（Armida）身上，头枕在她膝上，为她举着镜子，而她正看着镜子编头发，这两个人像都比真人要大一些。根据塔索的故事[213]，还画了两个藏在树林中的战士。如果是关于作品中幽默的构想这点的话，就必须提到在爱神们的环绕中沉睡的维纳斯这件作品。因此，为了将愉悦和美德作为阿尼巴勒传记的结尾，下文将详细地介绍这幅作品，只提及其中表现的情感，以一种较文雅的描述来再现这幅画，以和主题之美相呼应。

嬉戏的爱神和沉睡的维纳斯（见图 1-3）

现在展现在你眼前的是塞浦路斯岛（Cyprus），岛上长满苍翠的树木和甜美的果实。它的美不仅在于丰饶的土地，更因为它是献给维纳斯的圣土。[214] 在转向周围嬉戏的小爱神们之前，让我们先看看维纳斯，她借由绘画的才华而沉睡。绘画十分警醒地守护着沉睡的维纳斯，而美惠三女神提供了色彩。维纳斯睡在一张华丽的床上，她那些长着小翅膀的孩子在一个美丽的花园中无拘无束地玩耍。花园里是画家精心布置的错落有致的树木，从两根树枝之间露出一片乡间景色，田野和海岸的遥远彼方是平静的大海和伟岸的高山。最近的一棵树干上悬挂着一条精致的紫罗兰色布料，被当作床幔挡在床的上方，柔软的床垫上铺着火焰般颜色的丝绸床单，镶着金边。维纳斯就裸身躺在上面，但她并不是完全平躺，她的上半身抬起，弯曲的双腿也不是一样的姿势，而是在微妙的不同中，一条抬得比较高的腿稍稍比另一条露出得多一点。维纳斯就用这样的姿势躺着，仿佛嫌柔软的枕头不能为她高贵的面庞提供相衬的舒适的支撑，她优雅地将左臂弯曲着枕在头下，左臂环绕在脑后，娇嫩的手指从她的太阳穴处探出来；右手肘搁在金色镶边旁，雪白的右手放在大腿间，掩藏着爱的珍宝。她的身姿是如此高雅，那美丽的乳房、光滑的腰腹、摆放得当的手臂和大腿，还有修长中稍带圆润的双腿。你会觉得她的躯体仿佛是融化的印度雪花石膏，带了点泰尔紫。你会联想到很多类似的比喻，但绝没有任何一种修辞能表达出她的脸庞的娇嫩，因此绘画比语言伟大得多，眼睛比耳朵更能欣赏事物的形象。快乐的孩子们的喧闹声没有打扰到她的睡眠，反而让她睡得更加香甜，就像海浪的潮声和鸟儿的啾啾声一样。一个小爱神爬到她的枕头上，举着床幔为她的眼睛挡去刺眼的光线，她隐在阴影里的上半边脸上是深沉的睡颜，和光线中明亮的下半边脸形成微妙的对比。让我们把视线暂时从静静沉睡的维纳斯转向玩耍的小爱神们。看哪，床边有两个调皮的小爱神在稚气地戏仿母亲的步伐和举止，一个高贵地慢步走着，身后的披风拖曳到地上，他身边的小伙伴笑着伸出一只胳膊搀着他的手，似乎前者柔嫩的小脚不是很适应穿他母亲的鞋走路。另一个坐在草地上的小爱神也在模仿维纳斯的举止，他正用一根玻璃棒小心地卷头发。但坐在旁边的另外两个孩子不一样，他们在争一顶玫瑰花冠，一个抓着另一个的头发，试图从对方手中抢夺花冠，后者尖叫着倒在地上。在床尾靠着一个头戴常春藤的小爱神，神似年幼的巴库斯，有着柔软而红润的小脸蛋。和着他用长笛吹奏的音乐，两个小爱神手拉手跳起欢快的舞步。一棵苍翠的大树不仅为他们提供了阴凉的树荫，树上结的金黄的苹果也引得孩子们争相去摘。最大胆的一个趴在一节粗壮的树枝上，正准备向站在床沿上的另一个扔苹果，后者一边也抓了个苹果要扔向对方，一边举着另一只手臂保护脸。其他被怂恿的小爱神也在往树上爬，他们一个接一个叠成人梯，一直爬到树干的分枝处。在稍远的草地上，另外一群小爱神正在清澈的湖水中快乐地游泳，其中一个爬上岸，急着去他的弓箭手小伙伴们那里，看谁对着树干上的靶心射得最准。远处可以看见有的孩子在摔跤，虽然因为距离太远，看不清他们喘着气挥汗如雨的样子，还是能感受到他们顽强地用手臂把对方掼在地上的技术和力量。最后，在更远一些的地方，3 个孩子坐在母亲的金色马车上，驾车的那个孩子没有控制住拉车的白鸽，他的性急惹得鸽子拍打双翼，坐在车上的两个人害怕地抓着车沿，距离的遥远并没有减弱这个场景的表现力。在回到沉睡的维纳斯之前，仔细看看这些动作姿态各异的小爱神。这些孩子对应着凡人特有的各种爱的倾向和对象，所以他们被视作尘世之爱的管理者。最妙不可言的是，聪明的画家将他们分别描绘成在地上、水里和空中的想法，指明虽然爱是由火和热构成的，但它不是单独某一个，而是这世上每一个元素和造物的统治者。如果我们真的理解画家的想法的话，就能看出来那两个轮流朝对方扔苹果的小爱神代表友谊和共同的欲望，而那些嬉闹的小爱神表示尚未萌芽的爱，那两个用弓箭射靶心的小爱神证明爱早已开始。现在再回到沉睡的维纳斯，我自己从她这儿学到了一课，用一行诗句概括就是：

Che quanto piace al mondoè un breve sonno. [215]

（世间欢愉不过春宵一梦。）

阿尼巴勒·卡拉奇的学生

如上文所说，在当下的历史中，只有两位大师真正创立了绘画学院，即乌尔比诺的拉斐尔和阿尼巴勒·卡拉奇。那些留在伦巴第、师从卢多维科的画家将在卢多维科传记中再提。[216] 阿尼巴勒不仅指导他的两个兄弟，还带出一批非常有才能的艺术家，包括弗朗切斯科·阿尔巴尼、圭多·雷尼和安多尼奥·卡拉奇，这些人的传记将在后面详细介绍。[217] 除了这几个人，还有：

博洛尼亚的安多尼奥·马里亚·帕尼科（Antonio Maria Panico）。他来到罗马时还是学院中资历尚浅的学生，由马里奥·法尔内塞（Mario Farnese）阁下雇用。[218]他一直住在法尔内塞家族的领地里,既没有拿得出手的作品,又不求上进,最终湮没无闻。他在法尔内塞大教堂画了 15 个玫瑰经神迹的小型人物壁画,还有圣礼拜堂的弥撒图,画的是一个神父在助祭的协助下主持弥撒,空中的两个天使在焚香。[219]据说阿尼巴勒亲自参与创作了这件作品,尤其是其中一个膜拜圣子的妇人。在通往卡斯特罗(Castro)路上的圣母教堂(church of the Madonna)[220],他在其中一个祭坛上画了几幅圣母生平的扇形壁画,他之前已经为这个教堂画了圣母领报和进献圣殿两件作品。在拉特拉的一座教堂里还留有一幅圣塞巴斯蒂安的壁画。[221]在博赛纳湖(lake of Bolsena)岛上的主教堂里有 3 幅油画,分别是使徒圣雅各、圣尤斯塔斯(Saint Eustace)和基督受难图,画中还有两个哀悼的天使、十字架脚下的圣方济各以及帕多瓦的圣安东尼[222],然而,并不确定这 3 幅油画究竟是安多尼奥·马里亚还是阿尼巴勒所画,后者似乎也有参与。以下是阿尔巴尼在写给我的信中提及的关于阿尼巴勒的一些信息:"我正在收集他的堂兄卢多维科的作品,卢多维科一直待在博洛尼亚,在那里创作了很多作品。然而,当我整理阿尼巴勒为红衣主教奥多阿尔多·法尔内塞所绘的作品时,我发现尽管他于 49 岁逝世,卢多维科比他多活了将近 20 年[223],他的作品数量却和卢多维科不相上下。除了法尔内塞宫的作品,主要是长廊和书房的壁画群以及礼拜堂的迦南妇人与基督[224],他还在那位尊贵的陛下在罗马之外的其他领地留下了许多作品。"因此,这些油画是出自安多尼奥·马里亚还是阿尼巴勒之手还是个疑问,有待他人去辨别。在上述地点的附近,还有一些保存状况非常糟糕的他的作品,现在已经被转移到别处了。他在法尔内塞成家并逝世。

博洛尼亚的因诺森奇奥·塔科尼。阿尼巴勒为他的作品提供了很多草图和修改。除了上文提到的众属圣母教堂礼拜堂的圣母升天图,在佩歇里阿(Pescheria)圣天使教堂(Sant'Angelo)圣安德烈礼拜堂的穹顶上有 4 幅圣徒生平的小型人像。其中两幅是鞭打基督图和基督受难图,中间是一幅十字架的圆形画。他还画了四使徒,在一扇窗户的两边各有一个向圣母报喜的较大的天使画像。在罗马城外阿皮亚大道(via Appia)的圣塞巴斯蒂安教堂(church of San Sebastiano),他在大祭坛上画了一幅基督受难图,圣母和圣约翰在十字架的脚下,但这些人物都淹没在背景中,而且色彩也不协调。有一条走道连着这个祭坛和楼梯口,通向使徒圣彼得和圣保罗的地下祭坛,他在走道的墙上画了将圣子抱在膝上的圣母和一些正在跪拜的朝圣者。这些画都是他在阿尼巴勒死后,和安多尼奥及西斯托合作所画,这两个人也在这个教堂里工作。[225]他还在蒂沃利(Tivoli)的大教堂的祭坛上画了圣劳伦斯殉道图。[226]除了此处和上文关于他的部分之外，没有他的其他生平信息。

博洛尼亚的卢西奥・马萨里。他在故乡博洛尼亚加入卡拉奇学院，没有人比他更会临摹卡拉奇兄弟的作品，比如，罗马的车轮圣凯瑟琳教堂（church of Santa Caterina della Ruota）的圣玛格丽特像临摹自上文提到的雷焦的圣普洛斯佩罗教堂的作品。[227]在罗马，卢西奥住在红衣主教法基内蒂[228]宫中，在阿尼巴勒・卡拉奇的帮助下为这位红衣主教画了一些作品。当他在博洛尼亚的时候，在博斯科（Bosco）圣米迦勒修道院（San Michele）和优秀的大师合作，画了 5 幅圣本笃（Saint Benedict）生平的油画，分别是：他的门徒圣普拉西德（Saint Placid）的神迹，他在圣本笃的吩咐下行走在水面上，抓着圣莫尔（Saint Maur）的头发把他从水里拉了出来；圣本笃将袖子浸在水中，以找回掉到苏比亚科湖（lake of Subiaco）中砍柴的斧子；复活的男孩；挨饿的僧侣们在修道院发现一袋袋面粉的神迹；在为死者举行的弥撒祷告中，两个死去的修女从坟墓中显现，圣本笃为她们献上祝福。同一个城市的圣保罗教堂（church of San Paolo）的圣哲罗姆最后的圣餐也是出自他之手，还有波尔塔（Porta）圣巴多罗买教堂（San Bartolomeo）的基督向被祝福的卡耶坦（Blessed Cajetan）显灵。在别的公开场合或私人收藏还可以找到他的其他作品，比如，弗利（Forlì）的圣多明我教堂（church of San Domenico）的圣约瑟之死，雷焦的死亡联军兄弟会祈祷室（Oratorio della Compagnia della Morte）[229]的花园苦恼，天使向基督展示十字架，而使徒们都已睡着。

帕尔玛的西斯托・巴答罗丘。他和同乡兰弗朗科一起在阿尼巴勒于罗马的家中长大，虽然他和兰弗朗科一样具有高尚的品德和卓越的能力，但他不如对方勤奋。当多梅尼基诺和圭多在西里欧山圣格列高利教堂圣安德烈礼拜堂工作时，他在侧门上画了一幅犹太人和头戴荆冕的基督真人大小的半身像。[230]在阿尼巴勒死后，他陪同安多尼奥・卡拉奇返回博洛尼亚，安多尼奥娶了卡拉奇家族的一个表亲，这点在后面安多尼奥传记中会再提。西斯托回到罗马后，当因诺森奇奥・塔科尼在城外阿皮亚大道的圣塞巴斯蒂安教堂工作时，他也在那个教堂通往地下祭坛的楼梯口的窗户上方画了一幅画，画中的圣彼得和圣保罗长眠于一口井中，他们殉道后很长一段时间才被发现，空中有一个手持棕榈枝和王冠的天使。[231]这些用短缩法精心画出的人像不乏良好的构图和色彩。在维罗斯比（Verospi）阁下的庭院里，阿尔巴尼为门廊绘制了装饰，在门廊拱顶画了两幅寓意画，分别是坐在岩石上吹奏排箫的波吕斐摩斯和在海里倾听音乐的伽拉忒亚。[232]她靠在一只海豚身上拉着它，一只手臂搭在海中仙女肩上，紫色外袍在风中飘动飞扬。搂着另一个海中仙女的海神特里同正在吹海螺壳。在另一幅画中，波吕斐摩斯正朝着跟伽拉忒亚一起逃向海岸的阿西斯投掷岩石，阿西斯在惊恐中大张双臂。西斯托创作了6幅人物蚀刻版画，以科雷乔在帕尔玛大教堂（cathedral of Parma）穹顶的扇形间隔上画的圣徒和天使为原型。[233]还有1606年创作的以观景台的拉奥孔和他的儿子们这一古代雕塑为原型的蚀刻版画。[234]西斯托和兰弗朗科一起达成了一项非常伟大的成就，以梵蒂冈宫长廊的圣经壁画为原型创作了一系列版画。在写了一本关于这些版画的书后[235]，他们把它题献给正受疾病之苦的阿尼巴勒·卡拉奇，这篇题词将放在最后的结尾部分，作为本章内容的佐证，同时满足读者的需求。西斯托没有在罗马待很长时间，他后来回到博洛尼亚，余下的生命都在伦巴第工作。在雷焦的死亡联军兄弟会祈祷室，有一幅他在卡拉奇学院学生的协助下画的基督被捕和下葬。他模仿科雷乔在帕尔玛圣约翰教堂穹顶上的作品，在雷焦的福音传道者圣约翰教堂（church of San Giovanni Evangelista）大祭坛的小穹顶上画了一幅相似的作品，并在穹隅上画了他自己构思的四美德图。他也在加尔默罗圣母教堂（church of Santa Maria del Carmine）的圣母礼拜堂和穹顶上画了壁画。[236]在瓜尔蒂耶里（Gualtieri）的波河边，摩德纳公爵的一处宫殿里有他画的赫拉克勒斯伟大功绩的真人大小的作品，位于宫中一个房间的墙上，天顶上是拿着两个喇叭的名誉女神，一个举在嘴边，一个拿在手上，这些都是出自他之手。除此之外没有留存他的其他记录。

献给我最杰出和最受人尊敬的老师[237]

阿尼巴勒·卡拉奇阁下

我们何其有幸，能献身于绘画这门高贵而富有创造性的艺术。为了能真正学好这门艺术，我们来到罗马，这个最伟大的艺术之都，并且受教于尊敬的阿尼巴勒·卡拉奇阁下。您不仅自己就是绘画艺术的执牛耳者，在指导后生时也是个好老师。但老师对我们的意义不止于此，因为我们不但像其他人一样从您的作品和指导中受益，更享受到您在教导我们时无上的慈爱和父亲般的关怀。如果不是您以身作则为我们树立了好榜样，我们又怎么能学到艺术中的礼节和美德。因此，我们为了回报您的无私教导，决心勤奋磨炼自己的绘画技艺，增加自己的学识，以和行为中的美德相一致，时刻在心中谨记对您的感激之情。我们在此向您呈上的这份微不足道的心意，或许无法充分表达我们的想法，但至少请您原谅我们的冒昧，因为这份献词是出于好学之心和对您的感激。如果能以您的作品为原型的话，我们是绝不会将这以别人的作品为原型的版画呈到您面前的。然而，您长时间饱受疾病之苦，很久无法工作，这对绘画造成极大的伤害，也让深爱绘画的人们无不感到痛心，而这也使我们不得不中断对您的作品的学习。您也鼓励我们去研究其他人的优秀作品，最后发现能与才华横溢的您相提并论的只有一人。我们之所以会选择以这个作品为原型，也是因为您已经向我们介绍了无数次，总是将其称为意涵丰富的精美作品，它的创作者是公认最伟大的画家拉斐尔，他在技巧和构图等方面的非凡创造为我们提供了极好的模仿对象。在拉斐尔于罗马的作品中，有一系列小幅旧约圣经故事壁画，画在梵蒂冈宫庭院的一处长廊上。这件本应很有名的作品可能并非那么为人熟知，部分原因是画中的人物太小，也是因为很多人认为拉斐尔只是提供了构图，实际作画的不过是个学生，但这个作品实则非常值得人们鉴赏，而且其中丰富的构想和崇高的主题能让每个人都从中受益。因此，在去年夏天，教会暂离圣彼得大教堂，宫殿的寂静和长时间的日照使我们得以画下全部的壁画。这份工作让我们觉得非常愉快，我们谨遵您的绘画风格和您教给我们的技艺，对壁画的临摹十分成功。虽然我们在接下这份工作的时候只是为了学习，别无其他念想，但这个机会也满足了我们很久之前就想一睹如此精美的作品的风采的愿望。在用心临摹并将其制成铜版画的过程中，我们的能力也大有长进，而且我们还创作了更便捷的蚀刻版画，以供其他地方的年轻画家学习。我们现在所学到的一切绘画知识和技艺都来自于您，我们自身却没有什么值得您骄傲的优点，除了想成为像您一样优秀的画家的热情和意志。如果别人能从我们差强人意的作品中发现零星半点您的风格的痕迹，只是这一点就足够我们相信，您能接受其中来自于您的精华，而原谅其余来自于我们的糟粕。这也让我们相信，人们能用善意和宽容的眼光来看这些作品，就算它满是瑕疵，它也有受益于优秀的老师指点的部分。所以在最后我们欣慰地相信，虽然我们的作品有很多不尽如人意的地方，但它或多或少地展示了您的才华。这对我们而言不仅是辩解之词，更是赞美和荣誉。请让我们亲吻您的双手，献上敬意。1607 年 8 月，罗马。

您最热情和最忠诚的学生

帕尔玛的西斯托·巴答罗丘和乔凡尼·兰弗朗科

IN MORTE D'ANNIBALE CARRACCI

Del Cavalier Marino

Chi die' l'esser al nulla,

Ecco che 'n nullaè sciolto.

Chi le tele animò, senz'alma giace,

Al gran Pittor, che porse

Spesso a i morti color senso vivace,

Morte ogni senso ogni colore ha tolto：

Ben tu sapresti or forse

Farne un altro, Natura, equale a quello,

S'avessi il suo pennello. [238]

悼念阿尼巴勒·卡拉奇

骑士马里诺

看哪，他的生命已逝去，消解于虚无。曾给予画作以生命的他，现在无声无息地躺在坟墓里；这不断赋予死物以色彩和生气的伟大画家，死神却攫取了他所有的感觉和笔触：自然女神啊，若你拥有他的画笔，愿全能的你再造一个与他一般伟大的画家。

注释 ■

[1] 参见术语表。

[2] 贝洛里时期的伦巴第指的是整个波河流域（Po Valley）。

[3] 鲁本斯在 1600 至 1608 年间旅居意大利（参见《鲁本斯传》）。

[4] 关于朱塞佩·切萨里（Giuseppe Cesari），即骑士达·阿尔皮诺（Cavaliere d'Arpino），参见附录。

[5] 更早的阿尼巴勒·卡拉奇传记可见于曼奇尼（Mancini, 1956 年），第 1 卷，第 218 - 220 页；巴格利奥尼（1642 年），第 106 - 109 页；斯堪内里（Scannelli, 1657 年），第 337 - 346 页。参见《美的理念》（*L'Idea del Bello*），第 2 卷，第 199 - 201 页。

[6] 生于 1557 年。参见《阿戈斯蒂诺传》。

[7] 生于 1560 年。

[8] 参见附录。

[9] 在摩德纳（Modena）的切萨雷·伊格纳齐奥·德·埃斯泰（Cesare Ignazio d'Este）的 1685 年藏品目录中，这幅作品被称为《三个女圣徒哀悼基督》（*Pietà con le tre Marie*）。

1799 年，这幅作品被卖给布里奇沃特公爵（duke of Bridgewater），曾藏于伦敦的布里奇沃特府邸。毁于二战时的战火。

[10] 这幅作品完成于 1585 年。

[11] 现藏于博洛尼亚圣母教堂（Santa Maria della Carità）。

[12] 帕尔玛国家美术馆（Galleria Nazionale, Parma）。

[13] 关于费德里科·祖卡里，参见附录。

[14] 拉努奇奥·法尔内塞（Ranuccio Farnese），1592 至 1622 年间任帕尔玛与皮亚琴察（Piacenza）公爵。

[15] 卡波迪蒙特国家美术博物馆（Museo e Gallerie Nazionali di Capodimonte），那不勒斯。

[16] 博洛尼亚画家切萨雷·阿勒图斯（死于 1612 年）在福音传道者圣约翰教堂（San Giovanni Evangelista）的穹顶上所作的壁画《圣母加冕》（*Coronation of the Virgin*）复制自科雷乔的作品，因为拆除和重建穹顶，科雷乔的壁画已于 1587 年被毁坏。部分壁画保留在帕尔玛国家美术馆。根据马尔瓦西亚（Malvasia, 1841 年），第 1 卷，第 251 页，阿勒图斯委托阿尼巴勒和阿戈斯蒂诺·卡拉奇为他临摹科雷乔的壁画。

[17] 委罗内塞死于 1588 年；丁托列托死于 1594 年；雅各布·达·庞特（Jacopo da Ponte，即巴萨诺）死于 1592 年。

[18] 阿尼巴勒·卡拉奇的边注可见于一本瓦萨里 1568 年版《艺苑名人传》中的《提香传》，这本书现藏于博洛尼亚阿奇吉那西欧公立图书馆（Biblioteca Communale dell'Archiginnasio）。关于阿尼巴勒的边注原文，参见佩里尼（Perini, 1990 年），第 163 页。贝洛里在引文里用"古希腊画家"概括了阿尼巴勒的原话"Geusi et（al）tri"（宙克西斯及其他人）。阿尼巴勒边注的来源是普林尼对帕拉西阿斯与宙克西斯之间一场比赛的描述，宙克西斯"画的葡萄是如此逼真，引得鸟儿们纷纷去啄食；而帕拉西阿斯画出极为真实的帘幕，以至于宙克西斯……要求立刻掀开帘幕展示画作；当他意识到他的错误时，出于令人赞赏的谦恭，他放弃了奖赏并说道，虽然他欺骗了鸟儿，帕拉西阿斯却能欺骗他这个画家"（普林尼：《自然史》，35，65）。

[19] 博洛尼亚国家美术馆（Pinacoteca Nazionale, Bologna）。

[20] 博洛尼亚国家美术馆。

[21] 虽然阿尼巴勒和阿戈斯蒂诺是兄弟，卢多维科是他们的堂兄，但他们三人一起工作后，贝洛里就将他们三人统称为兄弟。（关于卢多维科·卡拉奇，参见附录。）

[22] 卡米洛·普罗卡奇尼（Camillo Procaccini，约 1555—1629 年），博洛尼亚的样式主义画家及版画家。

[23] 大约在 1582 年，阿戈斯蒂诺与阿尼巴勒·卡拉奇在卢多维科·卡拉奇的工作室创办了一所学院，称作求知学院（Accademia de'Desiderosi），卢多维科是三人中唯一从属于当地画家行会的。大约在 1590 年，学院改名为启程者（Incamminati，即已启程之人）学院。

[24] 法瓦宫即现在的巴利奥尼大酒店（Albergo Baglioni）。

[25] 这件饰带画描绘了维吉尔《埃涅阿斯纪》，2、3 的 12 个场景。

[26] 阿尼巴勒并没有三个兄弟，他在马尼亚尼宫的合作者是他唯一的亲兄弟阿戈斯蒂诺，

以及他的堂兄卢多维科（参见注释21）。

[27] 阿尼巴勒、阿戈斯蒂诺和卢多维科·卡拉奇在马尼亚尼宫【现在是罗马格勒信贷银行（Credito Romagnolo）】创作的《建立罗马》（*Founding of Rome*）这件饰带画基于普鲁塔克的《罗穆卢斯》（*Romulus*）和李维（Livy）作品的第1卷。

[28] 这个人物不是努米托，而是阿穆利乌斯王。

[29] 单数形式为 putto，复数形式为 putti，通常将前者翻译为"普托"，后者翻译为"普蒂"。出于一致性的考虑，本书将其统一译为"普托"。特此说明。——译注

[30] 基督教堂美术馆（Christ Church Picture Gallery），牛津。近来在一份私人收藏中发现了这幅祭坛画的一幅纸上蛋彩画草图【参见斯派克（Spike，2002 年）】。

[31] 画面底部的铭文 VIRTUS NEGATA TENTAT ITER VIA 是以下诗句的删减版：Virtus, recludens immeritis mori/ caelum, negate temptat iter via（真正的美德，为长生之人打开天堂之门，指出那不为他人所知的道路），出自贺拉斯《歌集》（*Carminum*），3，2，21 – 24。

[32] 这幅壁画的主题是《赫拉克勒斯与卡库斯》（*Hercules and Cacus*）。它是画在和《美德指引赫拉克勒斯》同一个房间的一个壁炉上，而不是在另一个房间里。

[33] 罗浮宫博物馆，巴黎。

[34] 依据马尔瓦西亚（1841 年），第1卷，第291页，《基督复活》是卢基尼（Lucchini）商人家族为他们宅邸的礼拜堂所作的委托，这个宅邸后来被转让给安杰莱利（Angelelli）家族，而阿尼巴勒收到的报酬是"一大堆谷子和一箱葡萄酒"【也可参见萨默斯凯尔（Summerscale，2000 年），第158页，注释167】。

[35] 关于圭多·雷尼画作的市场行情，参见斯皮尔（Spear，1997 年），第 210 – 214 页。

[36] 德累斯顿国家博物馆，古代大师画廊，德累斯顿（Gemäldegalerie Alte Meister, Staatliche museen, Dresden）。

[37] 德累斯顿国家博物馆，古代大师画廊。其名为《圣洛克的布施》（*Saint Roch Distributing Alms*）。和《圣母升天》（*Assumption of the Virgi*，参见注释36）一样，这件作品是圣洛克兄弟会为雷焦的圣普洛斯佩罗教堂所作的委托。

[38]《巴尔奇图集》（*The Illustrated Bartsch*，1987 年），第 250 – 257 页，第 49 条；第 349 页，第 40 条；《美的理念》，第 2 卷，第 202 页，目录 2。

[39] 斯库多（单数形式为 scudo，复数形式为 scudi）是意大利半岛普遍使用的一种比较大的钱币，源自拉丁语的"盾"（scutum）。斯库多的大小、重量和材质配比因时间和地区的不同而有所差别。虽然斯库多的主要材质是银，但贝洛里在这里指的是金币。下文均用"斯库多"这个单数形式来指称这种货币。——译注

[40] 罗浮宫博物馆，巴黎。

[41] 这些画作现藏于德累斯顿国家博物馆，古代大师画廊。

[42] 博洛尼亚国家美术馆。在这幅祭坛画中，圣母的两侧各有三个圣徒：右边是图卢兹的路易（Louis of Toulouse，或许就是贝洛里所说的"主教圣徒"）、克莱尔和方济各，左边是亚力克西斯（Alexis）、施洗约翰和亚历山大的凯瑟琳。

[43] 已遗失。

[44] 关于红衣主教奥多阿尔多·法尔内塞，参见附录。

[45] 法尔内塞宫（Farnese palace，现在是法国大使馆）由小安多尼奥·达·圣加洛（Antonio da Sangallo the Younger）从 1517 年开始为红衣主教亚历山德罗·法尔内塞（Alessandro Farnese，1468—1549 年）建造，法尔内塞于 1534 年被选为保罗三世（Paul III）。圣加洛于 1546 年逝世后，米开朗琪罗完成了外墙、庭院和侧翼的建造。尾翼或者说西外墙由雅各布·维尼奥拉（Jacopo Vignola）在 1555 至 1556 年间开始建造，由贾科莫·德拉·波尔塔（Giacomo della Porta）于 1589 年完成。

[46] 阿尼巴勒和阿戈斯蒂诺于 1594 年秋前往罗马，和红衣主教奥多阿尔多（参见注释 112）签订协议，随后返回博洛尼亚。阿尼巴勒从 1595 年 12 月底开始定居罗马。阿戈斯蒂诺从 1598 年秋至 1599 年夏停留在罗马（参见注释 56）。

[47] 或许指的是现藏于那不勒斯卡波迪蒙特国家美术博物馆的《圣凯瑟琳的神秘婚礼》（*Mystic Marriage of Saint Catherine*）。

[48] 第戎艺术博物馆（Musée des Beaux-Arts, Dijon）收藏的这幅画要么是原品，要么是 17 世纪时的临摹品。

[49] 参见注释 56。

[50]《被海怪袭击的拉奥孔与他的两个儿子》（*Laocoön and His Two Sons Attacked by a Sea Monster*）这个希腊式雕像群【比奥－克莱孟博物馆，梵蒂冈博物馆（Museo Pio-Clementino, Musei Vaticani）】于 1506 年 1 月 14 日在罗马出土。

[51] 加布里埃莱·伯巴西（Gabriele Bombasi，约 1515—1602 年）在 1547 至 1586 年间供职于帕尔玛和皮亚琴察公爵奥塔维奥·法尔内塞（Ottavio Farnese）的宫廷，是奥塔维奥的侄子红衣主教奥多阿尔多·法尔内塞（1572—1626 年）的导师。

[52]《圣路加的圣母像》（*Madonna of Saint Luke*，参见注释 40）。

[53] 关于卢西奥·马萨里（1569—1602 年）。

[54] 右边的第一个祭坛。

[55] 三角墙上的《圣母加冕》（*Coronation of the Virgin*）是博洛尼亚画家因诺森奇奥·塔科尼所画，他是阿尼巴勒·卡拉奇在罗马的主要助手。

[56] 1994 年对长廊壁画的修复发现了新的文献和技术证据，扎皮里（Zapperi, 2001 年）据此查证了长廊的年代表。据扎皮里所说，在《海神格劳克斯与女妖斯库拉》（*Glaucus and Scilla*）这幅画作下方的一小块白墙上写着日期 1598 年和 1599 年，这可能分别指的是阿尼巴勒创作的起始日期和阿戈斯蒂诺的参与日期，后者从 1599 年 1 月至 4 月参与阿尼巴勒的天顶工作。在 1994 年的修复中，在《波吕斐摩斯与阿西斯》（*Polyphemus and Acis*）这幅画作旁边发现了分号和日期 1599 年 4 月 30 日，可能指的是阿戈斯蒂诺结束参与的日期。1599 年 9 月 4 日至 1600 年 2 月 3 日，长廊的工作被中断，可能是因为要装饰书房。《海神格劳克斯与女妖斯库拉》下方的日期标记"1600 年 5 月 16 日"可能指的是重新开始长廊工作的日期。【修复者们可以确定，《波吕斐摩斯与伽拉忒亚》（*Polyphemus and Galatea*）下方的日期"MDC"是完成了天顶湿壁画后，在干壁画的润饰过程中加上去的。】天顶约在 1601 年 5 月 22 日至 23 日期间完工，数日后，在 6 月 2 日前向大众开放。据记载，卢多维科·卡拉奇从 1602 年 5 月 31 日至 7 月 13 日在长廊

工作，然而，只有《强抢欧罗巴》（*Rape of Europa*）这幅椭圆形壁画右边的裸体像可以明确判定是他画的。1602 年 7 月 18 日的记录写明了因拆除脚手架而支付的钱款。

[57] 关于乔凡尼·巴蒂斯塔·阿古奇，参见附录。

[58] 基提翁的芝诺是斯多葛学派的创始人。在公元前 3 世纪早期，他在雅典集会广场的画廊讲学，这个画廊在公元前 5 世纪由画家萨索斯岛的波利格诺托斯（普林尼：《自然史》，35，58 - 59；帕萨尼亚斯：《希腊志》，10，35，1 - 31）加以装饰，描绘了劫掠特洛伊城的希腊人的壁画。

[59] 原是书房天顶中间的一幅油画，于 1662 年被移走，并换上一幅临摹品。原作现藏于卡波迪蒙特国家美术博物馆，那不勒斯（参见《美的理念》，第 2 卷，第 232 页，目录 1）。依据维多利亚（Victoria，1703 年），第 52 页，贝洛里在 1679 年写给一位"深爱着美妙绘画艺术的人"的七封信的其中一封信里说，在他的藏品中有这幅画的草图。

[60] 公元前 5 世纪的智者、喀俄斯岛的普罗底库斯是苏格拉底的同代人，也是《赫拉克勒斯的选择》（*The Choice of Hercules*）的作者。

[61] 实际上是一个铃鼓和一把维奥尔琴。

[62] 从中间画作的视角来看，两幅椭圆形壁画分别位于它的上方和下方。

[63] 奥维德：《古代名媛》（*Heroides*），9，18："你曾经背负过的世界，现将背负你（赫拉克勒斯）；当阿特拉斯休息时，赫拉克勒斯弯腰负载着群星。"【奥维德：《古代名媛与爱情诗》（*Heroides and Amores*），格兰特·肖沃曼译，伦敦和剑桥，1971 年，第 199 页】

[64] 这幅壁画的草图是卡洛·马拉蒂的藏品【维多利亚（1703 年），第 52 页】。

[65] 同样的希腊语铭文出现在《赫拉克勒斯的休憩》（*The Repose of Hercules*）这一宝石上，它是弗尔维奥·奥尔西尼（Fulvio Orsini，1529—1600 年）的藏品，奥尔西尼是红衣主教奥多阿尔多·法尔内塞的秘书兼图书管理员。

[66] 贝洛里的藏品中有这幅壁画的草图【维多利亚（1703 年），第 52 页】。

[67]《奥德赛》，10，275 - 399。

[68]《奥德赛》，12，37 - 72。

[69] 贝洛里对父亲和儿子的描述是左右颠倒的，对后方另一个儿子的描述也是从观者的视角出发，这是很少见的，因为他通常是以画中的左右视角来描述构图。

[70] 帕萨尼亚斯：《希腊志》，10，28，4。在弗尔维奥·奥尔西尼的藏品中，有一枚硬币描绘了这个主题。

[71] 贝洛里的藏品中有这幅作品的草图【维多利亚（1703 年），第 52 页】。

[72]《海神对话集》（*Dialogues of the Sea Gods*），323 - 324："雅典娜（密涅瓦）举着她的盾牌，好让他（珀尔修斯）能将那光亮的盾面当作镜子，从中看见美杜莎的镜像。他随后看着这个镜像，用他的左手抓着她的头发，用握着弯刀的右手砍下她的头颅。"（《琉善文集》，第 7 卷，马修·唐纳德·麦克劳德译，伦敦和剑桥，1961 年，第 229 - 231 页）。

[73] 掌（单数形式为 palmo，复数形式为 palmi）是一种旧时的意大利长度计量单位，其对

应的具体数值会因为时间和地点的改变而有所不同。——译注

[74] 贾科莫·德拉·波尔塔设计和建造了宫殿正面庭院的中心部分，包括一层和二层的敞廊。长廊即在第一层。

[75] 依据维多利亚（1703 年），第 54 页，贝洛里收藏了这幅作品的最初草图（la prima inv-enzione）。

[76] 弗朗切斯科·安杰洛尼（Francesco Angeloni）收藏了大量这些准备阶段的草图。贝洛里收藏其中几幅【参见马丁（Martin，1965 年），第 170 页等；普罗斯佩里·瓦伦蒂·罗蒂诺（Prosperi Valenti Rodinò，2000 年），第 524 - 526 页】。关于弗朗切斯科·安杰洛尼，参见附录。

[77] 位于法瓦、马尼亚尼、桑皮耶里等宫殿的壁画群。

[78] 《会饮篇》，180C - 181A。

[79] 帕萨尼亚斯：《希腊志》，6，23，3 - 5。

[80] 这四美德被拟人化成四位坐着的女性形象，位于长廊长墙尽头的椭圆形画作中。长廊四面墙的装饰工作从 1603 年开始，由阿尼巴勒及其助手们着手进行，其中包括多梅尼基诺和兰弗朗科。

[81] 关于贝洛里对长廊画作的系统描述，可参见各种对此的阐释：马丁（1965 年），第 83 - 145 页；德姆西（Dempsey，1968 年，1981 年），第 284 - 308 页，（1995 年），第 24 - 33 页；布里甘蒂（Briganti）、查士德（Chastel）和赞佩里（1987 年），第 25 - 47 页；金茨堡·卡里纳尼（Ginzburg Carignani，2000 年），第 81 - 83、133 - 154 页；赞佩里（2001 年），第 96 - 98 页。

[82] 据传，赫卡尼亚是位于底格里斯河和幼发拉底河之间的一个地区，与里海的东南部海岸接壤，遍地野兽。

[83] 实际上，巴库斯的右肩上装饰着的不是虎头，而是雪豹头（Panthera uncia）。雪豹是巴库斯的圣物，他在征战印度时就穿着雪豹皮。

[84] 彭透斯，底比斯国王，拒绝承认巴库斯是神，并将其打入大牢。然而，监狱的门大开，放走了巴库斯，使彭透斯想要对酒神狂欢一窥究竟。彭透斯被酒神的信徒们发现，他的身体被其亲生母亲阿高厄（Agave）及其姐妹们撕成了碎片。

[85] 维纳斯的左手臂枕在小丘上，右手臂伸展开来。

[86] 阿尔贝蒂纳版画收藏馆，第 23370 号，维也纳。在 17 世纪的收藏中，草图都被保留成册。

[87] 帕里斯的披风不是黄色，而是粉色；墨丘利的披风是黄色。

[88] 法尔内西纳别墅在 1508 至 1511 年间由巴尔达萨雷·佩鲁齐为阿戈斯蒂诺·基吉建造。其长廊装饰的丘比特与普赛克壁画群出自拉斐尔及其助手之手。

[89] 维吉尔：《农事诗》（Georgics），3，391 - 395。

[90] 公元前 5 世纪的古希腊雕刻家（普林尼：《自然史》，36，15 - 19）。

[91] 根据德姆西（1995 年），第 56 页，以及金茨堡·卡里纳尼（2000 年），第 147 - 148 页，这幅画的主题是《特里同在海上驭着维纳斯，前往荷诺里与玛利的婚礼》（Venus

Borne Over the Sea by Triton to the Marriage of Honorius and Maria)【出自克劳狄（Claudi-an）《献给荷诺里与玛利的婚礼颂歌》（*Epithalamium of Honorious and Maria*），146 – 171】。

[92] 贝洛里收藏了这幅画的草图【维多利亚（1703 年），第 55 页】。

[93] 在罗马神话中，狄安娜是月亮女神。

[94] 阿尼巴勒参照的文本是献给阿佛洛狄忒的荷马赞美诗【朗（Lang，1899 年），第 166 – 182 页】。

[95] 《埃涅阿斯纪》，1，6。

[96] 赫拉克勒斯是用左手摇手鼓。

[97] 《耶路撒冷的解放》（*Gerusalemme liberata*），6，92。

[98] 《奥德赛》，9，231 – 542。

[99] 这幅壁画参照的是小斐洛斯特拉托斯：《名画记》，2，18 中对一幅图的描述。

[100] 参见注释 56。

[101] 奥维德：《变形记》，13，873 – 884。

[102] 分别选自莱昂纳多·达·芬奇 1651 年著作第 233、182 章的某些段落。

[103] 奥维德：《变形记》，4，668 – 764。

[104] 德姆西（1995 年），第 95 页指出，在奥维德的描述中，珀尔修斯用剑杀死海怪。在阿尼巴勒的版本中，他用美杜莎的头颅打败海怪，这取自乔凡尼·德拉·安圭拉（Giovanni dell'Anguillara）对奥维德的释义（《奥维德的变形记，安德里亚·德拉·安圭拉释义》（*Le Metamorphosi di Ovidio di Grio. Andrea dell'Anguillara*），威尼斯，1561 年。

[105] 奥维德：《变形记》，5，1 – 235。

[106] 珀尔修斯用的刀是直的，不是弯的。贝洛里应该是想到了琉善的描述（参见注释 72），其中珀尔修斯用的是一把弯刀。

[107] 这个抓着菲尼阿斯头发的人将剑抵在菲尼阿斯的身侧，而不是喉口。

[108] 奥维德：《变形记》，5，1 – 235。

[109] 公元前 1 世纪雕塑家格里肯的名字被刻在《法尔内塞宫的赫拉克勒斯》【那不勒斯国家考古博物馆（Museo Archeologico Nazionale，Naples）】上，他是原件的临摹者，根据佛罗伦萨皮蒂宫（Palazzo Pitti）另一件临摹品上的铭文，原作者是利西波斯。

[110] 雅典的阿波罗尼奥斯（Apollonios of Athens）是一名古希腊雕刻家，大约生活在公元前 1 世纪，他在希腊风格的《贝尔维德尔宫的躯干》（*Belvedere Torso*，梵蒂冈博物馆，比奥 – 克莱孟博物馆）上刻了自己的名字。在贝洛里的时代，这个雕像被认为是赫拉克勒斯。

[111] 为了装饰杜伊勒里宫（Tuileries palace）的天顶，一队法国画家于 1666 年对拱顶壁画群进行了临摹，于 1871 年被毁。此处的"陛下"指的是路易十四。

[112] 亚历山德罗·法尔内塞（1545—1592 年），帕尔玛公爵，1578 至 1592 年间任尼德兰总督。奥多阿尔多·法尔内塞于 1594 年委托去了罗马的阿尼巴勒和阿戈斯蒂诺·卡拉奇在法尔内塞宫大厅里绘制关于他父亲亚历山德罗事迹的系列壁画。贝洛里弄错了

时间，他宣称的这个没能实现的计划要早于长廊和书房作品三年。

[113] 穹顶壁画在 1583 至 1589 年间由乔凡尼·德·韦基（Giovanni de Vecchi, 1536—1615 年）绘制而成。穹顶在 1672 至 1675 年间由乔凡尼·巴蒂斯塔·高利（Giovanni Battista Gaulli, 1639—1709 年）重新绘制。贝洛里此处说的红衣主教奥多阿尔多的叔叔指的是红衣主教亚历山德罗·法尔内塞（1520—1589 年）。

[114] 公元前 4 世纪的古希腊画家，亚历山大大帝的宫廷画师（普林尼：《自然史》，35，79–96）。

[115] 1595—1603 年。

[116] 阿尔卡拉的圣迭戈（Saint Diego of Alcala, 约 1400—1468 年），于 1588 年被封圣。

[117] 胡安·恩里克斯·德·埃雷拉（Juan Henríquez de Herrera）于 1602 年 2 月获得这个礼拜堂。壁画从制定协约的 1602 年开始创作，至 1607 年结束。壁画大约在 1835 至 1842 年间以及 1850 年被转移出礼拜堂，并移至画布上，其中 16 幅于 1850 年被送到巴塞罗那。

[118] 加泰罗尼亚国家艺术博物馆（Museu Nacional d'Art de Catalunya），巴塞罗那。

[119] 这 4 幅画现藏于普拉多博物馆，马德里。

[120] 《使徒约翰》已遗失。另外 3 幅现藏于普拉多博物馆，马德里。

[121] 加泰罗尼亚国家艺术博物馆，巴塞罗那。

[122] 发生于 1605 年 3 月。

[123] 西斯托·巴答罗丘（1585—1619 年）。

[124] 加泰罗尼亚国家艺术博物馆，巴塞罗那。

[125] 加泰罗尼亚国家艺术博物馆，巴塞罗那。至今没有发现贝洛里写的阿尔巴尼传。

[126] 加泰罗尼亚国家艺术博物馆，巴塞罗那。

[127] 加泰罗尼亚国家艺术博物馆，巴塞罗那。

[128] 两件作品均已遗失。

[129] 这两件作品现藏于加泰罗尼亚国家艺术博物馆，巴塞罗那。圣彼得像被认为是阿尔巴尼所作。

[130] 依据马尔瓦西亚（1841 年），第 1 卷，第 319 页，埃雷拉先预付了 400 个斯库多的定金。后来他作为阿尼巴勒和阿尔巴尼的调解人，又决定给他们每人 800 个斯库多。马尔瓦西亚另外说到，是阿尼巴勒不愿离开家门去领自己那份酬金，而不是贝洛里所说的阿尔巴尼。

[131] 现藏于蒙塞拉特圣母大教堂（Santa Maria di Monserrato），罗马。

[132] 关于 17 世纪罗马宫殿的房间次序和各房间的等级及礼仪问题，参见沃蒂（Waddy, 1990 年），第 3–13 页。

[133] 这幅素描现已无处可寻。马尔瓦西亚（1841 年），第 1 卷，第 295 页引用了阿古奇的话，大意是阿尼巴勒和阿戈斯蒂诺之间的矛盾是由第三方挑起的。贝洛里的记述同样表明阿尼巴勒被因诺森奇奥·塔科尼所蛊惑。马尔瓦西亚也引用了阿尼巴勒写的一封信，信中说到阿戈斯蒂诺的卖弄学问和不断批评让他不堪其扰，而且阿戈斯蒂诺将诗人和朝臣们带到脚手架上，打扰了他的工作。马尔瓦西亚本人将兄弟间的矛盾归为阿

尼巴勒的嫉妒。

[134] 关于西比奥内·卡法雷利·博尔盖塞，参见附录。教皇西斯克特五世（Sixtus V）任命他为红衣主教。

[135] 保罗五世·博尔盖塞（Paul V Borghese，1552—1621 年）于 1605 年被选为教皇（参见附录）。

[136] 宙克西斯是公元前5—公元前4世纪的古希腊画家（普林尼：《自然史》，35，61 - 66）。另参见注释 18。

[137] 现藏于梵蒂冈美术馆（Pinacoteca Vaticana）。

[138] 乔凡尼·巴蒂斯塔·隆巴德利（Giovan Battista Lombardelli），被称作德拉·马卡（della Marca，1532—1587 年），是蒙托里奥圣彼得教堂扇形壁画的创作者。

[139] 自 16 世纪中期以来，人们对塔索《耶路撒冷的解放》和阿里奥斯托《疯狂的罗兰》（Orlando furioso）各自有何优点，以及哪一方更遵循亚里士多德《诗学》原则这一文学问题而争论不休。

[140] 圭多·雷尼的《圣安德烈的殉教》（Martyrdom of Saint Andrew）和多梅尼基诺的《圣安德烈被鞭笞》（The Flagellation of Saint Andrew），位于罗马圣格列高利教堂圣安德烈祈祷室（Oratorio di Sant'Andrea at San Gregorio Magno）。

[141] 参见《多梅尼基诺传》。

[142] 由贝尔纳迪诺·切萨里（Bernardino Cesari，1571—1622 年）所作，他是骑士达·阿尔皮诺的兄弟。

[143] 位于君士坦丁大厅的《君士坦丁战胜马克森提乌斯》（The Victory of Constantine over Maxentius）。

[144]《耶路撒冷的解放》，1，1。

[145] 曼奇尼（1956 年），第 1 卷，第 136 页将这些素描称作夸大生理缺陷的滑稽肖像。在乔凡尼·巴蒂斯塔·阿古奇《绘画专论》（Trattato della pittura）的序言中，阿古奇的秘书乔凡尼·安多尼奥·马萨尼（Giovanni Antonio Massani）以乔凡尼·安纳斯塔西奥·莫西尼（Giovanni Anastasio Mosini）为假名，详细描述了这些作品【马翁（1947 年），第 259 - 265 页】。莫西尼/马萨尼是第一个将这些素描称为讽刺画（ritrattini carichi）的作家。没有一幅可明确判定是阿尼巴勒所作的讽刺画留存于世。

[146] 马里诺（1664 年），第 75 页。

[147] 关于贝洛里收藏的素描，参见注释76。

[148] 已遗失。

[149] 汉普敦宫（Hampton Court Palace）。

[150] 一天的 24 小时是从晚祷开始算起的，即日落后的半小时。7 月中旬"晚上的第一个时辰"应该是晚上十点左右。

[151] 根据瓦萨里（1878—1885 年编，第 4 卷，第 381 - 382 页）的说法，拉斐尔死于性事（piaceri amorosi）引起的高烧。贝洛里是在试图强化阿尼巴勒就是另一个拉斐尔这一观点。

[152] 安多尼奥（1589？—1618 年）是阿戈斯蒂诺·卡拉奇的儿子和学生（参见《阿戈斯

蒂诺传》）；父亲逝世后，他于 1602 年加入阿尼巴勒在罗马的工作室。

[153] 博洛尼亚国家美术馆。

[154] 罗马画家与雕刻家学院（The Roman Academy of Painters and Sculpters），由教皇格列高利十三世（Gregory XIII）于 1577 年成立。

[155] 关于贝洛里在于万神殿举办的阿尼巴勒·卡拉奇追悼会中所起的作用，参见瓦兹宾斯基（Wazbinski，1988 年）和斯巴蒂（2001 年），第 79 - 83、98 页。同样参见《卡洛·马拉蒂传》。

[156] 贝洛里《阿尼巴勒传》的开篇画像是由阿尔伯特·克鲁维（Albert Clouwet，1636—1679 年）创作的版画，这幅版画以贝洛里收藏过的一幅阿尼巴勒自画像为摹本，原件已遗失。佛罗伦萨乌菲齐美术馆的细密画展厅中收藏了一件阿尼巴勒的小幅自画像，和克鲁维的版画基本一致，或许是贝洛里收藏过的那幅自画像的素描，红衣主教莱奥波尔多·德·美第奇（Leopoldo de' Medici）于 1673 年将其入手【参见斯巴蒂（2001 年），第 70 - 79 页】。其他较知名的阿尼巴勒自画像有帕尔玛国家美术馆的一幅半身像，以及圣彼得堡埃尔米塔什博物馆（State Hermitage Museum）的《架上自画像》（*Self-Portrait on an Easel*）。

[157] 作为公元前 2 世纪的雕刻家，以弗所的阿加西亚斯的名字被刻在巴黎罗浮宫博物馆的《博尔盖塞角斗士》（*Borghese Gladiator*）这个雕塑上。关于格里肯，参见注释 109。

[158] 位于西斯廷教堂大祭坛上。

[159] 比如，马尔瓦西亚宣称"法尔内塞宫长廊壁画比不上马尼亚尼宫壁画"【马尔瓦西亚（1841 年），第 1 卷，第 296 - 297 页；萨默斯凯尔译（2000 年），第 177 页】。

[160] 这个观点没有明确的具体来源。贝洛里很有可能指的是 17 世纪罗马艺术圈的一种普遍看法。

[161] 即《圣格列高利和圣母及两个天使》（*Saint Gregory the Great with the Virgin and Two Angels*）这幅祭坛画（参见注释 167）。

[162] 即《基督与撒玛利亚妇人》（*Christ and the Samaritan Woman*），现藏于布达佩斯国家美术馆（Szépművészeti Múzeum，Budapest）（《美的理念》，第 2 卷，第 205 页，目录 6）。

[163] 《法尔内塞宫的赫拉克勒斯》（参见注释 109）。

[164] 安多尼奥·卡拉奇和圭多·雷尼。

[165] 已遗失。

[166] 罗浮宫博物馆，巴黎。

[167] 曾藏于伦敦的布里奇沃特府邸。毁于二战。

[168] 罗浮宫博物馆，巴黎。

[169] 1591 年指的不是作画年份，而是礼拜堂赞助人儿子的去世年份。

[170] 曾藏于伦敦的布里奇沃特府邸。毁于二战。阿尼巴勒为这幅画绘制的草图现藏于温莎堡皇家图书馆（The Royal Library，Windsor Castle）。然而，最终成稿是他的学生弗朗切斯科·阿尔巴尼所画。卡米洛不是将这幅画送给了克里斯蒂娜女王，而是于 1656 年卖给了她。

[171] 大都会博物馆，纽约。

[172] 《主啊，往何处去?》（*Domine Quo Vadis?*），伦敦国家美术馆。

[173] 这六幅绘有圣母生平的扇形画现藏于罗马的多利亚潘菲利美术馆（Galleria Doria-Pamphili）。只有《逃往埃及》（*Flight into Egypt*）这幅是阿尼巴勒·卡拉奇所画。

[174] 伦敦国家美术馆。

[175] 曾是伦敦的约翰·蒲柏－轩尼诗爵士（Sir John Pope-Hennessy）藏品。

[176] 原作已遗失。临摹作现藏于牛津的基督教堂美术馆、佛罗伦萨的乌菲齐美术馆、科尔托纳（Cortona）的圣安多尼奥教堂（Sant'Antonio）。

[177] 罗浮宫博物馆，巴黎。

[178] 曾是罗马的基吉藏品。临摹作现藏于约翰和梅布尔·林林艺术博物馆（The John and Mabel Ringling Museum of Art），萨拉索塔（Sarasota），佛罗里达。由彼得罗·坡（Pietro Po）制成版画【《巴尔奇图集》（1982年），第209页，第164条】。

[179] 这幅《圣约翰》尚未确认。关于《撒玛利亚妇人》，参见注释162。

[180] 红衣主教贾科莫·桑内西奥（Giacomo Sannesio，死于1661年）是一位著名的收藏家。

[181] 罗浮宫博物馆，巴黎。

[182] 格勒诺布尔艺术博物馆（Musée des Beaux-Arts, Grenoble）。

[183] 《逃往埃及途中的休憩》（*The Rest on the Flight into Egypt*）这件作品因巴黎罗浮宫博物馆版画馆（Département des Arts Graphiques, Musée du Louvre）的一幅素描而为人所知，编号8051。

[184] 奥尔良艺术博物馆（Musée des Beaux-Arts, Orléans）。寄存于巴黎罗浮宫博物馆（《美的理念》，第2卷，第204－205页，目录5）。罗杰·杜普莱西－利扬库尔（Roger du Plessis-Liancourt），拉罗什吉永公爵（duc de La Roche-Guyon，死于1674年），在路易十三的宫廷中担任各种要职。1620年，他娶珍妮·德·朔姆贝格（Jeanne de Schomberg，1600—1674年）为妻，她是许多艺术家的赞助人，以皇室居所的宏伟为标准修复和装饰利扬库尔城堡，并且在其中收藏了许多绘画。

[185] 这个头安插在其他人中间、手挡在眼前的老人不是站立的姿势。

[186] 多梅尼基诺绘制的临摹作现藏于爱丁堡的苏格兰国家美术馆。

[187] 德累斯顿国家博物馆，古代大师画廊。

[188] 阿尼巴勒对科雷乔画作的临摹作曾是罗马的奥尔西尼藏品，现已无处可寻。

[189] 多利亚潘菲利美术馆，罗马。这幅临摹作和另一幅《苏撒拿与两个长老》（*Susanna and the Elders*）一直有些混淆，后者据贝洛里所说是多梅尼基诺为阿古奇家族所画（参见《多梅尼基诺传》，注释23）。德·马尔奇（De Marchi，2001年）指出，多利亚潘菲利美术馆的《苏撒拿与两个长老》不是兰弗朗科所绘的临摹作，而是阿尼巴勒的原作，它曾是罗马的红衣主教安多尼奥·法基内蒂（Antonio Facchinetti）藏品，法基内蒂于1606年逝世后，这幅画被转移到博洛尼亚的法基内蒂宫。贝洛里称这幅画已丢失，因为他明显不知道它被送往了博洛尼亚。

[190] 弗朗索瓦·德·拉努（Francois de la Noue，死于1656年）曾收藏大量15及16世纪的意大利画作。

[191] 埃尔米塔什博物馆，圣彼得堡。埃尔米塔什博物馆的这幅画中没有"空中的天使"。

贝洛里的描述应该是基于另一件不同版本的作品，现藏于普林斯顿大学艺术博物馆（Princeton University Art Museum），这幅里面有天使。

[192] 萨瑟兰公爵（duke of Sutherland）藏品，位于圣博斯韦尔斯区（Saint Boswell's）的墨图恩宅邸（Mertoun）。

[193] 当前所属不明。

[194] 博林（Bohlin，1979 年），第 470 - 475 页，第 22 条；《巴尔奇图集》（1980 年），第 386 - 387 页，第 2 - 1、2A 条；《巴尔奇图集》（1996 年），第 245 - 252 页，第 19 条。

[195] 尚未确认。

[196] 博林（1979 年），第 438 - 439 页，第 11 条；《巴尔奇图集》（1980 年），第 397 页，第 11 - 1 条；《巴尔奇图集》（1996 年），第 192 - 196 页，第 11 条。

[197] 博林（1979 年），第 466 - 467 页，第 20 条；《巴尔奇图集》（1980 年），第 395 页，第 9 - 1 条；《巴尔奇图集》（1996 年），第 253 - 264 页，第 20 条。

[198] 博林（1979 年），第 468 - 469 页，第 21 条；《巴尔奇图集》（1980 年），第 388 页，第 3 - 1 条；《巴尔奇图集》（1996 年），第 264 - 272 页，第 21 条（有签名，日期 1606 年）。

[199] 博林（1979 年），第 452 - 454 页，第 18 条；《巴尔奇图集》（1980 年），第 389 页，第 4 - 1 条；《巴尔奇图集》（1996 年），第 220 - 234 页，第 17 条。

[200] 博林（1979 年），第 440 - 442 页，第 12 条；《巴尔奇图集》（1980 年），第 403 页，第 16 - 1 条；《巴尔奇图集》（1996 年），第 214 - 215 页，第 14 条（日期 1591 年）。

[201] 博林（1979 年），第 443 页，第 13 条；《巴尔奇图集》（1980 年），第 400 - 401 页，第 14 - 11、14A 条；《巴尔奇图集》（1996 年），第 216 页，第 15 条。

[202] 博林（1979 年），第 444 - 446 页，第 14 条；《巴尔奇图集》（1980 年），第 385 页，第 1 - 11 条；《巴尔奇图集》（1996 年），第 204 - 206 页，第 13 条；《美的理念》，第 2 卷，第 204 页，目录 4。

[203] 博林（1979 年），第 450 - 451 页，第 17 条；《巴尔奇图集》（1980 年），第 404 - 405 页，第 17、17A 号；《巴尔奇图集》（1996 年），第 217 页，第 16 条。

[204] 博林（1979 年），第 152 - 193 页，第 56 - 92 条；《巴尔奇图集》（1995 年），第 78 - 99 页，第 53 - 88 条（日期 1582 年）；参见《阿戈斯蒂诺·卡拉奇传》，注释 52。

[205] 博林（1979 年），第 436 页，第 9 条；《巴尔奇图集》（1980 年），第 394 页，第 8 条；《巴尔奇图集》（1996 年），第 182 - 186 页，第 9 条（日期 1581 年）。

[206] 博林（1979 年），第 434 页，第 7 条；《巴尔奇图集》（1980 年），第 402 页，第 15 条；《巴尔奇图集》（1996 年），第 173 - 177 页，第 7 条。

[207] 博林（1979 年），第 465 - 465 页，第 19 条；《巴尔奇图集》（1980 年），第 406 页，第 18 条；《巴尔奇图集》（1996 年），第 235 - 244 页，第 18 条（即法尔内塞浅盘）。

[208] 这些版画由拉斐尔构图、由博洛尼亚版画家马坎托尼奥·莱芒第（Marcantonio Raimondi，1480—1534 年）制作。

[209] 参见注释 162。

[210] 参见注释 37、38。

[211] 卡波迪蒙特国家美术博物馆，那不勒斯。

[212] 法尔内塞宫 1653 年的藏品目录中列了《夜晚》（*Night*）、《黎明》（*Dawn*）、《白昼》（*Day*）以及 4 幅《抛洒花朵的丘比特》（*Cupids Scattering Flowers*），画在 3 个房间的天顶上，分别位于花园敞廊，以及红衣主教奥多阿尔多·法尔内塞建在府邸后面的朱利亚街（Via Giulia）对面的小别墅。尽管贝洛里的话语暗示这些作品是壁画，但它们实际上是油画。天顶于 1662 年被拆除。《黎明》和《夜晚》现藏于尚蒂伊（Chantilly）的孔代博物馆（Museé Condé）。《白昼》已遗失，一幅临摹作现藏于那不勒斯的卡波迪蒙特国家美术博物馆。

[213] 《耶路撒冷的解放》，16，17-25。这幅画现藏于那不勒斯的卡波迪蒙特国家美术博物馆。

[214] 孔代博物馆，尚蒂伊。贝洛里对这幅画的描述受到阿古奇的启发，有些短语和句子直接重复了阿古奇的描述，由马尔瓦西亚首次出版【马尔瓦西亚（1841 年），第 1 卷，第 360-367 页；萨默斯凯尔译（2000 年），第 334-352 页】。关于阿古奇的描述，参见萨默斯凯尔（2000 年），第 333-334 页，注释 643。

[215] 彼特拉克：《歌集》（*Rerum Vulgarium fragmenta*），1，14。

[216] 至今未发现贝洛里写的卢多维科的助手或者卢多维科的传记。

[217] 至今未发现贝洛里写的阿尔巴尼或者安多尼奥·卡拉奇的传记。

[218] 马里奥·法尔内塞，拉特拉公爵（duke of Latera，约 1527—1619 年），委托建造了法尔内塞救世主教堂（San Salvatore，贝洛里称其为大教堂）的几个祭坛。

[219] 名为《保罗三世的弥撒》（*Mass of Paul III*）的壁画和画作现藏于救世主教堂（San Salvatore）。

[220] 圣安娜教堂（church of Sant'Anna）。

[221] 已遗失。

[222] 这 3 件作品已不在这座教堂里，在克雷芒十一世（Clement XI，1700—1721 年）任期被代之以临摹作。临摹作现藏于都柏林的爱尔兰国家美术馆（National Gallery of Ireland）。

[223] 卢多维科死于 1619 年。

[224] 参见注释 48。

[225] 已遗失。塔科尼的合作者是安多尼奥·卡拉奇与西斯托·巴答罗丘。

[226] 现藏于圣器收藏室。

[227] 这幅画实际上在罗马的弗纳里圣凯瑟琳教堂（Santa Caterina de' Funari）。

[228] 红衣主教安多尼奥·法基内蒂（死于 1606 年），英诺森九世（Innocent IX）的侄子。也可参见注释 189。

[229] 1174 年，神圣罗马帝国皇帝腓特烈一世发动第五次意大利远征。1176 年，为了在莱尼亚诺拦截腓特烈的援军，伦巴第联盟召集了以米兰人为主力的联军，建造了一辆牛拉的战车（Carroccio），车上竖着米兰的旗帜，同时组织了一支叫作"死亡联军"（Company of Death）的精锐步兵，向上帝发誓以自己的生命保卫战车。在骑兵队的援

助下，联盟军最终打败了帝国军。1623 年，告解神父乔凡尼·雅各贝利（Giovanni Ja-coberi）为死亡联军委托建造了一间祈祷室，祈祷室位于圣格列高利·马尼奥教堂旁边，死亡联军兄弟会从圣安多尼奥祈祷室（Oratorio di Sant'Antonio）迁移至此。——译注

[230] 已遗失。

[231] 已遗失。

[232] 被转移到宫殿主楼层的天顶上，现在是意大利信贷银行（Credito Italiano）所在地。

[233] 《巴尔奇图集》（1982 年），第 363 – 368 页，第 27 – 32 条。

[234] 《巴尔奇图集》（1982 年），第 369 页，第 33 条。

[235] 《乌尔比诺的拉斐尔所作的罗马梵蒂冈宫旧约圣经故事壁画，以及西斯托·巴答罗丘与乔凡尼·兰弗朗科·帕米加尼所作的版画》（*Historia del Testamento vecchio dipinta in Roma nel Vaticano da Raffaelle d'Urbino, et intagliato in rame da Sisto Badalocchi et Giovanni Lanfranchi Parmigiani*），1607 年。《巴尔奇图集》（1982 年），第 304 – 331 页，第 1 – 28 条；第 337 – 359 页，第 1 – 23 条。也可参见贝洛里引用的献词。

[236] 礼拜堂的《圣母加冕》（*Coronation of the Virgin*）扇形壁画现藏于帕尔玛国家美术馆。

[237] 西尔维娅·金茨堡·卡里纳尼认为，这份献词是巴答罗丘和兰弗朗科委托阿古奇所写【金茨堡（1996 年），第 286 页】。

[238] 马里诺（1664 年），第 202 页。

第 2 章
阿戈斯蒂诺·卡拉奇

    上天不会独宠某一个人，而是将其恩泽赐予不同的人，使他们各自有独特的偏好和优势。然而，上天有时候就是会赋予有些人以超群的天赋，让他们仿佛天生就无所不能。的确，这种人总是轻率地从一件事换到另一件事，从未真正得到一个完满的结果。但是，如果他们明智地为自己定下一个出色的目标，并且全身心地投入这个目标，他们就能为自己赢得赞美，收获努力的果实。如果我们能想起来这样一个人，他对所有高雅学科都有着极强的兴趣，那么这个人一定是阿戈斯蒂诺·卡拉奇，他从童年时期就对科学和艺术的知识都有着强烈的渴求。他先是学习了数学和哲学，后又转向修辞学、诗歌、音乐等人文科学，他在所有这些领域都展现出罕见的聪慧。除此之外，他还对绘画颇有研究，仿佛被上天的神圣之光照耀，他将他的卓越天资都贡献给了绘画这门高雅艺术，为其增光添彩，因而他在素描、色彩和雕刻版画上都取得了不凡的成就。

    阿戈斯蒂诺于 1558 年出生于博洛尼亚，比他的弟弟阿尼巴勒年长两岁。[1] 正因为他出生于一个自古以博学多识而闻名的城市，他在各个领域都勤勉学习，在自己的认识里将它们融会贯通，为了他的主要目标而磨炼自己，而这个目标就是模仿。不可否认的是，他对各种学科的钻研分散了他的注意力，导致他在绘画领域大器晚成。他在一开始对绘画表现得心浮气躁、桀骜不驯，在普洛斯佩罗·丰塔纳（Prospero Fontana）[2] 的教导下，他不管画什么都觉得不满意，甚至憎恶自己的素描，宁愿撕毁画纸也不给老师看。他被认为缺乏耐心，在绘画上不会有什么成就，因此他的父亲出于生计考虑，把他交给雕刻家和建筑师多梅尼科·蒂巴尔迪（Domenico Tibaldi）[3]，希望他在雕刻版画领域能学有所成。阿戈斯蒂诺在蒂巴尔迪的家里住了好几年，后者从阿戈斯蒂诺的身上赚了大钱，因为阿戈斯蒂诺的作品十分精美，超越了包括蒂巴尔迪在内的所有人。在这段时间，阿戈斯蒂诺对雕塑产生了兴趣，开始在亚历山德罗·孟甘蒂门下学习浮雕。这是一个极为优秀的博洛尼亚雕塑家，曾为格列高利十三世制作过一个青铜像，就在市政厅（Palazzo Pubblico）的入口处。[4]阿戈斯蒂诺对浮雕的研究给他的兄弟们[5]带来了很多好处，为他们的艺术做出了巨大贡献。在素描和雕刻版画之外，阿戈斯蒂诺也没有放弃其他的学习爱好。他把工作之外的闲暇时间都花在文学上，自学了拉丁语，还通过阅读高深的书籍通晓方言习语。他不满足于简单的日常使用，而是进一步学会语言、修辞和诗歌的语法规则。所以他擅长演讲写作，也有音乐天赋，会谱曲写词，配上曲调后能在鲁特琴、中提琴和西特琴上优美地演奏，而他在歌唱时总是那么的愉悦。他也思考数学和哲学，从几何学找到绘画的基础，从算数发现音乐的理论，还学习占星术和地理学等其他科学学科。

　　阿戈斯蒂诺和弟弟阿尼巴勒一起动身去伦巴第地区学习，阿尼巴勒留在帕尔玛，阿戈斯蒂诺前往威尼斯，刻苦从事雕刻版画创作，我将在本章最后提到这些作品。不幸的是，他始终没有涉足绘画，像他这样有着极高天资的人，本来是可以在绘画中取得不凡成就的。从威尼斯回去之后他就发现了这一点，此时阿尼巴勒已经将伦巴第的高雅艺术风格带回了博洛尼亚，阿戈斯蒂诺似乎因此发觉了自己的绘画能力，并深深地为之着迷。他的卓越天资和博学多识使他进步神速。他将雕刻版画搁置一旁，全部精力都放在绘画上，展出了一件圣哲罗姆领受圣餐的作品[6]，在博斯科圣米迦勒修道院访客区供人瞻仰。[7]阿尼巴勒的友好竞争和耐心教导极大地帮助了阿戈斯蒂诺，通过学习阿尼巴勒的作品，阿戈斯蒂诺将他带回来的高雅艺术风格吸收为自己的东西。阿尼巴勒把这种艺术风格带回家乡，就像伊阿宋将金羊毛带回故土。为了提升自己的绘画能力，阿戈斯蒂诺不知疲倦地钻研学习，成立了博洛尼亚设计学院（Academy of disegno[8] in Bologna）[9]，各个领域的杰出学者和城市绅士们都聚集在这里。学院主要教授人体素描，除此之外还有对称、透视、明暗法、解剖和建筑，另外还有关于历史和寓言的授课，以及如何为这些故事构图，以合适的方式加以描绘。它被称为求知学院，因为学院里的人们内心都充满对艺术的热忱。这个称号一直持续到卡拉奇三兄弟的高超技艺在世间广为流传，从此这个学院便被称作卡拉奇学院。学院的另一个知名之处是阿戈斯蒂诺的高尚品德，他会奖励那些勤奋的年轻人，伴着西特琴的美妙音乐，在名士们面前用颂歌赞美最优秀的学生及其作品。阿尼巴勒、阿戈斯蒂诺和卢多维科这三兄弟[10]沉醉于他们的研究，从无争吵冲突，在精神和才能上都保持着高度统一，因而他们总是共同接受委托，协同工作，共享荣誉，比如在阿尼巴勒传记中提到的法瓦阁下和马尼亚尼阁下的宫殿大厅。此外，阿戈斯蒂诺在法瓦阁下的府邸用明暗法画了一个朱庇特画像，以其浮雕效果和线条轮廓而备受好评。他还在修士桑皮耶里的府邸画了一件作品，描绘了赫拉克勒斯替阿特拉斯背负世界。但真正使他流芳百世的作品是圣米迦勒修道院访客区的圣哲罗姆领受圣餐，这是一件在当今绘画数一数二的优秀作品。

圣哲罗姆领受圣餐（见图 2-1）

这幅画的场景被设置在伯利恒一座教堂的神圣洞穴，基督就是在伯利恒诞生的。圣哲罗姆住在这里，在生命即将走到尽头的时候领受圣餐。[11]作品的高度比宽度多出三分之一。画面里展现了教堂丰富的内部建筑样式，两侧是两根组合柱式的圆柱，再往前是一道由两根壁柱支撑的拱门，拱门后是一个用透视法建构的拱顶，拱顶另一端是一道更远的拱门，门外是远方的天空、树木和山丘。画面中有三个主要人物，左边[12]是身形高大的圣哲罗姆，有着斯拉夫人的外貌特征，因为他出生于达尔马提亚（Dalmatia）。另一边正对他的是一个手里拿火炬的跪着的僧侣，这个人物所在的位置比圣哲罗姆和神父更靠近画面前景。作为第三个主要人物的神父差不多位于拱门的中心轴上。此外还有一群僧侣从后面簇拥着这三个主要人物，露出头或者半个身体，他们身穿白色的哔叽布、黄褐色的修道士斗篷和肩布，头顶剃光。

圣哲罗姆虔诚地跪在地上，双手放在胸前，面朝神父，领受自己的圣餐。他的右手掌覆在左手掌上，手臂和胸膛都是赤裸的，一件红色斗篷从他的右肩一直往下盖在大腿和股间，他光着膝盖，虚弱地跪在砖石地面上。这个年迈的圣徒虽然四肢还算有力，眼里却流露出疲惫。他不再身强力壮，苍白的身体蜷缩着，虚弱得支撑不住自己的重量。他胸膛干瘪，头歪在一边肩膀上，从上嘴唇到下巴都长着茂密又杂乱的胡子，瘦削的前额和杂乱的眉毛下面是一双黯淡无光的眼睛。圣哲罗姆四肢瘫软地弓着身子，一个年轻的僧侣弯腰从背后扶着他的手臂。这个僧侣微微转身看向旁边的另一个僧侣，后者的左手正扶着圣哲罗姆的手肘，我们只能看见这个侧身的僧侣的头和手，其余部分都被画框截断，二人的搀扶动作表现出圣哲罗姆的重量。第二个僧侣的上方是一个从后面注视圣哲罗姆的人的头部，头上围着一条穆斯林头巾，这个是黎凡特地区的传统，而这个故事就发生在这里。为了举行这次弥撒，圣哲罗姆对面的神父穿了一件深蓝色的十字褡，内镶边是黄色。他一只手用两根手指夹着圣饼，另一只手在圣饼下托着一个金圣餐盘。神父似乎已经念过了圣词，庄严地对着圣徒弯下腰。虽然他垂着头，但他的脸不是完全的侧面，而是向我们露出他上了年纪的面庞，脸刮得很干净，没有胡子，皮肤上的皱纹十分逼真。站立的神父位于整个画面的中心，两边各跪着一个僧侣。靠近前面的那个僧侣跪在一个小矮凳或是祈祷用的矮台（prie-dieu）上，右手拿一个拄在地上的点着的火炬，仰头朝向天堂的同时，偏着头用后脑勺对着我们，胡子隐藏在暗影里，秃顶朝着光，左手放在笼罩在阴影里的胸前的肩布上。画面深处是跪在神父另一边的侍僧，这也是个非常年轻的僧侣，穿白色罩袍，双手放在胸前，同时举着十字架，虔诚地注视对面的圣哲罗姆，他微微倾着头，姿态优雅且单纯。在神父背后，另一个只露出半边头的僧侣也拿着一个火炬，他旁边还有三个僧侣。第一个僧侣是年轻的见习修士，他温顺地看着圣哲罗姆，双臂交叉放在胸前，我们只能看见一只手。第二个僧侣拿圣餐杯，仰着头，眼睛看向上方。第三个僧侣保持一种悲伤的姿势，右手抚着下巴和面颊，左手撑在右手肘下面，他看向一个跪在脚边的僧侣，后者弯着腰，一条腿跪在地上，正低着头全神贯注地在一本书上写下圣哲罗姆领受圣餐的一举一动，书放在他另一个弯曲的膝盖上，我们只能看见他的部分身体，其余部分被画框截断了。在拱门上方，一个小天使交叠双臂趴在一片云彩上，低头看着圣哲罗姆，他旁边的另一个小天使张开翅膀，双手举过头顶以示崇敬。一头狮子趴在圣哲罗姆旁边，温顺地把一只爪子放在他的脚后面，我们可以明显感觉到它的情感，它哀悼般地舔舐自己的爪底。前景的地上有一个骷髅头，在大理石地砖铺就的地面的中间有一个装圣水掸酒器（aspergillum）的容器。

这件作品的各个方面都极为出色，完美的构图、丰富的情感、自然的模仿，还有每个人物身上都体现出的和谐的色彩，人物也都在连贯的动作中相互融合。拿火炬的僧侣处于画面最前端，一只手臂被光线照亮。他穿的白色哗叽布上是层层有序的衣褶，从他的腿一直覆盖到光着的脚，修道士斗篷和肩布显露出他的肩膀轮廓。如上文所说，他的侧影隐藏在暗处，黑色的胡子是最暗的部分。这个僧侣的阴影部分和神父蓝色十字裙的明亮部分相接，神父的肩膀和侧面都被照亮，前胸的衣服因为阴影而呈现为深蓝色，这个深蓝色和他手里的圣餐盘及圣饼形成对比，他全身最强的高光集中在他手臂的白色罩袍上。从神父十字裙的阴影部分，我们转向另一个高光部分，即侍僧的白色罩袍，高光和阴影在他的罩袍上被流畅地整合在一起。此处的光线效果十分恰当，随着弯腰的动作，神父在侍僧的头上投下阴影，只留下太阳穴和部分前额还在亮光里，神父的影子也笼罩了圣哲罗姆红色斗篷的边缘和他的手肘，其他身体部分都沐浴在强光中，显示出圣哲罗姆身体的力量。此外，由于人物的背景不是一堵白色的墙，阿戈斯蒂诺为了给人物增加立体感，将墙壁和建筑画得好像是凝灰岩建成的，拱门部分则是灰岩，整体效果和人物非常相衬。

有些人会认为这件作品是由卡拉奇三兄弟共同完成的，因为它的创作时间正好处于三人合作期间，而且阿尼巴勒尚未前往罗马。即使这种观点有其合理之处，我们仍然应当赞赏阿戈斯蒂诺，他的两个兄弟也都将其归为他的作品。遗憾的是，阿戈斯蒂诺不再将他的天分运用到绘画上，而是投注到雕刻版画上，这对艺术而言是一大损失，虽然他设计的精美版画也为艺术做出了贡献。阿戈斯蒂诺和丁托列托、保罗·委罗内塞结下了深厚的友谊，因此他经常前往威尼斯，为他们一些十分有名的作品制作版画，此外还有科雷乔出生地的一些画家，我将在本章最后介绍这些版画。尽管他自己设计的版画已经很精美，他还是遵从其他人的作品，他这样做的理由不是他看轻自己或自己的知识，而是这样能得到更高的报酬，此时的他还无法从自己或阿尼巴勒的作品中赚到这么多钱。他完善其他人的作品，合理地勾勒线条，而不是像其他雕刻家那样更关注优美的笔触而非完美的构图。据说，当丁托列托看见阿戈斯蒂诺以他在圣洛克大会堂（Scuola di San Rocco）的基督受难图[13]为原型制作的版画时，他高兴得拥抱了阿戈斯蒂诺。当阿戈斯蒂诺的一个儿子在威尼斯出生时，丁托列托为了增进二人的友谊，做了这个孩子的教父，为其举行受洗仪式，这个孩子就是安多尼奥·卡拉奇。阿戈斯蒂诺在博洛尼亚也创作了几件作品，位于里诺圣巴多罗买教堂（San Bartolomeo del Reno），他受托装饰杰西（Gessi）阁下的礼拜堂，画了一幅基督诞生的祭坛画，圣母坐着给圣子喂奶，圣约瑟靠在他的手杖上，另一边前来朝圣的牧羊人献上自己的一只羔羊，上面有两个天使。他在右边侧墙上画了博士来拜[14]，左边侧墙上是一件基督受割礼的小幅叙事性绘画，上方墙上是两个正在书写的先知，中间是圣灵。他也在新门救世主教堂（San Salvatore di Porta Nuova）画过一幅圣母升天图，升天的圣母在一群天使的上方，下面的圣徒们惊奇地看着她，一部分人是因为她散发的光辉，另一些人是因为她从墓中复活。[15]阿戈斯蒂诺也为私人赞助画过一些作品。他为伯爵利多尔夫·伊索拉尼（Count Ridolfo Isolani）画过圣哲罗姆和圣方济各[16]，为朱里奥·利亚里奥（Giulio Riario）画过从天而降的狄安娜热切地注视着恩底弥翁[17]，此外还有其他赞助人。他去了罗马，协助阿尼巴勒在法尔内塞宫长廊的工作。[18]他在那儿画了两幅寓意画的壁画，即伽拉忒亚与海神特里同、海仙女涅瑞伊得斯一起游过海面[19]，以及欧若拉在马车上拥抱刻法罗斯，都是大幅神话故事场景。虽然这两幅画是由阿尼巴勒构图，但阿戈斯蒂诺的上色和修饰都非常出色，他也值得从这些成功的作品中获得属于他的称赞，这些在阿尼巴勒传记中都有提到。由于之后二人产生了一些纠纷，阿戈斯蒂诺离开了罗马[20]，红衣主教奥多阿尔多·法尔内塞派他去帕尔玛，为拉努奇奥公爵工作。[21]阿戈斯蒂诺将拉努奇奥公爵描绘成一个骁勇善战的战士，伟大的亚历山德罗·法尔内塞的杰出子嗣。[22]从一场严重的疾病中痊愈后，拉努奇奥公爵让阿戈斯蒂诺为他又绘制了一幅肖像画，画中的他跪在龙奇廖内（Ronciglione）的圣母面前，随后他将这幅肖像画送到龙奇廖内，这个镇子曾为他的健康许过愿。拉努奇奥公爵还委托过阿戈斯蒂诺另一个工作，为帕尔玛喷泉宫（Casino della Fontana in Parma）第一栋楼的一个房间绘制壁画。[23]阿戈斯蒂诺将拱顶分成 5 个部分，每个部分宽约 6 臂（braccia）[24]、高约 4 臂，他就在这些部分展开诗意的创作。拱顶中间是 3 个小丘比特，其中两个在拉弓，剩下的一个在玩箭矢。拱顶上的寓意画既指忠诚、有益和愉快的爱或美德之爱，也涉及好色和贪财之爱，后者对应的作品是阿尔戈（Argus）之船，伽拉忒亚靠在海豚上接近阿尔戈之船，她的腰带随风飘扬，向船上的阿尔戈英雄展示自己的裸体，因为她也渴望得到金羊毛。在她前面是骑着海豚的海仙女涅瑞伊得斯，她们也听说了金羊毛这个无价宝物，遥指海那边的科尔基斯（Colchis）。空中是拿弓箭的小丘比特们。[25]在对面的壁画里，维纳斯全身赤裸着拥抱玛尔斯，后者全副武装、手持长矛，维纳斯安抚他，将他的注意力从刚毅勇猛的伟业转移走。他脚边是一个拿走他的盾牌的小丘比特，正笑着将双手搭在盾牌上。另外两个小丘比特在维纳斯脚边嬉戏，拿着里面有珍珠的贝壳。[26]第三个部分描绘的是美德之爱，一个强壮的战士看见一个塞壬或其他什么狡诈的怪物，她有着迷人的面庞和赤裸的腰腹，下半身是一条带鳞片的尾巴，正从地上朝他看，他厌恶地向后退缩。[27]第四部分仍然是空白，因为阿戈斯蒂诺在此期间去世了。拉努奇奥公爵拒绝让其他画家来填补这个空白，他认为克劳迪奥·阿基里尼（Claudio Achillini）[28]的诗歌可以填补这幅画的空缺，通过赞美阿戈斯蒂诺来完成这幅画。因此，这位伟大的诗人为了纪念阿戈斯蒂诺·卡拉奇，献上了下面这篇悼词：

AVGVSTINVS CARRACIVS

DVM EXTREMOS IMMORTALIS SVI PENNICILLI

TRACTVS

IN HOC SEMIPICTO FORNICE MOLIRETVR

AB OFFICIIS PINGENDI ET VIVENDI

SVB VMBRA LILIORVM GLORIOSE VACAVIT

TV SPECTATOR

INTER HAS DVLCES PICTVRAE ACERBITATES

PASCE OCVLOS

ET FATEBERE DECVISSE POTIVS INTACTAS SPECTARI

QVAM ALIENA MANV TRACTATAS MATVRARI.

（阿戈斯蒂诺·卡拉奇，他将他不朽画笔的最后几笔留在这件未完成的拱顶壁画里，现在他已从绘画和生命的责任里解脱，光荣地去往百合花的庇护之荫。你，旁观者，将你的视线投注到这幅精美又清晰的画上：你会承认这些壁画应当以其原样呈现在人们眼前，而不是经由他人之手去完成。）

那些仿青铜色和金色的灰泥装饰是后来由科莫（Como）的卢卡·雷蒂[29]加上去的。阿戈斯蒂诺的工作因他的早逝而中断，此时的他正开始创作出成熟的作品，死亡的阴影已经纠缠了他很久，因为他一直身体欠佳。著名诗人斯蒂利亚尼[30]那时恰巧在拉努奇奥公爵宫中供职，他告诉我，阿戈斯蒂诺看完夜间的一出戏，正在退场，他太胖、身体又不好，在门口被挤得太厉害，引发昏厥，失去意识，加速了他的死亡。预见到自己将不久于人世，阿戈斯蒂诺退隐去了托钵僧修道院（convent of the Capuchins），效仿那些隐士，全身心投入对上帝和天堂的思索，为自己的罪过请求宽恕。他画了圣彼得哀悼自己的罪。因为深深陷入对死亡的思考，他开始画最后的审判，但他仅仅画了一个粗略的草图，病痛就已经发展到最后阶段。他于 1602 年 3 月 22 日将自己的灵魂交还上帝，年仅 43 岁。[31]阿尼巴勒悲痛不已，为失去兄长而惋惜。他希望在埋葬阿戈斯蒂诺的大教堂建一个纪念碑，但阿戈斯蒂诺的两个朋友，建筑师乔凡尼·巴蒂斯塔·马尼亚尼（Giovanni Battista Magnani）和朱塞佩·圭德蒂（Giuseppe Guidetti）已经在他之前建好了。他们将大理石碑建在阿戈斯蒂诺的墓上，上面刻有阿基里尼写的碑文，全文如下：

D. O. M.

VIATOR

HIC SITVS EST AVGVSTINVS CARRACCIVS

IN SOLO NOMINE MAGNA NOSTI

HIC ENIM ILLE EST QVI CAETEROS

PINGENDO

SE IPSVM IN TABELIS AETERNIT. PINXIT

NEC VLLVS EST MORTALIVM IN CVIVS

MEMORIA

MORTVVS NON VIVAT

ABI. ET SVMMO VIRO DEVM PRECARE

OB. V. ID. MART. MDCII. AET. SVAE AN. XLIII.

GLORIOSO CINERI HANC QVIETEM

FECERVNT FIDI ET AEGRI AMICI.

IO. BAPTISTA MAGNANVS PARMENSIS

ET IOSEPHVS GVIDETTVS BONON.

（致最伟大的天父。过路人，这里沉睡着阿戈斯蒂诺·卡拉奇，你或许听说过他的名字。他在描绘其他人的故事的同时，也将自己永远地镌刻在了这些壁画里。虽然他已离开人世，但他活在我们的记忆里。为这个了不起的人祈祷吧。他逝于 1602 年 3 月 22 日，享年 43 岁。帕多瓦的乔凡尼·巴蒂斯塔·马尼亚尼和博洛尼亚的朱塞佩·圭德蒂，他的两位忠诚且哀伤的朋友，将他的遗体安放在这里。）

阿戈斯蒂诺去世的消息让博洛尼亚的人们悲痛不已。他是一个品德高尚的人，不仅受到设计学院艺术家的爱戴，也得到同行业其他艺术家，以及城里的绅士、居民们的尊敬，他平易近人、彬彬有礼的行为举止使他深受人们喜爱。出于哀悼之情，卡拉奇兄弟指导下的设计学院的启程者[32]希望每一次的致敬都能配得上阿戈斯蒂诺的名誉。他们将葬礼的悼词印刷出版，以纪念这场葬礼。为了完整记录阿戈斯蒂诺的生平，下文将引述这篇悼词。[33]阿戈斯蒂诺虽然十分肥胖，但身材比例得当，阿尼巴勒几乎原封不动地照着他的模样画了法尔内塞宫长廊酒神狂欢图的西勒诺斯。他肤色偏白，眼睛和头发都是黑色。他穿着得体、举止文雅，对所有人都很友善。然而，他热衷于结交达官贵族，沾染了朝臣的习气，这一点和阿尼巴勒不同，我们在阿尼巴勒传记中提过这点。为了摆脱贫困的出身，阿戈斯蒂诺将"卡拉奇"（Carracci）这个姓氏转换成神圣的"卡"（Car）这个象征，由大熊星座的七颗星星组成，作为家族的纹章和盾徽。[34]但是，他被指责违背优良的品德，出版了一些十分下流的版画作品。他的素描、绘画和雕版技术都非常出色，而且他的雕刻版画克制稳重、毫不浮夸、技术高超，尽管他为了给其他人的作品制作版画，放弃自己的构图，白费自己的能力和知识。他自己创作的雕刻版画出版的数量不多，但为他赢得了大师的名望。他也一刻都没有停止各种研究，一种研究可以消除他在另一种研究里的疲劳。只能怪他没有健康和长寿，去世时堪堪到了不惑之年，无法将习得的技术充分应用到作品里。他还没有活到人生的黄金年龄。他全身心沉浸在精神和工作的不断锻炼中，从中感到莫大的快乐。他在学习中不知节制，也不顾自己的健康，结果就是缩减了自己的寿命。若他能活得长久一些，将能使我们的时代更丰富多彩，也能为他的故乡留下更多遗产，就像他的名望为故乡带来了不朽的荣耀。据说帕尔玛圣保罗修女教堂（the church of the nuns of San Paolo）的圣凯瑟琳的神秘婚礼这幅画出自阿戈斯蒂诺之手。[35]马里诺在他的作品《画廊》里记载了一幅波吕斐摩斯和伽拉忒亚寓意画。[36]其他作品因为无法确定，此处略去。

我们还需要提到他的雕刻版画，这些版画数量不少，现在在版画爱好者手中已经非常难得一见了，因为它们被分散到各地，供设计学院的艺术家学习临摹，而且收藏家也在收集这些版画。

阿戈斯蒂诺·卡拉奇的版画

提香的肖像，穿长袍的半身像，对开的版画，1587 年。[37]

荆冕基督的半身像，帕尔玛的安多尼奥·达·科雷乔（Antonio da Correggio）原作，1587 年，对开的版画。[38]

圣哲罗姆和抹大拉，后者跪着膜拜圣母膝上的圣子，科雷乔原作，1586 年，对开的版画。[39]

圣朱斯蒂娜（Saint Justina）的殉教，保罗·委罗内塞原作，在帕多瓦本笃会教堂（church of the Benedictines），竖向的双联对开的版画。[40]

圣凯瑟琳的神秘婚礼，保罗·委罗内塞原作，在威尼斯圣凯瑟琳教堂，1582 年，对开的版画。[41]

另一幅较小的圣凯瑟琳的神秘婚礼，四开的版画，保罗·委罗内塞原作。[42]

隐士圣安东尼，圣凯瑟琳，圣母坐在底座上，圣子在圣母膝上，圣约瑟，年轻的圣约翰和一只羔羊，保罗·委罗内塞原作，对开的版画。[43]

圣母怜子，死去的基督坐着，一个天使牵着他的手，保罗·委罗内塞原作，对开的版画。[44]

旗帜画（standard），圣母张开外袍，接纳两个跪着的兄弟会成员，保罗·

委罗内塞原作，四开的版画。[45]

被恶魔纠缠的圣安东尼，恶魔化作裸体女人模样，上帝向他显灵，对开的版画，丁托列托原作。[46]

圣哲罗姆跪在地上，四个天使搀扶着空中的圣母，丁托列托原作，在威尼斯圣方汀教堂（church of San Fantino），对开的版画，1587 年。[47]

基督和两个小偷一起上十字架，丁托列托原作，在威尼斯圣洛克大会堂，三联对开的版画。[48]

墨丘利和美惠三女神，丁托列托原作，在威尼斯总督府（Palazzo Ducale of Venice），四开的版画。[49]

被智慧女神、和平女神和丰饶女神驱逐的玛尔斯，丁托列托原作。[50]

埃涅阿斯背着安喀塞斯，还有阿斯卡尼乌斯（Ascanius）和克瑞乌萨（Creusa），费德里科·巴罗奇原作，对开的版画，1599 年。[51]

克雷莫纳历史上的各位名人和米兰公爵的肖像，安多尼奥·坎皮（Antonio Campi）原作，于 1585 年在克雷莫纳制作，对开的版画。[52]

圣方济各听见天使演奏的音乐而陷入狂喜，骑士弗朗切斯科·瓦尼（Cavaliere Francesco Vanni）原作，不完整的人像，对开的版画。[53]

长诗《耶路撒冷的解放》的一些人物，贝尔纳多·卡斯特罗（Bernardo Castello）原作。[54]

阿戈斯蒂诺·卡拉奇构图的版画

圣哲罗姆一条腿跪在地上，看着他手里的基督受难十字架，对开的版画。[55]

圣方济各展开双臂接受圣痕，对开的版画，1586 年。[56]

圣母坐在树下给圣子喂奶，对开的版画，1595 年。[57]

圣母展露睡在膝上的圣子，后面是圣约瑟，四开的版画，1597 年。[58]

圣母给圣子喂奶，椭圆形版画。[59]

博俊古拉小堂（Portiuncula），云中的圣方济各给象征着方济各会的女性人物递上束带，她坐在一个祭坛上接受束带。地上是各个教皇、红衣主教、主教、国王和亲王，他们手里都有束带。[60]

站着的十二使徒，八开的版画，1590 年。[61]

教会四博士，半身像，八开的版画。[62]

乔凡尼·加布里埃利（Giovanni Gabrieli）的肖像，也被称作西维罗（il

Sivello），一个著名的喜剧演员，他手上拿着一个面具，底部有一句铭文：他一人抵得上千人（SOLVS INSTAR OMNIVM）。通过在台上台下变换服装和声音，他一个人就能完成表演，四开的版画。[63]

由小型人物像组成的两个场景，一个场景是有树林的风景，另一个是在云中，对开的版画。[64]

六个懒汉，题名是六个无赖，对开的版画。[65]

一本女性裸体的滑稽画册子，总共 16 张，四开的版画。[66]

爱征服一切（Omnia vincit Amor）。两个坐着的宁芙仙女相互拥抱，其中一个指着正在驯服萨提尔的丘比特，八开的版画。[67]

扇面画，狄安娜的椭圆形头像，下面是一小片风景，对开的版画，背面是一群跳舞的宁芙仙女。[68]

分类的盾徽，用来公示医学考试的题目，以及用在卷首插画上。[69]

博洛尼亚城，若干对开的版画，1581 年。[70]

阿戈斯蒂诺·卡拉奇的葬礼

在他的故乡博洛尼亚举行

由设计学院的启程者主办

献给最伟大和最可敬的红衣主教法尔内塞大人[71]

最伟大和最可敬的法尔内塞大人：

启程者[72]，作为博洛尼亚设计学院的学生，举办了一场庄严的葬礼来纪念阿戈斯蒂诺·卡拉奇，向亦师亦友的阿戈斯蒂诺献上他们无上的敬意，展现出他们完美的判断力和慷慨无私的胸怀，后者超越了他们个人的力量，前者胜过了常人的预期。如果说主人的伟大和美德可以从服侍他的仆人身上看出来，他们这样隆重地纪念和称赞作为您的仆人的阿戈斯蒂诺，其实就是在为您增光添彩。他们举办的这场葬礼赢得了所有人的肯定，包括博洛尼亚全城居民和其他听说此事的人们，因而这场葬礼必然要得到您的权威认定。现为您提供一份对葬礼的描述，使您能够通晓事情全貌，同时也使您能知晓您的仆人获得了最高的敬意，不仅在绘画行业内部，更是在整个国家（这是极为罕见的），希望您能从包括此事在内的众多事情看出，您选择阿戈斯蒂诺作为您的仆人是个正确的决定。若他能再多活些时日，创作出更多作品，他必定能和一流画家一争高低。我自愿承担起这个记录葬礼的任务，即使我能力不足、知识有限，不能充分地传达出与我们的长久友谊相称的敬意，至少我的描述和赞美都是真心诚意的。我也确实有私心，作为您最谦卑而忠实的仆人，我决心借此向您表示忠心，我的胆怯使我除此之外无法将其宣之于口。希望您能接受并理解我的多愁善感，我的感情都蕴含在对这些优秀学生的描述中，您将从中发现他们学习所有高雅艺术的概况。他们不仅在绘画方面展现出高超的技艺，这是他们主要的学习科目，而且他们还通晓建筑和雕塑，熟知历史和寓言，那些充满诗意和哲理的新观点表明他们也学习了最前沿的科学等学科。他们总是通过出色的判断力将习得的知识应用到实践中，而且在论证安排（disposition）和论证次序（ordering）[73]上有着非比寻常的智慧。简言之，这即使不足以证明他们的才能得到了充足的发展，至少也表明他们有精于修辞的潜力。他们都是出身良好的人，唯一的目标就是追求美德，又受到卡拉奇三兄弟这个北极星的指导。这三兄弟是设计学院的真实之光，是这片土地上（更不必说国外）绝无仅有的复归了真正绘画之道的人。他们既获得了所有高尚的品质，这些品质对幸运的学者而言是梦寐以求的，也培养了真正善良且高尚的品性。他们很快知晓了阿戈斯蒂诺无望治愈的疾病以及逝世的消息。阿戈斯蒂诺逝于帕尔玛，您派遣他去那里侍奉尊贵的公爵大人。他的早逝在多年前就已是定局，因为他一直身体抱恙。上文提到的这些学生眼含热泪、集体并且自发地悼念阿戈斯蒂诺之后，想出一个办法来表达他们有多么爱戴和尊敬他，通过安排这样一场隆重的葬礼，以及葬礼上无数参加者和祈祷者，从而将他从死神手中拯救出来，将他的灵魂引向真正的生命。他们还奢华地用阿戈斯蒂诺的肖像来装饰葬礼，以献给阿戈斯蒂诺的赞美来充实葬礼，使人们不会忘记他。为了实施这场葬礼，他们明智地选择了圣母医院教堂，再没有什么其他地方能比这里更合适，不仅因为这里通常是画家陈列遗体的地方，也是因为这个教堂在广场上，十分宽敞，没有被其他事务占用，又有很多毗邻的房间，可以用来放置和组合必需的材料。这个地方由行会[74]官员非常迅速地批准给他们使用，其他地方都不可能会这么快获批。葬礼的各项事务被谨慎地分发给各个学生。负责葬礼安排和设计的是乔凡尼·保罗·博康蒂（Giovan Paolo Buonconti）[75]，作为一个学识渊博、有极强判断力的人，他聪慧过人，做事有分寸，而且为人谦逊有礼，在理论和实践上都十分有经验。就在卡拉奇葬礼的几天之后，他长期的病痛恶化了，或许他在这场葬礼中承受了太多身心上的负担，加重了病情，他也被死神带走了。他在世时也是一个深受爱戴、学富五车的人，他的逝去使学院经受了又一次的打击和悲痛。负责提供必需材料的是狄奥尼奇奥·博纳维亚（Dionigio Bona-via）[76]，他非常勤奋、做事果断，对工作认真负责，在（罗马）教廷十分有名。他几年前曾为红衣主教托莱多[77]效力，担任极为重要的职务。其他人都有各自的任务，我将在合适的时机再提到这些人，以免在此赘述。众人的协同工作极为和谐高效，每个人都尽心完成了自己分配到的任务，最终所有事情都准备完毕，葬礼日期定在 1 月 18 日。那天清晨，一面巨大的盾牌悬挂在教堂大门上方，上面绘有学院的标志，即一个代表宇宙的星光熠熠的球体，上面写的是勤能补拙（CONTENTIONE PERFECTUS），下面写的是名号"启程者"（GL'INCAMMINATI）。教堂内部从天顶到地板全都覆盖着黑色布料，大量古典形式的瓮以相同的间隔沿墙排列，每个都是 3 足[78]高，固定在撑架上，架子安装在墙上离地面一人高的位置。这些瓮由一种类似于大理石的坚固材料制成，从中冒出明亮的火焰，其燃烧物是一种混合物质，能为葬礼提供足够长时间的照明，而且不会产生任何烟雾或难闻的气味。这种燃烧物的发明者是著名的朱里奥·切萨雷·帕塞里（Giulio Cesare Paselli）[79]，他屈尊来参加这个葬礼，以他高超的判断力和渊博的学识克服了大量的困难。和这些瓮同样数量和排列方式的还有盾牌，这些盾牌挂在更高的地方，上面绘制了卡拉奇家族的盾徽，即北半球大熊星座的七颗星星。[80]在更高的环绕教堂顶部的檐板上是同样材质的瓶子，这些瓶子被精心排列，数量众多，和那些瓮一样冒着火焰，而且瓶子之间有很多大蜡烛，所有这些火焰和自然光线一起，营造出一种非常高贵的氛围。教堂中间立着一根巨大的柱子，底部有基座，顶部是金字塔形[81]，整体高度有 30 足，只比教堂高度低一点点。柱子是方形的多立克柱式，朝向入口的那面嵌了另一根圆柱。这个结构模仿的是雕刻了各种装饰的大理石，尽管这些装饰都只是画上去的，但它们的颜色看上去都十分逼真，以至于不仅能骗到从远处看的人，甚至那些近在咫尺的人都不能肯定这是真是假，除非他们上手去摸。这是年轻的廖内洛·斯帕达（Lionello Spada）[82]的作品，虽然他在其他艺术门类上都有着极高的天赋，但他最精通的是这种错视画。金字塔顶端是一个非常大的球体，装饰着作为学院标志的金色星星。球的上面是一个火把，火把周围环绕飘带，飘带上刻着学院的格言，站在金字塔顶端的两个小天使托着这个球。在金字塔中部，朝着祭坛的那面刻着象形文字，意思是阿戈斯蒂诺的灵魂已在天堂得到永生，他的名字在尘世的永恒赞美中得以延续，死神的武器分崩离析。[83]这些文字既是为了纪念卡拉奇，也表达了学院对这场葬礼的诠释。

这些象形文字分别是摩羯座、刻着太阳和月亮的一个球体、锚、飞马座和一把断成两截的剑。摩羯座代表死后的灵魂会回归永生，刻着太阳和月亮的球体代表永恒，锚代表固守，意思是升上天堂的阿戈斯蒂诺将有属于他的神位，天马座代表尘世的名誉，断裂的剑就是死神崩坏的武器。[84]以下铭文传达了这些含义[85]：

SPIRITUS COELUM

TENET

FAMA ORBEM

MORS VICTA

（天上的灵魂

占有

尘世的名誉

被击败的死神）

柱头下面是三个真人大小的雕像。笔直站在中间的人物代表诗歌，她旁边的另外两个人物哀伤地坐在金字塔底部，右边那个是绘画，左边那个是雕塑，她们各拿两个熊熊燃烧的火把，一手一个。诗歌正对教堂大门，她被表现为一个头戴常春藤的优雅女士，面朝天堂，脚边是七弦竖琴。这个人物由卢西奥·马萨里[86]创作，他是一流的画家，也是著名的雕刻家，这件作品为他赢得了出色的雕塑家这一赞美之词。绘画的旁边是各种作画工具，她的姿态既优雅又哀伤。这是洛伦佐·加别洛（Lorenzo Garbiero）[87]的作品，这个年轻人有很高的学习和判断能力，有望在将来获得巨大的成功。雕塑的模样和绘画差不多，由贾科莫·加弗多尼（Giacomo Cavedoni）[88]创作。他从小在卡拉奇学院长大，在工作中持之以恒，也非常了解如何在绘画这个行业取得成功，现在已经是同龄人中的佼佼者了。柱子下半部分有一块碑，碑上刻着梅尔基奥·佐皮奥（Melchiore Zoppio）写的一篇墓志铭。这是一位博洛尼亚大学的哲学公众教授，以其科学和艺术的高深知识而十分有名。无须多言，仅仅提到他的名字就是对他的赞赏。[89]

AVGVSTINO CARRACCIO

QVEM SI PROPTER VIM INGENII

STVDIVM DISCIPLINARVM,

OPERVM PRAESTANTIAM

PRIMARIOS CVIVSQVE AETATIS VIROS

PINGENDI INCIDENDO

ARTE INVENTIONE IVDICIO

NON EXAEQVASSE DIXERIS

EIVS MERITIS PLVRIMVM DETRAXERIS.

DVM AETATE NOMINEQVE VIGERET

VITA FVNCTO

ACADEMICI INCAMMINATI

SOCIO OPTIMO SVAVISSIMO

MOERENTES

PP.

（学院的启程者悲痛地将这场葬礼献给阿戈斯蒂诺·卡拉奇，他们最伟大和最亲切的同伴。他是一个了不起的天才，精通各类学科，创作了优秀的作品。如果你对他的评价是在绘画和雕刻等艺术领域无人能比得上他的创造力和洞察力，那么，你还是没有说出他万分之一的优点。）

墓志铭上方是一幅阿戈斯蒂诺的圆形肖像。这幅肖像画极为传神，如果它不是石头的冰冷颜色，而是肉体的温暖颜色，那它将完美得只差可以开口说话，也能为这些友人提供最大的慰藉，弥补阿戈斯蒂诺的离世。令人惊叹的是，这幅肖像画是由他的堂兄卢多维科·卡拉奇所作，这是一位天赋异禀的非凡之人，不满足于在绘画中取得的成就，在其他专业和艺术领域也突破了常人的极限，这些突破反过来也有益于他在绘画中的进步。墓志铭和肖像位于两座雕像之间，它们分别代表荣誉和美德，二者同时各自用一只手在阿戈斯蒂诺头上举着一个桂冠，同时另一只手拿着燃烧的火把。这两个雕像都位于柱子底座的檐口上。荣誉站在右边，被表现为一个披着华贵斗篷的年轻人，他的头上散发光芒。这是乔凡尼·巴蒂斯塔·布斯（Giovanni Battista Busi）的作品，他是一个刻苦学习各类艺术的年轻人，虽然他的主要领域是绘画。[90]左边的美德是一个成熟的女性，头戴桂冠，身穿长衣。这是朱里奥·切萨雷·康温蒂（Giulio Cecare Conventi）的作品。他是一名年轻的雕塑家，在这个领域已经有了很强的能力，可以用各种材质进行创作，素描的功底也很扎实，其素描创作在不断的学习中日益精进。[91]底座的光滑表面上刻着以下希腊语警句，其作者是杰出的阿斯卡尼奥·珀西（Ascanio Persii）。他是博洛尼亚大学的哲学博士和希腊语公众教授，在全世界都享有极高的声誉，他的博学多识与之相比更是有过之而无不及。[92]

ὡς τάχα καρράκιον μόρος ἤρπακε. Τί πλέον

ἔρζεις,

νηλεὲς, εἰ τάμεν μηδέν΄ ἔδεισε μόρον;

Σὺ φονερὸς μὲν ἀκούσεαι, οἳ δ΄αὖ μιν κτερέεσσι

Τῖον ἀριπρεπέσιν προὔφερον εὐσεβίη(ι).

（死亡那么快就夺走了卡拉奇的生命！你这无情的死亡又能将他如何，若他的成就不惧死亡？你将只是徒劳地嫉恨他，而那些用盛大葬礼纪念他的人们满怀敬意。）

　　这些词句被翻译成同样长度的拉丁语诗句，其译者是著名诗人塞尼，他除了诗歌，也精通其他门类。[93]

Quam cito Carracium rapuit mors? Improba,

lucri

Quid tibi? Quod pinxit, non timet

inteitum.

Invida tu certe vocitabere：Funus at amplum

Qui curant, meritis, ac pietate nitent.

（死亡何以那么快就夺走了卡拉奇的生命？无情的死亡，这对你又有何用？他的作品不会惧怕死亡。你只会被看作是可憎的存在，而那些来参加他的盛大葬礼的人们都品德高尚，满怀崇敬。）

　　以上描述的都是柱子朝向教堂大门的部分，这侧的方柱面是看不见的，因为被圆柱挡住了，但另一侧没有被覆盖的方柱面上装饰着各种小幅的单色画作，其颜色都和方柱本身的颜色一模一样，仿佛它们是刻在柱子上的。每幅画由不同的画家绘制，互相之间用同样颜色的小型画框隔开。所有画都有重要的象征，配有赞美阿戈斯蒂诺的箴言。这些画作风格各异、构图多样，被人们称赞是很优秀的作品。

　　对着祭坛的那面上，紧挨柱头的正下方是弗朗切斯科·布里奇奥[94]的一件作品。他在绘画上十分有才华，在雕刻上又是阿戈斯蒂诺的高徒。画中代表绘画和诗歌的人物被表现为身处树林之中，写着一句箴言：再无慰藉（NON EST SOLATIVM）。绘画被描绘成一位优雅的女性，拿着绘画的工具。诗歌和她模样相似，拿着七弦竖琴。二者都头戴桂冠，姿态哀伤，哀悼卡拉奇的逝去。

天上分裂的大熊星座象征他的离世[95]，暗示阿戈斯蒂诺的早逝使所有人遭受了巨大损失（第一幅）[96]。

第二幅小画里是阿波罗和同样代表绘画的一个人物，二人交换了专长，前者正在墓碑上画卡拉奇家族的盾徽，后者做出弹奏七弦竖琴的姿势，正伴着琴声歌唱，写有箴言：他在死后重生（MORIENS GEMINAT VITAM）。阿波罗是头上散发光芒的年轻人模样，绘画的形象和第一幅画里差不多。这是贾科莫·加弗多尼的作品，之前提到的雕像[97]已经证明了他的高超技巧，但他希望能进一步展现自己在构图上的能力。这幅画表示的是绘画和诗歌都给予阿戈斯蒂诺以永恒的赞美（第二幅）。

学院的学生们都非常欣赏阿戈斯蒂诺的遗作，上面粗略勾勒了救世主的脸。他画这个是为了表现末日审判时基督的仁慈，学生们希望将这件遗作放在第三幅的位置，它也确实正合适。这幅画是画在一片黑色绸缎上，虽然尚未完成，依然不失为一件令人惊叹的杰作，每个人都敬畏地驻足观赏。下面写着他将降临（SIC VENIET）（第三幅）。

第四幅画是亚历山德罗·阿尔比诺（Alessandro Albino）[98]所作。这是一个非常聪慧的年轻人，善于临摹美的事物。画中是从天而降的普罗米修斯，从太阳马车盗取火种，赋予他制作的潘多拉雕像以灵魂和生命[99]，帕拉斯陪伴他来到地上，新造出来的人就在那里，画中配有箴言：这是上天的造物（SVNT COMMERCIA COELI）。阿尔比诺暗示阿戈斯蒂诺用渊博的学识和超人的能力为自己的作品注入灵魂和力量（第四幅）。

最后的第五件作品是廖内洛·斯帕达所作，他希望将这幅画和他在方柱上的装饰结合在一起。他在画中描绘了被欧若拉强抢到天上的刻法罗斯，后者被表现成一个猎人装扮的年轻人，穿着系带靴，背着狩猎的装备，前者是一个非常美丽的少女，头戴玫瑰，将刻法罗斯从地上拉到她云彩上的马车里。天上有很多小丘比特，拿着火把、弓箭、套圈等各种各样的工具，其中一个小丘比特系着一条随风飘扬的腰带，腰带上写着美德奔向星空（SIC VIRTVS AD SY-DERA RAPIT）（第五幅）。[100]

顺着方柱面向下，沿着这些画作的右侧刻着一些象形文字：大熊星座的七颗星星[101]；两个王冠，一个是月桂枝的，一个是橡木枝的，中间各穿插着一支画笔；锚和另一顶王冠；棕榈树；蛇；四只蜜蜂；一只眼睛。大熊星座的七颗星星代表阿戈斯蒂诺·卡拉奇的姓氏，穿插着画笔的那两顶王冠代表诗意的绘画，锚和另一顶王冠代表阿戈斯蒂诺在绘画领域的领先地位，棕榈树代表辛勤工作换来的荣誉，蛇代表时间的延续，眼睛代表审慎。最后是一篇铭文：

Augustino Carraccio pictae poesis ingenii faecunditate principatum te-
nenti：Virtutibus diuturno labore acquisitis, prudentia, et eloquentia praes-
tanti.

（献给阿戈斯蒂诺·卡拉奇，他在诗意的绘画中取得的累累硕果
无人能及：他的成就来自漫长的工作、审慎的态度和卓越的文采。）

沿着这些画作的左侧刻着另一些象形文字：刻有星星的球体；一只狗；一
个金字塔，中间是一双合十的手；一把犁头和一个公牛头骨；一个棍棒；另一
只尾巴竖起来的狗；两条垂直的线。刻有星星的球体是学院的标志，指学院的
学生们，那只狗指友谊，合十的双手指同伴情谊，金字塔指死后的荣誉，犁头
和公牛头骨指耕耘和收获，棍棒指对美德的追求，尾巴竖起来的狗指葬礼，两
条垂直的线指公平正直的立场。一篇铭文传达了其中意味[102]：

Incamminati Amico suavissimo, socio humanissimo, honores, et la-
bores in virtutis obsequium PP.

（启程者将这些荣誉和成果献给他们最亲密的朋友，最友善的同
伴，以纪念他的崇高品德。）

在方柱右边那一面上，第一幅画作是朱里奥·切萨雷·帕里基诺（Giulio
Cesare Parigino）[103]所作。他是一个非常勤奋地学习绘画的年轻人，假以时日，
他将成长为能和其他学生并肩的优秀人才。他画的是美德脚踩命运和嫉妒。美
德被描绘成一位美丽的女士，戴着头盔，身穿护胸甲，一手拿长矛，一手拿橄
榄枝。她脚下的嫉妒是一个瘦骨嶙峋的女人，骑在一条龙上，手里是一只蝙蝠
和一个蜂巢。命运是一个全身赤裸的女人，头发飘散在空中，坐在一个球上，
脚上长着翅膀。这幅画的底部有一句箴言：美德的胜利（VIRTVTI VICTORI-
A）。帕里基诺通过这幅画暗示阿戈斯蒂诺以美德战胜了命运，因为他赢得了众
多名人志士的尊敬。他的美德也赢过了嫉妒，因为他的对手们也都不得不服从
并且尊重他（第一幅）。

第二幅画是乔凡尼·瓦莱西奥（Giovanni Valesio）[104]所作。他品德高尚，
对各类领域都有通透的认识，可以肯定地说，很少有人能与他匹敌。他画的是
被阿波罗和缪斯女神们环绕的阿戈斯蒂诺的坟墓。画的下面写着这是美德的杰
作（HOC VIRTVTIS OPVS），暗指阿戈斯蒂诺的美德值得被最著名的诗人称颂
（第二幅）。

第三幅画描绘的是墨丘利为绘画和菲尔西娜（Felsina）指出天上的大熊星座，星座里隐约现出一个人的模样。菲尔西娜是博洛尼亚城建立者的女儿，城里所有人都知道她，这座城市至今都被拟人化为她的形象。她衣着简朴，一手持剑，一手捧书，腰带上有博洛尼亚的城市盾徽。这是奥雷利奥·贝内利（Aurelio Benelli）[105] 的作品。他是一个聪明且有才能的人，在对绘画和音乐的学习中都十分有毅力。这幅画指的是作为神使的墨丘利展示阿戈斯蒂诺的故乡和他的艺术，他为二者都带来无上的荣誉，现在他已经是天上的一员，星星和那个人影暗示阿戈斯蒂诺和他的家族。画中有一句铭文：为他的伟大献上崇高敬意（SPLENDOR AD SPLENDOREM）（第三幅）。

卢多维科没有忘记纪念他离世的表弟，就像他在阿戈斯蒂诺在世时一直爱护这个亲人，因此他在第四幅画里画了啜泣的绘画，诗歌正在安慰她。这幅画表明，虽然艺术失去了这样一位难得一见的人才，但他并没有真的离去，他将在尘世诗人的诗句中获得永恒的生命和不朽的荣耀。因此，卢多维科在画里写了一句和阿戈斯蒂诺的名字有关的箴言：阿戈斯蒂诺将获得永生（AVGVSTIN-VS VIVET）（第四幅）。

洛伦佐·加别洛[106] 画了这一面的最后一幅作品，暗指那些嫉妒阿戈斯蒂诺不朽荣誉的人，这份荣誉是他通过不断的研究和警觉的态度赢得的，他也因此享有永生。加别洛以精湛的画技描绘了研究和警觉从两边包围嫉妒，对她施以痛击。代表研究的是个长着翅膀的年轻男子，用拳头攻击嫉妒。代表警觉的是个女性，身旁有只公鸡，将手里的长矛刺向嫉妒。他们右上方的云彩中有个庄严的老妇人，正低头看着他们，她摊开的双手散发耀眼的光芒，她手里的衔尾蛇表明她就是永恒。画作底部写着他因他的警觉和研究而永垂不朽（VIGI-LANTIA，ET STVDIO IMMORTALITE DONATUR）（第五幅）。[107]

在方柱左边那一面上，第一件作品是伊波利托·弗兰提诺（Ippolito Ferra-ntino）[108] 所作。画中是克瑞斯（Ceres），她关爱苍生，向朱庇特控诉阿戈斯蒂诺的逝去给尘世带来的损失，因而朱庇特命令荣誉使阿戈斯蒂诺的名号和美德在世间永远流传下去。对朱庇特的描绘还是依照惯例，手里迸发出闪电，身边有只老鹰。荣誉也依然长着翅膀，拿着号角。克瑞斯戴着麦穗制成的王冠。这是件非常精美的作品，彰显出弗兰提诺的高超技巧。画面底部写着朱庇特的旨意：愿他的荣誉和美德相衬（VIRTVTEM VIVIDA FAMA FERAT）（第一幅）。

第二件作品是乔凡尼·巴蒂斯塔·柏图斯（Giovanni Battista Bertusi）[109] 所作，这是一个在素描和绘画上有极高天分和能力的年轻人。他画了一个躺在坟墓里的人，也就是阿戈斯蒂诺，绘画将他从死神的手里抢过来，托付给荣誉，暗示他擅长的绘画能够将他从死亡那里夺回来，并且使他在永恒的荣誉中永生，因此画中的箴言是即使死神把他封存在坟墓之中，他的荣誉将在世间永存（HVNC TVMVLO CLAVDAT MORS, DVRET FAMA PER ORBEM）（第二幅）。

卢西奥·马萨里为了再一次表达他的赞美，除了上文提到的诗歌雕塑，他还在第四件作品里描绘了裸体的阿戈斯蒂诺，表示他已经摆脱了尘世的装束。命运三女神陪伴着他，其中一个女神揭开他眼前的眼罩，他注视着面前朱庇特的脸，也就是上帝。朱庇特还是传统的形象，除了他的头部被画得类似于一个球体，象征着宇宙。这幅画的意思是，阿戈斯蒂诺在思索和研究中已经通晓了尘世的很多事物，这对凡人来说已经是认知的极限了，但依然是透过被蒙蔽的眼睛看见的不完美的景象。现在死后的他已经去除了各种遮蔽和障碍，能够直面上帝，得以从上帝那里完美地看见所有他曾思考过的东西，就像哲学家所教导的那样，理念以及事物的完美形式存在于上帝的头脑中。因此马萨里配的箴言是不可只见假象（NON PER SPECVLVM）（第三幅）。

第四幅精致的小画是对三条河流的拟人化，即我们的雷诺河（Reno）、台伯河（Tiber）和帕尔玛河，写有箴言：一个给予、一个完善、一个带走，指的是阿戈斯蒂诺生在博洛尼亚、长在罗马、死在帕尔玛。这幅画是由受人敬仰的塞巴斯蒂亚诺·拉扎里（Sebastiano Razali）[110]构思的，葬礼期间他恰好不在博洛尼亚。这件作品后来由巴尔达萨雷·德利·阿洛伊西（Baldassare degli Aloisi）[111]完成，这当然是慎重考虑后的决定，因为阿洛伊西是个非常勤奋的年轻人，有着坚定且灵活的头脑，前途一片光明（第四幅）。

最后一幅画是乔凡尼·巴蒂斯塔·布斯[112]所作，他在学习和创作中可不是最后一个，巨大的成功正等着他。他的这件作品以阿戈斯蒂诺曾为您画过的维纳斯和阿多尼斯[113]为基础，正因为阿戈斯蒂诺将阿多尼斯描绘得如此英俊，维纳斯爱上了这个美男子，迟迟不愿回天上，将玛尔斯的爱抛诸脑后，所以玛尔斯将阿戈斯蒂诺带离人间，让阿戈斯蒂诺不能再给维纳斯下凡的理由，也就不会妨碍自己的欢愉。因此，布斯描绘了玛尔斯粗暴地将阿戈斯蒂诺从尘世强抢到天上，只留下一地散乱的画具。这幅画因为"嫉妒最终得逞"（ADHVC INVIDIA PROFVIT）这句话而更显灵动（第五幅）。[114]

顺着方柱面向下，左右两面作品的边沿都刻着一些象形文字：一棵柏树；一只甲虫；一个卷线杆，纺锤上的线断了；四方块上点亮的油灯；字母 A。柏树指死亡，甲虫指界限，断了的线和卷线杆指死亡，四方块上的油灯指永生不灭，字母 A 指起始。一篇铭文点明了这些象形文字的含义：

Mors terminus mortis, perennis vitae principium.

（死既是死亡的终结，亦是永生的起始。）[115]

那一天的整个上午都在为逝者的灵魂举行弥撒，主要由神父主持，他们满怀对阿戈斯蒂诺及其美德的敬爱之情，博洛尼亚的乐师们在演唱时也是如此。所有学院成员也都加入其中，他们穿着丧服，被安排在一个独立的区域。葬礼的最后是乔凡尼·巴蒂斯塔·柏图斯[116]发表的悼词演说，其演说姿态之优雅充分表达出悼词的精髓，配得上撰文人的文采。这篇悼词的作者是杰出的卢西奥·法贝里奥，他学识渊博，文学素养极高，而且品德高尚，称得上是有教养之人的典范。尽管他身负重要事务，出于对卡拉奇兄弟和绘画长久的崇敬之心，他还是自愿加入卡拉奇学院，担任秘书一职。

人们用不同的语言写下众多的诗句来纪念阿戈斯蒂诺。要不是因为那些好奇甚至嫉妒的人早早将张贴的诗句撕走，毫无疑问所有东西都会被白色覆盖，而不再是葬礼本身的黑色。但是这些诗句的数量实在太多，只能留存一小部分原件，以便转录。[117]

此处我不会具体提及参加当天以及第二天葬礼的各路人士，葬礼一直持续到现场布置被清空。我也不会赘述弥漫的忧伤之情，这样一位有魅力又有能力的人的逝去带来的悲痛将会持续很久，这个无法弥补的损失势必会造成无法愈合的伤口。阿戈斯蒂诺已经离开了我们，卡拉奇兄弟再也不能重现三巨头时期的辉煌，也就是阿戈斯蒂诺、上文提到的他的堂兄卢多维科和弟弟阿尼巴勒。阿尼巴勒为您做出的贡献不少于阿戈斯蒂诺，现在他也还在为您效忠，他的判断力之强、作品之优秀、对每类艺术之精通、言谈之优雅都丝毫不输阿戈斯蒂诺，包括赞助人和友人们在内的所有人都对他赞不绝口。[118]

红衣主教大人，以上就是我对阿戈斯蒂诺的致敬，我已尽力呈现给您，以表达我对伟大而仁慈的您的忠心。愿您能接纳我这微不足道的效忠之举，接受我恭敬献上的这份礼物。

您最谦卑和最忠诚的仆人，

贝内代托·莫雷洛

IN MORTE DI AGOSTINO CARRACCI

di Cesare Rinaldi [119]

Pittura e Poesia suore e compagne

　　Che quei che'è gran pittor, è gran poeta,

　　Sospirose per boschi e per montagne

　　Vagano a l'imbrunir del loro pianeta.

L'una a gara de l'altra, e stride e piagne

　　L'importuno vapor, che'l sol le vieta

　　E se'l duol frange il cor, la mano fragne

　　Il crine, e saggia è più chi men s'acqueta.

Misera coppia, a voi questo e quel Polo

　　Più non intreccia i lauri; or con quai piume

　　Sopra qual Carro ve ne gite a volo?

Ve l'ha spezzato e sparso un fero Nume

　　Tolto v'ha il gran CARRACCIO un colpo

　　　　Solo

　　Che fu Carro, ed auriga al vostro lume.

致阿戈斯蒂诺·卡拉奇之死

切萨雷·里纳尔迪

　　绘画和诗歌既是姐妹也是伙伴——因为伟大的画家也必然是伟大的诗人，她们叹息着徜徉在黑暗的森林和高山之中。她们呼号着哀悼那过早遮蔽了太阳的雾气，悲伤撕裂了心脏，双手撕扯着头发，更能体会悲痛的一方将比另一方更贤明。对你而言，这一对悲惨的姊妹是分离的两极，他已无法再编织桂冠。你现在如何能展翅高飞，去往天上的大熊星座？残忍的神明将你的翅膀折断，将星座打散，那位伟大的卡拉奇，指引你的北极星、驾驭你的光芒的御车人，已经被夺走了。

IN OBTUM AUGUSTINI CARRACCI PICTORIS EXIMII.

Ioannis Baptistae Lauri [120]

Dicitur undosos nunquam contingere campos

Ursa, sed arctois usque nitere plagis.

Nec tua mergetur (Magne Augustine) sed usque

(Nam tua nec virtus tendere ad ima potest)

Non moritura olim vivet per saecula, sicque

Parrhasis ursa polo, Carracis ursa solo.

致伟大的画家阿戈斯蒂诺·卡拉奇之死

乔凡尼·巴蒂斯塔·劳罗 (Giovanni Battista Lauro)

据说，大熊星座从不触碰翻腾的海面，只是不断照耀北方；（伟大的阿戈斯蒂诺）也不会被海浪淹没，而是会继续闪耀光芒（因为你的美德不会沉没不见），因此在今后的岁月里，将会永远存在代表帕拉西阿斯[121]的极地的大熊星座，以及代表卡拉奇的地上的大熊星座。

POESIS ET PICTURAE

Iulii Signii [122]

Mors tibi Carracium rapuit monumenta

laborum

Tempus edax tanti et conteret alta viri

Illius at nomen volitat per regna tonantis

Curru, cui cedit currus Apollineus.

论诗歌和绘画

朱里奥·塞尼

死神攫取了卡拉奇的生命，时间将会蚕食这位伟人留下的高大丰碑。但他的名字化作大熊星座，飞跃朱庇特的领域，阿波罗的马车为他开道。

── 注释 ───■

[1] 阿戈斯蒂诺实际上年长一岁。他于 1557 年 8 月 16 日受洗。更早的阿戈斯蒂诺·卡拉奇
传记可参见巴格利奥尼（1642 年），第 105 - 106 页；散见于斯堪内里（1657 年），第
337 - 346 页。参见《美的理念》，第 2 卷，第 212 - 214 页。

[2] 博洛尼亚样式主义画家（1512—1597 年）。

[3] 多梅尼科·蒂巴尔迪（1541—约 1583 年）是画家和建筑师佩莱格里诺·蒂巴尔迪（Pel-
legrino Tibaldi）的兄弟。

[4] 亚历山德罗·孟甘蒂（Alessandro Minganti or Menganti）是博洛尼亚雕刻家和金匠。格列
高利十三世·邦孔帕尼（Gregory XIII Boncompagni）在 1572 至 1585 年间任教皇。

[5] 贝洛里所说的"兄弟们"指的是阿戈斯蒂诺的弟弟阿尼巴勒和堂兄卢多维科。在他们三
人一起合作的这段时期，贝洛里通常将他们统称为兄弟（关于卢多维科·卡拉奇，参见
附录）。

[6] 博洛尼亚国家美术馆。《美的理念》，第 2 卷，第 217 - 221 页，目录 5。

[7] 贝洛里在这里搞错了地点，这件作品为圣哲罗姆修道院（Certosa di San Girolamo）绘制，
直到 1796 年都在那里。在《多梅尼基诺传》中，贝洛里给出了正确的地点。

[8] 关于"disegno"这个术语的翻译问题，参见吴琼：《乔尔乔·瓦萨里：传记写作与历史
无意识》，《中国人民大学学报》，2017 年第 2 期，第 109 页。——译注

[9] 阿戈斯蒂诺和阿尼巴勒·卡拉奇大约在 1582 年成立了一个学院，设立在卢多维科的工
作室，卢多维科是他们三人中唯一属于当地画家行会的。1590 年，学院改名为"启程者
学院"（Accademia degli Incamminati）。参见《阿尼巴勒·卡拉奇传》，注释 23。

[10] 参见注释 5。

[11] 参见注释 6、7。

[12] 贝洛里说的左边指的是从画面内部看，如果从画面外观者的位置看，圣哲罗姆在右
边。——译注

[13] 博林（1979 年），第 254 页，目录 147；《巴尔奇图集》（1995 年），第 225 页，第
157 条。

[14] 这座教堂也被称作雨中圣母教堂（Santa Maria della Pioggia）。杰西礼拜堂侧墙的画作已
遗失。幸存的阿戈斯蒂诺作品有祭坛画《基督诞生》和拱顶壁画。

[15] 博洛尼亚国家美术馆。

[16] 未找到。

[17] 未找到。卡拉奇学院一个学生画的素描可能暗示了这幅画的构图，该素描现藏于温莎
堡皇家图书馆，藏品第 2201 号。贝洛里这些资料——阿戈斯蒂诺为利多尔夫·伊索拉
尼和朱里奥·利亚里奥绘制过作品——其来源是卢西奥·法贝里奥（Lucio Faberio）的
葬礼悼词，这篇悼词由贝内代托·莫雷洛（Benedetto Morello）作序，于 1603 年在博洛
尼亚出版，其中提到"伯爵利多尔夫·伊索拉尼府中的圣方济各和圣哲罗姆"和"朱
里奥·利亚里奥府中的狄安娜从天而降寻找恩底弥翁"【再版于马尔瓦西亚（1841

年），第 310 页，萨默斯凯尔译（2000 年），第 207 页】。

[18] 依据扎皮里（2001 年），第 91 页，阿戈斯蒂诺从 1599 年 1 月至 4 月和阿尼巴勒一起进行长廊拱顶的装饰工作。

[19] 依据德姆西（1995 年），第 56 页，以及金茨堡·卡里纳尼（2000 年），第 147 - 148 页，这幅画的主题是《特里同在海上驮着维纳斯，前往荷诺里与玛利的婚礼》（出自克劳狄《献给荷诺里与玛利的婚礼颂歌》，146 - 171）。

[20] 我们无法确定阿戈斯蒂诺离开罗马的具体日期。依据扎皮里（2001 年），第 92 - 93 页的一份引用文献，1599 年 7 月 16 日阿戈斯蒂诺在博洛尼亚。马尔瓦西亚（1841 年），第 1 卷，第 295 页，萨默斯凯尔译（2000 年），第 171 页引用了阿古奇的话，大意是阿尼巴勒和阿戈斯蒂诺之间的矛盾是由第三方挑起的。贝洛里的记述同样表明阿尼巴勒被因诺森奇奥·塔科尼所蛊惑。马尔瓦西亚也引用了阿尼巴勒写的一封信，信中说到阿戈斯蒂诺的卖弄学问和不断批评让他不堪其扰，而且阿戈斯蒂诺将诗人和朝臣们带到脚手架上，打扰到他的工作。马尔瓦西亚本人将兄弟间的矛盾归为阿尼巴勒的嫉妒。

[21] 红衣主教奥多阿尔多·法尔内塞，法尔内塞宫长廊壁画的赞助人，以及帕尔玛与皮亚琴察公爵拉努奇奥·法尔内塞，二人是兄弟（关于奥多阿尔多，参见附录）。阿戈斯蒂诺从 1600 年 7 月开始为拉努奇奥公爵工作。

[22] 亚历山德罗·法尔内塞（1545—1592 年），帕尔玛公爵，奥多阿尔多与拉努奇奥的父亲，1586 至 1592 年间任帕尔玛与皮亚琴察公爵，1578 至 1592 年间任尼德兰总督。这一幅肖像和龙奇廖内的肖像都尚未确认。

[23] 这些壁画在帕尔玛花园宫（Palazzo del Giardino in Parma，现在是宪兵总部），而不是喷泉宫，喷泉宫是花园里的一个小型圆形建筑。花园宫由奥塔维奥一世·法尔内塞（1521—1586 年）于 1560 年代重建，他在 1551 至 1586 年间任帕尔玛与皮亚琴察公爵。

[24] 臂（单数形式为 braccio，复数形式为 braccia）是一种旧时的意大利长度计量单位，其对应的具体数值会因为时间和地点的改变而有所不同。——译注

[25] 画中没有拿着弓箭的小丘比特们。安德森（1970 年），第 43 页指出，这幅画的主题是《送往珀琉斯婚房的忒提丝》（*Thetis Carried to the Bridal Chamber of Peleus*）。贝洛里可能想到了法尔内塞宫长廊的拱顶壁画，错误地将其认作伽拉忒亚（参见《阿尼巴勒·卡拉奇传》，注释 91）。

[26] 这幅画的主题是《珀琉斯和忒提丝的婚礼》（*Marriage of Peleus and Thetis*）【参见安德森（1970 年），第 43 - 44 页】。

[27] 这幅画的主题是《忒提丝试图逃离珀琉斯》（*Thetis Struggling to Escape from Peleus*）。依据奥维德：《变形记》，11，236 - 246【参见安德森（1970 年），第 43 页】。

[28] 博洛尼亚诗人（1574—1640 年），专写情诗和颂歌。安德森（1970 年）认为，阿基里尼建立了这个壁画群的结构，将其构思为关于婚礼颂歌的绘画，以纪念拉努奇奥一世·法尔内塞和玛格丽塔·阿尔多布兰迪尼（Margherita Aldobrandini）于 1600 年 5 月 27 日举办的婚礼。

[29] 卢卡·雷蒂（Luca Retti/Reti，死于 1657 年），是法尔内塞剧院（Teatro Farnese）和帕

尔玛圣母领报教堂（SS. Annunziata in Parma）的灰泥雕塑的创作者。

[30] 托马索·斯蒂利亚尼（Tommaso Stigliani, 1573—1651 年）。

[31] 阿戈斯蒂诺的墓碑上刻的是这个年龄。他死于 1602 年 2 月 23 日，享年 45 岁。

[32] 卡拉奇学院在大约 1590 年改名为启程者学院（参见注释 9），其成员被称作启程者。

[33] 贝洛里只引述了贝内代托·莫雷洛写的悼词的序言部分。莫雷洛是圣母大殿（Santa Maria Maggiore）的教士。

[34] car 在意大利语里是 carro。在 17 世纪，carro 也是大熊星座或北斗七星的名字，所以这是个关于"卡拉奇"姓氏的语言游戏。在同时期的英格兰，car 也指的是大熊星座。

[35] 帕尔玛国家美术馆。这幅画的主题是"圣母与圣子，以及施洗约翰、圣本笃、圣塞西利亚和圣玛格丽特"（《美的理念》，第 2 卷，第 217 页，目录 4）。

[36] 马里诺（1664 年），第 17 页。阿戈斯蒂诺的《波吕斐摩斯和伽拉忒亚》尚未确认。

[37] 博林（1979 年），第 250–251 页，第 145 条；《巴尔奇图集》（1995 年），第 207–210 页，第 151 条；《美的理念》，第 2 卷，第 216–217 页。

[38] 博林（1979 年），第 246–247 页，第 134 条；《巴尔奇图集》（1995 年），第 206–207 页，第 150 条。

[39] 博林（1979 年），第 244–245 页，第 142 条；《巴尔奇图集》（1995 年），第 182–184 页，第 135 条；《美的理念》，第 2 卷，第 215–216 页。科雷乔的原作在帕尔玛国家美术馆。

[40] 博林（1979 年），第 201–205 页，第 105 条；《巴尔奇图集》（1995 年），第 136–141 页，第 101 条（日期 1582 年）。委罗内塞的原作在帕多瓦圣朱斯蒂娜教堂（church of Santa Giustina）。

[41] 博林（1979 年），第 202–203 页，第 104 条；《巴尔奇图集》（1995 年），第 132–136 页，第 100 条；《美的理念》，第 2 卷，第 215 页，目录 1（有签名，日期 1582 年）。委罗内塞的原作在威尼斯学院美术馆（Galleria dell'Accademia, Venice）。

[42] 博林（1979 年），第 202 页，第 104 条；《巴尔奇图集》（1995 年），第 136 页，第 100 条。一个水平一般的雕刻家的临摹作上标注了日期 1585 年或 1588 年。

[43] 博林（1979 年），第 202–201 页，第 103 条；《巴尔奇图集》（1995 年），第 126–131 页，第 99 条（有签名，日期 1582 年）。委罗内塞的原作在威尼斯圣方济各教堂（San Francesco della Vigna）。

[44] 博林（1979 年），第 198–199 页，第 102 条；《巴尔奇图集》（1995 年），第 123–126 页，第 98 条（有签名，日期 1582 年）。委罗内塞的原作在圣彼得堡埃尔米塔什博物馆。

[45] 博林（1979 年），第 207 页，第 106 条；《巴尔奇图集》（1995 年），第 142 页，第 102 条。委罗内塞的原作已遗失。

[46] 博林（1979 年），第 196–197 页，第 101 条；《巴尔奇图集》（1995 年），第 119–120 页，第 96 条（日期 1582 年）。丁托列托的原作在威尼斯圣特罗瓦索教堂（San Trova-so）。

［47］博林（1979 年），第 252 - 253 页，第 146 条；《巴尔奇图集》（1995 年），第 212 - 219 页，第 153 条（日期 1588 年）。丁托列托的原作在威尼斯学院美术馆。

［48］博林（1979 年），第 254 - 257 页，第 147 条；《巴尔奇图集》（1995 年），第 225 - 228 页，第 157 条。

［49］博林（1979 年），第 260 - 261 页，第 149 条；《巴尔奇图集》（1995 年），第 220 - 221 页，第 155 条（有签名）。丁托列托的原作在威尼斯总督府候客厅（Sala dell'Anticollegio）。

［50］博林（1979 年），第 258 - 259 页，第 148 条；《巴尔奇图集》（1995 年），第 222 - 224 页，第 156 条。丁托列托的原作在威尼斯总督府候客厅。

［51］博林（1979 年），第 326 - 328 页，第 203 条；《巴尔奇图集》（1995 年），第 284 - 288 页，第 192 条；《美的理念》，第 2 卷，第 264 页，目录 11（有签名，日期 1595 年）。罗马的博尔盖塞美术馆（Museo e Galleria Borghese）所有的是后来的版本，这个版画以已遗失的第一版为原作。

［52］博林（1979 年），第 152 - 193 页，第 56 - 92 条；《巴尔奇图集》（1995 年），第 78 - 99 页，第 53 - 88 条（日期 1582 年）。参见《阿尼巴勒·卡拉奇传》，注释 204。

［53］博林（1979 年），第 329 - 330 页，第 204 条；《巴尔奇图集》（1995 年），第 290 - 298 页，第 193 条（有签名，日期 1595 年）。锡耶纳画家弗朗切斯科·瓦尼（1563—1610 年）的原作在里兹博物馆（Museo Rizzi），塞斯特里利瓦特（Sestri Levante）。

［54］博林（1979 年），第 272 - 279 页，第 155 - 164 条；《巴尔奇图集》（1995 年），第 244 - 258 页，第 163 - 172 条。托尔夸托·塔索的《耶路撒冷的解放》于 1590 年在热那亚出版的版本里有阿戈斯蒂诺·卡拉奇的雕刻版画，这些版画以热那亚画家贝尔纳多·卡斯特罗的草图为原作。

［55］博林（1979 年），第 346 - 351 页，第 213 条；《巴尔奇图集》（1995 年），第 369 - 385 页，第 219 条；《巴尔奇图集》（1987 年），第 223 - 225 页，第 33 条（有签名）。阿戈斯蒂诺直到 1602 年去世也没有完成这幅版画，根据马尔瓦西亚（1841 年），第 1 卷，第 76、312 页，萨默斯凯尔译（2000 年），第 210 页，这幅版画最终由博洛尼亚画家和雕刻家弗朗切斯科·布里奇奥（Francesco Brizio，1574—1623 年）完成，他是卡拉奇学院的学生，师从卢多维科，是阿戈斯蒂诺的合作者。

［56］博林（1979 年），第 240 - 241 页，第 140 条；《巴尔奇图集》（1995 年），第 166 - 172 页，第 133 条（有签名，日期 1586 年）。

［57］博林（1979 年），第 394 - 395 页，第 R28 - R37 条；《巴尔奇图集》（1995 年），第 416 - 417 页，第 250 条（日期 1595 年）。阿戈斯蒂诺构图，弗朗切斯科·布里奇奥制作版画。

［58］博林（1979 年），第 336 - 337 页，第 208 条；《巴尔奇图集》（1995 年），第 350 - 353 页，第 213 条（日期 1597 年）。

［59］博林（1979 年），第 262 - 263 页，第 150 条；《巴尔奇图集》（1995 年），第 233 - 241 页，第 160 条（有签名，日期 1589 年）。

[60] 博林（1979 年），第 242 -243 页，第 141 条；《巴尔奇图集》（1995 年），第 173 -182 页，第 134 条（有签名，日期 1586 年）。博林和博恩（在《巴尔奇图集》里）把这幅版画称作《圣方济各的束带》。博俊古拉小堂是一个坐落在阿西西山脚下的礼拜堂，这里是方济各会早期门徒聚集的地方，也是圣方济各的埋葬之地。博林错误地把那个代表宗教的人物认作基督，她其实是方济各会的拟人化。"束带"指的是圣方济各束带兄弟会（Confraternity of the Cordons of Saint Francis），由教皇西斯克特五世于 1585 年成立，束带即为联结佩戴者和基督的纽带。

[61] 博林（1979 年），第 212 -219 页，第 109 -123 条；《巴尔奇图集》（1995 年），第 145 -150 页，第 106 -120 条（日期 1583 年）。刻有十二门徒的 4 张版画属于一套版画，总共有 5 张，剩下的一张刻的是救世主、圣母和施洗约翰。

[62] 尚未确认。

[63] 博林（1979 年），第 344 -345 页，第 212 条；《巴尔奇图集》（1995 年），第 367 -368 页，第 218 条。

[64] 尚未确认。

[65]《巴尔奇图集》（1980 年），第 375 页，第 1 条；《巴尔奇图集》（1982 年），第 143 页，第 31 条；《巴尔奇图集》（1987 年），第 265 -266 页，第 57 条；《巴尔奇图集》（1995 年），第 430 页，第 268 条。

[66] 博林（1979 年），第 289 -305 页，第 176 -190 条；《巴尔奇图集》（1995 年），第 310 -322 页，第 197 -209 条；《美的理念》，第 224 -225 页，目录 13。据贝洛里所说，这本册子在某个未知的时期被拆散。其中 13 幅尺寸基本一致的色情版画留存于世。博林在此基础上又加上了两幅（第 189、190 条）尺寸更大但同样是色情主题的版画。

[67] 博林（1979 年），第 339 -341 页，第 219 条；《巴尔奇图集》（1995 年），第 359 -365 页，第 216 条；《美的理念》，第 2 卷，第 223 -224 页，目录 11、12（日期 1599 年）。题名"爱征服一切"取自维吉尔：《牧歌集》，10，69。

[68] 博林（1979 年），第 310 -312 页，第 193 条；《巴尔奇图集》（1995 年），第 275 -277 页，第 188 条；《美的理念》，第 2 卷，第 223 页，目录 10。

[69] 博林（1979 年）列出 22 个盾徽（第 29、30、93、94、128、195、196、197、198、200、201、224、226、227、229、230、232、234、R32、R40、R49 条）。巴尔奇（1920 年），第 18 章（第 157 -181 条）和《巴尔奇图集》（1995 年）（第 26、49、50、125、148、189、190、191、195、196、210、211、233、241、242、243、247、249、251、255、256、272、273、277、278 条）列出 25 个盾徽。

[70] 博林（1979 年），第 118 -119 页，第 29 条；《巴尔奇图集》（1995 年），第 64 -66 页，第 34 条。

[71] 阿戈斯蒂诺·卡拉奇的葬礼于 1603 年 1 月 18 日在死亡圣母医院教堂（church of the hospital of Santa Maria della Morte）举行。葬礼悼词由卢西奥·法贝里奥（1550 年代— 1610 年）致辞，他自 1599 年开始担任博洛尼亚画家协会公证人。悼词于 1603 年在博洛尼亚出版，附有贝内代托·莫雷洛对葬礼的描述、圭多·雷尼的版画和弗朗切斯

科·布里奇奥的装饰，题名是《阿戈斯蒂诺·卡拉奇的葬礼，在他的故乡博洛尼亚举行，由设计学院的启程者们主办》（*Il funerale d'Agostin Carraccio fatto in Bologna sua patria dagli Incaminati Academici del Disegno*），文字和插图重印于马尔瓦西亚（1841 年），第 1 卷，第 299 - 317 页，萨默斯凯尔译（2000 年），第 180 - 209 页。贝洛里只引述了献给红衣主教奥多阿尔多·法尔内塞的莫雷洛对葬礼的描述部分，贝洛里自己以文字描述了书里的插图，参见注释 102、115。

[72] 参见注释 9、32。

[73] "disposition" 和 "ordering" 这两个术语（贝洛里的意大利原文是 disponerlo 和 ordinarlo）取自拉丁语 dispositio 和 ordo，西塞罗在《论修辞的发明》，1，6，9；《论责任》（*De Officiis*），1，11，142；《论演说家》，2，41，179 有提及。——原注

关于这两个术语的翻译，此处参考的中译本是西塞罗：《论演说家》，王焕生译，中国政法大学出版社 2003 年版，第 337 页："卡图卢斯说道：'你认为什么样的论证次序、怎样的论证安排最合适，在这方面你一向令我觉得如同神明。'"——译注

[74] 死亡行会（Compagnia della Morte）。

[75] 博洛尼亚画家（1563—1605 年），卢多维科·卡拉奇的学生。

[76] 尚未确认。

[77] 西班牙耶稣会哲学家和神学家，红衣主教弗朗切斯科·托莱多（Francisco Toledo）（1521—1596 年）。

[78] 足（单数形式为 piede，复数形式为 piedi）是一种旧时的意大利长度计量单位，其对应的具体数值会因为时间和地点的改变而有所不同。——译注

[79] 尚未确认。

[80] 参见注释 34。

[81] 萨默斯凯尔（2000 年），第 184 页，配图 5。贝洛里形容顶部是金字塔形，实则更接近方尖碑形。

[82] 博洛尼亚画家（1576—1622 年），卢多维科·卡拉奇的学生，特长是装饰性饰带画和错视画（quadrature paintings）。——原注

quadrature 作为一种错视画，将透视法和建筑空间联系起来，运用柱子、拱顶等建筑要素在二维的平面上营造出三维的空间感，而且真实空间和错视空间的相互渗透会加强视觉效果，这种技法在巴洛克时期教堂壁画和天顶画中十分常见。——译注

[83] 上下文提到的圭多·雷尼和弗朗切斯科·布里奇奥为这些装饰所作的插图重印于萨默斯凯尔（2000 年），第 184 - 195 页。

[84] 萨默斯凯尔（2000 年），第 185 页。

[85] 上面这一段是贝洛里后来加上去的，用以弥补缺失的插图。

[86] 卢西奥·马萨里（1569—1633 年）以临摹卡拉奇兄弟的作品而为人熟知。

[87] 博洛尼亚画家和雕塑家（约 1580—1654 年），卢多维科·卡拉奇的学生。

[88] 博洛尼亚画家和雕塑家（1577—1660 年），卡拉奇学院成员，起初是阿尼巴勒的学生，在阿尼巴勒 1595 年去了罗马之后，转为卢多维科的学生。

[89] 梅尔基奥·佐皮奥（1554—1634 年），杰拉蒂学院（Accademia dei Gelati）的创立者之

一。他的作品包括但不限于《三段论导论》（*Introductio ad syllogismum*，博洛尼亚，1590 年）、几部悲剧、《奇尔切奥山》（*Montagna Circea*）、献给拉努奇奥一世·法尔内塞和玛格丽塔·阿尔多布兰迪尼的一篇婚礼颂词，西尔维娅·金茨堡·卡里纳尼将这篇颂词和法尔内塞宫长廊的壁画群做了比较【金茨堡·卡里纳尼（2000 年），第 136 – 152 页】。公众教授（public professor）不是由大学支付酬劳，而是由公众提供资助。

[90] 克雷莫纳画家和建筑师，卢多维科·卡拉奇的学生。

[91] 博洛尼亚建筑师、雕塑家和雕刻家（1577—1640 年）。博洛尼亚圣多明我广场（Piazza di San Domenico）的圣母和圣多明我雕像就是他的作品。

[92] 阿斯卡尼奥·珀西【珀西奥（Persio）】的原籍是马泰拉（Matera），博洛尼亚大学希腊语老师（死于 1610 年），作品包括但不限于《关于意大利语的一致性》（*Discorso intorno alla conformità della lingua italiana*，博洛尼亚，1592 年）和《圣路加的圣母像的历史》（*Historia della Vergine dipinta da San Luca*，博洛尼亚，1601 年）。

[93] 博洛尼亚诗人朱里奥·切萨雷·塞尼（Giulio Cesare Segni）写了一部名为《最伟大和最可敬的钦提奥·阿尔多布兰迪尼阁下的神殿》（*Tempio all' illustrissimo et reverendissimo signor Cinthio Aldobrandini*）的诗集。贝内代托·莫雷洛为卢西奥·法贝里奥的葬礼悼词所作的序言里附有他写的一首诗。

[94] 参见注释 55。

[95] 参见注释 34。

[96] 此处的"第一幅"和后面四段最后的数字指的是 1603 年出版的莫雷洛的葬礼描述里对应的插图编号。这些插图重印于萨默斯凯尔（2000 年），第 189 页，配图 6。

[97] 也就是方柱上那个将雕塑拟人化的雕像。

[98] 博洛尼亚画家（1568—1646 年），创作了博洛尼亚圣多明我教堂的壁画。

[99] 莫雷洛所说的潘多拉雕像实则是普罗米修斯赐予生命的男性。潘多拉是伏尔甘用黏土造出来的，并赋予生命，后成为普罗米修斯的妻子。

[100] 依据马尔瓦西亚（1841 年），第 1 卷，第 302 页，萨默斯凯尔（2000 年），第 189 页的转录，贝洛里在这里删去了莫雷洛原文的一句话，这句话概述了以下两段描述的插图的象征物。

[101] 参见注释 34。

[102] 除了这两篇拉丁语铭文，上文的两个段落（即"顺着方柱面向下……"和"沿着这些画作的左侧刻着另一些象形文字……"这两段）都是贝洛里加上去的，以补充缺失的插图。插图可见于萨默斯凯尔（2000 年），第 190 页。

[103] 博洛尼亚画家和雕刻家。

[104] 博洛尼亚画家（约 1583—1650 年），卢多维科·卡拉奇的学生。

[105] 尚未确认。

[106] 参见注释 87。

[107] 这 5 幅作品重印于萨默斯凯尔（2000 年），第 192 页，配图 7。

[108] 博洛尼亚画家和雕刻家，卡拉奇兄弟的学生。

[109] 博洛尼亚画家（1577—1644 年），丹尼斯·卡尔瓦特（Denys Calvaert）和卡拉奇兄弟

的学生，画了博洛尼亚圣多明我教堂的壁画。

[110] 17世纪上半叶的博洛尼亚画家，卢多维科·卡拉奇的学生。

[111] 博洛尼亚画家（1577—1638年），被称作加拉尼诺（il Glanino）

[112] 参见注释90。

[113] 未找到。

[114] 贝洛里在这里删去了莫雷洛原文的一句话，这句话概述了第二组象形文字的插图。

[115] 除了这一句拉丁语铭文，前面这一段都是贝洛里后来加上去的，就像在第一组象形文字中，贝洛里为了弥补缺失的插图，加上了对这些象形文字符号和意义的描述。这5个象形文字的插图可见于萨默斯凯尔（2000年），第194页，配图8。

[116] 参见注释109。

[117] 贝洛里在《阿戈斯蒂诺·卡拉奇传》的结尾转录了其中三篇。

[118] 虽然贝洛里在上文完整引述了阿戈斯蒂诺的墓志铭，但他此处省略了莫雷洛对帕尔玛大教堂阿戈斯蒂诺墓地的简单描述，以及克劳迪奥·阿基里尼写的墓志铭【重印在马尔瓦西亚（1841年），第1卷，第305页；萨默斯凯尔（2000年），第196–197页】。

[119] 博洛尼亚最著名的诗人之一（1559—1636年）。阿戈斯蒂诺为他绘制的一幅雕刻版画肖像印在他的《论押韵》（*Delle Rime*，博洛尼亚，1590年）第三卷卷首。马尔瓦西亚（1841年），第434页，萨默斯凯尔（2000年），第210页转录了里纳尔迪为阿戈斯蒂诺之死写的十四行诗，这首诗收录在法贝里奥葬礼悼词的最后。

[120] 博洛尼亚人文学者（1581—1629年）。

[121] 指的是公元前5—公元前4世纪的古希腊画家以弗所的帕拉西阿斯（普林尼：《自然史》，35，68–72）。

[122] 朱里奥·切萨雷·塞尼（参见注释93）。

第 3 章
多梅尼科·丰塔纳

多梅尼科·丰塔纳（Domenico Fontana）是一位建筑师，以竖立方尖碑而为人称道。在 1200 年的时间里，没有人实践或学习过方尖碑这一新颖又难度极大的工程，就连造过这些巨大方碑的埃及人自己都认为这是个过于艰巨的任务。如今的建筑师对其望而却步，也让伟大的教皇无法在罗马的废墟上重建宏伟的丰碑。因此，我决定写下这位艺术家[1]的生平，以纪念他竖立方尖碑的功绩。本章大部分内容都来自多梅尼科自己写的东西，他出版了很多关于方尖碑及其他作品的详细论述，配有插图[2]，而且我将重点提及他使用的机械装置。其工程之新颖和规模值得细说，它为艺术增添了荣耀。

多梅尼科于 1543 年出生在一个名为米利（mili）[3]的小村庄，这个村庄坐落在科莫湖畔（Lake Como）。伦巴第的这个地区及周边的许多年轻人都蜂拥至罗马，以建筑为生。他在 20 岁的时候也前往罗马，投奔他的哥哥乔凡尼·丰塔纳（Giovanni Fontana），后者是个建筑师。他懂得几何学的基本原理，因而也开始学习建筑理论，钻研米开朗琪罗的作品，临摹罗马的古今建筑。成为红衣主教蒙塔尔托[4]的专属建筑师后，他设计并建造了圣母大殿的圣诞礼拜堂（chapel of the Presepio in Santa Maria Maggiore）[5]，以及正对这个教堂的小花园宫殿。[6]充满远见的蒙塔尔托委托了这些工作，作为一个拮据的红衣主教，他动用一切手段，招致当时的教皇格列高利十三世[7]拿走了他的"牌子"（plate）——在罗马，他们如此称呼分发给拮据的红衣主教的津贴。礼拜堂的资金因此被切断后，多梅尼科出于对艺术的热爱，以及对作为他的恩主的红衣主教的敬爱，做了一个慷慨的决定，而这个决定后来也被证明是极为正确的。他之前把在罗马挣的 1000 个斯库多都寄给了家里，但他决定把这些钱都用在修建礼拜堂上，期望着某天他能有机会重新赚回这些钱，蒙塔尔托会大方地给他奖赏。所以，他让家里人把这笔钱又寄了回来，尽可能继续礼拜堂的工程，这让红衣主教大为感动，充分感受到多梅尼科的善意。教皇格列高利十三世去世后，红衣主教蒙塔尔托被选为新的教皇，成为西斯克特五世。他将多梅尼科任命为自己的专属建筑师。他也没有对多梅尼科承接的礼拜堂计划做任何改变，仅仅更改了几处装饰，加上大理石、雕塑和镀金灰泥。[8]礼拜堂的形制是四方形的，每边长92.5掌。在4个角落里有4根巨大的墩柱（pier），高22掌，用来支撑穹顶鼓座（drum）下方的尖拱，由此形成一个希腊式十字架结构。十字架顶端和两臂都是长22掌，但底端的轴长是28掌，而礼拜堂入口处的栏杆墙宽5掌。这个加长的设计既增添了优雅，又增加了人群的容纳量。中部的方形空间决定了穹顶的直径是55.5掌。柱子的主要柱式是科林斯式，中间嵌的大理石墩柱宽4又$\frac{3}{4}$掌，加上底座、柱头、楣梁（architrave）、饰板和檐板，高度达到60掌。从柱子的檐板到拱顶以及环绕拱顶的大型檐板的高度是38掌，支撑穹顶的鼓座就位于这个大型檐板上。鼓座高43掌，每扇窗户都夹在两个复合柱式的壁柱之间。鼓座之上的穹顶高36掌，最高处的采光亭高25掌。根据现在的建筑计量单位，礼拜堂从地面到采光亭的总体高度是20仗（canne）[9]又2掌。在贯穿整个礼拜堂的两边侧墙上，分别是西斯克特五世[10]和庇护五世（Pius V）[11]的墓碑，当时任命蒙塔尔托为红衣主教的就是庇护五世。他们的雕像和叙事性大理石浮雕以两种柱式的柱子隔开，这些希腊古典风格的柱子都是绿纹大理石。从所有壁柱和墙壁一直到大型檐板都镶嵌着各色大理石，其余部分是绘画和镀金灰泥装饰。整座礼拜堂满是精美的装饰和精密的对称结构，显得庄重大气。前两个墩柱的旁边是两个小礼拜堂，这两个礼拜堂的上面是唱诗席楼座（choir loft），礼拜堂外部的墙面上装饰着不同柱式的柱子和石灰华材质。由于这个礼拜堂十分精美，对面另一座保罗五世[12]的礼拜堂也沿用了这个设计。尽管保罗五世的礼拜堂在装饰上更加繁复，但结构上依然遵循这座礼拜堂。[13]西斯克特五世建这个礼拜堂的首要目的是将古老的圣诞礼拜堂移到中间位置，多梅尼科将其毫发无伤地从原址移到距地面12掌的地下，虔诚的信徒们可以在地下做礼拜。[14]多梅尼科在其上的地面建造了一个由镀金青铜制成的神龛（tabernacle），4个天使在下面托着这个神龛。[15]多梅尼科还完成了花园宫殿，建造了另一个朝向戴克里先浴场（Baths of Diocletian）的宫殿，用道路、雕塑和引自菲利斯水渠（Acqua Felice）的各个喷泉扩大并装饰宫殿，我将在下文介绍丰塔纳如何运送泉水。[16]西斯克特五世有非常宏大的计划，早在他还是红衣主教的时候就已经构想好了。除了贾科莫·德拉·波尔塔建成的圣彼得大教堂穹顶[17]，他决心要在圣彼得大教堂前的广场竖立一座方尖碑，这座方尖碑将位于教堂右侧，对着旧圣器收藏室，其所处的位置就是古代卡利古拉（Caligula）和尼禄（Nero）时期的赛车场（circus）。

竖立梵蒂冈方尖碑（见图 3 - 1）

在所有人看来，将这个宏伟的建筑物[18]留在无人知晓的原处就是暴殄天物。自从梵蒂冈圣彼得大教堂开始动工，教皇们就在筹划着要将它转移到广场上。[19]但这个工程的难度之大使其迟迟未能实施，因为这座方尖碑是一个不可分割的整体，而且重量太大，不好控制，在运输过程中有可能会损坏断裂。据说它在以前确实断裂过，因为和其他方尖碑相比，这座碑的尖顶在尺寸上要小一半，而且尖顶也没有像其余部分一样经过仔细的打磨和加工。方尖碑的材质是红色花岗岩，被罗马人称作底比斯大理石，因为它的产地是埃及底比斯的山里[20]。上面既没有人像，也没有象形文字，高度达到 107.5 掌，还不包括高 6 掌的尖顶。底座的宽度是 12 掌又 5 分（minuti）[21]，顶部的宽度缩小到 8 掌又 5 分。将高度和宽度相乘后，其体积达到几乎 11204 减约 $\frac{1}{16}$ 立方掌。由此也能很简单地推算出其重量，这种石料每立方掌的重量是 86 磅（libbre）[22]，我们可以得出这座梵蒂冈方尖碑的精确重量是 973537 又 $\frac{35}{48}$ 磅。当时既没有方尖碑的范例，也没有关于方尖碑建造方法的描述，工程的难度有增无减。罗马的最后两座方尖碑，一座由君士坦提乌斯（Constantius）[23]建于马克西姆赛车场（Circus Maximus），另一座由狄奥多西（Theodosius）[24]建于君士坦丁堡，因为野蛮人的入侵，所有建筑形式都已和高雅艺术一并消逝了。高昂的成本和不统一的意见使这个计划一再被推迟。米开朗琪罗和圣加洛在这个工程上意见相左，后者曾经为保罗三世制作过一个比例模型。[25]没有人胆敢认为这是个无足轻重的工程，埃及人比任何人都更精通宏大的建筑，而他们也认为方尖碑是项艰难的工程，拉美西斯（Ramses）动用了 20000 个人来竖立方尖碑，这座方尖碑现在位于拉特兰宫（Lateran）。即使如此，拉美西斯仍然担心这个人数不足以应对方尖碑的总重量，他将自己的儿子赶到方尖碑的顶上，孩子的安危会激励他们小心行事[26]。罗马皇帝盖乌斯（Caius/Caligula）[27]用船将这座梵蒂冈方尖碑运到罗马，这艘船的规模之大史无前例。人们将它当作一个奇迹保存了数年之后，克劳狄（Claudius）[28]将其沉没在奥斯蒂亚（Ostia）港口，并在上面建了一座灯塔，如同亚历山大港的灯塔一样指引着水手，它几乎占据了港口的整个左半边。[29] 作为一个在当时无人涉猎的领域，梵蒂冈方尖碑这一工程召集了数学家、工程师、建筑师等各行各业的人才，每个人的意见都是必需的。这个伟大的工程吸引了罗马城内外的各路人士，500 个人聚集在一起，都带着自己的构想，有的是草图，有的是模型，有的是文字论证，有的是口头表述。大部分人都同意方尖碑应该直立着运送这一观点，因为他们认为将方尖碑放倒再竖起来过于困难。这个观点的提出者是格列高利十三世时期的工程师卡米洛·阿格里帕（Camillo Agrippa），他那时发表过一篇论证，认为应当将方尖碑悬在半空来运送。[30] 他设想的是用铁条建造一座塔，塔上有 32 条杠杆，4 条边上各 8 条，由此可以像秤一样把方尖碑悬空吊起来，只需用到方尖碑总重量 $\frac{1}{20}$ 的力量来防止其来回摇摆，再在方尖碑底部装上滚轮，就可以用绞盘将方尖碑直立着运送到目的地。另一个人设计了一个半轮，试图借此将方尖碑每次升高一个凸榫（cog），就像水车上的凸榫一样。有一个人提出用螺钉来悬空运送方尖碑，并且同样用螺钉来放下、拉动和竖立方尖碑，甚至有人提出用一根类似于铁条的杠杆就能完成所有这些运作。每个人都在加急用草图和模型来呈现包括这些设计在内的众多构想，因为教皇处于极度的急迫和不耐之中。当其他人都在急于表现自己的构想时，佛罗伦萨建筑师和雕塑家巴尔托洛梅奥·阿曼纳蒂（Bartolomeo Ammannati）[31] 奉大公之命赶回罗马接手这项工程。他空手来到教皇面前，没有任何草图或模型，在一阵难堪的沉思之后，他要求给他一年的时间来考虑。对西斯克特而言，这个要求简直是以下犯上，他嘲笑并赶走了阿曼纳蒂。丰塔纳呈上他的木制模型，里面是一个通过绞盘和滑轮升起的方尖碑，这些装置就足以完成任务。在这个工程的评议会成员和其他建筑师面前，他游刃有余地将方尖碑升起又放下，解释了机械装置、运作方式以及重量平衡的原理，和呈现出的结果分毫不差。为了进一步证明其有效性，他用奥古斯都陵墓[32] 的小方尖碑做了实验，这座破裂的方尖碑倒在附近的街道上，他不费吹灰之力就移动了这些碎块。深思熟虑的评议会在评估了各种论证和演示之后，判定丰塔纳的方法是最简单且最安全的。然而，评议会成员肩上承担着巨大的责任，他们又看不起丰塔纳这个人，很多成员认为冒着风险将如此珍贵的方尖碑交到他手上过于鲁莽，更何况此事关乎教皇的心血和名誉。所以，虽然评议会通过了丰塔纳的模型和构想，但他们不愿将工程的实施交给他负责，转而选择了另外两个更年长的优秀建筑师，即贾科莫·德拉·波尔塔和巴尔托洛梅奥·阿曼纳蒂，如上文所说，后者当时已经回到罗马。二人立刻在圣彼得广场立了一根杆子，用来标定方尖碑的位置，也就是现在圣彼得广场和柱廊的中心，柱廊是教皇亚历山大七世（Alexander VII）委托所建。[33] 由这两个优秀的建筑师来负责这个工程，也算是给丰塔纳增光。然而，实施这个工程带来的荣耀和好处将被别人从他手上夺走，若实施过程中发生了事故，就会怪罪到他头上，即使这不是他的过错。倘若工程成功实施，又都是别人的功劳。在一个合适的场合，丰塔纳将这个让他感到不适的情况告诉了教皇。当教皇问他方尖碑的工程进行得是否顺利时，他答道，虽然他很希望这个工程能顺利完成，但他担忧若别人在实施的过程中碰到了问题，会认为是他的模型的缺陷，这将是个极其错误的指控，在他看来，没有人能像他这个发明者一样完美地实施这个工程。教皇被丰塔纳说服了，下令由丰塔纳一人全程负责实施这个工程。多梅尼科迅速开始在广场已选定的位置上打地基[34]，以边长 60 掌的正方形为截面，挖了一个 33 掌深的大坑。因为坑底非常不结实，满是泥泞和积水，他不得不用地桩来巩固地基，同时用大量碎石来加固土壤。整个机械装置，包括塔身、滑轮和绞盘，都需要大量的材料，罗马城内的作坊已经不能满足其需求，订单被送到罗马周边的其他作坊。订购的 44 根麻绳用在滑轮上，每根长 100 仗，几乎每一根的直径都有 $\frac{1}{3}$ 掌。根据两个绞盘及其双倍的滑轮，其中一些麻绳被做成两倍长。另外还定制了一大批绳子，并且锻造了很多非常粗大的铁棒，有些用来加固方尖碑，有些用在滑轮组上。此外还有支架、螺栓、圆环、饰钉等各种各样的零件，光是用来加固方尖碑的铁就重达 40000 磅，在罗马、龙奇廖内和苏比亚科（Subiaco）锻造而成。大量又长又结实的木材从内图诺（Nettuno）港口附近的坎珀摩尔托（Campomorto）用滚柱运进来，每根沉重的木头都用了 14 头水牛[35]才拉动。在泰拉齐纳（Terracina），大量的榆木被制成木板，用作支架和底座。类似地，从圣塞维拉（Santa Severa）运来用冬青树制成的绞盘轴、榆木制成的滚柱和横梁等大量木材。每个地区都从同一时间开始，迅速进行工程的准备工作。为了运送方尖碑，丰塔纳组装出一台由木材构成的机械。他扩大广场，拆除圣器收藏室的墙壁，在那里设置绞盘，使方尖碑的重量不会压垮底下的地基。他在地基里铺了两层的双重横梁，横梁以十字形一个叠在另一个上面。在这个地基之上，他架设了一座由 8 根柱子——或者叫作杆子更合适——组成的高塔，两边各有 4 根柱子，每根直径 4.5 掌，周长 18 掌。这些木材的组装没有用到一个钉子，而是用铁环绑在一起，铁环用非常结实的麻绳捆住，因而这个高塔可以非常快速地组装和拆卸。因为单独一根木材的高度不够，木材被逐个叠加，一直到比方尖碑高出 10 掌，距离地面的总高度达到 123 掌。他将每边的柱子都用 8 组非常结实的横梁连在一起，塔的内部还有支撑柱子的支柱，使柱子不会朝内弯曲，另外还有 48 根支柱全方位支撑着这些柱子。在将方尖碑放进这个高塔之前，他用厚厚的芦苇席把方尖碑严严实实地裹了起来，以防它被刮花。巨大的铁棒从下方托着方尖碑的底部，同时从四面覆盖方尖碑，外围还裹着厚木板。如上文所说，光是用来加固方尖碑的铁就重达 40000 磅，在厚木板、滑轮和绞盘上又用到 40000 磅的铁。加上防护后，方尖碑的总重量达到 1043537 磅。丰塔纳计算得出，每个配置了结实的麻绳和滑轮的绞盘能拉起 20000 磅的重量，那么 40 个绞盘就能拉起 800000 磅的重量。他决定将 5 根极其厚实的木材用作杠杆，每根长达 70 掌，这样就能拉起比这大得多的重量。事实上，这上面用到如此多的木材，还有滑轮和绞盘上缠绕的数不尽的麻绳，整体看上去就是一个庞然大物。这个奇观吸引了无数的围观者，包括意大利本土和国外的各色人士。为了维护人群秩序，教皇下了一道严格的命令，在运送方尖碑的当天，工人之外的其余人一律不得进入围场，违者处死。此外，所有人不得说话、吐痰或发出任何声音，以免干扰到建筑师本人发出的指令，违者重罚。为了加强管理，治安官和他的护卫一起进到围场里，刽子手设了绞刑架，用惩罚的威力震慑人们，再加上所有人都盯着工程，全场保持鸦雀无声的状态。除了教皇下达的这些所有人都必须遵守的指令，当丰塔纳接受祝福时，教皇对他说，他最好是小心行事，出了半点差错，就要他的脑袋。教皇担心万一方尖碑被毁，他的名誉就会受损，因为是他把方尖碑交给了这个被公认技艺不精的人。当初多梅尼科拒绝了其他优秀的建筑师，自信满满地保证他本人才能完成这个工程，那么一旦失败，他就应当承受最严厉的惩罚。教皇西斯克特虽然本性严厉，却对丰塔纳网开一面，他早已秘密下令在博尔戈城区（Borgo）[36]的 4 个大门准备了马匹，如果发生意外，丰塔纳就会有时间逃离罗马，不被他的怒火波及。于是，在 4 月 30 日动工的这一天，教皇的侄子和亲属们，以及大部分红衣主教和王公贵族都来观看，围观群众挤满了街道和屋顶，瑞士卫兵和骑兵把守大门。做完两场弥撒，所有官员和工人领受圣餐和教皇的祝福之后，在黎明前进入围场。所有人都各司其职，一旦听到号角声，每个人都必须转动他负责的绞盘，随后听到钟楼的钟声时，就要立刻停止转动绞盘。另外准备了大量替换的马匹来转动这么多绞盘，同时配置了大量人力来驾驭马匹，他们还要负责操控滑轮、绳索和杠杆。此外，在高塔下面还分配了很多木工，负责不停敲打方尖碑底部铁和木头的楔子，帮助升起和支撑方尖碑，从而保证沉重的方尖碑不会只依靠绳子悬在半空。参与的工人达到九百余人，启动时用到的马有 75 匹。号角给出信号后，绞盘立刻开始转动，滑轮和杠杆同时运作。在启动阶段，大地都仿佛在颤抖，高塔发出吱嘎声，所有的木材都被巨大的重量挤压到一起。按他们之前的测量，方尖碑原本朝圣彼得大教堂唱诗席方向倾斜了 2 掌的距离，现在方尖碑被调整到垂直状态。一开始的颠簸之后，没有发生任何事故，所有人又重新振作起来，钟楼响起暂停的信号。稍作休整后，方尖碑分 12 个步骤被升高将近 3 掌，足以在下面塞进一节运输车。通过极其结实的木块，以及木头和铁的楔子，方尖碑的四个角被固定下来，仅仅用了几个小时，人们就惊奇地看到方尖碑从原地点升到空中。更神奇的是，方尖碑就这样悬在空中，一直到下周三，也就是同一个月的第七天。[37] 启动阶段顺利实施，接到指示的圣天使堡（Castel Sant'Angelo）鸣炮庆祝，震耳欲聋的回声昭示着众人的喜悦之情。丰塔纳从结果判断出，麻绳比铁箍坚固得多，大部分的铁箍要么断裂，要么扭曲变形，或是被重量压得移位。到了 5 月 7 日，更多人涌来观看方尖碑的下降，这一步被认为比前一步更加危险，因为下降这一动作的势能非常大，而方尖碑又过于庞大。方尖碑上只有三面绑着滑轮和绳子，剩下的空着的一面用作躺倒的那一侧。而且，为了给方尖碑提供足够的支撑，使其不会仅仅依靠绳子悬在半空，多梅尼科将方尖碑靠在一个由 4 根木梁组成的支架上，每根木梁长 60 掌。当方尖碑逐渐下降时，支架就像圆规一样张开，等到这个支架完全张开成一个钝角时，它就不再起作用，转而由更短的支架提供支撑，直到最后。这比启动过程花了更多时间，方尖碑通过这个方式彻底降下来，并且被平放到运输车上，其余支架都被拆除，以便进行移动。由于广场以及新地基的水平面比原址的水平面低了将近 40 掌，他们建了一条用支架和桁架（truss）仔细加固的土堤道，笔直通向广场。丰塔纳只用了 4 个绞盘，就轻松地将方尖碑通过滚轮运到 115 仗开外的广场上。所有这些工作都在 5 月 13 日完成，随后工程暂时停止，因为教皇希望等到天气冷了之后再升起方尖碑，也就不会危害前来观看这一盛举的人们的身体健康。同时，埋藏在地下 40 掌深的基座被挖了出来。基座由两部分组成，一部分是和方尖碑同种石料的波状花边（cymatium）及其底座，另一部分是白色大理石的柱脚（socle）。这个基座被运到广场，放置在已经铺了一层石灰华的地基上。地基边长 42 掌，周围有 3 层台阶。和古代一样，基座被置于地基的正中心。在工程的最后阶段，方尖碑将被升起并物归其位。9 月 10 日，在教皇的主保圣徒托伦蒂诺的圣尼古拉（Saint Nicholas of Tolentino）的纪念日，万事俱备。他们照常在早上祈祷神助，机械也都已准备完毕。最后的升起阶段和之前的下降阶段基本一致，除了一些新加上的辅助。天亮时，140 匹马和 800 个工人进入围场，在号角声和钟声照例给出信号后，所有人开始工作，启动 40 个绞盘，拉升方尖碑的顶部，背面还有 4 个绞盘在不停将方尖碑的底部向前推。这样绳索就会在垂直线上拉升方尖碑的顶部，而不是向后拉所有重量，也就不会对方尖碑的底部产生反作用力。相反地，越是将方尖碑的顶部向上拉升，承受的重量就越小，因为重量逐渐转移到底部。最后，经过 52 个步骤后，在日落时分，方尖碑被完全拉到垂直状态，和运输车一道升起，并且用楔子固定在基座上。圣天使堡立刻接到炮声的指示，鸣炮庆祝，全体围观者向丰塔纳献上欢庆的呼声和隆重的掌声。工人们把他扛在肩上，在胜利的喜悦中扛着他绕场一周。罗马城里所有鼓手和号手都涌向他家，奏起欢快的音乐，对他的名字的呼声在空中回荡。法兰西国王亨利三世（Henry III）派卢森堡公爵[38]作为大使出访罗马，教皇巧妙地将他的造访推迟到这一天，使他能够亲眼见证这个伟大的奇观。大使进入罗马大门的路线也因此做了改变，原本按照惯例，他应当从人民之门（Porta del Popolo）入城，现在换成博尔戈区的天使之门（Porta Angeli-ca）。当大使经过圣彼得广场时，他看见大群的工人和雄伟的机械装备，停留下来观看了绞盘运作的两个步骤后，他说，他满怀崇敬地见证了罗马在西斯克特的手上重新崛起。方尖碑就这样用楔子固定了整整 5 天，为了将其正式固定在底座上，绞盘和滑轮被重新调整，然后运输车被撤走，4 个用来固定的青铜垫块或距骨状（astragal）垫块已事先安装好。随着楔子被移走，方尖碑慢慢地下降，并最终安放在底座上。[39]丰塔纳计算得出，他用的这个方法比前人的方法更高效，也花费更少，因为他是先将方尖碑完全升起来，然后平稳地放在垫块上，而前人是先将方尖碑靠在一侧的垫块上，然后斜着从顶部拉升起来，再将其平放在基座上。这个推测的根据是，在基座里深 1.5 掌的位置只事先设置了两个垫块，方尖碑的底部先接触到的就是这一侧，所以这侧的两个垫块都被压扁了。然后方尖碑的底部再落在另一侧的两个垫块上，这两个垫块不是事先设置在基座里，而是仅仅放在底座的表面上。为了取出之前的两个垫块，耗费了大量的人力，花了整整四天四夜。石匠们不得不扩大留下的洞口，这些洞口已经不能用来替换同样的垫块，必须重新切割垫块，并且将底座的平面降低 0.25 掌的高度。尽管如此，丰塔纳对绞盘的使用和前人升高方尖碑的办法是一致的。有一幅临摹君士坦丁堡广场[40]大理石浮雕的草图，从中可以看出人们将方尖碑平躺着运送，并且用绞盘升起方尖碑。（梵蒂冈）方尖碑就这么架在 4 个青铜垫块上，在距离基座 1.25 掌的高度，垫块被做成 4 头镀金的青铜狮子，这是教皇盾徽的主要元素。每个角上的狮子都有两个身体，头部朝外，因而综合所有方向的视角来看，每个狮子头都有两个身体，展示着它们支撑方尖碑的姿态。9 月 27 日，方尖碑周围的支架全都被清除，所有人得以一览方尖碑的全貌。教皇下令组织了一支庄严的队伍，对方尖碑进行驱魔和祝福，并且在顶端安装了一个十字架。[41]这个十字架被置于三座山和一个镀金的金属星星上，山、星星和狮子一道组成教皇的盾徽。十字架高 10 掌，加上所有装饰物，总高度是 26 掌。因而从广场地面到十字架顶端，整个方尖碑的高度达到 180 多掌。

十字架所处的方尖碑顶端以前有一个球形的铸造金属，这个中空的球体浑然一体，不见任何一处接缝，球体上可见多处被火绳枪射出的孔洞，这是罗马陷落时，查理五世的野蛮士兵的不敬行为。[42]在西斯克特的诸多伟绩中，竖立方尖碑被认为是最出色的一项，这也为丰塔纳带来了无尽荣耀，不光罗马，全世界都知晓了他。教皇十分看重这件作品，他为方尖碑专门打造了纪念章，将这个工程通告各个贵族亲王，也收到无数的赞赏，他还要求将这件事写到他的日记里。教皇夏天在卡瓦洛山（Monte Cavallo）逗留了几个月后[43]，于 10 月18 日返回圣彼得广场。在随行队伍的陪同下，他长久地驻足在广场上，瞻仰他一手促成的这件作品。为了保证给予丰塔纳的报酬配得上他的名誉，十字架安装好两天后，以红衣主教阿佐里尼[44]为代理，教皇封丰塔纳为金马刺骑士（knight of the Golden Spur），同时封他为罗马贵族，赐予他 10 块拉特兰属地（Loretan cavallerati）[45]和 2000 个金斯库多的津贴，而且他可以把属地和津贴传给后代。教皇付给他 5000 个金斯库多的现金，最后还赠给他在工程里用到的所有材料，用罗马的货币换算后，这些材料加起来值两万多个斯库多。更光荣的是，丰塔纳将自己的名字刻在了方尖碑的底座上：DOMENICVS FONTANA EX PAGO AGRI NOVOCOMENSIS TRANSTVLIT ET EREXIT（来自科莫区的多梅尼科·丰塔纳，运送并竖立了这座方尖碑）。[46]最后我还要提到一点，现在我们会发现，方尖碑不在广场以及亚历山大七世建的柱廊的正中心，也不是正对着保罗五世[47]建的圣彼得大教堂的正门。如果从教堂穹顶的十字架和正门中心延伸出一条直线，方尖碑的中线和这条通向北边天使之门的直线之间有 15.5掌的距离，也就是方尖碑偏离中心的距离。除非是精明的观测者，一般人难以在宽阔的广场上察觉这个偏移的距离，方尖碑看起来就像是在正中心。现在我已经无法得知为何会产生这个偏移，因为方尖碑的位置是由贾科莫·德拉·波尔塔和巴尔托洛梅奥·阿曼纳蒂这两个专业建筑师测定的，丰塔纳也采纳了他们的测定结果，贾科莫·德拉·波尔塔作为穹顶的建造者更是佼佼者。在写卡洛·马德诺传记时，我们将讨论这个问题，马德诺扩大了圣彼得大教堂的十字架，完成了我们今天看到的教堂正门。[48]

梵蒂冈方尖碑完成后，教皇美化罗马的决心更加坚定。他以圣母大殿为起点，建了 3 条主干道，一条通向耶路撒冷圣十字教堂（Santa Croce in Gerusale-mme），一条通向图拉真记功柱（Column of Trajan），剩下的一条是以教皇名字命名的菲利斯大道（Strada Felice）[49]，通向圣三一教堂（Trinità dei Monti）。然后他把圣母大殿前的广场铺平，将上文提到的奥古斯都陵墓的方尖碑移到广场上。尽管这座小方尖碑只有66掌高，它也为罗马增添了不少光彩。[50]听说另外还有两座方尖碑埋在马克西姆赛车场的废墟之下，教皇命人将它们挖掘出来。这两座方尖碑都断成三截，埋在24掌深的地下，其中一座比罗马的所有方尖碑都要高大，包括圣彼得广场那座，其高度达到145掌。据说，君士坦丁的儿子君士坦提乌斯用一艘300桨规模的船将其运到罗马，置于马克西姆赛车场。另一座方尖碑高108掌，据方尖碑上的铭文记载，埃及帝国被削减为行政省之后，奥古斯都将其运到罗马。500个人把这两座方尖碑的碎块从地下挖了出来，另有300个人日夜不停地把泥泞里的水掏干，随后通过使用和梵蒂冈方尖碑工程一样的机械，较大的那座方尖碑由丰塔纳运送、组装并竖立在拉特兰的圣约翰广场（piazza of San Giovanni）。[51]另一座方尖碑也用类似的方法立在了人民广场[52]，教皇希望将菲利斯大道从圣三一教堂延伸到这里。实际上，丰塔纳将这座方尖碑正着着人民之门这一举措是十分明智的，也彰显了西斯克特的圣明，因为人民之门是罗马最有名的入口。当外国人员进城时，他们一眼就能看见广场的这座方尖碑，三条宽阔的大道从这里笔直通向远方。方尖碑处在一个非常显眼的位置，从三条大道的尽头都能看见它，就像装饰用的转向柱。[53]当拉特兰方尖碑工程正在实施时，西斯克特也很中意拉特兰的圣约翰大教堂，希望把它修缮得更加宏伟。因此，丰塔纳将圣约翰广场铺平扩大，在教堂门前建了赐福敞廊（Benediction Loggia），从那儿可以俯瞰整座罗马城和圣母大殿。[54]这个敞廊用石灰华建成，通过5个拱门向外敞开，拱门之间由多立克和科林斯柱式的柱子隔开，两种柱式是上下层结构。在赐福敞廊旁边，丰塔纳着手重建教皇的居所拉特兰宫。这座宏伟宫殿的外部有三层装饰复杂的窗户，内部有长廊、用来安顿教皇及其他人的大量房间、服务于公共事务的大厅、四层楼梯以及各个门，其中一个门通向圣约翰大教堂。由于在建造的过程中拆除了一些以前的结构[55]，他们得以将圣阶教堂（Scala Santa）从废墟移到至圣小堂（Sancta Sanctorum）前面，这是一个极其神圣的场所。因为圣阶是信徒们跪着上去的地方，在两边又加了两道楼梯，供人下楼用。入口处的这5条楼梯和敞廊的5个拱门相互呼应，也和教堂外部的5个窗户一致。[56]众多的工程使丰塔纳十分忙碌，他不得不尽快完成任务，因为教皇性情急躁，不允许有任何延迟，以免后顾之忧。在结束拉特兰宫的修缮工作前，丰塔纳完成了梵蒂冈图书馆的工程，西斯克特将其迁到贝尔维德尔宫（the Belvedere），极大地扩展了图书馆的规模，因为原来的空间又暗又窄。因而，丰塔纳在布拉曼特建的宫殿庭院里加盖了一个侧翼，从一个长廊一直连接到另一个长廊，这些部分都被用作图书馆。[57] 这个侧翼长 318 掌，宽 79 掌，中间用一排柱子隔开，配有拱顶，北面、南面和西面上开了窗户。[58] 除了这个侧翼，宽敞的长廊也被用来储藏图书。除了图书馆，丰塔纳还建了宫殿靠近广场和罗马城的那一部分。因为教皇的逝世，这部分只建了三层，后来克雷芒八世将其扩建到五层，每层有 17 个房间。[59] 丰塔纳还修建了一个长 260 掌、宽 15 掌的秘密坡道，从宫殿的圣器收藏室连着地下通道，一直通向格列高利礼拜堂。[60] 西斯克特也命令他继续修建卡瓦洛山的另一座宫殿。这座宫殿原本由格列高利十三世开始建造[61]，丰塔纳增建了宫殿临近广场和庇亚街（Strada Pia）[62] 的那部分。之后保罗五世在修建整个宫殿的工程中也修缮了这个部分，其窗户上依然装饰着蒙塔尔托狮子（Montalto lion）的图案。[63] 保罗五世没有移除这个装饰，而是将其保留在宫殿一层的所有窗户上。在宫殿前面，多梅尼科扩大了广场，并且从附近的君士坦丁浴场（Baths of Constantine）运来卡斯特和帕勒克兄弟的巨大雕像，据说这个雕像再现的是亚历山大大帝。将这两个雕像和他们的骏马雕像复原在一起之后，丰塔纳将其放置在庇亚街入口处。[64] 在庇亚街和通向圣母大殿的菲利斯街交叉的十字路口，丰塔纳在 4 个角上安了 4 个喷泉，两个河神和两个宁芙仙女斜倚着从他们的瓮里往外倒水，这就是我们将提到的菲利斯水渠，尽管在克雷芒九世任期内，喷泉的装饰现在已经被改成其他样式。[65] 从这个十字路口朝四个方向看，可以将罗马城的美景尽收眼底，其中两个方向可以看见笔直又美观的庇亚街两头，从东边一直到西边，也就是从庇亚之门到卡瓦洛山。[66] 另外两个方向是从南边到北边，从圣母大殿到圣三一教堂，这也是条非常美观的街道，从平缓的坡道延伸出去。丰塔纳还在这个地方建了马太（Mattei）阁下的府邸，也就是现在显赫的红衣主教卡米洛·马西莫（Camillo Massimo）[67] 的府邸，虽然内部的门廊和楼梯都被改造过了。丰塔纳修复了图拉真柱和安东尼（Antoninus）柱[68]，还在西斯托桥（Ponte Sisto）建了穷人医院（Ospedale de'Mendicanti）[69]。坎塞勒里亚宫（Cancelleria）的大门也是他设计的，教皇侄子红衣主教蒙塔尔托被任命为大法官时所建。[70] 西斯克特希望将罗马斗兽场（Colosseum）重新利用起来，将其改造成即将引入罗马的羊毛产业的总部。丰塔纳把斗兽场复原到原本的面积，设有 4 个供人出入的门，以及大量的楼梯。在斗兽场的中央将建一个喷泉，外部的敞廊将保持开敞，以便工人施工，其余部分都将被改造成房间和作坊，他们已经开始铺平外围的地面，但教皇的逝世使工程没有继续实施。[71] 丰塔纳将菲利斯水渠移到罗马，这个叫法来自教皇的原名。[72] 罗马的几个山丘都没有喷泉，尤其是奎里纳勒山，现在这座山因其优美的环境已经成了教皇的居住地。[73]他从科隆纳（Colonna）的一个山丘引水，这是一个距离罗马16英里的小镇，活水从石间潺潺流淌而下，流经两英里后聚集成一个较大的水量。导水管蜿蜒22英里，一路经过山丘和山谷。导水管在某些地方的弧度达到70掌的高度。这些导水管宽12掌，地上部分总长7英里，地下部分总长15英里，某些地方的深度甚至和最大高度一样。在这个工程中，2000个工人不眠不休地工作，根据更利于工程实施的好天气，有时甚至是3000到4000个工人。从水源到运送的终点，水流的坡度只有40掌，终点就是维米纳尔山（Viminal）的特米尼广场（piazza di Termini）。展示台和喷泉就建在广场的塔楼旁边，有3个大出水口，摩西的雕像位于喷泉中间，两边的大理石浮雕描绘了在沙漠里被折磨得口干舌燥的犹太人在取水喝。[74]在教皇的命令下，丰塔纳开始在博尔盖托（Borghetto）的台伯河上修建一座有4个桥洞的桥，以方便那些需要从罗马街（Strada Romana）去往洛雷托（Loreto）、马尔凯大区（Marches）和罗马涅大区（Romagna）的旅客越过湍急的河流。他建了3根石灰华的墩柱，墩柱上方是拱顶，以及桥台和桥墩。教皇西斯克特死后，丰塔纳在克雷芒八世[75]的授意下继续建了第四根墩柱，直到有人对他提出恶意的指控，控告他贪污资金，要求他出示以前工程的支出账目，从这之后，他就被撤销了教皇专属建筑师的职务。

总督米兰达伯爵（Count Miranda）邀请他作为皇家建筑师和王国总工程师去那不勒斯，丰塔纳于1592年搬到那不勒斯[76]，他的主要工作是解决从诺拉（Nola）到帕特里亚（Patria）地区的"劳作之地"（Terra di Lavoro）[77]的春季洪水和雨水泛滥问题。他将水流分到三个河床，并且借此翻新了科拉尼奥河（Clanio）的旧河床，这条河现在被误认为拉诺河（Lagno）。他把萨尔诺河（Sarno）的水引到托雷安农齐亚塔（Torre Annunziata），为那不勒斯的磨坊提供动力。奥利瓦雷斯伯爵（count of Olivares）继任总督之后[78]，丰塔纳开始修缮那不勒斯沿海的街道，用原地发现的各个喷泉来装饰这条街道，后来堂·弗朗切斯科·德·卡斯特罗（Don Francisco de Castro）[79]将其扩展到足以供马车通行。丰塔纳还修整了通向阿尔卡拉城墙（Alcalà）的圣露西街（Santa Lucia）。他铺平了那不勒斯新城堡（Castel Nuovo）前面的广场，将圣母加冕教堂（the Incoronata）广场的喷泉移到那里。他还参与了几个建筑工程，将查理一世（Charles I）[80]，还有查理·马特（Charles Martel）及其妻子克莱门蒂亚（Clementia）[81]的纪念碑安置在那不勒斯大教堂的大门上方。这3个刻着雕像的石棺是在唱诗席的断壁残垣里发现的，后来将其修复润饰了一番。[82]他建造了阿马尔菲大教堂（cathedral of Amalfi）的圣安德烈（Saint Andrew）祭坛，还有萨勒诺大教堂（cathedral of Salerno）的圣马太祭坛。这两个祭坛的下面是圣徒的坟墓，信徒可以从两边的楼梯下去，瞻仰圣徒的遗体。[83]这两座教堂有大量的柱子、雕像、大理石、灰泥装饰和绘画，尤其是更为宏伟的萨勒诺大教堂，有两个大门和两个圣马太的青铜雕像[84]，从这两个大门都可以举办弥撒，供那些从人民广场来的信徒参观。这些是伟大的西班牙国王腓力三世（Philip III）[85]委托所作。那不勒斯城缺少一个足够豪华气派的宫殿，旧宫殿的空间不够大，也毫无高雅可言，急需修复。因此，莱莫斯伯爵（count of Lemos）[86]命令丰塔纳设定方案，建造一个新的宫殿，待那不勒斯国王批准后，在贝内文特伯爵（count of Benavente）[87]任职期间开始实施。宫殿的柱子由多立克式、爱奥尼亚式和复合式这三种柱式构成，层层叠加，窗户的旁边是方柱。宫殿第一层有直达檐板的高大拱门，檐板上方是长长一列朝外开的窗户，窗户外面是铁质的栏杆。宫殿有 3 个大门，中间的大门有 4 个独立式的爱奥尼亚柱子，构成这些柱子的花岗岩是从吉廖岛（island of Giglio）运来的。大门上方是 50 掌宽的阳台栏杆，从这个大门可以通向庭院。另外两个大门通向其他两个庭院，这两个大门各有两个柱子和阳台栏杆。宫殿二层是长廊和皇室使用的房间，可以眺望大海和陆地的美丽景色。宫殿正面长 520 掌，背面长 360 掌，宫殿的高度是 110 掌。[88]其他的总督对宫殿内部继续进行改造工作，尤其是蒙特雷伯爵（count of Monterrey）[89]，他对丰塔纳的原初设计做了较大的改动，因军事目的而将楼梯扩展得更宽大，给卫队士兵留下足够的空间，也因此拆除了大厅。宫殿大门的一个柱子底部刻着建筑师本人的名字：DOMINICVS FONTANA PATRI-TIVS ROMANVS AVRATAE MILITIAE EQVES INVENTOR（多梅尼科·丰塔纳，罗马贵族、金马刺骑士、建筑师）。同样在奥利瓦雷斯伯爵的治理期间，他还设计建造了那不勒斯的一个新港口，旧港口的船只都已经严重毁损。他以圣温琴佐（San Vincenzo）塔楼这个最合适的地方为起点，建造了一道宽 30 仗、长 400 仗的新防波堤。[90]这个工程对那不勒斯城和整个王国的经济而言都非常有益和必要，它直到现在，在总督堂·佩德罗·德·阿拉贡[91]任职期间才完工。这位总督不仅决心要为划桨帆船等小型船只提供一个宽敞又美丽的内港，还有着更宏大的志向。他向皇家建筑师和工程师弗朗切斯科·皮奇亚蒂[92]征询新的意见，以便实施丰塔纳对防波堤的设计，这个工程将使那不勒斯的港口不输给地中海任何一个港口。多梅尼科·丰塔纳娶妻生子，余生都和他的家人一起留在那不勒斯，尽心尽力向西班牙国王效忠，收获了大量的财富，过着荣耀富足的生活。1607 年，64 岁的丰塔纳魂归上帝，埋葬在伦巴第故土的圣安娜教堂（church of Sant'Anna）的一个礼拜堂，这个他本人建造的礼拜堂是教堂入口的左手第二间。[93]其子朱里奥·切萨雷·丰塔纳（Giulio Cesare Fontana）[94]继承了父亲的皇家建筑师一职，在这个礼拜堂为其父建造了一个纪念碑，这是一个大理石雕出来的肖像，刻有以下铭文：

D. O. M.

DOMINICVS FONTANA PATRITIVS ROMANVS

MAGNA MOLITVS MAIORA POTVIT.

IACENTES OLIM INSANAE MOLIS OBELISCOS

SIXTO V PONT. MAX.

IN VATICANO, EXQVILIIS, COELIO, ET AD RADICES

PINCIANI

PRISCA VIRTVTE LAVDE RECENTI EREXIT, AC

STATVIT.

COMES EXTEMPLO PALATINVS, EQUES AVRATVS

SVMMVS NEAPOLI PHILIPPO II. PHILIPPO III.

REGUM

SESEQ; AEVVMQ; INSIGNIVIT SVVM

TEQ;（LAPIS）INSIGNIVIT

QVEM SEBASTIANVS IVLIVS CAESAR ET FRATRES

MVNERIS QVOQ; VT VIRTVTIS AEQVIS PASSIBVS

HAEREDES

PATRI BENEMERENTISSIMO P. ANNO MDCXXVII.

OBIIT VERO MDCVII. AETATIS LXIV.

[致最伟大的天父。多梅尼科·丰塔纳，罗马贵族，一个辛勤工作、做出杰出贡献的人：他本就品德高尚，后又蒙受赏识，承教皇西斯克特之命，在梵蒂冈、埃斯奎利诺山（Esquiline）、西莲山（Caelian hills）等山顶和宾西亚丘陵（Pincian hills）脚下都树立了宏伟的方尖碑。他是帕拉汀伯爵（Count Palatine），金马刺骑士，在那不勒斯作为总工程师效忠于国王腓力二世和腓力三世。他的一生因几位君主而扬名，如同这块纪念碑因他而扬名。塞巴斯蒂亚诺·朱里奥·切萨雷（Sebastiano Giulio Cesare）及其兄弟们于1627年建造了这块纪念碑，作为其后代继承他的职位，愿他们能拥有同等的美德。他逝于1607年，享年64岁。]

　　比多梅尼科稍微年长一点的乔凡尼·丰塔纳在去罗马之前就已经小有名气，他在罗马从事的是建筑和数学行业。教皇格列高利十三世任职期间，他受命在波尔图（Porto）工作，确保船只在台伯河入口的安全通行。台伯河经由奥斯蒂亚港口流入大海，河床在入海口变宽，由于河水里掺杂大量杂质，入口处形成各个泻湖和小岛，使船只来往非常困难和危险。乔凡尼认为河流的入海口难以控制，因为水位太高，他在入口最安全的地方另外开辟了一条支流河道，将河水笔直引入海里，这样就能够控制和释放洪水，同时为船只提供一个安全的出入口和海港。然而，台伯河里积累的杂质使海岸线不断后退，他用结实的排桩扩大河道，排桩的数量现在还在增加，因为海岸线依然在大幅后退。教皇亚历山大七世于 1662 年在海里建了一个深 4 掌的灯塔，现在这个灯塔在距离海岸线约 22 仗的内陆。在格列高利十三世的命令下，乔凡尼修缮了阿夸彭登泰（Acquapendente）的麦秆桥（Ponte della Paglia）。[95]西斯克特五世即位后，他在这个教皇任期内辅助多梅尼科完成了所有建筑工程，后者去了那不勒斯后，他在博尔盖托修了另一座桥[96]，而且他和侄子卡洛·马德诺一起，被任命为负责圣彼得大教堂工程的建筑师。他也在供水方面表现出极强的能力，在那个时候，罗马城内外许多地方的供水系统都是他负责的。当克雷芒八世急于疏导韦利诺河（Velino）的洪水时，他将这个任务交给了乔凡尼。韦利诺河从皮耶迪卢科湖（Piediluco）发流，从一座山丘奔流而下，汇入特尔尼（Terni）城平原上的涅拉河（Nera），这个瀑布以前被称作马尔莫拉（Le Marmora）。瀑布引来的水使河床的水量大增，当韦利诺河的河水升高又没有排水口时，河水就会从上游淹没列蒂（Riedi）的乡村。在古罗马时期，河水泛滥的问题就引发了列蒂和特尔尼居民之间的长久矛盾，后者为了保护自己的土地不被淹没，拒绝为韦利诺河开辟排水口。保罗三世时期，安多尼奥·达·圣加洛没能解决这个问题，韦利诺河本来就有两个河渠，他又增加了一个，但第三个河渠也很快就被河水灌满了。1596 年，教皇克雷芒八世派丰塔纳去那里，他去了之后，将原本宽 70 掌的库里亚那河渠（Fossa Curiana）拓宽了将近一倍，同时将其又挖深了 25 掌，很多地方的深度达到 60 掌。为了保证列蒂和特尔尼双方居民都不遭受损失，他在韦利诺河中间建了一座极其坚固的桥，用一个巨大的拱洞支撑，使其可以承担 15 个立方仗的水量，这个水量是韦利诺河夏季水流量的两倍。这也是出于河水在冬季雨水和洪水的影响下会暴涨的考虑，此时的河水高度会和桥以及河岸持平，而不会没过去。为了给水位下降提供一条更合适的路径，他降低了韦利诺河上游的河床，制造出一个斜坡，同时增加从桥到出水口的斜坡高度，减弱水流的冲击力，这股冲击力会将水流引向涅拉河之外的地方，但有的人反对这个方案。在实施之前,乔凡尼就意识到皮耶迪卢科湖旁边的村庄会受影响,事实上也确实出现了一个很有意思的现象,当河水因为管控而水位下降后,皮耶迪卢科湖的水位也相应地下降了大约8掌,连带着使湖边的房屋产生了将近2掌的倾斜,人们从平地进入房屋后会感到很怪异,墙壁和屋顶仿佛在倾倒,然而这些房屋就这样维持了很多年,完全没有发生倒塌。除了和多梅尼科一起将菲利斯水渠移到罗马,乔凡尼还将其他喷泉移到奇维塔韦基亚(Civitavecchia)和韦莱特里(Velletri),将阿尔吉达水渠(Acqua Algida)移到由贾科莫·德拉·波尔塔建造的弗拉斯卡蒂(Frascati)的阿尔多布兰迪尼别墅,而且他还为博尔盖塞别墅引入活水,将其注入各个精美的喷泉。在保罗五世的命令下,他修复了奥古斯都时期修建的沟渠,将布拉恰诺(Bracciano)的水引入罗马,汇入蒙托里奥圣彼得教堂(San Pietro in Montorio)所在的雅尼库鲁姆山(Janiculum)的喷泉。喷泉有5个出水口,出水口分别位于大理石制成的拱门,拱门之间用柱子隔开,此外还有一个刻有铭文的山墙。[97]他使沟渠从这里经过西斯托桥,一直延伸到朱利亚街(Via Giulia)起点处,也就是西斯托桥和罗马城衔接处漂亮的小瀑布和喷泉。他也将水引到雷卡纳蒂(Recanati)和洛雷托圣母教堂(Madonna of Loreto)。他还在蒂沃利为塔瓦罗内河(Teverone)小瀑布修建了护墙和护栏。身兼数职的同时,乔凡尼被教皇委派去费拉拉和拉文纳修复波河,他因此经常去这些地方。他在去的路上生了病,不得不返回罗马,于1614年8月逝世,享年74岁,葬在阿拉科埃利圣母教堂(Santa Maria in Aracoeli)。乔凡尼没有负责过其他建筑,但据说他设计了罗通达的亲王朱斯蒂尼亚尼(Prince Giustiniani)的宫殿。[98]他将圣彼得大教堂工程的指挥权交给卡洛·马德诺,后者是多梅尼科·丰塔纳的学生,我们之后会提到他。[99]

———— 注释 ————■

[1] 更早的多梅尼科·丰塔纳传记可见于巴格利奥尼(1642年),第84−86页。参见《美的理念》,第2卷,第266−269页。

[2]《如何运送梵蒂冈方尖碑,由教皇西斯克特五世大人委托,由侍奉大人的建筑师骑士多梅尼科·丰塔纳建造》(Della trasportatione dell'obelisco vaticano et delle fabriche di nostro signore papa Sisto V fatte dal cavalier Domenico Fontana, architetto di Sua Santita),第1卷(《如何运送梵蒂冈方尖碑,以及教皇西斯克特·昆图斯大人委托的作品》)(Del modo tenuto in transferire l'obelisco vaticano, et delle fabbriche fatte da nostro signore papa Sisto Quinto co'disegni loro),罗马,1590年;第2卷(《此卷论述骑士多梅尼科·丰塔纳在罗马和那

不勒斯的一些作品》)（*Libro secondo in cui si ragiona di alcune fabbriche fatte in Roma*, *et in Napoli*, *dal cavalier Domenico Fontana*），那不勒斯，1604 年【重印在哈德良·卡鲁戈（Adriano Carugo）编写的书中，米兰，1978 年】。

[3] 丰塔纳实际上出生于梅利德（Melide），位于如今瑞士的卢加诺湖边（Lake of Lugano）。贝洛里是从梵蒂冈方尖碑上刻的铭文辨认出"米利"这个地名的（参见注释 46）。

[4] 菲利斯·佩雷蒂·蒙塔尔托（Felice Peretti Montalto，1520—1590 年），于 1585 年被选为西斯克特五世。

[5] 也就是西斯廷礼拜堂（参见注释 8）。

[6]《如何运送梵蒂冈方尖碑》，第 1 卷，第 37r - 38r 页。蒙塔尔托别墅（Villa Montalto）于 1860 年被拆除，为特米尼车站（Stazione Termini）即罗马的中央铁路车站腾地方。

[7] 格列高利十三世·邦孔帕尼，1572 至 1585 年间任教皇。

[8]《如何运送梵蒂冈方尖碑》，第 1 卷，第 39r - 46r 页。西斯克特五世·佩雷蒂在 1585 至 1590 年间任教皇。

[9] 仗（单数形式为 canna，复数形式为 canne）是一种旧时的意大利长度计量单位，其对应的具体数值会因为时间和地点的改变而有所不同。——译注

[10] 跪着的西斯克特这个雕像是乔凡尼·安多尼奥·帕拉卡（Giovanni Antonio Paracca）的作品，他又被称作瓦尔索尔多（Valsoldo，约 1572 至 1628 年间活跃在罗马）。

[11] 关于庇护五世（1566 至 1572 年间任教皇）的墓碑，参见《如何运送梵蒂冈方尖碑》，第 1 卷，第 47v - 49r 页。

[12] 保罗五世·博尔盖塞，1602 至 1621 年间任教皇。

[13] 保罗礼拜堂在 1605 至 1611 年间由弗拉米尼奥·蓬奇奥（Flaminio Ponzio）设计建造。

[14] 原来的圣诞礼拜堂里有阿诺尔夫·迪·坎比奥（Arnolfo di Cambio，死于 1302 年）所作的雕塑，里面供奉着圣子摇篮的圣遗物。关于礼拜堂如何从圣母大殿移到西斯廷礼拜堂穹顶下方的地面之下，《如何运送梵蒂冈方尖碑》，第 1 卷，第 50r - 53r 页有相应的描述和配图。至少自 6 世纪起，圣诞礼拜堂就存在于圣母大殿。9 世纪的一篇铭文部分引用了一份已经遗失的捐赠文件，里面记载着这座礼拜堂是献给圣子摇篮（ad presepem）。1599 年，西斯廷礼拜堂的建造和装饰完工 9 年后，圣餐从另一座礼拜堂移到那里，这座礼拜堂的名字也从"圣诞礼拜堂"改为"圣餐礼拜堂"。

[15]《如何运送梵蒂冈方尖碑》，第 1 卷，第 107r 页有相应的雕刻版画。华盖（ciborium）是卢多维科·德尔·杜卡（Ludovico Del Duca，活跃于 1551—1601 年）所作，四个天使是博洛尼亚雕塑家塞巴斯蒂亚诺·托里贾尼（Sebastiano Torrigiani，死于 1596 年）所作。

[16] 宫殿和花园在 19 世纪时被拆除。现有的关于这些工程的记载只有两个大门的雕刻版画，一个在热泉广场（Piazza delle Terme），另一个在圣母大殿正门对着的广场上（《如何运送梵蒂冈方尖碑》，第 1 卷，第 78r - 79r 页）。

[17] 圣彼得大教堂的穹顶是多梅尼科·丰塔纳和贾科莫·德拉·波尔塔（1541—1604 年）于 1590 年建成的（《如何运送梵蒂冈方尖碑》，第 1 卷，第 101v 页）。

[18] 《如何运送梵蒂冈方尖碑》，第 1 卷，第 7v - 36r 页。

[19] 从尼古拉五世（Nicholas V，1447—1455 年）、保罗二世（Paul II，1464—1471 年）、西斯克特四世（Sixtus IV，1471—1484 年）、保罗三世（Paul III，1534—1550 年）到格列高利十三世（1572—1585 年），在这些教皇任期里都设想过转移方尖碑，但从未实施。

[20] 这座高 25.5 米的红色花岗岩制成的方尖碑是卡利古拉（公元 37—41 年）从埃及运到罗马，并置于赛车场中央。赛车场的使用从卡利古拉开始，到尼禄（公元 54—68 年）结束。

[21] 分（单数形式为 minuto，复数形式为 minuti）是一种旧时的意大利长度计量单位，其对应的具体数值会因为时间和地点的改变而有所不同。——译注

[22] 磅（单数形式为 libbra，复数形式为 libbre）是一种旧时的意大利容量计量单位，其对应的具体数值会因为时间和地点的改变而有所不同。——译注

[23] 君士坦丁大帝之子君士坦提乌斯二世（公元 350 至 361 年间在位）于 357 年所建。

[24] 狄奥多西大帝（公元 378 至 394 年间在位）于 390 年所建。

[25] 根据《柯西莫·加西对话集》（Dialogo di Cosimo Gaci），罗马，1585 年，第 25 - 26 页的记载，保罗三世向小安多尼奥·达·圣加洛咨询过如何运送梵蒂冈方尖碑，圣加洛提出各种运送的建议，包括口头上和文字上的。米歇尔·梅尔卡蒂（Michele Mercati，1589 年），第 343 - 344 页："保罗三世极其渴望将方尖碑移到圣彼得广场，并且就此向米开朗琪罗询问了意见……但米开朗琪罗从未有过参与这个工程的意愿。"

[26] 这个故事出自普林尼：《自然史》，36，66。

[27] 卡利古拉在公元 37 至 41 年间任罗马皇帝。

[28] 克劳狄一世在公元 41 至 52 年间任罗马皇帝。

[29] 参见普林尼：《自然史》，36，70："皇帝盖乌斯曾经用来运送（方尖碑到罗马）的船只由克劳狄小心保管了数年，将其作为荣耀的见证，因为它是人们在海上见过的最了不起的东西。随后在波佐利港（Pozzuoli），用水泥制成的沉箱（caisson）被安装在船体上，经由皇帝的命令，船被沉没在奥斯蒂亚港，作为港口工程的一部分。"【普林尼：《自然史》，10，D. E. 艾希霍尔兹（Eichholz）译，剑桥（马萨诸塞）和伦敦，1971 年，第 55 页】。普林尼没有提及灯塔，贝洛里认为克劳狄在沉船上建了一座灯塔。

[30] 卡米洛·阿格里帕：《方尖碑的运送》（Trattato di trasportare la guglia），罗马，1583 年。

[31] 巴尔托洛梅奥·阿曼纳蒂，1511—1592 年。

[32] 《如何运送梵蒂冈方尖碑》，第 1 卷，第 75v - 77r 页。这是一座高 14.7 米的方尖碑，顶上有个十字架，于 1587 年 8 月建于圣母大殿半圆形后殿前面的埃斯奎利诺广场（Piazza dell'Esquilino）。

[33] 环绕圣彼得广场的柱廊在 1657 至 1666 年间建造，由吉安·洛伦佐·贝尔尼尼（Gian Lorenzo Bernini）设计。亚历山大七世·基吉（Alexander VII Chigi）在 1655 至 1667 年间任教皇。

[34] 1585 年 9 月。

[35] 印度水牛，被称作 Bos（Bubalus）bubalis，6 世纪经由伦巴第地区引入意大利，直到 20 世纪都被用作役畜。

[36] 博尔戈是罗马的第 14 个古城区（rione），其盾徽是一头躺在三座山和一颗星星前面的狮子，这些都属于教皇西斯克特五世的盾徽，也是他将博尔戈定为罗马第 14 个区。——译注

[37] 1586 年 5 月 7 日。根据丰塔纳的记载（《如何运送梵蒂冈方尖碑》，第 1 卷，第 5v 页），西斯克特五世认为周三是他的幸运日，因为他被选为神父、红衣主教和教皇都是在周三。

[38] 弗朗索瓦·德·卢森堡（Francois de Luxembourg），皮尼公爵（duke of Piney）。

[39] 贝洛里所说的"4 个用来固定的青铜垫块或距骨状垫块"（即 4 个小型青铜角座），在丰塔纳的原文里被称作"用来固定的……青铜骨架"（《如何运送梵蒂冈方尖碑》，第 1 卷，第 33r - 33v 页）。贝洛里将其写作"4 个青铜块或距骨状垫块"，可能是为了维持丰塔纳的"骨架"（bones）这一说法。从解剖学层面来说，距骨就是踝关节上的球状骨头。

[40] 赛马场广场（Hippodrome）。

[41] 为方尖碑安装十字架实际上是在 9 月 26 日。

[42] 发生在 1527 年罗马陷落时期。

[43] 1589 年，丰塔纳在奎里纳勒广场建了一个巨大的狄俄斯库里兄弟雕像《卡瓦洛山的驯马师》（Horse Tamers of Monte Cavallo）后，奎里纳勒山、奎里纳勒广场和教皇宫殿被统称为卡瓦洛山（参见注释 64）。

[44] 红衣主教德乔·阿佐里尼（Decio Azzolini，1549/50—1587 年）于 1585 年由西斯克特五世封为红衣主教，作为教皇的私人秘书。不能将他与同名的侄子红衣主教德乔·阿佐里尼（1623—1689 年）混淆，后者是瑞典女王克里斯蒂娜的顾问和继承人。

[45] 我们尚无法确定"cavallerato"这个词的确切含义，但它显然指的是某种形式的骑士封地。

[46] 贝洛里引述的铭文略去了 PAGO 和 AGRI 之间的 MILI。

[47] 保罗五世·博尔盖塞在 1605 至 1621 年间任教皇。圣彼得大教堂的正门由卡洛·马德诺（Carlo Maderno）设计建造。

[48] 未发现贝洛里写的卡洛·马德诺传记。

[49]《如何运送梵蒂冈方尖碑》，第 1 卷，第 101r - 101v 页。从圣母大殿通向圣三一教堂的大路分为 3 个部分，即德普雷蒂街（Via Depreti）、四喷泉街（Via delle Quattro Fontane）和西斯廷街（Via Sistina）。

[50] 参见注释 32。

[51]《如何运送梵蒂冈方尖碑》，第 1 卷，第 70v - 74v 页。这座方尖碑高 30 米。

[52]《如何运送梵蒂冈方尖碑》，第 1 卷，第 75r - 75v 页。这座方尖碑高 23.9 米，于 1589 年 3 月立在人民广场中心。

[53] 转向柱是一种圆锥形柱子，置于罗马赛车场两头，用来标记比赛时的转向位置。

[54]《如何运送梵蒂冈方尖碑》，第 1 卷，第 57r - 58r 页。赐福敞廊在 1586 至 1588 年间

建造。

[55]《如何运送梵蒂冈方尖碑》，第 1 卷，第 59r－69r 页。拉特兰宫的工程于 1585 年动工，1588 年完工。

[56]《如何运送梵蒂冈方尖碑》，第 1 卷，第 2r－5r 页。"圣阶"据说是基督在耶路撒冷去彼拉多（Pontius Pilate）总督府时踩过的 28 级台阶。至圣小堂是君士坦丁时期拉特兰宫仅存的一部分建筑。尼古拉三世任教皇时，在 1278 至 1280 年间由教皇的专属建筑师科斯马图斯大师（Magister Cosmatus）重建。

[57]《如何运送梵蒂冈方尖碑》，第 1 卷，第 82r－98r 页。丰塔纳在 1587 至 1589 年间建了这个图书馆，连接梵蒂冈贝尔维德尔宫的东翼和西翼。梵蒂冈博物馆于 1475 年由西斯克特四世（Sixtus IV）所建，位于尼古拉五世（1447 至 1455 年间任教皇）建造的梵蒂冈宫某侧的一层，和布拉曼特设计的贝尔维德尔宫相连。

[58] 图书馆主要以北面和南面的窗户为光源，同时图书馆内部空间一直延伸到贝尔维德尔宫西翼，此处的光线从面对梵蒂冈花园外墙的两扇窗户进入。

[59]《如何运送梵蒂冈方尖碑》，第 2 卷，第 11r 页。根据丰塔纳的记载（《如何运送梵蒂冈方尖碑》，第 1 卷，第 4r 页），西斯克特五世的宫殿于 1589 年 4 月 30 日动工，1596 年在克雷芒八世·阿尔多布兰迪尼（Clement VIII Aldobrandini，1592—1605 年）任期内完工。

[60]《如何运送梵蒂冈方尖碑》，第 1 卷，第 102v 页。格列高利礼拜堂是圣彼得大教堂右侧的第四个礼拜堂，由贾科莫·德拉·波尔塔在格列高利十三世任期内的 1583 年建造。

[61] 奎里纳勒宫殿由奥塔维亚诺·马斯卡里诺（Ottaviano Mascarino）从 1583 年开始建造，但在 1585 年因为格列高利十三世的逝世而中止。1589 年，西斯克特五世委托丰塔纳重启马斯卡里诺的设计，并且将其改造成更宏伟的宫殿（参见《如何运送梵蒂冈方尖碑》，第 1 卷，第 4r－101r 页）。

[62] 现在是九月二十日街（Via XX Settembre）。

[63] 西斯克特五世·佩雷蒂·蒙塔尔托的盾徽。

[64]《如何运送梵蒂冈方尖碑》，第 1 卷，第 100r－101r 页。卡斯特和帕勒克这对狄俄斯库里兄弟的雕像是公元 2 世纪时创作的罗马临摹品，以公元前 5 世纪的古希腊雕像为原型。16 世纪时，建筑师和古物研究者皮罗·利戈里奥（Pirro Ligorio）认为这个雕像再现的是亚历山大大帝和他的战马布塞弗勒斯（Bucephalus）。丰塔纳于 1589 年将这对雕像放置在奎里纳勒广场。

[65] 贝洛里提到喷泉装饰"现在已经（have been）被改成……在克雷芒九世任期内"，这表明他是在 1667 至 1669 年间写下的《多梅尼科·丰塔纳传》，也就是克雷芒九世任期内。

[66] 参见注释 43。

[67] 马太宫，即如今的阿尔巴尼·德尔·德拉戈（Albani Del Drago）宫，位于四喷泉街和九月二十日街交叉口。关于红衣主教卡米洛·马西莫，参见附录。

[68] 1587 年，莱昂纳多·索尔马尼（Leonardo Sormani，1530—1589 年）和托马索·德拉·

波尔塔（Tommaso della Porta，死于 1618 年）创作的一个圣彼得青铜雕像被放置在图拉真柱顶部。1588 年，马可·奥勒留（Marcus Aurelius）柱，即贝洛里所说的"安东尼柱"，其顶部是科斯坦蒂诺·德·塞尔维（Costantino de'Servi）创作的一个圣保罗青铜雕像（《如何运送梵蒂冈方尖碑》，第 1 卷，第 99r－100r 页）。

[69]《如何运送梵蒂冈方尖碑》，第 1 卷，第 80r－81r 页。

[70]《如何运送梵蒂冈方尖碑》，第 1 卷，第 105r 页。教皇的侄子是亚历山德罗·佩雷蒂·蒙塔尔托（1570—1623 年）。

[71]《如何运送梵蒂冈方尖碑》，第 2 卷，第 18r－19r 页。西斯克特五世死于 1590 年。

[72] 西斯克特五世的中间名是"菲利斯"。

[73]《如何运送梵蒂冈方尖碑》，第 1 卷，第 54r－56r 页。

[74]《如何运送梵蒂冈方尖碑》，第 1 卷，第 56r 页。摩西雕像是普洛斯佩罗·安蒂奇（Prospero Antichi）所作，他也被称作布雷西亚人（il Brescianino，死于 1592 年之后）。两幅浮雕分别是弗拉米尼奥·瓦卡（Flaminio Vacca，1538—1605 年）创作的《基甸和士兵》（*Giedion and the Soldier*），以及乔凡尼·巴蒂斯塔·德拉·波尔塔（Giovanni Battista della Porta，约 1542—1597 年）创作的《摩西敲击石头取水》（*Moses Striking Water from the Rock*）。

[75]《如何运送梵蒂冈方尖碑》，第 2 卷，第 20v－22r 页。

[76] 丰塔纳直到 1594 年才搬去那不勒斯。关于他在那不勒斯的工作，参见《如何运送梵蒂冈方尖碑》，第 2 卷，第 22r－27r，29r 页。胡安·德·祖尼加（Juan de Zúñiga），米兰达伯爵，1586 至 1595 年间任那不勒斯总督。

[77] Terra di Lavoro 曾是意大利南部的一个地区，虽然在意大利语里这个名词的意思是"劳作之地"（Land of Work），但它实际上源自拉丁语 Liburia。此处遵照意大利语的意译。——译注

[78] 恩里克·德·古兹曼（Enrique de Guzmán），奥利瓦雷斯伯爵，1595 至 1599 年间任那不勒斯总督。

[79] 1601 至 1603 年间任那不勒斯总督。这条街现在是皮里耶罗街（Via del Piliero）。

[80] 法兰西国王查理一世，1226—1285 年，安茹（Anjou）、曼恩（Maine）、普罗旺斯伯爵，1266 至 1285 年间任西西里王国国王。

[81] 安茹的查理，萨勒诺君王、匈牙利王朝国王（1271—1295 年），和哈布斯堡的克莱门蒂亚（死于 1295 年）。

[82]《如何运送梵蒂冈方尖碑》，第 2 卷，第 24v 页。

[83] 圣马太的遗物供奉在萨勒诺大教堂的地下礼拜堂，圣安德烈的遗物供奉在阿马尔菲大教堂的地下室。

[84] 两个圣马太的青铜雕像出自米开朗琪罗·那切里诺（Michelangelo Naccherino）之手。

[85] 腓力三世在 1598 至 1621 年间任西班牙国王。

[86] 堂·费尔南多·露易兹·德·卡斯特罗（Don Fernando Ruiz de Castro），莱莫斯伯爵，1599 至 1601 年间任那不勒斯总督。

[87] 胡安·阿方索·皮门特尔·德·埃雷拉（Juan Alfonso Pimentel de Herrera），贝内文特伯爵，1603 至 1610 年间任那不勒斯总督。

[88] 宫殿的正面在 1743 至 1748 年间做了扩展，1837 年大火后进行了修复。根据丰塔纳原初设计创作的一幅版画收录于巴里奥努埃沃（Barrionuevo，1616 年），第 152 - 153 页。

[89] 曼努埃尔·德·古兹曼（Manuel de Guzmán），蒙特雷伯爵，1631 至 1637 年间任那不勒斯总督。

[90]《如何运送梵蒂冈方尖碑》，第 2 卷，第 25r - 27r 页。

[91] 佩德罗·安多尼奥·德·阿拉贡（Pedro Antonio de Aragón），利格斯塔伯爵（count of Ligosta），1666 至 1671 年间任那不勒斯总督。贝洛里写的"直到现在（until this time），在总督堂·佩德罗·德·阿拉贡任职期间才完工"更加明确地证明了《多梅尼科·丰塔纳传》的写作时间（参见注释 65）。

[92] 弗朗切斯科·安多尼奥·皮奇亚蒂（Francesco Antonio Picchiatti，1617—1694 年）是那不勒斯王国的总工程师。

[93] 他的墓地在二战时被毁，后来经过了修复，现在是教堂入口的右手第一间。

[94] 朱里奥·切萨雷·丰塔纳在 1593 至 1627 年间活跃在那不勒斯。

[95] 即格列高利桥（Ponte Gregoriano）。阿夸彭登泰小镇位于博尔塞纳湖（Lake of Bolsena）北部大约 10 公里的地方。

[96] 参见注释 75。

[97] 雅尼库鲁姆山的喷泉即保罗喷泉（Fontana Paola），由弗拉米尼奥·蓬奇奥（约 1560—1613 年）设计。克雷芒十世（1670—1676 年）任期内，卡洛·丰塔纳（Carlo Fontana）对其进行了修缮。

[98] 同样参见巴格利奥尼（1642 年），第 130 页。然而，没有证据表明乔凡尼·丰塔纳是朱斯蒂尼亚尼宫的设计者。

[99] 卡洛·马德诺于 1607 年被任命为圣彼得大教堂的负责人。

第 4 章
费德里科·巴罗奇[1]

乌尔比诺公爵费德里科·达·蒙泰费尔特罗（Federico da Montefeltro）在当时动荡的意大利是位风云人物[2]，在他的委托下诞生了无数的杰出作品，其中一个是在乌尔比诺的崎岖地段建造了一座无比宏伟的宫殿，它被誉为当时意大利最美丽的宫殿。[3]为了确保这个宫殿能满足身心各方面的需求，他不仅将其装饰得富丽堂皇，用古代大理石及青铜雕塑和珍稀绘画来装点，还煞费苦心地收藏了大量的珍贵书籍。为了建造这座庞大的宫殿，他将各行各业的优秀工匠召集到乌尔比诺，其中一个人叫安布罗乔·巴罗奇（Ambrogio Barocci），他是米兰的雕塑家，因为久居乌尔比诺，他娶了当地一位体面的女性为妻。这个安布罗乔就是乌尔比诺的巴罗奇家族的先祖，伟大画家费德里科的曾祖父，我将在本章介绍这位画家，遵照蓬皮利奥·布鲁尼（Pompilio Bruni）阁下写的关于他的回忆录。布鲁尼阁下非常慷慨地将这部回忆录赠送给我，他是数学仪器制造者，至今仍然维系着乌尔比诺的巴罗奇学院。安布罗乔一生效忠于公爵，享尽荣华富贵，获得了世人的尊敬。他有一个儿子，名为马克·安多尼奥（Marc'Antonio），此人精通法律，光荣地效忠于故乡乌尔比诺城邦。[4]马克以其父的名字给他的一个儿子取名为安布罗乔[5]，另一个儿子取名为乔凡尼·阿尔伯托（Giovanni Alberto），他们天资过人，其后代都是非常优秀的工匠。乔凡尼·阿尔伯托有两个儿子，乔凡尼·巴蒂斯塔（Giovanni Battista）和乔凡尼·马里亚·巴罗奇（Giovanni Maria Barocci），他们从事钟表制作，声名远扬。乔凡尼·巴蒂斯塔获得了骑士头衔；乔凡尼·马里亚在当时的钟表制造业独领风骚，他的成就之一是第一个在十二宫图中演示出行星的运动轨迹，以及太阳和月亮的升落轨迹。他依据这个发明为教皇庇护五世制作了一个钟表，其技巧之新颖在当时仿佛是个奇迹，这个钟表现在还能在梵蒂冈宫看到。小安布罗乔养育了两个同样出色的儿子，一个是西蒙尼·巴罗奇（Simone Barocci），他是当今最优秀的数学仪器制造者。乌尔比诺的费德里科·克曼迪诺（Federico Comandino）是数学科学方面的佼佼者，在他的指导下，西蒙尼精通制作罗盘、十字测量仪、星盘等仪器。他的大名无人不知，而且他在乌尔比诺成立了一间十分有名的工作室，延续至今。

小安布罗乔的另一个儿子就是我们说到的费德里科·巴罗奇，他于1528年出生在乌尔比诺。[6] 其父小安布罗乔用模具和浮雕来制作模型、印章和星盘，这启发了他的素描，他在这方面展现出极大的天资。当弗利的弗朗切斯科·门佐奇（Francesco Menzocchi of Forlì）[7] 偶然看到他带去圣十字兄弟会教堂（the Confraternity of the Holy Cross）的基督下十字架这幅画时，门佐奇发现这个男孩身上的巨大潜力，鼓励他全身心投入绘画中去。费德里科的决定获得了他的叔叔巴尔托洛梅奥·真加（Bartolomeo Genga）[8] 的支持，真加是圭多巴尔多公爵（Duke Guidobaldo）[9] 的建筑师。在真加的安排下，他跟着巴蒂斯塔·韦内齐亚诺（Battista Veneziano）[10] 学习绘画，韦内齐亚诺由真加引荐给公爵，绘制大教堂唱诗席的拱顶。由于巴蒂斯塔对古代雕塑有着极大的热情，他要求费德里科坚持依照石膏模型和浮雕绘制素描，后者也确实以热忱和勤奋的态度去学习，忘我地一直学到深夜。他的母亲经常发现他在房间里伴着微弱的灯光通宵学习，热爱学习的人都有过这样的经历。巴蒂斯塔离开乌尔比诺后[11]，费德里科搬到真加在佩扎罗（Pesaro）的家里，得以有机会学习公爵画廊里收藏的提香等大师的作品，同时真加还教授他几何、建筑和透视，他后来在这些领域都成为饱学之士。年满20岁后，对名誉的渴求和对同乡拉斐尔的仰慕促使费德里科决定去罗马，某个来自阿夸拉尼亚（Acqualagna）的名为皮耶尔利奥内的画家正好要回罗马[12]，他的父亲将他推荐给这个人，此人一段时间里都只让他做镀金皮革等低收入的工作。有一天，他在罗马偶然碰到他的一个叔叔，此人是红衣主教朱里奥·德拉·洛韦雷（Giulio della Rovere）[13] 的内务总管。在这个叔叔的引荐下，他为红衣主教画了肖像[14] 等作品，以获得红衣主教的好感。他和其他聚集在那里的人一起临摹拉斐尔的作品，但他性格内向，过于谦逊和腼腆，从来都是独自一人，从未和其他人有过任何交流。他自己曾经回忆在基吉别墅[15] 长廊临摹的时候，回到罗马的乔凡尼·达·乌迪内（Giovanni da Udine）[16] 正好也在那里。乌迪内很欣赏那些学习拉斐尔的画家，他会批阅年轻后辈的素描，用良句箴言鼓励他们。乌迪内看到费德里科的素描后，赞扬了他的作品风格和勤奋态度，询问他的家乡和经历。听说他来自乌尔比诺后，乌迪内拥抱并且亲吻了他，深深感触于尊师拉斐尔的回忆，感谢上帝将让乌尔比诺的荣光在他身上复苏。所有人都目睹了这件事，费德里科也因此出名。有两个年轻的异乡人经常造访这里，当他们来临摹的时候，总是带着用来磨粉笔的纸，还穿着华丽，每个人都对他们很尊敬，把自己的位置让给他们。刚到罗马不久的费德里科以为他们画工很好，也就不敢贸然靠近去看他们的素描。然而，当他的好奇心占了上风，慢慢挪过去瞟到他们的作品后，他失望地发现他们画得并不好。所以他曾经提醒年轻人，要想成为一流的画家，就不能贪图享受，学习的愉悦自会使他们克服困难。他还说过另外一件事，有一天，他正和塔代奥·祖卡里（Taddeo Zuccari）[17]一起在波利多罗[18]建的一座大门上绘制装饰，正要去宫殿的米开朗琪罗恰好路过这里，和平常一样骑着一头小母驴，其他年轻人都蜂拥而去，向他展示自己的素描，只有腼腆的费德里科留在原地，因而塔代奥从他手里拿过画作，替他呈给米开朗琪罗，后者仔细地看了这些素描，其中一幅是以他创作的摩西雕像[19]为原型的十分精细的临摹作。米开朗琪罗赞赏了这幅作品，希望能见见这个年轻人，鼓励他继续坚持不懈地学习。

　　之后费德里科回乌尔比诺待了几年，据说他创作的第一件作品是乌尔比诺圣体兄弟会教堂（the Confraternity of the Corpus Domini）的圣玛格丽特祭坛画。[20]圣玛格丽特身处监狱中，手里拿着十字架，做出仰望天堂的动作。她脚踩一条龙，两个天使为她展示天堂。另外乌尔比诺大教堂（Urbino Cathedral）还有他的几件早期作品，即圣塞巴斯蒂安的殉教[21]和临摹自拉斐尔的圣塞西利亚及其他三个圣徒。[22]当时正好有一个画家刚从帕尔玛回来，途中经过乌尔比诺，带来了一些科雷乔的线稿图和极美的粉蜡画（pastel）头像。费德里科被粉蜡画这种精美的风格吸引了，这个风格和他对自然主义的追求不谋而合，因此他开始用粉蜡笔写生。费德里科学习科雷乔等人而画的这些粉蜡画草图可以在罗马的弗朗切斯科·贝内（Francesco Bene）阁下的陈列室看到，这位阁下来自乌尔比诺。巴罗奇从科雷乔的风格学到很多东西，模仿后者在头像中表现出的细微表情，以及他对色彩的融合和柔化。1560 年再次回到罗马后，费德里科去拜访了费德里科·祖卡里（Federico Zuccari）[23]，后者当时正在为一个套房画饰带画，这个梵蒂冈套房是专门为公爵科西莫·德·美第奇准备的。[24]互相打过招呼后，祖卡里递给他画笔，让他也来画几笔，巴罗奇起先谦虚地拒绝了，后来在祖卡里的一再要求下画了两个小天使，其融合的色彩仿佛不是出自壁画，而是来自油画。然而，祖卡里认为这种风格晕染过度（too sfumato），他当着巴罗奇的面，拿起画笔勾勒出轮廓，稍微增加了色彩的亮度，让整个作品更加完美。站在一旁观看的巴罗奇丝毫不觉得尴尬，相反，他很感激祖卡里用这种真诚且无私的方式来给他建议。1561 年，教皇庇护四世（Pius IV）[25]下令为皮罗·利戈里奥建造的贝尔维德尔林间别墅（Casino of the Bosco di Belvedere）绘制壁画，巴罗奇和费德里科·祖卡里等人一起负责这个工程。在一个房间的四角，巴罗奇画了坐着的美德女神，每个女神都拿着一面盾牌，盾牌上有教皇的名字，还有饰带画里的小普托们。在房间拱顶的中间，他画了圣母和圣子，圣子孩子气地向年轻的圣约翰伸出一只手，递给他一个藤编的十字架，在场的还有圣约瑟和圣以利沙伯。[26]在下一个房间的拱顶上，他画了天使下凡来迎接升天的圣母，这些人物都比较小，但画得非常精致。[27]然后他开始在贝尔维德尔别墅的一个房间绘制摩西向天父祷告的叙事性绘画，这个作品最后没有完成，因为可怜的巴罗奇遭遇了一个致命的不幸，这个不幸后来纠缠了他一生，他不得不退出这个工程。[28]这个可怕的事情据说是某些嫉妒巴罗奇的品德败坏的画家干的，他们邀请他去吃饭，在沙拉里下了毒。无论事实如何，可以肯定的是，从那以后，巴罗奇得了无法治愈的恶疾，严重到没有任何治疗方法，红衣主教洛韦雷请了最好的医生来为他诊断，都没有起效。徒劳地试了各种药物后，他们最后建议他回乌尔比诺，呼吸故乡的清新空气。[29]这个方法也被证明是无用功，在最后他的症状得以缓解前，他被重疾折磨了整整 4 年，期间从未拿起过画笔。他最悲痛的就是无法继续创作，有一天他向圣母无比虔诚地祈祷，而他的祈祷最终也应验了。在身体稍微好转了一些后，他画了一件小幅的圣母子为圣约翰赐福，出于还愿，将其献给了克罗希奇亚（Crocicchia）的托钵僧。克罗希奇亚距离乌尔比诺两英里，他在这里有过一个农场，并且待过一段时间。修士们离开后，这幅画现在在乌尔比诺的女修道院。[30]巴罗奇一直饱受疾病折磨，每天只有两个小时能勉强进行创作。在此期间，他为圣方济各教堂（church of San Francesco）画了一件作品，天使为圣母加冕，圣母怀里是圣子，圣达太（Saint Thaddeus）和圣西门（Saint Simon）分立两侧，他们脚边是这座礼拜堂的赞助人。[31]他完成这幅画后，有几位佩鲁贾的贵族来到乌尔比诺，随行的还有一位画家，他对这件作品大加赞赏，因而这几位贵族决意要带巴罗奇去佩鲁贾，他们也确实很快就将巴罗奇召了过去。巴罗奇本人也很想去，他在那里创作的作品使他跻身一流画家之列。

基督下十字架

巴罗奇为圣洛伦佐大教堂（cathedral of San Lorenzo）画了一幅基督下十字架。[32]这件作品的构图整齐有序，人物安排得当，所有人的动作都围绕着下十字架这个场景。基督的圣体被钉在十字架上，一条手臂已经被解了下来，脚掌和另一条手臂还被钉着。圣约翰从下面接着圣体，十字架后面的亚利马太的约瑟（Joseph of Arimathea）踩在一个梯子上，倚靠十字架的横木，伸手从后面扶着基督下滑的肩膀。他保持这个姿势，专注的目光投向对面的尼哥底母（Nicodemus），后者也踩在十字架后面的梯子上，一条手臂抱着十字架的横木，另一只手抓着锤子，正准备取出基督右手的钉子。在十字架前方，基督身侧是另一架梯子，一个年轻人一只手上覆盖着一块布，从后面扶着基督的背，另一只手扶着基督的大腿。我们只能看到这个人物的背面，他承担了圣体的大部分重量，显示出他强有力的四肢。他上半身朝后仰，紧绷双腿和一侧膝盖，下半截大腿及以下部分都裸露在外，束腰外衣和短斗篷随风飘扬，头发也在风中飞舞。这个人物不仅做出合适的动作，还在基督的腰部投下一片阴影，基督略微前倾的身体的其余部分在光亮里。在这个人对面，一个仆人正低着头从约瑟所在的梯子上爬下来，一侧肩膀和手臂都赤裸着。他牢牢抓着梯子，手里还拿着荆棘冠，钳子挂在手臂上，似乎他刚刚才把基督左手的钉子取下来。这几个人物都全神贯注地干着自己的事情，但中间的基督作为主要人物，四肢毫无生气，衰弱又沉重的躯体中已经没有了生命。他的右手还高高地钉在十字架上，左手和左肩都无力地低垂着，脸歪在左肩上，胸膛也倒向一边，弯着的腰隐没在阴影里，死白的双腿朝外伸，肉体、血管、肌腱和身体轮廓都逐渐虚弱和死去，面庞被死亡笼罩，深黑的头发披在脑后，双目紧闭，吐出最后一口气的双唇微微张开。在其他人物表现出的情感中，圣约翰悲痛地哭泣，抬头看向基督，双手扶着基督被刺穿的脚掌。圣约翰的背后是圣贝尔纳迪诺（Saint Bernardino），他张开双臂，在沉思中陷入深深的哀伤，仿佛他马上也要冲过去扶着圣体。在十字架的脚下，画面前景的女圣徒表露出令人动容的伤痛之情，她们弯下腰去帮助已经昏过去的圣母，其中两个奔过去的女圣徒双手伸向圣母，剩下的一个女圣徒跪在她背后，双手从她腋下扶着她，把她歪着的头靠在自己手臂上，上半身前倾，泪眼蒙眬地看着圣母那死气沉沉的脸。这些人物的情感都通过精致的面部神态表达出来，而且每个人物的轮廓都被精心修正，柔美的色彩也都融合在一起。巴罗奇还有一个值得赞颂的特点是他对飞扬的衣服的处理，布料褶皱都和每个人物的动作和谐一致，这是公认的绘画最难的方面之一。

　　在这些贵族的慷慨赞助和善意款待下，巴罗奇在佩鲁贾待了 3 年，在那里留下一件杰作，吸引各地的人们前去参观。回到乌尔比诺后，因为他和西蒙内托·阿纳斯塔基（Simonetto Anastagi）阁下交好，他送给这位阁下一幅自己画的高约 4 足的基督诞生图。[33] 他给乌尔比诺圣方济各教堂的大祭坛画了一幅祭坛画，这也是一件非常完美的作品，描绘了在圣方济各的指引下，基督赦免那些前往阿西西天使教堂（church of the Angeli in Assisi）的信徒。

阿西西的圣方济各的赦免

巴罗奇描绘的是教堂内部的场景。画面中央是祈祷的圣方济各，他一条腿跪在一级宽大的大理石石阶上，身体朝外前倾，由内而外地满溢着虔诚之情。他张开双臂，稍稍侧脸看向上方的圣母。在光辉的天堂里，基督在中间，两旁是圣母和圣尼古拉（Saint Nicholas），基路伯们（cherub）隐藏在散发金光的云朵里。跪着的圣母张开双手，表示将圣方济各的请求传达给基督。她伸出右手向基督祈祷，左手伸向圣方济各，表明她为他代祷。[34]圣母侧面对着我们，蓝色的斗篷从她头上一直覆盖到手臂和膝盖。基督站在中间，头上散发万丈光芒。他正面站在一大片明亮的背景前，朝前伸出右手，通过圣母和圣方济各的代祷来祝福和赦免信徒，同时张开左手，左臂裹在红色的斗篷里，斗篷从左肩绕到右肩后面，和束腰外衣一起随风飘扬。他站在3个基路伯身上，一只脚轻盈地踩着中间的那个基路伯，另一只脚悬在空中，我们可以仰视两只脚的脚底板，看上去就像是基督的神性在支撑他。基督另一侧的圣尼古拉穿着主教袍，跪在云端，一只手拿着一本装饰着3个金球的书，另一只手拿着一把权杖，脚边是他的主教冠。巴罗奇的精湛技巧在这件作品中展露无遗，每一处细节都体现了他精确和自然的模仿。圣方济各跪着的那级大理石台阶通向另外两级窄台阶，这两级台阶的旁边是两个栏杆，栏杆上覆盖着布料，其中一个栏杆上还有两个火炬和一个铃铛。巴罗奇在画面深处描绘了一个小礼拜堂，由于礼拜堂的视角偏向一边，从门口只能看见半边祭坛和半幅画，画中是十字架上的基督，基督脚边是圣母，另外还能看见一个烛台上点亮的蜡烛。黑暗的墙上有一扇镂空的格子窗，仔细看的话，可以发现蜡烛的光透过格子窗微弱地照亮了外面一个柱子。上方明亮的光线照亮了中间的圣方济各，在后方那面黑暗的墙的衬托下，他的头看上去十分显眼，因此圣方济各的侧影在教堂昏暗的环境里清晰地显现出来。虽然圣方济各被上方的光线照亮，照亮基督的却不是被天堂的圣光，而是白天的自然光线。巴罗奇合理地运用这个技巧，使上方的人物得以突显出来。他巧妙地在人物上运用阴影，和完全被照亮的背景形成对比。巴罗奇在女修道院完成了这件作品，前后花了七年多时间，不仅因为他为其做了大量研究，也是因为病痛的折磨让他难以工作。1581年出版了一幅以这件作品为原型的对开蚀刻版画。[35]原本修士们只付给巴罗奇100个金斯库多，巴罗奇本人对这个酬金没有异议，因为修士们都很贫困。这件作品受到众人称赞后，修士们又筹款付了他另外 100 个弗罗林（florin）。[36]

之后巴罗奇为阿雷佐的皮耶韦圣母教堂（the Pieve of Arezzo）创作了一幅七圣礼图（见图 4 - 1）。[37]画中的基督坐在云端，为那些向圣母祈祷的信徒赐福。他们代表的是七圣礼，此外还有一些其他人物。在一群接受救济的穷人中，有一个特别栩栩如生的盲人，他正转动把手演奏一把中提琴。巴罗奇希望能亲自把这幅画送到阿雷佐，顺便在托斯卡纳地区旅行，去见识一下那里的大师们的作品。他去了佛罗伦萨，急不可耐地拜访了大公的宫殿和画廊。那时的统治者是大公弗朗切斯科[38]，这是一位极为圣明的君主，也是高雅艺术的赞助者。大公知道了巴罗奇的名望以及他带去阿雷佐的作品后，出于高尚的品性，他想出一个计划，即隐瞒身份出现在巴罗奇面前，使他们能无拘无束地谈话，听听巴罗奇关于绘画的观点。到了巴罗奇去宫殿的那一天，大公乔装打扮后去见巴罗奇，伪装成服饰管理员，带着巴罗奇参观各个房间，向他展示自己收藏的众多绘画和雕塑作品，探听他觉得哪些作品值得夸耀。大公就这样和巴罗奇待了很长一段时间，直到他准备离开一个房间的时候，有人呈给他一份诉状，巴罗奇由此认出他的真正身份，并立刻请求离开。大公亲切地挽留他，握着他的手，希望能像刚才那样和他再待一会儿。大公十分欣赏巴罗奇的渊博学识和谦逊品格，为了把巴罗奇收进自己麾下，他开出十分慷慨的条件，但巴罗奇告知了大公他的身体状况和在故乡静养的需要，谢绝大公的好意后，他回到了乌尔比诺。

巴罗奇之后开始着手为塞尼加利亚圣十字兄弟会教堂（the Confraternity of the Holy Cross in Senigallia）[39]创作一幅基督下葬图。裹尸布上的救世主正被抬到坟墓里去，两个人分别抬基督的头和脚，靠近前方的是圣约翰，他用裹尸布抬基督的脚，全身的动作都表现出基督身体的压力和重量，他的胸膛和手臂都朝后转，头发在风里飞扬。被抬着的圣体的上半身露在外面，显得衰弱无力，他的面颊松弛地搁在肩膀上，头发披散，双目紧闭，仿佛在安静地沉睡。圣约翰的背后是只能看见部分身体的昏过去的圣母，一个女圣徒扶着她，另一个女圣徒双手举着一块面纱擦拭自己的眼泪。在她们对面，抹大拉跪在地上表达自己的悲伤，她的头发散乱，交叠的双手伸向基督。在她后面，一个人正弯着腰在峭壁里擦拭坟墓。远处的基督受难处隐约可见几个人正在移走十字架旁边的梯子。这是一件非常精美的作品，经常被后人临摹，曾经被一个莽夫毁坏，他在临摹的时候划破了原作的颜料和线条，彻底毁了这幅画。就这样过了几年，在乌尔比诺公爵的要求下，巴罗奇把这幅画带回家，从画室找出以前的草稿，几乎在自己生命的最后几年重画了一幅。[40]他还为塞尼加利亚画了另一件作品，圣雅辛托斯（Saint Hyacinth）跪着从圣母手里接过肩布，圣母的膝上是圣子。[41]他为拉文纳橄榄会僧侣（Olivetan monks）的圣维塔利斯教堂（church of San Vitale）绘制了一幅圣维塔利斯（Saint Vitalis）的殉教。[42]圣维塔利斯被扔到一口井里，他的正面像是用短缩法表现的。他后面站着一个把他推下去的侍从。天使从天而降为他带来花冠和棕榈叶。画面中还有执政官等其他人物，执政官专注地看着这一幕。除此之外还有一个很有趣的构思，一个女孩正把手里的樱桃喂给一只喜鹊，她的母亲在她旁边，拉着她转过头去看圣维塔利斯，喜鹊张着嘴，扑棱翅膀。很难说清楚巴罗奇有时在作品中表达的这种趣味的意义是什么。在这件作品中，他用樱桃暗示季节是春天，因为圣维塔利斯殉教是在每年4月28日庆祝的。

教皇格列高利十三世时期，奥拉托利会（Fathers of the Oratory）的瓦利切拉圣母教堂（church of Santa Maria in Vallicella）在罗马建成，其创立者圣腓力·内里（Saint Philip Neri）热忱地希望用大师的作品来装饰这座教堂，巴罗奇受雇为圣母往见祭坛创作祭坛画。他在画中描绘了圣以利沙伯站在门口的台阶顶上，伸手拥抱圣母，圣撒迦利亚（Saint Zacharias）也出门来迎接她。站在台阶底部的圣约瑟一边牵着驴子的缰绳，一边放下包裹。圣母后面是一个正走上台阶的年轻妇人，她一手牵起衣摆，一手夹着一篮子鸡。这是一位画得非常美丽的人物，处于最靠近画面前端的部分，后背有一顶草帽，说明此时是七月的夏天。据说圣腓力非常喜欢这幅画，经常来这个礼拜堂虔诚地沉思。毫无疑问，巴罗奇尤其擅长画圣像，他也确实值得最高的赞美，因为很少能在教堂里见到这样得体又神圣的作品，能够激起信徒内心的虔敬。同时，他为佩扎罗创作了一件极为优秀的作品，即为圣安德烈兄弟会教堂（the Confraternity of Saint Andrew）所作的一幅祭坛画，圣安德烈和圣彼得受召成为使徒。[43]基督站在岸边，一只手伸向圣安德烈，后者单膝跪在地上，张开双臂表达他回应召唤的意愿。背景里，一个年轻人撑着桨稳住船，正下船的圣彼得一只脚踩在水里，他也急迫地要奔过去回应主的召唤。巴罗奇在乌尔比诺公爵夫人[44]的要求下画了这幅祭坛画，她于1580年告知他这个委托，报酬是200个金斯库多。这件作品于1584年完成后，公爵对其非常满意，要求圣安德烈兄弟会把这幅画转让给他，并且将其送给西班牙国王腓力二世，因为圣安德烈是金羊毛骑士团（Knights of the Order of the Golden Fleece）的守护圣徒。现在这件著名作品和其他大师画的圣像一起收藏在埃斯科里亚尔修道院[45]，那里藏品众多，其中一幅圣母领报图和洛雷托另一幅圣母领报图很相似，我将在下文介绍这一件作品，同样是乌尔比诺公爵将这幅画送给了腓力二世。[46]巴罗奇为佩扎罗的圣安德烈兄弟会画了另一幅圣安德烈。[47]在佩扎罗圣方济各教堂，有一幅巴罗奇画的被祝福的米凯利那（Blessed Michelina），她是女修道院第三修女（a tertiary of the Conventuals）。她张开双臂跪在加略山（Mount Calvary）上，全神贯注地陷入对主的受难的沉思。[48]她的朝圣手杖和帽子都放在地上，斗篷在风里飘扬，远远可以看见耶路撒冷城。公爵弗朗切斯科·马里亚是领报圣母（Virgin Annunciate）的信徒，在洛雷托教堂为圣母捐献了一座礼拜堂，礼拜堂的祭坛画就出自巴罗奇之手。

圣母领报（见图 4 - 2）

圣母惊讶地愣在原处，跪在地上，双目低垂，在克制的惊奇中张开右手，拿着书的左手放在桌子上。[49]她面前的天使单膝跪地，拿百合花的左手放在左膝上，同时平静地朝圣母伸出右手，恭敬地宣告这个神圣的秘密。巴罗奇将圣母和天使描绘得极其优雅美丽。圣母是完整的正脸，天使只露出半边脸。圣母表现出高度的谦逊和圣洁，眉目低垂，头发简单地梳起来，露出额头，蓝色的外袍更加突显了她的端庄，外袍从她的手臂一直覆盖到地上的跪台。天使美丽的侧影显得十分神圣，他的金发松散地覆在额头和脖子上，不仅能从轮廓和体形上看出来他的机敏活泼，更能从色彩上感受到他的灵性，袍子的黄色和束腰外衣的亮红色平滑地融合在一起，天蓝色的翅膀就像一道圣洁的彩虹。巴罗奇还将这件作品的构图用到一幅蚀刻画上[50]，从中可以理解这个构图的完美。乌尔比诺公爵对这幅画极为满意，高度赞扬巴罗奇的精湛技艺。他是一位非常高尚和杰出的君主，在当时的意大利十分有名，因为他的宫廷培养了各行各业的优秀人才。他一直认为费德里科·巴罗奇是其中最出色的一员，出于爱才之心，他经常造访巴罗奇的住处，这个地方为他的城邦增添了光彩。[51]

巴罗奇为孟达维奥（Mondavio）托钵僧教堂画了另一幅圣母领报图，加上了正在读书的圣方济各。[52]他也为福松布罗内（Fossombrone）圣方济各会教堂创作了一件作品，画中的圣母坐在云端，施洗约翰和圣方济各跪在下方，这些人物的有些部分是用的水粉画法（gouache）。[53]随后他为佩扎罗的上帝之名信众会（Company of the Name of God）大祭坛画了一幅割礼图。[54]一个坐着的男人将圣子放在膝上，割礼实施者已经割开了包皮，把一块纱布蒙在伤口上，拿起药粉准备用来止血。圣母和圣约瑟跪在后面。在其余人中，有一个男人正将刀收进刀鞘，一个拿火炬的男孩指着放在小碗里的包皮，一个牧羊人跪在前面，献上他的羔羊，上方的两个天使在祷告。从圣母跪着的脚凳上可以分辨出费德里科·巴罗奇的名字，以及这幅画的创作时间：FED. BAR. VRB. PINX. MDLXXXX。到了 1596 年，巴罗奇完成了一幅基督受难的祭坛画，这是马泰奥·塞纳雷加（Matteo Senarega）阁下提出的委托，他是热那亚总督。这幅祭坛画因其精美而广为人知，在热那亚大教堂（Genoa Cathedral）供人瞻仰。巴罗奇描绘了在空中哭泣的天使，在十字架下方，圣母瘫倒在地，圣约翰扶着她，另外画中还加上了圣塞巴斯蒂安，这座礼拜堂就是献给这个圣徒的。我在此不再赘述这件作品表达的各个人物的情感，仅附上塞纳雷加本人写给巴罗奇的一封信，他是一位著名的有识之士。

马泰奥·塞纳雷加致费德里科·巴罗奇阁下：

这件作品唯一的不足是它的神圣性已经超越了人的赞美之词所能企及的高度，所以它就这样维持着静默和神秘。那十字架上的基督，虽然看上去是一个死去的躯体，却也同时散发着生命力，昭示着天堂，向我们指明真正的意义，即基督凭其自身的意志和恩准，为了我们的救赎而甘愿赴死。圣母的模样是那样优美，在她注视基督的视线中，我们既能感受到伤痛，也能感受到治愈，既是怜悯，也是慰藉。她那圣洁的灵魂穿过基督的伤口，仿佛在确认她的失神是因为爱子的受难，还是因为人类的救赎。在这些不同情绪的冲击下，她惊愕地向后倒在圣约翰身上，后者温柔地扶住她，他也被这神迹和救赎深深触动了。在圣塞巴斯蒂安身上，我们看到最美丽的颜色和最和谐的艺术韵律，堪称前无古人后无来者。整个祭坛画都充满如此高的艺术性和观赏性，甚至无人敢对它有非分之言。那些神圣的天使又何尝不令人感到惊叹和怜悯？我必须再次重申，这件神圣的作品让人感到陶醉和热泪盈眶，它不露痕迹地感化了我们。所以我越发对您感到责任重大，您为这件作品花费了大量的心血，而我所器重的文图拉阁下[55]将接替您在这里的工作。罗马的朱斯蒂尼亚尼阁下已下令将剩余的酬金支付给您或您的代理人，这当然不会免除我对您的责任，我永远不会忘记这份责任，只要您需要，我会第一时间为您效劳。写自热那亚，1596 年 10 月 5 日。

巴罗奇为乌尔比诺死亡信众会（Company of Death）画了另一幅类似的基督受难图，但十字架底部的人物是他的学生亚历山德罗·维塔利（Alessandro

Vitali）[56] 所画。巴罗奇为博维斯（Buonvisi）阁下画了另一幅别碰我的祭坛画，放在卢卡（Lucca）的一座教堂里。[57] 画中的基督以园丁的模样现身，从抹大拉面前往后退，跪在地上的抹大拉伸出手试图触摸他，这也被认为是巴罗奇笔下最优秀的作品之一。如上文所说，为奥拉托利会教堂画的那幅圣母往见图让圣腓力非常满意。之后教堂献给圣母生平的其他祭坛陆续完工，托迪（Todi）主教安杰洛·切西（Angelo Cesi）阁下完成了教堂大门的修缮，这个大门是由他的兄弟红衣主教皮耶尔·多纳托·切西（Pier Donato Cesi）建造的。安杰罗·切西希望为右边的祭坛装饰一幅祭坛画，他将这个以圣母进殿为主题的作品交给巴罗奇，后者也确实在上面倾注了无数的心血，做了大量的研究。

圣母进殿

年幼的圣母来到圣殿的台阶顶端，她跪在神父面前，后者把手放在她头上，引领她献身于上帝。[58] 她双手交叠放在胸前，恭敬地低下头，眉目低垂，整个面庞显现出神圣和简朴。圣殿门廊上是几个利未男孩，他们从旁协助，穿着白色短袖法衣（cotta）。其中两个男孩拿着烛台分立两侧，烛台上是点亮的白色蜡烛，另外两个较年长的教士穿着长长的白麻布圣职衣（alb），协助中间年迈的神父，举起他手臂上的金色外袍。左边的教士张开手，很欣赏上帝选中的这个少女所表现出来的优雅和谦逊，右边的教士转向另一侧，伸出手示意后面的人呈上为她的献身而备的熏香。有一个男孩正双手拿香炉，专注地看着香炉，从那些手拿蜡烛的男孩中走上前来。圣安娜跪在一级台阶上，这级台阶在圣母往下第四级、地面往上第二级，她张开的双手正准备合上，显露出她虔诚的母爱。在她的另一侧，圣约阿希姆低下头和她说话，指着神父。穿红袍的圣安娜沐浴在强烈的光线里，展示出她风韵犹存的侧脸。在他们下方，第一级台阶上坐着一个乡下女孩，她双手放在一个装着鸽子的篮子上，这些鸽子即将被呈上圣殿。她穿着一件黄色的裙子，朝外转的脸上洋溢着欢快的神情。她看着一个老妇人，后者手放在她肩上，似乎在向她询问那个圣殿里的女孩，我们只能看见老妇人的侧脸以及画框边的手。在她们对面，一个男人正拽着一只公羊的角把它往前拉，准备将其作为祭品。他后面是一个弯腰的男孩，男孩一只手放在一头棕色的牛的肩上，另一只手喂给它葡萄藤，他们上方是一个靠在手杖上的盲人，男孩和盲人都被画框截去半边身体。圣殿大门的上方金光四溢，一些基路伯隐藏在云朵里。另外还有 3 个飞在半空的天使，中间的天使拿着一个金色的环形头饰或王冠，用其为圣母加冕永恒的至福，右边的天使抛洒玫瑰等鲜花，左边的天使双手做祈祷状。门廊上的人物所处的深色背景是圣殿的正门及其建筑装饰，从门里可以看见圣殿内部。中间的神父从阳光里现身，他朝右边弯下腰，投下一片阴影，笼罩了那个举着他外袍的教士的手臂，以及紧邻的两个拿烛台和香炉的利未男孩，他们身前另一个举着烛台的穿白色短袖法衣的男孩沐浴在光线里，这几个人物都是作为下方的圣安娜和圣约阿希姆的背景。这件各方面都极其优秀的作品因光线照射而受到损害，画面上融合无间的色彩被光线照得褪色了。

　　巴罗奇从 1594 年开始画这件作品，当时是克雷芒八世任教皇。[59] 当教皇亲自去收回费拉拉公爵的领地时[60]，他中途在乌尔比诺公爵府上下榻[61]，后者为他准备了一份非常珍贵的礼物，即一个用黄金精心打造的盆，用来储存圣水。为了进一步装饰这个盆，公爵要求巴罗奇在盆的正中间用金箔画了坐在云端的圣子，圣子一只手举着尘世，另一只手做出祝福的手势。[62] 教皇非常喜爱这幅画，将其从盆上移到他的每日祈祷书（breviary）上，好方便他每天在颂祷时都能看到。因此，当克雷芒八世在神庙遗址圣母教堂（Santa Maria sopra Minerva）建造他著名的礼拜堂时[63]，他以乌尔比诺公爵为中间人，命令巴罗奇画了一幅描绘授予圣餐的祭坛画。

授予圣餐（见图 4 - 3）

　　基督一只手拿圣餐盘，另一只手拿一片圣饼，站在一个修道院的餐厅里，似乎在用圣饼指代他的身体，为他的受难而沉思。[64] 使徒们跪在他脚边，左边的圣约翰低下头，张开双臂，掌心朝下，极其恭敬地弯着腰，他的红色斗篷从一边肩膀向下覆盖着身体，里面的衣服袖子卷到手肘以上，光着两只脚。在他对面，一个使徒抬起头，看着圣饼，准备领受圣餐，他的金色斗篷在强烈的光线里闪闪发亮。他身后的另一个使徒双手交叠放在胸前，虔诚地垂下双眼。在这两个人中间，圣彼得张开双手，惊奇地注视着这个神圣的场景，他位于那些基督身前的人物的上方。从圣彼得的右后方可以看见其他门徒，他们离得略远，围在一个放圣餐杯和一罐葡萄酒的桌子旁，最靠近前面的那个门徒一只手放在桌子上，另一只手放在胸前，正要从座位起身并跪倒在地。所有门徒都被基督的话语打动，他们做着手势，脸上现出惊异的神情，向前聚拢在一起。我们很容易从黑暗中辨别出不忠的犹大的脸，他那低垂的双眼不是因为谦逊，而是因为他在集中精力筹划背叛。他在另一侧的圣约翰背后，单膝跪在地上，手撑在另一条腿上，手里还抓着钱袋，同时用另一只手撑着头，一动不动，完全沉浸在背叛主的思绪中。犹大的袍子是橙黄色，他身后的其他使徒隐藏在阴影里，都谦逊而虔诚地对基督顶礼膜拜。巴罗奇不仅把这些人物表现得十分生动，还仔细地在昏暗的暮色里再现了远景餐厅的整个内部空间。在基督的左后方还有一个比较远的桌子，上面有一个烛台，烛光照亮了一个仆人，他的手正放在桌子上。在更远的餐厅后面，餐具橱柜上还点着一根蜡烛，仆人们正在收拾瓶瓶罐罐，这些都是粗略地勾勒出的远景人物。烛光照亮了阴影里的墙壁、门框、壁柱、檐板和木刻天顶。因为这个事情发生在晚上，画面最右边的那个年轻人半边身子都隐没在阴影里，他拿着一个火炬，前面的深色门帷遮住高高的火焰，火光照亮了基督和他脚边的门徒等主要人物。从餐厅往下三级台阶就是前景的地面，两个仆人笼罩在阴影里，一个人在铜盆里洗锡制的盘子，另一个人右臂下夹着一个篮子，篮子里装着剩余的晚餐。他一只脚踏在第一级台阶上，身子扭向左边，弯下腰去捡地上的一个铜桶，左手几乎够到了这个桶，他弯腰的幅度太大，似乎在担心篮子里的东西会掉出来。这两个人物隐在夜色里，地上的一小截蜡烛略微照亮了他们。非常不幸的是，这幅画没有从正面获得足够的照明，人们完全看不清楚，也无法体会到其中的艺术性，因而这件作品无人问津。巴罗奇在罗马等地的作品都有这个问题，这些精妙的画作都需要足够的照明。

在这件作品正式开始创作前，教皇希望先审阅草图，巴罗奇起先画了恶魔在犹大耳边低语，诱惑他背叛主。教皇说他不喜欢看到恶魔离基督这么近，也不想看到恶魔出现在祭坛上[65]，所以巴罗奇移去了恶魔，犹大还保留原来的姿势，仿佛在谋划要背叛主。乌尔比诺公爵将这幅画作为礼物送给教皇，后者感到非常满意，不仅对作品赞美有加，还给了巴罗奇一条价值连城的金链。[66]巴罗奇画的其他还在公开场合的作品中，有一幅在科尔托纳的佐克兰提教堂（church of the Zoccolanti），描绘的是跪着的圣凯瑟琳抬头看向光芒四射的基路伯们，一个天使为她带来殉道的王冠。[67]在马切拉塔（Macerata）的托钵僧教堂，有一件描绘圣灵感孕的作品，一群天使围着圣母，下方的指着圣母的施洗约翰、圣方济各、圣博纳文图拉（Saint Bonaventura）和帕多瓦的圣安东尼都描绘得很清晰。[68]值得一提的还有圣方济各的圣痕这幅祭坛画，位于乌尔比诺托钵僧教堂。画中的圣方济各跪在维纳山（La Verna）的崎岖岩石间，敞开双臂，圣光穿透了他。遥远的下方，他的同伴手放在额头上，以挡住刺眼的圣光。[69]在圣方济各教堂的圣灵感孕信众会（Company of the Immaculate Conception）的祭坛上有一幅祭坛画，画中的圣母站在月亮上，张开双臂，她的下方聚集着信众会男男女女的信徒们。这原本是一幅水粉画，由于画面被逐渐腐蚀，巴罗奇在生命的最后几年将其改成了油画。[70]他的最后一件作品是乌尔比诺大教堂礼拜堂的最后的晚餐。[71]基督坐在餐厅里，被他的门徒包围着。他一只手在圣餐杯前拿着圣饼，另一只手做出祝福的手势，眼睛望着在光芒中显现的天堂，4个天使对着他祈祷。使徒们都维持着惊讶的状态，巴罗奇在前面画了一个刚喝了酒的使徒，在听到基督的话语后，用来擦嘴的餐巾布还放在嘴边，一只手正把一个空了的酒杯递给一个小男孩，这个使徒画得十分栩栩如生。他对面的使徒正把刀收进刀鞘。在前景里，画面两边都有仆人一边收拾，一边擦干净桌上的碗。

这么多公开场合的作品听起来确实很不可思议，更不用说那些数量更多的私人收藏的作品，它们是巴罗奇辛勤工作和研究的成果，都是基于对自然事物属性的精确观测。他无法治愈的顽疾使他每天只能早晚各工作一个小时，除此之外的时间里，他根本不能做事，更不用说拿起画笔或是随便画一笔。他经常给他的年轻学生提供指导，这些时间也都是从他能工作的那早晚各一小时里抽出来的，其余时间他都饱受胃疼的折磨，因为每次只要吃完东西就会不停呕吐。吃完早饭和晚饭后，他会一点点吐出吃下去的所有东西，最后整个人都疲惫不堪、头晕目眩，难以平静下来。他吃饭之前从来都没有食欲，但是一旦开始吃，如果没有人把食物从他面前拿走，他就会吃得停不下来。吃得越多，他就越觉得痛苦，也越被呕吐折磨。他晚上睡得很少，即使在短暂的睡眠中，他也总是被可怕的梦魇纠缠，有时会痛苦地呻吟，甚至需要有人特意陪在他身边叫醒他。从被下毒的那一天直到他去世，这个状态持续了整整52年。不可思议的是，尽管被这个疾病折磨了这么久，他一直坚持创作，从未休息或娱乐过，而且活到了84岁的高龄，视力好到从未戴过眼镜，其他感官也都正常。年岁渐长后，有一天他突然中风，在之后的24小时里无法说话，最终于1612年9月30日逝世。他被葬在圣方济各教堂，葬礼非常盛大，在他的灵柩底部放了一幅他自己画的十字架上的基督。[72]巴罗奇家族的墓就在这个教堂的右侧，装饰着家族盾徽，上面是一只老鹰，下面是一根大棒和一头狮子。巴罗奇的侄子安布罗乔刻了以下铭文：

D. O. M.

SIMEONI ET FEDERICO

DE BAROCIIS

ANIMI INGENVITATE PRAECLARIS

MANVVM OFFICIO PRAESTANTIBVS

QVORVM ILLE

NOVIS MATHESEOS INSTRVMENTIS

INVENIVNDIS FABREFACIVNDISQVE

ARTEM ILLVSTRAVIT

HIC VERO

VIVIS PICTVRAE COLORIBVS

OBSCVRAVIT NATVRAM

AMBROSIVS BAROCIVS

PATRI PATRVO AC EORVM PATRVELI

IOANNI MARIAE

HOROLOGIORVM ARCHITECTO

QVI ARCHIMEDEM AEMVLATVS

IN PARVA PYXIDE COELESTES MOTVS

PII V. P. M. AC SVCCESSOR. COMMODIS

ARTIFICIOSE CLAVSIT OMNES

P. C.

（致最伟大的天父。致西蒙尼和费德里科·巴罗奇：他们有着最杰出的头脑，通过双手创造出卓越的成果。西蒙尼用他的发明和新的数学仪器为艺术增光添彩。费德里科笔下的生动色彩让自然都为之逊色。安布罗乔·巴罗奇虔诚地为他的父亲、叔叔及叔公乔凡尼·马里亚建了这个墓碑。乔凡尼是位钟表制作者，其才智足以和阿基米德比肩，他精巧地将天上星宿的运动都收纳进钟表里，献给教皇庇护五世和他的后继者。）

巴罗奇去世前正在画一幅荆冕基督像的草图[73]，已经快画完基督的双脚。基督一定以其博爱接纳了巴罗奇。乌尔比诺的人们为巴罗奇的离去感到无比悲伤，他们非常敬爱他，为他的逝世而深深哀悼，失去这样一个伟人后，乌尔比诺的荣耀也褪色了三分。巴罗奇的后人为他举办了一个非常隆重的葬礼，他们在教堂正中间建了一个灵柩台，刻着象形文字、符号和诗句，表现了巴罗奇的高尚品格和绘画成就，而且葬礼装饰中还包括巴罗奇本人创作的绘画和素描。更能表达失去这样一位人才的伤痛以及对他的敬意的，是乌尔比诺的维托里奥·文图勒里（Vittorio Venturelli）阁下诵读的一篇葬礼悼词，大主教贝内代托·艾拉（Benedetto Ala）阁下从旁协助，参加的还有 8 位最高地方行政官，他们都是年迈的公爵为各个行政区指定的官员。这个盛大的葬礼不仅吸引了整个乌尔比诺的居民，周边城市的名人也都专程赶来，这都是出于对巴罗奇的仰慕和敬爱，他的画笔为那片土地带来了无上荣光。

巴罗奇不高不矮，秃头，面色友善，有一双深色的眼睛，非常枯瘦。[74]他生活富裕，留下了一大笔遗产，因为他可以为他的作品随意开价，无须讨价还价。但他从来不贪财，只关心自己的名誉。他的绘画只为荣誉，而且每次创作都投入大量的精力在研究学习上，我将在下文详述这点。关于他的品格，从来没有人能找到他身上任何一个缺点，他对穷人非常慷慨，对每个人都很友爱，对待他人时总是既和蔼又谦逊。他的另一个美德是，当他被愤怒冲昏头脑，会立刻平息怒气，恢复之前的平静，让他的友善和亲切战胜暴躁。他从不白日空想，也从不画下流的东西，虔诚的本性使他只创作圣像等神圣的主题。由于他睡得很少，每到冬天的晚上，他就会召集乌尔比诺城里有才能和学识的人到他家去，他们会一直待到晚上的第八个小时。[75]他在短暂的睡眠中总是被梦魔困扰，当他在中途醒过来的间隙里得以平复一下时，他会让别人读历史和诗歌给他听，这让他感到愉快和放松。公爵弗朗切斯科·马里亚极为尊敬他，在皇宫里为他预留了一个终身可使用的套房，他在这个套房住了一段时间，建了一个合他品味的房子之后，他谢过公爵，退隐到那里去住了。这位好心的公爵每次去乌尔比诺都会亲自拜访他，因为公爵非常喜欢看他作画，也喜欢和他交谈，而且公爵给予了他很多支持，没有其他人享受过这种待遇。[76]公爵夫人也很欣赏他，不止一次拜访过他。巴罗奇布置了一个大厅，里面展示了他的画作和草图。每一个去皇宫觐见的人都渴望能见到他，也有很多异乡人为了他专程去乌尔比诺，只为了认识他和瞻仰他的杰出作品。他为公爵画过肖像画[77]，也为瓦斯托侯爵夫人（Marchesa del Vasto）[78]、侯爵[79]和高级教士德拉·洛韦雷[80]画过肖像画。他还为好友们画过肖像画，包括乌尔比诺第一位大主教菲利斯·提兰尼（Felice Tiranni）[81]阁下、伯爵朱里奥·切萨雷·玛米亚尼（Giulio Cesare Mamiani）[82]、安多尼奥·加力（Antonio Galli）和他的妻子卡特里娜（Caterina），以及他们的一对双胞胎儿子[83]，两个孩子在玩一条珠宝腰带。他还用油画和粉彩画画过很多其他东西，都很逼真。知晓了巴罗奇的大名后，皇帝鲁道夫二世（Rudolph II）以他派往罗马的大使为中间人，要求公爵让巴罗奇为他创作一件作品，即火烧特洛伊，埃涅阿斯背着他的老父亲安喀塞斯，后面跟着儿子阿斯卡尼乌斯和女儿克瑞乌萨。[84]皇帝对这件作品非常满意，三番五次邀请巴罗奇去他的宫中任职，如果不是因为疾病缠身，巴罗奇会很乐意前去就任。他为高级教士德拉·洛韦雷画过另一幅类似构图的作品，现在在罗马的博尔盖塞别墅。[85]西班牙国王腓力二世很欣赏他画的圣安德烈以及另一幅圣母领报图[86]，写信召唤他去宫里后，命令骑士莱昂纳多·阿雷蒂诺（Leonardo Aretino）尽量舒适地带他前去。国王非常想雇佣他，但他婉拒了，还是因为他的病情。

　　他逝世后留下了很多未完成的作品，尤其是为米兰大教堂（cathedral of Milan）的基督之墓所作的祭坛画，这幅画现在在圣器收藏室。[87]他为古比奥兄弟会（Confraternity of Gubbio）画了一幅圣母领报，虽然没有完成，兄弟会成员们还是对这件作品非常满意。[88]接下来要说到的是另外几件他在各个时期完成的作品。他为弗朗切斯科·马里亚的父亲、公爵圭多巴尔多画了一个房间里的小幅作品，描绘的是圣母在逃往埃及路上的休憩，坐着的圣母用一个杯子从水流里舀水，圣约瑟摘了一支结了果的树枝，递了一些果子给圣子，后者笑着伸出手去接。这幅画后来送给了费拉拉公爵夫人。[89]由于这幅画的构图很受欢迎，他又创作了一些临摹作，伯爵安多尼奥·布兰卡莱奥内（Antonio Brancaleoni）将其中一幅真人大小的水粉画送到他的皮奥比科城堡的教堂（Pieve of Piobbico）。[90]他还为这位伯爵画了另一件很有趣的作品，画中的圣母坐在一个房间里，圣子在她膝上，她指给圣子看一只猫，猫正跳起来去够小圣约翰手里高高举起的一只燕子，燕子绑在一根绳子上，后面的圣约瑟一只手撑在一张小桌子上，前倾身子看着这个场景。[91]他为公爵弗朗切斯科·马里亚画过其他作品，其中有一件非常精美的作品，画的是圣以利沙伯拜访圣母。他画了房间内部，还画了房间外的圣约瑟，他正掀起门帷，好让登上台阶的圣以利沙伯进去。在房间里坐着的圣母温柔地偏过头来看着她，手里拿着一本书，停下摇摇篮的动作，摇篮里的圣子好像马上就要醒了。小圣约翰也出现在他的母亲圣以利沙伯旁边，手里拿着藤编的十字架，指着一句铭文，"看哪，上帝的羔羊"（Ecce Agnus Dei）。后面的圣撒迦利亚探头看向房间里面，光线从侧面照亮了房间，屋外的圣约瑟和门帷都隐没在阴影里，和明亮的房间内部形成强烈的对比。有一个很有趣的细节，圣母脚边有一只正给小猫喂奶的母猫，对陌生人的恐惧使她警觉地站了起来，弓着背，凶狠地嘶嘶叫着。楼梯旁边有园丁的工具，透过房间的另一道门可以看见一个小园子，圣约瑟的驴子正在那儿吃草，远处的山顶上隐约可以看见乌尔比诺公爵的宫殿。画中的人物都高约 3 掌，这件作品现在在罗马耶稣会见习教士教堂（Novitiate of the Jesuit Fathers）。[92]他还为公爵画过一幅基督诞生图，圣母对着躺在马槽里的圣子祈祷，圣约瑟为牧羊人们打开马厩的门，后者正惊奇地看着这一切。公爵弗朗切斯科·马里亚把这幅画送到西班牙王后的礼拜堂[93]，一同送过去的还有一幅十字架上的基督[94]。除此之外，他还画过两幅基督受难图，一幅给了红衣主教德拉·洛韦雷，画中的十字架下方有圣母和其他人物，这幅送到要塞区（Rocca Contrada）[95]；另一幅送到伯爵彼得罗·博纳雷里（Pietro Bonarelli）的礼拜堂，位于乌尔比诺基督受难神迹教堂（church of the miraculous Crucifixion），画中有两个天使飞在半空，圣母和圣约翰在十字架下方。[96]他为伯爵弗朗切斯科·马里亚·玛米亚尼（Francesco Maria Mamiani）画了两幅圣凯瑟琳和圣塞巴斯蒂安的半身像，圣塞巴斯蒂安一手拿弓箭，另一只手放在胸前，抬头仰望一道炫目的圣光。[97]他为高级教士朱利亚诺·德拉·洛韦雷画了一幅基督在抹大拉面前显灵，后者悲伤地用手遮着脸。[98]另外还有很多其他作品，留待崇拜者自己去赞美。

尽管被疾病所困，费德里科·巴罗奇依然在作品中投入了超常的努力。他在创作的时候从来都是眼见为实，没有亲眼见到的话，他绝不会拿起画笔，这点的证据就是他留在画室里的大量素描。每次他去广场和街上，并且没有发病的时候，他总会观察人们的生理特征，如果发现了什么奇特的东西的话，他就会试着在画室里将其画下来，然后在合适的时候用到作品里。如果他观察到一个非常美丽的抬起眼皮的动作，一个漂亮的鼻子侧影，或者一个小巧的嘴巴，他会用这些来构成他笔下精致的面部神态。他用炭笔画单色作品，也经常用粉蜡笔，他非常擅长这个，只需寥寥数笔就能调好颜色。首先，他会构思好要表现的动作，在动笔之前，他会让年轻的助手充当模特，让他们摆出自己想象中的姿态，询问他们是否会感到勉强、稍微改变一下动作是否会觉得更轻松，由此找到丝毫不做作的最自然的动作，然后动笔画素描。同样的，当他试着画一组人物时，他会将年轻助手聚集在一起，然后在草稿里设计出最合适的动作。因此，我们觉得他笔下人物的姿态都很舒适和自然，而且优雅得体。设计好动作后，他会用黏土或蜡做出人物的模型，其精美程度仿佛出自最优秀的雕刻家之手，有时他不满足于只做一个模型，而是会重复做两个或三个相同的人物模型。然后他按自己的设想给这些人物模型加上衣服，如果他觉得比较满意，就会把衣服以相同的方式穿在真人模特身上，再去掉不自然的地方。做完所有这些准备工作后，他会先用油画、水粉画或单色画创作一小幅草稿，然后用炭笔或粉蜡笔在纸上画一幅和最终作品同样大小的草稿，将其按压在涂了底漆的画布上，再用一只尖笔（stylus）画出轮廓，这样线稿就能和之前费力画好的草稿保持一致。关于色彩，做完大幅草稿之后，他会再做一个小幅的，在上面按色率涂上不同的颜色，他试着找到颜色之间的比例，使所有颜色都可以和谐地融合在一起，而不会相互冲突。他曾经说过，就像耳朵会中意优美的旋律，眼睛也会喜好调和的色彩和融洽的线条。所以他曾将绘画比作音乐，有一次，公爵圭多巴尔多问他在干什么，他指着正在创作中的作品答道："我在给这个曲子调音。"我知道有些人会嘲笑这些研究和努力都是没必要的无用功，但是这些人的无知注定会被嘲弄，因为他们傲慢地相信自己在画布上随便画几笔草稿就能做好构图。这种傲慢导致我们在现在的作品里看不到精美的衣褶、清晰的轮廓、美丽的头部，甚至是生动自然的动作，更不用说构图合理的叙事性绘画。大师的成就都来自勤奋的研究，有的人投入更多的精力在这上面，有的人稍微少一点，但他们都不会为潦草的色彩和线条而自满。所有仔细看过巴罗奇作品的人都会认识到他的勤奋研究是多么重要。做完这些准备工作后，他的上色非常快，经常用大拇指而不是画笔来将色彩融合到一起。他某些地方很像科雷乔，不仅在绘画理念上，他的纯粹且自然的线条、萦绕婴儿和女性的甜美氛围、布料褶皱也都和科雷乔一样，描绘得非常流畅平稳。巴罗奇在色彩的和谐方面和科雷乔不相上下，但是他的色调确实比科雷乔略逊一筹，科雷乔作品里的色彩更自然，而巴罗奇有时候会在轮廓上把朱砂红色和蓝色并置在一起，或是把色彩融合得太过了。巴罗奇的作品依然是不朽的，上文提到的大部分作品都非常有力量，也很生动。他高超的绘图能力可以从他所作的蚀刻版画看出来，包括对开的圣母领报和基督向圣方济各显灵，以及另一幅较小的圣方济各领受圣痕。[99]比起大胆果断的动作，他的自然主义倾向使他更擅长画精细和神圣的主题，在这方面他比科雷乔更优秀。

　　在那些学习巴罗奇风格的人当中，锡耶纳的骑士弗朗切斯科·万尼（Francesco Vanni）是位优秀的画家[100]，他为托斯卡纳地区的城市，以及卢卡、比萨和锡耶纳这些城市画了多幅祭坛画，也为罗马的圣彼得大教堂画了一件大幅的行邪术的西门的堕落[101]，但这一幅比其他作品要差一些。

── 注释 ───■

[1] 读者须知：对于那些仍然保留在原处的作品，其所在地点在注释里不再赘述。

[2] 费德里科·达·蒙泰费尔特罗（1422—1482 年）于 1444 年成为乌尔比诺伯爵，于 1474 年由教皇西斯克特五世任命为公爵。

[3] 乌尔比诺公爵宫殿大约从 1466 年开始建造，由卢西亚诺·劳拉那（Luciano Laurana，死于 1479 年）设计。劳拉那 1472 年去了那不勒斯后，由弗朗切斯科·迪·乔尔乔·马蒂尼（Francesco di Giorgio Martini，1439—1501 年）接手。

[4] 也就是乌尔比诺公国（duchy of Urbino）。

[5] 为了和同名的爷爷区分开来，下文将马克的这个儿子称作小安布罗乔。——译注

[6] 从公爵弗朗切斯科·马里亚二世·德拉·洛韦雷（Francesco Maria II della Rovere）的日记可看出，巴罗奇大约生于 1535 年。更早的巴罗奇传记可见于巴格利奥尼（1642 年），第 133 - 134 页，以及斯堪内里（1657 年），第 196 - 197 页。参见《美的理念》，第 2 卷，第 258 - 260 页。

[7] 弗朗切斯科·门佐奇（1502—1584 年）。《基督下十字架》现藏于诺瓦泰教区教堂（parish church of Novate）。

[8] 巴尔托洛梅奥·真加（1516—1559 年）。

[9] 圭多巴尔多二世·德拉·洛韦雷（Guidobaldo II della Rovere，1514—1574 年）。

[10] 巴蒂斯塔·弗朗科（Battista Franco，约 1498—1561 年）。

[11] 巴蒂斯塔·弗朗科于 1548 年初离开乌尔比诺。

[12] 可能指的是皮耶尔利奥内·真加（Pierleone Genga），他在 1561 至 1563 年间在梵蒂冈庇护四世别墅（Casino of Pius IV）工作。

[13] 红衣主教德拉·洛韦雷（1533—1578 年），拉文纳大主教，乌尔比诺公爵弗朗切斯科·马里亚·德拉·洛韦雷之子，圭多巴尔多公爵的兄弟。

[14] 未找到。

[15] 即法尔内西纳别墅长廊，别墅在 1508 至 1512 年间由巴尔达萨雷·佩鲁齐为阿戈斯蒂诺·基吉建造。长廊里装饰着拉斐尔及其助手们画的丘比特和普赛克神话故事壁画。

[16] 乔凡尼·达·乌迪内，画家和灰泥装饰艺术家（1487—1561/64 年）。

[17] 塔代奥·祖卡里，画家（1529—1566 年），费德里科的长兄（关于费德里科·祖卡里，参见附录）。

[18] 波利多罗·达·卡拉瓦乔（Polidoro da Caravaggio，约 1500—1543 年）。

[19] 米开朗琪罗创作的摩西雕像现位于罗马圣彼得镣铐教堂（San Pietro in Vincoli）的尤里乌二世（Julius II）墓地上方。

[20] 已遗失。巴罗奇于 1556 年收到这件作品的尾款。

[21] 于 1557 年接受委托。

[22] 这幅画里另外还有 4 个而不是 3 个圣徒，拉斐尔的《圣塞西利亚》现藏于博洛尼亚国家美术馆。

[23] 关于费德里科·祖卡里，参见附录。

[24] 只有瓦萨里的书记载了这些饰带画，书里写到这些套房"由英诺森八世建造，可以俯瞰梵蒂冈宫一层和圣彼得大教堂，从套房前面的敞廊可以看到举行赐福仪式的广场。塔代奥·祖卡里受命为套房绘制壁画和饰带画……塔代奥几乎将整个（工程）都委托给了他的弟弟费德里科，而费德里科完美地完成了这个委托"【瓦萨里（1878—1885 年），第 7 卷，第 90 - 91 页】。

[25] 吉安·安杰洛·德·美第奇（Gian Angelo de'Medici，1499—1565 年）于 1559 年被选为教皇。贝尔维德尔林间别墅，亦被称作庇护四世别墅（Casino of Pius IV），由建筑师和古物研究者皮罗·利戈里奥（约 1500—1583 年）设计，从 1558 年开始建造，1560 至 1562 年间完工。

[26] 巴罗奇画了这个房间的装饰性结构、8 个美德女神中的 6 个、《圣家族》《基督受洗》周围的人像、教皇手臂一侧的两个普托以及一部分饰带画。

[27] 于 1563 年完成。

[28] 也可参见巴格利奥尼（1642 年），第 133 页。巴罗奇的壁画在本笃十三世（Benedict XIII，1724—1730 年）任期内被重新绘制。

[29] 贝洛里的记述表明巴罗奇可能患有慢性胃溃疡或消化性溃疡。

[30] 马尔凯国家美术馆（Galleria Nazionale delle Marche），乌尔比诺。画中有一只鹰在身边的圣徒是使徒约翰。

[31] 马尔凯国家美术馆，乌尔比诺。

[32] 于 1569 年完成。

[33] 梵蒂冈美术馆。这幅画的主题是"逃往埃及途中的休憩"（参见注释 90）。

[34] 实际上圣母的左右手动作是反过来的。

[35]《巴尔奇图集》（1982 年），第 12 页，第 4 条。

[36] 弗罗林是一种佛罗伦萨的金币，在 1252 至 1533 年间铸造。——译注

[37] 乌菲齐美术馆，佛罗伦萨。这件作品也被称作《众属圣母》（Madonna del Popolo）。

[38] 弗朗切斯科一世·德·美第奇（Francesco I de'Medici），1574 至 1587 年间任托斯卡纳地区大公。

[39] 塞尼加利亚圣十字教堂（Santa Croce, Senigallia）。

[40] 巴罗奇实际上在 1587 年重画了这幅作品，此时距离他去世还有 15 年。

[41] 塞尼加利亚主教宫（Palazzo Vescovile, Senigallia）。这件作品也被称作《玫瑰经圣母》（Madonna of the Rosary），是为圣母升天及玫瑰经兄弟会教堂（the Confraternity of the Assumption and the Rosary）的大祭坛所作的祭坛画。跪着的人物是接过念珠的圣多明我。

[42] 布雷拉美术馆（Pinacoteca di Brera），米兰。

[43] 比利时皇家艺术博物馆（Musées royaux des Beaux-Arts de Belgique），布鲁塞尔。

[44] 乌尔比诺公爵夫人指的是卢克雷齐娅·德·埃斯泰（Lucrezia d'Este），弗朗切斯科·马里亚二世·德拉·洛韦雷（1548—1631 年）的妻子。

[45] 贝洛里明显弄混了两幅《圣彼得和圣安德烈受召》（Calling of Saint Peter and Saint Andrew）。第一幅是由乌尔比诺公爵夫人委托所作，日期是 1583 年，现藏于布鲁塞尔的比利时皇家艺术博物馆（参见注释 43）；第二幅是临摹作，现藏于埃斯科里亚尔修道院（参见注释 47）。

[46] 已遗失。

[47] 第二幅圣安德烈不是由佩扎罗的圣安德烈兄弟会委托所作。根据伊米利亚尼（Emiliani，1985 年），第 189 - 190 页的引用文献，巴罗奇在 1583 至 1586 年间正为公爵弗朗切斯科·马里亚二世·德拉·洛韦雷画《圣母诞生》（Birth of the Virgin）。这件作品最后没有完成，因为公爵后来又委托巴罗奇画一幅《圣彼得和圣安德烈受召》的临摹作，以送给西班牙国王。这幅 1586 至 1588 年间的临摹作现藏于埃斯科里亚尔修道院。

[48] 梵蒂冈美术馆。被祝福的米凯利那·梅泰利（Blessed Michelina Metelli，1300—1356

年）在丈夫死后成为圣方济各会第三修女。她的丈夫是潘多尔福一世·马拉泰斯塔（Pandolfo I Malatesta），里米尼公爵（duke of Rimini），死于 1326 年。

[49] 梵蒂冈美术馆。

[50]《巴尔奇图集》（1982 年），第 9 页，第 1 条。

[51] 公爵的日记里记载了他在 1597 年 9 月 17 日、1598 年 9 月 11 日和 1602 年 9 月 12 日造访巴罗奇的画室。

[52] 已遗失。一小幅工作室的临摹作现藏于布达佩斯国家美术馆（Szépművészeti Múzeum, Budapest）。

[53] 当前所属不明。伦敦大英博物馆的版画和素描馆（Department of Prints and Drawings, British Museum, London）有一件构图习作记载了这幅画（藏品第 1873 - 12 - 13 - 1973 号）。

[54] 罗浮宫博物馆，巴黎。

[55] 文图拉·马奇（Ventura Mazzi）【或马佐（Mazzo）、马吉（Magi），约 1560—1621 年】是巴罗奇在乌尔比诺的学生和助手。

[56] 亚历山德罗·维塔利（1580—1640 年）是公爵弗朗切斯科·马里亚二世·德拉·洛韦雷的宫廷画师。

[57] 这件作品是子爵阿伦戴尔（Viscount Allendale）的拜威尔庄园（Bywell Hall）藏品。贝洛里将这件在卢卡的作品称作"另一幅《别碰我》的祭坛画"，因为巴罗奇还画过一幅《别碰我》的祭坛画，现藏于老绘画陈列馆，巴伐利亚国家绘画收藏馆（Alte Pinakothek, Bayerische Staatsgemäldesammlungen），慕尼黑（注释 98）。

[58] 新教堂（Chiesa Nuova，瓦利切拉圣母教堂），罗马。

[59] 克雷芒八世·阿尔多布兰迪尼（Clement VIII Aldobrandini）在 1592 至 1605 年间任教皇。这幅画从 1593 年开始创作。

[60] 埃斯泰家族自 1242 年开始统治费拉拉，该地区在 1308 年变为教皇领地，克雷芒五世于 1332 年任命奥比佐·德·埃斯泰（Obizzo d'Este）为教皇代理人（papal vicar）。阿方索二世·德·埃斯泰（Alfonso II d'Este）于 1597 年去世，没有留下合法的男性继承人，因此克雷芒八世收回了这个没有合法统治者的封地。

[61] 弗朗切斯科·马里亚二世·德拉·洛韦雷于 1598 年 5 月 3 日在公爵宫殿接待了克雷芒八世。

[62] 已遗失。为这个圣子图所作的草图现藏于博伊曼斯·范伯宁恩美术馆，鹿特丹（Museum Boymans-van Beuningen, Rotterdam）和维尔茨堡大学马丁·冯·瓦格纳博物馆（Martin-von-Wagner Museum der Universität Würzburg）。一幅工作室的临摹作现藏于格拉斯哥美术馆（Art Gallery, Glasgow）。

[63] 神庙遗址圣母教堂的阿尔多布兰迪尼礼拜堂于 1600 年后开始建造，由贾科莫·德拉·波尔塔和卡洛·马德诺设计。礼拜堂于 1611 年成为神址。

[64] 这件作品于 1603 年开始创作，1607 年完成。

[65] 这个草图现在是德文郡（Devonshire）公爵藏品，查茨沃斯协议信托（The Chatsworth Settlement Trust），第 361 号。

[66] 巴罗奇 1603 至 1607 年间在乌尔比诺完成了《授予圣餐》，然而直到 1609 年，这件作品才被送到罗马，当时克雷芒八世已经去世四年了。贝洛里所说的教皇给了巴罗奇一条金链，应该指的是另一个场合，很有可能是另一个教皇。

[67] 已遗失。

[68] 1799 年法国士兵火烧教堂时被毁。现在所知的这个构图来自一幅临摹作【所在不明，奥尔森（Olsen，1962 年），插图 123c】。

[69] 马尔凯国家美术馆，乌尔比诺。

[70] 马尔凯国家美术馆，乌尔比诺。

[71] 这幅祭坛画于 1599 年安放在圣餐礼拜堂（chapel of the Sacrament），此时距离巴罗奇去世还有 13 年。

[72] 巴罗奇于 1604 年为弗朗切斯科·马里亚二世·德拉·洛韦雷画过一幅《十字架上的基督》（普拉多博物馆，马德里），据弗朗切斯科·马里亚 1628 年的遗嘱，它被遗赠给西班牙国王腓力四世（Philip IV，1605—1655 年）。奥尔森（1962 年），第 205 - 206 页写到，这幅画可能是放在巴罗奇灵柩底部（a suoi piedi nel feretro）那幅的临摹作。奥尔森的观点被伊米利亚尼（1985 年），第 361 页误解成是指弗朗切斯科·马里亚的灵柩。奥尔森引用了安德里亚·拉扎里（Andrea Lazzari）《关于几位乌尔比诺著名画家的回忆录》（Memorie di alcuni celebri pittori d'Urbino），乌尔比诺，1800 年，第 129 页，拉扎里描述了十字架上的基督这幅挂帐（stendardo），其位于乌尔比诺大教堂圣餐礼拜堂的外面，而且通常会在运送死者时用到，拉扎里认为这就是贝洛里提到的巴罗奇葬礼上那幅。

[73] 未找到。这件作品可参见一幅素描，素描现藏于柏林国家博物馆版画和素描馆（Kupferstichkabinett, Staatliche Museen, Berlin），以及一幅油画，现藏于科莫附近的玛斯那加海岸教区教堂（parish church of Costa Masnaga，从米兰的布雷拉美术馆借出）。

[74] 现存 3 幅巴罗奇的自画像，两幅在乌菲齐美术馆，剩下一幅在萨尔茨堡官邸画廊（Residenzgalerie, Salzburg）。乌菲齐美术馆其中一幅自画像的草稿现藏于维尔茨堡大学马丁·冯·瓦格纳博物馆。

[75] 当时的 24 小时制是从晚祷开始算起的，也就是从日落后一个半小时开始，因此冬天晚上的第 8 个小时已经过了午夜很久了。

[76] 参见注释 51。

[77] 巴罗奇为公爵画了两幅肖像画。第一幅的公爵全身穿着勒班陀战役（Battle of Lepanto，1571 年）时的铠甲，现藏于佛罗伦萨乌菲齐美术馆。第二幅由大公弗朗切斯科一世·德·美第奇于 1583 年委托而作，现藏于魏玛歌德国家博物馆（Goethe National Museum, Weimar）。

[78] 可能指的是佛罗伦萨乌菲齐美术馆那幅《年轻女子肖像》（Portrait of a Young Woman）。拉维妮娅·德拉·洛韦雷（Lavinia della Rovere，死于 1632 年）是弗朗切斯科·马里亚二世的姐妹，于 1583 年嫁给瓦斯托侯爵阿方索·菲利斯·德·阿瓦洛斯（Alfonso Felice d'Avalos）。

[79] 可能指的是伦敦的意大利使馆（Italian Embassy, London）那幅《贵族男子肖像》（Por-

trait of a Nobleman）。侯爵伊波利托·德拉·洛韦雷（Marchese Ippolito della Rovere）（1554—约1620年）是红衣主教朱里奥·德拉·洛韦雷（Giulio della Rovere，1533—1578年）的私生子，高级教士朱利亚诺·德拉·洛韦雷（Giuliano della Rovere）的兄弟（参见注释80）。

[80] 维也纳艺术史博物馆（Kunsthistorisches Museum, Vienna）。高级教士朱利亚诺·德拉·洛韦雷（1559—1621年）是红衣主教朱里奥·德拉·洛韦雷的儿子，侯爵伊波利托·德拉·洛韦雷的兄弟（参见注释79）。

[81] 未找到。菲利斯·提兰尼从1551年开始任乌尔比诺大主教，直到1578年逝世。

[82] 可能指的是圣彼得堡埃尔米塔什博物馆的《年轻男子肖像》（*Portrait of a Young Man*）。朱里奥·切萨雷·玛米亚尼（死于1613年）由弗朗切斯科·马里亚二世·德拉·洛韦雷封为伯爵。

[83] 尚未确认。安多尼奥·加力（1510—1561年）是一名诗人，也是弗朗切斯科·马里亚二世·德拉·洛韦雷的老师。

[84] 已遗失。由阿戈斯蒂诺·卡拉奇制成版画【博林（1979年），第326-328页，第203条；《巴尔奇图集》（1995年），第284-288页，第192条；《美的理念》，第2卷，第264页，目录2】。

[85] 《美的理念》，第2卷，第264-265页，目录2b。

[86] 已遗失。

[87] 博洛尼亚市政图书馆（Biblioteca Comunale dell'Archiginnasio, Bologna），现藏于博洛尼亚国家美术馆。这件作品于1592年委托给巴罗奇，他死后由他的助手文图拉·马奇完成（参见注释55）。

[88] 信徒圣母教堂，古比奥（Santa Maria dei Laici, Gubbio）。由文图拉·马奇于1619年完成。

[89] 卢克雷齐娅·德·埃斯泰。这幅画已遗失。

[90] 圣斯德望教堂，皮奥比科（Santo Stefano, Piobbico）。这幅画已遗失。科内利乌斯·科尔特（Cornelius Cort，1553—1578年）的一幅版画临摹了这件作品，版画现藏于纽约大都会博物馆。第三个版本现藏于梵蒂冈美术馆，贝洛里称之为《基督诞生》（参见注释33）。

[91] 伦敦国家美术馆（National Gallery, London）（《美的理念》，第2卷，第262页，目录4）。

[92] 已遗失。

[93] 普拉多博物馆，马德里。奥地利的玛格丽特（Margaret of Austria），腓力三世的妻子，她于1605年收到这幅画。

[94] 普拉多博物馆，马德里（参见注释72）。

[95] 尚未确认。关于红衣主教朱里奥·德拉·洛韦雷，参见注释13。

[96] 马尔凯国家美术馆，乌尔比诺。彼得罗·博纳雷里（生于1535年）是圭多巴尔多二世·德拉·洛韦雷（1514—1574年）的大臣。

[97] 两幅都已遗失。《圣塞巴斯蒂安》的临摹作现藏于尚贝里艺术博物馆（Musée des beaux-

arts，Chambéry）和博尔盖塞美术馆（Museo e Galleria Borghese），罗马。弗朗切斯科·马里亚·玛米亚尼是朱里奥·切萨雷·玛米亚尼的儿子（参见注释82），路易十三的大使。

［98］老绘画陈列馆，巴伐利亚国家绘画收藏馆，慕尼黑。

［99］《巴尔奇图集》（1982 年），第 9 页，第 1 条；第 12 页，第 4 条；第 11 页，第 3 条。

［100］弗朗切斯科·万尼（1563—1610 年）。

［101］圣彼得大教堂。

第 5 章
米开朗琪罗·梅里西·达·卡拉瓦乔[1]

据说，古代雕塑家德米特里非常执着于逼真的再现，他喜欢的是对事物的模仿，而不是事物本身的美。[2]米开朗琪罗·梅里西同样如此，他推崇的只有模仿对象。更令人震惊的是，他从不选择自然中美的形式，而似乎试图用非艺术的方式来超越艺术。他的诞生[3]为卡拉瓦乔镇带来更多名望，这是一个伦巴第地区著名的要塞小镇，也是著名画家波利多罗[4]的出生地，他们年轻的时候都曾从事建筑行业，在工地上搬运石灰。米开朗琪罗曾经和他做泥瓦匠的父亲一起在米兰工作，为一些绘制壁画的画家调配胶水。因为对色彩感兴趣，他也加入这些画家，完全投身到绘画中去。他花了四五年的时间在学习肖像画上，然而他天性好斗，引发一些争斗[5]后逃离米兰，来到威尼斯。他发现自己非常喜欢乔尔乔内的色彩，以其为模仿的对象。因此，他起初的作品看起来很甜美和纯洁，没有后来的作品所表现出来的阴影。在所有擅长色彩的威尼斯画家中，乔尔乔内是最简单纯粹的，他能用最少的色调再现自然的各种形式。米开朗琪罗最初专注于观察自然时，也采用了同样的方法。搬到罗马后[6]，他在那里居无定所，缺吃少穿，在雇不起模特的情况下，他完全无法作画，也就挣不到钱满足生活上的开销。出于生计考虑，米开朗琪罗开始为骑士朱塞佩·达·阿尔皮诺[7]工作，后者打发他去画鲜花和水果，他将其画得栩栩如生。在他的笔下，这些静物获得无上的美，赢得当今无数人的赞美。他画了一幅花瓶中的鲜花，瓶里的水清澈见底，花瓶的玻璃晶莹剔透，瓶身上还有一扇窗户的倒影，花瓣上撒着最新鲜的露珠。他的其他作品也都模仿得极其逼真。然而，他画这些静物并非出自本心，不能画人物让他感到非常不满，因此，他借着一个名为普洛斯佩罗[8]的怪诞风格（grotesque）画家提供的契机，离开了朱塞佩，决心与其在绘画上一争高低。他全身心投入自己向往的绘画风格，无视甚至鄙弃伟大的古代雕塑和著名的拉斐尔的作品，只以自然为自己的描绘对象。所以，当别人给他看最出色的菲迪亚斯[9]和格里肯[10]的雕塑，以便他研究时，他的唯一反应是指向人群，暗示自然给他提供了足够的学习素材。为了证明自己所说的话，他叫住一个恰好路过的吉卜赛女人，把她带到自己的住处，描绘她占卜的样子，这些有着埃及血统的女人经常以此为生。他还画了一个年轻男子，一只戴手套的手按在剑上，另一只光着的手伸向占卜师，后者正握着他的手检查。[11]米开朗琪罗通过这两个人的半身像表达出极强的真实感，证明他所言不虚。古希腊画家欧邦珀斯也有过同样的言论[12]，此处不对此种方法是否可取多加讨论。因为米开朗琪罗只对色彩感兴趣，为了将肤色、皮肉和事物外表逼真地再现出来，他的观察力和技巧全都放在了这个方面，而不关心艺术的其他问题。在寻找模特和给人物构型的时候，当他碰巧在城里看到一个很中意的场景，他就会遵照现实，而不会用他的创造力加以改变。他画过一个坐在椅子上的女孩，她双手放在膝上，正在晾干她的头发。画中的她身处一个房间里，地上有一罐膏油，还有项链和宝石，他通过这些东西把她表现为抹大拉。她的脸歪向一边，脸颊、脖子和胸脯的色调很纯粹、简朴和真实，与整个人物的朴素相一致。她上半身穿一件宽松的上衣，身上的黄色长袍拉到膝盖的位置，露出底下一件白色绣花锦缎衬裙。[13]通过对这个人物的详细描绘，可以看出他的自然主义手法，以及他用极少的色调就能达到逼真的模仿。在一件较大的作品中，他画了在逃往埃及的途中休憩的圣母[14]，一个站着的天使正在拉小提琴，圣约瑟坐在他对面，为他举着乐谱。这个天使极为美丽，他优雅地侧着头，展示他带翼的双肩和其余身体部分，赤裸的身上只覆盖一小片布料。另一边坐着圣母，她低着头，圣子放在膝上，仿佛正在熟睡。这两件作品都在潘菲利亲王（Pamphili）宫里。[15]在红衣主教安多尼奥·巴贝里尼（Antonio Barberini）[16]的住处，有另一件同样出色的作品，画的是三个正在玩牌的人的半身像。他再现了一个手里拿着牌的诚实的小伙子，穿黑色的套装，面部神态描绘得非常生动。（见图 5-1）对面是一个年轻的骗子，他侧着身子，一只手撑在牌桌上，另一只手从背后的腰带里抽了一张假牌出来。小伙子的旁边还有一个男人，正在偷看他手上的牌的点数，伸出 3 根手指给同伙报信，后者弓着腰靠在小桌子上，肩膀露在光线里，照亮了他身上有着黑色条纹的黄色紧身上衣，这些色彩看起来都极为真实。米开朗琪罗这些早期作品都带有乔尔乔内的纯粹风格，而且调和了阴影。普洛斯佩罗对他的新风格大加赞美，使他的作品开始受到教廷上层人物的青睐。纸牌作弊者这件作品被红衣主教德尔·蒙特[17]买走，由于他对绘画非常有兴趣，他为米开朗琪罗提供了一个体面的身份。米开朗琪罗在他宫中谋到一个不错的住处，改善了自己的生活。他为这位红衣主教画了一群年轻人的音乐会，都是写实的半身像[18]；一个穿宽松上衣的女子正在弹奏鲁特琴，面前摆着乐谱[19]；跪着的圣凯瑟琳靠在轮子上。[20]后面两幅都是同样的房间设置，但它们表现出更深沉的色彩，因为米开朗琪罗已经开始强化暗沉的色调。他画了沙漠里的圣约翰，一个坐着的男孩赤裸身体，头向前伸，抱着一只羔羊，这件作品在红衣主教皮奥宫里。[21]卡拉瓦乔——人们开始用他家乡的名字来称呼他——因他发明的色彩而声名鹊起，他的色彩不再像以前那样柔和，只用到极少的色调，用大胆的阴影加强色彩，通过大量运用黑色来为画面提供立体感。他将这种作画方式运用到极致。他从来不把模特带到室外的光线里，而是让他们待在一个昏暗的密闭房间里，光线从高处笔直打到模特的主要身体部位上，其余部位都隐没在阴影里，以此来增强明暗对比。罗马的画家都对这种新奇的作画方式趋之若鹜，那些年轻的画家对他尤其推崇，赞美他才是自然的高超模仿者。他们把他的作品视作奇迹，争先恐后地学习他，脱掉模特的衣服，抬高光源的位置。为了模仿自然，每个人都从广场和街头寻找范例，再也不把精力放在研究学习上。虽然这个方法吸引了一部分人，但年长的画家依然坚持练习，对这种新的写生嗤之以鼻。他们不断谴责卡拉瓦乔和他的风格，散播说他只会待在小黑屋里，对构图一窍不通，不知礼节，也不懂艺术，只会在一种平面上用一种光线画人物，而且人物之间毫无秩序感。然而，这些指责丝毫没有削弱他的名声。

卡拉瓦乔为骑士马里诺[22]画过一幅肖像画，广受文人好评。卡拉瓦乔这个画家和马里诺这个诗人在学者中间都很有名望，马里诺本人尤其赞美卡拉瓦乔画的美杜莎之头，红衣主教德尔·蒙特将这幅画送给了托斯卡纳大公。[23]因为马里诺待人亲切，又非常欣赏卡拉瓦乔的绘画风格，他把卡拉瓦乔介绍给高级教士梅尔基奥雷·克雷森齐（Melchiorre Crescenzi），后者是（教皇）财政部的职员，米开朗琪罗为这位博学的高级教士画了一幅肖像画。他也为维尔吉利奥·克雷森齐（Virgilio Crescenzi）[24]阁下画过肖像画，维尔吉利奥是红衣主教康塔雷利（Contarelli）[25]的继承人，他让卡拉瓦乔和朱塞佩[26]竞争圣路易吉·迪·弗朗西斯教堂（San Luigi dei Francesi）的一个礼拜堂的绘画委托。马里诺作为这两个人的共同好友，建议礼拜堂墙壁上方的人物由擅长壁画的朱塞佩绘制，油画则交给米开朗琪罗。此时发生了一件让卡拉瓦乔极为沮丧的事情，使他几乎对自己的名誉丧失了信心。当他完成了圣马太这件主作，将其安放在祭坛上后，神父们又把它移走了，他们认为画里的圣马太双腿交叠的坐姿和将双脚对着观者的粗鲁动作既不文雅，也不符合圣徒的品性。[27]卡拉瓦乔为公开场合的教堂创作的第一件作品被这样故意冒犯，他对此感到十分失望。侯爵温琴佐·朱斯蒂尼亚尼（Vincenzo Giustiniani）[28]对他表示支持，消除了他的忧虑。在和神父们交涉后，侯爵拿走了那幅画，并且让卡拉瓦乔另画了一幅，也就是现在祭坛上的那一幅。将原来那幅带回宫之后，为了赋予其更高的荣誉，侯爵把它和圭多、多梅尼基诺以及阿尔巴尼画的另外 3 幅圣徒像摆在一起[29]，这三个人在当时都是顶级的画家。为了使第二幅能成功，卡拉瓦乔竭尽了全力。为了逼真地描绘出圣马太写福音书的样子，他让圣马太一条腿跪在凳子上，双手放在写字的桌子上，正从书的上方把笔伸到墨水瓶里去蘸墨水。在这个动作中，他把头转向左边，面朝正张开翅膀悬在半空的天使，后者正对圣马太说话，同时做着手势，用右手的手指捏左手的食指。这个天使丝毫不像是画出来的，他面朝圣马太，飞在半空，双臂和胸膛都是赤裸的，在黑色背景的衬托下，一条白色的布料包裹着他。祭坛右边是一幅圣马太蒙召[30]，几个人的头部都描绘得栩栩如生，其中一个就是圣马太，他停下数钱币的动作，面朝基督，一只手放在自己胸前。他旁边是一个把眼镜架在鼻子上的老人，好看清一个正坐在桌角、把钱币拨拉到自己怀里的年轻人。祭坛左边是圣马太殉教，他穿着神父的袍子，躺在一个长凳上，伸着手。他对面是赤裸身体的行刑人，手中的剑直指他，其他人都恐惧地朝后退。然而，这幅画的构图和人物动作作为叙事性绘画都不够优秀，即使卡拉瓦乔重画了两次。礼拜堂的昏暗和色彩的暗沉使人们难以看清这两件作品。他又为圣奥古斯丁教堂（church of Sant'Agostino）卡瓦雷蒂（Cavalletti）阁下的礼拜堂画了另一件作品，画中站着的圣母抱着圣子，正为信徒赐福。两个朝圣者跪在她面前，双手合十，最前面是一个光着双腿和双脚的穷人，他穿一件皮革的小披肩，手杖靠在肩膀上，旁边是一个头上戴软帽的老妇人。[31]

米开朗琪罗笔下最出色的作品中，奥拉托利会新教堂（Chiesa Nuova of the Fathers of the Oratory）的基督下十字架（见图 5-2）无疑值得高度赞美。画中人物都位于坟墓入口处的一块平板上。画面中间是基督的圣体，尼哥底母双臂环抱基督的膝盖，基督的大腿向下沉，小腿向上伸。另一头的圣约翰一只手臂垫在基督肩膀下面，后者的面孔和死白的胸膛都是朝上，一条手臂从裹尸布里垂下来，整个裸体展现出对自然的精准模仿。从尼哥底母身后可以看见悲痛的女圣徒们的部分身体，一个高高举起手臂，一个在用面纱擦眼泪，剩下的一个凝视着基督。[32]在众属圣母教堂的一个礼拜堂，阿尼巴勒·卡拉奇画了一幅圣母升天图[33]，其侧面有两件作品出自卡拉瓦乔之手，即圣彼得受难和圣保罗皈依，后面这一幅叙事性绘画没有体现任何叙事。在侯爵温琴佐·朱斯蒂尼亚尼的委托下，他又画了几件作品：基督头戴荆冕[34]；圣多马把手指伸进基督身侧的伤口[35]，基督把多马的手拉到身前，掀开衣服露出胸膛。他还画过其他半身像，包括一幅名为胜利的爱神的作品，爱神右手拿一支箭，在他脚边散落着作为战利品的武器、书籍和各种乐器。[36]其他的罗马贵族都争相委托他作画，其中一位是侯爵阿斯德鲁巴勒·马太（Asdrubale Mattei），他委托卡拉瓦乔画了一幅基督在花园中被捕，同样是多个人物的半身像。[37]犹大在亲吻基督后把手放在他肩膀上，同时一个全副武装的士兵将盔甲包裹着的手臂伸向基督胸前，基督一动不动地站着，显得耐心且谦和，两只手在身前绞在一起，他后面的圣约翰张开双臂在逃命。卡拉瓦乔再现了那个士兵身上生锈的盔甲，士兵的头和脸都被头盔挡住，只露出一点点侧脸。他后面是一个举起的灯笼，以及另外两个武装士兵的头。卡拉瓦乔为马西米阁下画了一幅荆冕基督，后来被带到西班牙。[38]他也为侯爵帕特里奇画了一幅以马忤斯的晚餐[39]，画面中间的基督正为面包赐福，其中一个使徒坐在桌边，在认出基督后张开双臂，另一个使徒手撑在桌子上，惊奇地看着基督，他们后面是头上戴软帽的客栈老板，还有一个正在上菜的老妇人。卡拉瓦乔为红衣主教西皮奥内·博尔盖塞[40]画了同样构图的另一个版本[41]，稍微做了些变动。第一幅的色调更加暗沉。两幅的色彩都非常自然，虽然都不合礼仪，米开朗琪罗经常画得很低俗粗鲁。他也为这位红衣主教画过一幅圣哲罗姆像，画中的圣哲罗姆正专注地写作，伸出笔到墨水瓶里蘸墨水[42]，以及另一幅半身像，画中的大卫一手拽着歌利亚的头发，举起他的头颅（头颅是卡拉瓦乔自己的模样），一手拿着剑。[43]卡拉瓦乔把大卫画成一个年轻人，半边肩膀从上衣里露出来。这件作品运用了极为大胆的纵深和阴影，卡拉瓦乔通过这种作画方式来增强人物和构图的表现力。红衣主教对卡拉瓦乔的这些作品非常满意，带他去觐见了教皇保罗五世。[44]他为教皇画了一幅坐姿的肖像画[45]，那位大人（红衣主教博尔盖塞）为此大大赏赐了他。他为红衣主教马菲奥·巴贝里尼（Maffeo Barberini），也就是后来的教皇乌尔班八世（Urban VIII）画了一幅肖像画[46]，以及亚伯拉罕的献祭，画中的亚伯拉罕把剑抵在儿子的喉头，后者趴在地上呼喊。[47]

　　卡拉瓦乔虽然忙于绘画，却也没有遏制住他的冲动本性。白天花了几个小时在绘画上后，他就会佩戴着剑在城里游荡，显摆他对武器的精通，热心参与各种事情，除了绘画。有一次，他和他的一个年轻朋友在打网球时起了冲突，他们先是用球拍打架，后来双方拔出剑，他杀了这个年轻人，自己也受伤了。[48]逃离罗马后[49]，他身无分无，遭到追杀，在公爵堂·马尔奇奥·科隆纳（Don Marzio Colonna）的庇护下，得以在扎加罗洛避难，在那里画了基督和

图1-1　阿尼巴勒·卡拉奇：《岔路口的赫拉克勒斯》，约1596年，布面油画，167cm×273cm，卡波迪蒙特国家美术博物馆（那不勒斯）

图1-2　阿尼巴勒·卡拉奇：《巴库斯和阿里阿德涅的欢庆》，1597—1602年，湿壁画，法尔内塞宫（罗马）

图1-3 阿尼巴勒·卡拉奇:《沉睡的维纳斯》,约1602年,布面油画,190cm×328cm,孔代博物馆(尚蒂伊)

图2-1 阿戈斯蒂诺·卡拉奇:《圣哲罗姆领受圣餐》,1591—1597年,布面油画,376cm×224cm,博洛尼亚国家美术馆(博洛尼亚)

图3-1 梵蒂冈方尖碑,圣彼得大教堂广场(梵蒂冈城)

图4-1　费德里科·巴罗奇：《众属圣母像》，1575—1579年，板上油画，360cm×250cm，乌菲齐美术馆（佛罗伦萨）

图4-2　费德里科·巴罗奇：《圣母领报》，1582—1584年，布面油画，248cm×170cm，梵蒂冈美术馆（梵蒂冈城）

图4-3　费德里科·巴罗奇：《授予圣餐》，1608年，布面油画，290cm×177cm，神庙遗址圣母教堂（罗马）

图5-1　卡拉瓦乔：《纸牌作弊者》，约1596年，布面油画，92cm×129cm，金贝尔艺术博物馆（沃斯堡）

图5-2　卡拉瓦乔：《基督下葬》，1602—1603年，布面油画，300cm×203cm，梵蒂冈美术馆（梵蒂冈城）

图5-3　卡拉瓦乔：《玫瑰经圣母》，约1607年，布面油画，365cm×250cm，维也纳艺术史博物馆（维也纳）

两名使徒在以马忤斯的晚餐[50]，以及抹大拉的半身像[51]。前往那不勒斯后，名声在外的卡拉瓦乔很快就找到了工作。他在圣多明我大教堂（church of San Domenico Maggiore）德·弗朗西斯（De Franchis）阁下的礼拜堂的柱子上画了鞭笞基督[52]；在伦巴第圣安娜教堂（Sant'Anna de'Lombardi）画了基督复活[53]。那不勒斯圣马尔蒂诺修道院的圣器收藏室有一幅他画的圣彼得的否认，被认为是他最优秀的作品之一。[54]画中的侍女指着圣彼得，后者张开双手否认基督。画面的场景是在晚上，其他人物在烤火。在那不勒斯仁慈山教堂（church of the Misericordia），他画了七善行，这是一件大约宽 10 掌的作品[55]，一个老人把头从监狱窗户的栅栏之间伸出来，一个裸露胸脯的女人朝他弯下腰，他正从她的乳房吮吸乳汁。在其他人物中，可以看见一个正准备下葬的死者的双腿和双脚，一个抬尸体的人手上举着火把，火把的火光照亮了神父穿的白色罩衣[56]，这个白色十分醒目，为整个构图提供了活力。

卡拉瓦乔极其渴望马耳他骑士团的十字勋章，这个荣誉通常给予那些德高望重的人，因此他决定搬到马耳他。到达之后[57]，他被引荐给首领维格纳科特，这是一位法国君主。[58]他为维格纳科特画了两幅肖像画，维格纳科特在第一幅里是全副武装地站着，在第二幅里没有穿盔甲，而是身穿首领的衣服坐着，第一幅肖像画现在保存在马耳他骑士团的军械库。[59]作为报偿，首领赐予了卡拉瓦乔十字勋章，同时委托卡拉瓦乔为圣约翰教堂（church of Saint John）画一幅被斩首的施洗约翰，画中的施洗约翰倒在地上，行刑人从身侧抽出一把小刀，似乎没能用他的剑直接杀了施洗约翰。他抓着施洗约翰的头发，好将头颅从躯体上砍下来。希罗底（Herodias）专心地注视着这一切，她旁边的一个老妇人被这恐怖的情景吓坏了，穿着土耳其服饰的典狱官指着这个令人发指的屠杀行径。[60]卡拉瓦乔在这个作品中将他的画工发挥到极致，画布的底漆甚至穿透了半色调（half-tone）的地方。除了十字勋章，首领还赏赐了他一条贵重的金项链和两个奴隶，以及其他奖赏，以表达对他的作品的欣赏。他还在圣约翰教堂意大利区礼拜堂的两扇门上画了两个半身像，分别是抹大拉[61]和正在写作的圣哲罗姆[62]。他还画了一幅拿骷髅头的圣哲罗姆正在沉思死亡，这件作品还在宫里。[63]卡拉瓦乔认为自己非常幸运，既有了十字勋章，又享受着人们对他的作品的赞美，他在马耳他过着受人尊敬、衣食无忧的日子。然而，他躁动不安的本性使他失去了富足的生活和首领的偏爱，和一个地位极高的骑士产生争执后，他被投入监狱，陷入虐待和恐惧的悲惨境地。为了从监狱逃出去，他孤注一掷，在晚上翻出监狱，隐姓埋名后飞速逃到西西里，以免被抓到。[64]到了锡拉库萨后，他为海边的圣露西教堂（church of Santa Lucia）画了一件作品，画中的主教在为死去的圣露西赐福，两个人正在用铲子为她掘墓。[65]他后来去了墨西拿，在那里为圣方济各会画了一幅基督诞生图[66]，画中的圣母和圣子在一间破败的小木屋外面，圣约瑟靠在他的手杖上，几个牧羊人正在朝拜。他还为圣方济各会的教士画了正在写作的圣哲罗姆。[67]他为灵医会教堂（church of the Ministers of the sick）拉扎里（Lazzari）阁下的礼拜堂画了一幅拉撒路的复活[68]，坟墓外的拉撒路被搀扶着，在基督的召唤下张开双臂，基督朝他伸出手。马大（Martha）在哭泣，抹大拉在为神迹而惊叹，一个男人用手挡在鼻子前面，避免闻到尸体的臭味。这件作品尺寸很大，画中人物的背景是一个洞穴，最强烈的那道光线照在拉撒路的裸体以及扶着他的人身上，整件作品都是对自然的完美模仿。然而，不幸依然纠缠着米开朗琪罗，恐惧驱使他从一个地方躲到另一个地方。他在西西里东躲西藏，从墨西拿搬到巴勒莫（Palermo），在那里为圣劳伦斯信众会（Company of Saint Lawrence）画了另一幅基督诞生图[69]，画中的圣母注视着刚出生的圣子，圣方济各和圣劳伦斯在旁边，还有坐着的圣约瑟，空中有一个天使，光线穿透了夜晚的阴影。

完成这件作品后，卡拉瓦乔觉得继续留在西西里不安全。他离开这个小岛，再次前往那不勒斯，在接到赦免返回罗马之前先待在那里。同时为了和首领和解，他送去了一幅半身像，画中的希罗底端着一个装着施洗约翰头颅的盆。[70]这些努力最后都没有帮到他，有一天，在西利戈里奥酒馆（Osteria del Ciriglio）[71]门前，他被几个带着武器的人围攻，伤到他的脸。[72]他立刻登上一艘小帆船[73]，忍着剧痛前往罗马，在红衣主教贡扎加[74]的调解下，他已经获得了教皇的赦免。靠岸后，正在等候另一个骑士的西班牙士兵逮捕了他，把他投入监狱。虽然他很快被释放，但那艘载着他行李的小帆船已经不见了。饱受痛苦折磨的卡拉瓦乔在夏天的炎炎烈日下沿着海岸狂奔，到了埃尔科莱港（Porto Ercole）就倒下了。[75]他患了非常严重的高烧，几天后就死去了，年仅40岁，那时是1609年。对绘画而言，这是一个不幸的年份，阿尼巴勒·卡拉奇和费德里科·祖卡里[76]都是在这一年去世的。卡拉瓦乔就这样离开了人世，命陨于一片荒芜的沙滩。人们还在罗马等着他的归来，等来的却是这个意料之外的消息，引发了众人的悲伤之情。作为他的挚友，骑士马里诺为了哀悼他的逝世，为他的葬礼写了以下诗句：

Fecer crudel congiura

Michele a'danni tuoi Morte e Natura ;

Questa restar temea

Da la tua mano in ogni imagin vinta,

Ch'era da te creata, e non dipinta;

Quella di sdegno ardea,

Perché con larga usura,

Quante la falce sua genti struggea,

Tante il pennello tuo ne rifacea.[77]

（米开朗琪罗，死亡和自然对你是如此残忍。自然害怕你笔下的作品一直胜过她，因为你不是在描绘事物，而是在创造事物。死亡对你怒火中烧，因为无论他的镰刀夺走多少人的生命，你的画笔都能让他们起死回生。）

毫无疑问，卡拉瓦乔为绘画做出了贡献。在他之前，依据自然进行创作并不受欢迎，对人物的表现是根据艺术风格的要求，更多出于优美的考虑，而非真实。卡拉瓦乔摒弃色彩中一切矫揉造作和浮夸不实的东西，让色调再次鲜活起来，促使画家们重新思考模仿的意义。所以，我们不会在他的作品中看到他在人物身上用到朱砂红色或蓝色，即使偶尔会有，他也只是略微用到一点，因为他说这些颜色会损害色调之间的和谐。我所说的不包括晴朗的蓝天，卡拉瓦乔从未在叙事性绘画中画过蓝天，他总是把黑色用在地面和背景，以及身体的某些部位上，只把光线集中于一小部分。更重要的是，他严格依照模特来作画，因此他声称他没有任何一笔是自己随性而来，而是都来自于自然。他鄙弃所有其他的绘画法则，认为那些都是卖弄技巧，毫无艺术而言。他对自然的遵循使他收获了无数赞美，他也促使一些有着更高超的创造力、在最好的学院接受教育的画家去追随他，比如圭多·雷尼，他当时或多或少受到卡拉瓦乔风格的影响，转向对自然的模仿，比如他在三喷泉教堂（Tre Fontane）画的圣彼得受难[78]，后来的乔凡尼·弗朗切斯科·达·森托（Giovanni Francesco da Cento）[79]也是如此。被赞美包围的卡拉瓦乔变得目中无人，认为自己是唯一忠实于模仿自然的画家。然而，他缺乏最重要的艺术素养，既不懂构图，也不知礼仪，既不会设计，也不知晓绘画的方法，没有模特在眼前，他就大脑空空、手足无措。但是，还是有很多人被他的风格吸引，并且极为热衷，因为他们再也不需要勤奋的研究，只要模仿现实中那些毫无美感的平庸之躯。主流艺术屈从于卡拉瓦乔的风格，人人都有了特殊待遇，其结果就是人们蔑视美的事物，古典时期的作品和拉斐尔的画作再也不受人尊敬。由于只顾着模仿现实中的模特，人们完全抛弃了叙事性绘画的练习，而叙事性绘画才是画家应该专注的领域，他们完全投身到半身像的创作中去，之前很少有人会用到这种画法。他们模仿的都是丑陋的东西，热切地追求肮脏畸形之物。如果要画一件盔甲，他们就选腐朽的；如果要画一个花瓶，他们就选破碎的。他们笔下的衣服就是些长筒袜、短裤和大大的软帽。模仿人体的时候，他们就只热衷于画皮肤上的皱纹和肉体上的缺陷，比如指节粗大的手指和因疾病而发生畸变的四肢。

正是由于这些问题，卡拉瓦乔经常遭遇挫败，他的作品总是从祭坛上被移走，就像上文里说到的圣路易吉·迪·弗朗西斯教堂那个例子。[80]阶梯圣母教堂（church of the Scala）那幅圣母之死也遭遇同样的命运，因为他把圣母画得太像一个死去后尸体肿胀的女人。[81]另一件圣安娜的作品也从圣彼得大教堂的小祭坛上被移走，因为圣母和裸体男孩模样的圣子被画得极其不雅，这件作品现在在博尔盖塞别墅。[82]在圣奥古斯丁教堂那件作品中能看到朝圣者脏兮兮的脚底板。[83]在那不勒斯那幅七善行里，有一个男人正举着酒瓶，不雅地把酒倒进大张的嘴。[84]在以马忤斯的晚餐这件作品中，两个使徒和基督都画得像乡间莽夫，基督被描绘成一个没有胡子的年轻人，戴软帽的客栈老板在服侍他们，桌子上的盘子里有不合时节的葡萄、无花果和石榴。[85]就像植物既能做成有益的药草，也能做成致命的毒药，卡拉瓦乔虽然有其优点，对艺术却极其有害，他推翻了绘画的所有建树。的确，需要有个人来将不再模仿自然的画家引回正道，但是这很容易就会从一个极端走到另一个极端，过度遵循自然和远离样式主义的后果就是，他们完全偏离了艺术，陷于错误和盲目之中，直到阿尼巴勒·卡拉奇为他们指点迷津，模仿自然时也兼顾到艺术的美。[86]

卡拉瓦乔的绘画风格和他的生理特征是一致的。他很黝黑，有黑色的眼睛、黑色的眉毛和头发，他的作品里也充斥着黑色。他一开始甜美且纯粹的上色方式最值得称赞，那时的他有着良好的品德，是一个出色的伦巴第色彩家。然而，由于他的暴躁脾性，他转向一种黑暗的风格，就像他在言行上总是会和别人起冲突。为此，起先他不得不离开米兰和他的家乡，后来被迫逃离罗马和马耳他，在西西里躲藏，又在那不勒斯身陷险境，最后悲惨地死在一片沙滩上。他的着装打扮也是如此，虽然他穿的是锦衣华服，但是只要他穿了一套衣服，不把衣服穿到破破烂烂他都不会换。他也极其不讲卫生，很多年里，他都是把一幅肖像画当作早晚饭时的桌布，在那个上面吃饭。他的作品所到之处都是对他的色彩的赞赏，有一幅描绘圣塞巴斯蒂安被两个仆人反绑双手的作品被带到巴黎[87]，这是他最好的作品之一。那不勒斯总督贝内文特伯爵把一幅圣安德烈的受难带到西班牙。[88]维拉梅迪亚纳伯爵（count of Villa Mediana）手上有一幅大卫的半身像[89]和一幅拿橙花的年轻男子的肖像画。[90]他画的玫瑰经圣母（见图5-3）被保存在安特卫普（Antwerp）的圣多明我教堂（church of the Dominicans）[91]，从这一件作品开始，他逐渐名扬四海。在罗马，他被认为是品奇阿纳城门（Porta Pinciana）的卢多维西花园（Ludovisi gardens）的朱庇特、尼普顿和普鲁托的创作者，这个作品在曾属于红衣主教德尔·蒙特的宫殿里。[92]因为红衣主教对化学药剂很感兴趣，卡拉瓦乔为他的蒸馏间[93]创作了装饰画，将这几位神明和化学元素联系在一起，他们中间是一个代表世界的球体。据说，卡拉瓦乔在听到别人指责他既不懂平面也不懂透视后，尽最大努力画了这些仰视视角下的人体，以挑战最难的短缩法。毫无疑问，这几个神的形象一点也不合理，而且这是用油画颜料画在天顶上的，米开朗琪罗此前从来没有试过壁画，而他的追随者在描绘模特时也总是用油画。有很多画家效仿他以自然为对象的作画方式，因此他们都被称作自然主义者，接下来我将简单介绍其中比较著名的几位。

曼图亚的巴尔托洛梅奥·曼弗雷迪[94]不仅是个效仿者，更是把自己变成了第二个卡拉瓦乔，他的创作仿佛在通过卡拉瓦乔的眼睛去观察自然。他采纳同样的绘画风格，增强黑暗的色调，但画得更工整和精致一些。他的作品也大部分是半身像，叙事性绘画的构图亦是如此。在罗马的维罗斯比阁下的府中，有一幅他画的基督把商人逐出神殿[95]，其中几个人物的面部神态画得很传神，一个男人非常害怕弄丢他的钱币，就用手紧紧抱着。另外还有一件作品，一个正在玩骰子的男人抬起头，女仆将圣彼得指给他看。[96]曼弗雷迪还为托斯卡纳领主殿下画了几幅半身像。[97]他在罗马去世，没有在公开场合留下任何作品。

威尼斯的卡洛·萨拉塞尼（Carlo Saraceni）[98]在罗马的时候开始学习卡拉瓦乔的风格，但他的色调没有那么黑暗。他最好的几件作品是：圣阿德里亚诺教堂（Sant'Adriano）的圣雷蒙德（Saint Raymond）向异教徒传教[99]；圣母之灵教堂（church of the Anima）的在鱼肚子里发现钥匙的主教圣本诺（Saint Benno）[100]，以及被袭击的主教圣阿尔伯特（Saint Albert），其中一个拿武器的人正一只手推搡圣阿尔伯特，另一只手伸向剑，准备杀他。[101]卡拉偏好在作品里描绘阉人和剃光胡子的人。他不仅在绘画风格上效仿卡拉瓦乔，其他方面也有样学样。卡拉瓦乔曾经养过一条名叫巴尔博内（Barbone）的黑狗，被训练得会做一些小把戏，萨拉塞尼养了一条很像的狗，也取名叫巴尔博内，在聚会时会带着它去表演小把戏。[102]

瓦伦西亚（Valencia）的朱塞佩·里贝拉（Jusepe Ribera），被称作小西班牙人（lo Spagnoletto）[103]，他被卡拉瓦乔的天资所吸引，也投入对自然的模仿，热衷于画半身像。搬到那不勒斯后，他技术日益精进，为总督画了很多作品，都被送到西班牙。他变得极为富有，成为那不勒斯的名人，和家人一起生活在总督的宫殿里。他在圣马尔蒂诺教堂的拱顶上画了先知像的油画[104]，还为圣器收藏室的祭坛画了一幅圣母升天图[105]。他不承认多梅尼基诺是个合格的画家，通过和总督的私交，他宣称多梅尼基诺根本不懂绘画，严重打压了后者。多梅尼基诺死后，他终于接到珍宝礼拜堂（chapel of the Treasure）大幅祭坛画的委托，描绘的是圣亚努阿里斯（Saint Januarius）从熔炉里出现。[106]他也画过几幅蚀刻画，分别是圣哲罗姆[107]、圣巴多罗买的殉教[108]和酒神狂欢[109]，从中都能看出来他的才能和学识。

瓦伦汀（Valentin），来自离巴黎不远的城市布里（Brie）。[110]他后来去了罗马，学习卡拉瓦乔后，绘画风格变成非常深沉的色调。在对人物的描摹上，他比其他自然主义者都走得更远。他在绘画上非常认真勤奋，虽然他也喜欢画赌博、演奏和吉卜赛生活这种奇怪的场景。他后来转向叙事性绘画，在乌尔班八世任职时期，负责圣彼得大教堂其中一个小祭坛的祭坛画，描绘的是圣博策苏和圣马蒂尼安（Saints Processus and Martinian）的殉教。[111]他也创作过其他很优秀的人像。

赫里特·凡·洪特霍斯特（Gerrit van Honthorst），出生于乌特勒支（Utrecht）。[112]他去罗马的时候正好是卡拉瓦乔风格备受推崇的时期，在黑暗色调的影响下，他致力于模仿夜色里的火光。在阶梯圣母教堂有一幅他画的施洗约翰的殉教[113]，画中的施洗约翰跪在地上，双手合十，等待行刑人的致命一击，后者已经举起剑，准备砍下他的头。所有人物都非常优美地被晚上的火把照亮，一个老妇人伸出手里的火把，为他们提供照明，火把照亮了施洗约翰的肩膀和红色斗篷，他的肩膀和胸膛都赤裸着。在火光的映射下，老妇人布满皱纹的脸被染成红色，她旁边是希罗底的女儿，穿着一件非常漂亮的长舞裙，外面罩一条短裙，在身侧拿着一个平底盘子。

—— 注释 ——■

[1] 读者须知：对于那些仍然保留在原处的作品，其所在地点在注释里不再赘述。
[2] 公元前5世纪的古希腊雕塑家。根据昆体良：《雄辩术原理》，12，10，9，德米特里"被指责过于现实主义，相比作品的美，更关注作品的真"（H. E. 巴特勒译，《昆体良的雄辩术原理》，第4卷，伦敦，1922年，第455页）。
[3] 卡拉瓦乔出生于1571年。在贝洛里写的传记之前，卡拉瓦乔传记可见于曼奇尼（1956年），第1卷，第223-226页，以及巴格利奥尼（1642年），第136-139页。另外一个

简短的传记可见于桑德拉特（Sandrart，1925 年），第 275 - 276 页。参见《美的理念》，第 2 卷，第 271 - 274 页。

[4] 波利多罗·卡尔达拉·达·卡拉瓦乔（Polidoro Caldara da Caravaggio，约 1499—1543 年），因其在罗马宫殿大门处画的罗马史饰带画而闻名。

[5] 贝洛里在巴格利奥尼（1642 年）的书的空白处写道，卡拉瓦乔逃离米兰是因为他杀了人。

[6] 卡拉瓦乔到达罗马的日期没有记录。关于他在伦巴第地区的最后记录是一份 1592 年 5 月 11 日的资料，有可能他同年夏天搬到罗马。没有确切的证据证明贝洛里宣称的卡拉瓦乔在去罗马之前去了威尼斯。据卡拉瓦乔的第一个传记家朱里奥·曼奇尼所说，卡拉瓦乔"在 20 岁的时候"去了罗马【曼奇尼（1956 年），第 1 卷，第 224 页】。

[7] 参见附录。

[8] 普洛斯佩罗·奥尔西（Prospero Orsi，约 1558—1633 年）。依据巴格利奥尼（1642 年），第 299 - 300 页，奥尔西起先是骑士达·阿尔皮诺的追随者，后来变成卡拉瓦乔的拥护者。

[9] 公元前 5 世纪的古希腊雕塑家菲迪亚斯（普林尼：《自然史》，36，15 - 19）在贝洛里的时期被认为是狄俄斯库里兄弟卡斯特和帕勒克两组雕塑的其中一个的创作者。雕塑现位于奎里纳勒广场（由西斯克特五世于 1589 年安放在那里）。

[10] 公元前 1 世纪的雅典雕塑家格里肯【参见 G. K. 纳格勒（Nagler）的《新版艺术家大辞典》（Neues allgemeines Künstler-Lexikon），第 15 卷，慕尼黑，1837 年，第 243 页】，他的名字被刻在《法尔内塞宫的赫拉克勒斯》（那不勒斯国家考古博物馆）的大棒上。然而，格里肯并不是这个雕塑的原作者，他依照原件制作了一个临摹品。佛罗伦萨皮蒂宫另一个临摹品上的铭文表明，原作者是公元前 4 世纪的古希腊雕塑家利西波斯。

[11] 罗浮宫博物馆，巴黎。曼奇尼（1956 年），第 1 卷，第 224 页，以及巴格利奥尼（1642 年），第 136 页将这件作品称为"吉卜赛女人为一个年轻男子占卜"。另一个版本现藏于卡比托利欧美术馆（Pinacoteca Capitolina），罗马。

[12] 根据普林尼：《自然史》，34，61 - 62，公元前 4 世纪的古希腊画家西锡安的欧邦珀斯（Eupompos of Sicyon）"被问到他以哪位前辈为学习对象时……他指着一群人说自然就是应当模仿的对象，而不是某一个人"【普林尼：《自然史》，第 9 卷，H. 拉克姆（Rackham）译，伦敦和剑桥（马萨诸塞），1968 年，第 173 页】。

[13] 多利亚潘菲利美术馆，罗马（《美的理念》，第 2 卷，第 276 - 277 页，目录 2）。抹大拉穿的裙子不是黄色，而是铁锈色。

[14] 多利亚潘菲利美术馆，罗马。

[15] 应该指的是卡米洛·潘菲利，参见附录。

[16] 关于红衣主教安多尼奥·巴贝里尼，参见附录。

[17] 金贝尔艺术博物馆，沃斯堡（Kimbell Art Museum, Fort Worth）。关于弗朗切斯科·马里亚·德尔·蒙特（Francesco Maria del Monte，1549—1627 年），参见附录。也可参见曼奇尼（1956 年），第 1 卷，第 225 - 226 页，以及巴格利奥尼（1642 年），第 136 页。

[18] 大都会博物馆，纽约。也可参见巴格利奥尼（1642 年），第 136 页。

[19] 私人收藏，纽约。巴格利奥尼（1642 年），第 136 页，以及德尔·蒙特藏品目录【弗罗梅尔（Frommel，1971 年），第 36 页】认为弹奏鲁特琴的是个男人。

[20] 提森－波涅米萨博物馆（Museo Thyssen-Bornemisza），马德里。

[21] 卡比托利欧美术馆，罗马。也可参见贝洛里（1664 年），第 45 页。卡洛·皮奥·迪·萨沃亚（Carlo Pio di Savoia，死于 1683 年）于 1645 年由教皇英诺森十世封为红衣主教。他的 1749 年藏品目录列了两件卡拉瓦乔的作品《施洗约翰》和《占卜师》（现在也在卡比托利欧美术馆）。

[22] 关于那不勒斯诗人和收藏家詹巴蒂斯塔·马里诺（Giambattista Marino，1569—1625 年），参见附录。卡拉瓦乔为他创作的肖像画尚未确认。

[23] 乌菲齐美术馆，佛罗伦萨。

[24] 两幅肖像画都没有找到。

[25] 红衣主教康塔雷利【马蒂厄·克因特雷尔（Mathieu Cointrel）】死于 1585 年。维尔吉利奥·克雷森齐（死于 1592 年）是红衣主教康塔雷利的继承人和遗嘱执行人。关于康塔雷利礼拜堂（Contarelli chapel）更精确的历史，参见马乔切（Macioce，2003 年），第 11 页。

[26] 朱塞佩·切萨里，骑士达·阿尔皮诺（参见附录）。

[27] 曾经在切萨雷·弗里德里希博物馆（Kaiser Friedrich Museum），柏林，毁于二战。也可参见巴格利奥尼（1642 年），第 137 页。

[28] 关于温琴佐·朱斯蒂尼亚尼，参见附录。他和他的哥哥贝内代托（于 1586 年被封为红衣主教）住在朱斯蒂尼亚尼宫，位于圣路易吉·迪·弗朗西斯教堂对面。

[29] 多梅尼基诺画的《福音传道者圣约翰》（Saint John the Evangelist）现在是克里斯蒂财产信托，格林德伯恩（Christie Estate Trust, Glyndebourne）的藏品。关于圭多·雷尼画的《圣路加》和弗朗切斯科·阿尔巴尼画的《圣马可》，只知道它们列在温琴佐·朱斯蒂尼亚尼的 1638 年藏品目录中。贝洛里宣称卡拉瓦乔画的《圣马太》摆在朱斯蒂尼亚尼宫，此事尚有疑问。朱斯蒂尼亚尼藏品目录列了挂在同一个房间的 4 幅福音圣徒像：多梅尼基诺的《圣约翰》、圭多·雷尼的《圣路加》、弗朗切斯科·阿尔巴尼的《圣马可》和尼古拉·雷古纳（Nicolas Regnier）的《圣马太》，这一幅没有找到。卡拉瓦乔的《圣马太》以及他画的另外 12 幅画在记载中是挂在另一个房间【萨勒诺（Salerno，1960 年），第 102、135 页】。关于弗朗切斯科·阿尔巴尼，参见附录。尼古拉·雷古纳（1591—1667 年）早年在尼德兰接受绘画训练。他在 17 世纪下半叶来到罗马，在那里受到巴尔托洛梅奥·曼弗雷迪（Bartolomeo Manfredi，约 1582—1622 年）的卡拉瓦乔式风格影响，朱斯蒂尼亚尼是他的赞助人。雷古纳的《圣马太》和多梅尼基诺、雷尼、阿尔巴尼的福音圣徒像挂在同一个房间，贝洛里可能把它和卡拉瓦乔的《圣马太》弄混了。

[30] 从祭坛的位置看的话，《圣马太蒙召》在右边。

[31] 也可参见曼奇尼（1956 年），第 1 卷，第 224 页；巴格利奥尼（1642 年），第 137 页，以及斯堪内里（1657 年），第 198 页。

[32] 梵蒂冈美术馆。也可参见巴格利奥尼（1642 年），第 137 页。

[33] 也可参见巴格利奥尼（1642 年），第 137 页。

[34] 维也纳艺术史博物馆。

[35] 无忧宫画廊，普鲁士宫殿及园林基金会，柏林－勃兰登堡州，波茨坦（Bildergalerie von Sanssouci, Stiftung Preussischer Schlösser und Gärten Berlin-Brandenburg, Potsdam）。

[36] 无忧宫画廊，柏林。也可参见贝洛里（1664 年），第 28 页，以及巴格利奥尼（1642 年），第 137 页。

[37] 爱尔兰国家美术馆（National Gallery of Ireland），都柏林，借自圣依纳爵耶稣会（Society of Jesuits of Saint Ignatius），都柏林。也可参见贝洛里（1664 年），第 34 页。

[38] 罗索宫市政画廊（Civica Galleria di Palazzo Rosso），热那亚。这一幅是否就是马西莫·马西米（Massimo Massimi）藏品的《荆冕基督》，以及是否为卡拉瓦乔的作品，都有待商榷。热那亚这件作品的临摹作现藏于墨西拿地方博物馆（Museo Regionale, Messina）。

[39] 布雷拉美术馆，米兰。也可参见贝洛里（1664 年），第 44 页，以及《美的理念》，第 2 卷，第 280 - 281 页，目录 5。科斯坦佐·帕特里奇（Costanzo Patrizi, 1589—1624 年）是教皇的财务主管，虽然这件作品列在他的 1624 年财产目录中，但他是这幅画的购买者，而不是委托者。贝洛里所说的《以马忤斯的晚餐》是卡拉瓦乔 1606 年逃离罗马后，在扎加罗洛（Zagarolo）画的那幅（参见注释 50）。

[40] 关于红衣主教西皮奥内·博尔盖塞，参见附录。

[41] 伦敦国家美术馆。

[42] 博尔盖塞美术馆，罗马。

[43] 博尔盖塞美术馆，罗马。

[44] 保罗五世·博尔盖塞，1605 至 1621 年间任教皇，红衣主教西皮奥内·博尔盖塞的叔叔，参见附录。

[45] 亲王卡米洛·博尔盖塞藏品，罗马。

[46] 这幅肖像画的不同版本可见于佛罗伦萨的科尔西尼（Corsini）的一件藏品，以及一件匿名私人收藏。

[47] 乌菲齐美术馆，佛罗伦萨。

[48] 1606 年 5 月 28 日，卡拉瓦乔在战神广场（Campo Marzio）杀了拉努奇奥·托马索尼（Ranuccio Tomassoni），后者是供职于法尔内塞的职业士兵。也可参见巴格利奥尼（1642 年），第 138 页，以及曼奇尼（1956 年），第 1 卷，第 225 页。

[49] 1606 年 5 月 31 日。

[50] 布雷拉美术馆，米兰（参见注释 39）。也可参见曼奇尼（1956 年），第 1 卷，第 225 页。

[51] 私人收藏，罗马。也可参见巴格利奥尼（1642 年），第 138 页，以及曼奇尼（1956 年），第 1 卷，第 225 页。

[52] 卡波迪蒙特国家美术博物馆，那不勒斯。

[53] 在 1806 年的地震中被毁。也可参见曼奇尼（1956 年），第 1 卷，第 340 页。

[54] 圣马尔蒂诺修道院（Certosa of San Martino）圣器收藏室的作品并非卡拉瓦乔所绘，它

不符合贝洛里的描述，"其他人物"没有在烤火，而是在玩骰子，也没有火堆，只有一个小吊灯。贝洛里描述的那幅他认为是卡拉瓦乔最好的作品之一的《圣彼得的否认》至今没有找到。在 18 世纪中期，德·多米尼奇（De Dominici）写道："这是一个艺术的奇迹，充满真实的力量，足以胜过当时的其他作品。"卡拉瓦乔有一件作品后来被那不勒斯画家乔凡尼·巴蒂斯塔·卡拉奇奥罗（Giovanni Battista Carracciolo，1578—1635年）临摹，就是"圣马尔蒂诺修道院圣器收藏室的非凡的《圣彼得的否认》"【德·多米尼奇（1840 年），第 3 卷，第 41 页】。卡拉奇奥罗的临摹作已遗失。卡拉瓦乔的《圣彼得的否认》不是为圣马尔蒂诺修道院所画，一份 1655 年 9 月 28 日的资料上记载着，"卡拉瓦乔画的一件名为《圣彼得的否认》的作品"由建筑师科西莫·凡扎戈（Cosimo Fanzago）卖给圣马尔蒂诺修道院，这件作品"现在放在圣器收藏室的入口处"【斯皮纳佐拉（Spinazzola，1902 年），第 170 页】。18 世纪中后期，它被替换成卡拉瓦乔的一名追随者画的作品。

[55] 仁慈山教堂（Pio Monte della Misericordia），那不勒斯。卡拉瓦乔于 1607 年 1 月 9 日收到这件作品的报酬。

[56] 举火把的不是搬运尸体的人，而是神父。

[57] 1607 年 7 月 12 日。

[58] 阿罗夫·德·维格纳科特（Alof de Wignacourt，1547—1622 年）于 1601 年被选为马耳他骑士团首领。

[59] 罗浮宫博物馆，巴黎。也可参见巴格利奥尼（1642 年），第 138 页。卡拉瓦乔画的第二幅维格纳科特肖像画没有其他记载。

[60] 圣约翰大教堂祈祷室，瓦莱塔（oratory, Co-Cathedral of Saint John, Valletta），马耳他。贝洛里称之为希罗底的人物是莎乐美。

[61] 并非卡拉瓦乔的作品。

[62] 《写作的圣哲罗姆》和《抹大拉》现在都藏于圣约翰大教堂博物馆，瓦莱塔，马耳他。

[63] 尚未确认。

[64] 卡拉瓦乔于 1608 年 7 月 14 日被封为遵从骑士（knight of Magisterial Obedience），成为马耳他骑士团一员。8 月 18 日和几个骑士发生争斗后，他被投入监狱。贝洛里所说的"地位极高的骑士"（cavaliere nobilissimo）指的是乔凡尼·罗多蒙特·罗埃罗（Giovanni Rodomonte Roero），韦扎（Vezza）伯爵，在和卡拉瓦乔的争斗中受伤【参见希波拉斯（Sciberras，2002 年）】。卡拉瓦乔于 1608 年 10 月 6 日越狱。也可参见巴格利奥尼（1642 年），第 138 页。

[65] 贝洛莫宫国家博物馆，锡拉库萨（Museo Nazionale di Palazzo Bellomo, Syracuse）。

[66] 墨西拿地方博物馆。这幅作品的主题是《牧羊人来拜》（Adoration of the Shepherds）。

[67] 尚未确认。

[68] 墨西拿地方博物馆。

[69] 于 1969 年被偷。

[70] 贝洛里称之为希罗底的人物是莎乐美（也可参见注释 60）。卡拉瓦乔画了两幅《拿着施洗约翰头颅的莎乐美》（Salome with the Head of Saint John the Baptist），一幅现藏于马

德里皇宫（Palacio Real, Madrid），另一幅现藏于伦敦国家美术馆。

[71] 那不勒斯的位于圣菲利斯街（Via Sanfelice）起点的一家酒馆，住在附近的卡利塔（Carità）教区的艺术家们经常去这里。

[72] 1609 年 10 月 24 日罗马出版的一个布告上刊载了此事【参见奥尔班（Orbaan, 1920 年），第 157 页】。

[73] 一种又小又窄的船，用桨或三角帆驱动，或者二者都用，在地中海沿岸使用的交通工具。

[74] 斐迪南多·贡扎加（Ferdinando Gonzaga），曼图亚公爵（duke of Mantua, 1587—1626 年）。他于 1607 年由教皇保罗五世封为红衣主教，从 1610 年开始住在罗马，他哥哥死后，1612 年 12 月返回曼图亚继承爵位。作为一个狂热的收藏家和赞助人，斐迪南多是贡扎加家族最后一个大量购入收藏品的人。

[75] 卡拉瓦乔在距离罗马大约 50 公里的西北方向的帕洛（Palo）上岸。从帕洛到埃尔科莱港海岸线的距离大约是 100 公里。

[76] 阿尼巴勒·卡拉奇和费德里科·祖卡里都死于 1609 年。卡拉瓦乔死于 1610 年 7 月 18 日【参见奥尔班（1920 年），第 175 - 176 页】。关于祖卡里，参见附录。

[77] 马里诺（1664 年），第 202 页。

[78] 三喷泉的圣保罗教堂（San Paolo alle Tre Fontane）。这件作品现藏于梵蒂冈美术馆。

[79] 乔凡尼·弗朗切斯科·巴尔别里（Giovanni Francesco Barbieri），被称作圭尔奇诺（Guercino），1591—1666 年。

[80] 这个指的是在圣路易吉·迪·弗朗西斯教堂的康塔雷利礼拜堂，神父们把卡拉瓦乔画的第一幅《圣马太的启示》（Inspiration of Saint Matthew）从祭坛上移走了。

[81] 罗浮宫博物馆，巴黎。

[82] 也可参见曼奇尼（1956 年），第 1 卷，第 224 页；巴格利奥尼（1642 年），第 137 - 138 页；《美的理念》，第 2 卷，第 278 - 280 页，目录 4。这件作品本来是为圣彼得大教堂的帕拉弗莱尼埃利圣安娜教堂（Sant'Anna dei Palafrenieri）祭坛所绘，于 1606 年被红衣主教西皮奥内·博尔盖塞收走。

[83] 这个指的是卡瓦雷蒂礼拜堂的《洛雷托的圣母》。参见注释 31。

[84] 参见注释 55。左后方的那个男人不是从酒瓶里倒酒喝，而是用一个驴子的下颚骨做成的容器喝水，因而这个人物是杀死了 1000 个非利士人的参孙。

[85] 这个指的是伦敦国家美术馆的《以马忤斯的晚餐》。参见注释 39。

[86] 阿尼巴勒于 1595 年来到罗马，比卡拉瓦乔晚三年，后者大约于 1592 年到达罗马（参见注释 6）。

[87] 已遗失。这件作品的临摹作现在是私人收藏，罗马【隆吉（Longhi, 1951 年），第 50 条，第 38 页】。

[88] 克利夫兰艺术博物馆（Cleveland Museum of Art）。这件作品的几件临摹作现藏于圣十字博物馆，托莱多（Museo Provincial de Santa Cruz, Toledo）；巴克 - 维加藏品（Back-Vega Collection），维也纳；第戎艺术博物馆。堂·胡安·阿方索·皮门特尔·德·埃雷拉，贝内文特伯爵，于 1610 年 7 月 11 日离开那不勒斯。

[89] 维拉梅迪亚纳公爵胡安·德·塔尔西斯·佩拉尔塔（Juan de Tarsis y Peralta）藏品，1622 年他被刺杀后，这幅画在马德里被拍卖。这幅作品被认为是维也纳艺术史博物馆里那一幅的另一个版本。

[90] 尚未确认。

[91] 《玫瑰经圣母》（*Madonna of the Rosary*）现藏于维也纳艺术史博物馆。

[92] 卢多维西别墅（Villa Ludovisi）宫殿，罗马。

[93] 也就是红衣主教的炼金工坊。

[94] 1582—1622 年。也可参见曼奇尼（1956 年），第 1 卷，第 108 页，以及巴格利奥尼（1642 年），第 158 – 159 页。

[95] 尚未确认。

[96] 尚未确认。

[97] 科西莫二世·德·美第奇（Cosimo II de'Medici，1590—1621 年）。这些半身像都尚未确认。

[98] 约 1579—1620 年。也可参见曼奇尼（1956 年），第 1 卷，第 108 页，第 254 – 255 页，以及巴格利奥尼（1642 年），第 145 – 147 页。

[99] 这件作品先在布宜诺斯艾利斯广场的圣母领报小教堂（Santissima Annunziata a Piazza Buenos Aires），后在万福圣母女修道院（Convent of the Mercedari），罗马。

[100] 圣母之灵教堂，罗马。

[101] 被袭击的不是圣阿尔伯特，而是圣兰伯特（Saint Lambert）。

[102] 依据巴格利奥尼（1642 年），第 147 页，这条狗的名字是科尔纳齐亚（Cornacchia）。——原注
barbone 在意大利语里有"卷毛狗"的意思，cornacchia 在意大利语里有"乌鸦"的意思。——译注

[103] 1591—1652 年。Lo Spagnoletto 的意思是"小西班牙人"（the little Spaniard）。也可参见曼奇尼（1956 年），第 1 卷，第 249 – 251 页。

[104] 这 12 件作品上都有签名，标了日期 1638 年。

[105] 这是一幅《圣母怜子》，标了日期 1637 年，现藏于圣马尔蒂诺教堂的珍宝礼拜堂。贝洛里（1976 年），第 235 页，注释 5 注明，博雷亚认为贝洛里可能把这件作品和巴蒂斯泰洛（Battistello）的《圣母升天》弄混了，后者现藏于那不勒斯的米兰王宫（Palazzo Reale）。

[106] 那不勒斯大教堂，圣亚努阿里斯珍宝礼拜堂。有签名，标了日期 1646 年。

[107] 里贝拉画过三幅关于圣哲罗姆的蚀刻画，其中一幅标了日期 1621 年【《巴尔奇图集》（1983 年），第 271 – 273 页，第 4、5 条】。

[108] 《巴尔奇图集》（1983 年），第 274 页，第 6 条。

[109] 《巴尔奇图集》（1983 年），第 281 – 282 页，第 13 – I、13 – II 条（有签名，标了日期 1628 年）。

[110] 瓦伦汀·德·布洛涅（Valentin de Boulogne，1594—1632 年）。也可参见巴格利奥尼

（1642 年），第 337－338 页。

［111］梵蒂冈美术馆。1630 年发出的委托。

［112］1592—1656 年。也可参见曼奇尼（1956 年），第 1 卷，第 258 页。

［113］阶梯圣母教堂。记载的日期是 1618 年。

第 6 章
彼得·保罗·鲁本斯[1]

　　绘画在古代的地位极高，这一点从各个君主、共和国以及各地人民对它的推崇就可以看出来，他们都将其尊为神圣之物。在希腊地区的众多贤人志士中，最具智慧的雅典人把绘画规定为古典学科之一，将其和科学等高等学科并置。虽然当下的艺术家同样有着精湛的技艺和不朽的荣誉，收获了人们的赞叹，绘画仍然享有古典学科的地位，并且受到各国君主的优待，然而，还是有很多人在创作时只是机械地动手，从不认真思考。在大众眼中，他们的追名逐利和盲目无知使绘画变成一种呆板的低下艺术，严重危害到那些努力维护自己名誉的人才。这个不好的现象在意大利及其他地区很普遍，也威胁到弗兰德斯地区。此时在安特卫普，有一颗新星正在冉冉升起，使绘画重拾辉煌，他就是彼得·保罗·鲁本斯（Peter Paul Rubens），来自安特卫普一个德高望重的家族。[2]他出生于 1577 年 6 月 28 日，从小接受礼仪的训练和各学科的学习，这也让他受益匪浅，使他成长为一个冷静沉着的人，从不耽于享乐。恰好当时莱顿（Leiden）的奥托·凡·维恩（Otto van Veen）在安特卫普，他是帕尔玛公爵的宫廷画家，后来转入大公阿尔伯特麾下[3]，安特卫普圣母大教堂（Cathedral of Our Lady Antwerp）的最后的晚餐就是他的手笔。鲁本斯在维恩的指导下学习素描，同时深深着迷于模仿。他最后遵从内心的强烈渴望，完全投入对模仿的学习。他在这方面天赋异禀，很顺利地就从素描转向色彩。和那些只是因为惯例才很早就开始学习绘画的弗兰德斯的年轻人不同，他是在才能的驱使下拾起画笔的。搬到意大利后[4]，他先待在曼图亚的温琴佐公爵[5]宫里，那时他 20 岁，为皇宫的亲王们画肖像画。[6]随后他去了罗马[7]，当时红衣主教奥地利大公阿尔伯特（Cardinal Archduke Albert of Austria）是耶路撒冷圣十字教堂名义上的所有者，他刚完成教堂的圣赫勒拿（Saint Helena）礼拜堂的修复工作，还需要在里面装饰几幅油画，鲁本斯接到委托后，为中间的祭坛画了圣赫勒拿和十字架，为两侧的祭坛分别画了荆冕基督和基督受难，这几件作品都展现出他模仿现实的功力。[8]在这之后，他去了威尼斯，全身心投入对提香和保罗·委罗内塞的学习。然后他回到罗马，为奥拉托利会新教堂的大祭坛画了一幅天使膜拜圣母，还在唱诗席两侧画了两件大幅的站姿圣徒像，其中的教皇圣格列高利和穿盔甲的殉教者圣莫鲁斯都十分精美，模仿的是保罗·委罗内塞的风格。[9]这件作品最初的构图可见于另一件作品。这幅画现在在安特卫普的圣米迦勒修道院（Abbey of Saint Michael），鲁本斯回弗兰德斯的时候把它一并带回去了。[10]他从罗马搬到热那亚，在那里待的时间最长。[11]他为耶稣教堂（church of the Gesù）的祭坛画了一幅基督受割礼[12]，还画了一幅圣依纳爵治愈病人和残疾人[13]。他为热那亚的贵族画了包括肖像画在内的很多作品，比如，他为乔凡尼·温琴佐·因佩里亚莱（Giovanni Vincenzo Imperiale）[14]阁下画了赫拉克勒斯和伊俄勒[15]，以及维纳斯臂弯里死去的阿多尼斯[16]。他也很关注热那亚的建筑，将那里的宫殿和一些教堂通过线稿图留存下来，包括平面、正面、侧面以及十字形的内部结构，记录各种视角和各部分的尺寸。后来他于 1622 年在安特卫普将这些线稿图出版成册[17]，他说，他的目的是消除弗兰德斯的粗俗建筑，引进意大利优美的建筑形式。

回到故乡[18]的鲁本斯已经是技艺精湛的画家。他在弗兰德斯早就声名远扬，这次更是用作品证明了自己的能力，他的大名逐渐无人不知、无人不晓，欧洲各国的君主都对他趋之若鹜，他们从他那渊博的知识和高贵的举止感受到绘画艺术的荣耀，介绍完他在弗兰德斯的成就后，我会详细说明这点。他最开始在安特卫普画的一些作品中，有为圣沃尔布加教堂[19]祭坛创作的基督受难三联木板画，两翼是女圣徒们。圣多明我教堂圣餐祭坛上有一幅正在探讨圣饼的教会四博士。[20]随后鲁本斯为安特卫普圣母大教堂画了基督下十字架三联木板画（见图 6-1），两翼内部是圣母往见和圣母行净礼，外部是把圣子扛在肩上的圣克利斯多夫（Saint Christopher）。[21]安特卫普圣母大教堂的教士们还委托他为唱诗席画了一幅圣母升天的祭坛画，升天的圣母在圣光中张开双臂，下方的门徒们凝视着她，有几个门徒打开坟墓的石板，其他门徒和女圣徒把玫瑰等鲜花献给圣母。[22]鲁本斯通过这幅祭坛画充分展现了自己作为一个优秀画家的能力，它被视作鲁本斯最好的作品之一，为他赢得无上的名誉。他为耶稣会教堂（church of the Jesuit Fathers）画了另一幅圣母升天图[23]，还为大祭坛画了两件大幅祭坛画，根据不同的时间交替展示。一幅是圣依纳爵通过分发圣餐为人们驱魔，一个被愤怒折磨的女人试图挣脱束缚，一个男人扭曲身体躺在地上，恶魔纷纷从空中逃离，各种各样的人向圣依纳爵求助。[24]另一幅是圣方济各·沙勿略（Saint Francis Xavier）向崇拜偶像的印度人传教，用神迹证实他的信仰。一个男人正在用铲子挖开坟墓，一个死人从坟墓里坐起来，掀开盖在身上的裹尸布，另一个在坟墓死而复生的人看着圣方济各，后者正在赐福，人们都围过来看他。代表宗教和信仰的天使们拿着圣餐杯和十字架等圣物在空中显灵，病人们都涌上前来求救。[25]教堂天顶上有表现基督和圣母神迹的各幅油画。[26]他接着为方济各会教堂（church of the Franciscans）画了一幅十字架上的基督的祭坛画，基督在两个被钉死的小偷中间，朗基努斯（Longinus）骑在马背上，用他的长矛刺穿基督。从抹大拉身上可以感受到强烈的情绪，她那张开的双臂仿佛在制止朗基努斯，十字架脚下的圣母已经在圣约翰和女圣徒之间昏死过去。[27]他为米迦勒教堂的大祭坛画了一幅博士来拜（见图6－2）[28]，为圣奥古斯丁教堂（Saint Augustine）画了一幅圣母和圣塞巴斯蒂安等圣徒的祭坛画，还为圣方济各教堂（church of Saint Francis）画了一幅垂死的圣方济各，离开尘世的圣方济各似乎在天堂里获得重生。[29]在圣阿芒修道院（Abbey of Saint Amand），鲁本斯画了被乱石投掷而死的圣斯德望三联木板画，圣斯德望被袭击者包围，后者正朝他扔石头，其中一个人一边高高举起石头准备砸向圣斯德望，一边用脚把他踹得跪倒在地。圣斯德望弯着腰，受伤的前额流血不止，他抬头凝望云上的天父和基督，天使们为他带来棕榈叶和王冠，侧翼上也画的是这个主题。[30]

除了安特卫普这些祭坛画，鲁本斯也为布鲁塞尔托钵僧教堂画了一幅非常精美的圣母怜子。[31]画面的背景是一个洞穴，死去的基督坐在坟墓石板上，圣母从后面支撑着他，悲伤地抬头望向天堂。旁边有两个天使，一个天使揭开裹尸布，指向基督身侧的伤口，另一个天使拿长矛，指着带血的矛头。在基督脚边，啜泣的抹大拉双手拿两个钉子，另外两个钉子和荆冕、十字架上的罪名牌一起放在地上。圣方济各沉浸在对基督的膜拜中。整个画面的照明来自洞口，天空衬托出洞口处两个天使的身影。强烈的光线集中在基督身上，营造出一种非常恰当且自然的效果。在布鲁塞尔多明我会教堂（church of the Dominican Fathers），鲁本斯为西班牙玫瑰经祭坛（Spanish nation's chapel of the Rosary）画了一幅祭坛画，圣光中的圣母抱着圣子，旁边是圣多明我、圣方济各、圣凯瑟琳等圣徒，圣母脚边是跪着的腓力四世和大公们。[32]同样被认为是鲁本斯最出色的作品之一的是圣尼古拉教堂（church of Saint Nicolas）的祭坛画，画中的圣约伯（Saint Job）被恶魔折磨，后者正朝他投掷火焰和毒蛇。圣约伯在马厩的草堆上张开双臂望向天堂，他的妻子在旁边斥责他，试图动摇他对上帝的信仰。侧翼上画的也是圣约伯和其他人物。[33] 圣母礼拜堂教堂（church of the Chapel）[34] 有一幅鲁本斯画的圣劳伦斯的殉教[35]，圣劳伦斯被行刑人推到炉膛上，一个士兵从他背后拽着他的肩膀，他对面是一个指着朱庇特雕塑的神父。在这件作品的构图中，光线都集中在赤裸的圣劳伦斯和一个行刑人身上，后者正从下方往火炉里倒煤炭。后方是士兵们和一个坐在马背上的将领，空中的天使带来王冠和棕榈叶。根特大教堂（cathedral of Ghent）有一幅圣塞巴斯蒂安祭坛画。[36] 在里尔（Lille）耶稣会教堂（church of the Jesuit Fathers）有另一幅大天使米迦勒（Saint Michael Archangel），构图精巧，感情丰富，笔触巧妙。[37] 米迦勒握着一个写有上帝之名的闪亮的盾牌，右手挥舞闪电，将路西法等堕落天使从天堂打入地狱烈焰。其他天使也都拿着长矛和闪电去毁灭恶魔，丑陋的怪物面孔表明它们毫无美善可言。

　　1620 年末，皇太后玛丽·德·美第奇（Marie de'Medici）[38] 和国王路易十三达成和解后返回巴黎，路易十三决定把她的卢森堡宫（Luxembourg palace）新楼装饰一番[39]，其中一项工程就是为长廊绘制装饰画。由于鲁本斯在法国已经名声大噪，他受召去了法国，不仅受到人们的尊敬，还获得极为慷慨的优待。作品的主题是作为亨利四世之妻的玛丽女王的生平，从她的出生到流放布洛瓦（Blois），最后与儿子和解重聚。从这个长廊两边都可以看到花园，每边各有 10 扇窗户，因此鲁本斯将画作放置在每扇窗户之间的间隔处。总共是 21 幅油画，每幅画高 12 尺，宽 9 尺[40]，每边各有 10 幅，剩下一幅在长廊顶端。鲁本斯在安特卫普完成这些作品，通过诗性的构图表达出玛丽女王的高贵。

卢森堡宫长廊中亨利四世之妻玛丽女王生平的画作

　　1. 鲁本斯在第一件作品里画了正在纺织玛丽女王命运之线的命运三女神。她们上方是尊贵的朱庇特和正在爱抚他的朱诺，她也在为玛丽的出生献上祝福。其中两个命运女神坐在云端，第三个坐在地上，拉出象征玛丽的高贵命运的那条线。

　　2. 鲁本斯在第二件作品里画了生育女神路西娜（Lucina），她用火把照亮黑夜，让玛丽平安地降生于世。她从一片云彩上把新生儿递给一个头戴花饰的女士，这个坐着的女士象征佛罗伦萨。她把玛丽抱在臂弯里，赞美这位公主高贵的命运和天赐的才华。上方一个拿权杖、王冠和大号角的男孩象征玛丽的才华。前景里坐着的男人象征阿尔诺河（River Arno），作为美第奇家族标志的狮子趴在他身上。一个普托从他身侧的河水里爬出来，另一个普托拿着一面画有鸢尾花的盾牌，鸢尾花是佛罗伦萨的城徽。画面上方还有其他人物正在抛洒鲜花，天空中是因玛丽的诞生而升起的人马座。

3. 随后鲁本斯画了玛丽女王接受教育的场景。坐着的密涅瓦正在教这位公主读书，画面右边是和谐（Harmony），它被表现为一个在前景演奏古大提琴的男性。左边是美惠三女神，其中一位女神递给玛丽一顶花冠。[41]同时，从天而降的墨丘利赋予她雄辩的口才。地面上散落着各种艺术工具。这些人物的背景是一个顶部敞开的洞穴，瀑布从洞口倾泻而下，漏下来的日光打在美惠三女神身上，使她们的裸体充满生命力。然而，阴影并没有遮蔽玛丽女王的美丽面庞，反射的光线照亮了她那优雅又快活的面庞。[42]

4. 这一件作品表现的是玛丽女王和国王亨利四世的订婚场景。一个丘比特展开翅膀飞在半空，为亨利四世展示玛丽女王的肖像。英气的亨利四世穿着镶金的铁制盔甲，爱神向他指着玛丽的肖像，他那英勇好战的王者之心也因玛丽的美而折服。代表法国的人物站在亨利四世背后，催促他赶快行动。朱庇特和朱诺一起坐在云端，身边是老鹰和孔雀拉的双轮战车。亨利四世脚边有两个丘比特，一个拿他的头盔，另一个拿他的盾牌。

5. 接下来一件作品表现的是玛丽女王在佛罗伦萨的婚礼，国王派遣德·贝勒加德元帅（Marshal de Bellegarde）代其参加。画面中最美丽的就是穿一身白色镶金礼服和头纱的玛丽女王。她身后是一手举着火把、一手提着长长的外袍的婚姻之神许墨奈俄斯（Hymenaeus）。画面正中间是作为教皇使节的红衣主教彼得罗·阿尔多布兰迪尼（Pietro Aldobrandini），他是教皇的侄子，穿主教长袍，戴主教冠，站在祭坛前面，扶着玛丽女王的手，好让女王对面的贝勒加德元帅把戒指套在她的手指上。贝勒加德元帅的背后是德·西勒里（de Sillery）阁下等法国贵族，玛丽女王的背后是大公夫人等穿戴华丽的上流女眷。[43]

6. 随后这一件作品（见图6-3）表现的是船只在马赛港靠岸。在一顶华盖下，代表法国的人物和主教在一个装饰得非常华丽的舟桥上迎接玛丽女王。名誉女神滑过上空，吹着喇叭向人民宣告女王的到来，海神特里同也在海里吹响海螺，还有海神尼普顿和塞壬。代表教皇、佛罗伦萨和马耳他骑士的大划桨船停靠在港口，一个穿黑色盔甲、盔甲上画着白色十字的马耳他骑士站在镀金的船只上。鸣礼的大炮喷出阵阵黑色烟雾，萦绕天空。[44]

7. 这一件作品表现的是玛丽女王和亨利四世在里昂相见。画面中的亨利四世被描绘为坐在晴朗空中的云彩上，装扮成带着老鹰的朱庇特。玛丽女王和他一起坐在云端，身边是她的二轮战车，她打扮成年轻的朱诺，神色谦逊，双目低垂。他们背后是头戴花冠的许墨奈俄斯，举着象征婚姻的火把，空中的几个丘比特也举着火把。在画面下方的地面上，代表里昂的人物穿紫色礼服，坐在狮子和丘比特拉着的二轮战车上，望着空中的皇室新娘和新郎。

8. 接下来这件作品表现的是玛丽女王生下路易十三。女王坐在一个华丽的躺椅上，凝视刚出生的法国皇太子，她的儿子正义的路易十三。[45]正义女神把路易十三抱到代表天赋的男性怀里，天赋的手臂上缠着一条蛇。女王的右侧是生育女神，她手上的丰饶之角里有一对赤裸的双胞胎小人儿。[46]女王的躺椅后面是另一个长着翅膀的天赋之神，他微笑着掀起从树干垂下的大片红色布料的一角，布料的阴影里是拿船舵的财富女神。阿波罗坐在他的耀眼战车里，从空中飞驰而过。

9. 玛丽女王加冕之前的这一件作品表现的是她的摄政。国王亨利四世准备投入欧洲的战争，离开巴黎之前，他委任玛丽女王为管理国家的摄政王。在全副武装的士兵的陪伴下，亨利四世递给玛丽女王一个刻有鸢尾花图案的圆球，年幼的皇太子站在他们中间，玛丽女王的背后是朝臣们。[47]

10. 随后这件作品表现的是玛丽女王的加冕仪式。玛丽跪在圣德尼（Saint Denis）祭坛前接受加冕。[48]她身穿镶着金色鸢尾花的蓝色皇室礼袍，看上去十分雍容华贵，后面一个女官正提着她的裙尾。红衣主教德·若约塞（de Joy-euse）为她戴上王冠，空中的天使们为她送上祝福和财富。她的右边是穿白色礼服的皇太子，左边是她的女儿。[49]她身后的两个贵族分别拿着法国和纳瓦拉（Navarre）这两个国家的权杖，他们中间是被亨利四世休掉的第一任妻子玛格利特女王[50]，她从旁协助仪式，身后跟着一众红衣主教、主教和女官，同样穿着华丽的镶鸢尾花的蓝色礼服。在众多亲王和议员的陪伴下，亨利四世透过一扇窗户看着这一切。此外还有一群乐师和各色围观者，后方的人群发出赞许的欢呼声。

11. 这 10 幅叙事性绘画都在长廊的一侧，这一侧的尽头是一件巨幅作品，表现的是丈夫亨利四世死去后守寡的玛丽女王。玛丽女王坐在王位上，穿着丧服，背后站着代表审慎的密涅瓦，摄政被拟人化为飞在空中的女性，手里拿着船舵。代表法国的人物和贵族们一起单膝跪在她面前，向她献上自己的崇敬和忠诚。在画面前景的中间，代表名誉的人物拿着亨利四世的长矛，上面挂着他的胸甲，代表战争的人物悲痛地撕扯着自己的头发。[51]代表胜利的人物坐在作为战利品的武器上，一条蛇被钉死在她的脚边。她抬头望向亨利四世，双手合十为他祈祷，朱庇特拥护着他，代表时间的人物将他引向天堂。

12. 长廊另一侧的第一件作品表现的是众神集会。在场的有阿波罗和密涅瓦，他们正和下方的恶德做斗争。阿波罗用他的弓箭射杀他们，密涅瓦用她的长矛攻击不和、愤怒、欺诈等阴影里的怪物。这些怪物被他们自己手上的火把照亮，阿波罗身上散发的圣光使他们痛苦万分。其他的天神聚集在云端，萨图恩（Saturn）和墨丘利低头看着下方的争斗，维纳斯制止了抓着剑想要加入战斗的玛尔斯。坐在众神中间的朱庇特紧挨朱诺，后者指着爱神。爱神稳稳扶住代表世界的球体，维纳斯的鸽子拉着这个球，暗指玛丽女王的美丽和威严。因为这件作品的场景被设定在晚上，狄安娜坐在她的战车里掠过天际。

13. 第二件作品里的玛丽女王戴着头盔，坐在一匹白色军马上，身穿白色礼服和金色斗篷，镇压反叛势力。胜利女神在明亮的天空中显得光彩照人，后方是代表名誉的人物，代表勇气的人物身边有一只狮子。不远处可以看见一座被围攻的城市和战场，还有从森林里出现的贵族们。[52]

14. 接下来这件作品表现的是皇室订婚。西班牙的安妮公主（Infanta Anne of Spain）和波旁王朝的伊丽莎白公主交换，前者是国王路易十三的新娘，后者是腓力三世的儿子西班牙王子的新娘。画面中有位于西班牙和法国边境的比达索亚河（Bidassoa River），两条装饰华丽的驳船共同架起一座桥，两国的贵族们分列两旁。代表法国和西班牙的两个人物送出本国的公主、迎接他国的新娘。丰裕女神从空中朝他们抛洒珍宝，一群拿婚姻之火把的丘比特围着她欢跳。[53]河神旁边是一个吹响海螺的海神特里同，一个宁芙仙女献上作为礼物的珍珠和珊瑚。

15. 接下来这件作品表现的是玛丽女王坐在她的正义王座上，身穿皇室礼服，右手拿天平，身边是密涅瓦和丘比特，后者靠在她膝上。一个女性拿印章，代表丰裕的人物拿丰饶之角。侧边一个大笑的男孩拽着代表无知的人物头上的驴耳朵，诽谤被描绘成一个吐舌头的萨提尔，代表嫉妒的人物趴在地上。中间还有其他几个男孩，其中一个代表的是绘画，他手上拉着无知的耳朵，脚下踩着嫉妒的头。另一边是将法国引向黄金时代的代表时间的人物。

16. 这一件作品表现的是国王路易十三时代的来临，他的王位继任被描绘成在一艘皇室船只上。他接过玛丽女王递给他的船舵，后者是遗孀打扮。代表美德的人物在划船。帕拉斯升起船帆，她位于代表卡斯特和帕勒克的两颗星星之间。

17. 除了这些丰功伟绩，玛丽女王希望这个系列也能记录她人生中不如意的时刻，因此，她让鲁本斯以逃离布洛瓦为主题创作了一件作品，当时她从布洛瓦堡的窗户爬了出去。[54]代表夜晚的人物飞在半空，为玛丽女王披上一件黑色斗篷。密涅瓦在她左边，她身边环绕着一群武装卫兵。几个贵族在前面带领这群卫兵，其中一位就是埃佩农公爵（duke of Épernon），他正向玛丽女王屈膝行礼，为她指明方向。[55]为了指明这是逃脱事件，她的一个女官正从城堡塔楼爬下来。

18. 接下来这件作品的主题是玛丽女王在昂热地区（Angers）和路易十三派来的使臣和解。玛丽女王坐在王座上，穿着白色、黑色和紫色相间的服饰。红衣主教德·吉斯（de Guise）站在她右边，密涅瓦站在她左边。红衣主教德·拉罗什富科（de la Rochefoucauld）将墨丘利引荐给她，后者递给她一支橄榄枝作为和平的象征。

19. 随后这件作品表现的是玛丽女王在墨丘利的牵引下来到和平神庙，准备和她的儿子路易十三重聚。[56]和平女神也在场，她在一堆武器上熄灭战争的火把。墨丘利向玛丽女王展示他的节仗。在画面的角落，代表愤怒和欺骗等恶德的人物正饱受折磨。

20. 和解之后的这一件作品表现的是母子二人在天堂重聚，国王路易十三从天而降去见他的母亲，而玛丽女王坐在云端，轻柔的爱意微风吹过他们的青衫薄纱。玛丽女王的身侧是代表慈爱的女性和她裸体的婴孩们。代表希望的人物穿绿色衣衫，坐在代表法国的球体上，光彩照人。前景里还有一个代表勇猛的年轻人，穿红色袍子[57]，正在击退代表反叛的九头蛇，杀死它身上扭动的毒蛇。

21. 最后一件作品表现的是代表真理的女性。她未着片缕，被搀扶着飞升。天堂里的路易十三和身披薄纱的玛丽女王坐在云端，二人的右手相碰。[58]

长廊另一端的火炉上方挂着一幅玛丽女王的肖像画，她打扮成司战女神柏洛娜（Bellona），面前是各色战争武器。长廊侧门上方挂着大公和大公夫人的肖像画。[59]以上就是这个长廊系列作品的全部构图。

在这些作品中，鲁本斯展示了他那灵动的手法和高昂的意志，以非凡的坚定和自由的笔法完成了这个系列。可以说，再没有其他绘画风格能比鲁本斯的这个系列更加流畅和自然。他在其中贯彻了威尼斯画家的色彩配置和光影、明暗对比，在这个方面，无人可与他比肩。这个长廊系列是他的创作生涯中最优秀的作品，蕴含了他最出色的笔触。至于长廊的其他装饰，此处不作讨论。这些作品都是黑木画框，上面有镀金的阿拉伯式花纹。此外还有一些其他作品和间隔装饰，以及面具和风景装饰，都不是鲁本斯本人的设计。[60]完成这些作品后，鲁本斯亲自将其运到巴黎，并且安装在长廊里。王室上下都对这个优秀的系列作品及其诗意的构图大加赞赏。玛丽女王对其表示高度满意，鲁本斯也因女王的慷慨赏赐而收获名誉和财富。[61]

完成这个长廊系列后，鲁本斯于 1623 年应召去了西班牙，当时威尔士亲王（Prince of Wales）为了和公主缔结婚约，也造访了西班牙王室。[62]威尔士亲王对绘画抱有极大热情，对提香的作品尤为欣赏，包括欧罗巴、沐浴的狄安娜等。西班牙国王腓力三世意欲把这些作品送给威尔士亲王，命令鲁本斯将其临摹下来，以便自己留下临摹作。然而，婚约谈判破裂，这些临摹作和原作一起留在了马德里。[63]作为西班牙国王的腓力四世在离马德里 3 里格（League）的地方修建了捕猎场宫殿（palace of the Torre de la Parada），这是一个位于高塔下面的建筑。腓力四世希望用各种绘画作品把这个宫殿彻底装饰一番，包括门窗上方等空白部分，甚至过道和楼梯平台。这些作品的画布先在马德里按尺寸裁剪好，然后送到鲁本斯在安特卫普的工作室，以画上《变形记》的寓言故事等题材。[64]在严密的安排下，各个作品相互之间紧密关联，某些地方穿插着斯纳尔斯画的有趣的动物画，他是一个非常擅长画这种题材的画家。[65]腓力四世还命令鲁本斯为一组挂毯创作草图，这组挂毯在弗兰德斯纺织而成，都是宗教主题，比如教会新律法的胜利、推翻偶像崇拜、福音书真理。[66]这些画的两侧是支撑楣梁的螺旋状柱子，普托、象征物和各色装饰从上方和下方将两侧的柱子相连接。这些挂毯的构图都非常出色，因此接下来我将对它们做一些简要介绍。[67]

新律法的胜利

鲁本斯在第一件挂毯中表现的是基督新律法的胜利。一位端庄的女士笔直地站在一辆两个天使拉着的双轮战车上，她的右手在身前举着一个圣餐杯，上面是装圣饼的盘子，全身散发光芒，扭头看向身后从阴影里出现的人类祖先们。[68]一个天使跪在战车上，抱着十字架，飞在空中的两个基路伯在车前引路，手里分别拿象征救赎的钉子和荆冕。另一个天使拿火把，指着这位高贵的女士。战车的后面跟着人类之父亚当，他虚弱地靠在他的手杖上。夏娃，这个罪恶和死亡的起源，悲伤地看着地面，像罪人一样双手交叉放在腰部，因生育的痛苦而饱受折磨。旁边是他们的后代之一塞特（Seth），作为天文学的创始者，他拿一个星盘和一本书。挂毯下方的装饰里，在花瓶上面有一个火焰中的心形象征。

教会的胜利

接下来这件挂毯表现的是教会的胜利。[69]画面里同样有一位高贵的女士，她穿着教袍，坐在一辆四轮马车上，双手高举装圣饼的圣体匣（custodia），面朝基路伯们和圣灵。在她的后面，一个天使正把主教冠放在她头上。代表异教的人物躺在地上，被马车的车轮碾压过去。他的头发都是毒蛇，旁边是代表邪恶的人物，面容可怖。马车的后面跟着代表真理的人物，她一手拿油灯，另一只手驱赶两个形容丑陋的男人，他们分别是蒙着眼睛的错误和长着驴耳朵的无知。[70]四匹白色骏马拉着马车，其中一匹身上坐着一个带翼的年轻人，他头戴月桂冠，扛着教会的旌旗，旌旗顶上绑着几把钥匙。代表胜利的人物骑在另一匹骏马上，拿棕榈枝和王冠。天使们正在吹奏胜利的号角。代表勇气的人物牵着马嚼子，这是一个头上披着狮子皮的健壮的年轻人，手里拿一把宝剑。在前景里，代表正义的人物牵着另一匹马的马嚼子，握着一把发光的剑。[71]从这些骏马身后隐约可见几个头戴月桂冠的年轻人的头部。挂毯下方的装饰是教会永恒统治的象征，以及代表世界的球体，上面环绕一条衔尾蛇，另外还有代表永恒真理的船舵。

推翻偶像崇拜

在新律法和古代神父们的启示这两件作品之后是推翻偶像崇拜。[72]画面一侧是一个飞在空中的光芒四射的天使，他一只手高举一个盛着圣饼的圣餐杯，另一只手抓着闪电。异教神庙的祭坛以及上面放的金色容器都被打翻在地。异教祭司和信众们惊慌逃窜，其中一个人跪在地上，手里还抓着一头牛的角，牛身上戴着花环。远处可以看见朱庇特神像，偶像崇拜者正在进行献祭。

福音书真理

其中一件挂毯的前景里是圣路加和圣马可（Saint Mark）[73]，他们回头看向展翅飞在半空的天使。向他们传达神意的天使一只手遥指圣光，另一只手指向圣马太手上摊开的福音书。在圣马太的旁边，圣约翰举着一个装了一条蛇的圣餐杯，在沉思中抬头仰望。另一件挂毯表现的是教会博士，圣安布罗斯（Saint Ambrose）拿着牧仗，穿着主教袍。教皇圣格列高利头戴主教冠，手持十字架。他们中间站着圣奥古斯丁，他背对我们，也身穿主教袍、头戴主教冠。他们旁边是圣托马斯·阿奎那，他拿着一本书，竖起一根手指，做出辩论的姿势。装扮成圣克莱尔的大公夫人伊莎贝拉·克拉拉·尤金妮亚[74]站在阿奎那背后，手里拿着圣体匣。再往前是装扮成圣博纳文图拉的红衣主教亲王[75]，戴着四角帽。最后是穿戴红衣主教袍和帽子的圣哲罗姆，他手里拿着一本书，一动不动地沉浸在阅读中。[76]

鲁本斯也为其他挂毯构想过草图，其中古罗马执政官德西乌斯（Decius the consul）生平系列作品广受好评，描绘的是德西乌斯为了罗马人民的利益，在抗击高卢人和萨姆尼人（Samnite）的战争中为国捐躯。这个系列包括：德西乌斯对军队发表演讲；古罗马大祭司诅咒敌人；骑在白马上飞驰的德西乌斯战死，落马后被高卢人乱箭射死；最后是德西乌斯的葬礼，士兵们围在他身边，都佩戴徽章、举着旗帜、拿着战利品。[77]此处对鲁本斯作品的介绍只是九牛一毛，弗兰德斯每一个有头有脸的教堂都有他的大作，他的作品也让他在各国王室名声大噪，凡是拜见过他的画作的绘画爱好者都赞不绝口。我认为必须一提的还有他为凯旋门所作的精美设计图，以纪念红衣主教亲王进驻安特卫普。虽然有些地方是他的学生完成的，但这依然是非常有价值的作品，这些设计图现在仍然保存在斐迪南亲王在布鲁塞尔的宫殿。[78]在西班牙国王腓力三世的任命下，红衣主教奥地利的斐迪南亲王于 1635 年进驻安特卫普，管理尼德兰地区。为了纪念这一事件，鲁本斯负责凯旋门的建造和装饰，以及其他装饰性装置的组建。[79]红衣主教斐迪南亲王从西班牙出发，途经德国，在进军诺德林根之前和罗马人的皇帝（king of the Romans）斐迪南三世（Ferdinand III）[80]汇合，成功夺取瑞典人的大本营[81]。因此，斐迪南亲王进驻安特卫普这一事件受到隆重对待，如同用绘画和颂词组成的胜利宣言。这些画作和颂词收录于一本在安特卫普出版的大型对开本的书，里面有鲁本斯的插图和博学的卡斯珀·热瓦提乌斯（Casper Gevartius）的描述[82]，后者也是颂词作者。鲁本斯通过这种方式把他的设计图流传下来。下文将对其做简单介绍。

第一个凯旋门

亲王涉海而来，和罗马人的皇帝汇合，进驻安特卫普

进城的时候[83]，红衣主教亲王坐在马背上，一身戎装。第一个凯旋门设置在圣乔治教堂（church of Saint George）前面的广场上，这个建筑是爱奥尼亚柱式风格，有 6 根柱子，加上圆拱形楣饰，总高度是 80 尺[84]，宽度几乎相同。右边的两根柱子之间表现的是亲王从巴塞罗那出发，横渡第勒尼安海（Tyrrhenian Sea），直达热那亚。海神尼普顿站在贝壳做成的战车上，一手拿三叉戟，一手驱逐北风神（Aquilo）。[85]北风神被描绘成一个老人，他的头发和手臂后半截都覆盖着羽毛，双腿扭曲变成蛇尾。在尼普顿的命令下，他仓皇地掠过天空。拿着闪电的南风神（Auster）和西班牙西风神（Hispanic Zephyr）乘胜追击，后者头上长着翅膀，意气风发。[86]这个场景隐喻他们即将战胜北方的瑞典人。4 匹海中骏马拉着尼普顿的战车，吹海螺的海神特里同在中间牵着它们的马嚼子，头戴宝石的海仙女涅瑞伊得斯推着战车的轮子，船只驶过平静的海面。[87]左边表现的是亲王和罗马人的皇帝汇合，二人都从马背下来，伸出自己

的右手。空中的两只老鹰衔着月桂冠，爪子抓着闪电。画面下方，代表多瑙河的人物正在欢庆，他一条手臂搭在一个瓮上，血水从瓮里流淌出来，另一只手将这两位奥地利英雄指给两个女性看，她们以一种悲伤的姿态躺在地上，其中一个靠着王室徽章的女性象征日耳曼尼亚（Germania）。斐迪南三世穿着匈牙利帝国的服饰，身后跟着他的士兵们，包括亲王马蒂亚斯·德·美第奇（Mattias de'Medici）[88]、博尔索·德·埃斯泰（Borso d'Este）、加拉索（Galasso）伯爵和皮克洛米尼（Piccolomini）伯爵及其他将领。红衣主教亲王的随从包括莱加内斯（Leganés）侯爵、埃斯泰家族和奥兰治（Orange）家族的贵族及其他朝臣们。[89]中间的叙事性绘画表现的是亲王进驻安特卫普，他伸出右手指着代表弗兰德斯的人物，战马踏过敌人的尸骨。他的两边分别是戴头盔的美德女神和穿着盔甲、肩上扛着战利品的战神玛尔斯。命运女神一手牵着缰绳，一手扶起弗兰德斯，后者弯腰敬礼。她头上是壁形王冠（crowned in towers）[90]，脚边趴着一头狮子，背后是代表健康的人物，手臂上缠着一条蛇。空中的胜利女神拿着月桂冠。柱子之间的间隔区域放置了两个雕塑，分别代表才华和欢乐，前者身穿古典时期的服饰，手里拿一个圆盘（patera）和一个丰饶之角，后者头戴王冠，手持船舵。上方的圆拱形楣饰里立着一个代表高尚希望的雕塑，手上拿着传统的花朵标志。楣饰顶端是一棵棕榈树，树枝托着一个代表世界的球体，写有箴言：SVMIT DE PONDERE VIRES（其力量源自重量）。两侧飞檐（modillion）上各坐着一个代表名誉的人物的雕塑，他们把号角举到嘴边，其中一个的旁边是一只作为王室象征的老鹰，另一个的旁边是一只代表弗兰德斯的狮子。另外还有其他各种各样的有趣设计，比如拿棕榈枝、徽章和王冠的丘比特，意指这个时代的富足。[91]

代表奥地利王室的统治及其血脉的腓力凯旋门

穿过一个葡萄牙为他建造的凯旋门[92]后，红衣主教亲王在皮匠公会（tanners' guild）的街道[93]上看到另一个凯旋门。在所有凯旋门中，这一个规模最大、最为华丽，采用的是复合式建筑结构，高 75 尺[94]，因上面描绘了各个西班牙国王而被称作腓力凯旋门（Philippine arch），其主题是威严的奥地利王室和勃艮第、阿拉贡（Aragon）、卡斯提尔（Castile）、莱昂等王室的联合，即奥地利王朝的统治通过两场联姻诞生的血脉得以延续。在凯旋门正面，拱门上方的楣饰中间是一幅画，画中描绘的是大公马克西米利安（Maximilian）和勃艮第的玛丽各自伸出右手[95]，许墨奈俄斯在前面指引着新娘。头戴壁形王冠的弗兰德斯手里拿一个球体，球上有一只狮子。马克西米利安的旁边是他的父亲，皇帝斐迪南四世。[96]玛丽的旁边是她的父亲，勃艮第公爵秃头查理（Charles the Bold），他穿着盔甲，披着一件斗篷，头上戴着宝石。这幅画作的上方是两个拿火把的丘比特的浮雕。在画作下方，拱门顶端的栏杆中间立着一个许墨奈俄斯的雕塑，他被描绘成一个有双翼的年轻人，头上顶着一篮花，脖子上围着一个玫瑰花环，手里拿一个火把和一个丰饶之角。自这场联姻开始，王室先后经历了皇帝马克西米利安一世[97]、西班牙国王腓力二世、威严的查理五世（Charles V）、腓力二世、腓力三世和腓力四世，他们的雕塑依次放置在两边柱子之间。[98]凯旋门最顶端是朱庇特和朱诺的雕塑，他们也同意这场联姻。朱庇特一只手指着下方的新娘和新郎，另一只手拥抱朱诺，后者拿着代表世界的球体。他们的一侧是代表神意的人物，她背后长着翅膀，头上有一只眼睛，手上拿着代表世界的球体，另一侧则是代表永恒的人物，被描绘成萨图恩的模样，手上拿镰刀和衔尾蛇圆环。他们下方的飞檐两端坐着分别代表弗兰德斯和勃艮第的人物，她们头戴月桂冠，握着画有纹章的三角旗。[99]凯旋门的背面表现的是奥地利王室通过另一桩联姻达到巅峰，即美男子腓力四世（Philip the Fair）和胡安娜（Joanna）的婚姻，前者是弗兰德斯亲王，后者是阿拉贡国王斐迪南和卡斯提尔兼莱昂女王伊莎贝拉的女儿。[100]西班牙和印度群岛的财富经由他们传承下去，直到王室凋零。因此，这面拱门上方的楣饰画了一幅对应的画作，描绘了奥地利大公腓力牵着西班牙公主胡安娜的手，他们身后是戴壁形王冠的弗兰德斯，她装扮成自然女神西布莉（Cybele），脚边是一只狮子。媒人朱诺手里拿着一个代表王室的球体，她旁边是代表时间的人物，象征着将来的王位承袭。和正面安置的各雕塑一样，背面也安置了许墨奈俄斯的雕塑，以及斐迪南国王和天主教徒伊莎贝拉等人的雕塑：斐迪南拿着他的节杖，伊莎贝拉拿着一个代表新世界的球体，意指哥伦布在她的赞助下发现新世界；大公欧内斯特（Ernest），他是弗兰德斯总督，马克西米利安二世之子[101]；大公阿尔伯特和他的妻子伊莎贝拉；还有斐迪南亲王本人，他穿着王室的紫色袍子。凯旋门顶端坐着一个代表奥地利王朝的优雅女士，她面前单膝跪着一个代表才华的长着双翼的人物，正向她献上一个代表世界的球体，她一手把顶端是十字架的节杖放在这个球上，一手拿着墨丘利的节杖，以及象征幸福的稻穗和罂粟花。她的头上是西班牙金星（Hispanic Hesperus），背后是十二宫图组成的圆环，代表帝国的悠久历史。她的一侧是头戴月桂冠的阿波罗，他右手举着东之旭日的耀眼头颅，左手拿着葡萄牙旗帜。代表东印度群岛（East Indies）的女性坐在他脚边，她的头、肩颈和赤裸的手臂都戴着珠宝，手上是装香料的丰饶之角。另一侧则是狄安娜，她一手举着西之明月，一手拿着卡斯提尔旗帜，脚边是代表西印度群岛（Indies of the West）的女性，她穿戴各种颜色的羽毛头饰和耳环，正从一个罐子往外倾倒金银财宝。[102]

12 位奥地利皇帝的剧场和伊莎贝拉公主的纪念碑

走到迈尔街（Meir）后，就能看到一个建造成剧场样式的柱廊，安置了 12 位奥地利皇帝的雕塑。每个雕塑的旁边都有 4 根柱子，顶上有楣饰，从鲁道夫一世（Rudolph I）一直到斐迪南二世（Ferdinand II）。[103] 离圣雅辛托斯教堂（chuch of Saint Hyacinth）[104] 不远的地方是最后一任总督伊莎贝拉·克拉拉·尤金妮亚公主的纪念碑。在纪念碑的第二层有一幅画作，描绘的是在光芒四射的云端上，伊莎贝拉公主升上天堂，她装扮成圣克莱尔，穿着丧服，画中还写有她的国母头衔。伊莎贝拉的旁边是坐着的代表慈爱的女性，抱着裸体的婴孩们。下方是一个跪着的穿丧服的女性，她伸出双臂向伊莎贝拉求助，后者指向尘世的西班牙国王腓力四世，他正在委任斐迪南亲王。朱庇特和帕拉斯分立于腓力四世两侧。斐迪南亲王被两个带翼的年轻神明指引着，他们从王座下来，一个代表战争，头戴月桂冠，盾牌上画着戈尔贡，另一个代表和平，头戴鲜花，手持墨丘利的节仗和丰饶之角。[105]

献给斐迪南亲王的凯旋门
以纪念诺德林根战役的胜利

长新街（Long New Street）[106] 上有另一个凯旋门，献给大胜四方的斐迪南亲王。凯旋门正面拱门的上方有一幅画作，描绘的是穿闪亮盔甲的亲王骑在马背上，罗马人的皇帝拿指挥棒，头戴一顶高高的毛皮衬里的帽子，盔甲外面披着一件匈牙利式斗篷[107]，两人都做出骑在马背上疾驰的动作，击败诺德林根战场上的敌军。[108] 这幅画作的上面有两只老鹰，正用它们的喙和爪子去撕咬一条蛇，画中还有一句箴言：CONCORDIA FRATRUM（兄弟情谊的和谐）。画作两侧分立代表宗教和日耳曼尼亚的人物雕塑，前者披着薄纱，拿着圣餐杯和圣餐盘，后者扶着一枚画有王室老鹰的盾牌。斐迪南亲王和斐迪南三世的雕塑都安置在壁柱之间[109]，他们的上方各有一个月桂冠，月桂冠的里面是皇帝斐迪南二世和西班牙国王腓力四世的画像，正是在他们的主持下才取得这场战役的胜利。凯旋门顶端立着欧若拉女神的雕塑，她站在一辆四马二轮战车上，双手拿着两顶王冠和两根棕榈枝，象征亲王的年轻有为。紧邻她的两边是战利品和囚犯，最尽头的两端则是卡斯特和帕勒克兄弟，他们一手牵着自己的骏马，一手举着胜利的徽章[110]。在凯旋门背面[111]，斐迪南亲王被描绘得威风凛凛，他站在一辆四匹白色骏马拉着的金色双轮战车上，脸上流溢着耀眼的光芒，胜利女神用月桂冠为他加冕。走在他前面的人们抬着代表诺德林根的雕塑。战车两边跟着囚犯，他们的双手被绑在身前，周围是举着徽章和战利品的士兵。另一个飞在空中的胜利女神拿战利品和棕榈枝，旁边是希望女神。[112]这幅画作的两侧有几个雕塑，包括两个分别代表荣誉和美德的人物，代表慷慨的人物正从丰饶之角往外倾倒金币，代表神意的人物拿一个暗指世界的球体，球体被放在一个船舵上。[113]三角墙顶端的正中间是代表金星（Lucifer）的人物[114]，光芒四射的他头戴金星，双翼的珀伽索斯驮着他飞在空中，画中写有表达欢乐和胜利的铭文。他的两边是两个胜利女神和各种战利品，还有两个代表名誉的人物正在吹号角。[115]

雅努斯神庙
和平之善和战争之恶

在牛奶市场广场的附近可以看见一座雅努斯（Janus）神庙[116]，主要柱式是多立克式。中间的画作表现的是神庙敞开的大门，代表愤怒的人物从里面冲出来，双眼被蒙起来，抓着一把剑和一个火把。在大门左边，头发是毒蛇的代表争端的人物打开这一侧的大门。复仇女神提西福涅（Tisiphone）从旁协助，她手里拿着蛇，踢翻脚边一个装着血的瓮，上方还有一只转过头来的贪婪的哈耳庇厄。在大门右边，拿着墨丘利节杖的和平女神试图关上另一侧大门，正在帮助她的是伊莎贝拉·克拉拉·尤金妮亚公主，以及祭坛边一个披头纱的代表宗教的人物，她们上方拿火把的爱神也在出一份力。在争端和提西福涅旁边的两根柱子之间，代表残忍的人物被描绘成一个穿盔甲的男人，正抓着一个母亲的头发，在地上拖拽她和她的孩子。代表瘟疫的人物被描绘成一个披头纱的骷髅架，手里拿镰刀和火把。代表饥饿的人物面色苍白憔悴，大张着嘴，下半身是蛇尾。转角处有两个女像柱（caryatid）支撑着楣梁，瘦骨嶙峋的她们分别代表冲突和争端，用刻薄而仇恨的眼神看着对方，头上顶着一篮子毒蛇。宽大的檐板上有一幅圆形浮雕画，里面是代表恐惧和惨白的两个人头像。檐板上面的神庙顶部是一个穹顶。这一侧檐板的正上方站着两个分别代表贫穷和悲伤的人物，前者衣衫褴褛，光着脚，低垂的头撑在手臂上，后者披着头纱，双眼含泪，两手合十。这两个人物雕塑之间是一个枝状大烛台，烛台底部画了两个倒转着指向地面的火把，象征死亡，写有铭文 CALAMITAS PVBLICA（人民之苦）。她们旁边的檐板转角上是作为战利品的武器和黑色旗帜，还有被钉在长矛上的头颅。另一边的两根柱子之间展现的是和平之善，中间是两个分别代表安全和安宁的人物,后者是一个斜坐的女性,她披着薄纱,一条胳膊搭在祭坛上,手里拿罂粟花和麦穗,前者是一个站着的女性,右手放在同一个祭坛上。[117]这边同样有两个女像柱在转角处支撑楣梁,她们分别代表统一和协调,欢庆地相互拥抱,脸上是友爱的神色。她们手里是一小捆绑在一起的棍子,头上是一篮子水果和鲜花。檐板上的圆形浮雕画里是代表美德和荣耀的两个人头像。这一侧檐板的正上方站着两个分别代表富足和丰饶的人物,后者从丰饶之角往外倾倒金银财宝,前者的衣服下摆里装满水果,右手拿一个丰饶之角。[118]她们之间是一个枝状大烛台,烛台底部画了两个丰饶之角,丰饶之角顶部是一对双胞胎小孩的头像,写有铭文 FELICITAS TEMPORVM(时代之幸)。檐板转角上是作为奖赏的钉耙和犁头,以及水果、麦穗和白色旗帜,中间是两只趴在巢里的斑鸠。[119]

墨丘利,以及对安特卫普贸易复苏的祈祷

斯海尔德河(Scheldt)的圣约翰桥(Saint John's Bridge)上有另一个凯旋门,用粗面石等大块岩石和海洋风格的装饰物建造而成。[120]凯旋门中间有一幅画,描绘了代表安特卫普的人物在哀悼消逝的航海贸易,她请求走过的亲王帮忙挽留墨丘利,后者正准备离开,一只脚已经飞离基座。安特卫普的旁边有一个闲散且忧郁的舵手,手肘撑在他那已经倾覆的小船上,船锚和船舵都散落在地上。在他们对面,代表斯海尔德河的人物坐在渔网上,他也在迷糊地打瞌睡,靠在一个瓮上,双脚被锁链绑住。在这件作品右边,代表富裕的人物坐在一堆货物和磅秤上,代表富足的人物正从丰饶之角往富裕掀起的衣服下摆里倒各种财宝。左边则描绘了坐着的代表贫穷的人物,她衣衫褴褛,拿卷线杆和纺锤,正在喂一个小孩子吃草根。他们旁边是一个撕扯自己头发的水手,手里拿一个锄头。富裕和富足所在的右边转角处,宴会之神科摩斯(Comus)打扮成穿兽皮的巴库斯模样,拿着婚礼的火把和一大把葡萄。左边转角处是代表贸易的人物,正在用燧石打火。墨丘利那幅画作是在一个大拱门里,拱门上方是海洋之神俄刻阿诺斯(Oceanus)的头像,他的胡子和头发都在湿淋淋地滴水。俄刻阿诺斯头顶上是一个代表世界的球体,再往上是坐在岩石和海豚上的海神尼普顿,手里拿三叉戟和船舵。他旁边坐着安菲特里忒(Amphitrite),她一手拿一个丰饶之角,一手放在船头上。他们两边各有一个吹海螺的特里同,举着安特卫普的标志,以纪念曾经的海航贸易繁荣时期。

值得一提的还有鲁本斯的习性和才能,他是现今对绘画事业作出最多贡献的画家。他性格沉稳,才思敏捷,其才智不输给同时代的任何一个人。而且他

为人善良，做事谨慎，深谙和各位名流绅士及宫廷政要的相处之道，如今再也没有哪个画家能像他那样，赋予绘画以无上的荣誉和尊严。他文采斐然，熟知科学，精通记叙和诗歌。他会用多种语言，对拉丁语和意大利语尤为擅长，他的很多关于绘画的研究心得都是用这两门语言写作的。他的这些美德不仅使他获得同行的尊敬和爱戴，更为他赢得大人物的青睐，他们认为他是一个可以肩负要务的有能之士。在侯爵安布罗乔·斯皮诺拉（Ambrogio Spinola）[121] 的引荐下，鲁本斯被选为负责英格兰谈判的大使。他为此前往西班牙，国王[122] 把这个任务交付给他，他也确实成功促成了和平协定的缔结。[123] 国王查理[124] 对鲁本斯的到来感到非常满意[125]，因为国王本人对绘画有浓厚的兴趣，他在伦敦极为隆重地接待了鲁本斯。鲁本斯在逗留伦敦期间为大使的谒见厅画了 9 件作品，都被安置在天顶嵌板上，描绘了国王詹姆斯从苏格兰王国胜利进军英格兰的功绩。[126] 在鲁本斯离开之前，为了对他表示尊敬，并赐他最高的荣誉，国王封他为英格兰骑士。[127] 在国会上，国王取下身边的佩剑，将其赠予鲁本斯，此外还有很多其他礼物，包括国王自己手上戴的一枚钻石戒指，以及一条价值1000 个斯库多的装饰着钻石的帽边缎带。随后鲁本斯回到西班牙，西班牙王室也对他赞赏有加，国王腓力四世封他为议员，并赠予他金钥匙。[128] 为国王夫妇画了几幅肖像画[129]，并获得大量赏赐后，鲁本斯带着数不尽的财富回到弗兰德斯，过着锦衣华食的生活，还收获了大公们和红衣主教亲王的尊敬。大公夫人伊莎贝拉·尤金妮亚任命他为自己的侍官（gentleman-in-waiting），这是他在公文中所用的头衔，作为伟大的伊莎贝拉公主的王室随从。他收藏了一大批大理石雕刻和塑像，都是从罗马带回来的，包括各种各样的古物、纪念章、浮雕、石雕、宝石和青铜制品。在安特卫普的住处，他建了一个圆形房间，房顶上有一个天窗，类似于罗马的万神殿，以获取最充足的光线。他把这个房间打造成他的珍宝馆，里面收藏了各种珍稀古玩，还有大量书籍。他用各种画作来装饰这些房间，一部分是他自己的原创作品，另一部分是他在威尼斯和马德里对提香和保罗·委罗内塞等大师之作所绘的临摹作。因此，他的访客既有文人和学者，也有绘画爱好者。每个去往安特卫普的人都会参观鲁本斯的藏品，更会拜访鲁本斯本人，正是他的美德和名声使这个收藏室熠熠生辉。借此机会，他为众多亲王和名人画了肖像画，波兰亲王西吉斯蒙德视察对布雷达（Breda）的围攻，顺道去拜访鲁本斯时，鲁本斯当场为他画了一幅肖像画。[130] 布雷达陷落后[131]，伊莎贝拉公主和侯爵斯皮诺拉一起回到布鲁塞尔。出于对鲁本斯的作品和藏品的兴趣，他们在经过安特卫普时去拜访了鲁本斯，他也为他们画了肖像画，最终效果非常好，看上去栩栩如生。[132] 如上文所说，鲁本斯去过英格兰，把他的所有藏品以 10 万个弗罗林的价格卖给了白金汉公爵。[133]他非常喜爱这些藏品，为了缓解失落之情，他给那些雕塑制作了石膏仿品，将它们放在原件曾经在的位置上，并且重新绘制了一些作品，用作装饰。

　　在他的一生中，彼得·保罗·鲁本斯以其高贵的品德和真诚的品性赢得了人们对他和他的艺术作品的尊敬。他苦于痛风，经常因此无法进行绘画创作，最终在 1640 年 5 月 30 日，不到 63 岁的年纪不幸逝世。他生前过着幸福的生活，鉴于他是一个十分虔诚的信徒，我们也有理由相信他死后会升上天堂。鲁本斯养育了一个非常有才能的儿子，阿尔伯特·鲁本斯（Albert Rubens），他精通希腊语和拉丁语，接受了其父的精心教导，在弗兰德斯以国务大臣的身份效忠于天主教国王。[134]彼得·保罗·鲁本斯被葬在圣雅各教堂[135]祭坛前，上面有一幅他所作的祭坛画，描绘了穿主教袍的圣博纳文图拉跪在地上，亲吻坐在圣母膝上的圣子的手，并且把圣餐杯呈给圣子。后面是圣玛格丽特和穿着盔甲、举着旗帜的圣乔治，圣母脚边是跪着的圣哲罗姆，空中是拿棕榈枝和王冠的小天使们。在阿尔伯特的墓碑上，还能在原处看见刻的铭文，阿尔伯特和他的父亲彼得·保罗葬在同一个墓里。下文附上这段铭文，以作纪念：

Ipsa suos Iris, dedit ipsa Aurora colores,

Nox umbras, Titan lumina clara tibi;

Das tu Rubenius vitam, mentemque figuris,

Et per te vivit lumen, et umbra, color.

Quid te Rubeni nigro mors funere voluit:

Vivis, vita tuo picta colore rubet.

　　（彩虹，甚至欧若拉都将她们的色彩赐予你，还有夜晚的阴影和太阳神的光芒。而你，鲁本斯，将生气和精神灌注到你创作的人物中，你笔下的光影和色彩唤起了生命。为何黑沉沉的死亡要夺走你？你将永垂不朽，你的画作的生命力在色彩中永存不灭。）

　　鲁本斯个子很高，体型匀称，肤色健康，体格强健。他品性高贵，为人和善，举止高雅，衣着得体，总是在脖子上戴一条金项链。和其他骑士及贵族一样，他经常在城里骑马闲逛，而他的恪守礼仪使他在弗兰德斯成为一位受人尊敬的画家。

　　我们还需要对鲁本斯的艺术修养再做一些介绍。他不仅技艺精湛，更是博学多才。上文已提到，他写过一本书，包括对光学、对称、比例、解剖和建筑的见解，以及对诗人所描写的情感和动作的研究，相应地配有画家的画作。书中提到战争、海难、竞赛、爱意等各种情绪和事件，转录了维吉尔等诗人的某些诗句，并将其和拉斐尔及古代大师的作品相比较。[136]鲁本斯在色彩方面极为洒脱不羁，他学习威尼斯画派，总是效法提香、保罗·委罗内塞和丁托列托，研究他们的明暗法和色调。他的色彩自然生动，有强烈的对比感，使光线在阴影的衬托下更显明亮耀眼，他在光影对比这个方面非常值得赞扬。他的笔触极其流畅统一，作品中的人物都仿佛一笔即成、一挥而就，比如卢森堡长廊的系列作品，充分展现出和谐的构图和丰富的色彩，称得上他最优美的作品。他生来就才华横溢，充满活力，思维敏捷，熟读历史和诗歌方面的优秀作品，因此他擅于构图，懂得如何通过最恰当的方式表达各种主题。他也很擅长画动作，并由此生动地表现出身体的运动和人物的情绪。除了在意大利等地停留期间所绘的原创作品和临摹作，他还收藏了大量版画，并且在罗马、威尼斯和伦巴第雇用了一些年轻画家，为他临摹能找到的所有优秀作品，以便将其作为素材，丰富自己的构图。鲁本斯不仅创作速度快、有才华，还非常高产，弗兰德斯及其他地区的教堂等各种地方都有他的作品，其中很多作品都被制成版画出版。[137]然而，鲁本斯为了追求高超的画技，牺牲了自然的美的形式，再加上不擅长修正，他在面部神态这方面缺乏美感，而且轮廓也不够优雅，总是因他自己的风格而变形。他笔下人物的面孔都千篇一律，没有特点，非常粗陋。至于服饰，无论他描绘的男性是身着盔甲还是古代名士的打扮，他都把他们的服饰画成现代样式。在很多时候，他都把覆盖于裸体之上的布料画得很简单，没有经过艺术处理。由于在色彩方面过于洒脱，他经常过于随性，也不遵守自然的形式。尽管他对拉斐尔和古代大师非常尊敬，但他从未成功模仿过其中任何一位。即使他想要学习阿波罗、维纳斯和角斗士这些雕塑的线条，最后都会严重偏离成他自己的风格，以至于完全无法看出原作的形式或特点。他将威尼斯的美丽色彩带到弗兰德斯，这是他最大的成就。在安特卫普，擅长肖像画的弗兰斯·普布斯（Frans Pourbus）[138]和安多尼斯·莫尔（Antonis Mor）[139]都是非常出色的画家，他们比鲁本斯稍微年长一些。弗兰德斯的很多画家都效仿他的风格，在他的众多学生中，安东尼·凡·戴克最为著名，接下来一章将介绍他。

— 注释 —

[1] 读者须知：对于那些仍然保留在原处的作品，其所在地点在注释里不再赘述。

[2] 鲁本斯出生在德国的锡根（Siegen），他的父亲因为某些政治原因离开了尼德兰。他守寡的母亲于 1587 年带着孩子们回到安特卫普。关于鲁本斯的早期传记可见于巴格利奥尼（1642 年），第 362 - 364 页，以及斯堪内里（1657 年），第 114 - 115 页，第 205 页。参见《美的理念》，第 2 卷，第 289 - 291 页。

[3] 奥托·凡·维恩（1556—1629 年）是帕尔玛公爵亚历山德罗·法尔内塞的宫廷画师，法尔内塞在 1578 至 1592 年间任尼德兰南部地区总督。关于大公阿尔伯特，参见附录。

[4] 鲁本斯于 1600 年 5 月 9 日离开安特卫普前往意大利。

[5] 温琴佐一世·贡扎加（Vincenzo I Gonzaga，1587—1612 年）。

[6] 可能指的是曼图亚公爵宫（Palazzo Ducale）的《贡扎加家族膜拜圣三位一体》（*The Gonzaga Family Adoring the Holy Trinity*）。

[7] 鲁本斯于 1601 年 7 月到达罗马，后来于 1608 年 12 月回到安特卫普。贝洛里关于鲁本斯在意大利的行程描述不是很准确，而且他没有提及鲁本斯代表公爵温琴佐一世·贡扎加，以外交大使的身份出访马德里（从 1603 年 5 月到 1604 年 4 月）（参见《美的理念》，第 2 卷，第 289 - 290 页）。

[8]《圣赫勒拿发现真正的十字架》（*Saint Helena Discovering the True Cross*）、《基督受嘲》（*Mocking of Christ*）和《竖起十字架》（*Raising of the Cross*）的临摹作现藏于格拉斯市政医院（Municipal Hospital in Grasse）。也可参见巴格利奥尼（1642 年），第 362 页。

[9] 分别是《天使膜拜圣母和圣子》（*Madonna and Child Adored by Angels*）、《圣格列高利、圣莫鲁斯和圣帕皮阿努斯》（*Saints Gregory the Great, Maurus, and Papianus*）和《圣多米蒂拉、圣聂勒和圣亚基略》（*Saints Domitilla, Nereus, and Achilleus*）。奥拉托利会是圣腓力·内里创立的一个神父教会，以新教堂（瓦利切拉圣母教堂）为中心，1575 年获得教皇格列高利十三世认可。

[10]《圣格列高利、圣多米蒂拉、圣莫鲁斯、圣帕皮阿努斯、圣聂勒和圣亚基略膜拜圣母和圣子》（*Madonna and Child Adored by Saints Gregory, Domitilla, Maurus, Papianus, Nereus, and Achilleus*），现藏于格勒诺布尔绘画和雕塑博物馆（Musée de Peinture et de Sculpture, Grenoble）。也可参见巴格利奥尼（1642 年），第 362 页。

[11] 鲁本斯在 1604 到 1606 年断断续续待在热那亚。

[12] 这件作品直到 1605 年都在热那亚的圣安布罗乔教堂（Sant'Ambrogio）。

[13] 鲁本斯 1612 年接到委托，作品于 1620 年从安特卫普送到教堂。

[14] 两件作品都是由乔凡尼·温琴佐·因佩里亚莱委托所作，贝洛里在《凡·戴克传》中指出，因佩里亚莱的藏品于 1667 年被瑞典女王克里斯蒂娜收走。

[15] 罗浮宫博物馆，巴黎。这件作品的主题是《赫拉克勒斯和翁法勒》（*Hercules and Omphale*）。

[16] T. A. 凡·迪肯（T. A. Van Dijcken）藏品，海牙。

[17] 即《热那亚宫殿的平面图和正面图》（*Palazzi di Genova con le loro piante e alzeti*），两卷本。

[18] 鲁本斯于 1608 年 12 月回到弗兰德斯。

[19] 圣沃尔布加教堂（Saint Walburga），毁于法国大革命。从 1806 年开始，这个中间为

《竖起十字架》的三联木板画收藏在安特卫普圣母大教堂。

[20] 圣多明我教堂是献给圣保罗的。

[21] 右侧木板内部画的是基督进献圣殿。圣克利斯多夫画在左侧木板外部。右侧木板外部画的是拿着油灯为克利斯多夫照亮路的隐士。

[22] 这幅祭坛画是为大教堂的大祭坛所作，现在仍在那里。

[23] 维也纳艺术史博物馆。18世纪末，耶稣会于1773年受到迫害后，耶稣会教堂变成圣查理·波罗米奥（Saint Charles Borromeo）教堂。

[24] 维也纳艺术史博物馆。这幅画的主题是《圣依纳爵的神迹》（*Miracles of Saint Ignatius*）。

[25] 维也纳艺术史博物馆。这幅画的主题是《圣方济各·沙勿略的神迹》（*Miracles of Saint Francis Xavier*）。

[26] 这39幅画都在1718年的大火中被毁。关于这些画最完整的记录是扬·蓬特（Jan Punt）所作的一系列雕刻版画，于1751年在阿姆斯特丹出版。这些版画根据雅各布·德·威特（Jacob de Wit）在1711至1712年间所作的素描，记录了鲁本斯的36幅油画【沃尔海姆·施内沃特（Voorhelm Schneevogt, 1873年），第212-213页，第10条；马丁（1968年），第46-51页】。

[27] 奥古斯坦博物馆（Musée des Augustins），图卢兹。

[28] 安特卫普皇家美术馆（Koninklijk Museum voor Schone Kunsten, Antwerp）。

[29] 安特卫普皇家美术馆。这幅作品的主题是《圣方济各最后的圣餐》（*Last Communion of Saint Francis*）。

[30] 瓦朗谢讷艺术博物馆（Musée des Beaux-Arts, Valenciennes）。两边侧翼上分别画的是《圣斯德望布道》和《圣斯德望下葬》（*Sermon and the Burial of Saint Stephen*）。

[31] 比利时皇家艺术博物馆，布鲁塞尔。

[32] 画中的大公们是奥地利大公红衣主教阿尔伯特，以及他的妻子大公夫人伊莎贝拉·克拉拉·尤金妮亚公主（Infanta Archduchess Isabella Clara Eugenia）（参见附录）。这件作品在1695年因为布鲁塞尔遭受炮轰而被毁。作为原件缩小版本或临摹作的一幅板上画现在是E. 克利斯多夫·诺里斯（Christopher Norris）继承人的伦敦藏品【杰夫（Jaffe）（1989年），第265页，第671条】。这幅祭坛画应该是在1621年或之前完成的，因为大公阿尔伯特在1621年去世。从这个时间线来推断的话，贝洛里认为是腓力四世的人物应该是腓力二世【鲁斯（Rooses, 1886—1892年），第1卷，第284页所作的正确推断】，因为直到他父亲于1621年5月31日去世后，腓力四世才登上王位。

[33] 这件作品在1695年因为布鲁塞尔遭受炮轰而被毁。中间的木板画【《约伯坐在一个粪堆上，旁边是他妻子和三个朋友》（*Job Seated on a Dunghill between His Wife and His Three Friends*）】由扬·劳里真·克拉夫特（Jan Lauwrijn Krafft）制作成版画；左侧的木板画【《约伯被恶魔和他妻子折磨》（*Job Tormented by Demons and Abused by His Wife*）】由卢卡·沃斯特曼（Lucas Vosterman）制作成版画；右侧的木板画【《约伯知晓他的不幸》（*Job Receiving News of His Misfortunes*）】只在约瑟夫·摩尔斯（Joseph Mols）的一份手稿里有相关描述，手稿现存于布鲁塞尔皇家图书馆（Royal Library, Brussels）【参见德·许尔斯特（D'Hulst）和范德蒙（Vandemen）（1989年），第170-187页，第

54 - 56 条】。

[34] 圣母礼拜堂教堂（Notre-Dame de la Chapelle）。

[35] 老绘画陈列馆，巴伐利亚国家绘画收藏馆，慕尼黑。

[36] 尚未确认。妮可·达克斯（Nicole Dacos）猜测，鲁本斯从未给根特的圣巴夫大教堂（cathedral of Saint Bavo）画过圣塞巴斯蒂安，贝洛里所说的祭坛画实际上是《圣巴夫的皈依》（*Conversion of Saint Bavo*）。达克斯认为，这件作品之前在大教堂献给圣塞巴斯蒂安的祭坛上（《美的理念》，第2卷，第290页）。然而，鲁本斯这幅祭坛画是为圣巴夫的大祭坛所作，直到大祭坛于1702年被毁后才被移到圣塞巴斯蒂安礼拜堂。

[37] 已遗失。由雅各布（雅克）·尼芙斯【Jacob（Jacques）Neeffs（Neefs）】制成版画。

[38] 玛丽·德·美第奇（1573—1642年），大公弗朗切斯科一世·德·美第奇（Francesco I de'Medici）和奥地利的乔凡娜（Giovanna d'Austria）的女儿，于1600年嫁给法国的亨利四世（Henry IV，1553—1610年）。

[39] 卢森堡宫由萨洛蒙·德·布罗斯（Salomon de Brosse）设计，于1615年开始建造。鲁本斯于1622年2月26日签了一份合同，装饰两个长廊，一个长廊献给玛丽·德·美第奇，另一个则献给她的丈夫亨利四世。

[40] 蒂利耶（Thuillier）和福卡尔（Foucart）（1967年），第74 - 92页按现代计量单位算出了这些画的尺寸，即高12英尺又 $11\frac{1}{8}$ 英寸，宽9英尺又 $8\frac{1}{8}$ 英寸。

[41] 贝洛里在这里描述的方向是以画面内部的玛丽女王的位置为基准的，如果以画面外观者的位置为基准的话，那么，代表和谐的男性在画面左侧，美惠三女神在画面右侧。——译注

[42] 贝洛里对包括这幅画在内的玛丽·德·美第奇生平系列作品的构图描述和菲力比安（Félibien）《古代及当代名家录》（*Entretien*，以下简称《名家录》），第7卷的描述基本一致【菲力比安（1725年），《名家录》，第7卷，第410 - 426页，蒂利耶和福卡尔（1967年），第75 - 76页有部分引用】。菲力比安和贝洛里都错误地把这个系列作品的创作时间定在1622至1625年之间，而且他们的描述在3个地方犯了同样的错误（参见注释44、53和57）。菲力比安的书于1685年出版，而贝洛里的《现代艺术家传》在这之前13年出版。那么，如何解释贝洛里和菲力比安作品之间的雷同呢？一个假设是，虽然贝洛里从未亲眼见过玛丽·德·美第奇生平系列作品（这个系列直到1710年才被制作成版画），但他有一位法国熟人，这个人有可能就是菲力比安。贝洛里肯定认识菲力比安，后者在1647至1649年间造访罗马。虽然菲力比安在日记和信件中没有直接提过贝洛里，但他提到红衣主教弗朗切斯科·巴贝里尼（Francesco Barberini）、普桑、埃拉尔（Errard）、克劳德·洛兰（Claude Lorrain）、布尔东（Bourdon）和米尼亚尔（Mignard），他们都和贝洛里在同一个圈子里【参见德拉波特（Delaporte，1958年）】。另一个假设是，菲力比安挪用了贝洛里的描述。在关于鲁本斯作品构图的描述之后，菲力比安写道，他"（对鲁本斯）的记述和另一位作者（菲力比安本人的注释：'贝洛里阁下'）完全一致，这位外国作者公正客观，以高超的判断力记载了鲁本斯的作品，而且符合人们的感知"（《名家录》，第7卷，第427 - 428页）。菲力比安随后关

于鲁本斯之为艺术家的论述基本上和贝洛里《鲁本斯传》的结尾相同。比如，贝洛里写道："他不仅技艺精湛，更是博学多才。上文已提到，他写过一本书，包括对光学、对称、比例、解剖和建筑的见解，以及对诗人所描写的情感和动作的研究"；而菲力比安写道："他（贝洛里）认为鲁本斯不仅是技艺精湛的画家，还认真学习了所有对自己的工作有用的知识。这一点可以从他亲自写作并配图的一本书看出来，书中记载了他对光学、比例、解剖和建筑的见解，还有对人类动作的准确观察，都和最优秀的诗人的生动描述一致"（《名家录》，第7卷，第428 - 431页）。考虑到贝洛里和菲力比安对玛丽·德·美第奇生平系列作品的描述，以及他们对鲁本斯之为艺术家的评鉴都基本一致，这两个假设是可以同时成立的。合并了这两个假设后，就能得出以下事件顺序：1. 菲力比安为贝洛里提供了关于鲁本斯的玛丽·德·美第奇生平系列作品的描述，此时的菲力比安在罗马，或是已经离开；2. 贝洛里把菲力比安的描述用到他写的鲁本斯传记中；3. 菲力比安后来在他的《名家录》第7卷再次用到对这些作品的描述；4. 而且菲力比安挪用了贝洛里对鲁本斯之为艺术家的德行评鉴。另外还有证据表明，菲力比安参考了贝洛里的《现代艺术家传》。贝洛里在《凡·戴克传》结尾对凡·戴克之为艺术家做了评鉴，从"关于他的作画方式"这一句开始，而菲力比安《名家录》，第7卷，第448 - 449页有相同的论述。在《名家录》，第7卷，第270页，菲力比安还引用了普桑对贝洛里说过的评述，即在阿尼巴勒·卡拉奇的法尔内塞宫长廊作品中，那些画出来的雕塑性装饰及人物要好于叙事构图。而且，《名家录》，第7卷，第268 - 275页对法尔内塞宫长廊作品的描述几乎和贝洛里的记述完全一样。关于菲力比安和贝洛里各自写作的鲁本斯传记之间的关联，参见邦非（Bonfait，2002年），第88 - 89页，邦非认为，菲力比安明确参考了贝洛里的传记的地方只有《鲁本斯传》。

[43] 这场婚礼于1600年10月举行。大公夫人指的是克里斯蒂娜·迪·洛雷纳（Cristina di Lorena），她是大公斐迪南一世·德·美第奇（Ferdinand I de' Medici，1549—1609年）的妻子。关于红衣主教彼得罗·阿尔多布兰迪尼，参见附录。

[44] 画面中没有主教。贝洛里的错误描述同样出现在菲力比安《名家录》，第7卷，第414页。迎接玛丽女王的人物其实是拟人化的法国和马赛。

[45] 路易十三出生于1601年。

[46] 丰饶之角里有五个小人儿，而不是两个。

[47] 玛丽女王的背后不是朝臣们，而是两个女性的隐喻性人物。

[48] 1610年5月13日。

[49] 伊丽莎白，即将来的波旁的伊莎贝拉女王（Queen Isabella of Bourbon），西班牙国王腓力四世的妻子。

[50] 瓦卢瓦的玛格利特（Margaret of Valois，1553—1615年）于1572年嫁给亨利四世，1599年被休退。

[51] 画面中没有撕扯头发的代表战争的人物。亨利四世于1610年被弗朗索瓦·拉瓦莱克（François Ravaillac）刺杀后，玛丽女王成为摄政王，直到她的儿子路易十三于1614年继任王位。

[52] 这幅作品暗指玛丽·德·美第奇于1610年9月1日攻占于利希（Jülich），并将其归于

新教管辖。

[53] 画面里没有贵族随从，拿火把的丘比特也没有跳舞。贝洛里的错误描述同样出现在菲力比安《名家录》，第 7 卷，第 412 页。路易十三于 1615 年迎娶西班牙国王腓力三世的女儿安妮公主。玛丽的女儿伊丽莎白公主嫁给腓力三世的儿子，即未来的腓力四世。伊丽莎白在西班牙也被称作波旁的伊莎贝拉（参见注释 49）。

[54] 路易十三于 1617 年把玛丽·德·美第奇软禁在布洛瓦堡（château of Blois）。她于 1619 年成功逃脱。

[55] 埃佩农公爵【让-路易·德·诺加雷·德·拉瓦莱特（Jean-Louis de Nogaret de la Val-ette）】并没有在玛丽女王逃跑途中帮助她，而是在蒙特里夏尔堡（château of Montri-chard）等她。

[56] 玛丽和路易十三之间的和平协定于 1620 年 8 月 10 日在昂热签订。

[57] 代表希望的人物不是坐在代表法国的球体上，而是将其抱在怀里，右手放在上面。代表勇猛的人物不是男性，而是女性。同样的错误也出现在菲力比安《名家录》，第 7 卷，第 425 页。

[58] 路易十三和玛丽女王不是右手相碰，而是女王的右手和国王的左手。

[59] 即玛丽的父母，弗朗切斯科一世·德·美第奇和奥地利的乔凡娜。

[60] 玛丽·德·美第奇生平系列的叙事性绘画于 1802 年从卢森堡宫移到罗浮宫博物馆。

[61] 1625 年 2 月。

[62] 威尔士亲王于 1623 年造访马德里，意欲迎娶腓力三世的妹妹玛丽公主（Infanta Maria），但婚约谈判没有成功。1625 年 5 月，威尔士亲王继任王位，成为查理一世（Charles I），迎娶波旁的亨利埃塔·玛丽亚（Henrietta Maria of Bourbon），她是亨利四世的女儿、路易十三的妹妹。鲁本斯从 1628 年 9 月到 1629 年 4 月因外交任务待在马德里，促进英格兰和西班牙缔结和平协定，两国自 1625 年开始交战。

[63] 依据帕切科（Pacheco, 1956 年），第 1 卷，第 153 页，鲁本斯临摹了"国王（腓力三世）拥有的所有提香的作品"，其中就有《强抢欧罗巴》【原作现藏于伊莎贝拉·斯图尔特·加德纳美术馆（Isabella Stewart Gardner Museum），波士顿；临摹作现藏于普拉多博物馆，马德里】和"两个沐浴场景"（los dos baño），应该指的是提香的《狄安娜和阿克泰翁》与《狄安娜和卡利斯托》（两件作品都现藏于苏格兰国家美术馆，爱丁堡）。贝洛里所说的《沐浴的狄安娜》应该指的是其中一幅。这两件作品的匿名临摹作都出现在丽池宫（Buen Retiro Palace）1746 年、1772 年和 1800 年藏品目录上。《狄安娜和阿克泰翁》的匿名临摹作现藏于普拉多博物馆，马德里。《狄安娜和卡利斯托》的匿名临摹作现由普拉多博物馆出借给塞维利亚艺术博物馆（Museo de Bellas Artes, Se-ville）。鲁本斯为提香的《狄安娜和卡利斯托》所绘的临摹作（德比伯爵藏品，诺斯利，兰开夏郡）（Earl of Derby, Knowsley, Lancashire）出现在鲁本斯的安特卫普工作室 1640 年藏品目录上。鲁本斯为《狄安娜和阿克泰翁》所绘的临摹作至今没有找到。

[64] 这个工程于 1636 年总共委托了 60 件作品，由鲁本斯创作油画草图，由扬-巴普蒂斯特·博雷肯斯（Jan-Baptist Borrekens）、扬·柯西耶斯（Jan Cossiers）、科内利斯·德·沃斯（Cornelis de Vos）、保罗·德·沃斯（Paolo de Vos）、J. P. 高依（Gowy）、

雅各布·约尔丹（Jacob Jordaens）、伊拉斯谟·奎里努斯（Erasmus Quellinus）、彼得·西蒙斯（Peter Simons）、西奥多·凡·萨尔顿（Theodor van Thulden）及鲁本斯的助手们完成终稿。1710 年狩猎场被废除后，这些作品都被转移到其他西班牙皇家宫殿，其中大部分现藏于普拉多博物馆，马德里。鲁本斯的草图一部分在普拉多博物馆，剩下的属于其他公开或私人收藏【参见阿尔珀斯（Alpers，1971 年）】。

[65] 狩猎场宫殿的 1700 年藏品目录记录了彼得·斯纳尔斯（Peter Snayers，1592—1666 年）画的 5 幅王室狩猎，保罗·德·沃斯画的 16 幅动物画，另外 28 幅没有写明作者。"斯纳尔斯"有可能是"斯奈德斯"（Snyders）的另一种拼法，但狩猎场宫殿的藏品目录没有提到弗兰斯·斯奈德斯（Frans Snyders），所以贝洛里所说的画家应该不是他。阿尔珀斯认为，门窗上方的 42 件作品即使不是全部，也应当大部分都是保罗·德·沃斯所作。这些作品画的是各种动物，包括猎犬、本土及外来动物，还有伊索的动物寓言【阿尔珀斯（1971 年），第 116 - 122、125 - 127 页】。

[66] 这 20 件挂毯的委托者是伊莎贝拉·克拉拉·尤金妮亚公主，她是奥地利大公阿尔伯特的遗孀（参见注释 32）。这些挂毯后来被捐赠给马德里的王室赤足女修道院（Convento de las Descalzas Reales）。

[67] 根据德·普尔特（De Poorter，1978 年），第 1 卷，第 167 页，贝洛里对这 4 件作品的描述是关于这组挂毯的最早记录，而他的描述以舍尔特·博斯威特（Schelte à Bolswert）创作的版画为依据，这些版画在 1648 至 1652 年间由尼古拉·洛维斯（Nicolaes Lauwers）出版。

[68] 德·普尔特（1978 年），第 1 卷，第 331 - 342 页，第 12 条讨论了《信仰的胜利》（The Triumph of the Faith）的构图。如贝洛里所说，在草图（现藏于比利时皇家艺术博物馆，布鲁塞尔）中，战车里的女性人物右手拿圣餐杯。在挂毯以及尼古拉·洛维斯出版的版画中，她用左手拿圣餐杯【德·普尔特（1978 年），第 2 卷，图片 163、160 和 165】。

[69] 这件挂毯的草图现藏于普拉多博物馆，马德里。由舍尔特·博斯威特制成版画。

[70] 在 1672 年版中，"耳朵"（orecchi）被误拼成"眼睛"（occhi）。博雷亚在后来的版本中纠正了这个错误【贝洛里（1976 年），第 254 页】。

[71] 代表勇气的人物手里拿的是棍子，不是剑。代表正义的人物在挂毯中没有拿剑，但在舍尔特·博斯威特的版画中拿着剑【德·普尔特（1978 年），第 2 卷，图片 149、151 和 153】。

[72] 德·普尔特（1978 年），第 1 卷，第 371 - 377 页讨论了《击败异教献祭的圣餐》（The Eucharist Overcoming Pagan Sacrifices）的构图。鲁本斯所作的草图现藏于普拉多博物馆，马德里。由舍尔特·博斯威特制成版画。

[73] 这一段介绍了两件挂毯，《四福音传道者》（The Four Evangelists）和《圣餐护教者》（The Defenders of the Eucharist）。

[74] 参见注释 32 以及附录。凡·戴克为大公夫人画过一幅她打扮成贫穷的克莱尔的肖像画，现藏于维也纳艺术史博物馆。1621 年大公过世后，遗孀大公夫人开始做此装扮。

[75] 关于红衣主教奥地利的斐迪南亲王（Cardinal-Infante Ferdinand Of Austria），参见附录。

[76] 《四福音传道者》和《圣餐护教者》的草图现都藏于约翰和梅布尔·林林艺术博物馆，萨拉索塔。由舍尔特·博斯威特制成版画。

[77] 这个挂毯系列表现的是古罗马执政官德西乌斯的生平故事，鲁本斯为其设计了 8 幅草稿，由他的工作室和凡·戴克协力完成，现在是列支敦士登（Liechtenstein）亲王藏品，瓦杜兹（Vaduz）。萨姆尼乌姆（Samnium）是意大利中部的一个山地，那里的居民在萨姆尼战争（公元前 343/341—公元前 290 年）中被罗马人征服。

[78] 位于布鲁塞尔的柯登堡（Coudenberg）皇家宫殿，毁于 1731 年大火。

[79] 参见马丁（1972 年）。进驻安特卫普之前，红衣主教斐迪南亲王取得诺德林根战役的胜利，于 1634 年 11 月 4 日顺利进驻布鲁塞尔（参见注释 81）。

[80] 斐迪南三世（1608—1657 年）于 1626 年 12 月加冕成为匈牙利帝国国王，1627 年加冕成为波西米亚王国国王。他于 1636 年 12 月被选为罗马人的皇帝，其父斐迪南二世于 1637 年过世后，他即位成为神圣罗马帝国皇帝。

[81] 斐迪南三世和红衣主教斐迪南亲王指挥的哈布斯堡王朝军队于 1634 年 9 月 6 日在诺德林根大胜瑞典军队。

[82] 《奥地利的斐迪南亲王陛下胜利进驻安特卫普的盛大典礼》（*Pompa Introitus Honori Serenissimi Principis Ferdinandi Austriae Hispaniarum Infantis*…），插图是西奥多·凡·萨尔顿依据鲁本斯的草图制成的版画，安特卫普，1642 年（1971 年在纽约重版）。卡斯珀·热瓦提乌斯【扬·卡斯珀或卡斯帕·热瓦尔斯（Jan Casper, or Caspar Gevaerts），1593—1666 年】是一个人文主义学者，鲁本斯的朋友，在安特卫普做文书工作。

[83] 鲁本斯为这个拱门所作的油画草图现藏于埃尔米塔什博物馆，圣彼得堡。由西奥多·凡·萨尔顿制成版画【热瓦提乌斯（1971 年），第 10 和 11 页中间】。

[84] 根据马丁（1972 年），第 36 页，这个拱门的高度是 22 米多。

[85] 即"北风"（North Wind）。

[86] 贝洛里此处玩了一个文字游戏，用"南风"（Auster）隐喻"奥地利"（Austria）。换句话说，北风（瑞典）被南风和西班牙西风驱赶，南风和西风分别象征着奥地利和西班牙的哈布斯堡王室。

[87] 由鲁本斯及其助手绘制，现藏于德累斯顿国家博物馆，古代大师画廊。由西奥多·凡·萨尔顿制成版画【热瓦提乌斯（1971 年），第 15 页】。

[88] 马蒂亚斯·德·美第奇（1613—1667 年），大公科西莫二世·德·美第奇之子，1632 至 1639 年间在德国参与三十年战争（1618—1648 年）。

[89] 由鲁本斯及其助手绘制，现藏于维也纳艺术史博物馆。由西奥多·凡·萨尔顿制成版画【热瓦提乌斯（1971 年），第 17 页】。

[90] 壁形王冠（mural crown）是一种城堞或塔楼样式的王冠或头饰，在古希腊时期象征着城市的守护神，在古罗马时期作为军用装饰。之后发展成一种欧洲纹章，通常象征着城镇。——译注

[91] 参见注释 83。

[92] 有一幅描绘葡萄牙凯旋门正面及背面的匿名版画【热瓦提乌斯（1971 年），第 19、22 页】，以医生兼人文学者卢多维科斯·诺尼乌斯（Ludovicus Nonnius）的设计图为原型。

[93] 皮匠街（Huidevettersstraat）。

[94] 根据马丁（1972年），第66页，这个凯旋门的高度是21米多。

[95] 这幅画作的作者被认为是雅各布·约尔丹，作品现在下落不明。大公马克西米利安（1459—1519年）在其父腓特烈三世（Frederick III）死后，于1493年被选为神圣罗马帝国皇帝马克西米利安一世（参见注释96）。他于1477年和勃艮第的玛丽结婚。

[96] 马克西米利安的父亲不是斐迪南三世，而是腓特烈三世（1415—1493年），他于1470年成为神圣罗马帝国皇帝。

[97] 皇帝马克西米利安和大公马克西米利安是同一个人，在其父死后，他于1493年成为皇帝（参见注释95）。

[98] 腓力凯旋门的正面由西奥多·凡·萨尔顿制成版画【热瓦提乌斯（1971年），第25页】。由于贝洛里对凯旋门及典礼其他建筑的了解都来自热瓦提乌斯书中的版画，他将凯旋门或坐或站的人物画像误认为雕塑，从版画上很容易看错。腓力凯旋门正面的画作是科内利斯·德·沃斯和雅各布·约尔丹所作。

[99] 贝洛里将凯旋门顶端的人物误认为雕塑，实则是裁切画（cutout）。

[100] 美男子腓力，奥地利大公（1478—1506年），于1495年任尼德兰总督，1496年和胡安娜（疯女胡安娜，Joan the Mad）成婚。

[101] 奥地利大公欧内斯特（1553—1595年）在1592到1595年间任尼德兰南部地区总督。

[102] 凯旋门背面由西奥多·凡·萨尔顿制成版画【热瓦提乌斯（1971年），第32页】。阿波罗拿葡萄牙旗帜，因为腓力四世是葡萄牙国王，直到葡萄牙于1640年重获独立。在17世纪，东印度群岛指的是印度及其周围的地区和岛屿，西印度群岛指的是西半球的土地，5、6世纪时由葡萄牙和西班牙发现。因此，代表东印度群岛和西印度群岛的这两个人物都是对葡萄牙和西班牙在东西半球殖民地的拟人化。关于凯旋门背面的肖像，只有大公阿尔伯特、大公夫人伊莎贝拉·克拉拉·尤金妮亚公主和大公欧内斯特的肖像留存（比利时皇家艺术博物馆，布鲁塞尔）。

[103] 鲁本斯所作的5幅油画草图（鲁道夫一世、阿尔伯特一世、腓特烈三世、查理五世和斐迪南）现藏于埃尔米塔什博物馆，圣彼得堡。关于马克西米利安一世的油画草图现藏于阿什莫林博物馆（Ashmolean Museum），牛津。由西奥多·凡·萨尔顿制成版画【热瓦提乌斯（1971年），第43页】。鲁道夫一世（1218—1291年）于1273年加冕为神圣罗马帝国皇帝。斐迪南二世（1578—1637年）于1617年被选为波西米亚王国国王，1618年被选为匈牙利帝国国王，1619年加冕为神圣罗马帝国皇帝。

[104] 贝洛里此处把圣雅各教堂（Sint-Jacobskerk）误认为圣雅辛托教堂（church of San Giacinto）或圣雅辛托斯教堂。在下文，贝洛里正确指出鲁本斯葬在了圣雅各教堂（church of San Giacomo）。

[105] 鲁本斯为伊莎贝拉的纪念碑和《腓力四世委任斐迪南亲王为尼德兰总督》（*Philip IV Appoints Prince Ferdinand Governor of the Netherlands*）所作的油画草图现藏于普希金国家艺术博物馆（State Pushkin Museum），莫斯科。由西奥多·凡·萨尔顿制成版画【热瓦提乌斯（1971年），第94、96页】。

[106] 长新街（Lange Nieuwstraat）。

[107] 即斐迪南三世（参见注释80）。

[108] 鲁本斯为凯旋门正面所作的油画草图现藏于安特卫普皇家美术馆。由西奥多·凡·萨尔顿制成版画【热瓦提乌斯（1971年），第98页】。《诺德林根之战》（*Battle of Nördlingen*）的创作者是扬·凡登·霍克（Jan van den Hoecke）（皇家收藏，伦敦）。

[109] 鲁本斯的助手们所作的红衣主教亲王斐迪南和皇帝斐迪南三世的画像现藏于维也纳艺术史博物馆，维也纳。如贝洛里所说，代表宗教和日耳曼尼亚的这两个隐喻性人物都是雕塑，但斐迪南亲王和斐迪南三世是画像。

[110] 根据传说，卡斯特和帕勒克兄弟在公元前484年参加了雷吉鲁斯湖之战（battle of Lake Regillus），并将消息带到罗马，因而他们一直被视作战争胜利的标志。

[111] 凯旋门背面由西奥多·凡·萨尔顿制成版画【热瓦提乌斯（1971年），第108页】。

[112] 这幅画作由鲁本斯的助手们完成，现藏于乌菲齐美术馆，佛罗伦萨。由西奥多·凡·萨尔顿制成版画《红衣主教斐迪南亲王的胜利》（*The Triumph of the Cardinal-Infante Ferdinand*）【热瓦提乌斯（1971年），第109页】。

[113] 《慷慨》和《神意》这两幅画作是扬·凡登·霍克所作，现藏于里尔艺术博物馆（Musée des beaux-arts, Lille）。

[114] 金星（光之使者）是晨星。

[115] 这些三角墙顶端的人物都是裁切画。

[116] 由西奥多·凡·萨尔顿制成版画【热瓦提乌斯（1971年），第117页】。

[117] 代表安全的人物左手放在祭坛上，不是右手。檐板上方的所有人物都是裁切画。

[118] 代表富足的人物左手拿丰饶之角，不是右手。

[119] 鲁本斯所作的油画草图，现藏于埃尔米塔什博物馆，圣彼得堡。

[120] 鲁本斯所作的油画草图，现藏于埃尔米塔什博物馆，圣彼得堡。由西奥多·凡·萨尔顿制成版画【热瓦提乌斯（1971年），第147页】。

[121] 安布罗乔·斯皮诺拉是第一任洛斯巴尔巴塞斯侯爵（marqués de Los Balbases），热那亚军事将领（1569—1630年），1614到1628年间任驻尼德兰南部地区的西班牙军队统帅，1629到1630年间任驻意大利的西班牙军队指挥官。

[122] 腓力四世。

[123] 参见注释62。英格兰和西班牙之间的和平协定于1630年在马德里签订。

[124] 查理一世（1600—1649年，1625至1649年间在位）。

[125] 鲁本斯于1629年5月达到伦敦，在那里待了9个月。

[126] 这些作品位于白厅宫（Whitehall Palace）宴会厅（Banqueting Hall）的天顶上，以纪念查理的父亲。詹姆斯一世·斯图亚特（James I Stuart）于1603年进驻英格兰。

[127] 1630年12月15日。

[128] 1631年8月20日。

[129] 腓力四世半身像现藏于苏黎世美术馆（Kunsthaus, Zürich）。腓力四世全身像的临摹作现藏于杜拉佐·帕拉维奇尼美术馆（Galleria Durazzo Pallavicini），热那亚。波旁的伊莎贝拉的油画草图现藏于维也纳艺术史博物馆。波旁的伊莎贝拉四分之三全身像的临摹作现在是舒安邦伯爵藏品，维森斯坦宫，波梅尔斯费尔登（Graf von Schönborn Col-

lection, Schloss Weissenstein, Pommersfelden)。

[130] 及膝肖像画现藏于大都会博物馆，纽约。骑马的肖像画现为国家艺术收藏，华威城堡，克拉科夫（State Collection of Art, Wawel Castle, Krakow）。瓦迪斯瓦夫－西吉斯蒙德亲王（Wladislaw-Sigismund, 1595—1648 年）于 1624 年造访布鲁塞尔。

[131] 侯爵安布罗乔·斯皮诺拉（参见注释 121）于 1625 年 5 月 25 日攻下布雷达。

[132] 侯爵斯皮诺拉的几幅肖像画（参见注释 121）现分别藏于安东·乌尔里希公爵博物馆，布伦瑞克（Herzog Anton Ulrich-Museum, Braunschweig）、布拉格国家美术馆（Národni Galerie, Prague）和圣路易斯艺术博物馆（Saint Louis Art Museum）。打扮成贫穷的克莱尔的伊莎贝拉·克拉拉·尤金妮亚公主半身像曾经是韦特海默（Wertheimer）藏品，巴黎。及膝肖像画的临摹作现藏于诺顿·西蒙艺术博物馆，帕萨迪那（Norton Simon Museum of Art, Pasadena）。

[133] 乔治·维利尔斯（George Villiers），第一任白金汉公爵（1592—1628 年）。

[134] 阿尔伯特·鲁本斯是鲁本斯和第一任妻子伊莎贝拉·布兰特（Isabella Brandt）的孩子。他的文集于 1665 年在安特卫普出版。

[135] 圣雅各教堂，参见注释 104。

[136] 鲁本斯的这部著作毁于 1720 年的大火，部分原稿由凡·戴克抄录在一个速写本上，现在是德文郡公爵藏品，查茨沃斯协议信托，查茨沃斯【参见杰夫（1966 年）】。

[137] 参见沃尔海姆·施内沃特（1873 年）。

[138] 老弗兰斯·普布斯（Frans Pourbus the Elder, 1545—1581 年）和他的儿子小弗兰斯·普布斯（Frans Pourbus the Younger, 1569—1622 年）都是非常著名的肖像画家。

[139] 安多尼斯·莫尔（1516/20—? 1576 年）是西班牙国王腓力二世的宫廷画师。

第 7 章
安东尼·凡·戴克[1]

　　当彼得·保罗·鲁本斯的大名响彻整个弗兰德斯时，一个年轻人加入了鲁本斯在安特卫普的学院。他举止高雅，在绘画上有极高的天分，将来必能为绘画增光添彩，鲁本斯已将绘画提升到不凡的境界，他也会使其更加显赫。这个人就是安东尼·凡·戴克，于 1599 年出生在安特卫普。[2] 他的父亲是一个布料商，他家布料的品相和工艺在弗兰德斯首屈一指。他的母亲从事刺绣，以针为笔，在布料上绣出风景和人物。以此为契机，安东尼很小就开始学素描，他的母亲很快就发现他在艺术上有非凡的天赋，以自己的水平无法再指导他，所以她劝说他的父亲，送他去鲁本斯那儿学习。[3] 鲁本斯也很欣赏这个孩子的良好教养和素描水平，非常庆幸能收到这样一个适合自己的学生。他能将鲁本斯的构图转换成用以雕刻的素描，现在我们还能看到他当时画的阿玛戎之战（battle of Amazons）。[4] 他在颜料画上也收获良多。由于委托太多，鲁本斯无法独自完成所有工作，就让他帮着临摹，而且鲁本斯指定由他负责勾勒构图，甚至颜料画的草图和素描，使他受益匪浅。[5] 安东尼为德西乌斯系列挂毯画了草图和颜料画[6]，以及其他一些草图。以他的能力，这些都完成得不费吹灰之力。据说，鲁本斯以这种方式加快进度，在安东尼的协助下，每天能赚 100 个弗洛林，而安东尼从他的老师那里获得了更重要的艺术宝藏。鲁本斯逐渐意识到，安东尼正在超越自己在色彩上的造诣，很快就会威胁到他的地位。作为一个十分精明的人，鲁本斯趁机对安东尼所作的几幅肖像画大加赞扬，把他推荐给那些委托肖像画的顾客，使他无法创作人物画。[7] 提香出于同样的理由把丁托列托赶出自己的学院[8]，只是他的应对方式更加极端。还有很多大师也这么做过，到最后他们都无法压制真正有才华的后起之秀。安东尼因此离开鲁本斯的学院，据说，他随后为圣多明我教堂（church of Saint Dominic）[9] 画了一件作品，画中的基督扛着十字架，跪在地上，女圣徒和士兵们引着他去髑髅地，这件作品还保持着他从鲁本斯承袭而来的早期风格。后来，他认为是时候去意大利了，就离开故乡，先停留在威尼斯，[10]在那里全身心投入对提香和保罗·委罗内塞的色彩的学习，鲁本斯也曾沉浸其中。他临摹了一批非常优秀的叙事性绘画，但他最感兴趣且花了最多精力的是人物的头像和肖像画，以此练习威尼斯画派的精美色彩。[11]他在威尼斯研习期间花光所有钱，随后搬到热那亚。他的肖像画的优雅风格大受欢迎，为他带来一笔不小的财富，足以保障他的需求。虽然他也去过意大利其他地方，但他总是把热那亚视为自己的家乡，那里的人们都爱戴他。之后安东尼去了心心念念的罗马，供职于红衣主教本蒂沃利奥，后者对弗莱芒地区抱有好感，因为他在弗兰德斯生活过，而且写过一部关于弗兰德斯不朽历史的著作。[12]在安东尼所作的肖像画中，坐着的红衣主教手里拿一封信，抬着头，似乎已经读完了这封信。安东尼不仅完美再现了红衣主教的容貌，还表现出主教的温和气质，这幅画现在在佛罗伦萨大公的宫殿。[13]他还为红衣主教画了另一件长 4 掌的作品，画中十字架上的基督仰着头，吐出最后一口气。[14]在此期间，一个名为罗伯特·舍里（Robert Shirley）的英国伯爵来到罗马。作为波斯国王阿巴斯（Abbas）派遣的大使，他在基督教世界旅行，奉命游说教皇格列高利十五联合对抗波斯的敌人土耳其。安东尼将这位伯爵和他的夫人描绘成穿波斯服饰的样子，用他们的异国装扮增强肖像的美感。[15]此时的安东尼还十分年轻，连胡须都没长齐，但他为人谦逊，仪表堂堂，尽管个子比较矮小。他的言行举止仿佛是位贵族而非平民，而且他的穿着打扮极其奢华，因为他已经沾染了鲁本斯学院贵族的习气。他天性就追名逐利，除了昂贵的服饰，还戴用羽毛和缎带装饰的帽子，胸前挂着金链，身后跟着一群扈从。他模仿宙克西斯的浮夸做派[16]，吸引众人的眼球，这对当时住在罗马的弗莱芒画家而言本应很有面子，但他们对安东尼极为憎恨。因为这群喜欢大吃大喝的人有个传统，邀请刚到罗马的同乡在酒馆里吃一顿，再给这位新来的取个昵称，从此就用昵称互相称呼。安东尼拒绝了这群酒鬼，他们把他的谢绝看作一种鄙视，指责他是个野心勃勃的人，抨击他的为人和作品。确实，他来罗马不是为了学习，而是为了谋些好差事，好宣扬一番自己在绘画上的天赋。但他们嘲弄他根本不懂如何作画，连个头像都画不好，逼得他绝望地离开罗马，回到热那亚。[17]他在热那亚为当地几乎所有贵族和议员都画了肖像画，赚了很多钱。他画过拉吉家族（Raggi）的男性贵族[18]，也画过骑在马上的侯爵朱里奥·布里尼奥莱，这是一位著名诗人。他还画过侯爵夫人，生动地再现了她的美。[19]他画过尊敬的热那亚总督帕拉维奇尼，画里的总督大人打扮成罗马教廷大使。[20] 他也画过乔凡尼·保罗·巴尔比（Giovanni Paolo Balbi）骑在马上的肖像画，这件作品非常精美。然而由于乔凡尼密谋造反，他的面孔被抹去，换上了同一个家族的弗朗切斯科·马里亚（Francesco Maria）阁下的脸。[21] 在巴尔比家族的藏品中，还有一幅安东尼所作的肖像画，画中是一个穿盔甲的老人，右手拿将军的指挥棒，左手放在剑柄上。据说这个人是侯爵斯皮诺拉，他是一位非常有名的军事领袖，画中的他看上去和现实里一样精神抖擞。[22] 在罗马，有安东尼画的一幅因佩里亚莱家族小男孩的肖像画，瑞典女王陛下将其和乔凡尼·温琴佐·因佩里亚莱的所有藏品全都买了下来。这幅肖像画十分传神，和提香的作品不相上下。[23] 除了这些肖像画，安东尼还画过其他类型的人物，比如里维埃拉（Riviera）的罗索山（Monte Rosso）上的基督受难，画中有圣方济各和被祝福的萨尔瓦多，以及正在做祷告的赞助人。[24]

安东尼后来去了西西里，为当时的总督伊曼努尔·菲利贝托·萨伏依亲王（Emanuel Philibert of Savoy）画了一幅肖像画。[25] 然而，当地爆发了瘟疫，亲王也因此去世，红衣主教多利亚（Doria）接任总督一职。[26] 由于安东尼在巴勒莫遭遇了极大的不幸，他几乎是逃一般地离开那里，回到热那亚，随身带着为玫瑰经祈祷室（Oratorio del Rosario）画的一件作品。画中的圣母被一群拿着王冠的天使包围，下方是圣多明我和 5 个巴勒莫的女圣徒，包括圣凯瑟琳和圣罗莎莉亚（Saint Rosalia）。旁边一个普托用手捂着鼻子，以隔绝上一个死人头散发的臭气。这象征着蔓延整个城市的瘟疫在圣徒们的调解下开始平息。[27] 完成这件作品并将其送去巴勒莫后，安东尼继续从事肖像画创作，赚了很多钱。他回到阔别多年的故乡安特卫普，受到家人和朋友们的热烈欢迎。他在安特卫普也主要以肖像画为生，同时还为弗兰德斯及其他地方画了不少祭坛画等作品，大大增长了他的名望。他的一些作品构图可以在版画里看到，所以我将集中介绍其中几幅。他在安特卫普展出的第一件作品是为普雷蒙特雷修会（Premonstratensian Order）所作的被祝福的约瑟的神秘婚礼[28]，位于圣米迦勒教堂（church of Saint Michael）。画中的圣约瑟跪在圣母面前，在天使的牵引下，圣母向他伸出右手。[29] 他为贝居安女修会（Béguinage）画了一幅圣母怜子，死去的救世主躺在圣母膝上，跪在地上的抹大拉亲吻他手上的伤口，画面里还有圣约翰。他把抹大拉画成自己做修女的亲妹妹的模样，并且把这幅画送给了她。[30] 他为圣方济各教堂画了另一幅圣母怜子（见图 7-1），这是他最优秀的作品之一。画中的基督躺在一张裹尸布上，头搁在圣母膝上，后者张开双臂，悲伤地抬眼看向天堂。她后面的圣约翰扶着基督的一条手臂，展示他手上的伤口，两个天使在基督脚边哭泣，这 3 个人物都隐藏在阴影里，和强光里基督的裸体形成强烈对比。[31]他依据圣奥古斯丁教堂的另一幅祭坛画制作过版画，并将这幅版画献给同一个妹妹苏珊娜·凡·戴克（Susanna van Dyck）。这幅祭坛画也非常杰出，色彩生动，构图精巧。画中的圣奥古斯丁陷入迷狂，被两个天使搀扶着。画面一边是圣莫尼卡（Saint Monica），另一边是教会的一个圣徒。天上的基督向圣奥古斯丁显灵，一个扶着圣奥古斯丁的天使为他指出张开双臂、高坐云端的基督，基督的脚边是正在展示各种象征物的小爱神。其中一个拿着镶了上帝之眼的节杖，一个拿着和平的橄榄枝，一个举着象征永生的衔尾蛇，一个拿着燃烧的剑，旁边的另一个盯着手里的代表正义的太阳。此外还有其他神圣象征，基督右手上方是一个象征圣三位一体的等边三角形，上面用希伯来文写着父之名。[32]他为圣多明我教会的修女们画了一幅基督受难祭坛画，画面一边是圣多明我，另一边是锡耶纳的圣凯瑟琳。[33]在根特，还有另一幅基督受难，画中有在基督脚边抱着十字架的抹大拉，还有圣约翰。后面是一个骑在马上的士兵，正在命令一个行刑人把绑在芦苇上的海绵送到基督嘴边。天使们在空中哀悼基督。[34]在梅赫伦（Mechelen）的圣方济各教堂，有安东尼画的3件作品，包括大祭坛的十字架上的基督，以及另外两幅祭坛画，分别是做弥撒的圣博纳文图拉和帕多瓦的圣安东尼的神迹，即骡子在圣饼面前跪下。[35]他最受称赞的是肖像画。住在布鲁塞尔的时候，他为当时弗兰德斯的几乎所有亲王和伟人都画过肖像画，他也被认作自提香以来最伟大的画家。除了逼真的再现，他笔下的人物面容高贵，姿态优美，而这些都是阿佩莱斯创作了亚历山大大帝和安提柯（Antigonus）的画像之后一举成名的原因。[36]他为公主画过站姿的肖像画[37]，为太后玛丽·德·美第奇画过坐姿的肖像画[38]，也为她的儿子奥尔良公爵画过肖像画[39]，当时他们都在弗兰德斯避难[40]。他的肖像画赞助人还有很多其他名人，包括红衣主教亲王[41]和全副武装骑在马上的托马索·萨伏依亲王[42]。在法院大厅里挂着他为当地法官画的真人大小的肖像画，他们照例坐在法庭上，对案件做出裁决。这件作品的构图和技巧都十分高超，被认为是他最优秀的作品之一。[43]他为奥兰治亲王画了一幅出自《忠实的牧羊人》（Pastor Fido）的寓意画。[44]这位亲王也从他那儿买了一幅圣像画，画中是被欢庆的小天使们包围的圣母和圣子。[45]安特卫普的凡·哈梅教士[46]和迭戈·乌维尔特（Diego Uveerdt）阁下的府中收藏了他画的肖像画等各种作品，后者甚至收藏了国王查理一世和英格兰女王的肖像画，是安东尼在英国王室任职时所作[47]，之后将对其详细介绍。

安东尼创作了如此众多的作品，收获了无尽的荣誉，仿佛整个弗兰德斯都听闻他的大名，然后他决定前往伦敦，服务于国王查理[48]，国王曾经给予鲁本斯无上的优待。这位君王是各种高雅学科的爱好者，与各行各业的有才之士交好，慷慨地提供赞助，极大地改善他们的状况。鲁本斯离开后[49]，国王也亲切地接待了凡·戴克，后者立刻飞黄腾达，足以满足自己的浮夸习性和奢侈生活。然而，他的钱财很快就挥霍一空。国王曾经去拜访他，并乐于观看他作画，和他消磨时间，上流人士也有样学样，经常去他家玩乐。他的奢华作派和帕拉西阿斯[50]不相上下。他坐拥一大群仆人、马车、马匹、演员、乐师和小丑，用这些娱乐来取悦所有来访的名人、骑士和淑女。他们每天都去他府上，让他为他们画肖像画。只要他们登门，他总会为他们提供最豪华的盛宴，每天都要花费 30 个斯库多。对习惯俭朴生活的意大利人而言，这似乎难以置信，但知晓外国风俗的人对此一定不会陌生，更何况他还供养了这么多人。除了这些人，他还雇了很多男女作为贵族们的肖像画的模特，在大致画下赞助人的面部特征后，他会用其他模特来填充剩余部分。他为国王画过好几幅肖像画。当骑士贝尔尼尼准备为国王制作大理石雕像时，安东尼非常轻松地就在同一张画布上画出国王的 3 个不同视角的肖像（见图 7 - 2），分别是正面、侧面和半侧面。[51]凡·戴克为国王和拿香桃木枝的王后画了半身像[52]，另一幅画的是他们及其孩子们[53]，还有一幅是马背上的国王（见图 7 - 3），一个随从跟在后面，手里拿着他的头盔，这模仿的是提香画的查理五世[54]。他画过正在主持协商的戈林将军（General Goring），以及向属下发号施令的炮队大统领纽波特（Newport）伯爵，背景里是两个穿盔甲的士兵。[55]阿伦德尔（Arundel）伯爵对高雅艺术有非常浓厚的兴趣，正是他把凡·戴克引荐给国王，促成了他的英格兰之行。凡·戴克为这位大人及其妻子画了一幅真人大小的肖像画，极为生动逼真。[56]他为白金汉公爵夫人和她的女儿们画过一幅肖像画，作为对她的丈夫的诚挚怀念。他还为公爵夫人画过一幅她拿着公爵本人的小肖像画的作品。[57]在他为南安普敦（Southampton）公爵夫人画的肖像画里，公爵夫人被描绘成命运女神福尔图娜（Fortuna），坐在一个代表世界的球体上。[58]他也画过骑士迪格比及其妻子，他们坐在两张椅子上，孩子们站在旁边。[59]这位迪格比阁下因其高尚的品格和渊博的学识而为人称道，出于相互的信任和友好，凡·戴克将自己的全部财产都托付给了他。凡·戴克为迪格比画了几幅不同装扮的肖像画，有的是他穿着盔甲[60]，有的是他打扮成哲学家，画中有一个破碎的球体，上面写着一句贺拉斯的箴言：若世界将倾塌为废墟，其残骸也不能动摇他半分（SI FRACTVS ILLABATVR ORBIS INTREPIDVM FERIENT RVINAE）[61]。以这幅肖像画为原型制作的版画收录在安东尼的名人肖像集里。这本书在安特卫普印刷出版，里面收录了 100 件肖像作品，描绘了各位亲王、学者和雕塑家，其中最优秀的作品都是他亲自制作的蚀刻版画，包括他自己的肖像，也就是图7-4[62]。

迪格比还为他的妻子构想了一件大幅肖像画，坐着的她打扮成审慎女神的模样，身穿一件白色长袍，外面是一件彩色外罩和一条珠宝斜背肩带。[63]她一只手伸向两只鸽子，另一条手臂上缠绕一条蛇。她脚下是一块石头，几个人物被铁链囚禁在石头上，他们分别是有两张面孔的欺骗、神情愤怒的暴怒、头发是毒蛇的瘦骨嶙峋的嫉妒、蒙眼的尘世的小爱神，小爱神的翅膀被折断，弓箭散落一旁，火把也被熄灭，以及其他栩栩如生的裸体人物。在画面上方，几个小天使在嬉戏歌唱，其中3个拿棕榈枝，在审慎女神的头顶上举着一个花冠，象征着对恶德的胜利。画中箴言来自尤维纳利斯（Juvenal）：若审慎现身，神亦在此（NVLLVM NVMEN ABEST SI SIT PRVDENTIA）[64]。凡·戴克对这幅画非常满意，照着这个构图画了另一个小幅的版本[65]，虽然这幅并没有完成。两幅肖像画在英格兰革命期间都被带到法国。乌尔班八世任教皇时，迪格比曾作为英格兰女王的代理人造访罗马，他告诉我凡·戴克在伦敦王室经历的一切。[66]凡·戴克还为迪格比画了一幅基督下十字架，在基督下葬前，约瑟和尼哥底母为他涂抹油膏，画面中还有抹大拉和昏厥的圣母。[67]除了这一幅，凡·戴克还画了其他圣像画，包括：荒野里的施洗约翰[68]；在天使们的簇拥下陷入狂喜的抹大拉[69]；犹滴的半身像和何洛弗尼（Holofernes）的头颅[70]；十字架上死去的基督，迪格比将其送给了巴黎的盖梅内公主（Guéméné）[71]。凡·戴克为迪格比画了一幅装扮成帕拉斯的某位女士的肖像画，她穿着盔甲，头盔上有一根羽毛装饰，这是一件极其优雅且生动的人物画像。[72]他为诺森伯兰（Northumberland）伯爵画了一幅基督受难，5个天使用金杯接住从基督伤口里流出来的鲜血，十字架脚下是圣母、圣约翰和抹大拉。[73]除了肖像画等作品，他还为国王画了缪斯女神们和阿波罗在帕纳塞斯山上跳舞[74]，还有阿波罗将马耳叙阿斯剥皮[75]、酒神狂欢[76]、嬉戏的丘比特们和沉睡的维纳斯及阿多尼斯[77]。在王室的众多名人中，有一位尼古拉斯·拉尼尔（Nicholas Lanier），他是画家和音乐家，凡·戴克将他描绘成在扫罗（Saul）面前弹奏竖琴的大卫。[78]他为白金汉公爵的女儿、里士满（Richmond）公爵夫人画了一幅肖像画，其精美程度使人不禁疑惑艺术和自然哪方更伟大。他将她描绘成维纳斯，旁边是她的小儿子汉密尔顿公爵，他打扮成全裸的小丘比特，拿着箭袋和箭弓。[79]在他为波特兰伯爵夫人和欧比尼（Aubigny）公爵夫人画的肖像画里，她们打扮成宁芙仙女。[80]他画过一个装扮成维纳斯的女性，旁边是一个埃塞俄比亚人，她看着镜中的自己，在自己洁白肌肤的对比下，嘲弄那黑人的模样。[81]他为王后[82]画了一幅圣母、圣子和圣约瑟，他们看着天使们在地上跳舞，另一群天使在空中奏乐，远处是一片静谧的风景。[83]他模仿丁托列托画了一幅基督受难，行刑人竖起十字架，画中有众多人物。[84]还有一件非常精美的作品，圣母两侧各有一个正在奏乐的天使，她扶着圣子，后者脚踩在一个代表世界的球体上。[85]同样值得一提的还有十二使徒半身像，最开始是拿十字架的基督，收藏于根特主教卡雷尔·博斯阁下的珍稀绘画陈列室，已经被制作成版画并出版。[86]另有一幅被缚的参孙挣脱束缚，凡·乌塞尔将其送给大公利奥波德，后者是低地国家的总督[87]，对古物、纪念章和绘画的热爱在当时无人能及，其绘画藏品被制作成一个版画集[88]。为了赐予凡·戴克更高的荣誉，除了之前那些慷慨的赏赐，国王封他为巴斯骑士（Knight of the Bath）。[89]然而，他已经被一些小病困扰多年，渴望从源源不断的肖像画委托中脱身，以便从事更悠闲的工作，远离宫廷的喧闹，同时还能为他带来荣誉和收益。为了留下一个能证明他的才能的纪念作品，在骑士迪格比的协调下，他和国王商议后，决定为伦敦白厅宫大厅的幔帐和挂毯提供草图。[90]叙事性绘画及其主题都是国王指定的，包括：由爱德华三世（Edward III）创立的嘉德骑士团；穿礼袍的骑士们的行军；民间和军事的仪式，以及其他王室职能。国王对这个挂毯工程非常中意，因为他收藏了非常珍贵的拉斐尔所作的使徒行传系列挂毯及其最初草图[91]，而这个工程的挂毯将会是拉斐尔挂毯数量的两倍，尺寸也会更大。然而，国王的这个设想没有成真，凡·戴克为挂毯草图和画作张口就索要 30 万个斯库多。虽然这个价格对国王而言太过昂贵，但这笔交易还是有可能达成的，如果凡·戴克没有突然逝世。[92]凡·戴克在法国也接了委托，为罗浮宫的长廊提供作品。他和妻子一起去了弗兰德斯，回程的时候因此绕路去了巴黎，然而，那时候尼古拉·普桑已经在巴黎了。[93]在巴黎无所事事地待了两个月后，他回到英格兰，之后很快就在伦敦去世了。作为一个虔诚的天主教徒，他于 1641 年魂归上帝。他的遗体葬在圣保罗教堂（Saint Paul's Church），国王和王室上下都对此哀痛不已，绘画爱好者也都深感遗憾。尽管在生前享尽荣华富贵，凡·戴克并没有留下什么遗产，他的钱都花在了奢华的生活做派上，不像勤俭的画家，更像挥霍无度的贵族。关于他的作画方式，他习惯于直接开始。绘制肖像画的时候，他很早就开始工作，为了不打断进程，他会邀请赞助人和他一起吃饭。[94]这些赞助人都是身份高贵的名人和上流社会的名媛，他们都非常乐意去他那里，仿佛这是一种消遣，享受他府上的各种娱乐活动。吃过饭后，他就回去工作，或是在一天里同时绘制好两幅画，稍后再作润饰。这是他的肖像画的制作方式。如果是叙事性绘画，他会先计算好一天里他能完成多少。他擅长运用光影，因为他会事先确定光线的位置，所以他能按时完成作品，并且作品中不乏优雅和力量。这方面他和他的老师鲁本斯很像，二人都遵循同样的色彩规则，但凡·戴克在肤色描绘上更精致，更类似于提香的色调。然而，他不擅长构图，在多人物的大型作品上也水平不高，他的和谐色彩更适合私人收藏。他的肖像画最为人称道，在这个题材上无人可与其匹敌，有时甚至可与提香比肩。他在叙事性绘画的设计上就没有这么出色了，他也不具有高贵的理念等必需的资质来构思人物动作。除了上文说到的他的品性，他还是一个善良、诚实、高尚和慷慨的人。虽然他个子不高，但身体比例匀称，相貌英俊，皮肤白皙，头发浓密，这都是他故乡的水土养育出来的特征。

—— 注释 ——■

[1] 读者须知：对于那些仍然保留在原处的作品，其所在地点在注释里不再赘述。

[2] 贝洛里是 17 世纪第一个为凡·戴克撰写传记的作家，3 年之后，桑德拉特写了一篇简短的传记概述，参见桑德拉特（1925 年），第 175 页。参见《美的理念》，第 2 卷，第 305 – 310 页。

[3] 没有证据证明贝洛里声称的凡·戴克的第一个老师是鲁本斯。据安特卫普画家公会的文件记载，凡·戴克在 1609 年是亨利·凡·巴伦（Henry van Baelen）的学生，1618 年成为正式画家。

[4] 鲁本斯的画作现藏于老绘画陈列馆，巴伐利亚国家绘画收藏馆，慕尼黑。由卢卡·沃斯特曼于 1623 年制成版画。有一件依照鲁本斯的《阿玛戎之战》绘制的大幅草图，用 8 张图纸拼接而成，不是凡·戴克所作，而是鲁本斯的工作室，现藏于基督教堂美术馆，牛津。

[5] 根据一份安特卫普耶稣教堂屋顶 39 件画作（毁于 1718 年大火）的 1629 年 3 月 29 日合同，鲁本斯"亲自制定了上文提到的 39 件画作的小幅设计图，然后由凡·戴克及其他几名学生完成大幅的最终作品"【马丁（1968 年），第 217 页】。

[6] 鲁本斯设计了 8 幅草图，由凡·戴克及其他助手完成，现在是列支敦士登亲王藏品，瓦杜兹。

[7] 也就是叙事画。

[8] 贝洛里的这个信息来源是里多尔菲（Ridolfi）【（1840 年），第 2 卷，第 174 页】。

[9] 安特卫普多明我会圣保罗教堂（Dominican church of Saint Paul）。

[10] 去意大利之前，凡·戴克在英格兰为詹姆斯一世效劳。他于 1621 年 11 月去了热那亚，1622 年去了罗马，1622 年 11 月去了威尼斯【参见瓦埃（Vaes, 1924 年）】。

[11] 凡·戴克临摹 16 世纪意大利绘画的素描本现藏于大英博物馆版画和素描馆。

[12] 圭多·本蒂沃利奥（Guido Bentivoglio, 1579—1644 年）在 1607 至 1616 年间任尼德兰

南部地区的罗马教廷大使，写过一部 24 卷本的弗兰德斯史【《弗兰德斯史》（*Storia di Fiandra*），科隆，1632—1639 年】，于 1621 年被选为红衣主教。

[13] 帕拉提那美术馆，皮蒂宫（Galleria Palatina, Palazzo Pitti）。《美的理念》，第 2 卷，第 311 – 312 页，注释 1。

[14] 尚未确认。

[15] 佩特沃斯庄园（Petworth House），佩特沃斯，苏塞克斯郡（Sussex）。

[16] 公元前 5—公元前 4 世纪的古希腊画家。据普林尼：《自然史》，35，62，宙克西斯"为了在奥林匹亚夸耀他那数不尽的财富，在袍子的格子图案里用金线绣了自己的名字"。

[17] 这群在罗马的弗莱芒画家包括：迪尔克·巴布伦（Dirck Baburen），他是卡拉瓦乔的追随者；保罗·博尔（Paulus Bors）；巴尔托洛梅奥·布林伯格（Bartolomeus Breenbergh）；扬·利斯（Jan Lys）；科内利斯·凡·保伦伯格（Cornelis van Poelenburg）。

[18] 凡·戴克依据拉法埃莱·拉吉（Raffaele Raggi，16 世纪早期拉吉家族一员）早先的一幅肖像画创作了另一幅肖像画，现藏于华盛顿国家美术馆（National Gallery, Washington）。尚未发现拉吉家族其他成员的肖像画。

[19] 侯爵安东·朱里奥·布里尼奥莱·萨莱（Anton Giulio Brignole Sale）和侯爵夫人保利娜·阿多诺·布里尼奥莱·萨莱（Paolina Adorno Brignole Sale）的肖像画都在罗索宫市政画廊，热那亚。

[20] J. 保罗·盖蒂美术馆（J. Paul Getty Museum），洛杉矶。阿戈斯蒂诺·帕拉维奇尼（Agostino Pallavicini）于 1621 年担任教皇格列高利十五派往热那亚的大使，1637 年被任命为热那亚总督。

[21] 马尼亚尼·洛卡基金会（Fondazione Magnani Rocca），帕尔玛。

[22] 辛辛那提艺术博物馆（Cincinnati Art Museum），辛辛那提。这幅肖像画最初在热那亚的巴尔比宫，列于 1672 年、1701 年和 1766 年藏品目录。画中人物不是侯爵安布罗乔·斯皮诺拉，可能是巴尔比家族一员。在凡·戴克的《名人肖像集》（*Icones principum virorum doctorum*，安特卫普，1646 年，图片 12）中，卢卡·沃斯特曼制作过一幅斯皮诺拉的肖像版画，画中写着铭文"安布罗乔·斯皮诺拉画像"（ILLUSTRIS PRINCEPS AMBROSIUS SPINOLA），而这幅肖像画里的人物和版画里的斯皮诺拉完全不像。不过，这幅肖像版画和凡·戴克所作的另一幅贝洛里没有提到的斯皮诺拉肖像画完全一致，最新的记录是在爱德华·斯皮尔曼（Edward Speelman），伦敦有限责任公司【拉森（Larsen，1988 年），第 2 卷，第 167 页，图片 40】。和斯皮尔曼收藏的那幅一样，在一幅 1615 年由扬·穆勒（Jan Muller，1571—1628 年）所作的版画中，斯皮诺拉也是右手拿指挥棒，左手放在剑柄上，写有铭文"伟大的安布罗乔·斯皮诺拉画像"（ILLUSTRISSIMUS ET EXCELLENTISSIMUS PRINCEPS AMBROSIUS SPINOLA）【弗利蔼（Vlieghe，1987 年），图片 214】。侯爵斯皮诺拉（1569—1630 年）在 1614 到 1628 年间任驻尼德兰南部地区的西班牙军队统帅。

[23] 尚未确认。瑞典女王克里斯蒂娜于 1667 年买下因佩里亚莱的藏品。

[24] 圣米迦勒·迪·帕加纳村庄，圣玛格丽塔·利古雷（San Michele di Pagana, Santa Margherita Ligure）。贝洛里认为是被祝福的萨尔瓦多（Beato Salvadore），即被祝福的萨尔

瓦多·德·霍尔塔（Blessed Salvador d'Horta）的人物，教区神父弗朗切斯科·奥雷洛（Francesco Orero）在 1643 年 4 月 17 日的遗嘱中指明这是圣伯尔纳（Saint Bernard），奥雷洛把这件作品遗赠给了教堂【参见拉森（1988 年），第 188 页，注释 466】。

[25] 达利奇画廊（Dulwich Picture Gallery），伦敦。

[26] 伊曼努尔·菲利贝托·萨伏依亲王（1588—1624 年）从 1621 年开始任西西里总督，直到 1624 年去世。他的继任者、红衣主教乔凡尼·多利亚（Giovanni Doria）是巴勒莫的大主教。

[27] 玫瑰经祈祷室，巴勒莫。

[28] 即被祝福的赫尔曼·约瑟（Herman Joseph，约 1150—1241 年）。

[29] 维也纳艺术史博物馆。

[30] 安特卫普皇家美术馆。

[31] 安特卫普皇家美术馆。这件作品的主题不是《圣母怜子》，而是《哀悼基督》。

[32] 彼得·德·约德（Pieter de Jode）为这幅祭坛画所作的版画现藏于普朗坦·莫雷图斯博物馆（Museum Plantin Moretus），安特卫普。版画中的三角形如贝洛里所说，在基督的右手上方，但祭坛画中的三角形在基督的左手上方。

[33] 安特卫普皇家美术馆。

[34] 圣米迦勒教堂（Sint Michiel），根特。

[35] 《十字架上的基督》（*Christ on the Cross*）现藏于圣路茂狄大教堂（cathedral of Sint Rombout），梅赫伦。另外两幅祭坛画下落不明。《圣博纳文图拉最后的圣餐》（*The Last Communion of Saint Bonaventure*）的一件临摹作现藏于卡昂艺术博物馆（Musée des beaux-arts, Caen）。

[36] 阿佩莱斯是公元前 4 世纪的古希腊画家，亚历山大大帝的宫廷画师。安提柯（公元前 382—公元前 301 年）是亚历山大麾下的一名将领，公元前 306 至公元前 301 年间任马其顿国王。阿佩莱斯为安提柯和亚历山大大帝所作的画像记录在普林尼：《自然史》，35，90 - 92。

[37] 萨包达美术馆（Galleria Sabauda），都灵。文中提到的公主是伊莎贝拉·克拉拉·尤金妮亚，尼德兰南部地区的摄政王（参见附录）。

[38] 波尔多艺术博物馆（Musée des Beaux-Arts, Bordeaux）。玛丽·德·美第奇（1573—1642 年），大公弗朗切斯科一世·德·美第奇和奥地利的乔凡娜之女，于 1600 年嫁给法兰西国王亨利四世。

[39] 孔代博物馆，尚蒂伊。加斯东·德·奥尔良（Gaston d'Orleans，1608—1660 年）是玛丽·德·美第奇和亨利四世的第三个儿子。

[40] 玛丽·德·美第奇在 1631 至 1639 年间自愿在布鲁塞尔流亡。

[41] 普拉多博物馆，马德里。关于红衣主教斐迪南亲王，参见附录。

[42] 萨包达美术馆，都灵。托马索·弗朗切斯科·迪·萨伏依（Tommaso Francesco di Savoia），卡里尼亚诺亲王（principe di Carignano，1596—1656 年），作为一名军事将领，他联合他的哥哥红衣主教毛里奇奥（Maurizio）一起对抗法国和西班牙对萨伏依和皮埃蒙特（Piedmont）的统治。

[43] 毁于 1695 年布鲁塞尔的轰炸。有一幅草图描绘了法官们围在代表正义的雕塑的周围，现藏于巴黎国家高等美术学院（École Nationale Supérieure des Beaux-Arts, Paris）。其中两个法官的肖像油画草图在阿什莫林博物馆，牛津。

[44] 舒安邦伯爵藏品，维森斯坦宫，波梅尔斯费尔登。其他版本现藏于哥德堡艺术博物馆，哥德堡（Göteborgs konstmuseum, Göteborg）和萨包达美术馆，都灵。这件作品的主题是阿玛瑞丽斯（Amarillis）和米尔蒂洛（Mirtillo）的故事，取自吉安·巴蒂斯塔·瓜里尼（Gian Battista Guarini）的《忠实的牧羊人》（1590 年），第 2 场，第 2 幕。参见《美的理念》，第 2 卷，第 314 - 315 页，目录 3。奥兰治亲王指的是腓特烈 - 亨利（Frederick-Henry），拿索伯爵（Nassau, 1584—1647 年），1625 至 1647 年间任尼德兰北部地区的总督。

[45] 埃尔米塔什博物馆，圣彼得堡。这件作品的主题是《逃往埃及途中的休息》【参见罗兰（Roland, 1994 年）】。腓特烈 - 亨利于 1646 年在安特卫普买下这幅画。

[46] 教士纪尧姆·凡·哈梅（Guillaume van Hamme，死于约 1668 年）。

[47] 克罗姆涅日什主教花园和城堡，捷克共和国（Archepiscopal Castle and Gardens, Kromeriz, Czech Republic）。迭戈·乌维尔特可能指的是雅克·杜阿尔特（Jacques Duart），安特卫普人，查理一世的宫廷珠宝商。国王被处决后，包括这幅肖像画在内的一些王室财产于 1649 年被赐给他。贝洛里可能是从肯内姆·迪格比爵士（Kenelm Digby，参见注释 59）那儿获知这个信息的。迪格比应该不知道这幅肖像画是雅克·杜阿尔特的兄弟雅斯佩尔（Jasper）于 1672 年向查理二世索要的，而不是于 1649 年获赠。

[48] 1632 年春。

[49] 鲁本斯于 1630 年离开伦敦。

[50] 以弗所的帕拉西阿斯是公元前 5—公元前 4 世纪的古希腊画家。据普林尼：《自然史》，35，71，"他是一个非常高产的艺术家，但他极度傲慢地宣扬自己的名利，甚至取了各种称号，称自己是'奢华之人'（Habrodiaitos），在有些诗句中还称自己是'绘画之王'，宣称自己将艺术推上了巅峰"【波利特（Pollitt）译（1965 年），第 159 - 160 页】。

[51] 英国女王藏品，温莎堡。贝尔尼尼于 1636 年在罗马制作的这个大理石半身像毁于 1698 年白厅宫大火。

[52] 参见注释 47。

[53] 英国女王藏品，温莎堡。这件作品在一份皇家清单里被称作《伟大的和平》（Greate Peece）。

[54] 《马背上的查理一世和圣安托万阁下》（Charles I on Horseback with Monsieur de Saint Antoine），英国女王藏品，温莎堡。提香所作的马背上的查理五世肖像画现藏于普拉多博物馆，马德里。

[55] 贝洛里可能指的是一幅双人肖像画，画面里是乔治·戈林（George Gorin），诺威奇（Norwich）伯爵（1583？—1663 年）和勋爵芒乔伊·布朗特（Lord Mountjoy Blount），纽波特伯爵（1597？—1666 年），现藏于佩特沃斯庄园，佩特沃斯，苏塞克斯郡。

[56] 诺福克（Norfolk）公爵藏品，阿伦德尔城堡（Arundel Castle）。托马斯·霍华德

（Thomas Howard），第二任阿伦德尔伯爵（1586—1646 年），是一位著名的英国收藏家和赞助人。

[57] 赫希-加雷鲁斯男爵夫人（Baroness Hirsch-Gereuth）藏品，巴黎。白金汉公爵，查理一世的顾问，于 1628 年被暗杀。

[58] 这件作品有两个版本，一个在菲茨威廉博物馆（Fitzwilliam Museum），剑桥；另一个在维多利亚国家美术馆（National Gallery of Victoria），墨尔本。画中女性是蕾切尔·德·鲁维尼（Rachel de Ruvigny），第四任南安普敦伯爵托马斯·莱奥斯利（Thomas Wriothesley）的第二任妻子。

[59] 波特兰（Portland）公爵藏品，威尔贝克修道院（Welbeck Abbey）。肯内姆·迪格比爵士（1603—1665 年）于 1625 年和维尼夏·斯坦利（Venetia Stanley，1600—1633 年）结婚。1645 年，女王亨利埃塔·玛丽亚（参见注释82）任命迪格比为财政大臣，因而他在 1645 至 1646 年间以及 1647 年奉命为了英国王室去罗马向教皇筹集资金。在其中一次出使中，迪格比为贝洛里提供了凡·戴克在英格兰的相关信息（参见注释66）。

[60] 国家肖像美术馆（National Portrait Gallery），伦敦（《美的理念》，第 2 卷，第 315 - 317 页，目录4）。

[61] 菲利克斯·卡塞尔爵士（Felix Cassel）藏品，普特里奇堡，卢顿（Putteridge Bury, Luton）。画中的箴言应是 Impavidum Ferient，出自贺拉斯：《歌集》，3，3，7 - 8。

[62] 《名人肖像集……安东尼·凡·戴克所作的 100 幅肖像，生动再现了人物……》（*Icones principum vivorum doctorum pictorum…numero centum ab Antonio Van Dyck picture ad vivum expressae…*），安特卫普，1636 年，第 71 幅。

[63] 米兰王宫（《美的理念》，第 2 卷，第 317 - 318 页，目录5）。维尼夏·迪格比是一位非常美丽的女性，她结婚前的众多情人包括理查德·萨克维尔（Richard Sackville），第三任多塞特（Dorset）伯爵，以及他的兄弟爱德华。约翰·奥布里（John Aubrey）在《当代人物小传，约翰·奥布里著，1669—1696 年》（*Brief Lives chiefly of contemporaries set down by John Aubrey between the Years* 1669 *and* 1696）【伦敦-哈蒙兹沃思（London-Harmondsworth）出版，1992 年】里称她是"著名的美人和交际花"。这幅肖像画由迪格比委托凡·戴克所作，似乎是迪格比为了捍卫妻子的坚贞，恢复她的名誉。

[64] 维尼夏左手下的两只斑鸠和右手臂上绕着的蛇分别象征贞洁和审慎【里帕（Ripa）（2000 年），第 87、418 页】。这句箴言出自尤维纳利斯：《讽刺诗》，10，365。

[65] 国家肖像美术馆，伦敦。

[66] 肯内姆·迪格比爵士在 1645 至 1646 年间和 1647 年造访罗马，不是在乌尔班八世·巴贝里尼（1623—1644 年）任教皇的时期内，而是在英诺森十世·潘菲利（1644—1655 年）的任期内（参见注释59）。

[67] 下落不明。

[68] 可能是美国私人收藏。

[69] 下落不明。

[70] 下落不明。

[71]　下落不明。

[72]　下落不明。

[73]　下落不明。

[74]　下落不明。

[75]　下落不明。

[76]　下落不明。

[77]　下落不明。

[78]　下落不明。

[79]　北卡罗来纳艺术博物馆（North Carolina Museum of Art），罗利（Raleigh）。玛丽·维利尔斯（Mary Villiers），里士满伯爵夫人，第一任白金汉公爵乔治·维利尔斯（1592—1628 年）的女儿。查理·汉密尔顿（Charles Hamilton），阿伦勋爵（Lord Arran），他不是玛丽·维利尔斯的儿子，而是玛丽的表姐汉密尔顿公爵夫人玛丽·菲尔丁（Mary Fielding）【白金汉公爵的姐姐苏珊·维利尔斯（Susan Villiers）的女儿】的儿子。

[80]　下落不明。

[81]　下落不明。

[82]　波旁的亨利埃塔·玛丽亚（1609—1669 年），查理一世的妻子。

[83]　已遗失。有一件临摹作曾藏于皮蒂宫，佛罗伦萨，还有一幅舍尔特·博斯威特制作的版画。这件作品的主题是《逃往埃及途中的休憩》【参见罗兰（1994 年）】。

[84]　圣母教堂，科特赖克（Onze Lieve Vrouw, Kortrijk）。

[85]　圣路加学院美术馆（Galleria dell'Accademia di San Luca），罗马。

[86]　在职业生涯早期，凡·戴克在安特卫普画过几个基督和使徒们的半身像系列。一个完整的系列在 18 世纪中期收藏在罗索宫，热那亚。除了留在罗索宫的《拿十字架的基督》，这个系列的其他作品都在 1914 至 1920 年间被慕尼黑画商朱利叶斯·伯勒尔（Julius Böhler）买走，并被拆卖。有 5 幅圣徒像直到最近都是斯宾塞勋爵（Spencer）的藏品，奥尔索普庄园（Althorp House），格拉斯哥。另 5 幅使徒像现藏于德累斯顿国家博物馆，古代大师画廊。10 幅使徒像和基督像现藏于巴伐利亚国家绘画收藏馆，阿莎芬堡（Aschaffenburg）。其余使徒像和基督像分散在欧洲和美国的各个博物馆和私人收藏中。关于这些作品的具体日期，以及是凡·戴克还是他的助手们所作，或是后世临摹而成，至今没有定论。科内利斯·凡·考克尔更（Cornelis van Caukercken）依据凡·戴克的基督及十三使徒像制作了系列版画，约 1660 年由小科内利斯·加勒（Cornelis Galle the Younger）在安特卫普出版【泰勒博物馆，哈勒姆（Tylers Museum, Haarlem）】。17 世纪初，根特的主教是安东尼·特里斯特（Antonius Triest）。卡雷尔·凡登·博斯（Carel van den Bosch）是布鲁日（Bruges）的主教。

[87]　维也纳艺术史博物馆。大公利奥波德·威廉（Leopold Wilhelm）在 1646 至 1656 年任尼德兰南部地区的总督。马尔库斯·凡·乌塞尔（Marcus van Woonsel）是安特卫普的一个羊毛商。

[88]　大卫·德尼斯二世（David Teniers II）：《绘画剧场》（*Theatrum Pictorium*，布鲁塞尔，1660 年），这是一本关于利奥波德·威廉绘画藏品的插图目录。

［89］1632 年 7 月 5 日。

［90］仅存的一幅白厅挂毯草图是板上单色油画，《行军的查理一世和嘉德骑士们》（*Charles I and the Knights of the Garter in Procession*），拉特兰（Rutland）公爵藏品，贝尔沃城堡（Belvoir Castle）。

［91］拉斐尔在 1515 至 1516 年间为西斯廷礼拜堂的一个挂毯系列绘制了草图（维多利亚和阿尔伯特博物馆，伦敦），查理一世于 1632 年收藏了这些草图。查理一世所有的拉斐尔挂毯都是临摹品，原作现藏于梵蒂冈美术馆。

［92］1641 年 12 月 9 日。

［93］1641 年 1 月。

［94］贝洛里指的是午饭。

第 8 章
弗朗索瓦·迪凯努瓦[1]

　　如果说在当下，雕塑复现过古时曾享有的荣光，那必定是博那罗蒂[2]的手笔。然而，他并没有使雕塑达到极致，仅仅完善了轮廓，这只会使我们更加在意那些不足的方面，而不是将他奉为典范。时至今日，还没有人能赶上博那罗蒂的水平，但弗莱芒人弗朗索瓦（François the Fleming）[3]在雕塑这个艺术领域占据了一席之地，其研究追求精美而优雅的形式。如果他在叙事和造型上再精进一些，或许雕塑就能够在他手上获得完全的重生。[4]他的祖籍是凯努瓦（Quesnoy），他的姓氏也是这个，这是一个瓦隆区（Walloon）的小镇。他的父亲热罗姆（Gérôme）[5]从凯努瓦搬到布鲁塞尔，从事雕刻和雕塑。弗朗索瓦出生于 1594 年[6]，从父亲那儿学到艺术的基本原理后[7]，他开始以象牙和软大理石等在弗兰德斯常用的材料创作优美而精细的浮雕。据说，他最早的作品包括布鲁塞尔新法院大门上的正义雕像，耶稣教堂三角楣上的两个天使，为市政厅而作的正义和真理两个雕像。[8]他年纪轻轻就凭着这些作品建立了名望，因此，大公阿尔伯特[9]委托他创作了一个圣约翰雕像，并将其送到威尔登门城堡（castle of Tor Veerten）。[10]这位好心的大公非常看好他，资助他去罗马学习。弗朗索瓦去罗马时已经过了 25 岁[11]，但他的好日子很快就结束了。大公去世后[12]，他不得不靠着制作象牙和木制雕刻来养活自己，为圣骨匣雕刻圣徒头像，其中一部分至今留存在洛林（Lorraine）的雕刻家克劳德大师（Master Claude）后人的工作室里[13]，他曾在那里避难。一个名为彼得·维斯切（Pieter Visscher）的收藏绘画的弗莱芒商人委托他制作了一个大理石雕像，真人大小的裸体维纳斯呈坐姿，岩石上的一个小丘比特面朝她，一只手拥抱她，另一只手放在她胸脯上，正在吮吸乳汁。这是一件精雕细琢的作品，上面还刻着一个锚和一些小幅人物的浅浮雕，隐喻着维斯切家族的盾徽。[14]他用象牙雕过一些精美的小雕像。为了装饰一番自己的住所，治安官堂·菲利波·科隆纳（Don Filippo Colonna）[15]委托他制作各种装饰物，弗朗索瓦完成了一个大约 3 掌高的基督受难象牙雕像，科隆纳把它献给了教皇乌尔班八世[16]。

他做过非常有用的训练和研究，因为他和尼古拉·普桑[17]同住过，和这位稀世天才建立起的友谊极大地帮助了他，将他的眼界提升到古代艺术的优美形式，他为各种著名雕像临摹过小模型，包括拉奥孔和贝尔维德尔宫的赫拉克勒斯躯干[18]。他制作过一个真人大小的弯腰打磨箭弓的小丘比特大理石雕像，后被送给荷兰海牙的奥兰治亲王。[19]制作这个雕像的时候，他正全身心投入对提香的普托的研究，那时卢多维西别墅花园（Ludovisi Gardens）[20]收藏了一件著名的画作，画中的丘比特们互相扔苹果玩耍，这幅画后来被送给西班牙国王[21]。提香在这件作品中生动地描绘了年幼的孩子们，其精美度无可匹敌。弗朗索瓦对这些小孩非常着迷，把他们分批临摹并制作成半浮雕（half-relief），还和普桑一起临摹制作了黏土模型[22]。弗朗索瓦由此学到这些普托的优美风格，极大地精进了他的雕塑作品，使他超越众人，接下来我将详述一些他的作品。他表现过神圣之爱征服尘世之爱，前者脚踩后者，用手捂着他的嘴，同时另一个爱神举着月桂冠，以彰显不朽的胜利[23]，这模仿的是阿尼巴勒·卡拉奇在法尔内塞宫长廊的设计[24]。他制作过一个同样大小的酒神狂欢模型，普托们拉着一只公山羊的角，鞭打它快走，代表戏耍的小男孩脸上戴着面具。罗马的托马索·费代莱依据这个黏土模型制作了斑岩浮雕，他被称作擅长斑岩的托马，因为他能用斑岩做出精美的雕刻，而这个半浮雕也的确很完美，红衣主教弗朗切斯科·巴贝里尼将它送给了西班牙国王腓力四世，现在在马德里的皇宫。[25]弗朗索瓦依据维吉尔的诗歌制作了另一个模型，西勒诺斯斜靠在一棵葡萄树的树干上，在一个洞穴入口处醉得呼呼大睡。几个普托用葡萄藤把他的手脚绑起来，一个宁芙仙女把黑莓糊在他脸上。几个小萨提尔一边戳他的驴子，一边掰开驴子的嘴，把它从地上拽起来。一个小男孩把杯子举到嘴边正准备喝，被他的伙伴横插一手。这个模型被用来制作大理石浮雕，如今这个模型保存在骑士长卡西亚诺·达尔·波佐（Commendatore Cassiano dal Pozzo）著名的陈列室里。[26]弗朗索瓦作为雕塑家的所有才能似乎都只集中在普托这个主题上，他还为圣彼得大教堂使徒祭坛的青铜柱制作了几个普托模型[27]，因此他决定接一些其他人物主题的委托。罗马的面包师公会在图拉真柱附近建了一个洛雷托圣母教堂（church of the Madonna di Loreto），他们准备为教堂建一个大祭坛，还有各种装饰和雕像。弗朗索瓦受命制作了其中一个雕像，即左边第一个壁龛里的圣苏撒拿（Saint Susanna），比真人大一点，略微侧身朝向祭坛（见

图 8-1）。

圣苏撒拿雕像

圣苏撒拿的姿态极其优美[28]，她右手拿棕榈枝，面朝信众，左手指向祭坛[29]。她的手臂略微从袍子里伸出一部分，一条腿朝后伸，身体重量放在另一条腿上。她的四肢动作流畅轻柔，形成互补，展现了这位献身于基督的圣徒身上谦恭而高雅的气质。她的面庞散发出无比纯洁的魅力，头发简单地梳起来，身上所有线条都表现出优美和谦逊。但这个雕像最完美的地方是衣褶。圣苏撒拿全身都被衣服遮挡，一件轻薄的斗篷披在束腰外衣上，顺着拿棕榈叶的那只手臂垂下去。她的胸部和右肩膀露在斗篷外面，从左肩到左手肘都裹在斗篷里面，左手从斗篷里伸出来，指向祭坛。迪凯努瓦在衣褶上展现出高超的雕塑水平，斗篷从左侧手肘和腰部一直向下覆盖到下半身，然后又在右侧收束上去。在左右两边不同方向的线条中，衣褶又在右手处重新垂下来。从右腿可以看见斗篷下的束腰外衣，外衣飘扬的衣褶一直覆盖到左脚，圣苏撒拿圆润的四肢形状在衣褶下清晰可见。束腰外衣是那么轻柔地裹着她的胸部，坚硬的石头被磨平了棱角，转化成纤美的衣褶，整个姿态都洋溢着生命力。虽然圣苏撒拿全身都裹在衣服里，但迪凯努瓦技艺高超地将她的左小臂稍稍露出来，似乎是不经意而为之，因为圣苏撒拿伸出左手指向祭坛，她的衣袖往上拉了一点，露出部分手臂，恰到好处地塑造出一个独特之处，赋予圣苏撒拿的形象以优雅的气质。弗朗索瓦的这个大理石雕像是一个绝好的学习范例，可以指导现在的雕塑家如何展现雕像的布料质感，其精美的风格足以和最出色的古代雕塑相媲美，直到今日，也没有人能达到他的水平。

这个雕像一经问世，便赢得众人的青睐和赞美，他们从中感受到超越自然的优美形式，而这来自他对古代雕塑的研习。弗朗索瓦在这一个雕像上就花费了好几年时间[30]，力求将每个部分都表现得完美。虽然他参照了乌拉尼亚（Urania）——这是卡比托利欧山的一个古代雕像[31]——但他创作的圣苏撒拿更优美。完成了圣彼得大教堂使徒祭坛的华盖和柱子后，乌尔班八世委托了 4 个巨型人物雕塑，以放在支撑穹顶的墩柱里的四个大壁龛中。弗朗索瓦因圣苏撒拿雕像收获了极高的名望，因此，教皇和圣彼得大教堂管理会的红衣主教们委托他制作其中一个雕塑，即圣安德烈。[32] 他和另外三个雕塑家[33] 同台竞技，制作了一个高 22 掌的灰泥模型，面朝外放置在左边的壁龛里。这个精美的模型让他赢得了艺术家们的一致称赞，对这些艺术作品有评判权的教廷也赞赏有加。这个模型后来被转移到铸造厂，圣彼得大教堂的雕像通常都在那里制成。[34] 然而，运输器械失控，模型被摔得粉碎，彻底不能用了。这个事故可能是无心之过，但弗朗索瓦坚持认为这是对手的陷害，闲言碎语也都这么传，其目的就是为了让他徒费力气、心烦意乱。如此一来，当他重新制作一个模型时，就会才思枯竭，或是像经常出现的情况那样，若人们想要修改已经很完美的东西，他们反而会搞砸，再也回不到原样。但是，事实恰恰相反，弗朗索瓦完全没有辜负他通过勤奋研习而获得的能力，一丝不苟地设定好作品要素，再加上手头有之前准备的草稿，他轻松制作了另一个模型，和上一个如出一辙，如现在的大理石雕像所展现出来的那样。

圣安德烈雕像

站着的圣安德烈抬头凝望天堂，背后是由两根木头交叉而成的十字架（见图8-2）。他右手抱着其中一根木头，张开的左手表现出他因殉道而产生的强烈且神圣的情绪。在这个动作下，圣安德烈裸露出他的胸膛和抱着木头的右臂，斗篷从右肩后面绕过去裹住左肩，再从左肩往下围住左臂，在他身体左侧打了个结后，又继续向下覆盖住大半条左腿和整个右腿。这个雕像的精美之处不止于此。斗篷在他的胸膛下方卷了几道，层层相叠，同时一大块平整的布料从右侧一直延伸到左侧，从他的左边身体和左臂垂下来，形成好几层衣褶。他十分高超地再现出毛织品的柔顺质感和布料下的肢体轮廓，衣褶也都经过精心安排，和圣安德烈的姿态高度一致，优雅地遵从于肢体的动作。从衣褶方面可以看出这样一个要素，即减弱对四肢的雕琢，填补空余的部分，用大范围的衣褶来表现精细的布料折痕。关于这个雕像的人物躯体，圣安德烈抬头望向天堂的同时，头侧向右边，胸膛略微朝向左边，这个动作给人以平静的感觉。他的右肩在十字架的两臂之间往后伸展了一点，展现出他那精壮的胸膛，这是一个强壮又勤劳的渔夫的特征，而他的骨架和皮肤下微微隆起的肌肉都表明这具肉体已遭受岁月的侵蚀。他的面庞十分瘦削，有着光秃的宽额头和蓬乱的胡子，因感受到神圣的情绪而微张着嘴。光这一个人物雕像就占据了很大空间，所以他的姿态得以完全敞开，举起的右手臂搭在十字架的梁上，左手臂向外伸展。相应地，他的左脚完全踩在地面上，右脚只有脚尖着地，进一步揭示出非比寻常的右膝盖往前伸的动作和布料下右大腿的形状。由此，观者目之所及都是和谐的比例，赞叹有序的平衡作用力，以及衣褶和躯体的精美。圣安德烈雕像于1640年3月1日星期五首次对外展出，那天正好造访圣彼得大教堂的教皇也在场，这个雕像收获了包括教廷在内的所有人的赞美。弗朗索瓦把他的名字刻在雕像右脚下方的石头基座上：FRAN. DV QVESNOY BRVXELL. FAC.。在安置这个雕像时，它没有被放在左边朝外的壁龛里——这个壁龛里现在放的是圣赫勒拿雕像[35]——而是移到对角线的壁龛里。弗朗索瓦对此强烈抗议，他们似乎在试图严重损害他的利益，即使只是转变了采光和视角，现在人们必须绕过去才能看见雕像的正面。无论这件事一开始的起因是什么，他们也应该预料到这个决定所造成的后果。圣礼会（Congregation of Rites）确实要求把手持圣容面纱的圣维罗妮卡（Veronica）雕像[36]放在最重要的位置，然后是靠着十字架的圣赫勒拿雕像，其次是拿长枪的朗基努斯雕像[37]，最后是圣安德烈的头颅及雕像，所以他们必须改变配置方式[38]。弗朗索瓦花费 5 年的时间才把圣安德烈这个大型雕像完成得尽善尽美，他的报酬是 3000 个斯库多，圣彼得大教堂管理会每个月付给他 50 个斯库多，但这个报酬对他而言是完全不够的，因为他是自费召集人手，而且他的工作量太大，使他没有精力再接其他委托。到最后，不要说挣到钱，可悲的弗朗索瓦发现自己债务缠身，铸造厂工人还在追着他要 130 个斯库多，因为他要求雕像的十字架横梁用青铜制成，而圣彼得大教堂管理会认为他们为他提供了足够多的大理石，铸造青铜的费用要由他自己承担。他曾经抱怨过此事，我了解此间内幕，因为我曾代表他向圣彼得大教堂管理会多次提交请求和报告，他也最终获得了满意的结果，教堂为他结清了铸造厂的款项。

除了这两个雕像，弗朗索瓦还创作过一些普托，人们对此非常热衷。除了上文提到的半浮雕，他制作过另一个横向浮雕，裸体的天使们对照乐谱唱歌，这是为那不勒斯大主教、红衣主教菲洛马里诺（Filomarino）的礼拜堂所作，这个奢华的礼拜堂位于那不勒斯使徒教堂（church of the Santi Apostoli），大理石浮雕就在祭坛上方。[39]在罗马的圣母之灵教堂，他制作了两个墓碑，分别嵌在两侧的两个墩柱里，一个是安特卫普的贵族斐迪南·凡登·艾登（Ferdinand van den Eynde），另一个是阿尔克马尔（Alkmaar）的维里耶堡（Vrijburgh）家族的阿德里安（Adrien）。在前一个墓碑上有两个普托，他们掀起一块布，露出上面的铭文，其中一个普托用这块布挡住自己的头的一部分，以表达自己的悲伤，他手里拿着象征死亡的沙漏。这可以说是弗朗索瓦创作过的最优美的普托，雕塑家和画家都将其视作典范。另一个普托面朝这个普托，也前倾身子去揭开那块布。后一个墓碑上也有两个普托，他们展开一件斗篷，斗篷上刻着阿德里安的墓志铭，还有他的家族盾徽、一个瓮和一些装饰。然而，这两个依据弗朗索瓦的模型制作的普托并不完全是他的手笔。他为雅克·德·哈泽[40]制作了墓碑，一个普托靠在一个骷髅头上，一只手用面纱擦去自己面颊上的泪水，另一只手熄灭象征生命的火把。这个普托也不完全是他亲手制作的，而是由别人依据他的模型而作，并由他作了润色。这个墓碑原本位于墓地的民族教会（national church）[41]，几年后被移走。在这个教会还有一个依据他的设计所作的圣母怜子雕刻，镶嵌在棺罩里。这个雕刻取自一个小型的赤陶圆形浅浮雕，其石膏模型现在还能看到。[42]他设计了加斯帕·维斯切（Gaspar Visscher）的纪念碑，上面装饰着两个带翼的基路伯，顶端是一个贝壳里的侧面肖像，底端是一块刻着铭文的大理石基座。这个纪念碑被送到那不勒斯圣母之灵教堂，加斯帕就葬在那里。[43]他制作了一些青铜和银质的小普托模型，其中最优美的是一个沉睡的普托，侧脸睡在一个枕头上，大概半掌大小[44]，以及一个坐着的普托，手里拿一个茶杯和一个小笛子，正鼓着嘴吹泡泡，就像小孩子经常干的那样。这是治安官科隆纳的银质墨水池上的装饰。[45]他为红衣主教弗朗切斯科·蒙塔尔托制作了一个银质的权杖，上面环绕着狮子和孩童，他们从代表维斯康蒂家族（Visconti）的巨蛇的口中冒出来，举着一个星星。[46]最后，他雕刻了一个做出用弓射箭动作的裸体小丘比特，眼睛盯着目标，一条腿在身后抬起来。弗朗索瓦对这件作品极其满意，对它爱不释手，因为他预感到，这将是他制作的最后一件大理石雕塑。他不厌其烦地看着它，孜孜不倦地打磨它。一个英国骑士托马斯·贝克（Thomas Baker）阁下强行要走了这个雕塑，但他必须在这个作品完成一年多后才能拿走。[47]

现在我将讲述这个出色的艺术家的不幸遭遇，我们应当对他表示深切同情。他的美德所收获的赞美并没有鼓舞到他，他因痛风和忧郁而卧病在床。他的身体太过虚弱，稍微工作一下就会头晕目眩。有一天，他在给圣苏撒拿雕像安装青铜的棕榈枝的时候，突然从梯子上摔了下来，几乎因此丧命。他痛苦地发现，自己的身体状况非常不好。他雇了很多劳工，却接不到什么订单。这样一个高尚又勤奋的有才之士付出那么多辛勤劳动，最后落到生活窘迫的境地，而那些投机取巧的人却能不费吹灰之力地名利双收，这实在令人痛心。无论是命运的嘲弄还是怜悯，弗朗索瓦还是迎来了无上的好运。1642年，法兰西国王路易十三派人去洛雷托圣所教堂还愿，经上帝恩赐，22年间都没有诞下一儿半女的王后生下了皇太子，国王立刻呈上献礼，以求教皇祝福。德·尚特卢（de Chantelou）[48]阁下因此领命前去罗马，在那期间他决定让弗朗索瓦为国王效力，就像他两年前把尼古拉·普桑推荐给国王，普桑那时候刚回到罗马，二人准备一起前往巴黎。弗朗索瓦把握了这个机会，对他而言，再没有更好的及时雨了。他被授予宫廷雕塑家的称号，和普桑享有同等待遇，每年1000个斯库

多的 "薪资"（gages）——在法国他们这么称呼王室发放的津贴——另外还有付给他的作品的酬金，以及在罗浮宫长廊的住处。这件事是由德·诺瓦耶阁下促成的，他是法国的国务大臣，负责皇家事务，是位品德非常高尚的人。[49]弗朗索瓦分配到更多的补贴，用来支付 12 个年轻人所需的生活费用，以便在他的指导之下，在巴黎建立一个雕塑学院，就像他们和普桑商议后建了一个绘画学院。他们为弗朗索瓦在银行里存了 1200 个斯库多的旅途费。他的运气似乎一瞬间就变好了，他也期待着换了一个地方之后，自己的精神和身体状况都能好转一些。国王的献礼包括两个非常贵重的镶钻石的王冠，价值 4 万个斯库多，还有一个大约 6 掌高的银质的天使雕像，做出将新生的皇太子呈给圣母的动作，皇太子的雕像是一个真人大小的金质雕像。这个天使雕像依据著名宫廷雕塑家雅克·萨拉赞（Jacques Sarrazin）所作的模型[50]在巴黎制成。原本的计划是再给这个献礼加上一个同样大小的银质的圣母雕像，弗朗索瓦为其制作了黏土模型[51]，但最终没有实施。他从银行取了一半存款出来，以支付日常开销和为旅途做准备。预备启程的时候，他的病情再次加重。他因持续的纷扰而陷入谵妄，悲惨地躺在病床上。弗朗索瓦的一个兄弟[52]让他非常不快，那是一个言行粗鲁、品行不端的人，弗朗索瓦对他敬而远之，不想被他拖累，但此人回到罗马，住进弗朗索瓦家里。他徒劳地坚信自己可以在雕塑上胜过弗朗索瓦，据说，在仇恨和恶意的野心的驱使下，他用毒药谋害了弗朗索瓦。医生们认为对弗朗索瓦而言，最好的治疗就是回到故乡弗兰德斯，因此他加紧了离开意大利的行程，结果却是他很快就逝世了。弗朗索瓦还没离开意大利，刚刚到达里窝那（Livorno），就在 1643 年 7 月 12 日永远合上了双眼。[53]他就这么离开人世，结束人世的辛劳，升上天堂。他的遗体葬在方济各会教堂（church of the Franciscan fathers）。罗马、他的故乡弗兰德斯和法国的人们都悼念他，法国的人们原本还在对他的到来翘首以盼。他是一位品德高尚的人，理应活得更长久，也值得更体面的离世方式，而他的美德将和他的大理石雕塑作品一起永世流传，尤其在那些尊敬雕塑这门艺术的地方。这桩严重的谋杀最终得到惩罚，上天对热罗姆的各种罪行降下审判，包括弑兄和其他穷凶极恶的恶行。他被判受火刑，在根特广场被当众烧死。据说，他在临死之时承认他用毒药害死了自己的亲兄弟。[54]

弗朗索瓦中等身高，作为弗莱芒人，他皮肤白皙，金发碧眼，相貌堂堂。这些外貌特征和他的纯洁本性相一致。他是一个非常真诚而友善的人，所有见过他的人都会被他打动，尽管他生性多疑，总是和别人保持距离。工作的时候，他不允许任何人去见他，连他的朋友们都不行，因为他怀疑有人会来刺探他的作品。他对此变得越发深信不疑是他制作圣安德烈雕像时，一个作为他的好友的男修士不小心闯入围场，当时栅栏没有拉起来，因为正在安装雕像身后的青铜十字架。好心的修士立刻向弗朗索瓦指出十字架的位置太低，这是不对的，并且他在没搞懂其中缘由的情况下就离开了。之后他把这件事告诉所有人，声称两双眼睛能比一双眼睛看得更清楚，要不是他的帮助，十字架就会被安装得太低。当天晚上弗朗索瓦就知道了这件事，对此感到极其愤怒，从那之后，他再也不让任何人靠近他的作品。弗朗索瓦热爱他的艺术超过所有其他事物，辛勤的工作或许让他疲惫，但他从不感到厌倦或挫败。他曾经发现，如果一个雕塑家创作出一件优秀的雕塑作品，他便可以为这个成就感到十分骄傲，因为弗朗索瓦从亲身经历中感悟到艺术是无限的。确实，他的工作方式不利于他充分发挥自己的才能，他只创作出两件雕塑作品，二者就已经穷尽了他的一生。他从未涉猎过叙事类主题，因此他的才能在动作设计上算不得很高，而动作是再现艺术中最重要的部分。弗朗索瓦的创作很迟缓，而且他不善于构思作品的造型。他只能通过不断临摹古代文物和练习写生来获取灵感，因此他会制作不止一个模型，不仅是重要部位，一只手或一只脚，甚至还有一根手指和一片衣褶，他就这样永不停歇地工作。他虽然创作迟缓，也不高产，但他非常擅长挑选最好的范例来学习，因此习得了古人成就的精华，而这是现在的雕塑家不屑去做的。有一次，他正在打磨一件已经完成的作品，他的一个朋友试图劝他停手，因为这个雕塑够完美了，弗朗索瓦回答说："你觉得这个看着很好，是因为你不知道原型是什么样的，我现在想做的就是让这个临摹品尽量接近我脑海里构想的原型。"通过对提香作品的研习以及对自然的模仿，弗朗索瓦提炼出关于婴孩的表现形式的理念。他偏好的表现对象是极其年幼的小孩子，包括尚在襁褓里的婴儿。他能柔化坚硬的大理石，让它们看上去是牛奶而非石头。虽然他的再现非常精准，但他对柔软的表现尚显不足，因为他给小孩子设计的动作都很有力量和控制力，而这个年纪的小孩甚至不能自己站稳。出于好意试图加一些改动来完善前人的风格，结果却事与愿违，这是很常见的。他的追随者夸大他的不足之处，使缺陷都暴露出来，比如肿胀的面颊和手脚，以及丑陋地加大的头部和肚子，画家也都有这个问题。的确，太过年幼的婴儿还未长出优美的体态，只有到了四五岁的时候，小孩子才会消耗掉多余的脂肪，四肢逐渐强壮，形成合理的修长身材。古希腊人非常擅长雕刻和描绘丘比特及小婴儿，卡利斯特拉托斯（Callistratus）非常恰当地描述了尼罗河神雕像身边围绕的孩童们，就像斐洛斯特拉托斯对玩耍的丘比特们这件作品所作的描述。[55]米开朗琪罗在大理石雕塑和绘画里都把小孩子表现得像赫拉克勒斯一样肌肉发达，毫无柔软可言。拉斐尔是第一个赋予他们以优雅和可爱气质的人，把他们描绘得身形修长，也符合他们处于正形成美丽体态的年龄阶段的特征。提香和科雷乔把他们画得更加柔美，阿尼巴勒·卡拉奇的风格则介于他们二人之间。多梅尼基诺在这方面被认为是最出色的，他在作品的构图中最经常用到这些小孩子，描绘他们各种各样的模样，包括襁褓里的婴儿和半大的小孩子，动作和样貌也都符合各自的年龄段特征。弗朗索瓦更多表现小婴孩们的柔嫩体态，而他惟妙惟肖的风格在今日受到人们的推崇。

最后我们还需要提到这位大师所作的其他一些同样重要的作品。他为侯爵温琴佐·朱斯蒂尼亚尼制作了一个大概高 3 掌的墨丘利模型，墨丘利转头看着一个小丘比特，后者正为他穿上带翼的凉鞋，这个模型是用来和一个古代的赫拉克勒斯青铜像配对的。[56] 之后他又制作了和墨丘利配对的阿波罗雕像，和贝尔维德尔宫的安提诺乌斯（Belvedere Antinous）雕像的姿态一致。[57] 同样大概高 3 掌的还有一个基督的大理石雕像，裸体的基督双手在身前，被绑缚在一根柱子上[58]，这是为赫塞朗阁下所作，他是最虔诚的基督徒国王路易十三的财政大臣[59]。他为卡斯特·罗德里戈侯爵（Castel Rodrigo）设计了 8 个统一的墓碑，上面有罗德里戈先祖的纪念碑。这些大理石墓碑在罗马制成，然后送到葡萄牙里斯本的圣本笃教堂（church of Saint Benedict）。由于一些变动，除了那些用于大祭坛底下墓地的墓碑，其余没有完成的墓碑放在了圣器收藏室。[60] 弗朗索瓦还修复了两个著名的古代雕像，为亚历山德罗·隆达尼尼（Alessandro Rondanini）阁下的农牧神雕像加上丢失的手臂和双腿[61]，并且为伊波利托·韦特莱斯基（Ippolito Vitelleschi）阁下的密涅瓦东方大理石雕像加上戴头盔的头部和手脚，手脚部分用到的科林斯青铜是通过熔化纪念章得来的[62]。关于他制作的人物雕像，最精美的是他于 1635 年为红衣主教毛里奇奥·萨伏依亲王（prince Cardinal Maurizio of Savoy）所作的大理石雕像[63]，这位亲王对他非常友善。他还为讲师贝尔纳多·加布里埃利（Bernardo Gabrieli）的墓地制作了雕像和纪念碑，位于罗马墙外的圣洛伦佐教堂（San Lorenzo fuori le Mura）。[64] 此外还有大量银质或青铜的半身像，罗马城里的各个教堂会在重大的基督教节日将其摆放在祭坛上，这些都是依据他的模型所作，有一些由他亲自返修。这些半身像包括为教皇圣希尔维斯特（Saint Sylvester）的教堂和修女们所作的圣希尔维斯特半身像[65]；山间圣三一教堂（Trinità dei Monti）的最小兄弟会（Minims）的圣方济各·保拉（Saint Francis of Paola）半身像；耶稣教堂（church of the Gesù）的皇帝圣亨利（Saint Henry the emperor）以及受祝福的博尔吉亚和斯坦尼斯洛斯半身像[66]；抹大拉修会（Order of Magdalens）[67] 神父的圣器收藏室的圣马利亚·抹大拉和圣马萨半身像；卡蒂纳利圣查理教堂（church of San Carlo ai Catinari）的圣查理·波罗米奥和圣布莱斯（Saint Blaise）半身像；使徒教堂的圣母和两个使徒半身像；圣格列高利教堂和圣灵教堂里也有，其他地方还有难以尽述的使徒们的半身像[68]。尤其值得一提的是年轻的基督和垂眸的圣母的一对半身像，其赤陶模型现保存在红衣主教弗朗切斯科·巴贝里尼大人的柜子里。[69]弗朗索瓦亲自返修了依据这个模型所作的两个银器铸品，一个给了英格兰女王，另一个给了尊敬的红衣主教卡米洛·马西莫大人[70]，这位大人还收藏了非常精美的拉奥孔小型赤陶模型，仿制的是贝尔维德尔宫的拉奥孔雕塑。他以 400 个斯库多的价格买下这个模型，弗朗索瓦花费半年多的时间打磨它，一直不满于它没有达到原作的高超水平。[71]最后，我认为还应该提到 3 个高 1 掌的小雕像，都是依据他的模型所作的银质和青铜铸品，在柱子边被鞭笞的基督，其两侧各有一个犹太人，正在狠狠地鞭打基督，基督默默承受鞭笞，歪向右肩的头隐忍地低垂着。[72]

下面附上彼得·保罗·鲁本斯写给弗朗索瓦·迪凯努瓦的一封信，从法语翻译而来。

致弗朗索瓦·迪凯努瓦阁下：

您送给我这些模型，以及依据圣母之灵教堂里凡登·艾登纪念碑上的两个普托所作的石膏模型，我不知该如何向您表达我的感激之情，也无法用语言来赞美这些作品之优美：仿佛是自然的雕琢，而非艺术的造物，大理石也变得如此柔软灵动。即使在遥远的这头，我也听闻最近展出的圣安德烈雕像的美名，不仅我个人对此感到很欣慰，这片土地上的所有人也都为此欢呼，我们都分享了您的名誉。若不是因为我年事已高，因痛风而行动不便，我很愿意亲自去那儿观摩这样一件优秀的作品。我希望能在这儿与您相见，我们亲爱的故乡弗兰德斯也将因您的杰作而名扬四海。在我合上双眼之前，我期盼着能实现这个愿景，让我能睁大双眼看看您亲手创造出的惊世杰作。我诚挚地亲吻您的双手，向上帝祈求您的长寿和幸福。1640 年 4 月 17 日，于安特卫普。

您最诚挚和忠心的仆人，

彼得·保罗·鲁本斯

───── 注释 ─────■

[1] 读者须知：对于那些仍然保留在原处的作品，其所在地点在注释里不再赘述。

[2] 即米开朗琪罗·博那罗蒂（Michelangelo Buonarroti）。——译注

[3] 弗朗索瓦·迪凯努瓦（François Du Quesnoy）在意大利被称为弗莱芒人弗朗切斯科（Francesco Fiammingo）。

[4] 贝洛里是第一个为迪凯努瓦写传的作家。几乎在同一时期，桑德拉特也为他写了较短的传记【桑德拉特（1925 年），第 231 – 234 页】，还有帕塞里【帕塞里（1934 年），第 102 – 116 页】。参见《美的理念》，第 2 卷，第 394 – 398 页。

[5] 约 1570—1641/42 年。

[6] 弗朗索瓦出生于 1597 年 1 月。

[7] 贝洛里应该指的是雕塑。根据帕塞里（1934 年），第 103 页，弗朗索瓦"年轻时是木板画工人，他的父亲就以此为生，可能他家代代都从事这个。热罗姆从凯努瓦来到布鲁塞尔谋生，指导他的儿子弗朗索瓦，他还有一个儿子也从事雕塑，我不知道此人的名字"。热罗姆的另一个儿子是小热罗姆·迪凯努瓦（Gérôme Du Quesnoy the Younger，1602—1654 年），他是雕塑家和建筑师。

[8] 已遗失。

[9] 参见附录。

[10] 尚未确认。

[11] 迪凯努瓦于 1618 年到达罗马，当时他 21 岁。

[12] 1621 年。

[13] 据记载，克劳德是 17 世纪时活跃在洛林和罗马的雕塑家。他的工作室里的迪凯努瓦作品已遗失。

[14] 已遗失。在帕塞里（1934 年），第 442 页的一个注释里，乔凡尼·博塔里（Giovanni Bottari）认为，彼得·维斯切的这个维纳斯雕塑"不如贝洛里所说的那样出色"。

[15] 菲利波·科隆纳（1578—1639 年）于 1611 年由腓力三世任命为那不勒斯王国总治安官。

[16] 尚未确认。

[17] 普桑于 1624 年到达罗马。他在 1626 年和迪凯努瓦住在同一个房子里。

[18] 尚未确认。《被海怪袭击的拉奥孔和他的两个儿子》和《贝尔维德尔宫的躯干》这两个古希腊雕塑都藏于比奥－克莱孟博物馆，梵蒂冈博物馆，前者于 1506 年 1 月 14 日在罗马出土，后者署名是阿波罗尼奥斯。

[19] 柏林国家博物馆，雕塑馆（Skulpturensammlung, Staatliche Museen, Berlin）（《美的理念》，第 2 卷，第 399 页，目录 1）。奥兰治亲王指的是腓特烈－亨利，拿索伯爵（1584—1647 年），1625 至 1647 年间任尼德兰北部地区的总督。

[20] 卢多维西花园占据品奇阿纳城门和巴贝里尼广场之间的大部分区域，公元前 1 世纪由塞勒斯特（Sallust）和他的侄孙塞路斯提乌斯（Sallustius）设计。红衣主教卢多维科·

卢多维西（Ludovico Ludovisi）用各种雕塑和绘画修复并装饰了这个地方。

[21] 《维纳斯的礼赞》（The Worship of Venus）现藏于普拉多博物馆，马德里。这幅画起初收藏在费拉拉的埃斯泰城堡（Castello Estense）阿方索·德·埃斯泰的书房里。1598 年，费拉拉公国的领地被教皇收回后，红衣主教彼得罗·阿尔多布兰迪尼（参见附录）将这幅画和提香的《酒神的狂欢》（Andrians）都带到罗马。1621 年，这两幅画都被送给红衣主教卢多维科·卢多维西。1637 年，皮昂比诺（Piombino）亲王尼科洛·卢多维西（Niccolò Ludovisi）把这两幅画献给腓力四世。

[22] 尚未确认。

[23] 迪凯努瓦所作的这个主题的石膏浮雕现藏于斯帕达美术馆（Galleria Spada），罗马。托马索·费代莱（Tommaso Fedele，活跃在 1631 年）仿照迪凯努瓦而作的一个斑岩浮雕现藏于普拉多博物馆，马德里。《美的理念》，第 2 卷，第 400 – 401 页，目录 3、4。

[24] 参见《阿尼巴勒传》。

[25] 这个作品的一个大理石版本现藏于多利亚潘菲利美术馆，罗马。黏土模型和费代莱所作的斑岩浮雕都已遗失。

[26] 已遗失。这个大理石浮雕作品的主题取自维吉尔：《牧歌集》，6，13 – 22："克洛密和莫那西他们两个在洞里看见山神西勒诺斯在那里高卧，宿醉未醒，脸红筋粗，像经常那样，他的花圈也从头上滑下，丢在身旁，沉重的酒杯还挂在被手指磨光的杯耳上，他们就走过去……他们就拿花圈当作绳子把老头子捆绑，哀格丽也来帮助那两个胆怯的小鬼……她就把他双眉和两颊用桑葚子涂红，他睁着眼看着她。"【《维吉尔，第 1 卷：牧歌，田园诗，埃涅阿斯纪第 1—4 卷》（Virgil, I, Eclogues, Georgics, Aeneid I - IV），H. 拉什顿·菲尔克拉夫（Rushton Fairclough）译，剑桥和伦敦，1974 年，第 43 页】。依据这个浮雕制作的一个青铜铸品现在是罗斯柴尔德的藏品，布鲁塞尔。关于卡西亚诺·达尔·波佐，参见附录。——原注

此处参考的中译本是维吉尔：《牧歌》，杨宪益译，人民文学出版社 1957 年版，第 26 页。人名译法略有改动。——译注

[27] 即圣彼得大教堂中贝尔尼尼所作的青铜华盖。迪凯努瓦所作的普托尚未确认。

[28] 《美的理念》，第 2 卷，第 401 – 402 页，目录 5。

[29] 《圣苏撒拿》起先在洛雷托圣母教堂祭坛右侧的第二个神龛，现已不在原处【参见帕塞里（1934 年），第 107 页】。18 世纪中期，它被移到原处对面的神龛。2000 年，这个雕塑在展览宫（Palazzo delle Esposizioni）里清洗并展出后，被移到教堂祭坛右侧的第一个壁龛，使得雕塑的左手能重新指向祭坛，如贝洛里和帕塞里所描述的那样。

[30] 这个雕像从 1629 年开始制作，1633 年对外展出。

[31] 这个古希腊雕像现藏于卡比托利欧博物馆（Museo Capitolino），罗马。

[32] 圣彼得大教堂中贝尔尼尼制作的华盖于 1633 年完工。迪凯努瓦于 1627 年接到《圣安德烈》的委托，一个灰泥模型于 1629 年被安置在圣彼得大教堂中殿和耳堂交叉处的壁龛里。迪凯努瓦从 1633 年开始制作大理石雕像。这个雕像于 1639 年被移到圣彼得大教堂，1640 年对外展出。

[33] 吉安·洛伦佐·贝尔尼尼、安德里亚·博尔吉（Andrea Bolgi）和弗朗切斯科·莫奇

（Francesco Mochi）。

[34] 只有十字架的横木是青铜铸成的。大型的大理石雕塑也是在这个铸造厂里制成。

[35] 安德里亚·博尔吉所作。

[36] 弗朗切斯科·莫奇所作。

[37] 吉安·洛伦佐·贝尔尼尼所作。

[38] 圣安德烈的头颅、朗基努斯枪矛头和圣容面纱是圣波得大教堂供奉的圣遗物。圣安德烈的头颅是庇护二世于 1462 年所得【1966 年被归还给佩特雷（Patras），即圣安德烈的殉教之处】。基督受难时刺穿基督肋间的朗基努斯枪矛头由苏丹贝亚及兹特（Sultan Beiazit）于 1492 年赠予英诺森八世。圣容面纱遗物是中世纪的临摹品，仿制的是圣维罗妮卡印下基督面容的面纱。圣赫勒拿是君士坦丁大帝的母亲，她在加略山附近的乱石岗发现钉死基督的真十字架。

[39] 这个浮雕现藏于阿斯卡尼奥·菲洛马里诺（Ascanio Filomarino）的礼拜堂，他于 1641 年被封为红衣主教。

[40] 雅克（雅各布）·德·哈泽【Jacque（Jacob）de Hase, 1575—1634 年】是一名画家，在安特卫普出生并接受绘画训练，1601 年后去了罗马。

[41] 墓地圣母教堂（Santa Maria in Camposanto）。

[42] 尚未确认。

[43] 已被毁。

[44] 已遗失。青铜临摹作现藏于维也纳艺术史博物馆，维也纳【普拉尼西格（Planiscig）（1924 年），第 217 - 219 页，图片 347 - 352】。象牙临摹作现藏于银器博物馆（Museo degli Argenti），佛罗伦萨【阿申格林·皮亚森蒂（Aschengreen-Piacenti）（1968 年），第 152 页，图片 418、419】。

[45] 尚未确认。

[46] 尚未确认。

[47] 托马斯·贝克把凡·戴克所作的查理一世三联肖像画带给在罗马的贝尔尼尼。《拉弓的丘比特》雕像已遗失。象牙临摹作现藏于比利时皇家艺术博物馆，布鲁塞尔。

[48] 关于保罗·弗雷阿尔（Paul Fréart），德·尚特卢先生（1609—1694 年），参见附录。

[49] 也可参见《尼古拉·普桑通信集》（Correspondence de Nicolas Poussin），1911 年版，第 31 - 32 页。弗朗索瓦·撒布雷·德·诺瓦耶（François Sublet de Noyers, 1588? —1645 年）在 1638 至 1643 年间任皇家事务总管。

[50] 尚未确认。

[51] 已遗失。

[52] 雕塑家和建筑师热罗姆·迪凯努瓦（参见注释 7）。

[53] 弗朗索瓦·迪凯努瓦死于 1643 年 7 月 10 日。

[54] 布鲁塞尔和根特当时的记录表明并无此事，但热罗姆·迪凯努瓦确实因鸡奸被烧死。

[55] 卡利斯特拉托斯是关于 14 个雕塑的《艺格敷词》（Ekphraseis）或《描述》（Descriptions）的作者，此书写于公元前 3 或公元前 2 世纪【斐洛斯特拉托斯（1931 年），第 376 - 423 页】。关于尼罗河神雕像【依据古希腊原作所绘的罗马临摹作现藏于基亚拉

蒙蒂博物馆，新翼陈列室，梵蒂冈博物馆（Museo Chiaramonti, Braccio Nuovo, Musei Vaticani）】的描述不在其中。然而，对这个雕像的描述可见于老斐洛斯特拉托斯：《名画记》，1，5，26－35【斐洛斯特拉托斯（1931 年），第 19 页】："在尼罗河神的旁边，矮小的孩子们正在玩闹。尼罗河神喜爱他们的理由很多，尤其因为他们向埃及人通告了他的大洪水的到来。他们似乎是从水里爬到他身边，都是一些咯咯笑着的娇小的孩子，在我看来，他们肯定也是能说会道的。他们有的坐在河神肩上，有的抓着他卷曲的头发，有的睡在他的臂弯里，还有的在他的胸膛上玩耍。"

[56] 朱斯蒂尼亚尼的墨丘利青铜像的几个模型现分别藏于罗浮宫博物馆，巴黎；私人收藏，巴黎；亨廷顿美术馆，圣马力诺（Huntington Art Gallery, San Marino）；国家遗产，马德里皇宫（Patrimonio Nacional, Palacio Real, Madrid）（《美的理念》，第 2 卷，第 403 页，目录 8）。关于温琴佐·朱斯蒂尼亚尼，参见附录。

[57] 原作或临摹作现在是列支敦士登亲王的藏品，瓦杜兹。迪凯努瓦也依据《贝尔维德尔宫的安提诺乌斯》制作过一个简化的青铜变体（柏林国家博物馆，雕塑馆）。这个雕像现藏于比奥－克莱盂博物馆，梵蒂冈博物馆。在《普桑传》结尾，贝洛里附上了普桑和迪凯努瓦对安提诺乌斯雕像的测量数据。

[58] 尚未确认。

[59] 路易·赫塞朗（Louis Hesselin, 1597—1662 年），路易十三的顾问和内侍（maître de la chambre aux deniers）。

[60] 曼努埃尔·德·莫拉·科尔特·雷亚尔（Manuel de Moura y Corte Real），第二任卡斯特·罗德里戈侯爵，1631 至 1641 年间任西班牙驻罗马教廷大使。里斯本教堂和圣本笃修道院（São Bento）于 1834 年还俗，1895 年重建为议会宫（Palácio do Congresso），即国会的举办会场。迪凯努瓦设计的墓碑没有留下任何遗迹。

[61] 维多利亚和阿尔伯特博物馆，伦敦。

[62] 阿尔巴尼别墅（Villa Albani），罗马。贝洛里（1664 年），第 54 页上记载着"杰出的密涅瓦雪花石雕像，由弗莱芒人弗朗切斯科修复了金属的头部和双手"，收藏在侯爵塔西（Tassi）宫中，它曾经是伊波利托·韦特莱斯基的藏品。

[63] 萨包达美术馆，都灵。这个半身像的赤陶模型现藏于罗马博物馆，布拉斯奇宫（Museo di Roma, Palazzo Braschi），罗马（《美的理念》，第 2 卷，第 404－405 页，目录 11）。毛里奇奥·萨伏依（1593—1657 年），托马索·弗朗切斯科（1596—1656 年）的哥哥，协助托马索掌控了皮埃蒙特和萨伏依，也是鉴赏家和收藏家。

[64] 贝洛里弄错了此人的名字，这是贝尔纳多·古利埃尔米（Bernardo Guglielmi）的墓地，他是红衣主教弗朗切斯科·巴贝里尼的宫廷"法学"（即教会法规）讲师。

[65] 圣希尔维斯特一世教堂（San Silvestro in Capite）。

[66] 耶稣会圣徒方济各·博尔吉亚（Francis Borgia, 1510—1572 年）和斯坦尼斯洛斯·科斯特卡（Stanislaus Kostka, 1550—1568 年）。

[67] 医疗会圣马利亚·抹大拉教堂（Santa Maria Maddalena dei Padri Ministri degli Infermi）。

[68] 所有这些半身像都下落不明。

[69] 这两个半身像的赤陶模型都已遗失。其青铜铸品现藏于福格艺术博物馆，哈佛大学艺

术博物馆（Fogg Art Museum, Harvard University Art Museums），剑桥；北卡罗来纳艺术博物馆，罗利；维也纳艺术史博物馆（《美的理念》，第 2 卷，第 402 - 403 页，目录7）。关于红衣主教弗朗切斯科·巴贝里尼，参见附录。

[70] 这两个银质铸品都下落不明。关于卡米洛·马西莫，参见附录。

[71] 参见注释 18。

[72] 贝洛里对基督形象的描述和现有的四十多个青铜及银质铸品相一致。在这些铸品中，鞭笞者的形象有两种版本，一种以维也纳艺术史博物馆的镀金青铜铸品为代表，另一种以布鲁塞尔皇家艺术及历史博物馆（Musées Royaux d'Art et d'Histoire, Brussels）的青铜铸品为代表。学术界的主流观点是，维也纳艺术史博物馆的青铜铸品是依据亚历山德罗·阿尔加迪（Alessandro Algardi）的模型所作，而布鲁塞尔皇家艺术及历史博物馆的两个鞭笞者是依据迪凯努瓦的模型所作【参见蒙塔古（Montagu，1985 年），第 2 卷，第 315 - 322 页】。与其说贝洛里的描述混淆了迪凯努瓦和阿尔加迪的作品，不如说他描述的这 3 个雕像是我们至今没有发现的迪凯努瓦的某一件作品。

第 9 章
多梅尼科·赞皮耶里（多梅尼基诺）[1]

多少人将能够在绘画行业崭露头角，如果他们认识到并且不滥用自己的才华，发掘和培养自己的天赋才能。正因如此，我们看到一些人性急地自立门户，他们本应在学院中潜心学习。他们怀着想要成为大师的野心离开学院，却脑中空无一物，只有技术生疏的双手，而那些看上去进步缓慢的人则最终收获勤奋学习的成果，才华横溢，名闻天下。我现在要说的不是蒂曼提斯[2]和普罗托哲尼斯（Protogenes）[3]等古今大师，而是多梅尼科·赞皮耶里，他创作的不朽作品值得万世流芳。正如人们说伏尔甘重击朱庇特的头之后，智慧女神帕拉斯从他的头里出现，对高雅艺术的学习打开了多梅尼科的头脑，他的博学的密涅瓦也就由此诞生。有的人只看到他研究事物时花费大量时间，就轻率地认为他思维迟缓、缺乏才能，但是一旦他的想法和风格成熟了，在缪斯女神们的指引下，他便能够登上帕纳塞斯山，享有月桂冠的最高荣誉。多梅尼科的天赋才能是毋庸置疑的，他对情感的表现非常生动，唤起人们的情绪，让感官为之震动。当其他画家吹嘘自己绘画作品中的才华、优雅、色彩等优点时，他的作品已达到能描绘灵魂和生命的更高境界。

他于 1581 年[4]出生在博洛尼亚，他的父亲做小生意，家境贫困，却让孩子们接受良好的教育。他的父亲送一个儿子去学习绘画，但没有什么成果后[5]，就把多梅尼科送去一所文法学院[6]，希望他能在文学上有所建树。但上天的安排远非人力所能改变，计划也总是赶不上变化，多梅尼科立刻厌倦了那些基本原理，在另一股力量的吸引下，他离开文法学院，瞒着他的父亲转向素描，他的父亲因为两个儿子都不争气而感到焦虑和悲伤。然而，父母的关爱哪里比得过上天的计划，原本想成为画家的大儿子后来转向文学，而多梅尼科丢下书本，开始学习绘画，他们的父亲只怪自己没做对选择，同时又为他们的成功而高兴。于是，在弗莱芒人丹尼斯的教导下[7]，多梅尼科接替他的哥哥，走上绘画的道路。丹尼斯很不喜欢卡拉奇兄弟，因为年轻人都从他的学院转投卡拉奇学院，其中就包括圭多和阿尔巴尼[8]，这让他很生气。因此，当他有一天发现多梅尼科在临摹卡拉奇兄弟的素描时，他觉得多梅尼科看不上他的作品，并为此大为光火。有一次，一件小幅的铜版油画不小心掉在了地上，丹尼斯就抓住这个机会，暴打多梅尼科，伤了他的头，还把他赶出学院。在疼痛和恐惧中，多梅尼科不敢回去见他的老师，就藏在自己家的阁楼里，在那里待了一整晚，一直到第二天，他听见家人因为他的失联而心急如焚，就满头鲜血地出现在他们面前，指着头上的伤口说，他从此只愿意跟着卡拉奇兄弟学画。无怪乎多梅尼科曾经动情地提到这件往事，以及在他父亲的恳求下，阿戈斯蒂诺·卡拉奇和善地牵着他的手，带他去了卢多维科的学院，他在丹尼斯那里遭受多少痛恨和责骂，就在卢多维科那里受到多少关爱。为了成为博学多识的人，他勤奋刻苦，日夜不休，全身心地投入学习。他不仅能临摹卢多维科的每一根线条，更能成功地模仿其中的人类的感情和动作，以此研习对二者的描绘方法。

卡拉奇学院在博洛尼亚开课[9]，由于多梅尼科年纪还小，他在学院负责准备油灯等日常事务，不用交学费。学院的传统是定期评选优秀的素描作品，在举办评选比赛时，没人想到过多梅尼科，他独自一人躲在一个角落里，默不作声，所以当他的素描被评为最优秀的作品时，他完全不敢上前，只是简单地示意了一下，手里拿着他的帽子，胆怯地应了一声。这个结果震惊全场，所有人脸上都是难以置信的表情，其他年轻人都羞红了脸，而卢多维科感到非常满意，因为多梅尼科在外表和举止中从未表现过任何明显的风度，所以没人想到他会夺得头筹。在他收获了奖赏和赞美后，"多梅尼基诺"（Domenichino）之名[10]开始无人不知、无人不晓，他也在创作生涯中沿用了这个名字。这个绰号起先是因为他年纪小，后来是为了纪念这个往事。卢多维科发现他越发刻苦地学习，就以他为榜样教育其他人。虽然他在和他人相处的过程中非常谦卑和友善，但他总会独自沉浸到对艺术的研究中去。据说，他有强烈的求知欲，尽可能长时间地待在老师身边。其他人去找乐子的时候，他就愉快地独自留在学院，满足于对艺术的热爱。对那些不认识他的人而言，他的学习方式看上去很古怪。当他准备在作品中表现某种动作时，他不会立刻动笔去画素描或颜料，而是先默默待很长一段时间，大部分时候都在沉思，似乎在踌躇不定，但是一旦他开始作画，除非有人来叫他，他能不吃不喝、不眠不休，忘记所有其他事情，他一生都保持这种创作方式，从一而终。长大后，多梅尼科和弗朗切斯科·阿尔巴尼建立起深厚的友谊。他和阿尔巴尼分享自己的研究成果，也和这位比他大的朋友一起去摩德纳、雷焦和帕尔玛旅行，后来也是阿尔巴尼叫他去罗马。[11]一个意外事件加快了他的行程，卢多维科拿到拉斐尔的梵蒂冈宫壁画的一些素描，当多梅尼科对着这些素描沉思时，他感到自己被升华了，他的心灵已然飞去罗马，于是他搬到罗马，受到阿尔巴尼的接待，在阿尔巴尼那儿借住了两年。[12]同时，他经常造访阿尼巴勒的学院，阿尼巴勒那时候正在绘制法尔内塞宫长廊壁画。他的才能日益增长，能依据阿尼巴勒的草图绘制一些作品[13]，也自己构图并绘制了面对台伯河的花园敞廊里的阿多尼斯之死[14]，画中被野猪杀死的阿多尼斯躺在地上，看见死去的阿多尼斯的维纳斯双臂张开，从她的马车上俯身下来。从那时起，多梅尼科就证明了自己在设计构图和表现情绪上的能力。在维纳斯的面庞上，他表现出一种突如其来的痛苦，一个丘比特拉住天鹅们，另一个丘比特指向阿多尼斯身上的伤口。这件作品为他赢得阿尼巴勒的赞赏，也引起同龄人的憎恨，他们听不得别人赞美多梅尼科。此后，他始终遭受别人的嫉恨，这份痛苦困扰着他，直到生命的尽头。他们说他的创作速度太慢，声称这是因为他思维迟钝，还说他的作品被牛轭拉着，把他比作一头牛。阿戈斯蒂诺·卡拉奇的儿子安多尼奥尤其喜欢这样嘲讽他，以至于阿尼巴勒警告他说，这头牛可以耕作出非常肥沃的土地，总有一天会长出绘画的果实。也正因如此，多梅尼科遭遇了很多阻碍他成功的坎坷，就像赫拉克勒斯在摇篮里扼死的那些毒蛇。他刚被引荐到高级教士乔凡尼·巴蒂斯塔·阿古奇[15]的府上，就差点被赶走，因为阿古奇的兄弟、红衣主教吉罗拉莫（Girolamo）认为多梅尼科散漫又粗鲁。但品性高尚的乔凡尼·巴蒂斯塔让多梅尼科画一幅戴镣铐的圣彼得[16]，圣彼得是红衣主教吉罗拉莫的挂名圣徒（titular saint）[17]。有一天早上，吉罗拉莫从红衣主教会议回来，发现这幅画就挂在前厅的门上，所有人都很欣赏这件作品，吉罗拉莫也停下脚步细细品味，并询问这是谁画的，还挂在这个地方。乔凡尼·巴蒂斯塔把多梅尼科召到吉罗拉莫面前，吉罗拉莫便奖励了他，肯定他在府上的地位。[18]

牢狱里的圣彼得

画面中是天使的幻影，圣彼得从睡梦中醒来，在半梦半醒间发现自己被照亮，逃脱黑夜和牢狱，锁链从他身上脱落。他一只手撑在地上，另一只手张开，面朝天使，后者抚着他的肩膀，正在召唤他。在这件作品里，多梅尼基诺通过两个士兵守卫的形象展示出他那强大的洞察力。一个睡着的守卫笔直地站着，靠在墙上，另一个仰头睡的守卫则躺在地上，手臂垫在头下面。前一个人表现的是人在站着睡觉时断断续续的睡眠状态，后一个人表现的是深度睡眠状态，他舒服地仰面躺着，嘴里还在打呼噜。前者更兢兢业业地履行自己作为守卫的职责，相应地，他显露出干燥的特性和饱经风霜的性情，爬满皱纹的面庞上没有胡子[19]，我们从后者身上能看出潮湿的特性和年轻人的嗜睡。他还画了台阶下的牢房和大理石的墙壁，远处有另外两个睡着的守卫，更远处的入口处有一盏小小的灯火和月光。

对这件作品非常满意的红衣主教让多梅尼科画了 3 幅圣哲罗姆的生平，放在圣奥诺弗里奥教堂外部柱廊的 3 个扇形壁上，这 3 件作品分别是：圣哲罗姆受洗；天使鞭打他，因为他沉迷于西塞罗的语言，书本掉在地上；圣哲罗姆的诱惑，恶魔在圣哲罗姆脚边，后者跪在地上，天使为他指出天堂。在最后这幅叙事性绘画里，我们可以明显看出，相比第一幅，他的壁画技术有了明显的进步，画面远景里有几个正在草地上跳舞的宁芙仙女，象征着侵扰圣哲罗姆的诱惑和下流想法。[20] 很快，红衣主教吉罗拉莫就去世了[21]，多梅尼基诺设计了红衣主教在圣彼得镣铐教堂的墓地，并且在两个大理石的斯芬克斯之间画了一幅红衣主教的椭圆形肖像油画。为了实验自己的雕刻技术，他还亲自雕刻了用作装饰的两个公羊头骨的其中一个。[22] 他在阿古奇府上创作的值得一提的作品中，有一幅苏撒拿沐浴图，她浑身赤裸，只披着一件薄衫，阻挡那两个从喷泉栅栏翻过来的淫邪的长老靠近自己，她慌张地遮住自己的下半身，因为暴露在他们的目光和威胁之中而感到愤怒和羞耻。[23] 另一件类似构图的苏撒拿作品几年前被送去弗兰德斯。[24] 他还画了一些小型人物的铜版油画，这些也应当提到，因为它们在今天受到很高的评价。其中一幅是圣保罗升天，画中的圣保罗在天使们的簇拥下升上天堂，他张开双臂，脸上是惊奇的神情，这件作品可以说散发出天堂的气息，现在能在巴黎耶稣会的圣器收藏室里看到。[25] 在另一件作品里，圣方济各跪在十字架前，双臂交叉，神情传达出祈祷时的真诚。为了表现出圣方济各的清贫，多梅尼基诺画了一个杂草丛生的小屋，两根树干支撑着小屋，就像圣殿的柱子一样，十字架就固定在小屋中间的墙上，在一个洞里有一个骷髅头。在树林的树枝间，可以看见一片散开的云彩，天使们就从那里看向圣方济各。这件作品的草图现保存在我们的书里，用绿色的纸做衬底，用白铅做高光，其完成度不逊于油画，从中可以看出多梅尼科对艺术的无限热爱。[26] 在另一幅铜版油画里，他画了跪在悬崖边的圣哲罗姆，手里拿着十字架。[27] 这两件作品也都被带到巴黎。多梅尼科当时住在高级教士阿古奇的府上，阿古奇是红衣主教彼得罗·阿尔多布兰迪尼的总监，这位红衣主教是教皇克雷芒八世的侄子，阿古奇推荐多梅尼科去弗拉斯卡蒂（Frascati）——帕纳塞斯山就在那里——让他为红衣主教的贝尔维德尔别墅的阿波罗厅（Stanza of A-pollo）绘制壁画。[28]他在 10 个又高又窄的空间里画了 10 幅寓意画，画面背景是非常美丽的风景。他画了阿波罗射杀皮同（Python）、基克洛普斯（Cyclops）和宁芙仙女科洛尼斯（Coronis），倒下的科洛尼斯胸脯中箭；达芙妮和库帕里索斯（Cyparissus）的变形；赫布鲁斯河（Hebrus）里俄耳甫斯的头颅和七弦竖琴；正在规划特洛伊城墙的国王拉俄墨冬（Laomedon），阿波罗和海神尼普顿打扮成建造者的样子；正在吹奏牧人笛子的阿波罗和偷走他的畜群的墨丘利。除了这些，还有迈达斯的评判，最后是马耳叙阿斯的故事，这幅画不像其他作品那么高，但更宽更大。坐着的马耳叙阿斯双手被高举着绑在身后的树干上，一侧的阿波罗用他的小刀把马耳叙阿斯剥皮。在阿波罗旁边，一个宁芙仙女悲伤又同情地恳求，另一个宁芙仙女转身背对他们，双臂挡在眼前不去看这景象，其他人也都表现出同情和恐惧之情。[29]看到这些作品后，阿尼巴勒发现多梅尼科对绘画越发热忱，也就非常欣赏他，雇他参与法尔内塞宫长廊的壁画绘制，让他负责一扇门上方的处女和独角兽。他依据阿尼巴勒的草图巧妙地绘制了这件作品，就连阿尼巴勒本人都无法超越。[30]阿尼巴勒对多梅尼科的欣赏绝不只是说说而已，他还把多梅尼科推荐给红衣主教法尔内塞[31]，让多梅尼科负责距离罗马 10 英里的格罗塔斐拉塔修道院的礼拜堂。多梅尼科把这个礼拜堂的墙壁分成不同尺寸和比例的四边形，在这些四边形里绘制壁画，并且在壁画两侧画出大理石的壁柱。这些壁画的主题是修士圣尼鲁斯（Saint Nilus Ab-bot）[32]引发的各种神迹，第一幅就是其中一个围护墙上最大的叙事性绘画。

奥托皇帝拜见圣尼鲁斯

奥托（Otto）皇帝从他的坐骑上下来，恭敬地双臂伸向圣尼鲁斯。他盛装打扮，头戴王冠，身穿绣着金线的蓝色外袍，虔诚的神情缓和了他的君王之威。年迈的圣尼鲁斯庄严地穿着修道士黑袍，也谦恭地伸出双臂，身后是拿十字架和熏香的僧侣们。离得最近的那个僧侣各种感官都是静止的，他专注地看着奥托皇帝，香炉从他手里垂下来，在他的另一边交错站着僧侣、元老和士兵们。从奥托皇帝背后可以看见一个牵马嚼子的男人的上半身。一个护卫把手臂靠在马身上，这个人身上体现出两种不同的感官，一方面他看着圣尼鲁斯，另一方面他的同伴手搭在他肩上，正凑上前来问他问题，他侧耳倾听同伴提问的同时，眼睛一直紧盯圣尼鲁斯，因此，他同时用到自己的视觉和听觉。在画面后方，号手们骑在高高的骏马上，他们正对面一个穿盔甲的骑士伸出一只手来示意他们保持安静，不要让他们的号角声打扰到皇帝和圣尼鲁斯的对话。多梅尼科深思熟虑到能够用无声的色彩来画出声音和表现音乐，最年轻的那个乐手吹奏的是利吐斯号（lituus），这是一种弯管的大号，他瞪大眼睛，鼓起腮帮子，吹出又高又刺耳的声音，另一个乐手举着一个直管的大号，头往后仰，吐出的气息更加平缓，而第三个乐手的脖子和喇叭都微微前倾，加重了声音。这三个乐手共同组成高、中、低三个有韵律的声部，多梅尼科由此在画面中加入听觉。在这几个乐手的后面，一个穿盔甲的扛旗手骑在马上，红色的旗帜上是象征王室的老鹰。在画面前景的地面上，一个年轻的贵族转过头，从一匹突然失控站起来的狂暴的马身边往后退，一个抓缰绳的年轻人使出全身力量拉住它，他侧着的头高昂着，头发在风中飞舞，唯恐这匹马从他手里挣脱。这个人物的动作非常生动，打破了其他人物平静和专注的氛围。一个穿绿色袍子的宫廷侍从似乎刚刚抵达，正弯腰下马，一只脚悬在半空，另一只脚还踩着马镫，这个人物代表的是多梅尼科的恩主、高级教士乔凡尼·巴蒂斯塔·阿古奇。最后是骑在马上的士兵们，他们穿着盔甲，手里拿着长矛，他们的队长手里握着一把战斧。这些人物的背景是一片山丘，格罗塔斐拉塔修道院就位于加埃塔（Gaeta）城外的一座山顶上。人物的武器和装束都和古罗马晚期一致，即半罗马风格、半野蛮人惯例。这幅叙事性绘画的主题仅限于奥托皇帝拜见圣尼鲁斯，但情感的表现和高度逼真的细节都丰富了画面。在奥托皇帝背后有一个男侍者，他一手拿节杖，同时弯下腰用另一只手掀起皇帝脚边的外袍下摆，在这个弯腰的姿势下，他整个人都几乎隐没在阴影里，而一个穿红色衣服的侏儒的大头露在光线里。很容易就能看出这个侏儒的矮小身材，因为他还没有自己手里拿的盾牌和金色宝剑高。这面墙宽 24 掌，高 13 掌，所有人物都和实际大小成比例，对面墙上的那幅叙事性绘画也是如此。

圣尼鲁斯扶起石柱的神迹

在画面正中间，圣尼鲁斯的同伴圣巴多罗买正专注地看着为格罗塔斐拉塔修道院的新教堂所作的设计图，建筑师拿着一张图纸，向年迈的圣巴多罗买解释设计，圣巴多罗买把眼镜架在鼻子上，正仔细查看图纸上的设计图。在圣巴多罗买背后，一个僧侣伸长脖子去看图纸，只露出了他的前额和一只眼睛。这几个中间的人物位于画面中景，多梅尼科把圣尼鲁斯的神迹安排在画面的远景里，由此体现出建筑的宏伟高度。远处的圣尼鲁斯正赶过去帮忙，一个柱子在被安置在底座上的时候突然倒下，他伸出一只手，扶着倒塌的柱子，屋顶上起重机的绳子已经断裂了。一个朝下看的工人一只手拿断开的绳子，另一只手惊讶地高扬着。与此同时，原本在奋力拉动绞盘的马匹因为拉力突然消失而跌坐在地上，另一个坐在地上负责盘绳子的工人也停下手上的动作，目睹了这个神迹。这些远景里的人物看上去都非常小，但依然非常清晰地传达出他们的情绪。除此之外，一个工人非常危险地单膝跪在底座旁边，柱子从他头顶倒下来，他举起一只手臂，两只手因为惊慌和困惑而张开。他旁边的另一个工人朝后退，虽然他的脸几乎都隐没在柱子后面，但他的恐惧还是非常清楚地传达出来。类似地，在画面前方，当圣巴多罗买的注意力都在建筑师手里的设计图上时，圣巴多罗买和建筑师中间穿插了一个石匠，他扭头注视着圣尼鲁斯的神迹。圣巴多罗买等人是主要场景。由于画面前方的空间比较大，其余部分描绘了工地上正在工作的工人们，画面远处还有一些人。在画面右边的建筑师的身后，一个工人正用铁棒翻动滚轴，滚轴垫在工地上发现的一个古代大理石石棺下面，他正使劲把石棺往前推。这个工人光着腿，穿黄色的衣服，侧面朝向我们，光线都集中在他身上。他旁边是一个单膝跪在地上的年轻人，一只手放在另一个滚轴上，调整滚轴在石棺下的滚动方向。在画面左边，一个石匠正在石头上磨光他的凿子，看向其他人的同时停下手里的工作，他的小儿子也在旁边孩子气地磨光另一个凿子。在更靠近画面前景的地方，另一个石匠坐在一块正在打磨的石头上，但他没有继续手上的动作，木槌和凿子还提在手里。他转头看着一个小孩子，后者指向远处一头倒在地上的驮着砂浆的驴子，一个农民用棍子打驴子的头，让它站起来。旁边还能看见几个石匠，他们正在准备石灰。更远处能看见其他特别小的人物，多梅尼科把他们描绘得非常生动有趣。在为工人盖的木棚旁边，一个农夫正朝他的牛发脾气，因为它们不愿意拉货车，他用刺棒驱使它们动起来。还有驮着货物的驴子们，一个赶驴人卸下一袋火山灰[33]，另一个人把火山灰倒出来，一头已经卸完货的驴子在地面上打滚。在建筑物的墙顶上，建筑工人们分工合作。另一些人在推倒一个古代高塔，为将建得非常高贵的教堂建筑腾出空间。

在这幅叙事性绘画旁边的礼拜堂底部一小块空间里，画的是圣尼鲁斯跪在一片打谷场上，他的双臂交叉放在胸前，双眼虔诚地望向天堂。[34]他正在祈祷，他的祷告驱散了一场电闪雷鸣的大雨。半裸的工人们在树枝下躲雨，其中一个人牵着4匹马的缰绳，这些马都是用来打谷子的，这个人举起一只手，似乎在抱怨天气，唯恐雨水会冲走丰收的谷子。在礼拜堂另一边，画着圣尼鲁斯跪在受难的基督前面，基督的右手从十字架上伸出来并祝福圣尼鲁斯。在礼拜堂檐板上是用绿土颜料（terra verde）画的叙事性绘画，这些叙事性绘画的布置遵循精美的建筑样式，两侧是画出来的灰泥壁柱装饰，依次穿插着希腊教会众博士的站立人像，其色彩都栩栩如生。他们手拿书本，面部神态高雅，穿希腊样式的服饰。在通往祭坛的拱门的两侧画着圣母领报，神殿左边墙上画着解救被恶魔附身的男孩。

解救被恶魔附身的男孩

圣尼鲁斯一只手伸到灯油里，这盏灯点在祭坛上的圆形圣母像前面，另一只手掰开被恶魔附身的男孩的下嘴唇，把手指伸到正在尖叫的男孩的嘴里。男孩因愤怒而肢体扭曲，踮着脚尖，上半身朝后仰，张开双臂，面色苍白，颤抖不已。他的痛苦和狂暴也体现在面容上，他的头发竖立，因为恶灵的侵扰而双目圆瞪，翻着白眼，他的父亲从后面用双臂强行禁锢住他。他的母亲在画面前景里，跪在地上，一只手张开，等着儿子获救。我们还能看见她怀里一个小婴儿的头，他的手搭在母亲肩上，因为恐惧而瑟缩着。在他们后面，两个男孩盯着被附身的男孩，惊惧地瞪大眼睛，其中一个男孩一只手放在面对他站着的另一个男孩肩上，另一只手害怕地张开。一个刚到的穷人从他们后面目睹了这一刻。在画面另一边，圣巴多罗买双手合十，正在向圣母祷告。[35]

在这幅叙事性绘画上方的扇形壁里，画着死去的圣尼鲁斯，他平躺在棺材架上，哀悼的僧侣们围绕着他，这些人物都画得比较小。在对面墙上画着被天使们环绕的坐着的圣母，她递给圣尼鲁斯和圣巴多罗买一个金苹果，二人跪在地上，伸出手去接金苹果。站在云上的赤裸的圣子看着他们，手臂交叠放在圣母膝上。在祭坛上方的小穹顶上，画着非常精美的灰泥装饰，穹顶正中间是永恒的天父，环绕天父的是 3 幅椭圆形的童贞女圣徒像[36]，以及三角拱上小幅的使徒像。在祭坛旁边的两个壁龛里，画着圣爱德华（Saint Edward）[37]和圣尤斯塔斯，他们是尊贵的法尔内塞家族的守护圣徒，这两幅画的中间是一幅阿尼巴勒所作的油画[38]。在同一个祭坛的圣殿檐板上，画着几个拿烛台、香炉和书本的普托，在礼拜堂底部的墙上画着两个先知，侧门上方画着椭圆形的金色浮雕画，每个里面都有一个希腊圣徒。每个浮雕画都由两个站着的天使支撑。镀金木制天顶上的雕刻也是多梅尼科的设计，和大理石的路面相呼应，整个礼拜堂的建筑和制式看起来有些类似坦比哀多礼拜堂（tempietto），同时又保持了自身的原创性。这些作品使这个礼拜堂闻名遐迩，外国游客将其视作意大利最杰出的装饰作品之一。[39]

在格罗塔斐拉塔修道院为礼拜堂制作装饰画的这段时间里，多梅尼科经常去附近的弗拉斯卡蒂，当地的女性因美貌而著称，他爱上了一个未婚的少女。有一天，在少女和她的母亲造访修道院的时候，他偷偷画了一幅她的肖像画，并且把她画进奥托皇帝拜见圣尼鲁斯这幅叙事性绘画里，也就是那个从发狂的马旁边往后退的年轻贵族。虽然这个贵族穿着男性化的服饰，头戴的蓝色帽子上插着一根白色羽毛，但我们还是能认出这个贵妇人身上的少女气息，她穿一件黄色绣花锦缎长袍，长袍在胸口处开叉，露出里面穿的贴身衬衣，她的手臂上围一件蓝色斗篷，一只手放在剑柄上。多梅尼科希望娶这位少女为妻，但他没能如愿，因为她的亲属们发现她被画进礼拜堂的壁画，并对此感到非常气愤，他不得不立刻返回罗马。[40]

弗朗切斯科·阿尔巴尼当时正在为侯爵朱斯蒂尼亚尼的巴萨诺城堡长廊绘制壁画[41]，雇佣多梅尼科去绘制一个房间里的各个狄安娜神话壁画。他在房间拱顶中间画了狄安娜的诞生，拉托娜（Latona）臂弯里是太阳神阿波罗和月亮神狄安娜，二人是同时出生的双胞胎。在拱顶下面的檐板上，他画了 4 幅神话场景的壁画：坐在云上的狄安娜从天而降，热切地凝望沉睡的恩底弥翁；狄安娜和宁芙仙女们在洞口沐浴；潘神向狄安娜献上白羊毛；最后是伊菲吉妮娅（Iphigenia）的献祭，她跪在祭坛和神父面前，双手交叠放在腿上，神情十分温顺，已经准备好领受死亡，行刑人一手拿斧子，一手放在她的头上，露出她的脖颈，以便用斧子给她致命一击。在哀悼的人群里，有的人挡住眼睛不去看这一幕，有的人悲伤地扬起双臂，而她的父亲阿伽门农悲痛不已，转过头去，把斗篷挡在自己面前。在这几个跪着的人物背后，一个妇人站起来，因为对这场残忍的献祭感到悲愤而起身离开，与此同时，狄安娜带着一头雌鹿从云中现身。[42]阿尼巴勒的身体因疾病而日益虚弱，他把手上的工程逐渐分派给自己的学生。因此，多梅尼科从巴萨诺返回罗马之后，他把多梅尼科引荐给红衣主教西比奥内·博尔盖塞，让多梅尼科负责圣安德烈祈祷室（Oratorio di Sant'Andrea）两幅叙事性绘画的其中一幅，这个祈祷室属于西里欧山的圣格列高利教堂。多梅尼科和圭多·雷尼搭档，后者已经为旁边的圣西尔维娅（Santa Silvia）礼拜堂绘制了壁画。[43]多梅尼科负责绘制建筑墙面上的装饰，这些单色装饰被用作叙事性绘画的背景，包括科林斯式柱子、壁龛和大理石雕塑，看起来就好像这些装饰是嵌在墙壁里面的。[44]在这两幅叙事性绘画中，左边那幅是多梅尼科创作的被鞭笞的圣安德烈。

被鞭笞的圣安德烈

圣安德烈被脱光衣服，绑在一个木头长凳上。他用被反绑在身后的双臂撑起上半身，抬头望向天堂。一个行刑人用绳子绑住圣安德烈的双脚，正在收紧绳结。他的膝盖抵在木头凳子上，用力弯下腰，显出他赤裸身体上隆起的肌肉。他被描绘成一个没有胡子的秃顶老人，正使出全身的力气。在画面前景里，多梅尼科画了另一个孔武有力的行刑人，他一刻不停地挥舞鞭子，鞭打圣安德烈的肩膀。这个人物把他裸露的背朝向我们，愤怒地朝前挥舞拿鞭子的手，一只脚朝后伸。在圣安德烈的另一边，可以看见一个穿盔甲的士兵的侧面，他严厉地皱着眉头咒骂圣安德烈，一边在身前竖起右手手指，一边愤怒地用左手指给圣安德烈看鞭子。在这个人的同一边，可以看见一个被挡住大半边身体的行刑人，他一只手绑紧圣安德烈手臂上的绳索，用完了手头的绳子，就把另一只手伸向一个肩上扛着一捆绳子的男孩，但这个男孩专注地看着坚定的圣安德烈，完全没有注意到这个行刑人正努力伸手来拿绳子。圣安德烈战胜一切自负傲慢，他的目光和灵魂都朝向天堂，充溢着希望和神圣。他既听不见咒骂，也感受不到鞭笞，敌人不能折磨到他半分。在圣安德烈的脚那头有几个挤上前来围观的平民，他们的前进动作被推了回去，一个士兵伸出手把他们往后推，几个人焦急地伸着头去看，他们的动作看起来非常生动。在士兵旁边，一个妇女探出身子想要一窥究竟，她扬起一只手，另一只手护住两个小女孩，她们害怕地抱着她的大腿。远景里是坐在大理石坐凳上的皇帝，还有两个扈从及其他人物，更远处的柱廊上站着一些画得很小的正在围观的人物。

　　这幅叙事性绘画和圭多所作的那幅叙事性绘画同时对外展出，人们蜂拥而至，将这看作两个最优秀的艺术家之间的对决，就像阿佩莱斯和普罗托哲尼斯通过线条来比试[45]，圭多和多梅尼科以绘画来分胜负。然而，所有人的眼睛都盯着圭多的作品，称赞其笔触的细腻优雅，这些笔触的设计就是为了给人们提供最直接的视觉愉悦，相比多梅尼科作品的伟大之处，它所引发的满足感要多得多。虽然其他人褒贬不一，但阿尼巴勒说，一个老妇人教会他如何去判定这两件作品。老妇人手上牵着一个小女孩，当她看着多梅尼科所作的被鞭笞的圣安德烈时，她指着这幅画对小女孩说："看见这个暴怒地举起鞭子的行刑人了吗？看见那个愤怒地竖着手指咒骂圣安德烈的行刑人了吗？还有那个用力收紧绳结的行刑人？再看看圣安德烈，他是多么虔诚地望向天堂？"说完之后，诚心的老妇人叹了口气，转向另一侧圭多的画作，一言不发就离开了。通过这个例子，阿尼巴勒告诉我们，优秀的作品应当具有何种品质，多梅尼科在人物动作和情感上比其他人更胜一筹，这些才是多梅尼科作品中应当被注意到的方面。[46]多梅尼科没能获得他应得的荣誉，没人对他这件伟大的作品多看一眼，他们认为多梅尼科不仅比圭多差，甚至比不上那时一些毫无价值的画家们。很快阿尼巴勒就去世了，他和他的学院的名望越来越大，但对多梅尼科的贬低还是一如既往，他的才华也因此没能赢得赏识。之后随着时间的推移，他的名望终得提升。多梅尼科认为，在罗马已经不可能有人会委托或欣赏他，阿尼巴勒已经不在人世，而他也几乎到了而立之年，迄今为止人生的大部分时间都花在了研究上。多梅尼科决定搬回博洛尼亚，准备在那儿娶妻成家，他那善良又虔诚的心灵之前就有此想法。这个决定最后没有实施，在他认识的一个神父的介绍下，他拿到仁爱圣哲罗姆教堂（San Girolamo della Carità）的委托，这件作品也让他的才华、名誉和命运都留在了罗马。

圣哲罗姆最后的圣餐（见图 9-1）

在这件作品里[47]，多梅尼科遵循的是阿戈斯蒂诺·卡拉奇的制式[48]，其场景被设置在伯利恒的教堂，圣哲罗姆就是在那里虔诚地举行弥撒。在生命的尽头，被病痛折磨得虚弱不堪的圣哲罗姆也是在那里领受他最后的圣餐。他膝盖交叠着跪在祭坛的座架上，被人从腋下搀扶着，滑落的斗篷露出他的肩膀，生动地表现出一具瘦弱躯体的松垮和无力之感。站在他对面的神父的手上是装着圣饼的圣餐盘，圣哲罗姆和神父是画面里的主要人物，其余人物都和这二人相联系，形成画面中心互关的两个人物组，同时各人物的位置错落有致。圣哲罗姆在画面的左边，神父在右边，穿白色罩袍的执事（deacon）跪在神父脚边，执事背后是拿着圣餐杯分发葡萄酒的副执事。这件作品宽 11 掌，高 17 掌，画中人物比真人略大，构图恰当，层次丰富。

年迈而病弱的圣哲罗姆被扶到教堂，双膝交叠着跪在祭坛的座架上，四肢的衰弱无力衬托得他对圣餐的渴望更加动人。他身后是一件红色的斗篷，斗篷下露出他赤裸的身体。他虚弱地张开双臂，顺从地摊开的双手垂在身侧，因为自己体重的重压而向后倒。生命的流失使他只能跌坐在腿上，沉重无力的四肢透着死气沉沉的苍白。一个年轻人扶着圣哲罗姆的右肩[49]，抬起的右肩拉扯着肋骨和干瘪胸膛上松垮的皮肤，形成一层层褶皱。圣哲罗姆的模样被描绘得极其细致，每个身体部分都表现出肉体的消亡和四肢的僵化。肌肉和关节都变得迟钝，连手臂都抬不起来，手指颤抖，脚趾蜷缩，喘息的时候，胸膛里的骨头升起，肚子瘪下去，这一切都在画中清晰地呈现出来。这副高大的身躯虽然憔悴而衰弱，但还是维持了其伟岸的风采，每个身体部分的机能都还是正常的。在这一刻，圣哲罗姆已经准备好把自己的灵魂交还给上帝，他那微微向左歪着的庄严面容朝向神父，前额光秃，卷曲的胡子从下巴一直垂到胸膛。即使已经几乎无法睁开眼睛，他还是挣扎着抬起眉毛，眼皮颤抖，张着嘴喘息。同样的虚弱也体现在他的双腿上，一小块白布覆盖他的股间，红色斗篷的一角披在大腿上，我们能从侧面看见大腿压在小腿上。对这个人物的描绘超越了单纯的模仿，其生动已达到自然的高度。正对着圣哲罗姆，年迈但庄严的神父站在同一层的祭坛座架上，身上的黄色丝绸长袍系在胸前，双手从长袍下露出来。他谦逊地低下头，眼眸低垂，正在主持圣餐仪式，右手的拇指和食指合成一个圈，轻叩自己的胸膛，左手端着装圣饼的圣餐盘。在这个姿势下，白色罩袍外面的长袍从左手一直垂到腿的中部，层层叠叠地形成好几道褶皱，体现出神父的行为之高贵。神父的侧脸显出谦恭和虔诚的神态，他垂下双目，几乎合上眼睛，嘴唇紧闭，似乎他刚才已经念诵了圣词，他的以侧面示人的姿态以及他的沉思都非常肃穆。在神父身边往下一层的地方跪着执事，这是一个能看见其侧面的年轻人，穿一件长及双脚的白色罩袍，露出光着的脚底板，镶金线的绿色圣带从他的双肩交叉着围到身侧。他左手拿弥撒经书，书抵在大腿上，手上的弥撒带放在书上。他的侧影笼罩在淡淡的阴影里，光线照亮了他的面颊和耳朵，金色卷发披在肩膀上，阴影没有遮挡住他那高雅的面庞。在神父和执事的背后是副执事，他的年纪比执事大一些，也是侧面对着我们，穿一件朱红色的加冕服，上面用金线绣着花朵纹饰。为了给圣哲罗姆分发葡萄酒，他伸出拿圣餐杯的右手，左手牵着右手下方的外袍衣角，从执事和神父中间插进去的同时，眼睛向下看，以更稳妥地挪动双脚，可以看出他在一边观察，一边思考。陪伴圣哲罗姆的人们也是同样的诚心，戴面纱的虔诚妇人宝拉（Paula）双手着地匍匐着，俯身向前去亲吻圣哲罗姆的左手。她旁边是一个托着圣哲罗姆左手臂的年轻人，他抬头望向扶圣哲罗姆肩膀的那个人。在圣哲罗姆右后方，一个胡子刮得很干净的老人啜泣着跪在地上看着圣哲罗姆，他侧面对着我们，正把一块手帕举到左脸颊那儿擦眼泪。在这个老人的膝盖边，一头狮子在圣哲罗姆脚边和老人一样哭泣，似乎在哀悼死期将至的圣哲罗姆，一生追随圣哲罗姆的它把头靠在爪子上，抬起拧成一团的眉头，像其他人一样表现出哀伤之情。在上方，扶着圣哲罗姆的年轻人上半身往前倾，他的从腋下搀着圣哲罗姆的手包在斗篷里，避免直接碰到圣哲罗姆的身体。他转过头指示下方托着圣哲罗姆左手臂的年轻人，以便以更舒适的姿势扶圣哲罗姆。在这个年轻人的后面，露出一个探着身子去看的老人的头和手，这个老人身后是一个包穆斯林头巾的黎凡特人，这和阿戈斯蒂诺·卡拉奇的处理方式一致，以指明这个故事发生在东方。陪伴圣哲罗姆的人群后面有一个巨大的银色烛台，上面明亮地燃烧着一个火炬，安插在壁柱和圆柱之间。在另一边的神父后面露出祭坛一角，上面的两个烛台紧挨画面的边框。画面上方有两个牵着手飞在空中的小天使，其中一个为另外两个祈祷的天使指着下方正在进行的圣餐仪式。圣殿的视角使这幅叙事性绘画更显高贵，天顶中间是一道巨大的敞开的拱门，从那儿可以看见广阔的天空和风景，远处有两个人物正在朝入口走来。

但谁又能真的说尽这样一件了不起的作品的伟大之处？和本世纪（即17世纪——译者注）其他画家相比，多米尼基诺在描摹和表现这两方面是最受人称道的。从表现方面来说，对人物情感的描绘几乎不留痕迹，看起来十分生动。精准的描摹使所有形式得以完善，不仅每个人的肢体轮廓都准确清晰，每一根身体线条更是和人物的整体动作自然地融洽一致。色彩也丝毫不输给描摹，色彩的精细和精确使各个人物都具备丰富的表现力。所有人物都被描绘得栩栩如生，如果说多梅尼科的心血和才华都倾注在这个方面，他为了将所有部分都统筹在一起而作的努力同样令人钦佩，光线、阴影、半色调和色彩彼此相融无间、互增互补，由此营造出空气透视，空气中的光线漫射逐渐从一个形式过渡到另一个形式，几乎注意不到其间的边界。可以说，在圣哲罗姆正在消亡的肉体中，自然本身也失去了活力，这种衰弱不是仅仅停留在表面，而是深入身体内部，画笔从身体上表现出内在的灵魂。圣哲罗姆是画面的主要人物，观者第一眼就会看到他，所以他整个人都沐浴在光线里，强光直接打在他的正面，他身边作为背景的人群笼罩在神父投下的阴影里，也就是亲吻圣哲罗姆左手的虔诚妇人和托着他左手臂的年轻人，后者抬起脸，前额和面颊被照亮，巧妙地打破了连续的阴影。为了强调圣哲罗姆死一般苍白的身体，其身体线条清晰地被红色斗篷所包裹，斗篷从他的肩膀一直垂到股间和大腿，在鲜红色的衬托下，他的肉体显得越发苍白。在拱门后方风景的深色背景中，秃头老人和神父的剪影显得格外醒目，神父被打亮的长袍和阴影里的执事侧影也相互衬托，处于最前方的执事的白色罩袍十分醒目。由此，各种和谐色彩的互相作用在圣殿的同一道光线下得以实现，而无须借助反射或零散的光线，多梅尼科通过这个构图展现出他在色彩方面是多么出色，每个人物都达到最完美和精确的模仿，还有整个画面的和谐和光影的交互。他知道如何调和极端，也深知如何像音乐的高低调一样设计画面深处的背景，从而和各种半色调构成的明亮前景形成对比，各个形式也就能从画面中突显出来，每个轮廓都轻柔地融合到背景之中，韵律和共鸣由此产生。这件作品为我们展现了绘画艺术和天才画家所能创造出的最伟大的成就，尼古拉·普桑被这幅精美的画深深打动，将其与蒙托里奥圣彼得教堂中拉斐尔所作的基督变容图[50]并列为最著名的画作。安德里亚·萨奇（Andrea Sacchi）从伦巴第回来后也对这件作品赞不绝口。这样一幅珍贵的画作居然只拿到 50 个斯库多的报酬，实在是匪夷所思[51]，多梅尼科在上面花费了无数的心血，如同节食的普罗托哲尼斯一样勤奋，后者只以羽扇豆为食[52]。这并不奇怪，因为多梅尼科为了获得高超的技艺和艺术的知识，早已决心忍受一切苦难。年轻人不应被他的决心吓到，而应当诚心向他学习，不要为金钱折腰，就像智者所说的那样，人们应当抵御金钱的诱惑，直到自己的能力与之匹配或是超越其上。那些不愿付出努力、不愿忍受痛苦，只想坐收名利的人没资格抱怨自己运气不佳，因为最优秀的人才的荣耀都是用辛勤的汗水换来的。让我们再回到这件作品，有人找不到其中的缺点，就声称其构图剽窃了博洛尼亚圣哲罗姆修道院中阿戈斯蒂诺·卡拉奇所作的祭坛画。乔凡尼·兰弗朗科有意散布这个谣言，因为他和多梅尼科是激烈的竞争关系。他为阿戈斯蒂诺的作品构图绘制了一幅线稿图，然后让他的一个学生、经验丰富的蚀刻版画家、勃艮第的弗朗索瓦·佩里耶（François Perrier of Burgundy）依据这个线图制作了一幅版画，以此来证明多梅尼科的剽窃行为。[53]然而，多梅尼科作品中的人物动作和情感与阿戈斯蒂诺的作品完全不一样，即使构图上有相似之处，也不应当将其称作剽窃，而更应该是值得称赞的借鉴。多梅尼科亲口说过，他参考过老师的一些作品主题，没有考虑过可能会产生这种争议，如我刚才所说的，任何公正严明的人都不会认为这是所谓的剽窃。[54]在这件圣哲罗姆的作品之后，多梅尼科画了一件非常诗意的作品，画中的真理被时间揭示出来，当时财务主管帕特里奇[55]阁下正计划用绘画装饰他位于朱迪亚广场（Piazza Giudea）的府邸，这个府邸现在属于侯爵科斯塔古蒂（Costaguti），各个房间分别被分配给兰弗朗科、圭尔奇诺、朱塞皮诺（Giuseppino）[56]等画家，其中最大的那个房间分配给了多梅尼科，他在天顶上创作了一幅构图很诗意的壁画。

被时间揭示的真理

在天顶中间画着代表太阳的人物，按照惯例，他被描绘成一个美丽的裸体的年轻人，披一件红色斗篷，坐在金色马车里，驾驭他的骏马。[57]他身上散发的万丈光芒照亮周围的云朵。在他下方是飞在空中的代表真理的人物，这是一个非常温和的少女，朝光芒伸出双臂，急迫地恳求被太阳照亮。她穿着一件白色的森德尔绸（sendal），袒露胸脯，而她身披的绿色斗篷在风中飞扬，象征着希望和纯洁，她的胸脯不着片缕。她身边是生着双翼的代表时间的人物，他从下面托举着她，一只手托她的手臂，另一只手拿一条衔尾蛇，象征着他的永恒轮回。多梅尼科进一步扩大了画面的构图，用各种小片段扩充了诗意的主题，画了几个和主题有关的普托。其中两个普托拿着赫拉克勒斯的大棒和狮皮，因为真理作为最强大的事物，必须用英雄气概来守护。另一个普托展示的是金苹果和帕里斯的弯木杖，旁边还跟着帕里斯的猎犬，意味着真理也是最美丽的事物，金苹果应该给居于纯洁的牧羊人之中的她。除此之外，他还画了两个普托，一个拿七弦竖琴，一个拿琴拨，代表着再没有什么能比真理更能奏出优美的音乐来取悦高贵的灵魂，而非诗人宣称的真理导致仇恨。

弗朗切斯科·阿尔巴尼当时在附近另一座属于侯爵阿斯德鲁巴勒·马太的府邸作画，他把兰弗朗科和多梅尼基诺都叫到那里，二人负责给作品润色，并且在一个小房间的拱顶上画了一幅雅各向拉结说话的作品，美丽的拉结以侧面示人，拿着弯木杖放牧正在泉边喝水的羊群。[58]这是一幅很优秀的叙事性绘画，整个拱顶也很精美，各个部分用画出来的精细的枝叶灰泥装饰划分出间隔，穿插着青铜的圆形浮雕画和金色的小幅叙事性绘画，4个角落里是四美德像，还有其他装饰。多梅尼科为罗马涅大区的财务主管保罗·斯帕达（Paolo Spada）阁下画了一幅肖像画后[59]，斯帕达阁下的儿子、侯爵贾科莫·菲利波委托他在自己建的一座新修道院里画一幅殉教者圣彼得像[60]，这件作品是为侯爵在布里西盖拉（Brisighella）做圣多明我会修女的姊妹们所作。画中的圣彼得被袭击者踩在地上，后者拿剑刺向他，而他惊恐万分的同伴挥舞双手逃到树林里。[61]完成这件作品后，多梅尼科接下罗马圣路易吉·迪·弗朗西斯教堂圣塞西利亚礼拜堂的委托，这个系列作品名扬天下，但作品本身的精美还要远超它获得的赞美。[62]多梅尼科把这个叙事性绘画系列分成5个部分，每边各有按上下位置排列的两幅，第五幅在拱顶中间。他在左边那幅[63]里画的是：

圣塞西利亚布施

丈夫瓦莱里安（Valerian）殉教后，处女圣塞西利亚出于对耶稣基督的信仰，把自己的财富分发给穷人们。她靠在院子栏杆上，脱下所有首饰，头发挽成一个简单的结。她后面是一个弯着腰的年轻女子，正从箱子里把衣服都拿出来，两个仆从抬着一个贵重物品箱往外走。在画面下方，穷人们走到三层大理石台阶上，仰着头，举着手。一个男孩踩着同伴的背爬到他身上，抓着墙上凸起的地方。在他旁边，另一个光脚的男孩踮着脚尖，他的小弟弟坐在他肩膀上，他双腿直打战，好像就快站不住了，我们可以从他几乎赤裸的四肢感受到这些生动的效果。一个男人正走上第二级台阶，怀里还抱着一个病恹恹的男人，后者趴在他的胸膛上，手臂无精打采地挂在他肩上。在画面前景的台阶前有一些已经拿到布施的人，多梅尼科用他生动有趣的笔触描绘出恰当的情感。在右侧栏杆下方有一个抱着小婴儿的母亲，正对她的女儿发脾气，因为女孩把另一个小男孩推倒在地，还扯着他的衣服在地上拖拽他。母亲扬起手要扇她，女孩一边把手挡在自己脸前，一边朝后退，这个扭身躲避的姿势是如此自然，仿佛从颜料往外透露出害怕的感觉。旁边有另一个坐在地上的母亲和她的小女儿，后者把手放在母亲腿上，手里还在玩几个硬币。母亲抖开一件衣服，伸着手把衣服给对面一个收旧衣服的商人看，这个人打着手势表示他给这件衣服开价 8 个第纳尔[64]，他一只手伸出 5 根手指，另一只手伸出 3 根手指，他的钱包是打开的。在这个商人旁边，一个小女孩围着一件绣金线的绿色外衣，一个老妇人一边笑话她，一边帮她把头和手从里面伸出来。在更前面一些的地方，一个坐着的父亲抖开一件衣服，他的双腿间站着一个小女孩，她朝另一个小女孩伸出手，后者正笑着给自己戴上一顶绣金线的软帽。在这一侧的墙上有一个拱门，从那儿可以瞥见远处一些建筑。

在这件作品的对面，多梅尼科画的是圣塞西利亚之死。

圣塞西利亚之死

这个作品的场景设置在圣塞西利亚被处死的浴室。圣塞西利亚坐在距离地面高一级的台阶上，被砍伤脖子，已经奄奄一息。她的皮肤死一般的苍白，失去了生命的颜色。她坐在地上，两条腿朝后弯。她的左手放在胸前，右手臂靠在一个有雕刻的石椅上。她处于死亡的边缘，一个女仆从后面托着她的头，同时把教皇圣乌尔班指给她看，教皇正为她送上祝福，而她翻着白眼，展示出一个正在死去的人最后的感知。在教皇脚边，两个虔诚的妇人单膝跪在地上，用海绵擦地上的血，再把血挤到容器里，这是古时对待殉教者的传统。在画面另一侧，一个跪在地上的小女孩双手合十，侧脸朝向圣塞西利亚。她后面站着也在侧身看向圣塞西利亚的母亲，她母亲一只手扶着这个小女孩的肩膀，另一只手拽着小儿子，后者张开双臂，害怕地向后退。母亲后面是一个老人，他裸露的肩膀和手臂靠在一个手杖上，悲伤地张开一只手。在教皇那侧更远的地方，一个妇人弯着腰，张着手，一边看着痛苦的圣塞西利亚，一边啜泣，从她后面可以看见一个举十字架的男人的头部。妇人旁边是一个父亲，他一只手放在儿子肩上，另一只手指着濒死的塞西利亚，劝告儿子要像她一样忠于信仰，男孩耸着肩，绞在一起的双手放在股前，因怜悯和恐惧而深感震撼。一个天使从天而降，为圣塞西利亚送来王冠和棕榈枝。整个场景都显得很悲痛，浴室的设置使其更显高贵，浴室的一面墙上是壁龛以及壁龛里符合透视法的各个雕像，中间是一个半圆形壁龛。

接下来是一幅位于上方的叙事性绘画，即圣塞西利亚回避偶像崇拜。

圣塞西利亚蔑视偶像崇拜

在这幅叙事性绘画中，多梅尼科展现了忠于信仰和残酷不公之间的对比。我们可以识别出愤怒的行政长官，他坐在王座上，把朱庇特雕像指给圣塞西利亚看，命令她必须信奉朱庇特，否则等待她的就是酷刑和死亡。同样愤怒的圣塞西利亚转过头去，手挡在脸前，厌恶和拒绝不虔诚的信仰。一个人正抓着一头公羊的角，把它拉到一个黄金三脚架前面，另一个人牵着一头公牛，肩上扛着一把斧子。多梅尼科在行政长官和圣塞西利亚这两个人物身上表现出两种截然不同的感情。他们中间站着一个做辅祭[65]的小男孩，他手拿香炉，正害怕地看着大发雷霆的行政长官。长官旁边是一个穿白袍的祭司，对不惧威胁和死亡的塞西利亚面露敬佩之情。他惊奇地看着她，紧闭嘴唇，扬起眉毛，十指交叉的双手放在股前，就像一个感到惊奇的人通常会做的那样。这件作品堪称最优秀的画作，尤其是圣塞西利亚扭过头去表示拒绝的姿势，她一边转过头，一边举起蓝色斗篷的一角，在斗篷上形成非常优美的褶皱，而那两个负责献上祭品的人的裸体也展现出完美的线条和色调。

这幅叙事性绘画对面是跪着的圣塞西利亚和她的丈夫瓦莱里安，他们中间是散发着光芒的天使的幻影，天使为他们从天堂带来百合花和玫瑰花做成的两顶王冠。在拱顶的上半部分，圣塞西利亚由天使们托举着升上天堂，她张开双臂，愉快地微笑着，她的上方光芒四射。她弯曲双腿，位于她下方的一个天使张开一块布，风把布吹得鼓起来，圣塞西利亚就被这块布托着升起来，周围是拿着各种属于她的象征物的天使们。右边一个天使扶着她的手臂，也帮助她飞向天堂，左边一个天使举着风琴。画面下方还有几个小丘比特，一个丘比特把金色的月桂冠戴到自己头上，一个高举棕榈枝，另外两个正在玩耍，其中一个双手抱着剑，正在掂量剑的重量，另一个把剑从剑鞘里抽出来。多梅尼科为这个著名的礼拜堂所作的壁画赢得众人称赞，我只需说这些壁画展现出绘画所能达到的最高成就。

与此同时，在红衣主教彼得罗·阿尔多布兰迪尼主持的对特拉斯提弗列（Trastevere）圣母教堂的修缮工程中，天顶是根据多梅尼科的草图和建筑设计而制成的。在天顶中间，他画了一幅八边形的圣母升天油画，圣母在云中天使们的托举下，张开双臂飞向光芒。对圣母这个人物的描绘是从下到上的视角，为真人大小的 3 倍大，而这个八边形大概 14 掌高，16 掌宽。[66] 他还为红衣主教彼得罗·阿尔多布兰迪尼画了一幅基督受难图，画中还有圣母和圣约翰，这件作品被放置于红衣主教在拉文纳教区的大教堂。[67]

　　在创作这些作品的时候，多梅尼科对工作专心致志，一心一意地继续他对绘画的理论学习，深入研究人类的本性。他巧妙地构思、明智地表现心灵和思想的习性与情绪，而这就是智者们所认为的艺术价值之所在，无声的价值必须通过眼睛才能被听见。除此之外，他也专攻人物肢体的比例和动作，依据内在的感情来搭配肢体动作，他对事物的描绘也遵从其本质。因此，他的所思所想都来自他的才能，他注重提升自己的思想，而不是沉溺于物质享受，全身心都奉献于艺术。当他走在大街上的时候，他的注意力完全放在人们的感情和动作上，一旦有了想法，他就立刻停下手上的事情，转身回家，画下那些他记在脑子里的人物姿态和体征。他有个习惯是藏在斗篷下画画，当他年纪还小的时候，他就总是把自己裹得像个穿大披肩的哲学家。他阅读历史学家和诗人们的著作，这让他受益匪浅，高级教士乔凡尼·巴蒂斯塔·阿古奇教会他这个方法。喜爱绘画的阿古奇经常向他传授诗歌之美，指导他诗人和画家在再现事物时所采取的不同方式及其界限。在教育多梅尼科的时候，阿古奇决定写一本关于绘画的各种类型的书[68]，和古代艺术分类一样将其分成 4 个部分，我将在下文附上此书的原文开头，虽然这个开头是一个不知名的人抄录的[69]。

　　在古希腊人中，绘画一开始有两种类型：希腊式和亚洲式。然后希腊式又被细分为两种类型：雅典式（Attic）和西锡安式（Sicyonian），由此产生三种绘画类别：雅典式、西锡安式和亚洲式。古罗马人模仿的是古希腊人，但他们也形成了自己的风格，因此古代艺术总共有 4 个类别。[70]

　　如今，绘画被埋没了很多个世纪后，急需获得重生，正是由于当下的艺术家们得以亲眼见到那些保存至今的古代雕塑，绘画才有可能在如此短的时间内重新焕发生机。通过这些古代雕塑以及古代建筑，当下的艺术家们学到纯粹的设计和构图，进而找到通往完善的道路。许多艺术家都做出了贡献，他们将绘画从野蛮时期的至暗时刻拯救出来，将生动和灵气重新赋予绘画，让绘画得以重获最璀璨的光芒。很多来自意大利及其他国家的杰出大师们都运用他们的才能，发挥他们的美德。其他人也都写过这些大师的传记，我在此只提及那些被公认为一流画家的几位，人们称赞他们是最顶尖的大师，是他们各自学派的代表。我将遵循古人的做法，将当下的绘画也分成 4 个类别。其中一个是罗马学派，以拉斐尔和米开朗琪罗为代表，这个学派追求的是雕塑之美和古代艺术家的技巧。以提香为代表的威尼斯和特雷维索（Treviso）地区的画家则模仿眼睛所见的自然之美。来自科雷乔的安多尼奥是伦巴第画家的代表，他是最出色的自然的模仿者，其模仿风格纤柔、流畅又高贵，完全自成一派。托斯卡纳画家的风格与前面几类都有所不同，追求精工细作和高超技艺，其中最出色的就是莱昂纳多·达·芬奇和佛罗伦萨的安德里亚·德尔·萨托（Andrea del Sarto）。[71] 因此，在意大利有 4 种类别的绘画风格：罗马式、威尼斯式、伦巴第式和托斯卡纳式[72]，其他风格都从属于这 4 个类别。米开朗琪罗开启的罗马式风格倡导的是清晰的轮廓，这归因于他对贝尔维德尔宫的赫拉克勒斯躯干雕塑的学习，这个雕塑出自雅典的阿波罗尼奥斯之手[73]。米开朗琪罗根据这个雕塑创作出最优美的人像，他笔下的人物躯体都孔武有力、肌肉发达，有着赫拉克勒斯般的比例和线条，在梵蒂冈宫西斯克特四世礼拜堂拱顶上的裸像就是如此，十字架上的哈曼这个人物尤其令人惊叹，约拿这个人物也很出色，虽然后者看上去更像个巨人，而不是先知。

现在让我们回到多梅尼科的作品。圭多·诺菲（Guido Nolfi）阁下把他带到法诺（Fano），为大教堂里他那豪华的礼拜堂绘制壁画。[74] 多梅尼科总是满怀感激地提到他在法诺待的那段日子，因为他在这位大人府上居住的时候，诺菲阁下待他非常热情友善。他画了 15 幅叙事性绘画的壁画，画中人物比真人略小，再现了圣母的生平，这个礼拜堂就是献给圣母的，中间那幅圣母升天油画出自安科纳（Ancona）的安德里亚·利里（Andrea Lilli）之手。[75] 这些叙事性绘画都获得极高的评价，这些壁画能在大地震中幸存下来，实在是一个奇迹。这场大地震发生在当前的 1672 年 4 月 14 日 22 点[76]，将里米尼（Rimini）这个城市夷为平地，造成大量的人员伤亡，此外波及的还有佩扎罗和法诺等地。在法诺的大教堂，钟楼的一部分倒塌下来，砸坏了拱顶，毁坏了礼拜堂对面的拱门，其余地方都完好无损，似乎连地震都尊敬这样优秀的绘画作品，没有对它们造成任何伤害。大教堂部分倒塌的时候压死了大概 30 个人，包括几个贵族，因为那天是圣周四（Holy Thursday），教徒们聚集在一起膜拜圣墓

（Holy Sepulcher），另外城里还有几人遇难。

在两边侧墙上各有两幅长方形壁画，壁画中间有一个大理石制成的墓碑。右边墙上是圣母领报和圣以利沙伯来访，左边墙上是基督诞生和基督受割礼。这几幅叙事性绘画都非常精美，尤其是基督诞生这件作品，躺在稻草上的圣子散发着光芒，膜拜的圣母一只手放在胸前，另一只手伸向襁褓里的圣子。在圣母对面，一个牧羊人把他的小儿子抱在膝上，系在地上的一头羔羊是他为圣子呈上的贡品，他的小儿子双手合十膜拜。在这对父子背后，一个胡子刮得很干净的老人靠在手杖上，手挡在眼前，以抵挡圣子散发的光芒，多梅尼科的这个设计是模仿的阿尼巴勒。在每个墓碑上方都有一个横向放置的画作，分别是圣母的婚礼和抱着圣子的年迈的西缅（Simeon）被净化。在檐板和拱顶底端的上方，在镀金的间隔装饰和他亲自设计的华丽的灰泥人像[77]之间，两侧各有两幅八边形壁画，壁画中间是一幅圆形浮雕画，其中一侧再现的是圣母进殿和圣灵感孕，中间是圣母诞生。这件作品中的女性人物都极其优雅端庄，坐着的产婆把圣母抱在膝上，用地上浴盆里的水擦拭圣母，她转头看向两个赶来拜见圣母的年轻女子，另外两个年轻女子跪在圣母面前，其中一个扭头看向身后的另一个年轻女子，后者头上顶着一个大水罐，一只手扶着水罐。另一侧的两幅八边形壁画分别再现的是博士来拜和圣母之死，画中的圣母魂归天堂，半闭眼睛，静谧地躺着，双手放在胸前，使徒们也在画里。中间的那幅圆形浮雕画再现的是逃往埃及。在拱顶的顶端是两幅椭圆形壁画，分别再现了圣母加冕和圣母升天，画中的圣母张开双臂，在云中升上天堂，使徒们惊奇地看着，其中面对坟墓的圣约翰一只手放在墓上，另一只手凑到鼻子前面去闻，上面还有摸过圣母遗体的裹尸布后留下的香味，另一边的一个使徒两只手都放在墓上。

顶上的采光亭里画的是云中的圣父，他左手放在代表世界的球体上，右手做出赐福的手势，一个丘比特扶着他的手臂，对面的另一个丘比特在膜拜他。在下面的拱门上方画的是圣母怜子，配以镀金的灰泥装饰画框，死去的救世主躺在坟墓上，一个天使从后面把他扶起来，撑着他的肩膀，另一个天使跪在他的脚边，伸出双臂，悲伤地指引人们去沉思基督的受难。在坟墓稍远处，基督的膝盖旁边是悲痛的圣母，她双手交叠在胸前，抬起眼睛。基督背后是抹大拉，啜泣的她单膝跪在地上，正用头发擦眼泪。远处可以看见加略山上的3个十字架，背景一直延伸到黑暗的天空。由于礼拜堂墙壁的空间被一块刻了铭文的大理石阻断，多梅尼科将画幅改成墓碑的样式，在上面画了基督平躺的遗体和层层叠叠的裹尸布。礼拜堂所有的壁画都有着精巧的构图，经由多梅尼科的高超技艺达至完美。壁画之间是镀金装饰，以及多梅尼科设计的非常精美的灰泥人物装饰。

他在罗马住了很多年，在这期间从未回过家乡，所以他回了一趟博洛尼亚，迫切地希望见见自己的父母，迎娶一个妻子。他很快找到中意的对象，和当地一位体面女子结了婚。[78] 在博洛尼亚有他创作的两幅祭坛画，下文将介绍这两件作品。它们要么是多梅尼科在博洛尼亚时所作，或者更可能是他回到罗马后所作。第一幅是山间圣约翰教堂（San Giovanni in Monte）拉蒂（Ratti）阁下的礼拜堂的玫瑰经圣母图，其构图极其新颖独特。

玫瑰经圣母

圣母坐在云端的宝座上[79]，身子转向右边，一只手放在圣子胸前，另一只手扶着他的手臂，帮助他在云上站稳，他举起一只手，将天堂的鲜花洒向人间。在他身边，3 个小丘比特弯着腰，肩上扛着一瓶花，最前面的那个丘比特单膝跪下，双手扶着背上的花瓶。圣子对面是跪着的圣多明我，他的脸朝向画面外，右手指着圣子，左手的两根手指拈着一串念珠。在另一侧，一个天使暗示着基督受难，他一只手哀伤地撑着面颊，另一只手抱着十字架，4 个悲伤的小丘比特围绕在他脚边，一个拿圣餐杯，一个拿荆棘冠，一个拿苏答林，最后一个怀抱鞭子，展示用来蒙基督眼睛的遮眼布。在上方，其他飞在空中的天使们拿着各种圣物，中间一个展开双翼的天使右手举着象征复活的旗帜，从他的手臂下面可以看见一个丘比特的头部，丘比特头戴圣母加冕时的金冠，另一个天使举着百合花，还有一个天使举着圣鸽。在下方的尘世里，一个大主教跪在地上，双臂张开，手上挂着一串念珠，正仰着脸祈祷。还有其他各种人物，都在手里拿着念珠，象征着圣母为她的信众们向基督求来的恩惠，在被迫害、遭受危险、有需求时，信众们就向圣母祈求。在前景里，一个穷苦的老人披着朝圣者的袍子，痛苦地倒在地上，他全身赤裸，张开双臂，将自己交付给圣母。他脚边是两个普托，一个拿着念珠，另一个伸出手去拿念珠。老人背后是一个处于危险之中的妇女，一个拿匕首的士兵拽着她的头发，她一边恐惧地躲避，一边向圣母祷告。她旁边是另外两个被袭击的妇女，一个士兵骑在马上，全身都隐没在阴影里，狂暴地将手里的长枪刺向她们，她们出于恐惧而紧紧拥抱在一起，非常有感染力。她们的手里也拿着念珠，似乎在念诵圣母的名号。

圣安东尼的圣阿格尼丝教堂（Sant'Agnese in Campo di Sant'Antonio）的大祭坛上是多梅尼科所作的另一幅祭坛画，即圣阿格尼丝的殉教，这件作品也广受好评。

圣阿格尼丝的殉教

圣阿格尼丝躺在一堆已经点燃的柴火上[80]，行刑人从后面拽着她的头发，把匕首捅进她的喉咙，置她于死地。她向后倒去，神智涣散，摊开双手，一条腿弯曲，渴望升上天堂。左侧一个跪着的妇女目睹这场残忍的屠杀，悲痛地向后退，双手十指交握，她的小儿子吓得紧抱她的大腿。在她旁边站着另外两个妇女，一个转过脸去，不忍细看，一只手挡在身前，另一个看着这一切，也悲伤地伸出手。法官坐在右侧。在画面的前景里，两个引燃火堆的年轻人躺在地上，已经死去了。其中一个人胸膛朝向画面外，一只手的手背靠在前额上，另一只手平伸在风箱旁边，双腿压在同伴身上，这个裸体人物在透视法的表现下被放大了。在画面上方，一群天使环绕着坐在云端，正在演奏音乐，圣父和基督的中间是圣灵，基督把殉教圣徒的王冠和棕榈枝递给一个天使。

多梅尼科在博洛尼亚住了一段时间，在那儿有了一个儿子。[81]除了绘画，他还研究建筑，据说，他设计了小十字兄弟会教堂（church of the Confraternity of the Little Cross），这是一个小规模的建筑物。[82]当时格列高利十五世被选为教皇[83]，当他还是红衣主教的时候，他为多梅尼科的儿子主持了洗礼。多梅尼科回到罗马，被任命为教皇宫殿的建筑师，格列高利十五世在位的短暂期间里他都担任这个职务，但没有完成任何重要的作品。最终，能让他大放异彩的圣安德烈教堂的委托来了，红衣主教亚历山德罗·蒙塔尔托新建了这个教堂[84]，决定让他负责壁画。之所以对他青睐有加，是因为早些时候，红衣主教蒙塔尔托委托过一个系列作品，绘制亚历山大大帝生平故事的椭圆形画作，其中蒂莫克莉亚（Timoclea）的故事就是多梅尼科所作，红衣主教蒙塔尔托对这件作品最为欣赏。[85]因此他将教堂的委托交给多梅尼科，不仅让他负责穹顶和半圆形后殿，还有教堂的整个拱顶，以灰泥装饰为隔间区分。[86]多梅尼科从穹顶下方的 4 个三角形区域开始，更恰当地说是三角拱（pendentive），里面画的是四福音传道者，其描绘方式非常新颖，下文将依次介绍这 4 件作品。

四福音传道者画像

右边的圣马太坐在云端，正在热切地思索基督的生与死，写下基督的人性。圣马太左手伸向一本书，右手撑在下巴上，右手肘放在腿上，整个人物的姿态非常平静。他的左腿翘在右膝盖上，露出姜黄色斗篷下的胸膛，赤裸的双臂从束腰外衣里伸出来，同样赤裸的双腿十分健壮。在这个姿势下，圣马太低垂着眼看福音书，一个天使把福音书举在他眼前。撑着脸的右手挡住了他的下巴，而他的眼睛和眉毛展现出他的专注。他身边的一个天使一只手放在福音书上，另一只手指引圣马太去看福音书。上方另一个天使双臂环抱十字架顶部，双眼虔诚地看向天堂，象征着基督的受难和死去。下方一个天使帮着扶起福音书。在圣马太脚边的云上是基督的摇篮，摇篮里的一个小婴孩正伸出手去够襁褓，象征着基督的诞生。

左边的圣约翰正在写下基督的神迹，他仰着脸，双眼向上看，灵魂已经飞到天堂。他用两根手指夹着笔，悬在半空的另一条手臂搁在书上，一个天使从后面扶着书。抬头望向天堂的圣约翰抬起右腿，朝后伸的左腿放在一只鹰的背上，整个人处于狂喜之中。这个人物的姿态从每个角度看都非常高雅，系在胸前的红色斗篷从右手臂一直垂到右脚，左手臂从绿色束腰外衣里伸出来，外衣长及大腿中间，其形象非常精致细腻。在圣约翰旁边，可以从云端看见一个天使的胸膛以上的部分，他一条手臂把墨水瓶高举在圣约翰拿的笔下方，用圣约翰身上垂下来的红色斗篷一角遮住自己裸露的胸膛。在画面上方是两个丘比特，一个双手伸向天堂，另一个肩上扛着一个燃烧的火炬，一边低头看着尘世，一边手指天堂，圣约翰将天堂描述为光明的象征。在圣约翰脚边，两个小天使坐在云上，各自伸出一条手臂环绕对方的脖子，另外两只手握在一起，正在亲吻对方，暗指基督对圣约翰的偏爱。多梅尼科在描绘圣约翰年轻的面貌时，模仿的是一幅亚历山大大帝向上仰着脸的古代画像，艺术家们都熟悉这幅精美的肖像。圣约翰的其余身体部分也和他的美丽面庞相匹配，他全身心都沉浸在对基督的沉思冥想之中。

这两件作品的对面是另外两幅使徒像。

圣马可转向他的右边，以左半边身子示人。他举起赤裸的左手臂，左手扶着书，书靠在他的大腿上，举起的手臂挡住他低垂的头部，从手臂下露出他的前额，还有长着卷曲胡子的下巴。他的眼睛紧盯着书，默想福音书和基督复活的神迹。他的左膝盖抬到左手臂下方，绿色斗篷从大腿垂下去，露出斗篷下的左膝，左边裤腿在膝盖和脚背处都用绳系起来，这是东方式的打扮。在上方，一个露出整张脸的天使悬在半空，右手举着身后象征基督复活的白色旗帜，左手拽着旗帜的边沿，旗帜在他的头后面形成一面帆的样子，其姿态和表情都非常优美。在圣马可脚下，两个小男孩在孩子气地嬉戏，拥抱对方，他们坐在狮子背上，狮子温顺地转过头看着他们。更下方的云上是一个仰面躺着的小男孩，伸展手臂。

接下来是圣路加，他双手展开一个手卷，上面是字句"他是一个神父"（FUIT SACERDOS），书写着他之为神父的高尚品格。在他的右边，一个小丘比特拉开手卷，一条手臂从下方支撑着手卷。圣路加转头看向他的左边，垂眼看着尘世的人们。在他脚边是两个小丘比特，一个丘比特把主教冠举在头上，另一个只能看见上半身的丘比特举着镶嵌了珠宝的胸饰。圣路加穿的黄色束腰外衣卷到手肘以上，一件蓝色斗篷从他的大腿一直覆盖到脚上，斗篷布料褶皱的形式及其每道笔触都是绘画所能达到的极致。一头公牛在他的右侧转过身。两个小天使在他的左上方展示他画的圣母像，后面那个小天使一边扶着圣母像，一边在手里抓着暗指绘画的调色板和画笔，这样高雅的构图无疑增强了其中表达的不朽美德。

这些圣徒像都是大约 21 掌高，其形巨大，和整个空间的宏大形成和谐的比例关系，但这些画像的风格更显崇高宏伟。他们就像从墙面剥离出的幻影，白色的半色调墙壁就是他们的背景。下方的云朵从墙面伸出来，投下的阴影覆盖拱门底部的镀金檐板，以及站在檐板上的 4 个手拿棕榈枝的仿灰泥人物塑像上，这些塑像就在三角拱下方的那个夹角里。这些圣徒像都是仰视的视角，强烈的色彩也和上方辉煌的穹顶相得益彰。多梅尼科的技艺将所有部分都完美地表现了出来，同时克服了三角形空间的困难，合理地安排人物的姿势，并且加上天使们的有趣部分。他的构图使得人物不受狭窄空间的限制，向我们展示他如何实现构想。他接下来画了檐板上方的半圆形后殿的穹顶，这个半球形的穹顶被两道嵌条分隔成三个空间，中间是锥形，两边是不规则的方块形，顶部被一个半椭圆形的空间截断。中间的部分画的是圣彼得和圣安德烈蒙召成为圣徒。基督停在岸边，伸出右手，召唤这两个做渔夫的兄弟去他身边。安德烈被这神圣的召唤打动，转过身张开双臂，双臂和胸膛都裸露在外，而彼得坐在船舷上，正准备下船，一只脚已经踏进水里，转身对着基督的同时，一只手向下去拿渔网，另一只手放在胸前，回应基督的召唤，相信自己可以在水面上行走。这件作品值得称赞的地方是那个船夫的裸体表现出的透视法效果，他一只脚踏在船头，另一只用短缩法表现的脚悬在空中，以平衡他划桨的力。虽然他被画在墙壁最凹进去的地方，他看起来却似乎从墙面上凸出来，而且他手上的船桨好似伸出了画面。多梅尼科在基督的形象上也花费了很多力气，虽然被墙上弯曲倾斜的边框紧紧包围，但基督看起来还是笔直地站在岸边。多梅尼科说过，因为仅凭透视法无法克服这些困难，他运用了自己的独创方法。

左边画的是被鞭笞的圣安德烈，他的手脚成十字状被绑在 4 根木条上，被拉得离开地面一点距离。他的裸体以短缩法被表现出来，呈仰躺的姿势，抬头望向天堂。鞭笞者们从三个方向狂暴地鞭打他，挥舞手上的鞭子。其中一个行刑人向后摔在地上，因为他在绑紧圣安德烈右脚上的绳子时，绳子突然断了，他的左臂和左腿悬在空中，手里还拿着半根绳子。在他旁边，一个穿盔甲的士兵嘲笑他跌倒的样子，一根手指放在嘴里大声吹口哨。在他们对面，一个男人扛了一些枝条和鞭子过来，正把东西放到地上，保持弯腰的姿势看着那个跌倒的人，他面前的另一个男人笑着指给他看，这人单膝跪在地上，捡起一捆枝条，准备鞭笞圣安德烈。由此，多梅尼科有力地表现出和这个场景相符的这群暴民的表情和行为。在这几个男人的背后，一个妇女跪在地上，一个小孩出于恐惧而躲在她的臂弯里、靠在她的大腿上。这个场景被设置在一个有建筑的庭院，人们正通过拱门和窗户看着这一切。

右边画的是膜拜十字架，准备殉教的圣安德烈跪在地上，伸出双手膜拜十字架。不远处是用两根木头交叉而成的十字架，一个仆人把梯子架在上面。前景的两个仆人拉扯圣安德烈的手臂，威胁他快走，他背后的另一个仆人推搡他的肩膀，指着前面的十字架。他前面一个骑白马的长官转过身看着他们，用他的指挥棒催促圣安德烈快走，而圣安德烈背后的一个士兵正用手里的长枪把人群往后推。这个场景被设置在城外，人们都挤在墙上围观。

在顶部的半椭圆形空间里，圣安德烈张开双臂，在天使们的簇拥下升上天堂。再往前，在穹顶下面是用同样的嵌条隔离出的空间，画中坐着的施洗约翰遥指灌木丛那头的基督，指引两个门徒，圣安德烈一只手放在同伴的身上，另一只手伸向基督，邀请同伴去跟随基督。

中间那个锥形空间高36掌，底部宽34掌，顶部缩小到10掌，我收藏的一份原始草图里是这样标注的。[87]这个系列壁画用镀金的灰泥嵌条和雕刻隔开，上面有天使、普托、枝状大烛台等华丽的装饰。檐板上方有6扇窗户，窗户和嵌板之间是被拟人化为坐着的女性的六美德像，其色彩栩栩如生。[88]最右边是纯洁的信仰，她穿着白色的衣服，一只手放在胸前，另一只手举着圣饼和圣餐杯。信仰对面是希望，她双手合十，抬眼望向天堂，穿着绿色斗篷和黄色束腰外衣，其金色象征她获得的珍贵之物。信仰旁边是慈爱，她那红色的斗篷就像她一样火热，束腰外衣的绿色象征她的永不干涸，她用一条裸露的手臂扶着骑在肩上的小孩子，一边仰着头，一边给另一个孩子喂奶，身边还紧挨着一个孩子。慈爱对面是勇气，她戴着头盔，右手放在钢铁盾牌上，左手臂靠着柱子，抬头望向天堂，一条腿跷在另一条腿上，脚下是一头狮子。她外面穿一件黄褐色斗篷，里面穿一件蓝色束腰外衣，象征她圣洁的理念，肩膀上披一条红色纱巾，象征她面对鲜血和死亡时的坚定不移。另一侧是天主教会（Regular Religion），暗喻教会司铎（Clerk Regular）负责的圣职[89]，她一只手抱着十字架，另一只手举到肩膀的高度，低垂的眼眸代表了她的谦逊和顺从，她穿着红色长袍和蓝色罩袍，象征在上帝的感召下，她的灵魂是神圣而热忱的。天主教会另一边是鄙弃俗世（Disdain for the World），或者说是自愿贫困（Voluntary Poverty），这是一位非常纯洁的女性，上半身赤裸，一条白色的森德尔绸遮住她的大腿，她虔诚地朝天堂抬起脸、扬起胳膊，脚边是一个被踢翻的装满金币的罐子，代表尘世的财富。这几个女神像都是两倍真人大小，大约高 14 掌。最后是位于第一对窗户上方的扇形壁的装饰画。侧边是两个坐在画出来的壁柱上的裸体青年人像，手里拿着蕨叶和水果组成的彩带，彩带中间是一个贝壳。下方是 3 个玩耍的小男孩，一个小男孩在摘水果，他的同伴伸手去拿水果，第三个小男孩把水果塞到嘴里，这三个普托展现出其他画家无法画出的优美形式。在另一边，一个小男孩一只手够到彩带，另一只手把水果递给另一个小男孩。每一侧都有从各个角度表现的裸体青年人像，包括侧面、胸膛以上和肩膀以上，色彩精美，线条精致。当这项工程尚在进行中的时候，红衣主教蒙塔尔托于1623 年去世，兰弗朗科成功拿到穹顶委托[90]，以迎接即将到来的圣年，仿佛多梅尼科的能力不足以胜任这个穹顶壁画。多梅尼科对此感到非常气愤，不仅因为他努力在一年多一点的时间里就完成四福音传道者像，更因为他已经开始绘制半圆形后殿的壁画，还为穹顶绘制了 3 幅不同构图的草图，其中一幅描绘上帝真福八瑞（beatitude）的草图已全部上色，第二幅包括灰泥装饰和上色部分，第三幅只是灰泥装饰和隔间，没有上色部分。然而，这些辛勤的劳动最后都成了无用功，当他比照自己的草图时[91]，他发现头顶已经架起了脚手架，兰弗朗科开始绘制穹顶壁画。

　　圣安德烈教堂半圆形后殿的壁画完成后，多梅尼科开始绘制 4 幅圆形画，这些圆形画位于奎里纳勒山圣希尔维斯特教堂（San Silvestro al Quirinale）红衣主教班迪尼（Bandini）的礼拜堂，画中人物不足真人大小，其故事取自旧约圣经。正对的是以斯帖（Esther）晕倒在亚哈随鲁王（King Ahasuerus）面前，后者从他的王座下来，伸出右手去扶她[92]，而晕过去的以斯帖一只手臂靠在侍女肩上，一条腿往下滑，面色苍白地倒了下去。在另一侧，犹滴举着何洛弗尼的头颅，展示给人们看，他们纷纷举起手感谢上帝，她表现出无可匹敌的勇气，举起的右手臂从蓝色斗篷下露出来，斗篷缠绕在她股间。这两幅叙事性绘画都极其优美。旁边的另外两幅分别描绘的是神父们扛着约柜，大卫在约柜前舞蹈，后面跟着的人牵着一头公羊的角，以及所罗门和他的母亲拔示巴坐在王座上。[93]大约在同一个时间段，多梅尼科为胜利圣母教堂（church of the Vittoria）律师梅伦达（Merenda）的礼拜堂绘制了一些作品，其中一幅油画中的圣母坐在云端，将圣子引向圣方济各，一个天使从旁扶着圣子，圣方济各的虔诚和谦逊可以从他跪着接过圣子的姿态看出来，空中的 3 个小天使热忱地注视着他。[94]两边侧墙的壁画里是圣方济各领受圣痕，他在天使们演奏的音乐中晕了过去。[95]从一场大病中恢复过来后，多梅尼科为了还愿，捐了一件作品给托钵僧教堂（church of the Capuchin fathers）[96]，这是另一种构图的圣方济各领受圣痕，一个天使扶着晕过去的圣方济各，这件作品现在位于大祭坛旁边[97]。

建造卡蒂纳利圣查理教堂时，穹顶原本委托给了乔凡尼·贾科莫·塞门蒂（Giovanni Giacomo Sementi），他是圭多·雷尼的学生，但他只画了穹顶的灰泥装饰和采光亭的天父。这个穹顶后来交给了多梅尼科，还有穹顶三角拱的四美德像，他将这 4 个人物表现为道德的象征。[98]

四个最主要的美德的画像

右边画的是正义，她是一个高贵的女性，面朝外地坐在云端。她后面是一个飞在空中的丘比特，正伸手把一顶金色王冠安放在她头上，表明她是一位比其他美德女神都更有权威的女王。她悠然地弯曲左手臂，左臂和胸脯都裸露在外，右手举着象征王权的节杖。在侧躺的姿势下，她的一条腿比另一条腿更加倾斜，朝向画面外的面庞上是赞许的神情，许诺人们将感受到安全和平静。一件斗篷从她的肩膀一直蜿蜒到双脚下面，一个丘比特站在她脚边，手里拿着天平，另一个仰面飞在空中的丘比特肩上扛着束棒和斧头。她的斗篷是纯金色，束腰外衣是紫色，象征她的律法的严肃和克制。在她的下方，三角拱底部的尖角里是一个站在云端的女性，部分胸脯和前臂从衬衣里露出来，她虔诚地偏着头，双手挤压自己的乳房，挤出几滴养育生命的纯洁的奶水。她的红色斗篷在左肩旁边被风吹得鼓起来[99]，斗篷在她股间打了个结，几乎包裹住她的双脚，其色彩象征慈爱之情。除了暗示正义赋予和保障人们的团结和生存，同时保证他人的利益，多梅尼科还暗指圣马太的训诫："饥渴求义的人们有福了。"[100]

和这件作品成对的三角拱里画的是正在沉思的审慎，她用手臂撑着向上抬起的头，因为她是一位智者，不是埋头苦干，而是思索如何使人们获得幸福。她的手肘放在一朵云上，左手撑着面颊，伸开的食指抵在眉毛上，眼睛向上看，思绪已经飞到天上。她的右手从一个小丘比特那里接过一面镜子，一条腿向上高高抬起，另一条腿向下伸，一件蓝色斗篷一直覆盖到她的脚背。从她的上半身可以看见一件黄色束腰外衣。她的背后有两个孩童，其中一个把代表机遇的小球放进一个瓮里，同时转头看向他的同伴，后者手里拿着代表审慎的蛇，在女神肩膀处飘扬的斗篷一角把他们笼罩在阴影里，拿着蛇的小男孩的额角以及他的缠绕着蛇的手臂都沐浴在光线里。多梅尼科从中非常清楚地表达了那句箴言，即审慎决定我们的命运，主宰我们的机遇。黄色束腰外衣象征这位智慧女神的成熟，蓝色斗篷则象征她的清晰思维和宁静思想。小男孩拿着的那条蛇的上方是一只象征纯洁的鸽子，将审慎和恶意区别开来，如基督所说：“灵巧像蛇，驯良像鸽子。”[101] 三角拱下方的尖角里是一个生着双翼的老人，几乎全裸地飞在空中。他仰着脸，高举的右手拿着一个用来测量的张开的圆规，抬眼看向女神手里的镜子，低垂的左手拿着一个沙漏，因为时间对审慎的行为而言至关重要。

正义对面的三角拱里是节制，她侧面对着我们，坐姿十分伸展。她放松地弯曲左手臂，左手拿一根棕榈枝，伸出去的右手从一个飞在空中的裸体小女孩那儿拿过来一个马嚼子。从她脚边可以看见一头骆驼的颈部和扬起的头，还有它跪在云上的膝盖。棕榈枝后面是两个手拿玻璃水罐的小男孩，一个往另一个的水罐里倒水，后者的水罐里装着半罐酒，象征着节制。小女孩手里拿的马嚼子指的是在我们内心应当立刻被控制的感官享乐，暗示圣查理的马嚼子。棕榈枝代表对感官的胜利，骆驼是圣查理以及波罗米奥家族的象征。多梅尼科把骆驼安置在这位女神旁边，以表明她那节制的天性，因为骆驼可以 4 天不喝水。女神下方是一位抱着独角兽的处女，这也是圣查理的象征，代表圣洁和谦逊的爱。这位女神的束腰外衣是深蓝色兼天蓝色，外面是一件点缀着黄色的绿色斗篷[102]，暗指逐渐成熟的年轻人的感情。

节制的旁边是勇气，她正面对着我们，坐在云端，头戴头盔，胸前是金色护甲，右手抓着一柄钢制的剑，左手拿盾牌，抬头望向天堂，姿态高贵而英武，上帝为她指引崇高和光辉的功绩。从盾牌后面可以看见半截柱子，柱子旁边有两个丘比特，其中一个顽皮地骑在柱子上。另一边的角落里，一个丘比特展开一个手卷，上面写着 HUMILITAS（谦逊），这是圣查理的箴言，暗喻基督徒在受难时的勇气和隐忍。她光裸的左手臂弯曲着藏在盾牌后面，红色斗篷从她的肩膀经过大腿一直覆盖到双脚，一件绿色长袍从她的右侧肩膀往下优雅地穿在身上，只有手臂是完全裸露在外面的。她下方是一个身形健壮的英勇的年轻人，他骑在一头凶残的狮子身上，一只手控制缰绳，另一只手在空中挥舞一支箭，似乎在和狮子搏斗，如《诗篇》所说： “你将践踏少壮狮子和大蛇。”[103] 也象征着这个年轻人高超的自控力，能够用美德驯服自己天性里的感情和愤怒。他那不屈的面庞朝向我们，额发在风中飞舞，其余头发被女神红色斗篷的一角遮住，斗篷盖过他的肩膀，他的神情和动作都显得很有感染力。

这几个人物高 15 掌，就像四福音传道者像一样，她们被表现得栩栩如生，仿佛从墙面凸出来，其阴影投射在拱门的镀金边框上，具有非常明显的立体感，尤其是丘比特们的翅膀，好似伸出了墙面，使观者的眼睛无法抗拒这个视觉效果，那两个分别拿着束棒和上书"谦逊"的手卷的丘比特尤为值得注意。同时，多梅尼科还绘制了圣彼得大教堂的一幅大型祭坛画，画中是圣塞巴斯蒂安的殉教，他还接受了来自博洛尼亚的委托，为圣彼得罗尼乌教堂（church of San Petronio）的大祭坛绘制祭坛画，这两件作品将在最后提到。紧接在罗马的众多作品之后，将介绍他在那不勒斯创作的作品。

多梅尼科为那不勒斯珍宝礼拜堂的委托协商了很长一段时间，这个委托并不容易，之前的朱塞皮诺和圭多[104]都没有成功，他们在不同时期接过这个委托，又不得不放弃。这是因为那不勒斯画家无法容忍外乡人骑在他们头上，和他们抢夺这样一个从意大利全境来看都堪称名利双收的委托[105]。多梅尼科同意了礼拜堂的代理主教们开出的条件，亲自去那不勒斯考察礼拜堂的配置，正式敲定了委托。他之所以离开罗马，是因为经济状况窘迫，圣安德烈教堂的壁画委托不仅被兰弗朗科抢走了穹顶部分，由于慷慨的红衣主教蒙塔尔托的过早离世，已经完成的部分也没有拿到应得数目的报酬。他在圣查理教堂的壁画作品只拿到少得可怜的报酬，他都不愿意继续绘制穹顶部分，这个穹顶后来只加上灰泥装饰，他离开的时候，最后的节制女神像都没有完成。虽然他接下的私人委托都报酬很高，而且这些私人委托数量很多，但他的志向还是在宏伟的工程上。他觉得自己在虚度人生，罗马的工作让他无法彻底发挥自己的才能，更年轻的画家的涌现也让他无法崭露头角。教皇格列高利十五世的突然离世[106]使他失去负责教皇宫殿建筑的职务，他本来还希望能负责圣彼得大教堂，花了很多时间去研究建筑，他在这个方面的博学不输给那些有名的建筑师，却没有机会施展自己的才华。出于这种种原因，多梅尼科出发去了那不勒斯，1629 年委托合约确定后，他和家人搬到了那不勒斯[107]。这个来自一流城市那不勒斯的委托的报酬确实非常高，他分配到珍宝宫殿里很舒适的房间[108]，每个全身人像的报酬是 100 个斯库多，每个半身人像是 50 个斯库多，每个头像是 25 个斯库多。考虑到这是一个非常大的工程，包括穹顶、三角拱以及众多叙事性绘画的壁画和油画，最后的总报酬会非常丰厚，这是他这么多年的工作生涯中收获最多的一份委托，足以让他过上优渥的生活。接下来我将描述他在这个礼拜堂的作品，从穹顶下方 4 个三角拱的三角形空间开始，里面描绘的是守护那不勒斯城的圣亚努阿里斯。

那不勒斯城的守护圣徒圣亚努阿里斯像

右边的三角拱[109]里描绘了赤裸着身体、披着斗篷的基督张开双臂接纳殉教的圣亚努阿里斯，后者在天使们的簇拥下升入天堂。圣亚努阿里斯的脖子后面是一个丘比特，一手拿剑，一手抚过锋利的剑刃，正是这把剑砍下圣亚努阿里斯的头颅。其余跟在圣亚努阿里斯后面的天使们都拿着他的圣物，比如主教的牧杖、书本、笔和百合花。后面两个天使扛着一面红色旗帜，上面是一条蛇，象征殉教圣徒击败了罪恶和恶德，他们前面的一个天使吹响胜利的号角。下面是代表信仰、希望和慈爱的美德三女神像，这些都是圣亚努阿里斯在世时具有的美好品质，为他的信徒们做出榜样，她们高举双手，为他送上祝福。

和这件作品成对的三角拱里描绘了圣亚努阿里斯成为那不勒斯城的守护圣徒，他抓着长枪和盾牌，盾牌上写着铭文 PATRONVS（守护者）。基督坐在他面前，左手放在代表世界的球体上，伸出去的右手吩咐一个跪在脚边的天使去协助作为守护者的圣亚努阿里斯，这个天使把手放在长枪的下半部分，3 个小天使帮忙托着盾牌。另外还有几个跟着圣亚努阿里斯的天使，其中一个拿十字架和牧杖，一个拿棕榈枝和装有圣亚努阿里斯的圣血的细颈瓶。旁边还有拿百合花的加百列和拿剑与盾的拉斐尔，以保护那不勒斯的人民。基督旁边有两个相互拥抱的小丘比特，一个拿橄榄枝，另一个拿天平，代表正义与和平，前者永远不会偏离神权，后者是人们独享的上帝的恩赐，就像托拜厄斯（Tobias）和鱼的故事的寓意那样，所谓的保护就是用智慧消除罪恶、启发罪人。三角拱底部的空间里有 3 个非常优美的人像，所有人都必须有的对上帝的信赖被表现成一位女性，她一只脚踩在船锚上，一只手拿船舵，另一只手向上伸，仰头望向天堂。信赖的旁边是勇气，戴着头盔，拿着剑，左手放在盾牌顶上，盾牌上写着铭文 HUMILITAS（谦逊），斗篷在胸甲前打了个结，代表和谦逊相结合的基督徒的勇气。她坐在云端，一只脚踩在代表世界的球体上，表明她鄙弃尘世，在她脚边，一个孩童勒住一头狮子嘴里的嚼子。这个美德女神像是多梅尼科基于罗马圣查理教堂的勇气女神像所做的扩展。和勇气一样坐着的是那不勒斯城的宽宏（Munificence），她穿着一件闪耀的金色长袍，一只手拿一个石板，上面画着这个华丽的礼拜堂的平面图，她背后是圣亚努阿里斯的雕像。

第三个三角拱里描绘了坐着的基督接受圣亚努阿里斯的祈祷和代求，后者背后是那不勒斯城的其他守护者，他们的虔诚被表现为一个拿香炉的女性，将她的心献给上帝。慈爱正把钱币分发给两个贫穷的孩子。忏悔被描绘成一个裸体的男人，手里拿着绞成鞭子的绳子，提醒人们只有行好事才能获得庇护。

第四个三角拱里描绘了跪在云上的圣母，恳求基督赦免忏悔的人们的罪过。在她的请求下，一个丘比特拿走基督手里的剑，另一个把剑装进剑鞘。下方一个教士举着装有圣亚努阿里斯之血的圣物箱，并将之展示给人们看，他旁边放着圣亚努阿里斯的金色半身像，这个半身像就位于礼拜堂里。祈祷被表现成一个跪拜的女性，左手拿着圣母祈祷书和念珠，右手举着加尔默罗会的修士和修女们（Carmelite）用的肩布，因为那不勒斯城非常崇尚迦密山圣母（Virgin of Mount Carmel）。为了表现她的英勇，祈祷穿着一件胸甲，上面本来应该刻着美杜莎之头，在这里换成一个天使的头像。祈祷的旁边是忏悔，这是一个筋疲力尽的女性，正在用绳子鞭打自己的后背，以忏悔自己的罪过，她脚边的老虎象征她的罪。另一侧是一个戴头盔的年轻人，举着一面象征圣母的白色旗帜，上面写着圣灵感孕的铭文 SEMPER VIRGO DEI GENETRIX IMMACULATA（上帝之母，永保纯洁和贞洁）。这个年轻人表现的是勇敢无畏的信仰踩在加尔文和路德身上，他们赤裸着身子倒在地上，一个压着另一个，身下是他们写的渎神的书，上面有他们和聂斯托利（Nestor）的名字。

接下来要介绍的是礼拜堂拱门上方大扇形壁上的叙事性绘画，两幅在侧边，一幅在顶上，还有一幅大祭坛上方的圆形画。

在这幅圆形画里，圣亚努阿里斯和他的同伴们在波佐利的竞技场里，被判受野兽啃噬之刑。他们作为猎物被送到熊和狮子嘴边，但它们都温顺地躺在他们脚边，丝毫不愿伤害他们。站在中间的圣亚努阿里斯张开双臂，抬头望向天堂，其他人也跟着他一起祈祷，天上的基督赐予他们力量，为他们灌注神圣的光辉。在这幅圆形画的下面，两侧是另外两幅叙事性绘画。圣亚努阿里斯使提摩太（Timotheus）重见光明，后者因为虐待基督徒而失明，穿主教袍的圣亚努阿里斯浑身散发威严之气，一只手伸向天堂祈求基督的助力。在他的召唤下，提摩太从座位上站起来，双手摸索着，旁边一个怀疑的士兵把手伸到提摩太眼前，以验证他是不是真的看不见。在这幅画对面，圣亚努阿里斯被剥光了绑在拷问台上，高举过头顶的双臂吊在一个滑轮上，以便折磨他，让他骨肉分离。一个年轻的行刑人笑着把绳子扛在肩上，他的同伴一只手拿过一大把绳子给圣亚努阿里斯看，另一只手威胁他，试图让他感到恐惧。

入口左边那个大扇形壁里描绘的是准备殉教的圣亚努阿里斯从诺拉（Nola）被带到波佐利，同行的还有执事菲斯都（Festus）和德西德里乌斯（Desiderius），都被锁链绑着。[110] 从他们背后可以看见不敬神的提摩太得意扬扬地坐在马车里，一个牵马嚼子的士兵踢了执事菲斯都一脚，狠狠地把他往前推，而菲斯都低垂双眼，谦恭地传达他对基督的敬爱。中间的亚努阿里斯穿着主教袍，戴着主教冠，脚上锁着镣铐，抬眼望向天堂，似乎在向基督诉说什么，另一个士兵催促他快走，大力拉扯他身上的锁链。远处，另一个殉道圣徒正在经受折磨，一个行刑人正用手杖捶打他的胸膛。士兵队长下令往前行进，他转身朝向左边，身前是各种号角和旗帜，一个基督徒虔诚地跪在殉教的圣徒们面前，飞在空中的3个丘比特拿着棕榈枝和王冠。

对面那个扇形壁里描绘的是解救被撒拉森人（Saracen）围攻的那不勒斯城，圣亚努阿里斯从天而降保卫他的人民，击退驾驶无敌舰队围城的敌人。他飞在半空，右手拿长枪，左手做手势警告敌方粗野无知的国王，后者恐惧地回头看着他，双臂伸在身前，落荒而逃。国王的马车已经翻倒，一匹马倒在地上，另一匹马狂乱地后退，四周都是被击败后倒在地上的敌方士兵。在横尸遍野的敌人中，可以看到英勇的那不勒斯士兵们，其中一个士兵紧紧抓着敌人的头发，拿剑指着对方的喉咙，准备砍下他的头颅。最生动的是另一个愤怒的士兵，他用膝盖把一个敌人压在地上，同时用长矛指着另一个敌人的喉咙，对方一只手挡开长矛，躲过这致命一击，同时另一只手拿剑向对方刺去。战斗一直延伸到远处的陆地和海上，那不勒斯士兵们英勇地从城墙向船上的敌人发起攻击。

拱门顶端的扇形壁里描绘的是维苏埃火山（Vesuvius）喷发时的恐怖景象、惊慌地忏悔的人们，以及他们对圣亚努阿里斯可以守护自己的信赖。

画面远处是维苏埃火山，圣亚努阿里斯飞在半空为这座火山祈祷，他的头颅和圣血被抬着在那不勒斯城巡游，到维苏埃火山附近时，熊熊燃烧的火焰立刻就熄灭了。在画面中间，一个圣方济各会托钵僧跪在教堂第一级台阶上祈祷，劝告人们忏悔，把手里的基督受难十字架举给他们看，催促他们和圣亚努阿里斯一起祈祷。在他的下方，两个忏悔的信徒跪在地上，正在鞭笞自己赤裸的后背。他们中间有几个僧侣，其中一个扛着十字架，另一个低头看着手里的骷髅头。更下方是两个坐在地上的穷人，一个拿着钱包的富人在给他们分发钱财，我们只能看见这个位于画面左侧的富人的部分身体。在这些人的中间稍远处是一顶华盖，里面罩着圣亚努阿里斯的头颅和装有圣血的圣物箱，华盖的后面跟着大主教和教士们，长长的巡游队伍从他们前面一直延伸到远方的队首。在画面右侧，一个坐着的加尔默罗会修士在聆听忏悔，他把手放在一个忏悔者头上，赦免此人的罪过。另外两个男孩也跪在他面前忏悔，他们惊恐地转过身，其中一个指着一具被烧焦的尸体，尸体被绑在一根竿子上，两个男人抬着尸体，爬上教堂的阶梯，准备把尸体葬在教堂里。两个女人面露哀戚之色，对着一个被烧死的孩子哭泣，孩子的母亲恸哭哀号，单膝跪在地上，双手绞在一起，悲痛不已。这些十分自然的人物动作都是基于现实创作出来的，是多梅尼科于1631年亲眼所见，当时喷发的维苏埃火山烧毁了山林，在那不勒斯避难的居民们被火焰烧死，那不勒斯城也被灰烬掩盖，那景象实在惨不忍睹，人们都因为这迫近的危险而开始忏悔。这几幅叙事性绘画都有着丰富的构图、动作设计以及比真人更大的人物，其尺寸是35掌宽、18掌高，高度直达扇形壁顶端。

多梅尼科在礼拜堂的各个拱门上方画了其他比较小的叙事性绘画，以非常精致的镀金灰泥装饰隔开。这些样式精美的装饰一直延伸到穹顶的鼓座，多梅尼科亲自设计了灰泥装饰和线脚（moulding）部分，使礼拜堂看上去极其奢华。他接下来画了4幅祭坛画，这些祭坛画是画在金属薄板上的油画，用螺钉和螺栓牢牢地钉在墙上。[111]乌尔比诺的拉斐尔画的一幅圣母、圣哲罗姆和天使拉斐尔就从墙上掉下来过，这幅祭坛画以前在圣多明我教堂，后来被送去西班牙[112]；法托里（il Fattore）[113]临摹的基督变容图也掉下来过，其原作收藏在罗马的蒙托里奥圣彼得教堂[114]。由于这个礼拜堂呈希腊十字架式，除了中间独立的大祭坛，另外在侧翼还有两个祭坛，在穹顶拱门的墩柱位置还有4个较小的祭坛。在入口左边侧翼的大祭坛上，多梅尼科画了圣亚努阿里斯以及被屠杀的殉教圣徒们，其中一些人被斩首，他们的头颅和身躯摊在地上，另一些人正准备殉教。圣亚努阿里斯耐心地跪在地上，双手张开，等待行刑人的致命一击，行刑人站在他身边，正把剑从剑鞘里拔出来。背信弃义的提摩太也在场，他坐在王座上，残忍地看着这一切。其中一个较小的祭坛上画的是圣母显灵，圣母和圣亚努阿里斯在他位于贝内文托（Benevento）的墓地显灵，画面下方是蜂拥而至的众多病人，等着被灯油治愈。一个妇女把手指伸到灯油里，给一个枯瘦的年轻女子抹油，后者跪在地上，残疾的双手抱在胸前。她旁边是一个老人，正把灯油涂到他盲眼的女儿的眼皮上，让她重见光明。另一幅祭坛画是当画有圣亚努阿里斯画像的棺罩被放在棺材上时，一个年轻人从棺材里死而复生。从后方可以看见一个男人举着棺罩的双手，而那个复活的年轻人被他的母亲急切地抱在怀里，其他人物都生动地表现出惊讶之情，棺材手柄下方的一个被吓坏了的小男孩试图逃跑。[115]多梅尼科画了与这幅画成对的另一件作品，描绘的是圣亚努阿里斯下葬，圣徒的遗体被运到那不勒斯，残障人和穷人们都蜂拥而至，接受他的代祷求来的恩惠。

接下来要说到的是多梅尼科的经历，他这样高尚的人遭遇了种种不幸，可以说是美德被嫉妒摧毁的一个令人痛惜的例证。当他在罗马的时候，就已经因为艺术上的争论遭到他人嫉恨，去了那不勒斯后更是变本加厉，他在那儿过得非常不好，总是被担忧、怀疑、悲伤和逃避所困。他被召到那不勒斯这样一座伟大的城市，为一个有着奢华的大理石、雕塑、绘画和装饰的礼拜堂绘制作品，这个礼拜堂的宏伟程度不输给教堂，因此，提供给他的报酬也非常丰厚，而且他们还允诺事成后会给他一大笔赏金，就像他们郑重地接他来那不勒斯一样，到时候他和家人也会风光地回罗马。多梅尼科接受了这个邀请，因为他不满于在罗马的生活，理由在上文已经说道。然而，他的朋友们不同意这个决定，他们认为，像他这样在绘画上富有哲思的人需要安静的环境，他们还提到不久前朱塞皮诺和圭多的遭遇，前者不得不返回罗马，把为穹顶所作的草图留在卡西诺山，后者也被迫离开，因为他的学生被赶出宫殿。这些人的遭遇理应让多梅尼科警惕，不去参加这个已经开始动工的工程，从别的画家手里抢走这个工程会使他遭受他们的怨恨和愤怒，而事实也确实如此。多梅尼科坚持去那不勒斯，代理主教们不遗余力地展现他们对他的尊敬，他们不仅辞退了乔凡尼·巴蒂斯泰洛[116]、贝利萨里奥[117]及另外两个画家，还把这些人在礼拜堂的作品都拆毁了。对这些画家而言，这是一个致命的打击，因此他们团结起来，开始策划全面打压多梅尼科，不放过任何一个能让他不好受的机会。多梅尼科所作的第一幅三角拱壁画对外展出，当时由于维苏埃火山的喷发，人们纷纷涌进礼拜堂向圣亚努阿里斯祷告，他就发现了针对他的恶意攻击。这些人都联合起来对付他，为了败坏他的名声，他们和同伙混在人群里，大力批评和贬低他的作品，以小西班牙人[118]为首的这群人煽动别人对多梅尼科的恶意，说多梅尼科不是一个真正的画家，"连画刷是什么都不知道"已经算是他们最轻的嘲讽了。最严重的是，珍宝堂[119]的代理主教们也转而反对多梅尼科，他们听信他人的谗言，对多梅尼科的作品很不满意，就好像他不再是他们当初看重的那个画家。于是，从到达那不勒斯的那一天起，多梅尼科就备受折磨，在这种情况下他还能继续创作，真是不可思议。更不幸的是，总督[120]要委托送给西班牙王室的几幅画作，他希望多梅尼科能接下这些委托，尽管珍宝堂的工程让多梅尼科抽不出时间。为了避免留下话柄，多梅尼科以没有代理主教的批准不能接受其他委托为由，婉拒了总督的提议，而主教们为了讨好总督，宽限了礼拜堂的完工期限。在关于多梅尼科的众多谣言中，有一条贬低他的作画方式，声称他在创作时耗时耗力，以至于他画的人物缺乏优雅之美。他们把这个谣言说进了总督的心里，后者移走尚未完成的作品，这样它们就不会因为多梅尼科的过度打磨而失去美感。小西班牙人就住在宫里，享受着无上的优待，他检阅完这些作品后，多梅尼科再被召进宫里去完善它们，在小西班牙人的指挥下进行修改。多梅尼科就这样在愤怒和困窘中过着痛苦的生活，被总督逼迫的同时，还被代理主教们催逼着完成礼拜堂的工程，主教们完全无视起初的宽限，勒令他按期完工，不然就要把油画的任务委托给小西班牙人等画家，还要收回穹顶部分。这恰恰是那群人希望看到的结果，自己的抗议毫无成效后，多梅尼科决心不再忍受这些屈辱，既然没有其他选择，他不会继续过这种日子。反复权衡之后，他决定逃跑，逃离来得比他计划的还要早，当他被总督召唤时，他满腹怀疑，徒步走出城门，马匹已经备好，他和他的一个学生立刻骑马奔赴罗马，既不在乎盛夏时节的高度危险，也没有发现自己丢下了妻子和唯一的女儿，还有他的私人财产和作品，他甚至没有注意到自己的身体状况，他那过胖的身材并不适合旅途劳顿，他差点因此丧命。从一开始他就觉得不舒服，又感到恐惧和急迫，不得不多次停下来躺在地上喘口气，但他还是拼尽全力，日夜兼程，仅仅花了三天时间就赶到弗拉斯卡蒂，当天晚上就能到达罗马。他在阿尔多布兰迪尼别墅避难，那里景色十分优美，空气清新，在那期间他为阿波罗房间绘制了壁画。红衣主教伊波利托·阿尔多布兰迪尼（Ippolito Aldobrandini）[121]知晓此事后，派遣他的秘书安杰洛尼[122]在礼拜日以他的名义去拜访多梅尼科，多梅尼科和安杰洛尼十分要好，因此他一到这里就给安杰洛尼写了封信，信中提到他的不幸遭遇。这封信很是中肯，我有其原件，现将其摘录于此：

> 红衣主教阁下赐予我住处和食物，以满足我的生活所需，我对此万分感谢。您指示我去查验礼拜堂的壁画[123]，我会照您所说的去做，满足红衣主教阁下的所有要求。我将告诉您，我是如何仓促地做出这个决定，几乎日夜不停地赶路，心里只有疑虑和悲伤，仅用了三天时间就到了这里，本来我可以很快就到罗马，但我的身体状况非常差，我以为自己不会活下来。得益于上帝的帮助，还有贝尔维德尔的清新空气和阿尔多布兰迪尼家族还记得我这个人的这份善意，我活了过来，感受到安全和解脱。我想给红衣主教阁下写信，但我的文笔不好，请您代为传达，以弥补我的不足。我的遭遇之不幸是难以想象的，凭着上帝和圣亚努阿里斯的恩惠，我才坚持了下来，现在唯一的问题就是时间不够，我的最大不幸就是总督向我委托了几幅画作，我不情愿地接下了委托，他要求作为我的赞助人的代理主教们允许我接下这个委托，使我不受困阻，所以我才为他工作。当我请求为两幅已经完成的作品，以及另外两幅尚未动笔的作品延长时间时，总督和代

理主教们从未满足我的要求，直到代理主教突然通知我，他们决定收回祭坛油画的委托，我回答说他们这是想赶我走，他说："那你就走吧，但是你要想清楚了。"最后我说我希望我的合同依然有效，他回答说就算还有一百份合同，我也不可能拿到。然后他问了我一个问题："谁是那不勒斯城的主人？总督。就是这样。"第二天我被告知，总督大人给我的传话已经在来的路上了，我怀疑其中有诈，因为权势能随意否认正义。在那种情况下，为了维护我的名誉，我宁愿冒着生命危险，也不愿被羞辱，让其他人负责更好更容易的部分，而我只能做既不重要还浪费精力的事情。我很感激您为我提供住处，以及其他发自内心的善意，等我恢复得更好些，我就启程去罗马。最后，我愿为您所用，做您的仆人。贝尔维德尔，1634 年 8 月 1 日。

　　您最真挚的仆人，

　　多梅尼科·赞皮耶里

　　后来天气转凉，多梅尼科去了罗马，依然过得十分痛苦，无所事事地混日子，尤其是他的妻子和女儿还滞留在那不勒斯。最终，在红衣主教阿尔多布兰迪尼的交涉下，他的妻子和女儿可以离开那不勒斯，去罗马把多梅尼科接回去，保证他会尽快回那不勒斯完成工作。在罗马待的一年多时间里，他完成了为总督所作的一幅画作[124]，描绘了古罗马人的风俗，即葬礼的仪式之一，皇帝们被封为神明，还有一队随从，以及包括几个哭泣的妇女在内的其他人物[125]。然而，命中注定这位画家将在那不勒斯凄惨地死去，在那里被不幸吞噬，失去自己的才华和生命。回到那不勒斯后，他感到比以前更甚的无以复加的悲伤，连他的家人、男仆和女仆，甚至住在他家里靠他养活的一个妹夫都道德败坏了，谋划着要夺他性命，好让他的女儿在他死后成为唯一的继承人。这一切都是因为一个男人，此人急迫地想娶他的女儿，好霸占他的家产。多梅尼科非常厌恶他，他就用尽手段，企图让多梅尼科怒火攻心而死，或是通过其他方法来害他。他和那些与多梅尼科为敌的画家们联合起来，做了许多坏事，甚至不惜毁坏建筑[126]的墙面，他们唆使此人往灰泥里掺石灰，这样颜料很快就会剥落，事实也确实如此。当多梅尼科准备给一幅叙事性绘画做润饰时，他发现下面的灰泥里掺杂了石灰，从墙面上开裂并掉了下来，都碎成了渣，他把这个情况告诉了代理主教们，让他们亲手去摸摸看。这些都打击了他的意志，妨碍了他的创作，严重拖后他的进度，当时他已经完成了礼拜堂的其他部分，开始着手进行穹顶的工作，另外还剩一幅大祭坛画的油画。但他饱受怀疑的折磨，在自己的家里和家人中间都感到极度的不安，他不再相信他的妻子等人，吃饭的时候他害怕被下毒，要求随机交换食物。焦虑和痛苦侵蚀了他的生命，他逐渐虚弱，最终在 1641 年 4 月 15 日离世[127]，时年 60 岁。多梅尼科就这样去世了，被命运嘲弄，被嫉妒折磨。他从死前三年开始绘制穹顶，他去世后，穹顶的工程立刻被交给兰弗朗科，他的作品都被拆毁，因为有人认为这是他的学生所作，不应留下来。他的后人被要求归还酬金，他们几乎损失了 2000 个斯库多。多梅尼科写信告诉他的朋友们，说他还有一年就能完成工作，到时他一定会回罗马。他死后，他的一切努力也都付诸流水，小西班牙人拿到剩下那幅大祭坛画的委托。[128] 多梅尼科的遗体葬在他曾为之绘制过作品的大教堂，这对他而言是万幸，现在他无须再忍受痛苦，通往真福八瑞的道路向他敞开，而他的正义、纯洁和勇敢的品质一定会将他引向至福。他的葬礼和墓地并不气派，但有个人以他的语气写了如下诗句，以表悲伤：

Arte mea fuerim, quid prodest, alter Apelles,

Aequarim Zeuxim, Parrhasiumque manu!

Impar invidiae cecini, mortale sepultum est：

Post cineres vivit nescia fama mori.

（凭我的艺术造诣，我本应可以——属于我的荣誉——成为第二个阿佩莱斯。我的技艺本可以与宙克西斯[129]和帕拉西阿斯[130]比肩！不敌嫉妒，我过完一生，躯体埋葬于此，在我死后，我的名誉会胜过死亡，万世流传。）

在罗马，他的离世引发人们的悲痛之情，为了纪念他，除了葬礼，学院还发表了一个公共演讲，由一位学院人士乔凡尼·巴蒂斯塔·帕塞里（Giovanni Battista Passeri）[131]阁下写作并朗诵，此外还有悲伤的颂歌。

多梅尼科面色红润，眼睛碧蓝，面颊饱满，但鼻子非常小，这让他看上去非常不像个体面人，虽然他的花白头发令人肃然起敬。他会留心矫正自己身体上的缺陷。他天生走路内八字，就一个人练习脚尖朝外走路，形成习惯后，自然就改正了这个坏毛病。他留下了大约 2 万个斯库多的遗产，唯一的继承人就是他的女儿[132]，她在佩扎罗嫁了人。他的本性纯洁而高尚，又冷静、谦逊且温和，他毫不虚伪，为人低调，远离对手们的恶意中伤，尽管他越是回避，就越是会碰到这种人。他因其他画家对他的折磨而恸哭，但他既不在乎他们的批评，也不关心他们的赞美。有一次，他听说他们对他在珍宝礼拜堂的作品大放厥词，他说："太好了，这说明这些作品画得很好。"不仅如此，当他听说有的人赞美了作品中的某些人物，他说："看来我画得非常差，居然取悦了他们。"当一个朋友试着说服他不要那么执着于自己的理念，要迎合别人的趣味，他回答说他只为自己和艺术而创作。的确，多梅尼科的优秀作品都经过仔细的润色，他责骂年轻人只用寥寥几笔画素描，画颜料画时又一通乱涂，他的观点总是很严肃的，富有教育意义。他曾经认为对画家而言，好的线条必须先在头脑中形成，再通过手画出来。他提醒人们，在思考事物时不应依赖于第一眼的直觉，思想才能真正判断色彩，而不是视觉。他刚到罗马的时候就表现出自己的善于思考，他去观摩拉斐尔的壁画，在梵蒂冈宫待了很多个小时，晚上回去后向同住的弗朗切斯科·阿尔巴尼详细地描述雅典学院这件作品，滔滔不绝地详述它的优美，当阿尔巴尼问及其他作品时，他答道他还没有去看。阿尔巴尼对这个回答感到非常迷惑，问他何出此言，多梅尼科说他没时间去思考其他作品。他的习惯是在遇到伟人的作品时，停下来专注于其中一两幅，长时间地去揣摩思索，把它们深深印刻在自己脑海里。他说过，仅凭匆匆一瞥无法理解知识渊博的艺术家的创作成果，他们在上面花费了数年的漫长时间。当他创作的时候，在提起画笔之前，他会想好自己应该做什么，在脑中先构思出来，在此期间他会一个人默默待着，思考事物的形象。因此，他会好几天什么都不做，只是在自己的房间里独自走来走去，或是像通常那样把自己关起来。想清楚构图后，他会高兴地将其视为最重要的成就。从一场大病中痊愈后，他向圣方济各还愿，还答应给他的医生画一幅亚当和夏娃[133]，一年多过去后，医生再也等不了了，强硬地找上门去要，多梅尼科告诉他这件作品正进行到关键的地方，并给他看了草图，但医生对此很不满意，他原本希望能当场就把作品带回家。在为圣安德烈教堂作画时，神父们催着他赶紧完成后殿的壁画，一个月过去了，他还是没有出现在教堂里，他回复说他整天都在教堂里工作，神父们问他这是什么意思，明明他从来没有动过一次笔，多梅尼科回答说："我不停地在脑子里工作，我是在用头脑作画。"他会把自己的研究藏起来，也不让任何人看见自己工作时的样子，即使偶尔让某个朋友来，他也会暂时放下重要的部分，只做不太紧要的东西。他无法理解有的艺术家如何做到一边进行重要的工作，一边还能和别人闲聊，这只是在动手，不是在动脑子。他还说过在设计作品中的人物行为时，仅仅知道人物的情绪是不够的，更应该亲自加以体会，和描绘的人物感同身受，因此，有时别人会听到他自言自语，依据所画人物的情绪，发出相应的悲伤或喜悦的叫喊。出于这个原因，为了不让别人听到或看到，他习惯于一个人待着，小心翼翼地不被自己的学生或家人发现，有几次别人怀疑他疯了，曾经发生过让他非常尴尬的意外。有一件事值得一提，当他还是个学生的时候，他正在圣格列高利教堂画圣安德烈的殉教，阿尼巴勒去找他，发现门是开着的，看到他突然怒火冲天，愤怒地发出威胁声，阿尼巴勒退到一边，然后反应过来他是在表现那个用手指威胁圣安德烈的士兵，阿尼巴勒情难自禁地去拥抱了他，说："多梅尼科，我今天从你这儿学到了一课。"在准备壁画和油画的时候，甚至包括素描，他都会画出很详细的草图。当他实施自己出色的想法时，他会事无巨细地画草图，在纸上用炭笔画裸体、手、头和布料褶皱的写生，就像卡拉奇兄弟那样。对教堂委托的作品而言，他这样被创作的热情所驱使实在得不偿失，因为给的报酬非常低，而私人委托的作品能给他带来不错的酬劳。有一次，一个大人物降低给他的作品的报酬，而他为这件作品做了非常多的研究。有些人就是这样，他们在其他事物上可以大手大脚，对于那些高尚的东西，他们又变得极其贪财，无知使他们不能忍受自己为一幅画花上几百个斯库多。多梅尼科无法容忍这个人的吝啬，他想起阿尼巴勒的法尔内塞宫长廊作品只拿到 500 个斯库多的报酬，说："大人，您这是在将我置于不幸的境地。"他博览群书，总是极其认真地研究作品的主题，这一点可以从之前的描述看出来，比如，他是第一个用神殿里的象征和道德化身来表现四福音传道者和美德女神的人。他对叙事性绘画里的人物动作很感兴趣，当他觉得动作的表现力不够时，就会加以修饰，他还能找出表现中最难的部分，将灵魂和思想都展现出来，自拉斐尔之后，他的同代人里没有谁能像他一样做到这点。他在这方面的领悟力很强，而且他总是在思索事物的形象，记录表露在外的情绪，这种情绪只有在某个突然的时刻才能看见，在平常状态下是无法捕捉到的。这也是绘画最难的地方，如果人物的动作里没有灵魂，那它就只是没有生命力的模仿。多梅尼科就具有这样了不起的才能，所以别人对他的指责都是错的，他们说他毫无天赋，看他创作时的困难和费力，就说他只是靠着一股蛮力，连画一道衣褶、一个裸体线条都要费很大劲。确实，他在研究上耗费的大量时间让他不会只是动手，或是过度自信，觉得绘画里所有的东西都会了，对自己的作品沾沾自喜。所以，我们不应当指责多梅尼科和卡利马科斯（Callimachus）[134] 一样，是个勤勉过头的人，相反，他对艺术无尽的热爱一直都是很高雅的，从未被堕落和模仿所侵蚀。他在表现这方面有极高的天赋，可以说，在当今，再没有谁比他更擅长构思叙事性绘画。不仅如此，他在构图和绘画理论上也无人能及。有谁能比他画得更好吗？比如圣哲罗姆的油画、描绘圣塞西利亚生平的壁画，以及其他众多作品。有谁能像他那样画出这么高贵华美的四福音传道者像和美德女神像吗？若有人要把他逐出绘画行业，不妨想想尼古拉·普桑的话，他曾说过，在这个时代，多梅尼科在效仿自然和艺术创作方面是最优秀的画家。对于他在那不勒斯的那些作品，如果我们公正严明地加以判断，就会知道他没有任何可以指责的地方，除了穹顶三角拱壁画的构图，有些部分安排得太过拥挤，或是设计不够新颖，但其他壁画和祭坛画还是非常值得称赞的，为那座宏伟的礼拜堂和那不勒斯城增添了光彩，这些都是当地最一流的画作。

　　多梅尼科研究过建筑，对维特鲁威[135] 颇有见地，但他对建筑的过度关注对他而言是有害的，因为他又从建筑进一步延伸去学习半音（chromatic）和等音（enharmonic）的古代音乐，乔凡尼·巴蒂斯塔·多尼（Giovanni Battista Doni）曾经赞扬他在音乐上的造诣。[136] 他制作过新的乐器，尤其是一种等音的羽管键琴，用来实验新的和音，当时他没能将其付诸实践。[137] 他在那不勒斯的时候花了大量时间在这上面，如果他把这些时间都用在绘画上，也就不至于在没有完成画作的情况下就去世了。在戴蒂尼会神父马泰奥·扎克里尼（Matteo Zaccolini）的指导下，他在透视和数学上都有了很大进步，这位神父在这两个领域都很有建树，值得被人们纪念。[138] 虽然多梅尼科对建筑很有研究，但他从来没有机会为后人留下任何自己设计的建筑。他为圣依纳爵教堂（church of Sant'Ignazio）设计过几个方案，画了平面图和正面图，这个教堂是红衣主教卢多维西为耶稣会神父们在罗马而建的，几个神父去他家里见他，告诉他无须费心，因为他们准备遵循耶稣教堂的样式，这所最早的教堂非常精美，为其他教堂提供了典范。多梅尼科回答说他们应该会想要两个方案，而他很乐意为他们提供第二种方案，但最终还是白费力气。这个教堂里环绕礼拜堂的柱子是他设计的。[139] 他曾担任教皇宫殿的建筑师[140]，设计过圣彼得镣铐教堂里红衣主教塞加的墓碑[141]，以及特拉斯提弗列圣母教堂的天顶[142]，也设计了圣母教堂里位于大祭坛左边的圣母礼拜堂，这个礼拜堂当时没有完工，因为他去了那不勒斯，在隔层上还留有一个他亲手绘制的正在抛洒花朵的普托[143]。兰切洛蒂宫（Palazzo Lancellotti）带有石灰华栏杆的大门[144] 也是他的作品，还有卢多维西花园（Ludovisi gardens）的雕塑林[145]。他非常擅长用灰泥装饰来美化自己的作品，这也很值得称赞。

　　还需要提到的是他在罗马的两幅大祭坛画。一个在圣彼得罗尼乌教堂，描绘了坐在金色宝座上的圣母，宝座位于一个大理石祭坛上方，两边是正在演奏音乐的天使们。圣母的姿态极其优美、纯洁且端庄，她左手放在一本书上，右手伸向圣子，圣子靠在她的膝上。画面下方是圣彼得罗尼乌和圣约翰，他们后面是一个栩栩如生的普托，一只手举着圣餐杯，由于害怕那条缠在圣餐杯上的蛇而把另一只手往后缩。[146]另一个是圣彼得大教堂的大祭坛画之一，表现了圣塞巴斯蒂安的殉教[147]，圣塞巴斯蒂安被绑在一根木头柱子上，柱子顶端有一个铁环，从铁环穿过去的绳子从他的腋下把他吊起来。他高举右手臂的同时左腿往后伸，两只脚都被绳子绑着。在后面的一个梯子上，一个士兵正把圣塞巴斯蒂安的罪名牌"基督徒塞巴斯蒂安"（SEBASTIANVS CHRISTIANVS）放在他头顶的位置。这个士兵前面是另一个穿锁子甲的士兵，他站在一个小木桩上，膝盖抵在木头柱子上，一只手拉绳子，另一只手指向地面，让一个年轻人递给他更多绳子。两个弓箭手在旁边待命，从地上捡起箭袋和弓箭。在另一头的画面左侧，士兵队长骑的马用后腿站起来，队长扬起指挥棒驱散人群，几个人害怕地蜷缩着往后退。一个天使拿着棕榈枝，把王冠放在圣塞巴斯蒂安的头上。在画面上方，张开双臂的基督被吹奏号角的天使们簇拥着。在罗马还有药剂师圣洛伦佐教堂（church of San Lorenzo degli Speziali）的一幅祭坛画，描绘的是被天使们膜拜的圣母子，下方还有圣安德烈和圣雅各。[148]但这幅祭坛画被某个人磨坏了，他坚持用粗暴的方式清理画面，以至于现在一个人物的脸都看不清了。由于那些处理的人的过度自信和鲁莽冒失，还有那些把作品交给他们处理的人的愚蠢，众多伟大作品就这么被毁掉了。在这个祭坛上还留存着灰泥装饰，上面两个胸像柱是依照多梅尼科的模型所作，他很擅长制作浮雕。在胜利圣母教堂保存着圣母的半身画像，她抱着圣子，把玫瑰递给他，圣子坐在一个置于大理石基座的枕垫上，手里拿一朵玫瑰。[149]

在罗马城外的沃尔泰拉城，大主教英吉拉米（Inghirami）的礼拜堂[150]里有一幅圣保罗皈依，画中士兵装束的圣保罗从马上摔下来，两条腿还扬在半空，双臂张开，望向从天堂召唤他的基督。一个士兵用手臂环绕他的肩膀扶住他，他的马挣扎着从地上站起来，后面另一匹马用后腿站起来，试图挣脱缰绳，被一个马夫拉住了。马夫踩着了一个士兵，后者用盾牌挡住自己。在巴勒莫的圣方济各教堂有另一件多梅尼科的作品，画中的守护天使用盾牌保护灵魂，同时手指天上的天父。[151]多梅尼科把灵魂描绘成一个虔诚的小女孩，她双手合十，抬头望向天堂，另一侧地上的恶魔试图掳走她，却不敢伸出手，另外还有一个雕刻成古典样式的大理石墓碑。多梅尼科为私人绘制的油画作品很少，因为他的精力都花在了壁画上。接下来要介绍的是几件已知的他绘制的私人作品。奥尼亚特（Oñate）伯爵在罗马担任天主教国王的大使时，委托多梅尼科画了示巴女王向所罗门王献上奇珍异宝的故事。[152]在画中出现的其他人物中，一个女官令人印象深刻，她端着一个装了示巴的香水的罐子，揭开盖子，把罐子递给一个侏儒闻，后者因香水的精致味道感到诧异，惊奇地嗅着香味。

图6-1 鲁本斯：《基督下十字架》，1612—1614年，板上油画，421cm×311cm（中心板），
421cm×153cm（侧板），圣母大教堂（安特卫普）

图6-2 鲁本斯：《博士来拜》，1624年，
板上油画，447cm×336cm，安特卫普皇家美术馆
（安特卫普）

图6-3 鲁本斯：《玛丽·德·美第奇在马赛港
靠岸》，布面油画，1623—1625年，394cm×295cm，
罗浮宫博物馆（巴黎）

图7-1　安东尼·凡·戴克：《哀悼基督》，年代不明，布面油画，115cm×208cm，安特卫普皇家美术馆（安特卫普）

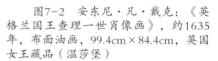

图7-2　安东尼·凡·戴克：《英格兰国王查理一世肖像画》，约1635年，布面油画，99.4cm×84.4cm，英国女王藏品（温莎堡）

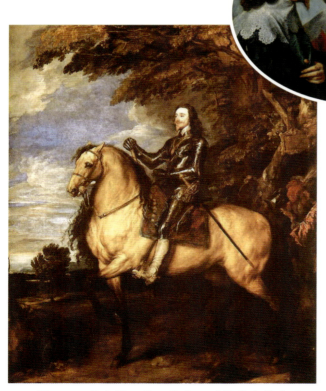

图7-3　安东尼·凡·戴克：《马背上的查理一世》，约1635年，布面油画，365cm×289cm，伦敦国家美术馆（伦敦）

图7-4　安东尼·凡·戴克像

图8-1 弗朗索瓦·迪凯
努瓦：《圣苏撒拿》，1630—
1633年，大理石，洛雷托圣母
教堂（罗马）

图8-2 弗朗索瓦·迪凯努瓦：
《圣安德烈》，1629—1633年，大理
石，高450cm，圣彼得大教堂（梵蒂
冈城）

图9-1　多梅尼基诺：《圣
哲罗姆最后的圣餐》，1614年，
布面油画，419cm×256cm，梵
蒂冈美术馆（梵蒂冈城）

图9-2　多梅尼基诺：《被带到亚历山大面前的蒂莫克莉亚》，约
1615年，布面油画，114cm×153cm，罗浮宫博物馆（巴黎）

图9-3　多梅尼基诺：《狄安娜和宁芙仙女们》，1616—1617年，布面油画，225cm×320cm，博尔盖塞
美术馆（罗马）

另一件关于亚当和夏娃的作品也非常精美[153]，他们犯了罪后，天父从他们上方的云里现身并降下惩罚，他们为赤身裸体感到害怕和羞耻，亚当为自己开脱罪责，他痛苦地俯下身，双手伸向夏娃，指责她引诱自己犯罪，而夏娃退到一旁，指着地上的蛇控诉它，为了表现出他们已经从纯洁转向堕落，一头凶猛的狮子从一只温顺的羊羔身边离开。他为曼图亚公爵画了里纳尔多和阿尔米达的故事，就像塔索所描述的那样[154]，阿尔米达看着镜中的自己，正把自己的头发弄卷。他为红衣主教桑西（Sansi）画了一件作品，圣塞西利亚在天使们的和声下演奏风琴。[155]为了讨红衣主教蒙塔尔托的欢心，他画了一幅关于蒂莫克莉亚的故事的椭圆形画作（见图9-2），画中人物的高度不超过2掌[156]，她被带到亚历山大面前，因为她杀了一个士兵队长，此人掠夺她的财产，还侵犯了她。她的双手被绑在身前，浑身散发高贵的不屈气质，一个士兵指着她，向亚历山大控诉她的罪行，而亚历山大坐在金色王座上，一只手伸向她以示安抚，示意她可以说话了。她年幼的孩子们跟在她身后，一个哭泣的孩子和他的姐姐被一个士兵领着，旁边另一个士兵抱着一个小婴儿，一个双手反绑在身后的男孩被一个士兵抓着头发往前拖，远处是胜利的军队进城。红衣主教卢多维西收到一幅花环画，多梅尼基诺在花环里画了3个小丘比特，中间的丘比特坐在战车里，手拿他的弓箭和驾驭鸽子的缰绳，另外两个丘比特飞在空中，其中一个在抛洒花朵，另一个把手放在花环上，嬉戏的模样非常惹人喜爱。[157]他为红衣主教博尔盖塞画了一幅女先知（Sybil）的半身像[158]，以及一件关于狄安娜和宁芙仙女们的射箭比赛的大幅画作，这件作品的构图和手法都令人惊叹[159]。

狄安娜的狩猎

这件作品为我们呈现的是阿卡迪亚（Arcadia）这片乐土，山清水秀的风景中是狩猎的仙女们和头上有一轮弯月的最纯洁的狄安娜，她走下她那星光熠熠的战车，再去看看吕开俄斯山（Lycaeus）和厄律曼托斯山（Erymanthus）美丽的乡间景色（见图9-3）。她寻找逃跑的雌鹿留下的踪迹，猎杀树林中凶猛残忍的野猪，牧羊人们为此向她献上头骨和花冠，他们将这些神圣的祭品供奉在最古老的树上。但是，在这件表现各种狩猎技能的作品里，牧羊人是作为仙女们的狩猎比赛的旁观者出现，看看她们之中谁能最精准地射中目标。在画面前景的底部是一条清澈见底的小溪，流过的溪水形成一个小水塘，这条小溪不是来自好色的阿尔斐俄斯（Alpheus）[160]，而是属于狄安娜的纯洁之水。不远处的岸边有一个美丽的小山丘，山丘后面是一片郁郁葱葱的树林，树林那头是优美的乡间风景，点缀着小山和青枝绿叶，这片风景一直延伸到远方，远处的山是和天空一样的蓝色。作为狄安娜追随者的宁芙仙女们聚集在这里，她们不再悠闲地打发时间，跳着多情的舞蹈，而是专注地展现自己的各种技能。她们伸展自己贞洁的身体，有的在奔跑，有的在摔跤，还有的在追逐后去小溪里游泳，用清澈的溪水洗去身上的汗水和灰尘，在剧烈的运动之后，这不失为清凉提神的好方法。不过这天的重头戏是射箭比赛，目标是拴在一根高高的竿子上的野鸟。狄安娜站在山丘上，用奖品激励她的追随者们，其他仙女在她旁边观看这场比赛。在右侧河岸上，弓箭手们聚在一起，敏捷地做出准备姿势，她们光着脚，露出部分身子，有的光着臂膀，有的露着肩膀和胸脯。如果你也想做这场比赛的旁观者，打量狄安娜的模样，那你无须害怕阿克泰翁所受的惩罚，因为这是绘画赐予的礼物，让你可以随意享受视觉的愉悦。瞧瞧岸边那些专注比赛的仙女们，其中 3 个单膝跪在地上，另外两个站在后面，她们通过抽签得以作为头一批参赛者。看哪，在她们对面，那只作为目标的田凫从半空掉了下来，它的双脚还被绑着，其中一支箭射断了绳子，只有绳结还留在竿子顶上。田凫掉下来的同时，另一支箭射穿了它的头部。很容易就能辨别出每支箭都是谁射的，一个仙女还伸着手臂，一只手拿着弓弦已经松下来的箭弓，另一只手撤回来，就是她的箭射中了田凫的头，看起来就好像那支迅疾的箭刚刚才从弓弦射出去。她的眼睛还在瞄准目标，那只撤回来的手臂遮住她的脸颊和嘴，同时露出她的胸脯。她的整个上半身都是赤裸的，外袍在她的股间打了个结，红色披风在风中飞扬。作为这场比赛的胜者，她将会获得无上的荣耀。站在她旁边的同伴指着掉下来的田凫，可以看出来就是她一箭射断了绳子，她伸出左脚和拿箭弓的左手，但右手没有拿箭。她露出半边肩膀，身穿一件绿色袍子，面露喜色，因为她也会得到奖励，而且她明确表明了自己是个训练有素的弓箭手，她的头发用一根金色发带束起来，证明她刚赢得了另一场比赛，她的英勇赢得了别人的赞赏。另外三个仙女蹲在地上，蹲得最低的那个仙女一只手从背着的箭袋里拿出一支箭，另一只手平举着弓，瞄准那只掉下来的田凫，好在它掉在地上之前也射中它。她那珍贵的箭袋是狄安娜赐予的礼物，上面刻着一只正在追逐一个逃跑的女人的猎犬。她后面的一个同伴左手拿弓，右手张开[161]，焦急地看着掉下来的田凫。最令人赞叹的是另一侧的第三个仙女所表现出来的情绪，她非常恼火，举起一根手指，面色不善地看着胜利的弓箭手，似乎想和她比试一番，对比赛的结果提出质疑，但她的企图注定落空，因为狄安娜已经在欢呼了，高举的两只手拿着一个箭弓、一条金腰带和一个闪着金光的泰尔紫（Tyrian）材质的箭袋。在竿子顶上还插着一支箭，离目标很近，但还是没中。

所有的弓箭手都会得到奖励，在狄安娜后面有一个举着竿子的仙女，竿子顶端的圆环上挂着一个能在狩猎时响彻整个树林的金号角、一个用来投掷的长矛，以及一条装饰华丽的腰带，狄安娜会把这些相对而言没有那么贵重的奖品根据各人的表现分发给她们。这些人物表现的是激烈的射箭比赛，而那些前景里的人物要更轻松快活一些，我们越是近距离地观赏她们，就越觉得她们令人愉快。最生动的就是那只扑上前去想要咬田凫的狗，但是一个仙女抓着它的项圈把它拉了回来，这个仙女侧面对着我们，手臂和身子都使出全力，拽着那只毛毛躁躁的摩洛希亚狗（molossian），它吠个不停，凶猛地直起前身，努力想挣脱束缚，另一只狗站在岸边，正把舌头伸到小溪里喝水。在更靠近前景的岸边坐着另一个仙女，她几乎全裸，微微侧过身去，展示她柔美的侧面，她抬起一只脚，脱掉中筒靴，准备下到小溪里去沐浴。另外两个仙女在水池里嬉戏，其中一个仙女上身朝后仰，两手撑在身后，让自己仰躺在水里，她慵懒地袒露着胸脯，身体半浸在水里。另一个仙女从胸脯往下的身体几乎都隐藏在水下，她把那只掉下来的田凫指给同伴看，但后者太过享受清凉的溪水，完全没有注意到她在说什么，这个以正面示人的仙女看起来非常惬意。这两个仙女似乎刚才还在狩猎，现在正休息一下，因为不远处有两个返回的仙女，她们肩上扛着一个倒吊在竿子上的雌鹿，后面跟着猎犬。更远的小山丘上，另一个仙女在吹号角，召唤其他猎犬加入狩猎。山丘顶上是几棵笔直生长的树木，因为距离太远，这些树看着很矮小，两个仙女正在练习摔跤，即使在这个距离下，我们还是能清楚地看见她们的手臂动作。在山丘下面，另外两个仙女在赛跑，伸展着四肢。注意看画面最右侧的角落，两个年轻的牧羊人正鬼鬼祟祟地藏在灌木丛里，从枝叶里稍微探头往外看，其中一个全神贯注地看着水里那两个赤裸的仙女，另一个把一根手指抵在嘴唇上，示意我们要保持安静，所以我们也和他们一样悄悄地看着这件作品，用永恒的赞美歌颂多梅尼科。

多梅尼科在描绘风景时非常用功，谨慎地做选择，恰当地安排场景，用完美的技巧绘制画中景色，他还会幽默地表现风景中人物的神情。在隆达尼尼的府上有一件他的小幅作品，描绘的是在一条小河上，船夫正把小船靠岸，岸上有一个妇女拿着一篮子螃蟹，她蹲在地上，指着一个因为被螃蟹夹到手指哇哇大哭的小孩，螃蟹还吊在他的手上。她后面是一个拿着鳗鱼的渔夫，正准备把鳗鱼塞到她背后的衣服里，他竖起一根手指在嘴边，示意一位夫人保持安静，这位夫人和她的丈夫一起到河边来闲逛。在另一幅风景画中，他描绘了一个哭泣的孩子，因为孩子把一瓶葡萄酒弄洒到泉水里，水和酒混合后变成了红色。[162] 阿尼巴勒·卡拉奇非常喜爱这幅小画，买下之后他说："我还从来没有为了这么点儿染色的水付这么多钱。"在卢多维西宫里有他画的两件小幅风景画[163]，一幅是赫拉克勒斯击败公牛[164]，这个人物虽然尺寸很小，但在艺术化的处理后显得非常英勇，裸体的赫拉克勒斯头上披着狮子皮，抓着公牛的一只角，强硬地把它的头摁在地上，旁边还有惊叹不已的吕科墨得斯王（King Lycomedes），画中有树木、悬崖、流水和放牧的牛群，这个场景的每个部分都经过精心挑选，描绘得十分自然。对应的另一幅是赫拉克勒斯拖拽已经被他杀死的卡居斯（Cacus），他拽着卡居斯的一只脚，把后者从洞穴里拖出来[165]，牧羊人们跑过来迎接他，他身后的一个牧羊人用一只手打着手势呼唤其他人。洞穴上方是阿文丁山（Aventine），对面就是台伯河，牛群正在悠闲地吃草，站在河岸上喝水。这两幅风景画非常优美，因而和其他优秀的作品一起被呈给国王陛下[166]，包括卢多维西花园里那幅画着3个小丘比特的花环画。

除了在我们的书中可以看到的很多珍贵素描，多梅尼科的其他习作是卡洛·马拉蒂阁下的藏品，他对多梅尼科的博学和才能非常赏识，收藏了一大批叙事性绘画的草图、素描以及人物写生，这些习作的完成度之高在其他画家中是很少见的。其中有一幅非常精美的大幅椭圆形草图，画的是圣母在一群天使的簇拥下升到天父、基督和圣灵面前，这幅草图画得很完整且完美。[167]

最后还要提到的是多梅尼科信件的一些片段，此处没有引用全文，因为里面包括了无关的商业信息等事。

致弗朗切斯科·阿尔巴尼阁下，博洛尼亚：

最近没有什么必要的社交活动分散我的注意力，我大胆尝试了一下音乐，为了能听到乐曲，我开始自己着手制作乐器，我已经制作了一个鲁特琴和一个羽管键琴，现在正在做一个能弹出全音、半音和等音的竖琴，还从来没有人能做出这样一种竖琴。[168]但是由于这种竖琴对现在的音乐家而言是全新的东西，我还没找到会弹奏它的人。我很遗憾亚历山德罗阁下[169]已不在人世，他曾说我不会成功，因为卢扎斯科（Luzzasco）之前就尝试过[170]。在那不勒斯有韦诺萨亲王（prince of Venosa）[171]和斯特拉（Stella）[172]这两位顶级的音乐家，他们也没能发明出来。如果回到博洛尼亚，我希望能制作出这样一种风琴。那不勒斯，1638年12月7日。

致弗朗切斯科·安杰洛尼阁下，罗马：

我很感激您告知我最近在科尔托纳展示的新作品，其他人总是对您的见解漠不关心，但真正有用的见解来自会说真话的饱学之士，而他深知自己的职责所在，也就敢于批评别人的作品。知道了这幅叙事性绘画的主题后，我觉得很有兴趣，我听说这是布拉奇奥里尼（Bracciolini）的想法，获得了教皇的赞赏。[173] 根据我所知道的信息，我认为这是个不够好的主题，它更适合世俗的君王。我不知道您对此作何感想，我无权做判断，先就只说这么多，我听从您的看法。亲吻您的双手。那不勒斯，1640 年 9 月 1 日。

同上：

　　关于我就这样匆忙结束，对作品不作更多感想一事，我对您的回答是，虽然我不认为自己是个天才，但我觉得有见识的艺术家通常对自己的作品不是那么有热情，而那些见识很少的艺术家会很满意。这是因为他们先在头脑中构思作品，由于力有不逮，无法把脑中的构思完全展现出来，因此他们总是不满意的，认识到完成的作品和自己构想的不一样。相反地，那些所知甚少的人会很高兴，因为他的作品比他想的还要好，无知让他能够接受自己创作出来的缺陷之物。

同上：

　　（关于）您在另一封信里提到的别人对圣彼得大教堂祭坛画的意见[174]，他们觉得画面的下半部分画得太满，我不能认同，因为这是基于我的见解，也是这个主题的传统表现方式。他们应该对画面的上半部分发表点看法，跟您说实话吧，我本打算在那儿加上些云彩，但时间不够了，我急着赶来那不勒斯，没来得及在没有脚手架的情况下从下面好好审视一番，也没有做些修饰，我把这个任务交给了其他人。我很想再跟您多说一点，但灰泥还在等着我，我已经开始绘制穹顶了。[175] 那不勒斯，1638 年 6 月 12 日。

同上：

　　我本来期望着乔凡尼·安多尼奥·马萨尼[176] 阁下到达罗马后，能找到阿古奇教士写的著作，这本著作是我们一起住在府上[177] 时他写的。我试着学习罗马、威尼斯、伦巴第以及托斯卡纳地区大师们的风格，要不是您的帮助，我肯定进行不下去。我有两本关于绘画的书，分别是莱昂·巴蒂斯塔·阿尔贝蒂[178] 和乔凡尼·保罗·洛马佐

（Giovanni Paolo Lomazzo）[179] 所著，但是我离开罗马的时候把这两本书和其他东西一起弄丢了，可否麻烦您帮我留意一下，看这些书现在还能不能买到？我不确定是不是洛马佐说过，素描是绘画的质料，色彩是绘画的形式[180]，我认为恰恰相反，素描才是绘画的本质，精准的轮廓才称得上形式，我也不认为素描只关乎数量的限度和测量，而且没有素描的色彩根本不成形。我还记得洛马佐说过，人们不可能通过一幅人物素描写生就认出来画的人是谁，只有加上生动的色彩才有可能[181]，这也是错的，阿佩莱斯用炭笔画了带他来宴会的那个人的肖像素描，托勒密王（King Ptolemy）惊奇地只通过这幅素描就认出那人是谁。[182] 对雕塑而言亦是如此，雕塑根本没有颜色。他还说过，如果想画出一件完美的作品，这件作品应当以亚当和夏娃为主题，米开朗琪罗画亚当的线稿，提香上色，拉斐尔画夏娃的线稿，科雷乔上色。您看，这就是搞不清重要原则的人得出的结论。[183]

安德里亚·卡玛塞（Andrea Camassei）从他的家乡贝瓦尼亚（Bevagna）搬到罗马，在多梅尼科的教导下学到很多东西，他从一众年轻画家中脱颖而出，在绘画行业大有作为[184]。他一举成名的作品是长廊拱顶的壁画，是红衣主教本蒂沃利奥委托他在卡瓦洛山的宫殿作的，现在这个宫殿属于曼奇尼公爵。[185] 画中的朱庇特正和丘比特商量他的婚事，指向后面拿着一个小花瓶的普赛克。画面一侧是坐在云端金色战车里的朱诺，西风神朝她吹着微风，天空中的小丘比特们也在用嘴吹着风，宁芙仙女们袒露胸脯，墨丘利从天而降去召集众神。画面另一侧是也坐在金色战车里的维纳斯，旁边是云端上的美惠三女神和丘比特们，跟在后面的伏尔甘看着两个从他手里抢过锤子的丘比特。[186] 同样地，他在四喷泉的巴贝里尼宫的两个房间拱顶上绘制了壁画，分别描绘了被创造出来的天使们、在天使们中间的光芒之中的天父[187]，以及帕纳塞斯山的阿波罗和缪斯女神们，被击败的命运三女神在地上沉睡，还有不朽的英雄们[188]。他为托钵僧教堂[189] 画了一幅圣母怜子图，还为圣彼得大教堂画了一幅叙事性绘画，画中的圣彼得在监牢里为圣博策苏和圣马蒂尼安主持洗礼。[190] 在拉特兰洗礼堂（Lateran Baptistery）有他画的两幅叙事性绘画的壁画，分别是君士坦丁的战斗和胜利。[191] 在罗马及其他地方还有他的其他作品，所有这些作品都为他赢得了优秀画家的名誉。

安多尼诺·巴尔巴隆嘉[192] 从墨西拿来到罗马，在多梅尼科门下学习，他在圣希尔维斯特教堂[193] 的戴蒂尼会礼拜堂绘制了壁画，描绘的是圣卡耶坦，他旁边是一个拿着律令之书的天使。圣卡耶坦一只手举十字架，另一只张开的手伸向被天使们簇拥的天父。两个小丘比特捧着稻穗和一串串葡萄，象征上帝恩赐的食物。[194] 在圣安德烈教堂的祈祷室有一幅他画的圣母升天图。他后来回到墨西拿，凭自己的能力收获了荣誉。

注释

[1] 读者须知：对于那些仍然保留在原处的作品，其所在地点在注释里不再赘述。

[2] 公元前 5—公元前 4 世纪的古希腊画家。

[3] 公元前 4 世纪的古希腊画家和青铜雕塑家。

[4] 巴格利奥尼（1642 年），第 381 页记载了多梅尼基诺的出生日期是 10 月 28 日。根据马尔瓦西亚（1841 年），第 2 卷，第 219 页，他出生于 10 月 21 日。贝洛里之前的关于多梅尼基诺的传记可见于巴格利奥尼（1642 年），第 381 - 385 页。也可参见曼奇尼（1956 年），第 1 卷，第 243 - 244 页；斯堪内里（1657 年），第 354 - 355 页；帕塞里（1934 年），第 19 - 71 页；《美的理念》，第 2 卷，第 321 - 325 页。

[5] 多梅尼基诺的哥哥加布里埃莱（Gabrielle）在一个学院学习绘画，这个学院由弗莱芒画家丹尼斯·卡尔瓦特（约 1540—1619 年）于 1575 年创立，卡尔瓦特大约在 1560 年从安特卫普去了博洛尼亚。

[6] 在接受艺术训练之前，多梅尼基诺、阿尼巴勒·卡拉奇、阿戈斯蒂诺·卡拉奇、圭多·雷尼和弗朗切斯科·阿尔巴尼都参加了文法学院（scuola di grammatica），在那里接受人文教育【参见德姆西（1980 年），第 559 - 564 页】。

[7] 参见注释 5。

[8] 弗朗切斯科·阿尔巴尼（参见附录）在 1592 至 1593 年间离开卡尔瓦特的学院，加入卡拉奇兄弟的学院。圭多·雷尼在 1594 至 1595 年间也换了学院。

[9] 大约在 1582 年，阿戈斯蒂诺与阿尼巴勒·卡拉奇在卢多维科·卡拉奇的工作室创办了一所学院，称作求知学院（Accademia de'Desiderosi），而卢多维科是三人中唯一一从属于当地画家行会的。大约在 1590 年，学院改名为启程者（Incamminati，即 "已启程之人"）学院。

[10] 即小多梅尼科（little Domenico）之意。

[11] 阿尔巴尼于 1601 年秋天离开博洛尼亚去了罗马。根据马尔瓦西亚（1841 年），第 2 卷，第 221 页，多梅尼基诺在阿尔巴尼离开半年后也去了罗马。

[12] 即圣普拉塞德（S. Prassede）修道院，在修道院监护人、红衣主教保罗·埃米利奥·斯冯德拉托（Paolo Emilio Sfondrato，1560—1618 年）的准许下，阿尔巴尼和圭多·雷尼都住在那里。——原注
此处的人名拼法和《圭多·雷尼传》注释第 30 条的 Paolo Emilio Sfondrati 有略微差异，

特此注明。——译注

[13] 多梅尼基诺在法尔内塞宫长廊的壁画作品没有相关记载。《珀尔修斯和安德洛墨达》及下方的《三个俘虏》《处女和独角兽》《狄安娜和卡利斯托》《惩罚卡利斯托》《伊卡洛斯的坠落》，还有长廊两端尽头的四美德女神像，这些作品全部或者部分被认为出自多梅尼基诺之手，但这些壁画究竟是多梅尼基诺还是别人所作，多大程度上基于阿尼巴勒·卡拉奇的构图，至今没有达成共识。

[14] 穿过朱利亚街，在法尔内塞宫后面，红衣主教奥多阿尔多·法尔内塞所建的花园敞廊和别墅里，多梅尼基诺画了3幅壁画：面朝河边花园的柱廊顶上的《阿多尼斯之死》，一个房间天顶上的《那耳喀索斯》，另一个房间天顶上的《阿波罗和雅辛托斯》。这三件作品在1816至1826年间被彼得罗·帕尔玛罗利（Pietro Palmaroli）分离下来，并安置在法尔内塞宫。

[15] 关于乔凡尼·巴蒂斯塔·阿古奇，参见附录。

[16] 曾经在无忧宫画廊，普鲁士宫殿及园林基金会，柏林-勃兰登堡州，波茨坦，在二战期间失踪。这件作品的主题是《从牢狱中被解救的圣彼得》（*Liberation of Saint Peter from Prison*）。圣彼得镣铐教堂圣器收藏室的那件作品是用来替换原作的17世纪临摹作，原作被带到法国，18世纪被无忧宫收走。

[17] 红衣主教们在罗马的各个教堂领受他们的头衔，吉罗拉莫·阿古奇就是在圣彼得镣铐教堂【译成英文即为"戴镣铐的圣彼得"（Saint Peter in Chains）】。

[18] 根据帕塞里（1934年），第24页，1604年8月1日，在圣彼得的镣铐对公众展示的斋日，这件作品对外展出："位于通往（圣彼得镣铐教堂）圣器收藏室的门的正上方。去教堂参加斋日的人们看到这幅画时都啧啧称赞，很多人都把它误认为阿尼巴勒·卡拉奇的作品……作为圣彼得镣铐教堂名义上的所有人，红衣主教吉罗拉莫也受邀在斋日去了教堂。到教堂之后，他看到骚动的人群，发现那幅引起骚动的画作。他停下脚步欣赏，听着旁人的赞美，内心感到十分满意，便询问高级教士阿古奇创作者是谁。事情都按阿古奇的计划发展，他立刻回答说，创作者就是那个被引荐到自己府上、红衣主教要赶走的流氓无赖。红衣主教诚心悔过，为自己没能看出多梅尼基诺的天分而道歉……（而且）他成为多梅尼基诺的忠实拥护者和守护人。"

[19] 这个站着的守卫的脸上有胡子。

[20] 也可参见曼奇尼（1956年），第1卷，第243页；巴格利奥尼（1642年），第382页；帕塞里（1934年），第24-25页。

[21] 1605年4月27日。

[22] 也可参见曼奇尼（1956年），第1卷，第243页；第2卷，第144页，注释1037。巴格利奥尼（1642年），第384页，以及马尔瓦西亚（1841年），第2卷，第222页指出，多梅尼基诺在墓棺底座上刻了两个公羊头。根据贝洛里和帕塞里（1934年），第66页，他只刻了一个。

[23] 巴伐利亚国家绘画收藏馆，施莱斯海姆新宫国家美术馆，慕尼黑（Bayerische Staatsgemäldesammlungen, Staatsgalerie im Neuen Schloss Schliessheim, Munich）。斯皮尔（1882年），第130-132页，目录8，以及《多梅尼基诺》（1996年），第380页，目

录6认为，收藏在罗马的多利亚潘菲利美术馆的那幅《苏撒拿与两个长老》是多梅尼基诺住在阿古奇府上时所画，而贝洛里认为，这是兰弗朗科依据阿尼巴勒·卡拉奇的一件已遗失的作品所绘的临摹作。然而，德·马尔奇（2001年）可信地指出，多利亚潘菲利美术馆的《苏撒拿》就是贝洛里认为已遗失的阿尼巴勒·卡拉奇的原作（参见《阿尼巴勒·卡拉奇传》，注释189）。关于施莱斯海姆宫这幅《苏撒拿》的出处，参见斯皮尔（1982年），第150页。

[24] 所在不明。可能指的是乔治·福斯特（George Forster）【福斯特（1868年），第2卷，第95页】于1790年在阿姆斯特丹看到的那幅《苏撒拿与两个长老》，1816年6月17日在佳士得拍卖【参见斯皮尔（1982年），第150页】。

[25] 罗浮宫博物馆，巴黎。

[26] 1946年10月18日在佳士得拍卖（第84件），目前所在地不明。一件17世纪的临摹作现藏于多利亚潘菲利美术馆，罗马。这幅草图已遗失。

[27] 阿什莫林博物馆，牛津，借自丹尼斯·马翁伯爵藏品，伦敦（《美的理念》，第2卷，第326页，目录1）。

[28] 贝尔维德尔别墅从1601年开始动工，由贾科莫·德拉·波尔塔和卡洛·马德诺设计。关于红衣主教彼得罗·阿尔多布兰迪尼，参见附录。

[29] 《阿波罗射杀皮同》（Apollo Slaying Python）、《阿波罗保护俄耳甫斯的头颅》（Apollo Protecting the Head of Orpheus），以及《库帕里索斯的变形》（The Transformation of Cyparissus）上半部都在原地。其他7件作品【关于它们的主题，参见斯皮尔（1982年），第1卷，第197-201页】和《库帕里索斯的变形》下半部分在19世纪上半叶被分离下来，现藏于伦敦国家美术馆。

[30] 参见注释13。

[31] 红衣主教奥多阿尔多·法尔内塞，阿尼巴勒·卡拉奇的赞助人（参见附录）。

[32] 卡拉布里亚（Calabria）的圣尼鲁斯（910—1004年）于1004年建立了圣巴西略教会（Order of Saint Basil）的格罗塔斐拉塔修道院。

[33] 一种火山灰，其名称取自波佐利，用于制作水泥。

[34] 画中人物是圣巴多罗买，而不是圣尼鲁斯。

[35] 也可参见曼奇尼（1956年），第1卷，第243页；巴格利奥尼（1642年），第382页；帕塞里（1934年），第29-34页。

[36] 天父在穹顶正中间，环绕他的是圣阿格尼丝（Saint Agnes）、圣塞西利亚和圣弗兰切斯卡·罗马娜（Saint Francesca Romana）。

[37] 圣爱德华，在意大利语里是奥多阿尔多，与礼拜堂赞助人红衣主教奥多阿尔多·法尔内塞同名。

[38] 这幅油画的主题是《圣母向圣尼鲁斯和圣巴多罗买显灵》（The Apparition of the Virgin to Saints Nilus and Bartholomew）。多梅尼基诺协助完成了这件祭坛画，他告诉帕塞里【帕塞里（1934年），第34页，注释1】，他画了里面的风景。

[39] 贝洛里只描述了多梅尼基诺在这个礼拜堂的部分作品。关于完整的装饰作品，参见斯皮尔（1982年），第159-171页。

[40] 也可参见帕塞里（1934 年），第 31 页。

[41] 苏特利的巴萨诺（Bassano di Sutri）镇上的侯爵温琴佐·朱斯蒂尼亚尼的宫殿。

[42] 这些壁画的主题分别是《拉托娜哺育阿波罗和狄安娜》（*Latona Nursing Apollo and Diana*）、《伊菲吉妮娅的献祭》（*The Sacrifice of Iphigenia*）、《狄安娜和阿克泰翁》（*Diana and Acteon*）、《狄安娜和恩底弥翁》（*Diana and Endymion*）和《狄安娜和潘神》（*Diana and Pan*）。天顶 4 个角落装饰着带翼的斯芬克斯和普托。

[43] 红衣主教西比奥内·博尔盖塞（参见附录）于 1607 年 6 月 30 日由教皇保罗五世任命为圣格列高利教堂的名誉修道院院长【帕塞里（1934 年），第 28 页指出，他的头衔是"保护人"】。在 17 世纪的资料里，关于多梅尼基诺所受委托的记载是相互矛盾的。《被鞭笞的圣安德烈》（*Flagellation of Saint Andrew*）这件作品似乎创作于 1609 年上半年，早于位于苏特利的巴萨诺的壁画作品【参见斯皮尔（1982 年），第 155–157 页】。

[44] 佩珀（Pepper，1971 年），第 315–317 页，附录第 2、41、44 条的材料证明帕塞里（1934 年），第 85、148 页所言非虚，圭多·雷尼主持这个工程，负责祈祷室那些画出来的建筑装饰，包括科林斯式壁柱，以及祭坛两侧画出来的圣彼得和圣保罗雕像。乔凡尼·兰弗朗科创作了入口两边的圣安德烈和圣母雕像，以及入口大门上方由普托托着的西比奥内·博尔内塞的盾徽。

[45] 阿佩莱斯和普罗托哲尼斯是公元前 4 世纪的古希腊画家（普林尼：《自然史》，35，79–96、101–106）。贝洛里此处指的是普林尼：《自然史》，35，81–83 的一个故事，阿佩莱斯没在画室里找到普罗托哲尼斯，就在一个空白的架上画布上画了一条非常细的线。普罗托哲尼斯回来后，知道只有阿佩莱斯才能画出这样细的一条线，就用另一种颜色在这条线上方画了更细的一条线。阿佩莱斯重回此地时，"他不想被打败，就用第三种颜色画了比前两条线还要细的一条线，细得无法再继续细分。由此，普罗托哲尼斯承认他输了……并且决定把这幅画传给后人，让所有人尤其是艺术家们，都能瞻仰到其不凡之处"（普林尼：《自然史》，第 9 卷，H. 拉克姆译，伦敦和剑桥，1948 年，第 321–333 页）。

[46] 这个故事第一次出现是在乔凡尼·巴蒂斯塔·阿古奇的《绘画专论》残篇里，此书于 1646 年由乔凡尼·安纳斯塔西奥·莫西尼（高级教士乔凡尼·安多尼奥·马萨尼的假名，他是教皇乌尔班八世的内侍）在罗马出版，西蒙·吉兰依据阿尼巴勒·卡拉奇为工匠们所作的素描制作了蚀刻版画，《绘画专论》是这个版画集初版的序言【马翁（1947 年），第 270–272 页】。然而，在莫西尼出版这个前言之前，这个故事就已经在罗马广为流传了。帕塞里（1934 年），第 29 页捎带提到这个故事。马尔瓦西亚（1841 年），第 2 卷，第 225–226 页附了一封亚历山德罗·阿尔加迪寄给他的信，阿尔加迪在信里对这个故事不屑一提，"他们声称阿尼巴勒用这种老妇人的闲扯来教育别人怎么评判一幅画……全都是胡说八道和招摇撞骗"【来自蒙塔古（1985 年），第 1 卷，第 61 页的译文】。

[47] 梵蒂冈美术馆（《美的理念》，第 2 卷，第 328–330 页，目录 4）。

[48] 阿戈斯蒂诺·卡拉奇的《圣哲罗姆领受圣餐》现藏于博洛尼亚国家美术馆。

[49] 这个年轻人扶的是圣哲罗姆的左肩，不是右肩。

[50] 现藏于梵蒂冈美术馆。

[51] 多梅尼基诺实际上获得了一笔不小的报酬，总共 240 个斯库多【参见克罗珀尔（Cropper，1984 年）】。

[52] 据说普罗托哲尼斯（参见注释 45）曾经花费 7 年的时间创作一件关于著名猎人伊阿利苏斯（Ialysus）的作品，在那期间他只以羽扇豆和水为食，相信这有助于他发挥想象力。

[53] 关于弗朗索瓦·佩里耶（约 1594—1649 年）所作的蚀刻版画，参见贝洛里（1976 年），图 5。没有证据表明 1614 年《圣哲罗姆最后的圣餐》公开展示时，多梅尼基诺曾被指控剽窃。斯皮尔（1982 年），第 34 页指出，兰弗朗科做出这个剽窃指责是为了在和多梅尼基诺的竞争中获得优势，当时他们在争夺圣安德烈教堂（Sant'Andrea della Valle）壁画的委托（参见注释 90）。

[54] 关于多梅尼基诺受到的剽窃指控，以及 17 世纪中期独创和借鉴之间的纷争，参见克罗珀尔（1984 年），第 122－128 页。

[55] 科斯坦佐·帕特里奇（1589—1624 年）是教皇的财务主管，著名收藏家。

[56] 朱塞佩·切萨里，骑士达·阿尔皮诺，参见附录。

[57] 科斯塔古蒂宫（Palazzo Costaguti），罗马。也可参见巴格利奥尼（1642 年），第 383 页，以及帕塞里（1934 年），第 38 页。

[58] 弗朗切斯科·阿尔巴尼指导了马太宫（Palazzo Mattei）3 处天顶的壁画装饰，也有可能画了《井边的雅各和拉结》（*Jacob and Rachel at the Well*），贝洛里和莫拉（Mola）（1966 年），第 128 页认为，这件作品是多梅尼基诺所作【参见斯皮尔（1982 年），第 146 页】。

[59] 斯帕达美术馆，罗马【参见斯皮尔（1982 年），第 187－188 页】。

[60] 亦被称作维罗纳的圣彼得（Saint Peter of Verona, 1206—1252 年），他是一名圣多明我会修士，著名的传教者，在伦巴第担任天主教裁判人，被暗杀后 11 个月内就被封圣。——译注

[61] 博洛尼亚国家美术馆。

[62] 努瓦永（Noyon）教区的皮埃尔·波莱（Pierre Polet）是这个系列壁画的赞助人，他和多梅尼基诺的委托合同于 1612 年 2 月 12 日签订，多梅尼基诺在 1615 年秋收到这个委托的尾款【参见斯皮尔（1982 年），第 327－328 页的文件资料】。

[63] 这个左边指的是从祭坛朝向入口这个方位的左边。

[64] 第纳尔（单数形式为 denarius，复数形式为 denarii）是一种古罗马时期使用的银币，流通时期大约从公元前 211 年第二次罗马与迦太基战争直到戈尔迪安三世统治期。——译注

[65] 辅祭（camilli）是负责献祭等宗教事务的年轻贵族。

[66] 布面油画。根据斯皮尔（1982 年），第 189 页，注释 50，这个画幅的尺寸大约是 290cm×290cm。也可参见曼奇尼（1956 年），第 1 卷，第 243 页；巴格利奥尼（1642 年），第 383 页；斯堪内里（1657 年），第 355 页。

[67] 已遗失。一幅草图被认为和这件作品有关，草图现藏于温莎堡皇家图书馆【斯皮尔（1982 年），第 195 页，注释 54】。然而，这幅草图里还有位于圣约翰和十字架之间的抹大拉，前景里有一个躺着的男性人物。关于红衣主教彼得罗·阿尔多布兰迪尼，参见附录。

[68] 贝洛里指的是阿古奇的《绘画专论》（参见注释 46）。

[69] 其名为格拉提亚多·马奇阿蒂（Gratiado Machiati），这是马萨尼给阿古奇起的假名（参见注释 46）。

[70] 将古希腊绘画分成 4 个类别出自普林尼：《自然史》，35，75。根据普林尼的记载，公元前 5 世纪末—公元前 4 世纪初的古希腊画家欧邦珀斯"对绘画做了新的区分，此前的绘画被分成两个类别，即希腊式（Helladic or Grecian）和亚洲式（Asiatic），而作为西锡安人的欧邦珀斯将希腊式进一步分成 3 个类别：爱奥尼亚式，西锡安式和雅典式"（普林尼：《自然史》，第 9 卷，H. 拉克姆译，伦敦和剑桥，1948 年，第 317 页）。虽然这个观点明显出自普林尼，但在马萨尼【马翁（1947 年），第 244 – 245 页】出版的书中，阿古奇更改了措辞，没有提到欧邦珀斯，而且加上了一句结语："在古希腊人中，绘画一开始有两种类型：希腊式和亚洲式。然后希腊式又被细分为爱奥尼亚式和西锡安式，由此产生绘画的 3 种类别。古罗马人模仿的是古希腊人，但他们也形成了自己的风格，因此古代艺术总共有 4 个类别。"无论他是看到了和马萨尼出版的书不一样的手稿，还是他更倾向于遵循普林尼的原文，贝洛里此处都正确地复述了普林尼的说法。

[71] 贝洛里对阿古奇的原文做了一些字句删减，包括这句话："而米开朗琪罗的风格并不十分符合佛罗伦萨式，作为锡耶纳画家的贝加弗迷（Beccafumi）和巴尔达萨雷·佩鲁齐亦是如此。"【马翁（1947 年），第 246 页】

[72] 莫西尼出版的《绘画专论》里没有后面的部分。这个部分要么是贝洛里自己写的，要么他引用的是《绘画专论》的另一个版本（参见注释 46）。

[73]《贝尔维德尔宫的躯干》，藏于比奥－克莱孟博物馆，梵蒂冈博物馆。这个雕像在贝洛里的时代被认为是赫拉克勒斯，上面有公元前 1 世纪古希腊雕塑家雅典的阿波罗尼奥斯的签名。

[74] 也可参见曼奇尼（1956 年），第 1 卷，第 243 页；巴格利奥尼（1642 年），第 385 页；帕塞里（1934 年），第 37 – 38 页。

[75] 安德里亚·利里（1555—1610 年）是一名晚期样式主义画家，他所作的这幅油画再现了天堂里的圣母。

[76] 那时候的 24 小时制式从日落之后的一个半小时开始算起，因此，这里说的 22 点应该指的是下午晚些时候。贝洛里说这场地震发生在"当前的 1672 年"，说明当时他正在写《多梅尼基诺传》这章，也是在这一年，最早的 12 章艺术家传出版，包括这章在内。

[77] 虽然帕塞里【帕塞里（1934 年），第 37 页】也认为灰泥人像是多梅尼基诺所设计，但这些人像其实是建筑师吉罗拉莫·拉伊纳尔迪（Girolamo Rainaldi，1570—1655 年）所设计，由彼得罗·索拉里奥（Pietro Solario）完成【参见斯皮尔（1982 年），第 329 – 330 页的文件资料】。

[78] 多梅尼科于 1619 年和马西比利亚·巴尔贝蒂（Marsibilia Barbetti）结婚。

[79] 博洛尼亚国家美术馆。

[80] 博洛尼亚国家美术馆。

[81] 多梅尼科有过两个儿子——卢多维科和里纳尔多（1621 年 2 月 6 日受洗），他们很小就去世了。他还有一个女儿——玛丽亚－卡米拉（Maria-Camilla），这个孩子活了下来。

[82] 现已不存。

[83] 格列高利十五世·卢多维西（1554—1623 年）于 1621 年被选为教皇。

[84] 圣安德烈教堂由贾科莫·德拉·波尔塔设计，从 1591 年开始为戴蒂尼会建造。红衣主教亚历山德罗·佩雷蒂·蒙塔尔托（Alessandro Peretti Montalto，1570—1623 年）是教皇西斯克特五世·佩雷蒂（1585 至 1590 年间任教皇）的侄孙。

[85] 罗浮宫博物馆，巴黎。多梅尼基诺的《亚历山大和蒂莫克莉亚》取自普鲁塔克：《亚历山大》，12，2－3，贝洛里（第 269 页）和帕塞里（1934 年），第 27 页都详细描述过这件作品。这幅画作是描绘亚历山大大大帝功绩的 11 幅椭圆形壁画之一，这个系列是红衣主教亚历山德罗·佩雷蒂·蒙塔尔托为他在埃斯奎利诺山的两间别墅中较大的那间所作的委托（两间别墅都于 1860 年被拆除，以便为特米尼车站腾地方。参见《丰塔纳传》，注释6）。另外 10 件作品分别是乔凡尼·兰弗朗科（参见贝洛里的《兰弗朗科传》）、弗朗切斯科·阿尔巴尼、安多尼奥·卡拉奇、乔凡尼·巴格利奥尼、安特弗杜托·格拉马蒂卡（Anteveduto Grammatica）和安多尼奥·滕佩斯塔（Antonio Tempesta）所作。

[86] 也可参见巴格利奥尼（1642 年），第 384 页；斯堪内里（1657 年），第 355 页；帕塞里（1934 年），第 148 页。

[87] 下落不明。

[88] 圣安德烈教堂檐板上方有 5 扇窗户，两扇在拱门上方，另外 3 扇在穹顶上。美德像分别在穹顶 3 扇窗户的两边。

[89] 即戴蒂尼会，其成员必须履行教会誓言，负责圣职事务。

[90] 兰弗朗科在 1625 至 1627 年间完成穹顶的圣母升天图。根据帕塞里（1934 年），第 145、148 页，红衣主教蒙塔尔托曾经许诺把装饰圣安德烈教堂的委托交给乔凡尼·兰弗朗科，但他无法拒绝新任教皇格列高利十五世的侄子、红衣主教卢多维西，后者要求把这个工程交给多梅尼基诺。兰弗朗科提醒红衣主教蒙塔尔托做过的承诺，于是蒙塔尔托把委托分成两半，把后殿和三角拱分配给多梅尼基诺，把穹顶分配给兰弗朗科。

[91] 多梅尼基诺为穹顶所作的草图是弗朗切斯科·拉斯潘蒂诺（Francesco Raspantino）的藏品，他是 1637 至 1664 年间活跃在罗马的画家和雕刻家，也是多梅尼基诺的助手和继承人。拉斯潘蒂诺的藏品目录里列了"多梅尼基诺为圣安德烈教堂穹顶所作的水笔画草图，未实施"【贝托罗蒂（Bertolotti，1886 年），第 174 页】。这几幅草图都下落不明。

[92] 国王伸出的是左手，不是右手。

[93] 也可参见巴格利奥尼（1642 年），第 383 页；斯堪内里（1657 年），第 355 页；帕塞里（1934 年），第 48－50 页。多梅尼基诺于 1629 年完成这些壁画的时候，红衣主教奥塔维奥·班迪尼（Ottavio Bandini）也在同年葬在这个礼拜堂里。

[94] 也可参见巴格利奥尼（1642年），第384页；斯堪内里（1657年），第355页；帕塞里（1934年），第55页。

[95] 礼拜堂的两幅壁画是多梅尼基诺的学生和助手安多尼奥·阿尔贝蒂（Antonio Alberti）所作，他被称作巴尔巴隆嘉（Barbalonga，1600—1649年）。巴尔巴隆嘉也协助多梅尼基诺完成了梅伦达礼拜堂的祭坛画。

[96] 圣灵感孕圣母教堂（Santa Maria della Concezione）。

[97] 也可参见巴格利奥尼（1642年），第384页。

[98] 也可参见巴格利奥尼（1642年），第384页；斯堪内里（1657年），第355页；帕塞里（1934年），第51-53页。塞门蒂（1583—约1640年）曾起诉多梅尼基诺抢走了他的委托，但他后来放弃了起诉。

[99] 斗篷在她的右肩飘扬，不是左肩。

[100] 《马太福音》，5:6。

[101] 《马太福音》，10:16。

[102] 这件点缀着黄色高光的绿色斗篷是多梅尼基诺的学生弗朗切斯科·科扎（Francesco Cozza，1605—1682年）所作。根据帕斯科利（Pascoli，1730—1736年），第2卷，第67页，科扎"负责多梅尼基诺没有全部完成的节制人物画像"。

[103] 《诗篇》，91:13。

[104] 朱塞佩·切萨里，即骑士达·阿尔皮诺（参见附录），以及圭多·雷尼。

[105] 圣亚努阿里斯珍宝礼拜堂位于那不勒斯大教堂的右边侧廊，建于17世纪初，由弗朗切斯科·格里马尔迪（Francesco Grimaldi）设计。1616年，珍宝礼拜堂的代理主教们把壁画委托交给骑士达·阿尔皮诺，据贝洛里所说，他"不得不返回罗马，把为穹顶所作的草图留在卡西诺山（Montecassino）"。1619年，这个委托被转给圭多·雷尼，他于1621年在那不勒斯待了几个月，但是他和礼拜堂的代理主教们因为合同条款产生分歧，而且那不勒斯的画家们对他充满敌意，迫使他回到罗马。

[106] 1623年。

[107] 珍宝礼拜堂的壁画委托于1630年交给多梅尼基诺。他于1630年11月11日和礼拜堂的代理主教们签订合约，1631年和家人搬到那不勒斯。

[108] 代理主教宫殿（Palazzo della Deputazione）。

[109] 和其他地方的描述一样，贝洛里此处从祭坛的视角出发，因此，他所说的这个面向入口的右边的三角拱，从入口的视角出发的话，就是位于祭坛的左边。从这个三角拱开始，对其余三角拱的描述顺序是基于平面图的顺时针方向。

[110] 从入口的视角出发，位于左边的面对祭坛的扇形画。

[111] 多梅尼基诺为礼拜堂画了5幅以铜板为底的祭坛画，其中的《圣亚努阿里斯治愈被恶魔附身的男人》（Saint Januarius Healing a Man Possessed of the Devil）没有完成。

[112] 即《圣母和鱼》（Madonna of the Fish），普拉多博物馆，马德里。

[113] 乔凡尼·弗朗切斯科·佩尼（Giovanni Francesco Penni），被称作法托里（il Fattore），死于1528年。

[114] 现藏于普拉多博物馆，马德里。

[115] 图蒂尼（Tutini，1633 年），第 28 – 29 页讲了这个故事：一个名叫马西玛（Massima）的寡妇的儿子去世了，由于没有裹尸布，一张画有圣亚努阿里斯画像的帘子被盖在这个死去的年轻人的身上，他立刻就活了过来。

[116] 乔凡尼·巴蒂斯塔·卡拉奇奥罗（Giovanni Battista Caracciolo），被称作巴蒂斯泰洛（1578—1635 年），是那不勒斯的卡拉瓦乔主义的创始人。

[117] 贝利萨里奥·科伦齐奥（Belisario Corenzio，1590 至 1646 年间活跃在那不勒斯），晚期样式主义画家。

[118] 朱塞佩·里贝拉（1591—1652 年）是活跃在意大利的西班牙画家和版画家。

[119] 即圣亚努阿里斯珍宝礼拜堂。

[120] 曼努埃尔·德·古兹曼，蒙特雷伯爵，在 1631 至 1637 年间任那不勒斯总督。

[121] 小伊波利托·阿尔多布兰迪尼（1591—1638 年）是红衣主教彼得罗·阿尔多布兰迪尼的侄子。

[122] 关于弗朗切斯科·安杰洛尼，参见附录。

[123] 阿尔多布兰迪尼别墅的礼拜堂是献给圣塞巴斯蒂安的。1614 至 1616 年间，礼拜堂装饰了两幅壁画，由被称作帕西尼亚诺（Il Passignano）的多梅尼科·克雷斯蒂（Domenico Cresti）和他的儿子托马索所作。帕塞里（1934 年），第 63 页写道，这两幅壁画被湿气侵蚀，多梅尼基诺和他的学生乔凡尼·安杰洛·卡尼尼（Giovanni Angelo Canini）于 1634 年对其进行了修复。这两幅壁画现在已经几乎看不见了。

[124] 参见注释 120。

[125] 普拉多博物馆，马德里。也可参见帕塞里（1934 年），第 61 页。

[126] 即圣亚努阿里斯珍宝礼拜堂。

[127] 多梅尼基诺死于 1641 年 4 月 6 日。

[128] 里贝拉所作的这幅祭坛画的主题是《圣亚努阿里斯逃离炙热的火炉》（*Escape of Saint Januarius from the Fiery Furnace*）。

[129] 公元前 5—公元前 4 世纪的古希腊画家（普林尼：《自然史》，35，61 – 66）。

[130] 公元前 5—公元前 4 世纪的古希腊画家（普林尼：《自然史》，35，67 – 72）。

[131] 他是《画家、雕塑家和建筑师传》（*Vite de'pittori，scultori，et architetti*）的作者，也是一个画家，多梅尼基诺的学生。

[132] 多梅尼基诺死后，他的遗孀和女儿去了佩扎罗，玛丽亚·卡米拉在那儿嫁给瓦莱里奥·普鲁阿塔奇（Valerio Pluatazzi）。关于玛丽亚·卡米拉继承遗产的复杂故事，参见斯皮尔（1982 年），第 22 页。

[133] 德文郡公爵藏品，查茨沃斯协议信托，查茨沃斯。

[134] 公元前 5 世纪下半叶的古希腊雕塑家。根据普林尼：《自然史》，34，92，他是“一个永不停歇的勤勉的艺术家，因此他被称作‘吹毛求疵的人’（Niggler），也被用来教育别人即使勤奋学习，也要注意适量”（普林尼：《自然史》，第 10 卷，H. 拉克姆译，伦敦和剑桥，1948 年，第 195 页）。

[135] 《建筑十书》（公元前 1 世纪晚期）的作者，自 15 世纪以来，这本书对建筑师们而言是关于古典建筑原则的基础文本。

[136] 《音乐类型及形式概要》（*Compendio del trattato de'generi e de'modi*），罗马，1635 年。

[137] 关于多梅尼科在音乐上的兴趣，参见斯皮尔（1982 年），第 40－46 页。

[138] 马泰奥·扎克里尼（1574—1630 年）是一个擅长透视的画家，写了关于透视的四卷本专著（1618—1622 年），现藏于美第奇－洛伦佐图书馆（Biblioteca Medicea-Laurenzi-ana），佛罗伦萨。参见巴格利奥尼（1642 年），第 316－317 页；贝洛里（1664 年），第 51－52 页。

[139] 在一张草图上画着他为圣依纳爵教堂所作的各种研究，这张草图现藏于温莎堡皇家图书馆【蒲柏－轩尼诗（1948 年），第 121－122 页，目录第 1741 条】。

[140] 多梅尼基诺在格列高利十五世任期内（1621—1623 年）担任教皇的专属建筑师。

[141] 红衣主教菲利波·塞加（Filippo Sega）是乔凡尼和吉罗拉莫·阿古奇的叔叔，他的墓碑位于圣奥诺弗里奥教堂，只有一个底部刻着铭文的半身像。红衣主教吉罗拉莫·阿古奇（参见注释 17、18）是乔凡尼·巴蒂斯塔·阿古奇的哥哥，他的墓碑也是由多梅尼基诺设计，位于圣彼得镣铐教堂。

[142] 参见注释 66。

[143] 也可参见帕塞里（1934 年），第 55 页。

[144] 也可参见巴格利奥尼（1642 年），第 309、342 页；帕塞里（1934 年），第 66、119－120 页。兰切洛蒂宫由弗朗切斯科·达·沃尔泰拉（Francesco da Volterra）从 1591 年开始建造，由卡洛·马德诺于 1621 年完工。

[145] 贝洛里所说的卢多维西花园（这个花园占据了品奇阿纳城门和巴贝里尼广场之间的大部分区域）的"雕塑林"（grove of the statues），在乔凡尼·巴蒂斯塔·法尔达（Giovan Battista Falda）的《罗马花园》（*Li giardini di Roma*），罗马，1683 年的一幅平面图版画中被称作"以雕塑为装饰，设计成树林样式的迷宫"【参见《乔凡尼·巴蒂斯塔·法尔达所作的罗马别墅及花园的版画图集》（*Ville e giardini di Roma nelle incisioni di Givan Battista Falda*），米兰，1980 年，图片 12】。

[146] 由布雷拉美术馆，米兰长期外借给意大利军队办公室，巴贝里尼宫（Circolo Ufficiali delle Forze Armate d'Italia, Palazzo Barberini），罗马。也可参见巴格利奥尼（1642 年），第 383 页；帕塞里（1634 年），第 50 页。

[147] 以油画方式绘制的壁画，在 18 世纪早期从墙上分离下来，于 1736 年运到罗马的天使及圣母教堂（Santa Maria degli Angeli）。也可参见巴格利奥尼（1642 年），第 384 页；斯堪内里（1657 年），第 354－355 页；帕塞里（1934 年），第 51 页。

[148] 这幅祭坛画位于米兰达（Miranda）的圣洛伦佐教堂。贝洛里将其称为药剂师圣洛伦佐教堂，因为在 17 世纪早期，罗马药剂师（speziali）公会为这座教堂资助并重建了一个新的立面。祭坛画两侧的两个灰泥男像柱（atlante）由法国雕塑家雅克·萨拉赞（1592—1660 年）依据多梅尼科的设计而作。也可参见巴格利奥尼（1642 年），第 384 页；帕塞里（1934 年），第 54 页。

[149] 德文郡公爵藏品，查茨沃斯协议信托，查茨沃斯。这幅作品被称作《玫瑰圣母》（*Madonna della Rosa*），似乎由另一个画家完成，可能是巴尔巴隆嘉。

[150] 在沃尔泰拉大教堂。

[151] 卡波迪蒙特国家美术馆，那不勒斯（《美的理念》，第2卷，第330—331页，目录5）。

[152] 已遗失。为这幅作品所绘的19件习作现在是英国女王的温莎堡藏品。这里的天主教国王指的是西班牙的腓力四世。

[153] 这里应该指的是一个私人收藏的版本，里约热内卢。

[154] 罗浮宫博物馆，巴黎。这幅作品的主题取自《耶路撒冷的解放》，10，1—25。

[155] 尚未确认。

[156] 罗浮宫博物馆，巴黎。这幅作品的赞助人是红衣主教亚历山德罗·佩雷蒂·蒙塔尔托。

[157] 罗浮宫博物馆，巴黎。根据一份17世纪的卢多维西的藏品目录，这幅花环画由一个名为骑士莫罗（Cavaliere Mauro）的人所作。

[158] 博尔盖塞美术馆，罗马。17世纪的文件资料只把这件作品中的人物称作女先知。至于她究竟是不是像现在所认为的那样是女先知古玛叶安（Cumean Sibyl），尚不能确定【参见斯皮尔（1982年），第191—192页，目录51】。

[159] 博尔盖塞美术馆，罗马（《美的理念》，第2卷，第331—334页，目录8）。红衣主教彼得罗·阿尔多布兰迪尼委托了这件作品。这个主题取自维吉尔：《埃涅阿斯纪》，5，485—489、500—521。

[160] 河神阿尔斐俄斯爱上宁芙仙女阿瑞图萨（Arethusa），并且不懈地追逐她，直到最后狄安娜把她变成泉水。

[161] 这个仙女右手拿弓，左手张开。

[162] 这两件作品都下落不明。

[163] 这两幅画都在罗浮宫博物馆，巴黎。也可参见巴格利奥尼（1642年），第383页；帕塞里（1934年），第66页；《美的理念》，第2卷，第335—337页，目录11.1和11.2。

[164] 这头公牛是河神阿刻罗俄斯（Achelous）为了得伊阿尼拉（Deianira），和赫拉克勒斯争斗时变化的形态之一（参见奥维德：《变形记》，9，27—88）。

[165] 赫拉克勒斯和卡居斯的故事记载于奥维德：《岁时记》，1，543—586，以及维吉尔：《埃涅阿斯纪》，8，213—267。

[166] 即路易十四。

[167] 已遗失。

[168] 全音（diatonic）、半音和等音是古希腊音乐的音阶系统。多梅尼基诺的意思不是自己发明了三层琴弦的竖琴，这种竖琴在16世纪中期的博洛尼亚就已经发明出来了。通常来说，这种竖琴有两层外部平行的全音琴弦，以及一层内部的半音琴弦。他所说的发明指的是调音，他发明的竖琴有着对应三种不同音阶的三层琴弦。根据帕特里奇奥·巴尔别里（Patrizio Barbieri，1987年），第211页，我们无法得知多梅尼基诺的这种竖琴是仅仅调整了第三层琴弦的音阶，把现有的竖琴转换成等音竖琴，还是竖琴的琴栓数量和排列方式都做了大量改动。也可参见帕塞里（1934年），第67页，多梅尼

基诺在一封信中对这种竖琴所做的描述。

[169] 亚历山德罗·皮齐尼尼（Alessandro Piccinini, 1566—约 1638 年）是一个在费拉拉的埃斯泰宫中任职的博洛尼亚鲁特琴演奏家，费拉拉公国于 1597 年灭国后，他供职于红衣主教彼得罗·阿尔多布兰迪尼，教皇克雷芒八世·阿尔多布兰迪尼（1592 至 1605 年间任教皇）委任红衣主教阿尔多布兰迪尼为费拉拉地区的教皇代理。

[170] 卢扎斯科·卢扎斯基（Luzzasco Luzzaschi, 1545？—1607 年），费拉拉作曲家、风琴演奏家和琴师。

[171] 卡洛·杰苏阿尔多（Carlo Gesualdo），韦诺萨亲王（1566—1613 年），那不勒斯作曲家。

[172] 西皮奥内·斯特拉（Scipione Stella, 1559？—1610/30 年），那不勒斯风琴演奏家。

[173] 指的是巴贝里尼宫大厅拱顶上的壁画，于 1639 年对外展出，其主题是"在教皇乌尔班八世·巴贝里尼的宗教和世俗之力下，神意的胜利和圆满"（Triumph of Divine Providence and its Consummation through the Spiritual and Temporal Power of the Papacy of Urban VIII Barberini），由宫廷诗人弗朗切斯科·布拉奇奥里尼（Francesco Bracciolini, 1566—1645）提供。乌尔班八世在 1623 至 1644 年间任教皇。

[174] 即《圣塞巴斯蒂安的殉教》（参见注释 147）。

[175] 即圣亚努阿里斯珍宝堂的穹顶。

[176] 关于乔凡尼·安多尼奥·马萨尼，参见附录。

[177] 即红衣主教吉罗拉莫·阿古奇的府上，乔凡尼·巴蒂斯塔·阿古奇也住在那里。

[178] 多梅尼基诺读过阿尔贝蒂《论绘画》的 3 个意大利语版本，分别是威尼斯 1547 年版本、佛罗伦萨 1568 年版本【卢多维科·多梅尼基（Lodovico Domenichi）译】和威尼斯 1568 年版本【科西莫·巴尔托利（Cosimo Bartoli）译】。

[179] 指的是《论绘画、雕塑及建筑艺术》（Trattato dell'arte della pittura, scoltura et architetura），米兰，1584 年，或者《论绘画殿堂》（Idea del tempio della pittura），米兰，1590 年。

[180] 出自洛马佐的《论绘画、雕塑及建筑艺术》，第 24 页。

[181] 同上。

[182] 普林尼：《自然史》，35，89。

[183] 《论绘画殿堂》，第 60 页。

[184] 关于卡玛塞（1602—1649 年），也可参见帕塞里（1934 年），第 168-173 页。

[185] 即现在的帕拉维奇尼－罗斯波里奥西宫（Palazzo Rospigliosi-Pallavicini）。1589 年，丰塔纳奉教皇西斯克特五世之命，把公元前 2 世纪的狄俄斯库里兄弟雕像竖立在奎里纳勒广场上，此后奎里纳勒山就被称作卡瓦洛山。

[186] 已遗失。

[187] 这件作品的主题是《天父划分天使们的等级》（God the Father Dividing the Angel Hierarchies）。

[188] 不复存世。这件作品被制成一幅版画，收录于吉罗拉莫·特蒂（Girolamo Teti）：《奎里纳勒山的巴贝里尼宫》（Aedes Barberinae ad Quirinalem），罗马，1642 年【萨瑟兰·

哈里斯（Sutherland Harris, 1970 年），图片 1】。

[189] 圣灵感孕圣母教堂。

[190] 不复存世。这曾是一扇门上的壁龛里的壁画，现在这里被用作克雷芒十二世的墓碑。这件作品的油画草图现在分别在梵蒂冈美术馆；J. 佩蒂－霍利（J. Petit-Horry）藏品，勒瓦卢瓦（Levallois），塞纳；由私人收藏出借给迪奇雷基金会（Ditcheley Foundation），迪奇雷，牛津郡。

[191] 这两幅壁画分别是《君士坦丁的胜利》（*The Triumph of Constantine*）和《米尔维安桥战役》（*The Battle at the Milvian Bridge*）。

[192] 关于安多尼奥（不是安多尼诺）·阿尔贝蒂，也被称作巴尔巴隆嘉，参见注释 95、149。

[193] 奎里纳勒山的圣希尔维斯特教堂（San Silvestro al Quirinale）。

[194] 这件作品的主题是《圣卡耶坦·希安和圣安德烈·阿韦利诺在天使们的簇拥下升上天堂》（*Saint Cajetan Thiene and Saint Andrea Avellino Borne to Heaven in a Glory of Angels*）。

第 10 章
乔凡尼·兰弗朗科[1]

可以肯定的是，艺术家们的创作速度不应影响我们对他们的评价，据说，有的人能在通常只够画草图的短时间里完成大幅作品，也有的人在一件祭坛画上耗费数年，这些都不能使时间成为衡量标准。尽管如此，能轻松完成委托的人确实会收获极大的好处和利益，我们已经见过有的画家在作品上花费过多的心思，这些作品到最后都没有完成，他们的辛勤付出没有得到任何回报，而其他人趁机而入，名利双收。乔凡尼·兰弗朗科（Giovanni Lanfranco）总是能快速地完成工作，也从不缺乏创造力，在和他同时代的画家里，没有人能像他那样，创作出如此精美和协调的大幅作品，而且丝毫不显构图时的吃力或下笔时的犹疑。恰恰相反，他的色彩表达如此直率，仿佛是上天的恩赐，既在他的姓氏里暗藏了"直率"（franco）一词，也在他的精神中暗含了直率特点。他从早年间就展示出绘画上的天赋。他在孩童时期从故乡帕尔玛[2]搬到皮亚琴察，在蒙塔尔博侯爵（marchese di Montalbo）奥拉齐奥·斯科蒂伯爵（Count Orazio Scotti）府上当男侍。乔凡尼开始依据自己的想象力画各种东西，他总是沉浸于此，经常忘记自己的本职工作，他克制不住地用炭笔去涂涂画画，不仅在纸上画，甚至在墙上画。有一次，他在一个房间里用炭笔画了一幅黑白的饰带画，比任何艺术都更具自然的生动性，伯爵发现了他，并追问这个炭笔画是不是他画的，乔凡尼因自己弄脏了墙壁而不敢回答，善良的伯爵大人宽慰了他，还鼓励他继续创作，让他在阿戈斯蒂诺·卡拉奇门下学习，后者当时恰好在为拉努奇奥公爵绘制作品。[3]

乔凡尼接受了阿戈斯蒂诺的训练，他的第一件公开展出的作品是皮亚琴察圣奥古斯丁教堂的圣母和圣徒们。[4]他的绘画理念和才能变得越来越强，因为被科雷乔的风格深深吸引，他会临摹后者的作品。乔凡尼十分欣赏帕尔玛大教堂的穹顶壁画，照其画了一小幅水彩素描，以此练习以短缩法仰视人物的统一形式。[5]据乔凡尼本人所说，仅仅懂得透视、知道如何根据法则去测量高处的人物是不够的，还必须兼顾人物动作的优雅，这样人物才有吸引力，而科雷乔非常小心地注意到这点，乔凡尼和其他画家一样，成功习得科雷乔的风格。阿戈斯蒂诺去世时[6]，乔凡尼已经年过二十，他去了罗马，进了阿尼巴勒·卡拉奇的学院，后者让他在法尔内塞宫邻近朱利亚街的小别墅的一个房间里作画，他在四面墙上画了各个忏悔的隐修圣徒，红衣主教法尔内塞[7]习惯于在这个房间里默祷，所以乔凡尼不仅在四面墙上绘制了壁画，还在木制天顶上画了隐修圣徒们的小幅油画[8]。这些作品都在不久前被移走并分成小幅画作，散落在法尔内塞宫的不同房间里。他也学习了拉斐尔的作品，和西斯托·巴答罗丘一起，依据梵蒂冈宫长廊的部分壁画制作蚀刻版画，并把这些版画献给他们的老师阿尼巴勒，我们已经在阿尼巴勒传里提到了这件事。[9]当时，红衣主教桑内西奥[10]正在请人用雕塑和绘画来装饰他在圣灵街（Borgo Santo Spirito）的一座别墅，他让兰弗朗科和其他学者一起在自己府上供职。除了各种油画，兰弗朗科也在各个房间的天顶上绘制了一些圣经故事的壁画。在其中一个房间里，兰弗朗科画了非利士人的溃败，和赫拉克勒斯一样，画中的参孙赤裸身体，头上围着兽皮，手里拿一个下颌骨，正在攻击他的敌人们，转身逃跑的非利士人被他击倒在地，他们的动作表达出恐惧之情。兰弗朗科还画了黛利拉，她手上拿着剪刀和被剪下来的参孙的头发，坐在旁边的参孙警惕地看向那些用绳子把他绑起来的士兵。[11]包括这两幅壁画在内，兰弗朗科画了很多构图精美的壁画。除此之外，他还画了一幅基督诞生的油画，画中的圣子躺在稻草堆上，圣母揭开褓褓，向牧羊人们展示圣子，圣子身上散发的光芒照亮了圣母，也照亮了围绕他们的天使们的头和手，引来几个围观的小牧羊女，画面中的光影变化是对科雷乔《圣夜》的模仿。[12]

　　阿尼巴勒死后[13]，兰弗朗科重返故乡，为洗礼堂画了殉教的圣奥克塔维安（Saint Octavian），后者被一个士兵用长矛刺穿身体，一个天使从空中的圣母那儿带着棕榈枝和殉教者王冠飞下来[14]。这件作品非常成功，他也因为流畅而优美的笔触获得了人们的赞赏。去了皮亚琴察后，他在广场圣母教堂（Santa Maria di Piazza）画了一幅圣路加像[15]，还给礼拜堂的小穹顶画了一幅壁画，描绘了被天使们簇拥的圣母，其技巧十分高超[16]。他为圣纳扎罗教堂（church of San Nazzaro）画了脚踩恶魔的守护天使[17]，这件作品完成于1610年，正是他抵达皮亚琴察的那年。他在皮亚琴察的大教堂画了圣亚历克修斯（Saint Alexius）之死，画中的圣亚历克修斯躺在一截台阶下面，教皇和圣亚历克修斯的亲属们被带到台阶上，他们认出圣亚历克修斯，纷纷面露悲伤和惊讶之情。[18] 除了这件作品，他还画了另一件小幅的隐修的圣公拉（Saint Conrad），一个天使从天而降。[19] 这两件作品都以其非凡的精美而闻名，使兰弗朗科跻身一流大师之列。他在圣洛伦佐教堂绘制了另外两幅圣像画，其中一幅是圣母将一个灵魂从恶魔手中拯救出来，恶魔抓着他的一只脚，守护天使和圣哲罗姆在旁静观；另一幅画里也有圣母，画面下方是圣巴多罗买和圣查理[20]，中间有两个天使[21]。其中一些作品是兰弗朗科从罗马运过来的，因为他在帕尔玛和皮亚琴察待了大约一年时间，当时他住在恩主斯科蒂伯爵的府上。他在不同时期为斯科蒂伯爵画了很多作品，包括强抢海伦、焚毁特洛伊、圣方济各领受圣痕。[22] 他也为公爵画了其他非常精美的小幅作品。

回到罗马后，兰弗朗科着手为圣约瑟女修道院画了一件极其精美的作品，画中的圣母坐在云端，手上拿一条镶嵌珠宝的金链子，正准备戴在圣特蕾莎的脖子上，后者虔诚地跪着，双手放在胸前，后面的圣约瑟正为圣特蕾莎披上一件白色斗篷，以彰显她的纯洁。[23] 借由这件作品，兰弗朗科在罗马因其优美的作画风格收获了极高的声誉，画面的色彩融合了优雅和生动。圣母背后是一片明亮的背景，与深色的云朵形成对比，布料和衣褶流畅而简洁的风格也深受人们赞赏，他在这个难度很大的部分塑造出令人欣赏的和谐效果，值得受到最高的赞美，成为他人的榜样。人们因此越发看重他的绘画技巧，他的绘画理念也越来越成熟。圣奥古斯丁教堂里布恩乔凡尼（Buongiovanni）阁下的礼拜堂壁画展现了他的精巧构思，这幅画为他后来在圣安德烈教堂的伟大作品打下了基础。他在这个小礼拜堂的穹顶画了一幅圣母升天壁画，画中的圣母张开双臂飞向天堂，圣女和圣徒们包围着她。这样一件优秀的作品居然因为疏于保护而被雨水侵蚀殆尽，实在令人遗憾，很多十分优秀的作品都遭遇了这种情况，尤其是科雷乔的那幅穹顶壁画。他在穹顶下方的 4 个三角拱画了两个男先知和两个女先知，在一个侧面的扇形墙画了圣母墓边的使徒们，其中几个使徒惊异地抬头望向升上天堂的圣母。兰弗朗科为祭坛画了一件小幅的圣母加冕油画，圣奥古斯丁和圣威廉（Saint William）跪在她旁边，这件作品无论在技巧还是风格上都值得赞赏。侧墙上的两件大幅作品也是他的手笔，但由于这两件作品用到大量的阴影，半色调也变得模糊不清，它们已经没有了原本的生动和优雅。其中一幅画的是岸边的圣子，他将三位一体的神迹指给圣奥古斯丁看；另一幅画的是圣母显灵后，鞭打圣威廉的恶魔们四散奔逃。[24] 教皇保罗五世准备用画作装饰卡瓦洛山的宫殿，兰弗朗科受委托在皇室厅（Sala Regia）画了一件摩西将手杖变成蛇的饰带画，另外他还画了亚伯拉罕献祭以撒，这两件作品旁边都环绕着人像、美德像和其他装饰物。[25]也是在保罗五世的委托下，兰弗朗科为圣母大殿里保罗五世礼拜堂的左侧拱廊画了圣母像，原本圭多·雷尼画了天使将衣袍递给圣伊尔德方索（Saint Ildefonsus），后来天使被擦掉了。[26]获得教皇的赏识后，兰弗朗科被选中负责赐福敞廊的壁画，这个敞廊和圣彼得大教堂的立面都是当时新建的。在原本的构思里，壁画是关于圣彼得和圣保罗的神迹，壁画旁边有单色的男先知、女先知和美德像。然而，圣彼得大教堂管理会将这个工程拖了太久，保罗五世逝世后，工程也就不了了之了。后来红衣主教蒙塔尔托去世的时候，兰弗朗科设法拿到圣安德烈教堂穹顶壁画的委托，修士堂·弗朗切斯科·佩雷蒂接续了他叔叔的名号和荣誉。戴蒂尼会神父们希望能尽快看到壁画完工，在他们的催促下，被说服的佩雷蒂把委托一分为二，将穹顶部分给了兰弗朗科，愤怒的多梅尼基诺强烈抗议，因为整个工程本来都是他负责的，但也于事无补，我们在多梅尼基诺传中提到过这事。[27]这个变故没有在艺术层面产生不好的影响，这依然是件非常优秀的作品，兰弗朗科下定决心要赢得竞争[28]，为后人留下一件展示他才智的优秀画作。时至今日，这都是此类画作中最杰出的作品，如果有谁的作品能与之比肩，那它将是非常值得赞美的成就。兰弗朗科首先依据穹顶的比例和弧度制作了一个高 6 掌的模型，然后按照他在帕尔玛的实践经验，在模型上通过透视法画出人物群组的水彩画，以便从整体上把握作品，将自己的才能和技法都保留给绘画的强烈内在驱力。壁画的主题是圣母升天这一神迹的光辉景象。穹顶是半椭圆形，顶部有一个采光亭。兰弗朗科将壁画里的人物按穹顶比例缩放，从下面到最顶部的中心逐渐缩小（见图 10 - 1）。

圣母升天图以及关于穹顶的描述

圣母坐在中间，被云朵和天使们托举着。她穿着深红色衣袍，一件天蓝色外袍从她的肩膀覆盖到大腿。她似乎被神性所吸引，朝基督仰起脸庞，举起双臂，后者浑身散发光芒，从天而降来迎接她。基督位于穹顶顶部的采光亭里，露出手臂和胸膛，其余身体部分则隐没在一件纯白色的外袍之中，和狭窄的空间相比，他的形象看起来非常高大。这个巨大穹顶的最外围是云端上的各个圣徒。圣彼得坐在天使们上方，天使们手中拿着钥匙，圣彼得将圣母指给圣卡耶坦看，后者是教会司铎会（Order of Clerks Regular）的创立者，他部分身子隐没在云里，手里举着棕榈枝，仰着脸。另一侧是使徒圣安德烈，他把手伸向也隶属教会司铎会的被祝福的安德烈（Blessed Andrew），后者跪在云上，热切地看着升天的圣母，当时教皇乌尔班八世为安德烈举行了宣福（beatifica-tion）。[29]围绕画面一圈的是旧约和新约的神父们，他们夹杂在面露喜悦和惊异的各个圣徒和圣女中间。从他们当中可以看到全身赤裸的亚当，他用叶子挡住股间，旁边的夏娃转身望向亚当，她所引发的原罪由圣母之子获得救赎。诺亚双手举起并呈上方舟，象征着救世主之母拯救人类。在亚伯拉罕旁边，年轻的男孩以撒肩上扛着用来献祭的一捆柴火。摩西举着写有十诫的石板。其他圣徒和使徒们也都姿态各异，有的坐着，有的半躺，有的站起身赞美伟大的圣母。从这里开始，空气与光线变幻莫测，天堂从耀眼的玫瑰色云朵中显现，快活又和谐的天使们朝向上方那群坐着的孩童们，他们在亮光里显出影影绰绰的身影，展开音乐和歌曲的曲谱，手里还拿着长笛、中提琴、手鼓等各种乐器。越往高处去，他们就聚拢成越小的一圈，光线也越发金光四溢。他们融进一片光明之中，其中基路伯们的头部只显出模糊的轮廓，甜美的色彩使天堂的旋律在静默的绘画中也能被听见。兰弗朗科在此用到一个非常高超的技法，随着光芒汇集到顶部炫目的光线里，为了和阴影形成更强烈的比照，他在采光亭周围加了一圈花彩，支撑花圈的7个小天使和强烈的光线形成鲜明对比，将采光亭圈定在中间，这个方法在当下的穹顶壁画里也能看见。兰弗朗科在这件作品中采用的主要光源是采光亭的基督人像及其明亮的背景，光线照在其他人物身上，其明暗程度根据他们的距离远近而有相应变化。因此，随着光线从穹顶顶部向外发散，根据人物在样式、大小和形式上的渐变，光线以不同的强度照在人物身上，包括从最强的光亮到最深的阴影，在各部分的整合中身体从柔化到清晰，各个人物也都相融无间，而非截然区分开来。正是通过这种方式，在宽敞的背景之上，每个人物既保有明确的体形，其轮廓又不甚鲜明，只展示出部分体积感，而不显现出表面的形状。这幅壁画确实有理由被称为一首乐曲，所有的曲调都相互协调。虽然无法分辨出每个单独的声音，但这些声音的融合和乐曲的总体度量及要点都让人感到愉悦。就像耳朵在听这类乐曲时需要更远的距离，这种色彩也需要从远处看才会显得优美。我们还应当注意到这幅壁画的另一个特点，从下面看的时候，壁画在眼前延伸出非常宽阔的空间，当我们爬上去从近距离看壁画的时候，穹顶空间被压缩，其周长缩小为从下面看的时候的一半，主要人物大约高30掌，然后人物会随着位置、短缩和距离的不同而逐渐变小，他们在多梅尼基诺的四福音传道者画像上方显出很好的效果，四福音传道者画像看上去完成度更高、更精致、更清楚，衬托得上方的穹顶壁画在整体的调解融合之中能更好地扩散到远距离。这样一件了不起的作品确实能让我们升上天堂，凝视这幅壁画的时候，我们的眼睛和思想能不知疲倦地穿越画面，它也让画家获得了不朽的名誉，使他足以和科雷乔比肩，而非他只是在模仿科雷乔，这两位从同个故乡出身的画家对天堂表现出同等的创造力。[30]此等赞美对兰弗朗科而言是实至名归，想想之前的人创作的那些穹顶壁画，尤其是卢多维科·奇奥利（Ludovico Cigoli）在圣母大殿画的毫无和谐美感的壁画[31]，还有克里斯托弗罗·龙卡利（Cristoforo Roncalli）在洛雷托所作的那幅壁画[32]。在之后的人承接的相似的大型复杂工程中，再没有谁能达到如此之高的艺术成就，兰弗朗科确实是此类画作的大师。

　　同样在安德烈教堂的还有兰弗朗科创作的被祝福的安德烈祭坛画，画中的安德烈穿着神父袍，双手合十。当他在祭坛前做弥撒时，天堂胜景在他面前敞开，他的精神随之飞升。他的身体略微往后倾，一个跪着的侍僧崇敬地扶着他。[33]新建的托钵僧教堂[34]委托了数幅祭坛画，兰弗朗科被选中为大祭坛绘制一幅圣灵感孕图，他在画中描绘了站在月亮上的圣母，她谦卑地双手合十，穿着蓝色外袍，光芒和玩耍的天使们和谐地环绕着她[35]。除了这件极其优秀的作品，兰弗朗科还画了一幅基督诞生图，也是模仿自科雷乔。[36]圣子赤裸地躺在草堆上，从他身上散发的柔美的光照亮了圣母和天使们，马厩里的天使们双手做出祈祷的手势。画面一侧坐着圣约瑟，另一侧站着一个牧羊人，后者把手举到眉边，以挡住耀眼的圣光，这个半裸的人物侧着身，隐在阴影里。在同个时期，兰弗朗科也为罗马的墙外的圣保罗教堂（basilica of San Paolo fuori le Mura）礼拜堂绘制了暗指圣餐密仪的神圣叙事性绘画。在神龛后面的祭坛中间有一件作品，两个站着的天使掀开帷幕，露出幕后的圣光。[37]兰弗朗科画了天降吗哪（manna）和天降鹌鹑这两幅叙事性绘画，它们位于礼拜堂两侧，都采用了干壁画绘制法（a secco）[38]，而其他的都是油画。摩西指着铜蛇，使他的人民免于被毒蛇咬伤[39]，还有摩西凝视并赞美应许之地的葡萄，两个使者肩扛这些葡萄[40]。以利亚坐在洞穴里，把手伸向给他带来面包的乌鸦[41]，还有以利亚和拾柴的寡妇说话，后者用篮子给他装来面包，她的儿子跟在旁边[42]。兰弗朗科画了天使指引哈巴谷去给但以理送食物。[43]除了这些和旧约有关的作品，他还画了基督用五饼二鱼喂饱五千人[44]，以及最后的晚餐，基督身处使徒们中间，为面包赐福，这件作品的构图非常精美，表达出令人赞叹的感情[45]。这些油画的画布和颜料很早就被霉菌和潮湿所侵蚀，它们从礼拜堂被移到圣器收藏室，一直保存至今。关于吗哪和铜蛇的那两件作品还在原处，那些画在墙上的干壁画则正在逐渐消失。[46]

　　随后，圣彼得大教堂管理会委托兰弗朗科为圣彼得大教堂的其中一个大祭坛绘制作品，因为贝尔纳多·卡斯特罗[47]之前画的那幅被毁了。兰弗朗科描绘了圣彼得行走在汹涌波涛之上，害怕地朝基督张开双臂，后者伸手牵着他并宽慰他。海水翻腾起泡沫，突如其来的暴风雨打翻了使徒们乘坐的小船，他们认出了基督，面露惊奇和敬畏之情。其中最生动的就是圣约翰的姿态，他朝前伸出手臂，仿佛急不可待地要冲过去爱戴地拥抱基督。圣安德烈正和一个同伴收网，他毫无预警地转向基督，震惊地认出了后者。另一个使徒崇敬地交叠双手。所有使徒流露的情绪都非常自然。空中的天使们调和了云和风，远处从天上倾盆而下的大雨使天空都阴沉下来。[48]兰弗朗科接着为圣利奥（Saint Leo）礼拜堂穹顶的三角拱绘制了圣博纳文图拉和圣狄奥尼修斯（Saint Dionysius）这两幅镶嵌画的草图。[49]后来兰弗朗科为教皇乌尔班八世画了一幅基督受难图，十字架的脚下是圣母、抹大拉和圣约翰。教皇不仅给了兰弗朗科很多赏赐，还封他为骑士。[50]随后，在入口右侧第一间的基督受难礼拜堂（chapel of the Crucifixion）[51]，兰弗朗科绘制了基督受难场景的壁画，展现了他高超的绘画技巧。最精美的就是拱顶上的天使们，他们环成一圈，做出祈祷的姿态，中间是高举十字架的小普托们。兰弗朗科也为萨凯蒂（Sacchetti）阁下在佛罗伦萨圣约翰教堂（San Giovanni dei Fiorentini）的基督受难礼拜堂绘制了作品，即两边侧墙的两幅油画，其中一幅是花园里的苦恼（Agony in the Garden），基督跪在地上，朝天使张开双臂，后者宽慰他，使徒们都在下方沉睡；对面另一幅是基督下十字架，圣约翰一只手扶着昏过去的圣母，伸出另一只手召唤抹大拉帮忙，跪地的抹大拉绞着双手，哀悼基督遭受的酷刑。上方的扇形壁画是基督在花园里被捕和基督戴荆冕；拱顶壁画是基督升上天堂，基督被描绘成巨大的裸体人像，正面出现在空中，双臂张开，身后是一片明亮的背景，天使们高举十字架、柱子、长枪、鞭子等基督受难时的悲惨刑具。

兰弗朗科在罗马的其他优秀作品中，还有一件关于圣灵降临的叙事性绘画，这幅油画在红衣主教吉纳西（Ginnasi）位于暗店街（Botteghe Oscure）的府邸的一个长廊拱顶上。画中的圣母坐在中间，谦恭地双手合十，浑身散发着优雅和神圣，使徒们面朝光芒，体会圣灵和神圣之爱。[52]兰弗朗科在附近的阿斯德鲁巴勒·马太府邸[53]的一个房间天顶上绘制了一件作品，画中的约瑟热切地聆听囚徒们的梦。兰弗朗科在另一个小房间里画了以利亚坐着火焰马车升上天堂，以利沙惊异地大张双臂[54]，这两个人物都十分精美，画在椭圆形的画幅里，旁边是阿尔巴尼和多梅尼基诺以明暗法所画的装饰物，中间穿插着兰弗朗科画的一些裸体人像。在不远处的科斯塔古蒂侯爵府邸的一个房间拱顶上，兰弗朗科画了波吕斐摩斯掰下一块石头砸向阿西斯，他在另一个房间里画了赫拉克勒斯用弓箭射向半人马内萨斯（Nessus）。[55]

多梅尼基诺住在那不勒斯，被召唤到那儿绘制珍宝礼拜堂时[56]，兰弗朗科也准备去那不勒斯，因为他在罗马也接不到委托。于是，他以自己当时正为西班牙国王绘制几件大幅作品为契机[57]，和神父总领韦特莱斯基就耶稣会教堂的穹顶进行交涉，表示他获得了蒙特雷伯爵的认同和赞赏，后者当时是出访教皇的西班牙大使，后来成为那不勒斯总督[58]。于是，兰弗朗科决定离开罗马，和家人一起搬到那不勒斯。他发现穹顶已经被灰泥嵌条分割成金字塔形，更恰当地说是条形的空间，他非常不喜欢这种区隔方式，认为嵌条限制了他的发挥，但他的争辩没能说服神父们移除嵌条。的确，如果没有这些嵌条，宽阔的空间能使他的才能取得更好、更和谐的成就。兰弗朗科在中间的条形空间画了坐着的基督，他举起右手，做出为世界赐福的手势，教会四博士陪伴在侧。兰弗朗科在周围的其他条形空间画了圣亚努阿里斯和圣阿涅鲁斯（Saint Agnellus）等那不勒斯城的守护圣徒，上方是各个主教、先知和天使，他们环成一圈，在向上汇集的过程中逐渐变小。[59]兰弗朗科在穹顶的三角拱画了四福音传道者的大幅人像，在福音书中，这四位圣徒见证了基督的神性和人性，所以兰弗朗科将圣约翰描绘成脸朝向天堂，暂时停下手中的笔，被天使们环绕的神所感召。圣马太伸出赤裸的手臂，仿佛在指向尘世的凡人们。圣马可也伸出手，双眼仰望天堂之光。坐着的圣路加为圣母画像的同时，身子朝着她，这是一个非常出色的人像，其他人像同样值得赞赏，但它们被四十小时明供圣体（Forty Hours' Devotion）所用器具的烟火熏黑了，急需用水粉画来修补。兰弗朗科花了一年半的时间完成耶稣会教堂的壁画，他的流畅风格使他更加声名远扬，因此，圣马尔蒂诺修道院院长将教堂中殿的半圆形后殿和拱顶都委托给他。他在尾部的半圆形后殿画了基督受难，行刑人升起一个窃贼，并且把另一个窃贼绑在地上的十字架上，士兵们抓阄分走衣服，基督被钉的十字架脚下是昏过去的圣母，以及女圣徒们和圣约翰。在半圆形后殿的 4 扇窗户旁边，兰弗朗科画了加尔都西会（Carthusian Order）的 8 个圣徒主教。他将教堂的拱顶分成 8 个十字形，装饰着镀金月桂树叶形的花环，中间是两个椭圆形画幅，其中一个画了基督，另一个画了天使们，在这些空间的金色背景上装饰着画出来的灰泥人像，还有自然色彩的小型人像。在窗户上方的三角形区域，兰弗朗科画了其他比较大的圣徒像，窗户周围是十二使徒及各种装饰，都体现了构图的精美，这件作品赢得了大量赞美。[60]兰弗朗科随后接下圣徒教堂的委托，考虑到照明的调和，以及半圆形后殿顶部中间的大窗户要封起来的位置调整，兰弗朗科从这个空间开始着手，画了圣徒腓力和雅各的殉教，圣雅各虚弱地躺在地上，被殴打而死，悬崖上的圣腓力被行刑人举在十字架上。兰弗朗科把长形的教堂拱顶分成 4 个大的方形空间，里面画着殉教的使徒们。这些空间的前面还有另一个方形的空间，里面也画着被天使托举而起的使徒们，周围是装饰华丽的嵌条和镀金灰泥的画框，还有画出来的灰泥小雕像。在窗户的扇形墙面上，兰弗朗科画了青铜及金色的圆形浮雕画，每个浮雕画的两边都有两个坐着的美德像和两个站着的使徒像。在更高处的三角形空间里，兰弗朗科画了两个坐着的先知，这些隔间和上方的叙事性绘画形成非常优美的呼应。兰弗朗科在第一个空间画了圣约翰的殉教，他张开双臂，抬头望向天堂，行刑人把他扔到大锅里，其他人搬来柴火，在一旁围观，皇帝也在场。旁边是圣马太，一个袭击者的长枪把他钉在地上，另一个袭击者用刀子捅向他，围观人群里还有一些面露恐惧和悲伤的基督徒。然后是被绑在树干上的圣巴多罗买，一个行刑人准备把他的左手臂剥皮，另一个行刑人把他的右手臂剥皮。最后是双手举向天堂的圣雅各，两个人正在攻击他，一个人从后面抓住他的头，正要把他的头割下来，另一个人从前面刺向他。在教堂耳室窗户的侧面空间，兰弗朗科画了另外两幅叙事性绘画的壁画，右边是圣彼得上十字架和圣保罗被斩首，左边是圣安德烈上十字架和圣马提亚（Saint Matthias）被斩首。上方拱顶的半椭圆形画里是天使们带这些使徒升上天堂。在门上的一大块空间里，兰弗朗科画了毕士大之池（Pool of Bethesda），画中是一些病人，以及由两个门徒陪伴的基督。在窗户两侧的空间，兰弗朗科画了在假神父的命令下，圣多马在朱庇特雕像前被捅死。他还画了圣西门和圣犹大，一个被拽着脖子，另一个跌倒在地，被行刑人打死，偶像和神庙都倒塌了，给异教徒们带去毁灭和杀戮。这些都是很精美的大件作品。在这些作品旁边，兰弗朗科在穹顶的三角拱画了四福音传道者像，在半圆形后殿画了 5 件大幅油画，描绘的是教会司铎会的被祝福者们的幻见。[61] 兰弗朗科通过这些大型工程和极快的手速积攒了大量经验，他获得的机遇也越来越多，所以多梅尼基诺死后，珍宝礼拜堂穹顶的壁画被擦除，就像我们已经在多梅尼基诺传中提到的，他们让兰弗朗科重新绘制穹顶，兰弗朗科也投身其中并完成了工作。他在正面画了赐福的基督，云彩散发的光芒包围着基督，画中还有各个圣徒和天使，以及那不勒斯城的守护圣徒们，其中就有为人们祈福的圣亚努阿里斯。对面是张开双臂的圣母在沉思天父，高处的天父被主教、先知和天使们包围着。在穹顶鼓座的 8 扇窗户的间隔部分，兰弗朗科画了站着的美德像，她们的头部沐浴在光芒里。虽然这些穹顶部分展现了兰弗朗科的才能，但他在上色时过度强化阴影，压过了下方多梅尼基诺的三角拱壁画，也缺乏罗马的壁画具有的和谐。[62] 除了数量众多的壁画，兰弗朗科在那不勒斯也绘制了一些油画，在圣母领报教堂（church of the Annunziata）大祭坛拱门的两个扇形画里，一个是天使叫醒圣约瑟，向他指明使圣母怀孕的圣灵，和神性相融的圣母一只手放在胸前，脸朝向天堂；另一个是同一个天使向圣约瑟指明逃往埃及，圣母用手撑着头在睡觉，圣子在摇篮里，一个小丘比特把一根手指竖在嘴边示意安静，不要吵醒圣子，另一个小丘比特双手合十在祈祷。[63] 兰弗朗科为修道院画了一幅圣母像，画面下方是修会的两位主教，由于他和修会的神父们没有达成一致意见，他便将这件作品转给伦巴第的圣安娜教堂。[64] 在耶稣会教堂的贵族祈祷室（Oratory of the Nobles），兰弗朗科在墙上画了叙事性绘画及各种装饰的水粉画，他还画了两幅不大的油画，分别在祭坛两侧，一个是基督向圣依纳爵显灵，后者肩上扛着十字架，基督向他展示罗马城，而圣方济各·沙勿略出于对基督的爱而哀痛不已；另一个是三个殉教者在日本被钉在十字架上。[65] 在大主教宫的礼拜堂里有兰弗朗科所作的另一幅油画，画中是圣母和圣亚努阿里斯，下面跪着红衣大主教菲洛马里诺。[66] 兰弗朗科为那不勒斯总督蒙特雷伯爵画了一幅圣母领报祭坛画，放在当时萨拉曼卡（Salamanca）新建的一个教堂里。[67] 他画的另一幅圣母领报图在波佐利大教堂，那里还有一幅他画的圣保罗上岸的三角板祭坛画。[68]

到了 1646 年，兰弗朗科回到罗马，将他的一个女儿送去那里的一所女修道院时，爆发了马萨涅洛起义（revolt of Masaniello）[69]，那不勒斯城陷入动乱，他不得不延后归期。人们的怒火朝向税务官以及他们认为可恨或可疑的人，出于报复，他们洗劫了这些人的住处，把所有东西都扔到火里。很多优秀的画作和珍贵物品都因此消失，其中就包括一幅兰弗朗科所画的极其精美的伽拉忒亚，这件作品原本属于马塔洛内公爵（Duke Matalone），它和公爵宫殿的其他珍贵物品一起被焚为灰烬。

在滞留期间，兰弗朗科为卡蒂纳利圣查理教堂的半圆形后殿绘制了壁画。他在上面描绘了跪着的圣母，她牵着圣查理，向他展示圣三位一体，圣父和圣子坐在云端，高处是圣灵，周围环绕着被祝福的圣徒和女圣徒们。他在旁边的拱门上画了信仰、希望和仁爱的三美德像，但构图和人像表明这位大师的画工和生命都将近枯竭，他的生命也确实走到了尽头。这个半圆形后殿在 6 个月内完成，并在圣查理节对外展出。这之后不久，兰弗朗科于 1647 年 11 月 29 日逝世，享年 66 岁。他的遗体在次日葬于特拉斯提弗列圣母教堂，这天是使徒圣安德烈节，正如这位圣徒的教堂[70] 在他的画笔下如天堂般闪耀，我们也相信，在这一天，天堂之光照耀他的精神，使他看见自己通过尘世形象描绘的那真实而不朽的光辉。他个子不高，但体格健壮，前额光洁，头发又黑又直，模样和举止都透露着从容和机智。[71] 他在那不勒斯积攒了大量财富，除此之外，他从耶稣会教堂挣到 1 万个斯库多，从圣马尔蒂诺修道院挣到 5000 个斯库多，从珍宝礼拜堂穹顶挣到 6000 个斯库多，还有圣徒教堂的丰厚报酬，另外他为西班牙国王绘制了各种作品，从中获得 9000 个斯库多[72]，更不必说他迅速完成的其他地方的作品。他画得越多，就越能获得更多委托，那些那不勒斯画家一边将怒火发泄到不合群的多梅尼基诺身上，一边追捧兰弗朗科。兰弗朗科也深受那不勒斯总督喜爱，在后者的帮助下，他成功接到那不勒斯和耶稣会教堂穹顶的各个委托。他虽然赚到很多钱，在他死的时候却没有留下多少财产给他的儿子朱塞佩阁下，因为他和家人们过着奢侈的生活，每年要花掉 3000 个斯库多。他在那不勒斯有一处房产，在罗马的圣潘克拉齐奥（San Pancrazio）拥有一个葡萄园，他在那儿还有一个别墅，里面装饰着各种符合他自己和友人们品位的画作。[73]

兰弗朗科的风格遵循卡拉奇学院的主旨和教导，也深受科雷乔的理念和构图影响。他的作品的完成度并不是非常高，晕染得也不是很好，但他在不断的实践中形成清晰的效果。他擅长在大范围和高处的空间作画，就像他曾经说的那样，是空气在替他作画。画素描的时候，他用炭笔或粉笔的寥寥几笔就能捕捉神韵。他很容易就能想出构图，也能快速地用速写画出自己的想法，经常用水彩画法。他不擅长正确地表达人物的情感，但他在和谐和流畅方面非常成功，他的布料画法尤其值得赞赏，仅用几道简单的褶皱就能画好，丝毫不见粗糙或造作，正如他能出色地表现色彩和构图。在那不勒斯，他接了太多的工作，以至于沦为机械乏味的作画。我曾听某个公正严明的人说过，兰弗朗科是这样一个画家，他有渊博的知识，但有时他的知识并没有全面贯彻到行为中。最后，我们将记录一些尚存的他创作的优秀作品。

在马切拉塔的耶稣会圣约翰教堂（Jesuit church of San Giovanni）有一幅圣母之死，使徒们围在她身边，基督从天而降来迎接她。在卢塞恩（Lucerne）的大教堂的大祭坛有一幅圣母升天图，这个大祭坛由高级教士斯科蒂（Scotti）以黑色大理石制成。在佩鲁吉亚的多明我教堂有一幅玫瑰经圣母祭坛画。[74]在科尔托纳的新圣母教堂有一幅被祝福的玛格丽塔在幻见中由天使们托举到基督面前。[75]在卢卡的圣皮耶·奇奥利教堂（San Pier Cigoli）有一幅圣劳伦斯的殉教。[76]在离罗马不远的卡普拉罗拉（Caprarola）的佐克兰提教堂有一幅很精美的作品，即圣希尔维斯特将恶龙囚禁在洞穴里。[77]在法尔内塞的另一个佐克兰提教堂有一幅帕多瓦的圣安东尼张开双臂并膜拜圣子。[78]在托钵僧教堂有一幅被祝福的菲利克斯和被圣母引领而来的圣子。[79]在救世主教堂有一幅逃往埃及。[80]在罗马梵蒂冈的圣玛尔塔教堂（Santa Marta）留有两件作品，一幅是圣乌尔苏拉（Saint Ursula），另一幅是使徒圣雅各和云端的圣母，圣母指向跪在地上、双手合十的圣安东尼，这件作品也因其明晰而优美的风格而为人称道。[81]他在卡瓦洛山宫殿低层庭院的入口处画了两幅精美的圣彼得和圣保罗半身像壁画，当时是保罗五世任教皇期间。[82]他在品奇阿纳城门外的红衣主教博尔盖塞的别墅长廊画了众神壁画。[83]他还为这位红衣主教在弗拉斯卡蒂的别墅画了一幅大型油画，画中是在洞穴口的波吕斐摩斯，或者某个怪物，他抓着一个披兽皮的年轻女子，她恐惧地看着他，其他人四散奔逃。[84]在瓦雷西别墅（villa of the Varesi）也能看见他的一些优秀画作。[85]我们还应提到罗马的佩雷蒂别墅的两件椭圆形作品，一个是亚历山大拒绝喝士兵拿来的水，另一个是亚历山大躺在床上，一只手举着一杯药，另一只手示意医生，后者宣读信件，一只手放在胸前，向亚历山大保证自己的忠诚。[86]

勃艮第的弗朗索瓦·佩里耶在绘制圣安德烈教堂的穹顶时学习了兰弗朗科的风格。[87]在罗马，他研究古代艺术，出版了一本关于雕塑的书和一本关于浅浮雕的书，由他本人绘制并制成蚀刻版画。[88]在巴黎，他为国务大臣德·拉弗里利埃（de la Vrillière）的长廊绘制了壁画，这件精美的作品使他被誉为杰出画家。[89]

注释 ————■

[1] 读者须知：对于那些仍然保留在原处的作品，其所在地点在注释里不再赘述。

[2] 兰弗朗科于 1582 年 1 月 26 日在帕尔玛出生。和贝洛里大约同时期的关于兰弗朗科的传记可见于帕塞里（1934 年），第 138－163 页。另外参见曼奇尼（1956 年），第 1 卷，第 247 页；斯堪内里（1657 年），第 355－356 页；《美的理念》，第 2 卷，第 355－361 页。

[3] 参见《阿戈斯蒂诺·卡拉奇传》，注释 21。

[4] 尚未确认。

[5] 兰弗朗科依照科雷乔在帕尔玛大教堂穹顶上画的圣母升天壁画细部绘制了一幅素描，这幅素描现藏于佛罗伦萨乌菲齐美术馆版画和素描馆（Gabinetto Stampe e Disegni, Galleria degli Uffizi），藏品第 19692F 号。

[6] 1602 年 2 月 23 日。

[7] 关于红衣主教奥多阿尔多·法尔内塞（1573—1626 年），参见附录。

[8] 也可参见贝洛里（1664 年），第 49 页；帕塞里（1934 年），第 149 页；《美的理念》，第 2 卷，第 362－364 页，目录 2、3；维特（Witte, 2001 年）。这些壁画和油画由红衣主教奥多阿尔多·法尔内塞委托，用来装饰法尔内塞宫某部分一层的隐士书房（Camerino degli Eremiti），毗邻祈祷和死亡圣母教堂（church of Santa Maria dell'Orazione e Morte）。

由于教堂扩建，这个小别墅在 1732 至 1734 年间被拆除。书房的 4 幅壁画被移到新建的教堂里。其中《隐士圣保罗和圣安东尼》（Saint Paul the Hermit and Saint Anthony Abbot）和《修行者圣西缅》（Saint Simeon Stylites）现在还清晰可见；第三幅《洞穴里的圣布鲁诺被西西里的伯爵罗杰及其仆从惊扰》（Saint Bruno in His Cave Surprised by Count Roger of Sicily and a Page）被管风琴挡住了一部分；第四幅壁画在 1919 至 1920 年间被毁。天顶的 9 幅油画中，有两幅留存至今：《天使们托举玛利亚·抹大拉升上天堂》（Mary Magdalen Borne to Heaven）和《沙漠里的基督和天使们》（Christ in the Desert Attended by Angels）（这两件作品都现藏于卡波迪蒙特国家美术博物馆，那不勒斯）。

[9] 参见《阿尼巴勒传》，注释 235。

[10] 贾科莫·桑内西奥，赞助人和收藏家（死于 1621 年），于 1604 年由教皇克雷芒八世任命为红衣主教。

[11] 这间别墅和这两幅壁画现都已不存。

[12] 诺森伯兰公爵藏品，阿尼克城堡（Alnwick Castle），诺森伯兰。也可参见斯堪内里（1657 年），第 356 页；贝洛里（1664 年），第 49 页。卡拉瓦乔的《基督诞生》现藏于德累斯顿古代大师画廊。——原注

此处注释里的"卡拉瓦乔"指的是科雷乔。——译注

[13] 1609 年 7 月 15 日。

[14] 帕尔玛国家美术馆。

[15] 公证人协会（Collegio dei Notai），帕尔玛【现出借给皮亚琴察市民博物馆（Musei Civici）】。

[16] 这个教堂于 1810 年被毁。

[17] 卡波迪蒙特国家美术博物馆，那不勒斯。

[18] 这件作品现在下落不明。一个 17 世纪的匿名绘图师据此绘制了一件临摹作，现藏于罗浮宫博物馆绘画艺术馆，藏品第 11603 号。一件关于圣亚历克修斯的人物习作现藏于佛罗伦萨乌菲齐美术馆版画和素描馆，藏品第 12697F 号。

[19] 里昂艺术博物馆。也可参见斯堪内里（1657 年），第 355–356 页。

[20] 圣查理·波罗米奥。

[21] 这两件作品都现藏于卡波迪蒙特国家美术博物馆，那不勒斯。

[22] 尚未确认。

[23] 赤足加尔默罗会圣约瑟女修道院（Convent of San Giuseppe delle Carmelitane Scalze），罗马。

[24] 也可参见曼奇尼（1956 年），第 1 卷，第 247 页；斯堪内里（1657 年），第 356 页。

[25] 兰弗朗科为包括外墙在内的皇室厅画了最初草图，但这些草图在教皇保罗五世于 1621 年去世后从未实施，参见《美的理念》，第 2 卷，第 370–372 页，目录 8–10。

[26] 这个壁画的主题是圣母向圣伊尔德方索显灵并治好他的手，他写文为圣母辩护，因而手部受了重刑。圭多·雷尼在圣母的位置画了一个天使，保罗五世命令兰弗朗科用圣母替换天使（参见《圭多·雷尼传》）。

[27] 参见《多梅尼基诺传》。红衣主教亚历山德罗·佩雷蒂·蒙塔尔托死于 1623 年，他的任子弗朗切斯科·佩雷蒂（死于 1650 年）随后成为红衣主教，并继承了蒙塔尔托的名号。

[28] 也就是和多梅尼基诺的竞争。

[29] 圣安德烈·阿韦利诺（Saint Andrew Avellino，1521—1608 年）隶属教会司铎的戴蒂尼会（Theatine Order of Clerks Regular），于 1624 年受到教皇宣福。

[30] 西比奥内·博尔盖塞的秘书费兰特·卡洛（Ferrante Carlo）于大约 1628 年写过关于这个穹顶的描述，贝洛里也知晓此事，参见透纳（1971 年）。也可参见帕塞里（1934年），第 148－155 页。

[31] 奇奥利（1559—1613 年）在保罗礼拜堂（Pauline Chapel）的穹顶上画了《圣灵感孕的圣母和圣徒及天使们》（*Virgin of the Immaculate Conception with Saints and Angels*），奇奥利是佛罗伦萨巴洛克风格的创始人之一，这件作品来自教皇保罗五世的委托。

[32] 也可参见曼奇尼（1956 年），第 237 页；巴格利奥尼（1642 年），第 291 页。克里斯托弗罗·龙卡利也被称作波马兰奇奥（Pomarancio，约 1553—1626 年），是一名托斯卡纳画家，自 1582 年起活跃在罗马。他在圣所教堂的壁画在 19 世纪时被替换。

[33] 这件祭坛画现位于圣安德烈·阿韦利诺礼拜堂（chapel of Sant'Andrea Avellino）的右侧耳室。

[34] 圣灵感孕圣母教堂。

[35] 这件作品在 1813 年的大火中被毁，1814 年替换上吉奥基诺·邦贝利（Gioacchino Bombelli）画的临摹作。兰弗朗科原作来自乌尔班八世（1623 至 1644 年任教皇）的委托，其中两个残片现存于该教堂的圣器收藏室。

[36] 也可参见帕塞里（1934 年），第 153 页，注释 2；《美的理念》，第 2 卷，第 367－368 页，目录 5。

[37] 所在不明。

[38] 贝洛里混淆了这些画作的主题和材质。《采集吗哪》（*The Gathering of Manna*）是两个扇形画之一，以干壁画法绘制而成。另一幅是《摩西与铜蛇》（*Moses and the Brazen Serpent*），贝洛里在下文先说它是油画，后来又纠正说它是两幅干壁画之一。当油画都被移到圣器收藏室时，这两幅干壁画还在原位。这两个扇形画于 1900 年被分离下来，并转移到墙外的圣保罗教堂博物馆。《天降鹌鹑》（*The Rain of Quail*）【现位于切塞纳储蓄银行基金会（Fondazione Cassa di Risparmio di Cesena）】是兰弗朗科为圣餐礼拜堂所作的 8 幅油画之一，贝洛里误说成 7 幅。

[39] 也就是第二个扇形画。

[40] 现藏于 J. 保罗·盖蒂博物馆，洛杉矶。

[41] 马赛艺术博物馆。

[42] J. 保罗·盖蒂博物馆，洛杉矶。

[43] 阿姆斯特丹国家博物馆。

[44] 爱尔兰国家博物馆，都柏林。

[45] 爱尔兰国家博物馆，都柏林。

[46] 关于兰弗朗科为墙外的圣保罗教堂圣餐礼拜堂所画的作品，也可参见巴格利奥尼（1639 年），第 64－65 页；帕塞里（1934 年），第 146－148 页。关于这些作品位置的复原，参见施莱尔（1965 年），第 62－81 页，图片 28a。

[47] 热那亚画家，1557—1629 年。

[48] 正典圣器收藏室（Sacrestia dei Canonici），圣彼得大教堂，罗马。

[49] 兰弗朗科的《圣博纳文图拉》草图【现藏于古代艺术国家美术馆，巴贝里尼宫（Galleria Nazionale d'Arte Antica, Palazzo Barberini），罗马】是为圣利奥礼拜堂的一个三角拱所绘，这里现在是柱子圣母礼拜堂（chapel of the Madonna della Colonna）。《圣狄奥尼修斯》【即古希腊雅典最高法院法官圣狄奥尼修斯（Saint Denys the Areopagite）】草图是为圣米迦勒礼拜堂（chapel of Saint Michael）所绘，其创作者不是兰弗朗科，而是安德里亚·萨奇。贝洛里之所以会弄混，可能是因为在 1631 年，萨奇被委托为圣利奥礼拜堂和圣米迦勒礼拜堂 8 个三角拱的其中 4 个绘制草图。另外 4 个三角拱的草图分别交给兰弗朗科、卡洛·佩莱格里尼（Carlo Pellegrini）和罗马内利（Romanelli）。萨奇的另外 3 幅草图分别是为圣米迦勒礼拜堂的三角拱所作的《圣利奥一世》（*Saint Leo the Great*），以及为圣利奥礼拜堂的三角拱所作的《大马士革的圣约翰》（*Saint John Damascene*）和《圣托马斯·阿奎那和圣彼得及圣保罗》（*Saint Thomas Aquinas with Saints Peter and Paul*）（参见《安德里亚·萨奇传》，注释 38）。圣利奥礼拜堂和圣米迦勒礼拜堂的镶嵌画是乔凡尼·巴蒂斯塔·卡兰德拉（Giovanni Battista Calandra，1586—1644 年）所作。

[50] 古代艺术国家美术馆，巴贝里尼宫，罗马。根据帕塞里（1934 年），第 152 页，为了奖赏兰弗朗科在圣彼得大教堂赐福敞廊所作的壁画《基督于水面之上行走》（*Christ Walking on the Waters*），乌尔班八世授予兰弗朗科骑士（cavaliere）之位（参见注释 71）。

[51] 现在被称为圣母怜子礼拜堂（chapel of the Pietà）。

[52] 多梅尼科·吉纳西（Domenico Ginnasi）的府邸位于吉纳西拱门街（Via dell'Arco de'Ginnasi）和暗店街的街角处。1936 年，欧金尼奥·索蒂尼（Eugenio Sodini）将吉纳西宫修复到原样，兰弗朗科的《圣灵降临》（*Descent of the Holy Spirit*）被分离下来并转移到画布上，安装在宫殿礼拜堂的天顶上。

[53] 马太·迪·焦韦宫（Palazzo Mattei di Giove），为阿斯德鲁巴勒·马太而建，依据卡洛·马德诺的设计，从 1598 年开始动工，1938 年归意大利政府所有。

[54] 壁画《以利亚升上天堂》（*Elijah Carried to Heaven*）现已不存。《约瑟解梦》（*Joseph Interpreting Dreams*）所在的房间天顶上还有一幅兰弗朗科画的《约瑟和波提乏之妻》（*Joseph and Potiphar's Wife*），这两幅画都是仿架上画制式。

[55] 壁画《波吕斐摩斯和阿西斯》（*Polyphemus and Acis*）在 19 世纪初被毁。

[56] 那不勒斯大教堂的圣亚努阿里斯珍宝礼拜堂。

[57] 根据帕塞里（1934 年），第 157 页，蒙特雷伯爵曼努埃尔·德·阿塞韦多·祖尼加（Manuel de Acevedo y Zúñiga, count of Monterrey）向兰弗朗科及其他画家委托了"罗马人的伟绩、凯旋和胜利"系列作品，并将其献给腓力四世在马德里的丽池宫。兰弗朗科画了 7 件作品，1 幅【《罗马皇帝的凯旋》（*Triumph of a Roman Emperor*）】现藏于宫廷服饰博物馆，阿兰胡埃斯（Museo de los Trajes de Corte, Aranjuez）；另外 6 幅【《罗马皇帝的吉兆》（*Auspices of a Roman Emperor*）、《海战演习》（*Naumachia*）、《角斗士盛宴》（*Banquet of Gladiators*）、《凯旋胜景》（*Scene of Triumph*）、《罗马皇帝的葬礼》

(*Exequies for a Roman Emperor*)、《角斗士的战斗》(*Combat of Gladiators*)】现藏于普拉多博物馆,马德里。

[58] 参见注释57。蒙特雷伯爵于1628年成为驻罗马大使,1631至1637年间任那不勒斯总督。

[59] 耶稣新教堂(Gesù Nuovo)的穹顶在1688年的地震中倒塌,这些壁画也随之被毁,随后描述的三角拱壁画则留存了下来。

[60] 也可参见帕塞里(1934年),第55-56页。

[61] 这5件油画的主题分别是:《圣母和圣子显灵,以及圣亚努阿里斯和一位戴蒂尼会主教》(*The Apparition of the Virgin and Child and San Januarius and a Theatine Bishop*);《圣安德烈·阿韦利诺沉思复活的基督》(*Sant'Andrea Avellino Contemplating the Resurrected Christ*);《基督向教皇保罗四世、圣卡耶坦和圣母展示作为生之法则的十字架》(*Christ Showing the Cross as the Rule of Life to Pope Paul IV, Saint Cajetan, and the Virgin*);《一位戴蒂尼会主教沉思在花园里苦恼的基督》(*A Theatine Bishop Contemplating Christ in the Agony in the Garden*);《一位戴蒂尼会主教沉思圣灵感孕》(*A Theatine Bishop Contemplating the Immaculate Conception*)。

[62] 即圣安德烈教堂的壁画。

[63] 在1757年的大火中被毁。现藏于哈勒姆的泰特博物馆(Teyler Museum)的两幅草图里有相关描绘。

[64] 圣马尔蒂诺国家博物馆(Museo Nazionale di San Martino),那不勒斯【自玫瑰经教堂,阿夫拉戈拉(church of the Rosario, Afragola)借出】。也可参见帕塞里(1934年),第161-162页。

[65] 这两幅油画都尚未确认。

[66] 这件作品的主题是圣彼得和圣亚努阿里斯将红衣主教阿斯卡尼奥·菲洛马里诺引荐给圣母。菲洛马里诺(1583—1666年)于1641年由教皇乌尔班八世任命为那不勒斯大主教和红衣主教。

[67] 即圣阿古斯蒂那斯教堂(church of the Agustinas)。

[68] 艺术和历史遗产监管会(Soprintendenza dei Beni Artistici e Storici),那不勒斯【出借给圣埃尔默堡(Castel Sant'Elmo)】,借自波佐利大教堂。

[69] 这场反抗西班牙统治的起义1647年爆发,其领导人是托马索·阿涅洛(Tommaso Aniello),他被称为马萨涅洛。

[70] 即圣安德烈教堂。

[71] 参见兰弗朗科的《作为基督教会骑士的自画像》(*Self-Portrait as a Knight of the Order Christ*),现藏于哥伦布艺术博物馆(Columbus Museum of Arts),哥伦布,俄亥俄州。

[72] 目前可以确定的兰弗朗科在西班牙的作品只有阿兰胡埃斯的宫廷服饰博物馆和马德里的普拉多博物馆的罗马历史系列(参见注释57),以及萨拉曼卡的圣阿古斯蒂那斯教堂的《圣母领报》(参见注释67)。

[73] 这些画作现都已不存。也可参见帕塞里(1934年),第154、162页。

[74] 《圣母和圣子,以及圣多明我和锡耶纳的圣凯瑟琳(玫瑰经圣母)》【*Virgin and Child with Saints Dominic and Catherine of Siena (Madonna del Rosario)*】,现藏于多明我会的圣

多明我教堂（San Domenico dei Padri Domenicani），佩鲁吉亚。

[75] 帕拉提那美术馆，皮蒂宫，佛罗伦萨。

[76] 圭尼吉别墅国家博物馆（Museo Nazionale di Villa Guinigi），卢卡。

[77] 佐克兰提的圣特蕾莎教堂（圣母与圣希尔维斯特教堂）【Santa Teresa degli Zoccolanti (Santi Maria e Silvestro)】，卡普拉罗拉（《美的理念》，第2卷，第367页，目录4）。

[78] 圣洛克教堂，法尔内塞。

[79] 尚未确认。

[80] 尚未确认。

[81] 《圣乌尔苏拉》（*Saint Ursula*）这幅祭坛画现已遗失，《使徒圣雅各》（*Saint James the Apostle*）现藏于维也纳艺术史博物馆。也可参见巴格利奥尼（1639年），第47页；《美的理念》，第2卷，第365—367页，目录3。

[82] 现已不存。也可参见帕塞里（1934年），第148页。

[83] 这幅壁画位于敞廊拱顶的中间，其主题是奥林匹亚众神集会。关于红衣主教西比奥内·博尔盖塞，参见附录。

[84] 博尔盖塞美术馆，罗马。藏于那不勒斯国家图书馆的帕塞里的《画家、雕塑家和建筑师传》手稿正确指出，这件作品的主题是"阿里奥斯托的魔怪"【帕塞里（1934年），第163页，注释4】。这件作品表现的是阿里奥斯托：《疯狂的罗兰》，17，56—58关于魔怪（orcus）、诺兰丁（Norandino）和卢齐娜（Lucina）的故事。——原注
此处参考的中译本是卢多维科·阿里奥斯托：《疯狂的罗兰》上，王军译，浙江大学出版社2018年版，第625—626页。——译注

[85] 弗拉斯卡蒂的瓦雷西别墅【现更名为穆蒂别墅（Villa Muti）】中留存了一些兰弗朗科所作的仿架上画制式的壁画，其主题分别是约瑟被他的兄弟们投入井里、犹大和他玛、苏撒拿和士师们。

[86] 雷焦艾米利亚彼得罗·马诺多里储蓄银行基金会，雷焦艾米利亚（Fondazione Cassa di Risparmio di Reggio Emilia Pietro Manodori, Reggio Emjlia）。也可参见帕塞里（1934年），第141—142页。

[87] 佩里耶（约1594—1649年）和兰弗朗科一起绘制了圣安德烈教堂的穹顶壁画。他也依据阿戈斯蒂诺·卡拉奇《圣哲罗姆最后的圣餐》制作了一幅蚀刻版画，以证明多梅尼基诺剽窃了这件作品的构图（参见《多梅尼基诺传》，注释53、54）。

[88] 《至今留存在罗马的古代雕塑残片》（*Segmenta nobilium signorum et statuarum quae Romae adhuc extant*），罗马，1638年；《至今留存在罗马的取自大理石板的雕像和残片》（*Icones et segmenta illustrium e marmore tabularum quae Romae adhuc extant*），罗马，1645年。

[89] 佩里耶在德·拉弗里利埃府邸的长廊天顶上绘制了壁画，毁于19世纪，后来替换上让-保罗-埃蒂安（Jean-Paul-Étienne）和雷蒙·巴尔奇（Raymond Balze）所绘的临摹作，原作某些部分现藏于法兰西银行（Banque de France）。壁画的主题分别是四元素、朝与夜、阿波罗的马车。路易·菲利波，德·拉弗里利埃公爵（Louis Phélipeaux, duc de La Vrillière, 1598—1681年），自1661年起担任路易十四的国务大臣。

第 11 章
亚历山德罗·阿尔加迪[1]

今日的雕塑远远比不上古时的雕塑，只有极少数的雕塑作品值得夸耀。雕塑既没有达至绘画那样的完美，也没有像绘画为我们带来一位绘画大师[2]那样，给予我们一位雕塑大师。然而，在我们的时代，两位十分杰出的艺术家复兴了雕塑，他们的勤奋工作使雕塑重获力量，他们就是弗莱芒人弗朗索瓦[3]和亚历山德罗·阿尔加迪（Alessandro Algardi），此处将介绍后者的生平，通过他的双手，大理石被赋予了灵魂[4]。阿尔加迪家族在博洛尼亚算是比较高贵的一族，这个家族里诞生了朱塞佩[5]，他在博洛尼亚从事丝绸贸易，他的儿子就是亚历山德罗[6]。亚历山德罗起先学习文学，后来在内心天赋的引导下转向另一个方向，投入对雕塑的研习。他在卢多维科·卡拉奇学院学到关于素描和绘画的有用知识，在那个时期，他经常拜访雕塑家朱里奥·切萨雷·康温蒂[7]，萌发了制作一些小型人物模型的想法，由此发现了自己对雕塑的爱好和才能，并迅速转向雕塑行业。热心的卢多维科看到亚历山德罗制作的雕塑的生动和优美后，为了更好地鼓励他，卢多维科自己也试着制作了一些模型，亚历山德罗还将其中一个模型展示给我们看，他为了纪念自己的恩师而保存了这个模型。亚历山德罗在 20 岁的时候，和加布里埃莱·博塔佐利（Gabriele Bertazzuoli）[8]一起搬到曼图亚，后者是公爵斐迪南多[9]的建筑师。亚历山德罗开始为公爵大人工作，制作象牙雕塑，为公爵所有的银质或铜制人物及装饰雕塑制作各种模型。亚历山德罗以他的才华和高雅举止赢得了公爵的赞赏，他不仅学习德泰宫（Palazzo del Te）里朱里奥·罗马诺的著名画作，而且被允许研究各代公爵收藏的宝石、浮雕宝石、圆浮雕、铜制雕塑和大理石雕塑，比起当时其他地方，此处的藏品数量是最多的，直到几年后曼图亚城不幸陷落。[10]关于这点，我们必须要提及一件亚历山德罗经常说到的往事。在这些藏品中，有一个描绘伊希斯

(Isis) 献祭的古代浮雕花瓶，其做工十分高超，当管理员向几位外国人展示这个花瓶时，它从他手里滑了下去，但他在花瓶掉在地上之前毫发无伤地接住了它，所有人都受到了惊吓。公爵听说这件事后，命令亚历山德罗以古代风格为其制作金质的把手和底座，以便花瓶不会再遭遇类似的危险。然而，恰恰是这些保护措施后来导致了花瓶的毁坏，德国人在攻打城市的时候，洗劫了公爵的宫殿和藏品，对金子的欲望驱使士兵们砸碎花瓶，因为他们被外表欺骗，以为支架是纯金的，而实际上它只是镀金的青铜。同样的事情也发生在那个价值连城的白水晶柜子身上，柜子被砸成一堆碎片，就为了偷走上面也只是镀金青铜的支架和装饰。亚历山德罗通过在曼图亚的研习增强了自己的能力，如同高贵的人们尤其是当今时代的艺术家所倾向的那样，亚历山德罗也立志要去罗马成就自己的艺术事业。公爵大方地资助他去罗马，希望他以后会回到曼图亚，亚历山德罗也确实会这么做，只是公爵的离世以及后来发生的变故阻止了他。

亚历山德罗借道威尼斯，在那里待了几个月，于 1625 年到达罗马。公爵将他引荐给教皇格列高利十五世[11]的侄子、红衣主教卢多维西[12]，卢多维西重装宾西亚丘陵的塞勒斯特花园[13]，委托亚历山德罗修复雕像，其中亚历山德罗依据优美的古典风格修复的一个墨丘利雕像尤其为人称道[14]。亚历山德罗自己在那里设计了一个坐着的普托的大理石雕像，普托靠在一只龟身上，正在吹奏笛子，龟象征安定，普托象征安全地玩耍和休憩的纯洁孩童。[15]红衣主教委托他制作这个雕像，以便和另一个哀悼的普托凑成一对，这个普托被藏在草丛里的毒蛇咬了一口，受了致命伤，毒蛇象征欺诈。亚历山德罗的这个普托雕像算不上优秀，之所以在此处提及，是因为这是他首次用大理石制作的雕像之一。[16]红衣主教卢多维西把亚历山德罗托付给多梅尼基诺，二人结下亲密的友谊，因为他们都来自卢多维科[17]的学院，而且他们都深爱自己的家乡。因此，多梅尼科不仅在艺术上给亚历山德罗提供指导，而且当他为奎里纳勒山圣希尔维斯特教堂里红衣主教班迪尼的礼拜堂绘制四幅圆形画的时候，他推荐让亚历山德罗制作壁龛里的雕像，成功让亚历山德罗拿到圣约翰和抹大拉这两个雕像的委托，这两个灰泥雕像比真人略大。借由这两个雕像，阿尔加迪的才能和名号开始流传，抹大拉雕像尤其受到赞赏，她抬头望向天堂，一只手放在胸前，另一只手抓着衣袍擦眼泪，她有着甜美的面部神态，露出悲伤的表情，她身上的布料也展现出非凡的技巧。[18]亚历山德罗凭借这些作品获得了艺术家们的赞许，但他没有机会施展自己的才华，只能通过制作普托、小雕像、头部雕像、基督受难雕像和金器装饰来过活，因为和古时的罗马人推崇雕塑不同，雕塑在当下并不那么受欢迎，而且所有人都追求古代雕塑，很多雕塑家以修复古代残片来讨生活，这些残片从罗马被运往各地。亚历山德罗花了很多年修复古代雕像，尤其是马里奥·弗兰吉帕内（Mario Frangipane）阁下[19]运往法国的那些雕像。他也委托亚历山德罗为他在圣马尔切洛教堂（San Marcello）的礼拜堂制作了 3 个大理石雕像[20]，这些雕像位于礼拜堂左侧，和右侧另外 3 个他的家族雕像相对。

多年之后，时间和命运移除所有障碍，共同为这位沉寂已久的伟大艺术家带来好运，他获得了大量珍贵的委托。他首先被彼得罗·博康帕尼（Pietro Buoncompagni）阁下选中，为罗马奥拉托利会的圣器收藏室制作一个圣腓力·内里雕像[21]，当雕像于 1640 年被安置于正对入口的大壁龛时，他为其完成了最后的润色。阿尔加迪将这位年迈的圣徒描绘成穿着神父袍和十字褡，不仅面庞朝向天堂，精神也飞升其上。他一只手张开，另一只手放在自己的律令之书上，一个单膝跪地的天使从旁边为他托着书。[22]这件作品增强了阿尔加迪的名望，他在制作大理石雕塑时的优美风格得以展现出来，反驳了有些人散布的他只会制作模型的谣言。这个雕像群全面体现了他的精湛技艺，年迈圣徒的充沛情感和天使的极度优雅使这两尊雕像栩栩如生。这件作品的每个部分都非常完美，足以和当今艺术家最优秀的雕塑比肩。阿尔加迪还为这个圣器收藏室制作了教皇格列高利十五世雕像，这是一个青铜半身像，安置在一扇门上方的圆形壁龛里，就在圣腓力雕像的对面，格列高利双手合十，做出向封圣的圣腓力·内里祈祷的动作。[23]圣腓力雕像使阿尔加迪声名鹊起，因此，红衣主教贝尔纳迪诺·斯帕达（Bernardino Spada）[24]委托他为博洛尼亚的巴拿巴会教堂（church of the Barnabite Fathers）制作由两个大型雕像组成的圣保罗被斩首雕像群（见图 11-1），斯帕达为这个教堂修建了宏伟的大祭坛和立面。[25]亚历山德罗将圣保罗描绘成跪在地上，双手绑在身前，等待那致命一击，他背后的行刑人正挥舞着剑去砍他。奇异的是，我们可以把这个雕像群和红衣主教斯帕达的父亲保罗·斯帕达（Paolo Spada）的名字联系起来。[26]保罗·斯帕达立下遗嘱要求建造这个教堂，教堂里众多的柱子和大理石在这个远离大海的城市非常少见，因为很难运输。祭坛独立位于唱诗席前方，其周长是 100 多掌，有 8 个带凹槽的柱子，中间是两个高 12 掌的雕像，从每个方向都能看清楚。行刑人全身赤裸，一块布料从圣保罗的一边肩膀延伸到下半身，露出他的四肢。这也被誉为当下最好的雕塑作品之一。由此，亚历山德罗的故乡博洛尼亚不仅在绘画上卓有成就，也在大理石雕塑上获得了荣耀。阿尔加迪还为这个教堂制作了一个大约高 3 掌的青铜圆形浮雕，描绘了被斩首的圣保罗，他的头颅躺在地上，3 个喷泉从中喷涌而出，前景里的行刑人惊异地举起一只手，另一只手里拿着剑，一个女人单膝跪在地上，也表达出惊讶之情，背景里还有其他人物。这个圆形浮雕位于大理石祭坛正面的中间。阿尔加迪为博洛尼亚的圣依纳爵教堂制作了一个比真人高的青铜基督受难十字架。[27]他为阿戈斯蒂诺·弗兰佐内（Agostino Franzone）阁下制作了一个类似的十字架，后者将其送到热那亚。[28]这个十字架雕塑的有着生动颜色的大件模型保存在罗马圣玛尔塔教堂的祭坛上，上面的灰泥装饰是阿尔加迪的设计。基督雕像比真人大，他低垂着头，双臂绑在木头的十字架上。[29]此外，在博洛尼亚的博斯科圣米迦勒教堂圣器收藏室有一个小型青铜像，天使长抓着闪电，脚踩恶魔。这个雕像是阿尔加迪为尊贵的佩波利会长所作，佩波利是阿尔加迪非常诚挚的领主和朋友。[30]当时人们在建造献给圣路加和圣玛蒂娜的教堂，由彼得罗·达·科尔托纳（Pietro da Cortona）[31]设计建造。亚历山德罗出于他的虔诚本性，以及对圣路加学院[32]的敬爱，为教堂制作了3位殉教圣徒的雕像群，这3位圣徒的遗骸和圣玛蒂娜的遗骸被同时发现。阿尔加迪把他们表现成站立的姿势，手里拿着棕榈枝，他们的面部神态是如此优雅，布料又充满古典风格的优美，仿佛这些是制作于伟大的古典时代的雕像。这个赤陶土所作的模型被放置在祈祷室的地下礼拜堂，等着被制作成青铜雕像。[33]除了这些雕像，他还为马耳他的码头制作了基督的青铜半浮雕，当时卢卡建筑师及工程师博纳米奇[34]从罗马去了马耳他，翻新了码头，用各种建筑改善城市面貌。这是一个非常高大的半身像，基督一只手握着世界，另一只手为那些抵达码头的人送上祝福。[35]阿尔加迪为传教士修会（Order of Preachers Friars）的多梅尼科·马里尼（Domenico Marini）神父制作了圣马利亚·抹大拉的镀金青铜雕像，抹大拉的前臂靠在一个大约高4掌的斑岩材质的骨灰缸上，马里尼神父把这个雕像放在普罗旺斯圣马克西曼镇（Saint-Maximin）的抹大拉教堂。[36]同时，阿尔加迪制作了一个比真人小的大理石人像嵌板，抹大拉升上天堂，天使们对着乐谱歌唱，演奏各种乐器，抹大拉张开双臂，她的头发披散在赤裸的胸脯前，一片布料遮挡了她的其余身体部分。这个嵌板被放置在圣博姆山（Sainte Baume）的洞穴，这里距离圣马克西曼镇3里格（league），抹大拉在这座山里忏悔隐修了40年，后来在天使们的带领下升上天堂。[37]就好像真的是抹大拉感召这位令人尊敬的神父去委托阿尔加迪制作这样一件高贵又虔诚的作品，马里尼在加入教会25年后成为阿维尼翁（Avignon）大主教。也正是在这个时候，抹大拉那至今还奇迹般保存完好的圣体被转移到那里，马里尼的职责就是将其安置在他委托的雕像群的那个斑岩骨灰缸里。[38]

在这之后，亚历山德罗着手制作两个非常大型的作品，其中一个在此前就已经开始。这两件作品就是为教皇利奥十一世所作的放在圣彼得大教堂的墓碑，以及为教皇圣利奥所作的阿提拉（Attila）逃亡的祭坛装饰，这是圣彼得大教堂的主祭坛之一。在墓碑上，呈坐姿的教皇做出赐福的手势，在骨灰缸的两边放着两尊雕像，一个是装扮成帕拉斯的审慎，戴着头盔，一只手放在盾牌上[39]，另一个是从丰饶之角往外倒宝石和钱币的慷慨，她们代表的都是这位教皇具有的美德[40]。在骨灰缸上也刻着同一个教皇的小幅浅浮雕，表现的是当他还是红衣主教的时候出使法国，在两国之间缔结和平条约。坐着的法兰西国王在教皇使节的面前签署条约，一个士兵掀起帷幕一角，露出另一侧站着的法兰西国王，他把手放在福音书上，庄严地宣誓条约。[41]亚历山德罗在自己家中完成了这件作品，他把自己的工作室设在圣彼得大教堂背后的铸造厂里，因为这样离教堂比较近。他开始制作关于阿提拉的故事的原尺寸灰泥模型，这个模型现位于奥拉托利会礼拜堂台阶顶部的墙上，这在当下可以说是一个非常独特的雕塑，既是因为它的巨大尺寸，也是因为丰富的人像。我们随后将介绍这个雕塑。[42]

　　从英诺森十世成为教皇开始，亚历山德罗就深受亲王堂·卡米洛·潘菲利的喜爱，后者是教皇的侄子，当时是红衣主教[43]，非常慷慨地赞助亚历山德罗。因此，当潘菲利修建他在圣潘克拉齐奥教堂（San Pancrazio）旁边的那座美丽的清新别墅（Villa of Belrespiro）时，他让亚历山德罗负责这项工程[44]，委托他制作喷泉的装饰、围墙和建筑。在这些工作中，亚历山德罗凭借别墅一层的 4 个房间的灰泥装饰获得极高的赞赏，无比精美的浅浮雕和雕刻装饰分布在这些房间的天顶上。所有想做出好的建筑修饰的人都应该来临摹这些丰富、整齐又高贵的装饰，尤其是现在这类装饰工程都落到无能的灰泥工人和建筑师手里，他们可以说就是野蛮人，建筑获得的不是美，而是畸形。亚历山德罗学习拉斐尔和朱里奥·罗马诺这些好榜样，临摹蒂沃利的哈德良别墅（Villa of Hadrian）的著名遗迹。他将一个浅浮雕用在灰泥装饰中，非常精致地装饰了墙面，表现出空间的纯粹性和对称性。他在其中一个房间的小幅人像饰带上再现了罗马人的各种风俗，比如战斗、军队、船只、胜利、庆典和献祭，中间夹杂着神庙、拱门、陵墓等建筑，其间隔饰物包括叶饰和圆形画。在拱顶中间的大幅人像中，他表现了女神帕拉斯一手拿一个橄榄枝，一手放在刻着马耳他十字形的盾牌上，下方还有一些普托，他们用象征潘菲利家族的鸢尾花及鸽子来玩耍，这些都属于堂·卡米洛的盾徽。亚历山德罗在这个天顶的一头表现了坐在云端的阿波罗，他一只手放在七弦竖琴上，另一只手拿着弓。天顶的另一头是高举天平的正义，她旁边是一个抱着束棒的普托，隐喻着堂·卡米洛的博学以及他做红衣主教时的公正统治。在另一个被称作赫拉克勒斯厅的拱顶上，长方形空间里的小幅人像表现了赫拉克勒斯的伟绩，这些四方形空间的中间是两个圆形画[45]，一个表现的是赫拉克勒斯完成英勇事迹后，从火葬的柴堆升上天堂；另一个是成为赫拉克勒斯妻子的赫柏（Hebe）抚摸他的手，奉坐在老鹰身上并指向赫拉克勒斯的朱庇特的命令，为他奉上一杯神之美酒。另一个房间里分布着其他饰带画、叶饰、画框和圆形画，都遵循古代艺术的高尚理念。[46]因此，我们有充足的理由相信，这位有才华的大师完成了比其他任何人都多的成就。这个别墅四周布满做工精良的雕像和浮雕，柱廊拱门入口两侧悬挂着作为装饰的大理石奖杯雕塑，其把手是古代艺术风格，依据亚历山德罗的草图和模型而作。别墅里有很多美丽的装饰，与古代雕像、优秀画家的画作相映生辉。关于这个建筑，亚历山德罗依照帕拉迪奥（Palladio）的设计，将其改造得非常适合别墅所在的空地。在内部庭院中间有一个带穹顶的圆形建筑，柔和的光线从上方均匀地洒落下来，周围呈方形排列的房间都被光线照亮，往外能看见非常美丽的景色。在圆形大厅和方形排列的房间之间的 4 个三角形区域中，设置了服务区、一个隐秘的螺旋楼梯和礼拜堂。正面柱廊的左边是各个房间，右边是一个更大的螺旋楼梯，人们可以舒适从容地从楼梯走上去。在别墅后面花园的底层，亚历山德罗制作了灰泥材质的喷泉，底座上有两个鱼尾交缠在一起的海兽，它们中间还有海豚，两个普托从下面扛着水瓶，喷泉周围装饰着橄榄枝、鸢尾花和鸽子。[47]在底层通向花园的两个楼梯之间，他制作了维纳斯喷泉，喷泉中间的维纳斯雕像立于一个海豚拉着的贝壳之上，水流从海豚的鼻子高高地喷出来并落到水池里。在上方拱顶的灰泥浅浮雕中，一个丘比特正拉弓射箭，四周墙壁上铺着以沉积石、砾石和贝壳制成的镶嵌画，在各个隔间和色彩之间穿插着海豚和白色灰泥粉饰。有一侧是代表四元素的朱庇特、朱诺、西布莉（Cybele）和安菲特里式，这些都是椭圆形空间里的小雕像。与之相对，对面是代表季节的另外 4 个雕像。所有这些雕像共同意指维纳斯和宇宙自然。这个喷泉的正面一直到楣梁都是敞开的，两个特里同的胸像柱支撑着楣梁，他们双手扶着顶在头上的水果篮，赤裸的身体摆出不同的姿态，从腰部以下变形的鱼尾在水面上方相互缠绕。[48]这些都由灰泥制成。亚历山德罗在这件作品中展示了他在雕塑和建筑上的天分，包括建筑各部分的华丽装饰和合理结构，以及别墅的规划。他的杰出判断力使他能够处理不同层级的不规则区域，使其相互协调，制造出一种令人愉悦的高贵形态。的确，别墅就坐落在雅尼库鲁姆山范围里的一个小山丘上，那里空气清新，方圆五里之内都是美丽的景色，不愧是"清新"别墅。

在此期间，亚历山德罗制作了两个高约 3 掌的小型银质雕像，即圣约翰为基督施洗。[49]它们被呈给教皇，教皇对这个作品非常满意，既是因为这和他的教名有关，也是因为圣约翰是他的家族的守护圣徒。[50]亚历山德罗还为这位教皇制作了一个同样尺寸的银质基督受难像。[51]英诺森由此知晓了这位艺术家的能力，对他十分有好感，委托他制作上文提到的阿提拉的故事（见图 11-2）。依据教皇的意愿，这件作品是为庆祝 1650 圣年所作，并被放置在祭坛之上。

阿提拉逃亡

使徒彼得和保罗从天而降，天使们分开云朵，他们从空中穿行而来，面露怒色地威胁凶暴的阿提拉。[52]他们右手拿剑，左手对阿提拉做手势，命令他即刻离开，不准进入罗马，而这位野蛮的国王被这突然的遭遇吓得转身逃跑。他回头望向准备攻击自己的两位使徒，举起一只手护在身前，另一只手拿着指挥棒，显得警觉而困惑。这个大理石雕塑并非只展现了恐惧和逃亡。阿提拉的装束非常华丽，他的披风系在胸前，露出下面古典风格的胸甲和盔甲。圣利奥面对着阿提拉，他身穿教皇袍，头戴主教冠，勇敢地直面阿提拉，伸手指向上方作为罗马城守护圣徒的两位使徒，后者从天而降来保卫这座城市。圣利奥身后跟着一个扛十字架的人和两个主教，其中一个主教向上帝表示感恩，脸朝向天堂，双臂张开。一个负责托着衣摆的人弯下腰，将教皇衣袍的下摆放在一边膝盖上，惊奇地看向突然面露惧色的阿提拉。我们可以部分看见阿提拉身后的士兵，他们或是步行，或是骑在马上，拿着号角和徽章。其中一个队长正用指挥棒示意士兵们进攻罗马，而没有注意到阿提拉此时正害怕地后退。队长旁边的男侍也没有发现这点，这个男孩手里拿着头盔和长弓。所有这些人物都生动地表现出恰当的情感。

这个雕塑群高 32 掌，宽 18 掌，由 5 个大理石雕塑拼接而成，包括 4 个主雕塑和 1 个拱顶部分的小雕塑。最前方的阿提拉和圣利奥雕像高约 14 掌，他们和那个托着圣利奥衣摆的人几乎可以看作圆雕，其他雕像也都是或深或浅的浮雕，最浅的是平面上的浅浮雕。这位雕塑家刻画裸体、衣褶和构图的技巧的确十分高超，在这样一件复杂的大型作品中，这些充分体现了人物动作的优美及姿态的表现力和生动性。他处理大理石时的果断手法也非常厉害，那些阴影部分和纵深尤其展现出非凡的雕刻技巧，他用的是一种长达 4 到 5 掌的特殊凿子。祭坛雕塑揭幕的时候，这个出色的雕塑作品理所应当地为亚历山德罗赢得了赞美，对其非常满意的教皇命令圣彼得大教堂管理会补发给亚历山德罗 1 万个斯库多的酬劳。

在这之后，亚历山德罗为梵蒂冈宫庭院的喷泉雕刻了小型浅浮雕，圣达马苏（Saint Damasus）发现的这处泉水源自梵蒂冈山，亚历山德罗在上面描绘了圣达马苏为几个基督徒施洗，然而，这个浮雕被泉水逐渐腐蚀了。他还负责制作了这个喷泉的建筑，位于面对入口的主拱门处，露台上刻着教皇的盾徽，下面有一句铭文，装饰着橄榄枝上的鸽子。在八边形的喷泉底座里，水流从中间的一朵百合花和旁边的两只海豚喷出来，海豚附在墩柱上，以把手样式和喷泉底座相连，整个底座高雅地嵌合在场地里。[53]在教皇英诺森十世的命令下，卡比托利欧山上新建了保守宫（palace of the Conservatori），位于阿拉科埃利圣母教堂的下方。罗马人民希望给作为他们的恩主的教皇建造一座青铜雕像，他们将这个工程委托给亚历山德罗。[54]然而，发生了一件不幸的事情，非常沉重地打击了这位技艺高超、天赋异禀的艺术家，虽然后来在教皇的慷慨奖赏下，这个委托还是为他带来了荣耀。模型和石蜡都完成后，无论是出于不幸的意外还是某人的恶意，亚历山德罗过度相信一个工人，雕像浇铸并不成功，最终的雕像成品非常失败。[55]亚历山德罗对此感到十分心烦意乱，就好像这个不幸的事件败坏了他的名声，他本人也几乎因此一蹶不振。万幸的是教皇及时对他表达了善意，教皇虽然本性严厉，但在必要的时候又非常仁慈。于是，教皇召见了亚历山德罗，不仅没有责问他，反而亲切地宽慰他，赏赐给他500个金斯库多，授予他基督骑士（Knight of Christ）的十字徽章，还有一条价值300个斯库多的金链子。教皇的宽宏大量缓解了亚历山德罗的压力，他重新着手制作了一座青铜雕像，这一次非常成功，就像我们现在看到的那样，做出赐福手势的雕像被摆在保守宫大厅的大理石基座上。随后，亚历山德罗投身于托伦蒂诺圣尼古拉教堂（church of San Nicola da Tolentino）的工程，当时堂·卡米洛亲王希望将这座教堂翻饰一新，使其看上去富丽堂皇。亚历山德罗从大祭坛开始（见图11-3）[56]，这个祭坛由非常珍贵的大理石制成，4根带凹槽的科林斯柱子支撑着上方的三角墙。他在中间设置了一个大壁龛，在黑暗背景的壁龛里安放了白色大理石雕像。壁龛空间的下方是穿着修道士衣袍的圣尼古拉，他一边膝盖弯曲着跪在地上，一只手放在胸前表示虔诚，另一只手高高举起，将手里的小面包献给上方坐在云端的圣母，后者为面包赐福。圣母左侧站着圣子，他一只脚踩在圣母膝上，双手环抱她的脖子，圣母伸手扶着他。圣子背后是圣奥古斯丁，他将圣尼古拉指给圣莫尼卡看，圣奥古斯丁和圣莫尼卡都是半身像。在楣梁上方，三角墙的曲线被破开，以便在那里安插刻着天父的嵌板，我们可以看见天父的胸部及以上部分。此外还有两个小丘比特，其中一个小丘比特掀起天父手臂处的外袍，而他正为人们送上祝福。三角墙两侧各有一个天使，他们用两根手指捏着那些分给人们的被祝福的面包的一小块。亚历山德罗为这些雕像制作了模型，并且略微修改了之后的成品。阻碍他工作的不是年龄，精湛的技艺弥补了渐长的年纪，而是他肥胖的身躯，这给他造成极大的负担。圣尼古拉雕像是完全的圆雕，它和天父雕像都是亚历山德罗的学生埃尔科莱·费拉塔（Ercole Ferrata）所作。[57]几乎算是浮雕的圣母雕像是亚历山德罗的另一个学生多梅尼科·圭蒂（Domenico Guidi）所作。[58]三角墙上的两个天使出自弗朗切斯科·巴拉塔（Francesco Baratta）之手。[59]这个教堂建筑非常宏伟，但亚历山德罗在去世前只完成了中间的祭坛，教堂的其余部分和立面后来由他的学生、建筑师乔凡尼·马里亚·巴拉塔（Giovanni Maria Baratta）接手。[60]他（亚历山德罗）制作了不止一个模型，他原本要用这些模型为纳沃那广场（Piazza Navona）上新建的圣阿格尼丝教堂（church of Sant'Agnese）制作一个大型的大理石祭坛，现在可以在这个教堂里看见这些模型。基督坐在空中，圣阿格尼丝跪在地上，张开双臂向基督祈祷，天使指着地上那个被恶魔所困的年轻人。[61]

　　除了上文所说的这些作品，我们现在要提到的是亚历山德罗所作的一些位于公开场合的肖像雕塑。在罗马众属圣母教堂里梅利尼阁下的礼拜堂中，有一个为梅利尼家族的红衣主教乔凡尼·加尔奇亚所作的精美的大理石墓碑。[62]红衣主教梅利尼的雕像被放置在一个壁龛里，他一只手放在胸前，另一只手拿一本书，仿佛他正跪在地上，对着祭坛的方向做出祷告的姿势，这是一个半身像雕塑。雕塑下面横向放着大理石的石板，上面刻着铭文，石板下方是骨灰缸。同一侧的不远处是乌尔巴诺·梅利尼（Urbano Mellini）的雕像[63]，下面是一个比较小的骨灰缸。佛罗伦萨圣约翰教堂里有为大主教科尔西尼所作的墓碑雕像。[64]圣母大殿里有两个墓碑雕像，分别为高级教士奥多阿尔多·圣雷利（Odoardo Santarelli）[65]和科斯坦佐·帕特里奇[66]而作，另外在阶梯圣母教堂有为穆齐奥·圣克罗切（Muzio Santacroce）所作的墓碑雕像[67]，后两个雕像都表现出年轻人的模样，有各种装饰。在博洛尼亚的行政长官宫殿[68]敞廊有一个英诺森十世的雕像。[69]另外在罗马还有他的另一个青铜雕像，放在朝圣者三位一体医院（Ospedale della Trinità dei Pellegrini）以作纪念，这个雕像被安置在墙上的椭圆形空间里，有大理石装饰，上方还有两个为他举着三重冕的普托。这个纪念雕塑在 1650 圣年制作而成，当时英诺森十世在这个医院里为朝圣者们清洗双脚。[70]这位教皇的其他大理石和青铜雕像保存在潘菲利家族府中[71]，那里还有教皇的兄弟贝内代托·潘菲利（Benedetto Pamphili）戴着飞边衣领的雕像[72]，以及披着遗孀面纱的奥林匹娅夫人（Donna Olimpia）的雕像[73]。红衣主教安多尼奥·圣克罗切（Antonio Santacroce）[74]和红衣主教扎奇亚·隆达尼尼（Zacchia Rondanini）二人的雕像非常精美，后者做出正在翻阅手上书本的动作。[75]亚历山德罗还为波利（Poli）公爵夫人制作了雕像，后来被送往帕尔玛。[76]他为红衣主教贾科莫·弗兰佐尼（Giacomo Franzoni）制作了圣彼得和圣保罗的头部为大理石的半身像。[77]此外还有好几个银质的圣徒头像，都是依据他的模型而作，这些头像会在圣日摆放在罗马各个教堂里。另外，他制作了很多普托雕像、半浮雕、小雕像和装饰。还需要提及的是圣多明我的灰泥雕像，位于神庙遗址圣母修道院宿舍的壁龛，他一只手拿律令之书，另一只手指向书页上刻着的字。[78]在博尔盖塞别墅的一个房间有一个沉睡雕塑，这个沉睡的孩子用高度打磨的弗兰德斯黑色大理石制作而成，他有一对蝴蝶翅膀，仰躺着睡得正香，一只手放在头下面，另一只手拿罂粟花，头上也戴着罂粟花环。[79]最后，他为西班牙国王腓力四世制作了炭架，彼时，迭戈·委拉斯凯兹这位优秀画家于1650年来到罗马。委拉斯凯兹依据一些古代雕塑的铸模制作和浇铸了青铜及石膏成品，腓力四世的画廊里就装饰着这些雕塑和著名的绘画作品。腓力四世收藏了以镀金青铜制作的12个大型狮子雕塑，支撑着6个大理石桌子[80]，而炭架是4个，代表四大元素。一个炭架是坐在老鹰身上的朱庇特，他抓着一道闪电，压在几个巨人肩上，巨人们举着岩石。另一个炭架是坐在孔雀身上的朱诺，风神们在岩石间扭转身子。[81]这两个雕塑象征火和风这两个元素。另外，他还制作了站在贝壳上的海神尼普顿，贝壳被雕成马车的样子，海中骏马拉着马车，西西里（Sicily）向他献上王冠。在下方的骏马中间，斯库拉面朝尼普顿，她被表现成一个惊恐的女性，大腿以下是可怖的鱼尾模样。第四个是笔直站着的西布莉，她戴着壁形王冠，站在狮子拉的马车上，普托驾驭着狮子，她一只手拿象征土地的铃鼓，另一只手拿象征丰饶的稻穗。[82]

以上就是亚历山德罗的所有作品，此时也到了他生命的尽头。他在一年中最炎热的6月健康状况恶化，为了从疾病中恢复过来，他没有躺在床上静养，而是焦躁地离开家门，直到他被高烧击倒。这场高烧折磨了他好几天，随着时间流逝，他的力气和精神逐渐萎靡，最终在1654年6月10日、他人生的第52个年头离开了人世。[83]在亚历山德罗去世之前，教皇派管家以他的名义去看望亚历山德罗，向亚历山德罗送去真诚的祝福。教皇侄子堂·卡米洛也在亚历山德罗临终前去看望了他，并且非常虔诚地用死前祷告宽慰他。亚历山德罗一生展现出善良和虔诚的本性，他将教皇给他的金链子遗赠给圣腓力·内里礼拜堂，还给教堂[84]和圣路加学院留下了一笔可观的遗产。他的遗体被送到家乡的博洛尼亚圣约翰教堂（church of San Giovanni dei Bolognesi），在院士们的协助下，人们唱完弥撒，他的遗体得以下葬。所有人都缅怀他那高贵的人格，也为他的死对雕塑艺术造成的巨大损失而惋惜，自此雕塑失去了大师，即使在他死后，他还在为雕塑带去荣耀。亚历山德罗的学生多梅尼科·圭蒂阁下为他的墓碑制作了大理石雕像，墓碑上还刻着博学的法布里神父（Father Fabri）写的如下铭文：

D. O. M

ALEXANDER ALGARDIVS BONON.

SVB HOC MARMORE VITA FVNCTVS IACET

CVIVS GLORIA IN MARMORE AETERNVM VIVET

VIR PRINCIPIBVS SVMMIS, ET CVNCTIS AMABILIS.

SED IN PRIMIS INNOCENTIO X PONT. OPT. MAX.

QVI EIVS OPERA

LIBERALITER VSVS EQVESTRI SYMBOLO ET ICONE

ILLVM DONAVIT A QVO AENEA AD SIMILITVDINEM

STATVA FVERAT DONATVS

OPERIBVS EIVS VNA DVMTAXAT ANTIQVITAS

DEFVIT

VT EVM ANTIQVIS COMPARARES

DECESSIT DIE X MENS IVNII A MDCLIIII, AET. LII. [85]

（致最伟大的上帝。在这大理石雕塑之下沉睡着博洛尼亚的亚历山德罗·阿尔加迪，他已离开这人世。他的荣光将永存于这大理石雕塑之中，最高贵的君主们和其他人都爱戴他。最敬爱他的就是教皇英诺森十世，教皇慷慨地赞赏阿尔加迪的作品，赐予他骑士的象征和形象，阿尔加迪为教皇献上了一尊形似本人的青铜雕像。鉴于古时尚未有他的作品，你可将他与古人相比。他逝于 1654 年 6 月 10 日，享年52 岁。）

亚历山德罗有活泼的精神和灵动的风采，他的双眼虽然有些浮肿，却很机敏，从中流露出他的智慧。他长着直发，身材虽然臃肿，却丝毫没有畸形之感，相反，他的四肢保有良好的比例，而且非常灵活，尽管他无法长时间劳作。他的外貌和优雅的天性都让他非常讨人喜欢。在处理事务时，他十分精明干练。与人交流时，他极其随和，总是会有诙谐的发言和俏皮话，他那和蔼又诚挚的态度让所有人都乐于和他来往。最后，他的习惯也没有可指责之处，除了表现得有些固执和过度吝啬，对人对己都是如此。随着他的财产越来越多，他越发热衷于积攒财富。除了通过艺术作品积累的财富，他还借由一场在博洛尼亚的漫长诉讼获得一笔相当多的钱财，将唯一的妹妹作为自己的财产继承人。就像经常发生的那样，他之前过着快乐的单身生活，最后徒劳地后悔家里没有能继承自己财富的人，确实，血脉在自己这里断绝，这可以说是双重死亡。在雕塑方面，他有天赋，又很多产，比同时代的其他人都要聪明，而且他非常擅长完成大型作品，仅用 4 年不到的时间就完成了圣彼得大教堂圣利奥祭坛雕塑和阿提拉逃亡雕塑。虽然他现在被公认能力超群，但他曾经遭受不公的待遇，也不被承认雕塑方面的才华，他最美好的年华因为接不到委托而白白浪费，只能终日制作黏土和石蜡的小模型。他被认为不适合制作大理石雕塑，甚至没资格被称作雕塑家，他对此总是耿耿于怀。所以，他所作的第一个大理石雕塑，即圣腓力·内里雕像，在 1640 年才问世，当时他已经 38 岁了。[86] 罗马学院（Collegio Romano）圣依纳爵教堂的内部大门是依据他的设计所作，上面刻着红衣主教卢多维西的一句铭文，两个分别代表宏伟和宗教的人像支撑着大门，后者转身面对她举在手里的十字架，前者戴着王冠，展开一个手卷，上面刻着教堂的平面图。教堂的檐板上围了一圈普托组成的灰泥饰带装饰。这是在他的指导下，依据他的模型制作而成的。[87] 让我们稍微暂停对亚历山德罗的赞美，他在处理布料时，有时表现得有些矫揉造作，其他时候又能完成得很恰当，其风格很值得赞赏。他制作过非常多普托的模型，能赋予这些模型以合理的比例和轮廓，而不是只模仿自然的粗略模样，其他人过度追求自然，其不恰当性损害了作品的柔美。同样值得称赞的，还有亚历山德罗留下的一所优秀学院，这个学院一直致力于雕塑艺术，他的教导启发了很多年轻人[88]，其中有些人还在世，对他们的评判将交付于后来人。

— 注释 —

[1] 读者须知：对于那些仍然保留在原处的作品，其所在地点在注释里不再赘述。
[2] 即拉斐尔。
[3] 弗朗索瓦·迪凯努瓦在意大利被称为弗莱芒人弗朗切斯科。
[4] 大概和贝洛里同时期的阿尔加迪传记可见于帕塞利（1934 年），第 195－211 页。
[5] 朱塞佩·阿尔加迪（Giuseppe Algardi，1558—1617 年）。

[6] 阿尔加迪于 1595 年 11 月 27 日出生。

[7] 康温蒂（1577—1640 年）为阿戈斯蒂诺·卡拉奇的葬礼制作了美德雕像。

[8] 曼图亚工程师和建筑师（1570—1626 年）。

[9] 斐迪南多六世·贡扎加（Ferdinando VI Gonzaga，1587—1626 年），在 1613 至 1626 年间任曼图亚公爵。

[10] 公爵斐迪南多的弟弟和继承人温琴佐二世·贡扎加（Vincenzo II Gonzaga）在没有立遗嘱的情况下去世（1627 年），导致了曼图亚和蒙费拉托（Monferrato）地区的继承权之战。在瓦伦斯坦（Wallenstein）的指挥下，皇家军队于 1630 年 4 月攻陷了曼图亚。

[11] 格列高利十五世·卢多维西（Gregory XV Ludovisi，1594—1623 年），于 1621 年被选为教皇。

[12] 卢多维科·卢多维西（Ludovico Ludovisi，1595—1632 年），于 1621 年被任命为红衣主教。

[13] 卢多维西花园占据了品奇阿纳城门和巴贝里尼广场之间的博尔盖塞别墅南部的大部分区域，以公元前 1 世纪塞勒斯特和他的侄孙塞路斯提乌斯设计的花园为基础。根据卢多维科·卢多维西的传记作者安多尼奥·朱斯蒂（Antonio Giusti）的记述，红衣主教"得到品奇阿纳城门处非常美丽的花园，扩建土地和建筑，用小路、雕塑和绘画加以装饰，因此今天它可以被称作罗马城内最美的地方"【《红衣主教卢多维科·卢多维西传》（*Vita e fatti di Ludovico, card. Ludovisi*），猞猁之眼国家科学院及科尔西尼亚纳图书馆（Biblioteca dell'Accademia Nazionale dei Lincei e Corsiniana），科尔西尼亚纳分区 39D8，第 25v-26 页】。根据贝洛里的记载，他所说的卢多维西花园的"雕塑林"是多梅尼基诺设计的，乔凡尼·巴蒂斯塔·法尔达在《罗马花园》，罗马，1683 年中将其称为"以雕塑为装饰，设计成树林样式的迷宫"。

[14] 这个雕像被称作《雄辩者赫尔墨斯》（*Hermes Logios*），浴场博物馆（Museo delle Terme），罗马。阿尔加迪修复了雕像的双脚和右手臂。

[15] 已遗失。

[16] 《被毒蛇咬伤的普托》（*Putto Bitten by a Snake*）是贝尔尼尼的作品，也已遗失。

[17] 卢多维科·卡拉奇（参见附录）。

[18] 也可参见帕塞利（1934 年），第 196 页。

[19] 弗兰吉帕内的大部分事业生涯都是作为教皇的军事指挥官（1574—1645 年）。

[20] 圣马尔切洛教堂弗兰吉帕内礼拜堂的这 3 个大理石半身像描绘了穆齐奥·弗兰吉帕内（Muzio Frangipanei，死于 1588 年）和他的两个儿子莱利奥（死于 1605 年）与罗伯托（死于 1622 年）。

[21] 瓦利切拉圣母教堂。

[22] 在这本打开的书上刻着《诗篇》，第 118 篇，第 32 行：你开广我心的时候，我就往你命令的道上直奔（VIAM MANDATORUM TUOROM CUCURRI CUM DILATASTI COR MEUM）。这个雕像群的赤陶土模型现藏于威尼斯宫国家博物馆（Museo Nazionale del Palazzo di Venezia）（《美的理念》，第 2 卷，第 385-386 页，目录4）。

[23] 阿尔加迪只提供了模型，制作青铜雕像的是安布罗乔·卢森蒂（Ambrogio Lucenti，

1586—1656 年）。圣腓力·内里于 1622 年被封为圣徒。

[24] 贝尔纳迪诺·斯帕达于 1626 年成为红衣主教，他在 1632 年买下罗马的卡波蒂菲洛宫（Palazzo Capodiferro）【现在被称作斯帕达宫（Palazzo Spada）】，并且在宫中收纳了斯帕达藏品。

[25] 博洛尼亚的巴拿巴会教堂【圣保罗大殿（San Paolo Maggiore）】的大祭坛由吉安·洛伦佐·贝尔尼尼设计。阿尔加迪所作的圣保罗被斩首雕像群的赞助人是红衣主教贝尔纳迪诺·斯帕达的兄弟维尔吉利奥，以及乔凡尼·卡洛·阿莱西（Giovanni Carlo Alessi），后者是罗马的卡蒂纳利圣查理教堂的巴拿巴会总代理人。巴拿巴会（Barnabite Order）【圣保罗教会司铎会（Congregation of Regular Clerks of Saint Paul）】于 1530 年在米兰成立，于 1535 年受教皇承认。

[26] 翻译成英语就是 Paul Sword。

[27] 已遗失。这个十字架本来是为博洛尼亚的圣露西耶稣会教堂（Jesuit church of Santa Lucia）的阿拉曼蒂尼（Alamandini）家族礼拜堂所作，但留在了阿拉曼蒂尼家族的府邸，最终卖给红衣主教约瑟·费什（Joseph Fesch, 1763—1839 年）。这个十字架可见于乔凡尼·弗朗切斯科·格里马尔迪（Giovanni Francesco Grimaldi, 1606—1680 年）于 1644 年所作的一幅蚀刻版画，其中描绘了为侯爵卢多维科·法基内蒂（Ludovico Facchinetti）的葬礼而装饰的博洛尼亚圣约翰和圣彼得罗尼乌教堂（Santi Giovanni e Petronio dei Bolognese）内景【《巴尔奇图集》（1981 年），第 64 页，第 56 条】。

[28] 现藏于圣维克多和圣查理教堂（Santi Vittore e Carlo）的基督受难礼拜堂，热那亚。阿戈斯蒂诺·弗兰佐内（1573—1658 年）是一名热那亚历史学家。

[29] 现藏于总督府（Palazzo del Governatorato）的礼拜堂，梵蒂冈。

[30] 现藏于古代艺术市民博物馆（Musei Civic d'Arte Antica），博洛尼亚（《美的理念》，第 2 卷，第 390 页，目录 10）。塔代奥·佩波利（Taddeo Pepoli）是博斯科圣米迦勒橄榄会修道院的一员，于 1651 年被委派为橄榄会会长。

[31] 活跃在罗马的托斯卡纳画家及建筑师（参见附录）。

[32] 罗马圣路加学院（The Roman Academy of Saint Luke）于 1593 年由费德里科·祖卡里（1540—1609 年）成立。学院的教育目标是通过指导年轻艺术家们的素描能力，以改革设计艺术。学院开设的课程包括艺术理论辩论和演讲。贝洛里的《论理念》一文是他于 1664 年 5 月在学院做的演讲。学院的集会在圣玛蒂娜和圣路加教堂（church of Santi Martina e Luca）举行。

[33] 这个雕像群描绘的是圣康科迪乌（Concordius）、圣伊皮凡尼乌（Epiphanius）和一个同伴，现藏于圣玛蒂娜和圣路加教堂的下部。这个模型从未被制成青铜雕像。

[34] 弗朗切斯科·博纳米奇（Francesco Buonamici, 1596—1677 年）。

[35] 《救世主基督半身像》（Bust of Christ the Savior）现位于圣约翰大教堂（Co-Cathedral of Saint John）入口上方的弧形顶饰上，瓦莱塔。

[36] 红色斑岩的骨灰缸是罗马雕塑家西尔维奥·卡尔奇（Silvio Calci，活跃于约 1640—1650 年）所作。圣抹大拉以及嘴里叼着燃烧的火把、背着骨灰缸的两只狗的镀金青铜雕像群是阿尔加迪的设计。这件作品由尼科洛·里多尔菲（Nicolò Ridolfi）委托，他是多明

我会会长。多梅尼科·马里尼只是在 1635 年负责监督把雕塑运往普罗旺斯。

[37] 《圣马利亚·抹大拉的狂喜》(*Ecstasy of Saint Mary Magdalen*) 浮雕也是尼科洛·里多尔菲的委托。这件作品原本要被送到圣博姆山，根据 12 世纪时的传说，马利亚·抹大拉后半生在洞穴里过着隐修的生活，但这件作品并未被送到。它被安在圣马克西曼教堂祭坛一侧的以大理石为外层的墙上。

[38] 多梅尼科·马里尼负责在 1660 年将抹大拉的遗骸转移到圣马克西曼镇这个雕塑的骨灰缸里（参见注释 36）。

[39] 在阿尔加迪和罗伯托·尤博蒂尼（Roberto Ubaldini）所签的关于墓碑的合同里，这个人像被认作宽宏（Magnanimity）【参见蒙塔古（1985 年），第 434 页，目录 161】。

[40] 也可参见巴格利奥尼（1639 年），第 29 页；帕塞里（1934 年），第 198、202 - 203 页。

[41] 这个浮雕画用一个构图表现了利奥十一世的两个生平事迹，在利奥十一世还未成为教皇、尚且是红衣主教亚历山德罗·德·美第奇（Alessandro de'Medici）的时候，他作为教皇使节出使法国。贝洛里弄错了浮雕的主题，宗教场景表现的是亨利四世签订韦尔万（Vervins）和平条约，结束法国和西班牙国王腓力二世之间的战争（1589—1598 年）；世俗场景表现的是亨利四世签署放弃新教的教皇诏书。《美的理念》，第 2 卷，第 384 - 385 页，目录 3。

[42] 大理石浮雕《圣利奥一世和阿提拉的会面》(*The Encounter of Saint Leo the Great and Attila*) 现位于圣彼得大教堂看台左侧的柱子礼拜堂（Cappella della Colonna）祭坛上方。灰泥模型现位于菲利皮尼祈祷室（Oratorio dei Filippini）的台阶处。也可参见帕塞里（1934 年），第 204 页；《美的理念》，第 2 卷，第 388 - 390 页，目录 9。

[43] 卡米洛·潘菲利在 1644 至 1647 年间任红衣主教（参见附录）。

[44] 即多利亚潘菲利别墅。帕塞里证实了贝洛里关于阿尔加迪被任命负责别墅工程的说法，帕塞里说，"阿尔加迪负责（别墅）建筑，但他之前从未接过这类委托，也或许是因为他虽然在其他方面很有才华，但在这方面没有特别的天分，他让别人担任这个职务，自己做主管"【帕塞里（1934 年），第 200 页】。根据彼得罗·桑蒂·巴尔托利（Pietro Santi Bartoli）的说法，别墅是由他的岳父乔凡尼·弗朗切斯科·格里马尔迪设计【参见费亚（Fea, 1790 年）】。——原注

从字面意义上来说，bel respiro 指的就是"清新的呼吸""宜人的气息"。贝洛里在此强调的是别墅所在环境的优美，因而此处采用意译。——译注

[45] 罗马风俗和赫拉克勒斯这两个长廊的灰泥装饰是洛克·博拉（Rocco Bolla）和乔凡尼·马里亚·索里希（Giovanni Maria Sorisi）所作。

[46] 这个房间（前厅）的灰泥装饰是乔凡尼·巴蒂斯塔·菲拉博索（Giovanni Battista Ferraboso）所作。

[47] 现已不存。其版画收录于 G. G. 德·罗西（G. G. de Rossi）的《目前可以在罗马、蒂沃利和弗拉斯卡蒂看到的喷泉新图集》(*Nuova raccolta di fontane che si vedono nel alma città di Roma Tivoli e Frascati*)【拉希奥（Raggio, 1971 年），图片 36a】。

[48] 原初的维纳斯喷泉的版画收录于 G. G. 德·罗西的《目前可以在罗马、蒂沃利和弗拉斯卡蒂看到的喷泉新图集》，罗马，第三部分，图片 26。

[49] 已遗失。关于这个雕塑群的赤陶土及青铜版本，参见蒙塔古（1985 年），第 310 - 311 页，目录 L8。

[50] 詹巴蒂斯塔（Giambattista，在英语中就是施洗约翰）是英诺森十世·潘菲利的教名（1644 至 1655 年间任教皇）。

[51] 已遗失。有一个模型与潘菲利藏品目录中描述的这个银质基督受难像相符。关于由这个模型而来的铸件，参见蒙塔古（1985 年），第 327 - 328 页，目录 L16。

[52] 圣彼得大教堂，罗马。

[53] 这个喷泉现位于圣达马苏庭院（Cortile San Damaso）。浮雕的主题是教皇利拜尔（Liberius）为新信徒施洗。阿尔加迪为这个雕塑所作的原初赤陶土模型现藏于明尼阿波利斯艺术学院（Minneapolis Institute of Arts）。

[54] 根据帕塞里（1934 年），第 200 - 202 页的记录，这个雕塑最初被委托给弗朗切斯科·莫奇，但阿尔加迪后来成功拿到这个委托。莫奇在 1646 年 2 月 6 日获得一笔酬劳，阿尔加迪在 3 月 13 日获得第一份酬劳。

[55] 帕塞里也提到这次失败的浇铸，这件事情没有被记录下来。

[56] 托伦蒂诺圣尼古拉教堂的祭坛。

[57] 阿尔加迪为《圣尼古拉》雕像所作的赤陶土模型现藏于威尼斯宫博物馆（Museo di Palazzo Venezia），罗马（《美的理念》，第 2 卷，第 393 页，目录 15）。埃尔科莱·费拉塔（1610—1685 年）是阿尔加迪的主要助手之一。

[58] 多梅尼科·圭蒂（1625—1701 年）也是阿尔加迪的主要助手之一，阿尔加迪的追随者。

[59] 弗朗切斯科·巴拉塔（1590—1666 年）是贝尔尼尼的助手。

[60] 乔凡尼·马里亚·巴拉塔（约 1617—1675 年）是弗朗切斯科的弟弟，也是贝尔尼尼的助手。他依据阿尔加迪的设计制作了托伦蒂诺圣尼古拉教堂的祭坛。

[61] 大理石祭坛最终没有制作出来。依据阿尔加迪的模型所作的青铜铸件现藏于维也纳艺术史博物馆和葡萄牙的马夫拉教堂（Basilica of Mafra）。依据阿尔加迪的模型所作的比真人大的赤陶土浮雕现藏于罗马的菲利皮尼祈祷室。

[62] 也可参见帕塞里（1934 年），第 208 页。红衣主教乔凡尼·加尔奇亚·梅利尼（Giovanni Garzia Mellini）死于 1629 年。

[63] 也可参见帕塞里（1934 年），第 208 页。

[64] 奥塔维奥·科尔西尼（Ottavio Corsini，1589—1641 年）是塔尔苏斯（Tarsus）的大主教。

[65] 奥多阿尔多·圣雷利（1549—1620 年）是圣母大殿的教士。也可参见帕塞里（1934 年），第 207 - 208 页。

[66] 科斯坦佐·帕特里奇（1579—1623 年）是一名绘画和古代雕塑收藏家。也可参见帕塞里（1934 年），第 207 - 208 页。

[67] 虽然贝洛里和帕塞里（1934 年），第 207 页都认为这个逝者是穆齐奥·圣克罗切，但这个墓其实属于普洛斯佩罗·圣克罗切（Prospero Santacroce）。1643 年 9 月，他在 20 岁的年纪死于卡斯特罗战争（war of Castro），这场战争发生在乌尔班八世·巴贝里尼

（1623 至 1644 年间任教皇）和法尔内塞家族之间。

[68] 波德斯塔宫（Palazzo del Podestà）。

[69] 博洛尼亚市民博物馆（Museo Civico, Bologna），并非阿尔加迪所作。

[70] 这个纪念雕塑最初由彩色大理石神龛和里面的英诺森十世青铜半身像，以及两个举着教皇冠的青铜普托组成（参见阿尔加迪的初稿，现在是温莎堡皇家藏品）。罗马被法国占领时（1809—1814 年），青铜像都被搬走了。现在放在神龛里的石膏像和阿尔加迪所作的英诺森十世半身像没有任何相像之处。

[71] 多利亚潘菲利美术馆，罗马。这个美术馆里有阿尔加迪所作的英诺森十世的两座半身像，一个是青铜像，另一个是头部为青铜、胸部为斑岩，此外还有阿尔加迪工作室的一个成员所作的大理石半身像。

[72] 多利亚潘菲利美术馆，该人物被认作卡米洛·潘菲利。

[73] 奥林匹娅·马伊达尔奇尼（Olimpia Maidalchini），她是英诺森十世的嫂子。

[74] 1597—1641 年。私人收藏，罗马。

[75] 巴尔杰洛国家博物馆（Museo Nazionale del Bargello），佛罗伦萨。

[76] 圣洛克教堂，帕尔玛。波利公爵夫人贾钦塔·桑维塔利·康蒂（Giacinta Sanvitale Conti）的雕像是多梅尼科·圭蒂所作（参见注释58）。圭蒂为这个半身像所作的赤陶土模型现藏于威尼斯宫博物馆，罗马。

[77] 私人收藏。贾科莫·弗兰佐尼（1612—1697 年）在教廷担任了一系列重要的管理职位。他曾是委托阿尔加迪制作《圣利奥一世和阿提拉的会面》的委员会成员之一。

[78] 已遗失。曾经收藏在神庙遗址圣母修道院。

[79] 也可参见帕塞里（1934 年），第 198 - 199 页。弗兰德斯大理石是一种开采于比利时的那慕尔省（Namur）的黑色大理石。

[80] 这些雕塑现分布在普拉多博物馆和马德里皇宫。帕塞里【帕塞里（1934 年），第 256 页】认为，这 12 个狮子雕塑的模型是朱利亚诺·菲内利（Giuliano Finelli, 1602/3—1653 年）所作，他是贝尔尼尼的助手。然而，狮子尾巴上的铭文记载着其刻工、铸工和镀金工都是马泰奥·博纳雷里（Matteo Bonarelli, 死于 1654 年）。菲内利自 1634 年开始在那不勒斯工作，1652 年被那不勒斯总督奥尼亚特伯爵派往罗马，监督西班牙国王腓力四世的青铜雕塑工程。

[81] 《朱庇特》和《朱诺》这两个炭架之前在阿兰胡埃斯的岛园（Jardin de la Isla）喷泉上，现已不存。这两个雕塑群的赤陶土模型列于红衣主教安多尼奥·巴贝里尼的1671—1672 年间藏品目录。现存的青铜铸件藏于华莱士典藏馆（Wallace Collection），伦敦；大都会博物馆，纽约；圣彼得堡附近的巴甫洛夫斯克宫殿（Pavlovsk）；卡莫伊斯勋爵（Lord Camoys）藏品，斯托纳公园（Stonor Park，牛津）。帕塞里（1934 年），第 209 - 210 页记载着负责这个委托的西班牙使者是堂·胡安·德·科尔多瓦（Don Juan de Córdoba）。

[82] 《马车里的尼普顿》（Neptune in His Chariot）和《狮子拉着的马车里的西布莉》（Cybele in Her Lion-Drawn Chariot）这两个炭架现位于阿兰胡埃斯的岛园喷泉。根据帕塞里（1934 年），第 209 - 210 页，阿尔加迪为这两个雕塑群所作的小型模型后来由多梅尼

科·圭蒂和埃尔科莱·费拉塔放大，并且由多梅尼科·圭蒂浇铸为铸件。

[83] 贝洛里可能是从阿尔加迪的墓碑得知他的去世日期和错误的年龄信息。阿尔加迪事实上死于 1654 年 6 月 10 日，享年 58 岁。

[84] 圣玛蒂娜和圣路加教堂。

[85] 半身像雕塑和铭文现都已不存。

[86] 1640 年时，阿尔加迪是 44 岁。

[87] 阿尔加迪设计的不是整个大门，而只有宏伟和宗教这两个人像中间的铭文，以及支撑红衣主教卢多维科和亲王尼科洛·卢多维西盾徽的普托饰带装饰。

[88] 阿尔加迪的主要追随者是埃尔科莱·费拉塔和多梅尼科·圭蒂。参见注释 57、58。

第 12 章
尼古拉·普桑[1]

在各位杰出艺术家的勤奋实践下，各类设计艺术在意大利和罗马发展得最为繁荣。仿佛迎来了应季时节，绘画艺术领域诞生了众多杰作和天才，由此艺术的荣光福泽各地，善良的美惠女神们对法国展露笑容。当时的法国已经以其强大和博学而为人熟知，现在也在绘画上崭露头角，借由尼古拉·普桑的响亮名号，足以与意大利一争高下。对普桑而言，法国是他的祖国，而意大利是他的恩师和第二故乡。[2]尼古拉出身于苏瓦松（Soissons）郡的皮卡第（Picardy）的普桑家族，他的父亲让在内战时离开家乡，作为士兵追随纳瓦拉（Navarre）国王，也就是后来伟大的法兰西国王亨利四世。在这个时期，让居住在离巴黎不远的诺曼底地区的莱桑德利（Les Andelys），在上天的安排下，他在那里结了婚，并在 1594 年有了一个儿子，孩子受洗的名字是尼古拉。[3]让要求尼古拉自幼习文，后者在这方面展现出超群的天分。然而，在模仿才能的驱使下，他转而学习绘画，在没有任何人指导的情况下，独自画出各种想象的人物草图，不是像孩童们通常画的那样毫无章法，而是有着某种自然的判断力，在这种强力刺激下，他在书本上画满了草图。他的老师和父亲徒劳地试图劝阻他这个本能，表面上看他似乎在这上面浪费时间。一个非常优秀的画家昆汀·瓦兰（Quentin Varin）当时恰好在莱桑德利，他发现了这个年轻人的天分，鼓励他坚持画下去，保证他将取得非凡的艺术成就。瓦兰的作品在亚眠和巴黎能够看见，相比对他的美德的后知后觉，他的名望更多来自鉴赏家的评价。[4]瓦兰的话语深深地激励了尼古拉，他已经年满 18 岁，在他父亲一无所知的情况下，按捺不住地偷偷跑出家门，去巴黎学习绘画。他很快在一位来自普瓦图（Poitou）的先生那里找到住处，后者按贵族的习俗在宫廷供职。然而，当他想要学习深造时，他发现找不到适合自己的老师或教法，因为当时流行一种低下的绘画风格，卡拉奇学院刚刚开始在意大利根除这种风格。他在短时间内换了两次老师，头一个几乎没有天赋[5]，另一个是弗莱芒人斐迪南，以肖像画而出名[6]，然而对尼古拉这样迫切想要学习叙事画构图和优美的自然形式的天才而言，这些东西毫无用处。的确，对年轻人而言，如果他能找到一个如太阳般照亮并温暖自己的好老师，那是天大的幸运，然而，如果他徒劳地浪费时间，被坏榜样带着在黑暗中前行，那这就是天大的不幸。尼古拉没有一直处于找不到老师的状态，他幸运地认识了宫廷数学家库尔图瓦[7]，后者当时在罗浮宫画廊占有一席之地。这位先生很喜欢设计，收藏了关于拉斐尔和朱里奥·罗马诺作品的极其珍贵的版画，给这些版画制作临摹作，并且把它们深深地烙印在尼古拉的脑海里。尼古拉狂热且勤奋地学习这两位大师的作品，他灌输给自己的不仅是设计和形式，还有人物动作和构图等其他值得赞赏的部分。正因如此，他的描述和表达方式仿佛习自拉斐尔画派，他确实从拉斐尔那儿汲取了养分，认识了艺术的本质。尼古拉由此在素描和上色方面突飞猛进。库尔图瓦从宫廷回到普瓦图时带着尼古拉一起，想让尼古拉用绘画来装饰自己的房子，但事与愿违，库尔图瓦没能按自己所想的那样去做，也无法支持尼古拉，因为库尔图瓦还太年轻，受他母亲管制，而他母亲不喜欢尼古拉，也丝毫不在意绘画，总是让尼古拉干杂事，不让他有时间画画。尼古拉没有办法返回巴黎，因为路途太过遥远，那里离巴黎大约 100 里格，他不得不暂离绘画，尽量待在那个地方，直到他的渴求迫使他下决心步行回去，他为此吃了非常多的苦。他一到巴黎就因精疲力竭而病倒，为了从病中恢复过来，他只能回到故乡，花了一整年的时间去调养身体。此后，他继续在巴黎和其他地方画画。他一直想去罗马，便动身踏上旅程，最远到了佛罗伦萨，出于某个意外，他没有继续旅行，从佛罗伦萨回到法国。几年之后，身处里昂的尼古拉再次出发前往罗马，但这一次他又遭遇了挫折，一个商人害得他被逮捕，他不得不把所有省下来旅行的钱都掏了出来。关于这件事，尼古拉曾经回忆说，当时他身上只剩下一个斯库多，他对命运嘲笑道："把这个也拿走吧。"快活地和同伴们一起，把这个斯库多花在了当天的晚饭上。到此，他第三次延后去罗马的旅行。到了 1623 年，耶稣会庆祝圣依纳爵和圣方济各·沙勿略的封圣，巴黎学者们构思了一个宏伟的装饰方案，并委托别人绘制关于这两位圣徒的神迹的作品，尼古拉在这个计划里负责 6 件大幅叙事性绘画的水粉画，多亏了他积累的丰富经验，他以极快的速度在数天内就完成了任务。[8]他在没有任何最初草图的情况下夜以继日地作画，把所有精力都投入其中，展现出无人能及的高超能力。他所作的叙事性绘画被公认是最优秀的，既是因为构图，也是因为不同寻常的生动性。恰巧当时一位非常有名的诗人詹巴蒂斯塔·马里诺骑士[9]在巴黎宫廷，对绘画的喜爱使他看出尼古拉的才能以及这些叙事性绘画的优越性，因此他愿意结识尼古拉，把他带到自己府上作画。马里诺发现尼古拉在构图和情感方面有很强的能力，赞美他受了缪斯女神的启发，就像诗人那样。尼古拉的陪伴对马里诺而言是极大的慰藉，因为马里诺大部分时间都躺在病床上，他很乐于见到自己的诗，尤其是那些关于阿多尼斯的诗作能被表现成素描，有些素描现在保存在红衣主教马西莫图书馆的一本书里。[10]其中一幅描绘了阿多尼斯的诞生，他从密耳拉（Myrrha）的肚子里降生，后者已经被变成一棵树，她的头发和手臂化作枝叶，双腿变作树干，一个宁芙仙女从旁帮助接生，其他宁芙仙女带着水壶等其他东西赶来，惊异地看着这个新生儿。[11]从这些素描可以很清楚地看出，那时的尼古拉已经深受拉斐尔和朱里奥[12]优秀作品的影响，还能看出借由对马里诺诗作的熟知，他吸取了诗歌的光彩，这和绘画的色彩完全契合，他在后来的构图中非常成功地留存了这点。

当马里诺准备返回罗马时，他希望尼古拉和他同去，尼古拉当时还不能离开，但他在几个月后确实也追随马里诺去了罗马。我们此处不会介绍他在那个时期创作的作品，那些作品并不值得多说，我只提及一幅圣母之死，使徒们包围着她，这件作品在巴黎圣母院，有着不错的构图，很好地展现了他的早期风格。[13]他第三次前往罗马，最终在 1624 年的春天抵达，到那儿不久，他和马里诺的友谊没能持续太久，后者回到故乡那不勒斯，很快就去世了。马里诺在离开前把尼古拉引荐给马尔切洛·萨凯蒂（Marcello Sacchetti）阁下，萨凯蒂又把他引荐给乌尔班八世的侄子、红衣主教巴贝里尼，但这都是无用功，红衣主教因肩负求和任务而离开了。[14]尼古拉孤立无援，因为他既不知道上哪儿，也不知道向谁卖自己的画作。他只能以极低的价格卖画，在画了两幅高 4 掌的有很多人物的战斗场景作品后，他只拿到每幅 7 个斯库多的报酬，这是他后来再看到这两件作品时告诉我们的。[15]最伟大的艺术家在成名路上总要遭受无数的困难，那些当时买下他的作品的精明人无疑从他的劳动中获取了利益和好处。我们要记住，尼古拉是在 30 岁这个雄心壮志的年纪从故乡来到罗马，默默无闻，迫切地想要提升自己，这个等待期很漫长，他花了很长一段时间去证明自己的能力，打响自己的名号。他和作为雕塑家的弗莱芒人弗朗索瓦[16]生活在同一屋檐下，两个人都急切地想精进技术，所以他们专心学习古代艺术作品。尼古拉也借此机会开始学着制作模型和浮雕，当他们开始研究雕塑的美和比例并一同测量雕塑时，他给弗朗索瓦提供了很多帮助，比如安提诺乌斯雕像。[17]他们还研习了卢多维西花园里提香所作的嬉戏的丘比特们，这件作品现在在西班牙[18]，丘比特都画得十分精美，尼古拉不仅在绘画中对他们加以临摹，而且和迪凯努瓦一起，将他们制作成半浮雕的黏土模型[19]，由此学会如何优雅地描绘娇嫩的普托，我们知道他在那个时期创作了一些关于普托们嬉戏或酒宴的水粉画和油画[20]。这个年纪的尼古拉对学习的渴望是如此强烈，即使他的同伴们在节日邀请他去寻欢作乐，他也会在大部分时候离开他们，独自描画卡比托利欧山和罗马的各个花园。他不仅临摹那些优秀的作品，还会学习几何学、透视法和光学，注重物体的位置和缩小方式，以及光影的变化规则。他在这方面的研究遵从的是戴蒂尼会神父马泰奥·扎克里尼的著作，后者是多梅尼基诺在科学上的老师，也是当今时代在这个领域最杰出的画家。这些著作现在红衣主教弗朗切斯科·巴贝里尼的图书馆，还有的在卡瓦洛山圣希尔维斯特教堂。[21]他在巴黎的一家医院学习了解剖学后，又在维萨里[22]那里继续研习。他之后跟着著名外科医生拉尔谢[23]研究尸体和骨架，学到大量知识。关于效仿自然，他经常造访博学的多梅尼基诺的学院，他十分尊敬这位大师，总是将其置于同时代的其他人之上。那时所有人都只关注有名的圭多·雷尼，年轻人们蜂拥而至去临摹他在圣格列高利教堂的那幅圣安德烈殉教叙事性绘画。[24]在场的人群之中，无论是意大利本土人还是外国人，只有普桑在临摹对面那幅多梅尼基诺的作品[25]，他非常清楚如何发现这件优秀作品的优美之处，其余人被他鼓舞，也开始学习多梅尼基诺的作品。

红衣主教弗朗切斯科·巴贝里尼履行完在法国和西班牙的使命后回到罗马，并委托尼古拉作画，尼古拉选择描绘日尔曼尼库斯（Germanicus）之死这个悲剧主题，从中表现出强烈的感情和极其出色的色彩，我们会在最后介绍这件作品。[26]尼古拉还为红衣主教绘制了攻占耶路撒冷，后者将其赠送给别人后[27]，委托尼古拉又画了一幅，而这一幅比之前那幅还要精细。画面表现了受苦的犹太人和胜利的皇帝提图斯（Titus），在提图斯脚下散落着一些反叛者残缺不全的肢体，其他形容狼狈的人被捆着双手带走，士兵们疯狂地洗劫圣殿，满载战利品，扛着枝形大烛台、金器和圣物。这件叙事性绘画被称赞为尼古拉最好的作品之一，被红衣主教送给埃根贝格（Eggenberg）亲王，后者是皇帝派去出访教皇乌尔班八世的大使。[28]当时在宫中有一位杰出人物，即骑士卡西亚诺·达尔·波佐，他以美德、博学和精通艺术而出名，在接待有才之士上有十分慷慨和亲切的品性[29]，为尼古拉提供了创作机会的保障。在红衣主教巴贝里尼的恩惠下，尼古拉从圣彼得大教堂管理会那里获得了圣彼得大教堂左侧 3 个较小祭坛的其中一个的委托，描绘圣伊拉斯谟的殉教，他将这件作品完成得非常完美。

圣伊拉斯谟的殉教

全身赤裸的圣伊拉斯谟仰躺在一个长凳或一块木板上[30]，身体伸展开来，为殉教做好准备。他的胸膛悬在地面上方，头和被绑起来的双手抵在地上，行刑人已经切开他的腹部，右手割断他的肠子，左手把肠子扯出来。在这个行刑人后面，另一个人转动绞车，把肠子像绳子一样缠绕在绞车上。半死不活的圣伊拉斯谟的四肢和脸上显出极端的痛苦，一个假神父站在他旁边，劝他改信偶像，手指赫拉克勒斯雕像，好让他背离自己的基督教信仰。这个神父被表现成一个从头到脚都包裹在白色衣袍里的老人，伸出一条赤裸的手臂，略微朝圣伊拉斯谟倾斜身体，另一只手抓着股间的衣袍，这个画面一侧的主要人物被描绘得非常精美。从神父后面可以看见一匹马的部分头部，马上骑着一个指着这个受刑场景的穿戴盔甲的队长，围观的人们也露出同样生动的情绪。在那个正在扯出圣伊拉斯谟肠子的行刑人旁边，一个人紧盯着这残酷的景象，更后面是一个恐惧地伸着头的年轻人。木板底下的地面上散落着圣伊拉斯谟的主教冠和衣袍。空中有两个小丘比特，一个拿花朵，另一个拿王冠和棕榈枝。这个叙事性绘画被设定为空旷的场景，赫拉克勒斯雕像位于左侧柱廊的两根柱子之间，从右边射入的光线照亮了穿白袍的神父和圣伊拉斯谟的胸膛及倒挂的双臂，其余人物则都隐藏在阴影或半色调里，有一些高光照在突出的部分上。在画面底部，尼古拉写上了他自己的名字：尼古拉·普桑所作（Nicolaus Pusin fecit）。

他在这个时期画了弗莱芒的瓦朗谢讷柱子圣母教堂（Madonna of the Pillar）的祭坛画，画中是升天的圣母和使徒们，这件作品被认作佳作。[31]在他接下来的画作中，有一件值得一提的作品是上帝惩罚非利士人，以瘟疫感染他们的臀部，以惩罚他们从犹太人那里偷走约柜并运到他们自己的城市阿什杜德（Ashdod），我们将在下文分析这件作品（见图 12-1）。

阿什杜德人的瘟疫

阿什杜德人（Ashdodites）遭受着苦难[32]，有的人已经死去，有的人奄奄一息，还有的人深陷恐惧，这是一个令人悲伤的恐怖景象。在画面中间，一个死去的母亲躺在地上，她的头朝前，右手放在散开的头发上，皮肤显出死一般的苍白，胸脯和手臂泛着冰冷的颜色，旁边躺着她死去的孩子。另一个孩子加强了其中的哀伤之情，他尚未死去，一只手放在母亲的肚子上，把嘴凑到母亲的乳头旁边，想要吮吸一点乳汁。但在那一瞬间，他朝一个男人仰起天真的脸庞，男人摸着他的前额，让他远离已经有毒的奶水。这个男人几乎全裸，在那母亲尸体的脚边弯着腰，准备将她运往坟墓。他用手捂住鼻子，以免闻到尸臭，暗示着腐烂肉体散发的恶臭。在他对面，他的同伴从台阶走下来帮助他抬尸体，他也一只手挡住鼻子，另一只手推开一个位于画面边缘的孩子。台阶上坐着一个濒死的男人，他低垂着头，双手垂在双腿之间，逐渐失去意识，似乎马上就要倒地不起。他深深地弯着腰，我们看不见这个人的脸，但他衰弱无力的四肢足以表明生命在这具身体里流失殆尽。旁边有一个女人虚弱地躺在地上，手臂靠在一截断裂的柱子上，头上打着绷带，视线中带着忧伤，胸脯和双臂都是死一般的苍白。在这个女人背后，另一个母亲踟蹰不前，被眼前的悲惨景象震惊，她牵着一个小孩子，他抬头四望，害怕地哭泣，举着手往后退。在稍远的对面有一个神父，指给一些人看已经倒下的他们的大衮（Dagon）之神雕像，它的头和手摔碎在上帝的约柜下方的地面上。这些人露出麻木和悲伤的姿态，略前方的一个人害怕地转身离开，穿过死去人们的尸体，一只手扬起，另一只手抓着蓝色袍子的褶边，画面到此结束。这个场景发生在城市的公共广场，从右边可以看见圣殿的两根柱子，约柜被放在大理石基座上。左边有另外一些建筑，一个病倒的男人坐在建筑的台阶上，手放在臀部，把他的病情展示给另一个正爬上台阶的人看。这些较小的人物都在远方。另外有两个人抬走一具准备下葬的尸体，地上还有几只正在啃咬的老鼠，就像经文里所说的那样。从中间可以看见一条延伸到远方的街道，尽头是一个金字塔，因为阿什杜德这个城市就在埃及旁边。

在这幅叙事性绘画里，普桑很大程度上模仿了马坎托尼奥依据拉斐尔的构图所作的版画[33]，借鉴了里面的人物动作和情感。普桑的这件作品只拿到60个斯库多的报酬，之后经过好几个人之手转卖了几次，最后被黎塞留公爵以1000个斯库多的价格买下，现在收藏在巴黎的皇宫。[34]画面中最大的人物高约3掌，就像马坎托尼奥的那幅版画以及普桑创作的其他作品那样，他的这种小尺幅作画方式大受欢迎，名声也越来越大，各个地方尤其是巴黎，很流行用这种小幅画作来装饰橱柜，画中人物高2掌或3掌，甚至更小，这也使得作画范围被限定得很狭窄。在绘制这些精美的作品时，就像上文已经提到的，普桑结识了仁慈的卡西亚诺·达尔·波佐阁下，承蒙他的厚爱，普桑本人曾经说过，他在波佐阁下的博物馆和府上受益良多。他为波佐绘制了很多作品，其中的七圣礼尤为著名，画中人物高2掌，展现了极其高超的技艺和完美的绘画理念，人物都是早期教会的使徒装扮。

七圣礼[35]

1. 普桑在《洗礼》中运用了十分精巧的构思。圣约翰在约旦河岸将水倒在基督头上，永恒天父的声音在天上回荡，传递到他深爱的儿子那里。有些人转身朝向那从天而降的声音，其中一个人伸手指向天堂，另一个人指着基督，意指基督是天父之子。圣灵以鸽子的模样在基督头顶闪耀。基督谦卑地双手交叠放在胸前，在一旁侍奉的天使们托着他的衣袍。另外还有一些人在脱下又穿上衣服，等着接受洗礼，这些裸体人物各自表现出不同的姿态和情感。[36]

2. 《坚振》描绘了一座圣殿，圣殿里坐的是裹白色大披肩的主教，正为一个小男孩的额头涂油，男孩虔诚地双手合十。不远处，一个神父为另一个已经涂了油的男孩的额头戴上头带。在画面下方，一个母亲将主教指给她的小女儿看，后者羞怯地把手放在嘴边向后退。另一个母亲跪在地上，她年幼的孩子跪在她前面。她回转身面向那个小女孩，呼唤女孩去看主教。画面中还有一些身处这个场景之中的男男女女。

3. 接下来是《圣餐》。餐厅里的使徒们以古时候的方式坐在沙发上，中间的基督一只手把面包举在圣餐杯上方，另一只手做出祝福的手势，使徒们惊愕且虔敬地聆听他的神圣教诲。画面中有 3 个光源，其中两个光源来自悬挂在空中的吊灯，灯上的两根蜡烛照亮了所有人物的正面，第三个光源来自放在底下一个长凳上的蜡烛，距离变化使得可见度和角度大小有相应的不同，光线和阴影因而在交叠时变成双重或三重，比如那个长凳，以及正面朝着光源的使徒们躺着的那张沙发的腿部。

4. 《告解》描绘了跪在基督面前的抹大拉，向基督忏悔她的罪过，用她的头发擦拭他的脚。基督面朝抹大拉，向她伸出右手，表示对她的宽恕。这幅叙事性绘画表现的是法利赛人（Pharisee）的宴会，画中是古时候的仰躺餐桌，宾客们躺在放置于正面和两侧的沙发上，中间的桌子上摆放着丰盛的食物。侍童们将罐子拿出去，同时拿进来水果和杯子，给宾客上酒。

5. 再往下是《临终涂油礼》，画中的病人平躺在床上，胸膛苍白而瘦削，一只手放在肚子上。他的母亲从后面扶着他的头，旁边的神父为他的一只眼睛涂油。这位神父露出侧面，穿着黄色大披肩，从窗户射进房间的光线照亮了他，他履行神职的动作被描绘得十分优美。神父对面是一个穿红色外袍的年轻人，手里拿一个火炬。画面中最生动的莫过于围在病人身边的那些亲人。病人的妻子坐在床尾，前倾身子，正在掩面哭泣。她后面是双手合十的女儿，正为父亲的健康而祈祷。床榻那边有一个头上罩着外袍的男人，向后伸长手臂，把水罐递给一个仆人，眼睛一直紧盯着病人。他旁边的女人绞着手指，悲伤地看着这一切。整个场景都很意味深长。

6.《按立》表现了圣彼得从基督手中接过钥匙，暗示神圣的力量。基督右手指向天堂，左手把钥匙递给圣彼得，后者单膝跪在地上，伸出双手。圣彼得旁边的另外两个使徒也跪在地上，其他站着的人则虔诚地聆听基督的话语。[37]

7. 最后是描绘圣母和圣约瑟婚姻的《婚礼》，他们跪在圣殿里，伸出的右手相互触碰。他们头上是闪耀的圣灵，中间的神父将他们结合在一起，两只手分别放在他们肩上。圣约瑟背后是一个年轻人，惊奇地把开出花朵的长竿指给别人看。圣母背后是圣安娜和圣约阿希姆，还有几个观看的女人。

这些叙事性绘画各方面都非常有名，外国人纷纷慕名而来，尼古拉在不同时期绘制了这些作品，最后完成的是《洗礼》，当他从罗马回法国时，这件作品还只有线稿，他在法国将其完成。在波佐的图书馆还有另一幅洗礼图，画中的圣约翰为人们施洗，有的人脱下衣服和鞋子，有些跪在地上的母亲怀里抱着即将接受洗礼的婴孩。圣约翰将约旦河水倒在一个孱弱的老人身上，两个男人从两侧搀扶着他。[38]尼古拉为堂·阿马德奥·达尔·波佐（Don Amadeo dal Pozzo）绘制了两件构图精巧的作品，分别是越过红海和被淹没的法老[39]，以及崇拜金牛犊[40]，这两件作品现在还保存在都灵的这位侯爵府上[41]。尼古拉很中意这种高雅的构图方式，因为这种构图适合用来表现迸发的情感，也和他那丰富的创造力相符合，如今已经很少有艺术家能拥有这样的优点了。现在我们将介绍叙事性绘画沙漠里的甘露，这件作品被送给雅克·斯特拉（Jacques Stella），他是一名画家，也是尼古拉的挚友。[42]

沙漠里的甘露

这幅叙事性绘画的场景是沙漠里的犹太人[43]，上帝回应了摩西的祈祷，向口干舌燥的他们施与甘露，因此画面着重表现了蜂拥而至来喝水的干渴的人，以及因为干渴而奄奄一息的人。这是一片环境恶劣的不毛之地，右侧是一块突出的岩石峭壁，上面长着稀疏的灌木丛，比其他人高出一截的摩西高举木杖，用木杖敲击崎岖的岩石，然后一股清水从岩石流淌而出。摩西的旁边是亚伦（Aaron），他转身凝视水流，双手合十感谢上帝。摩西和亚伦的下方跪着以色列人中最受尊敬的两个人，他们敞开外袍和双手，赞美使他们免受沙漠干渴之苦的以色列的上帝，其中身处前景的那个人背对我们。在他们中间还安插了另一个人，脸朝下匍匐在地，双手合十向上帝祈祷。在他的对面以及其余人的前方有一个士兵，他把盾牌和长剑靠在河岸的一块岩石旁边，手撑在岩石上，弯下一边膝盖，俯身看向那潺潺流淌的小股流水。他身边是另一个低着头的男人，跪趴在岩石上，正把水罐举到嘴边喝水。他后面露出另一个士兵的头和手，正用头盔接水喝，头盔遮住了他从鼻子到前额的侧影。在这个人的旁边还跪着两个人，跟在之前那几个人后面，其中一个人只露出半边脸，另一个人露出全身，头上包着头巾，张着手，嘴巴和双眼都流露出对清水的渴求。在更远的河岸处，一个头发用头带束起的年轻人朝前弓着身子，低下一边裸露肩膀的同时伸长手臂，把水罐伸到水流中间去接水。他旁边的另一个年轻人也用头带绑住头发，此人头发是埃及发式的卷发。从这里到画面左侧，普桑通过极为优美的情感和构图扩展了这个场景。那个年轻人转过身，只露出胸膛的上半部分和赤裸的手臂，伸长手准备从一个年轻女子手中接过水桶，但水桶离他还有段距离。女孩暂停递出的动作，回转身看向她坐在地上的年迈的父亲，后者举起手，示意她把水桶递给那年轻人去接水。他本意是要催促她，结果反而耽搁了她，当人们因为太过急切而手忙脚乱时，就容易发生这样的情况。这位虚弱地坐在地上的老父亲被他的儿子从后面扶着，而他的妻子把脸和手枕在他的大腿上，萎靡地斜躺着，另一只手垂下来，已经昏了过去。这个老妇人隐藏在阴影里。在远处的前景里，另一个女人也坐在地上，张开双手，祈求别人给一点水来解救她的女儿，后者气喘吁吁地将肩膀靠在母亲膝上，右手臂垂在身前，悬空的右手半遮半掩，弯曲的左手臂靠在母亲大腿上，虚弱地抬起一边膝盖，她的整个身体、半开的干燥嘴唇和痛苦的神情都散发出极度的干渴感。与此同时，一个孩子把手放在母亲胸前，哭泣地哀求她要喝水。这组人物位于画面左侧，整幅叙事性绘画到此结束。人物紧挨着画面边缘，使得他们看起来距离观者非常近。回到那个伸手去拿水桶的年轻人，从他上方可以看见一个女人肩膀以上的部分，她伸着脖子，把嘴伸到水流里去喝水。她停下来喝水的时间太长，后面一个母亲一边恳求她，一边不耐烦地摇晃她的肩膀，想和她换个位置，挂在母亲身体左侧的男婴渴望地伸着手，想要离水流近一点。我们能看见这个母亲胸部以上的部分，她穿着埃及的服饰，头发梳成埃及发式，这些犹太人就是从埃及出来的。从更上方的摩西对面可以看见一个男孩，他双手尽可能高地举着一个用来装水的水壶，不是很能经受住水流的压力，我们能看见他的侧面，他的背面隐藏在阴影里，只有他的双臂和侧面露在光线里。从悬崖右边的一小片空间能看见一些帐篷，悬崖左边是一直延伸到远方阿拉伯半岛群山的沙漠。尼古拉通过这些人的情感表现成功实现了他的构想。

尼古拉后来为德·吉利耶阁下[44]绘制了这幅叙事性绘画的其他版本，用了不同的构图。在已有这么多种构想之后，他还能产生其他新的想法，包括数量众多的人物，从中能看出他那取之不尽、用之不竭的创造力，还有他对表现人类情感的自然场景的观察力。

摩西用他的手杖指着从峭壁流淌而下的清水，他身边的老人们对上帝表示感恩，这些人位于峭壁旁边的小丘上，峭壁投下的阴影笼罩着他们。我们似乎真的能听见下方人群传来的喧闹声，他们大声地呼喊，朝天高举双手，拿着水壶蜂拥而至，努力想要越过前面那些在岸边伸着四肢已经喝上水的人们。在场景逐渐展开的画面左侧的角落处，前景里有一个坐着的女人，仰着头，正把水壶凑到嘴边喝水，她把一个裸体的婴儿抱在膝上，后者转过背去，抓着她的手臂，也想喝水。紧挨着他们的是一个完全匍匐在地的男人，胸膛和双腿贴在地上，把嘴伸进水流里。上方是另一个跪在地上的男人，大口喝水，紧紧抓着水壶的把手，不让跪在他旁边的那个女人强行拿走水壶。她从后面伸出双臂环抱着他，试图抢走他手里的水壶，同时她自己也被身后的小儿子双臂环抱，那孩子正因喝不到水而哭泣。再往高处去，一个男人几乎前额贴地，用手舀水喝，另一个男人伸长手臂用水壶从水流里接水。他旁边的一个年轻女子弯着身子，面朝她的父亲，递给他一个装了水的容器。这一大组人物群在形式上还不够优雅，次于另一个场景，那个场景使这幅叙事性绘画具有更好的形式。在画面这边的边缘处，有两个高举双手站着的人，和他们前面的其余人区分开来，使得视野比较开阔，露出远方的帐篷和一些奔跑的人。位于背景上方的摩西转过身面对他们，张开双臂宣告涌现的水流，召唤他们前来。在画面右边另一侧河岸的峭壁，前景里有一个单膝跪地的父亲，把装了水的水壶递给一个小儿子，后者正用水壶喝水，另一个小儿子厌倦了等待，朝他的父亲伸着手，因干渴而哭泣不止。他旁边是另一个男人，一边和一个女人说话，一边把水递给另一个坐在地上的女人，她一只手把水壶送到嘴边喝水，另一只手把一个包裹在褪褓里的婴儿抱在膝上。旁边是一个跪在地上的女人，双手合十，朝天高举双臂，面庞也转向天堂。她后面是一个郁闷地僵立着的男人，低头看着从手中滑落而摔碎在地上的水壶，旁边的男人握着他的另一只手，指着水流安慰他。在上方，有的人拿着提水罐聚集在一起，也伸长手臂。其他人头顶或肩扛装满水的水壶离开，我们只能看见他们的部分身体。[45]

普桑为法国和巴黎的各位要人创作了各种作品，其中就有他为红衣主教黎塞留所作的一些作品，尤其是4幅酒神图，描绘了巴库斯的欢庆以及各种幻想和狂热的舞蹈，这些极其精准的构想来自他对古代大理石雕塑的研究，还有他的非凡天赋基于神话故事的创作。[46]他还为红衣主教黎塞留创作了海中的尼普顿的欢庆,海神尼普顿坐在海中骏马拉的马车里,身边跟着狂欢的海神特里同和海仙女涅瑞伊得斯们。[47]普桑因其出众的才华而享有极高的声誉,不仅在意大利,在欧洲亦是如此,尤其在他的祖国法兰西。国务大臣德·诺瓦耶阁下负责监管王室藏品时[48],致力于贯彻国王和红衣主教黎塞留推动国内艺术的想法,提出将画家和雕塑家召集到巴黎,重新装饰罗浮宫长廊,并且用配得上这位伟大国王的艺术作品来整修枫丹白露宫及其他王室住所。普桑的才能被认为能够胜任这一工作,国王在 1639 年初亲自写了一封信召唤普桑,然而普桑为了下定决心和安排事务,耽搁了将近两年时间,直到德·尚特卢阁下[49]前往罗马,强制要求他和自己一同返回巴黎,最后他于 1640 年回到巴黎。普桑一到枫丹白露,就近距离地感受到国王对他的喜爱,国王派了一位专员隆重地招待了他三天。他在这之后去了巴黎,首先拜访了红衣主教黎塞留,后者环抱他的脖子表示欢迎。然后他被引荐给国王,国王为了测试普桑是否聪明到能认出自己,特意隐身在一群人中间,而普桑径直走到国王面前并行下跪礼,让国王深感愉悦。国王非常赏识普桑,将他留在身边,询问他的家乡、家人和年龄,普桑也以他一贯的聪敏回答国王的问题,表示能为伟大的法兰西国王效力是他的无上荣幸,而国王也赞美地回应道,他的才华为自己的国家增添了光彩。随后国王向普桑委托了两件大幅祭坛画,分别给枫丹白露和圣日耳曼的礼拜堂。[50]尼古拉回到自己的住处后,国王命人送去 2000 个金斯库多,其中 1000 个金斯库多是给他的年薪,另外 1000 个是旅费补贴,远多于他实际上花费的旅费数额。为了让尼古拉能终身享受到最好的住宿条件,国王将他安置在杜伊勒里花园(Tuileries)里非常漂亮的一个住所,也就是花园中的一个小宅邸,现在因为重建被拆除了。[51]我相信很多人会想要知道普桑本人对国王的赞赏和偏爱的想法,我在下文附上他用意大利语写给骑士卡洛·安多尼奥·达尔·波佐(Commendatore Carlo Antonio dal Pozzo)阁下的一封信[52],在离开罗马期间,他将自己的家人及各项事务托付给这位阁下。

　　就像阁下始终以真诚的善意对待我,我认为我应当向您汇报我顺利的旅途,以及我目前的境况和住处,好让作为我的赞助人的您能掌握我的动态。我安全地从罗马到了枫丹白露,在德·诺瓦耶阁下的示意下,一位先生极为恭敬地在宫中接待了我,我度过了三天的美好时光。然后我在德·诺瓦耶阁下的安排下,乘坐马车去了巴黎,我一到那里就去拜访了德·诺瓦耶阁下,他友善地拥抱了我,表达他对我的到来的欢喜。晚上，我遵从他的安排去了指定给我的住所，也就是所谓的"楼阁"（palazzetto），它位于杜伊勒里花园，有三层高，总共有9个房间，除此之外还有底层的独立隔间，即厨房、门卫室、马厩、用来在冬天保存茉莉植物的储藏室，以及3个有很多用途的宽敞隔间。另外有一个很大的漂亮花园，里面种满果树和各种花卉植物，还有3个小喷泉和一口井。穿过一个也种着果树的干净院子，能看见各个方向的景色，我相信这里在夏天定是个天堂。进屋后，我发现整个中间层都装饰得很优雅，有包括柴火在内的各种生活必需品，还有一桶酒龄两年的上好的葡萄酒。借由国王提供的费用，我和朋友们享受了三天隆重的招待。第二天，德·诺瓦耶阁下安排我去拜见大人[53]，他十分亲切地拥抱了我，牵着我的手，以示他见到我的欣慰之情。三天后，我被带到圣日耳曼城堡，以便德·诺瓦耶阁下将我引荐给陛下，但那天陛下身体不适，于是改为第二天由深受陛下器重的勒格朗（Le Grand）阁下来引荐我。陛下非常亲切和仁慈，屈尊表示对我的赞赏，花了半个小时的时间询问我很多事情，并且转身对他的臣子们说道："现在乌埃可是棋逢对手了。"[54]陛下随后委托我为他在枫丹白露和圣日耳曼城堡的礼拜堂创作大型祭坛画。我回到住处后，装在深蓝色天鹅绒制成的精美钱袋里的2000个新铸的金斯库多被送了过来，其中1000个斯库多是给我的薪金，另外1000个是旅费补贴，远高于我实际花的旅费。金钱在这个国家确实很重要，因为这里所有东西都很贵。我现在在为许多需要完成的工作制定计划，我相信有的作品将被制成挂毯。我会从首先完成的几件作品中送一些给您，以表我对您应有的服从。等行李到了，我希望能抽出一些时间服务于您的兄长。皮罗·利戈里奥著作的抄本已经被送往皮埃蒙特。[55]我将家人及事务都托付给您，因为您出于善意，愿意在我离开的期间屈尊照料他们，我会尽我所能早日返回。既然您注定会偏爱于我，我恳求天性宽容的您接下我的这些琐事，作为回报，我向您奉上我的忠诚。愿上帝赐您长久而幸福的一生，而我谦卑地将自己奉献于您。巴黎，1641 年 1 月6 日。[56]

国王希望能更清楚地表达他对普桑的尊敬，于是宣布普桑是他的首席常任画师，让普桑负责皇宫所有的画作、装饰和修复工作，另外给他 3000 个里拉（lire）的薪金。国王为此事签署了一封信件：

Aujourd'huy vingtiesme Mars 1641, le Roy estant à Sainct Germain en Laye, voulant tesmoigner l'estime particulière que Sa Majesté faict de la cognoissance particulière qu'elle a du haut degré d'excellence auquel il est parvenu dans l'art de la peinture, non seulement par les longues estudes qu'il a faictes de toutes les sciences necessaires à la perfection d'iceluy, mais aussi à cause des dispositions naturelles et des talents que Dieu lui a donné pour les arts, Sa Majesté l'a choisy et retenu pour son premier peintre ordinaire, et en cette qualité luy a donné la direction générale de tous les ouvrages de peinture et d'ornemens qu'elle fera cy après faire pour l'embellissement de ses maisons royalles, voulant que tous ses autres peintres ne puissent faire aucuns ouvrages pour Sa Majesté sans en avoir fait veoir les desseins et receu sur iceux les advis et conseils dudit sieur Poussin, et pour luy donner moyen de s'entretenir à son seruice, Sa Majesté luy a accordé la somme de trois milles livres de gages par chacun an, qui sera d'oresnavant payée par les trésoriers de ses bastiments, chacun en l'année de son exercice, ainsi que de coustume, et qu'elle luy a esté payée pour la presente année. Et pour cet effet sera la ditte somme de trois milles livres doresnavant couchée, et employée soubs le nom dudit sieur Poussin, dans les estats des dits offices de ses bastimens, come aussi Sa ditte Majesté a accordé au sieur Poussin la maison, jardin qui est dans le milieu de son jardin des Tuilleries, où a demeuré cy devant le feu sieur Menou pour y loger et en jouir sa vie durant, comme a faict ledit sieur Menou. En tesmoinage de quoy Sa Maiesté m'a commandé d'expédier audit sieur Poussin le présent brevet, qu'elle a voulu signer de sa main et faict contresigner par moi, son conseiller et secrétaire d'estat, et de ses commandemens et finances, et surintendant et ordonnateur général de ses bastimens.

LOUIS

Sublet[57]

今天是 1641 年 3 月 20 日, 国王驾临圣日耳曼昂莱堡, 希望表达对受召从意大利回国的普桑阁下的厚爱, 因为陛下发现他在绘画艺术上的出众才能, 他通过漫长的学习获得了必需的各个方面的知识, 而且上帝赋予他艺术上的天分。陛下任命他为首席常任画师, 让他负责陛下将为王室住所委托的各件画作和装饰。陛下要求其他画师在为其创作之前必须先将草图给普桑阁下看，并且从他那里听取意见。陛下给普桑阁下的薪金是每年 3000 个里拉，从此时开始算起，基于他之后将创作的作品，按照惯例以及这一年已经付过的薪金，他任期的每年都是这个金额。根据普桑阁下创作的作品，以后每年都会付给他 3000 个里拉的薪金，陛下还赐给普桑阁下杜伊勒里花园里的一个宅邸及花园，那里曾经是梅努（Menou）阁下的住处。英明的陛下命令我将这份文件送给普桑阁下，陛下亲笔签字，还有我作为陛下的国务及财务大臣、藏品总管的会签。已签署。

　　路易·撒布雷

　　除了国王口头委托的两幅祭坛画，尼古拉还负责罗浮宫长廊，他将为这个长廊的绘制提供设计图，并且为王室房间的挂毯提供 8 件旧约场景作品，模仿的是拉斐尔的挂毯作品。[58] 为了加快工程的速度，普桑被准许使用他之前的作品，包括吗哪的故事[59]，以及为吉利耶阁下而作的摩西在沙漠里发现水源[60]，这些作品被放大成彩色草图和布面油画，以便用金线制成华丽的挂毯。当时制定的计划确实十分宏大，复兴了弗朗索瓦一世[61] 的宏伟愿景。计划的内容是为珍贵的罗马古物制作铸件，包括各个雕像和浮雕，尤其是从君士坦丁凯旋门、图拉真的建筑和整个图拉真记功柱而来的雕像和浮雕，尼古拉计划将图拉真记功柱上面的叙事性绘画用在长廊的灰泥和装饰物上。[62] 其中尤为宏大的是被认作亚历山大大帝及其战马布塞弗勒斯（Bucephalus）的奎里纳勒山的两尊巨像[63]，它们将被浇铸为青铜像，并放置在罗浮宫的入口，就像那两尊巨像站立在罗马的教皇宫殿门口。此外还会依据君士坦丁凯旋门、法尔内塞宫的赫拉克勒斯雕像[64]、美第奇花园的公牛献祭浮雕[65] 和博尔盖塞别墅大厅的婚宴浮雕，舞蹈的少女们用花环装饰枝形大烛台，这两个大理石浮雕展现了非凡的设计。[66] 婚宴浮雕和公牛献祭浮雕都在巴黎被制成青铜浮雕。为了研究建筑，他们还依据两种重要柱头制作了铸品，一种是圆柱的柱头，另一种是圆厅的科林斯壁柱的柱头[67]，这两种柱头是最完美的。另外也会根据其他样式的柱头制作铸品。这些铸品的制作由夏尔·埃拉尔[68] 阁下在罗马监管完成。此外，他还依照非常优美的古代大理石雕塑、浮雕和装饰绘制了线图，这些线图随后被送往德·诺瓦耶阁下那里。还有依据意大利的著名画作绘制的临摹作，以研究如何绘制柱式。

　　对尼古拉而言还有其他工程，比如德·诺瓦耶阁下为耶稣会见习教士教堂委托的圣依纳爵大幅祭坛画，这个教堂是德·诺瓦耶阁下新建的。[69]然而，所有事情都不得不往后延，因为红衣主教黎塞留命令普桑全身心投入为自己所作的一幅画作，即摩西和燃烧的灌木丛的故事，这件作品将被放置在他宅邸陈列室的火炉之上。[70]因此普桑推后所有其他工作，转而创作这幅人物为半人高的椭圆形画作。他在画中描绘了燃烧的灌木丛火焰上方的永恒天父，天使们托着他张开的双臂，他一只手命令去解放他的子民，另一只手指向身后的埃及。摩西穿着牧羊人的衣服，装扮简朴，光着脚，单膝跪在地上，凝望地上被变成蛇的手杖，张开双臂，在惊讶和恐惧中身子后倾。[71]尼古拉接下来画了一件诗意作品，画中的真理在时间的帮助下对抗嫉妒和诽谤，人物比真人大，这件作品被安放在同一个房间的木制天顶上。[72]随后他完成了圣日耳曼城堡那幅描绘圣餐礼制的祭坛画，他将人物排列在餐厅里，这个餐厅是装饰着爱奥尼亚式圆柱的高雅建筑。画面中间是基督，以右手做出祝福的手势，左手拿装了圣饼的圣餐盘。使徒们恭敬地跪在地上，圣彼得双手合十，圣约翰把手放在胸前，另一个使徒和他们一样是跪姿，其他人则是站姿，都专注于这个伟大的神迹，有的人张开双臂，有的人双臂交叠放在胸前，还有的人按着自己的手，露出虔诚、动容且惊异的神情。这些人物都表现出非凡的力量，悬挂在餐厅中央的吊灯散发的光线照在他们身上，人物都是真人大小。我在罗马见过这件作品的草图，其构图非常出色。[73]从此时到1641年底，耶稣会见习教士教堂将要举行落成典礼的时候，他完成了另一幅祭坛画，画中是圣方济各·沙勿略在日本使死去的女人起死回生的神迹。[74]他将圣方济各描绘成站立的姿势，双手合十，祈祷的同时抬头仰望基督，上方的基督双臂张开，两个天使环绕在侧。那个死去的年轻女子的尸体被放在前景的一张金色小床上，侧面对着我们。她一条手臂平伸，弯起一条腿，似乎正要吐出气息，起死回生。位于床尾的母亲的神情尤为生动，她看见流露出的生命气息，伸出双臂要去拥抱她的女儿。圣方济各穿着白色罩袍，前景里那个祈祷的神父同样如此。床头的一个女人一只手托着年轻女子的头，另一只手放在她胸前，紧盯着她那正要吐出第一口气的面庞。从后面能看见一些人的头和双臂，他们都露出悲伤和惊讶的神情，女孩的父亲也在人群之中，他惊奇地凝望着这个神迹。此外还有几个表情非常生动的印度人，其中一个人双手合十，另一个人指着基督，正是基督的神力使那死去的女孩起死回生。

当时，巴黎的皇家出版社正在印制一些书籍，包括维吉尔和贺拉斯的诗集，尼古拉为其设计了卷首插图。在前一本书的卷首插图中，尼古拉描绘的是阿波罗为了奖赏维吉尔写出埃涅阿斯纪，为他戴上月桂冠，一个普托举着书的题名和芦苇——更确切地说是牧笛——代表维吉尔写的牧歌。普托还拿着一把镰刀，象征维吉尔写的农事诗。[75] 在后一本书的卷首插图中，尼古拉描绘的是一个缪斯女神将萨提尔的面具戴在贺拉斯脸上，以表彰他写的讽刺诗。女神手上还拿着一个七弦竖琴，象征他写的颂歌和歌集。[76] 最值得赞美的还是尼古拉为圣经所作的那幅卷首插图，印在皇家出版社于 1642 年出版的圣经上。一个天使把书放在膝盖上书写，扭头看向后面逝去的时间，手拿的那只羽毛笔停留在书页上。天使旁边是穿着庄严外袍的宗教，她的脸隐藏在外袍之下，手里拿着一个斯芬克斯，象征智慧及神圣之物的奥秘。永恒天父显现于一片亮光之中，张开双臂，以信仰和真理照亮凡人的思想。[77]

除了固定的薪金，尼古拉另外还收到作品的报酬，所以他以罗浮宫长廊的监管和设计而收到 4500 个里拉。然而，这对他而言成了焦虑的来源，他已经习惯平和的生活方式，安逸地在自己的房间里绘制作品，现在他发现自己被各种人追着讨要作品。他发现自己在这个复杂的大型工程中招致其他画家的不满，他们最开始以为自己会受雇于这个长廊工程，另一个建筑师[78] 已经雇用了大量人力，但尼古拉拒绝了他们所有人，不准备运用叙事性绘画或大型隔间，只用到一些灰泥装饰和灰色拟浮雕画（grisailles），因为他的要求非常严格，没有人能在艺术上让他感到满意。[79] 然而，漫长的长廊工程和源源不断的委托让他决定把妻子接到法国来，把罗马的事务都安顿好。他为此请了假，保证只回去一小段时间，而且会把为罗浮宫长廊所作的线稿和草图从罗马送往巴黎，然后他从巴黎动身，1642 年末到达罗马。时隔两年，尼古拉光荣地回到罗马，国王对他的青睐有加使他的名声响彻各地，每个人都急切地想再见到他，祝贺他收获的荣誉。他继续为长廊创作草图，包括赫拉克勒斯及其功绩的人像，还有各种装饰和圆形浮雕画。他在罗马待了很久，作为他的恩主的德·诺瓦耶阁下在此期间卸下了宫廷职务。[80] 不仅如此，国王的逝世[81] 使情况发生了变化，再没有人要求尼古拉返回巴黎，长廊工程也淹没在其他纷杂的事务之中。然而，我们可以说，绘画、雕塑和建筑的宝贵财富当时并没有在法国断绝，而是一直延续到当今的路易十四[82] 统治时期。路易十四继承了他父亲的高尚精神，使得设计学院和高雅艺术一同在法国繁荣发展。[83] 1666 年在罗马，陛下为勤奋的法国年轻人成立了另一所艺术学院，慷慨地为他们的学业提供资助。这所学院由夏尔·埃拉尔阁下领导，这位皇家画师孜孜不倦地学习工艺超群的大理石雕塑等极其精美的古物，遵循陛下的宏伟计划，制作伟大的图拉真记功柱的铸品。图拉真记功柱是建筑师阿波罗多罗斯（Apollodorus）所作，上面雕刻了关于图拉真皇帝的丰功伟绩的浅浮雕。[84] 在弗朗索瓦一世的命令下，人们依据图拉真记功柱制作了各个铸品，正是这位国王使所有艺术和科学以及优秀人才在法国得以重建，他因此将普利马蒂乔派往罗马。[85]弗朗索瓦一世只来得及依据图拉真记功柱的部分叙事浮雕制作了铸模，这项极其重要的工程当时并未完工。万幸的是，这项工程现在已经完成。[86]

普桑留在了罗马，像以前那样继续绘制精美的叙事性绘画和寓意画，我们将在最后介绍其中一些作品。在这些作品中，为了更充分地展示自己的才能，他为德·尚特卢阁下创作了新的七圣礼，这个新的系列和之前为骑士达尔·波佐所作的系列有所不同。[87]我们在此抄录下当时关于《临终涂油礼》的记录。

临终涂油礼

在这个场景的人物排列中，前景有 4 个主要人物。濒死的病人躺在病床上，横陈的身体几乎只显出侧面，主持涂油礼的神父挡住了病人的双腿，所以病人光着的双脚在神父身后露出来。在床头跪着的侍僧手里拿着一个火炬。病人的长女坐在床尾，悲痛欲绝。这几个人物位于画面最前端，因此我们能看见他们的全身，而他们的位置安排使我们也能看清楚将死的病人。一些人物分别聚集在病人的头尾处，其他人物站在床的另一边，只或多或少地露出胸部和腰部。由此，人物使构图具有了合理的配置。古典制式的床几乎位于画面中间，被放置在一个平台上，床尾露出的房间景色要比床头多，而病人的侧面从各个方面看都没有被遮挡。在床的另一边挂着一道深绿色的床帘或布料，起着背景的作用，鲜明地突出了人物。为了照顾病人、限制通风，房间被布置得很暗，透视和光线折射完美地表现出光影效果。

躺在床上的病人逐渐失去生命力，他的脸正面朝上，露出侧面，死亡沉沉地压在他那凹陷的半闭的双眼上，暗示他将陷入永眠。他眼睛闭上的同时嘴巴张开，缓缓吐出最后一口气。他的额头几乎整个被绷带包裹，蓬乱的胡子和灰白的脸色增强了他的容貌的阴沉感。他的手足显出同样的感觉，尤其是他的双脚，这是首先死去的身体部分，指甲变成黑色，皮肤是死气沉沉的暗灰色。他的双手也毫无生命力，手指无力地蜷缩着。他的手臂放在床边，张开的右手被抹上油膏，另一边部分可见的左手放在腰上。床单和一块绿色布料覆盖住他的腰部及以下身体部分，赤裸的胸膛消瘦而苍白，肋骨凸出来，生命却消逝了。中间的神父因其灰发和风度而显得十分尊贵，他一只脚踩在放着床的平台上，另一只脚踏在凳子上，用指尖给病人手掌里抹油，左手举着装膏油的容器，这是一个小小的银质瓶子或船形容器。一件金色大披肩从他的肩膀和手臂一直罩到双脚，侍僧拿的那个火炬照亮了这件大披肩。侍僧在病人头部的后方，他单膝跪在平台上，穿着白色束腰外衣和蓝色外袍，一只手举着燃烧的火炬，另一条手臂夹着书，侧面隐藏在阴影里，光线以仰视的视角照亮他的面颊和脖子等正面身体部分。从这里开始，我们仿佛看见了一幕悲剧，这些亲人以他们各自的性别和年龄表露出悲伤之情。在侍僧背后，一个跪在地上的小女孩双手合十，仰望天堂，她的视线是如此虔诚，表现出她确实在为她父亲的健康祈祷。在小女孩那边，病人的母亲伸出双臂，悲伤地啜泣，她一只手抓着面纱，另一只手擦拭因为极度悲痛而流出的眼泪，以便不打扰到她奄奄一息的儿子。她的面前穿插了一个小孩子，他并不悲伤，只是急于要看一看涂油礼，他没有丝毫痛苦之情，因为他还不知道自己即将失去父亲，虽然他只露出脸和肩膀，但很明显他是踮着脚的。在床头后面，病人的兄弟前倾着脸和胸膛，一只手举一个蜡烛，为神父照明，另一只手举在额前以挡住光线，焦急地看着这个场景。他拿的蜡烛产生多重效果，既照亮病人裸露的身体，也照亮后面隐藏在阴影里的其他人，其中就有病人父亲露出的头部，即使只能看见他的部分身体，我们依然能看出他和病人母亲一样悲伤。这组人物聚集在床头，在他们旁边的床的另一头，病人妻子的情绪流露非常生动，为了宽慰和唤起濒死的丈夫，她抱起一个小婴儿给他看，婴儿咿咿呀呀地笑着，手臂悬在他父亲的胸膛上方，手伸向父亲的脸庞，徒劳地祈求父亲给他一个熟悉的拥抱。再往下是前景里床这边的神父，如我们已经说过的，他也朝病人弯着腰。不同人的动作和情感共同组成这个场景。在病人妻子身后的床尾那儿站着一个医生，他转身面向一个年轻的仆人，递给后者一个盘子，上面放着一支装了药的安瓿，指示仆人把药收起来，因为病人已经病入膏肓，无药可医。我们看不见仆人接过安瓿的手，因为他们中间安插了两个女人，一个女人抬眼望向天堂，双手绞在一起，悲伤地哀求着，另一个女人痛哭流涕，外袍盖住她的手，她举起一只手擦眼泪，侧影是哭泣的姿态。她们前面是坐在床尾的病人的长女，她一条裸露的手臂放在床尾，脸趴在手臂上，显露出强烈的痛苦之情，她用另一只手擦眼泪，这只手部分挡住了她的嘴巴，嘴里正发出悲鸣。这个前景里的女人身上的色彩十分鲜艳，和神父一样被光线照亮。在背景里更远的画面边缘坐着一个疲惫的女人，她把一条腿架在另一条腿上，一只手托着脸，手肘撑在三角桌或桌子上，我们能看出来她是病人的看护，她也面露悲伤，在漫长的守夜和照料之后稍作休憩。为了表现出病人是个基督教士兵，从床帘后面能部分看见一面盾牌，盾牌和剑都挂在墙上，盾牌上刻着基督之名的交织字母，这是古代基督教士兵的传统，他们会把基督之名刻在自己的头盔和徽章上，盾牌上方是他的长枪。我们在这里能看出另一种自然光的效果，不同于另外两种人造光，这道自然光来自床后面的一扇窗户，床帘挡住一半窗户，使得日光几乎照不进房间。微弱的光线沿着床帘上沿照亮了盾牌，并且从房间后墙延伸过去，最后照在那个疲惫的看护坐的地方。尼古拉在这个令人悲伤的作品中配置了如此多的人物动作和感情，以便将我们的眼和心引导至情感层面。

普桑由此形成了他的优雅理念。当他被大量委托困扰时，他只会接那些他能在固定时间内完成的委托，因为他不愿意花费好几年在作品上，只要他对作品做出承诺，就不会延后完成的时间。他维持一种非常规律的生活方式，太多人凭着一时兴致作画，只在一小段时间里保持巨大的热情，随后就变得厌倦，长时间丢下画笔，而尼古拉习惯早起，锻炼一两个小时，有时绕着城市走一圈，几乎总是会走到圣三一山（Monte della Trinità），也就是宾西亚丘陵。这里离他家不远，坡度也不高，景色宜人，有大片树林和各个喷泉，从山顶可以俯瞰罗马城和美丽的山丘，这些和城市的建筑物一起组成一种剧场。他会和朋友们在那里逗留，沉浸在有趣又博学的对话之中。回到家后，他会心无旁骛地创作到中午，吃完午饭后会继续创作几个小时，他以这种持续不断的勤奋工作比别人通过技巧收获了更多。他在晚上又会出门，在山脚下的广场闲逛，和经常聚集在广场的外国人混在一起。在这里，他总是被亲朋好友包围，因此那些被他的名气吸引而来想认识他、与他交好的人能在这里找到他，他也愿意认识所有值得深交的人。他会友善地倾听别人，不过他自己的发言最具分量，总能获得别人的关注。他经常发表关于艺术的言论，对事物的认识也很透彻，不仅画家，其他文人也会听取他对绘画的高见，他说这些不是为了说教，而是兴之所至。他阅读广泛，对话里出现的所有东西他都熟悉。他的语言和想法都非常正确和有条理，仿佛它们不是当下即兴，而是经过了深思熟虑。之所以如此，是因为他良好的天性和广泛的阅读，我指的不只是历史和寓意等他擅长的主题，还有高雅艺术和哲学。他过去学的拉丁语虽然不太完美，但在这方面起到了作用，他的意大利语熟练得好像是本地人。他有非常敏锐的洞察力，做抉择时有判断力，记忆力很强，这些都是非常宝贵的学习天赋。他在莱昂纳多·达·芬奇的《论绘画》中绘制的人像证明了他的学识，这本书于 1651 年在巴黎出版，里面有他创作的插图。[88]他曾经说过，绘画和雕塑是同一种模仿艺术，都是基于设计，只在模式上有所不同，尽管前者因其想象的外表而显得更具艺术性。这点在他为富盖（Fouquet）阁下正在建造的别墅所作的方形石柱界碑（herm）上表现得很明显。他亲自制作了黏土模型，是和真人一般大小的雕塑，然后由各个雕塑家制成最后成品，我在别墅里见过几次他以高超的能力用木刀制作黏土模型。可以说，他距离成为优秀的雕塑家只差在大理石上的实践经验，他已经具备所有技能，任何看见法国那些雕塑的人都会同意这点，它们都属于当下最好的雕塑。他将地上的各种花朵和水果拟人化为男人和女人的形象，这些人类模样的躯干雕像被放置在胸像柱或方形石柱界碑顶端，柱子都沿着花园小径排列。看哪，潘神拿着他的笛子，头戴松枝，手里还有大树枝；大笑的福纳斯（Faunus）胸前围着常春藤枝条；帕拉斯的头盔上环绕着橄榄枝，右手拿一个大树枝[89]，还有一条蛇；克瑞斯拿着稻穗，巴库斯拿着葡萄，其他宁芙仙女和神明抱着满怀的花朵和水果，以及象征这个富饶和美丽庄园的丰饶之角[90]。除了这些，他还设计了两个古典制式的花瓶，高约 4 掌，把手上缠着蛇，材质是古式的非洲大理石。[91]

关于这位艺术家的风格，可以说他专注于学习古物和拉斐尔，在他还是个巴黎的年轻人时就是如此。他构思作品时先确定构图，然后以足够辨认的粗略素描将其画出来，随后制作各种姿态的人物的小石蜡模型，高约半掌，将叙事性绘画或寓意画构图实际摆出来，以便观察人物身上自然的光影效果。在这之后，他做出其他更大的人物模型，给他们穿上衣服，专门用来观察裸体身上的布料，为此他用了少量亚麻布或青年布（chambray），足够他实验不同的颜色。类似地，他会专门为裸体人物做写生。他所作的这些构图素描没有十分清晰的轮廓，而是用水彩画出简单的线条和明暗，同时保有人物动作和感情的生动性。在叙事性绘画中，他总是追求情节设置，他过去常说，画家应该知道如何选择适合拿来表现的主题，避免那些没有情节的主题，而这确实是他构思作品的方法。他在阅读希腊语和拉丁语的历史著作时，经常记下有用的主题，以便在需要的时候用上，我们已经提过他关于主题的看法。他曾经嘲笑那些给一幅叙事性绘画安排 6 个、8 个或者其他固定数量人像的画家，而事实上半个人像都会破坏画面结构。他在艺术上有很深的造诣，很容易就能辨别出缺陷，会直白地指出别人的错误，反驳别人的观点，而他的看法总是很合理。然而，有人批评他只擅长画人物高 2 掌或 3 掌的小画，因而有意避免画大型壁画等作品。这种批评基于巴黎的罗浮宫长廊，认为他不够资格接下这个工程，没有完满地完成委托。另一些人则认为，普桑之所以绘制小幅作品，不是因为他缺乏才能或知识，而是因为他已经因此建立了名声。但圣日耳曼城堡和耶稣会见习教士教堂的祭坛画都是有大尺幅人像的叙事性绘画，收获了高度赞美，表明他完全可以胜任大幅作品。[92]

尼古拉从巴黎回来后，平静地度过了 23 年专注研究的生活，他已经拥有了智者所需的一切。一个人能为他的劳动获得相应的奖励和名誉，这确实是天

大的福分。他受到包括意大利人和外国人在内的所有人尊敬，所有热爱艺术的
人都想认识他，而他祖国的人民将他尊为国之荣耀。所以最伟大的国王路易十
四对他赞赏有加，虽然他远在异国，但国王承认其父将尼古拉封为首席画师的
任命，要求付给他拖欠的工资和薪金，国王陛下在 1655 年 12 月 28 日签署了相
关命令。然而，尘世中没有完美的幸福，病痛一直折磨着他，手抖阻碍了他画
画，所以他的一些作品中的笔触不是非常精准，就像是颤抖的手画出来的。随
着年岁渐长，他的手更加虚弱，难以作画。他遭受的病痛越来越多，让他越来
越衰弱，在生命的最后几年，他甚至难以离开家门。到了最后，他因为一个巨
大的囊肿而躺在病床上，内脏和身体都在发炎，日夜不得安宁，逐渐走向生命
的终结，在 1665 年 11 月 19 日中午逝世，享年 71 岁又 5 个月。作为一名虔诚
的基督徒，他走完尘世的一生，灵魂回归上帝。他去世后第二天的早上，遗体
被送到路西那圣洛伦佐教堂（church of San Lorenzo in Lucina），并放置在灵柩
上，罗马圣路加学院[93] 以及其他画家也到场参加唱诗弥撒和追思弥撒，他们
依据传统拿着点燃的蜡烛。尼古拉的朋友们眼含热泪参与其中，深深地哀悼他
的高尚为人和渊博学识。他的这些品质将会和绘画共存，他的作品会激励和指
导后来人，使他们达至只有极少数人能登上的顶峰。他的遗体被埋在这个教
堂，专门放在一个地方，直到为其建一个相称的纪念碑。[94] 同时，我们将以下
诗句刻在他的墓碑上：

> Parce piis lacrimis, vivit Pussinus in urna,
>
> Vivere qui dederat nescius ipse mori :
>
> Hic tamen ipse silet, si vis audire loquentem
>
> Mirum est, in tabulis vivit et eloquitur.

　　（拭去你虔诚的泪水吧，普桑长眠在这个骨灰瓮里。那赐予他生
命的造物主不知死亡为何物。普桑在此享受安宁静默；若你听见他的
声音——你将对其惊叹不已——他的生命和声音永存于他的画作
之中。）

　　他个子很高，每个身体部分的比例都很协调，气质高雅。他的肤色有点偏
棕色，头发是黑色，年纪大了之后有了很多白发。他的眼睛带一点蓝色，笔挺
的鼻子和宽宽的额头使他显出儒雅的风度。1650 年，他为自己画了一幅自画
像，德·尚特卢阁下将其带到法国，版画图 12 - 2 就来自这件作品。在原件的
嵌板上写着他的名字：莱桑德利的尼古拉·普桑画像，时年 61 岁，1650 年于

罗马（EFFIGIES NICOLAI POVSSINI ANDELIENSIS PICTORIS ANNO AETATIS LVI. ROMAE ANNO IVBILEI MDCL）。在另一边嵌板的背面画着一个女人的侧面像，头上戴着王冠，她象征的是绘画，另外有两只手拥抱着她，代表对绘画和友谊的热爱，这也是这幅自画像的意义所在。[95]他以这种方式表达自己对那位总是对他爱护有加的大人的赞美和喜爱。他在罗马成婚[96]，没有后代，留下1.5万个斯库多的遗产，相比他的节俭和创作的众多作品，这数额并不算多。关于他的品性，除了上文已经提到的，普桑还是个十分机敏和睿智的人。他避让达官贵人，但他碰到他们的时候毫不胆怯，相反，他的才华使他超越他们所有人之上。他花了两年时间才决心去法国，虽然那里是他的祖国，而且召唤他前去的是那样一位伟大的国王，这些理由足以诱惑其他任何人去追名逐利。尽管他确实决定要去法国，但这光辉的旅程似乎有些令人不安。他到了巴黎之后，为了给自己增强信心，在戒指的印章上刻了一个代表信心的人物，她的头发随风飘扬，两只手拿着一只小船，上面有铭文"信心，尼古拉·普桑"（CONFIDENTIA N. P.），卡尔塔里描述过这种人像。[97]他过着朴素的生活，服装并不华丽，而是简朴且得体，而且他乐于在必要的时候出门处理自己的私人需求。他在家也从不炫耀夸弄，平等地对待每个朋友，即使他们地位崇高。有一次，高级教士卡米洛·马西莫拜访他的画室，这位大人现在是非常著名的红衣主教[98]，他非常敬爱马西莫的高贵品质，他们一起交谈到深夜。马西莫离开时，普桑提灯送他上马车，马西莫看他提着灯，便对他说道："我很遗憾你一个仆人都没有。"尼古拉回道："我很遗憾您有太多仆人。"无论是和这位大人还是和其他朋友，他从不和他们谈论自己作品的价格，他完成作品后会在画布背面写上价格，随后薪金会立刻按原数送到他家里。有一天，我碰巧和他以及一个外国人一起参观罗马遗迹，这个外国人很想带一些珍贵古物回自己的国家，尼古拉对他说道："我想赠予你最精美的古物。"然后弯腰拾起一捧泥土和一些草丛里的卵石，还有一些快要碎成粉末的斑岩和大理石，他说："给您，先生，把它们带到你们的博物馆，告诉人们：这就是古罗马。"他总是想要编写一本关于绘画的书，记下各种主题，以及他本人的阅读材料和所思所想，以便在他年迈到无法继续作画时将这些汇编成册。[99]他认为年老的画家不应继续创作，因为精神已经衰落，我们已经见过很多这样的例子。我们现在要描述一些作品，我恰巧对其做了记录，而普桑为私人所画的作品散落在各个遥远的地方。我们会选取其中构思精巧的作品，尽量采用最适宜的顺序，从寓意画开始。

花的变形

在一个花园里聚集着那耳喀索斯、克吕提厄（Clytie）、埃阿斯、阿多尼斯、雅辛托斯和芙罗拉[100]，芙罗拉一边抛撒鲜花，一边和丘比特跳舞。那耳喀索斯坐在一个宁芙仙女旁边，后者在他面前捧着一个装满水的瓮，他热切地凝视水中自己的倒影，张开双臂表达对自己枉然的爱，因此他死后被变成一朵花。克吕提厄面朝她深爱的太阳神，后者驾驶太阳马车在空中飞驰而过，周围环绕着十二宫环带。她举起一只手挡在脸前，似乎她的眼睛难以承受刺眼的光线。她的后面是愤怒的埃阿斯，濒死的他倒向一侧的剑刃，浑身赤裸，头上的头盔和脚边的盔甲表明他是个战士。猎人打扮的阿多尼斯可以从长矛和猎犬辨认出来，他悲伤地指着赤裸身体一侧被野猪刺穿的伤口。英俊的雅辛托斯似乎和阿多尼斯一样悲伤，他一只手放在头上，正是头上的致命一击夺去了他的生命。他凝视另一只手拿的风信子，他后来被变成这种花朵。

芙罗拉的欢庆

接下来一幅是芙罗拉的欢庆，她坐在金色马车里[101]，维纳斯准许丘比特们陪同她，维纳斯自己也参与其中。两个长着翅膀的小男孩用花环做成的缰绳拉动马车，空中的一个小丘比特为芙罗拉这位春之女神戴上王冠，其他的丘比特站在车轮旁边，用花篮玩耍，庆祝这快活的令人喜爱的春天。芙罗拉转身面向埃阿斯和那耳喀索斯，他们向她献上礼物，埃阿斯穿着盔甲，将代表自己的花朵放在盾牌上，呈给芙罗拉，裸体的那耳喀索斯将代表自己的白色水仙献给芙罗拉。在所有人前面的马车之前，维纳斯和丘比特一起舞蹈，她头戴白色和红色玫瑰，红色玫瑰是以她的鲜血染成，欢快的场景让维纳斯忘却了自己的悲伤，因为她又见到深爱的阿多尼斯。跟在她后面的阿多尼斯戴着花环，一只手拿装了代表自己的紫色银莲花的篮子，另一只手将一些花朵递给雅辛斯托，而雅辛斯托弯腰朝向一个丘比特，后者将一个蓝色花朵的花环绑在他的头发上，这种花就是风信子。画中还有几个坐着的裸体人物，还有一些人手里拿着、头上顶着花篮和花冠。以上就是这件作品的所有内容，它是普桑为红衣主教路易吉·奥莫德[102]而作的早期作品。

为玫瑰染色

红玫瑰是维纳斯的造物。[103]这件作品表现的不是她冲过去帮助被野猪刺伤的阿多尼斯这个场景，相反，普桑向我们描述的是维纳斯和阿多尼斯一同追捕一头逃跑的公鹿，她没有发现自己的脚被尖利的荆棘刺破，丘比特们在收集地面上长出的红玫瑰，这些都是被她的鲜血染红的玫瑰。维纳斯娇弱的右手抓着长矛，伸长柔嫩的手臂要刺出长矛，阿多尼斯抓着公鹿的角，以防它逃跑，旁边的丘比特在呼唤猎犬。一个河神斜躺在地上，他旁边是一个养育了阿多尼斯的水仙女，她在擦干湿漉漉的头发。附近有一个神坛，隐藏在一棵古树的树荫之下，树上挂着公鹿的鹿角和一个熊头骨，这些都是猎人们的供奉。从另一棵树的树干后面可以看见更多远处的树木，其间有一头凶残的野猪，这头野猪很快会杀死维纳斯深爱的阿多尼斯，毁掉她所有的快乐。

为珊瑚染色

砍下美杜莎头颅的珀尔修斯将其举在海怪面前，将海怪变成石头，解救了安德洛墨达，她被绑在岩石上，等待被海怪吞噬。[104]此处描绘的是战斗之后的珀尔修斯，丘比特从一个罐子向外倒水，以便他清洗自己被美杜莎的毒蛇头发污染的双手。与此同时，坐着的水仙女们举着美杜莎的头颅，快活地注视着白色的海珊瑚被美杜莎滴下的血液染成红色。更远处能看见赤身裸体被绑在岩石上的安德洛墨达，等着珀尔修斯、她未来的新郎和解放者来解救她。帕拉斯和她的神圣盾牌在这场战斗中保护了他，因此我们可以在空中看见帕拉斯和胜利女神，后者从一棵棕榈树采下一根树枝，以奖励胜利者。

迷恋达芙妮的阿波罗

阿波罗的爱情源自他和丘比特关于谁更会使用弓箭的比试。坐着的阿波罗已经被爱神之箭击中，热切地注视着达芙妮。坐在一个洞穴旁边的达芙妮面朝他，拥抱着她的父亲珀纽斯（Peneus）。[105]丘比特将铅制的弓箭射向达芙妮，因此她不仅不会爱上阿波罗，还会从他身边逃离。普桑巧妙地在阿波罗背后安插了墨丘利，墨丘利灵巧地从阿波罗的箭袋里抽出一支金色弓箭，这位金发的神明没有发现墨丘利，因为他已然成为达芙妮的热情的凝视者和爱人。在阿波罗和达芙妮中间有几个躺在河岸上的裸体的宁芙仙女，其中一个仙女在拧干她湿漉漉的头发。这件作品缺乏最后的完工之笔，因为普桑虚弱的手经常颤抖。尼古拉在死前不久将其献给红衣主教马西莫，他意识到自己无法完成这件画作，如果能完成，这将是件非常完美的作品。不过，他在此之前画过同样的题材。

逃跑的达芙妮

伸长的双臂变成枝叶，脸上露出悲伤的神情，披散的头发在空中飞舞，这些都是逃跑的达芙妮的特征。[106] 她鄙弃求爱的阿波罗，因为她已经献身于最纯洁的女神。这件作品表现的场景是阿波罗紧紧抓着她的一条手臂。她痛苦且警惕地转过身，求助于她的父亲、河神珀纽斯，后者被她的悲伤打动，为了救她而将她抱在怀里。但她已经保持悲伤的逃跑姿势一动不动了，阿波罗还热情地想要带走她，没有发现她已经变形了。画中还有一个慌乱的水仙女，似乎急着要逃走，她手里拿着一个瓮，害怕地转身看向达芙妮。

欧若拉之爱

在平静大海的岸边，欧若拉拥抱着刻法罗斯[107]，后者厌恶地想要远离她，脸和手都朝向另一边。同时，欧若拉被召唤去揭开破晓，她对面的时刻女神们催促她快动身，一个女神从瓶子往外倾倒霜露，另一个女神在抛撒芬芳的花朵。背着箭袋的丘比特包围着欧若拉，一个催促她的丘比特调皮地指着已经自海面升起的日光，另一个延误她的丘比特将自己最锋利的箭射向她。长着翅膀、头戴花环的西风神从双唇间呼出甜蜜的气息，他不是晨风，所以这暗指的不是他追随欧若拉，而是作为爱情伴侣的春日时光。他拥抱着白天鹅，白天鹅在他的指示下引吭高歌。在欧若拉的马车上有两个拿火把的丘比特，一个在等待他的同伴，另一个不耐烦地飞走了。白色骏马早已被拴在马车前，一匹似乎急于出发，另一匹低下头喝一个时刻女神带给它的仙露。她把瓶子放在地上，转过头去看地平线上的那道光芒。

巴库斯的诞生以及那耳喀索斯之死

墨丘利带给宁芙仙女的婴儿就是刚出生的巴库斯[108]，那宁芙仙女便是狄耳刻（Dirce），她是河神阿刻罗俄斯（Achelous）的女儿。她高兴地接纳了巴库斯，爱戴这神明的后代。另一个宁芙仙女从后面拥抱狄耳刻，把巴库斯指给其他仙女看，她们都坐在水里，惊异地盯着他看。看哪，朱庇特坐在云端，他正是在那里生下巴库斯，赫柏为他呈上仙露，消除他的疲劳。河边的那个洞穴最为神奇，上面缀满新生的葡萄叶和葡萄，中间还缠绕着常春藤，这些都是随着巴库斯的出生而新长出来的。在山顶，潘神快乐地大声吹奏竹笛。斐洛斯特拉托斯也描述过一幅与此相同的画作。画面角落的其他人物不是出自这个寓意故事，普桑遵从奥维德《变形记》的叙述顺序，加入那耳喀索斯的故事，那耳喀索斯爱上自己，最终因此殒命。此处描绘的是在水边死去的那耳喀索斯，他正是在这河水里狂热地凝望自己的倒影。他头戴花冠，死后就变成这种花。不幸的恋慕者厄科（Echo）坐在他旁边，头枕在手肘上，从她青白的肤色可以看出来她已经变成石头。

斯库罗斯岛的阿喀琉斯

有两件作品描绘了躲在斯库罗斯岛（Skyros）的阿喀琉斯，用了两种不同的构图。[109] 年轻的英雄阿喀琉斯穿着女人的衣服，被他的母亲忒提斯（Thetis）藏在国王吕科墨得斯的女儿们之中，以避免他将在攻打特洛伊时死去这一命运。希腊士兵正在搜寻阿喀琉斯，看，那就是装扮成外国商人的尤利西斯和狄俄墨得斯（Diomedes），他们被带到王室女眷面前，展示他们珍贵的器物和宝石等女性用品，其中刻意放了一套战士的盔甲。女眷们坐在岸边的一个缓坡上，一个女人将一个大珍珠戴在自己耳朵上，另一个女人拿着一条镶嵌了珠宝的腰带，第三个女人把手放在胸前，抚摸着脖子上戴的一条项链。她们对面是阿喀琉斯，他单膝跪在地上，照镜子的样子完全不是女性化的，而是充满英勇气概。他戴着头盔，右手拿着宝剑，身上散发出阳刚之气，他将凭着这股勇猛打败特洛伊人。精明的尤利西斯由此认出阿喀琉斯，将他指给狄俄墨得斯看。一个服侍女眷的年迈妇人转过身看着身穿盔甲的阿喀琉斯。旁边的一个基座上放着一个花篮，里面装着女眷们在花园里摘的鲜花。在海岸的另一边可以远远看见坐落在美丽丘陵上的王宫。

斯库罗斯岛的阿喀琉斯

在另一个版本中，阿喀琉斯单膝跪地，从剑鞘里拔出宝剑。[110] 在他前面，吕科墨得斯的一个女儿弯着腰，一只手伸进地上装着珍贵货物的箱子。她转过身看见陌生的武器，做出害怕的姿态，将另一只手挡在身前，盯着出鞘宝剑的剑锋。尤利西斯和狄俄墨得斯跪在女眷们对面，尤利西斯专注地观察着，认出了年轻的战士阿喀琉斯，而狄俄墨得斯为一个女眷举着镜子，她和另一个姐妹站在一起，指着箱子里的宝石。

维纳斯将盔甲给埃涅阿斯

在另一件作品里，普桑遵照维吉尔的作品，描绘了维纳斯将伏尔甘打造的盔甲呈给埃涅阿斯。[111] 维纳斯飞在半空，丘比特和白天鹅们陪在她身边。埃涅阿斯顿住身形，双臂张开，面朝他的母亲，惊异地看着那套神圣的盔甲，包括头盔、盾牌和靠在橡树干上的宝剑。普桑还画了象征罗马的台伯河，还有两个水仙女，其中一个仙女在擦干她滴水的头发。

图10-1　乔凡尼·兰弗朗科：《圣母升天》，1622—1628年，湿壁画，圣安德烈教堂（罗马）

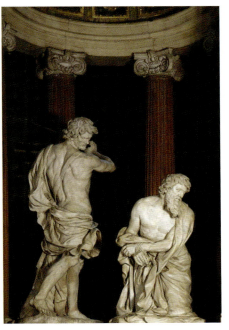

图11-1　亚历山德罗·阿尔加迪：《圣保罗被斩首》，约1650年，大理石，高286cm，圣保罗大殿（博洛尼亚）

图11-2　亚历山德罗·阿尔加迪：《利奥一世和阿提拉会面》，1646—1653年，大理石，高750cm，圣彼得大教堂（梵蒂冈城）

图11-3　亚历山德罗·阿尔加迪：《圣尼古拉的幻见》，1651—1655年，大理石，托伦蒂诺圣尼古拉教堂（罗马）

图12-1　尼古拉·普桑：《阿什杜德的瘟疫》，1630年，布面油画，148cm×198cm，罗浮宫博物馆（巴黎）

图12-2　尼古拉·普桑像

图12-3 尼古拉·普桑：《阿卡迪亚牧羊人》，1637—1638年，布面油画，87cm×120cm，罗浮宫博物馆（巴黎）

图12-4 尼古拉·普桑：《所罗门的审判》，1649年，布面油画，101cm×150cm，罗浮宫博物馆（巴黎）

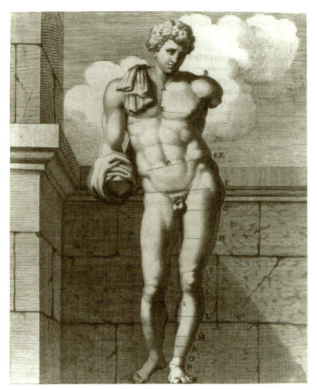

图12-5 对安提诺乌斯雕像正面的测绘

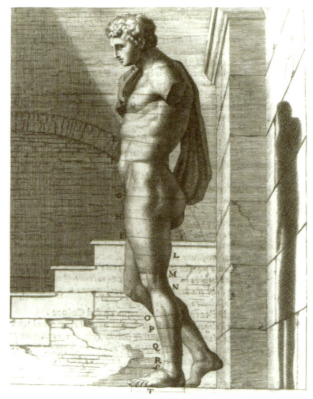

图12-6 对安提诺乌斯雕像侧面的测绘

里纳尔多和阿尔米达

普桑的寓意画不仅来自古人，也来自当下的诗人即塔索。他描绘了沉睡的里纳尔多，里纳尔多被丘比特们用花朵制成的链条绑住并带到半空，阿尔米达紧随其后[112]，她爬上马车，鞭打带翼的飞蛇，催促它们将里纳尔多和自己带往平静的岛屿。一个宁芙仙女用手臂托着毫无防备地沉睡的里纳尔多的头，其他丘比特拿着他的头盔和盾牌等装备，作为英勇的战士已被降服的战利品。其中一个丘比特从地上捡起一支箭射向里纳尔多，另一个丘比特生气地咬自己的手指并且威胁里纳尔多，发誓要报复这位拒绝享乐的战神追随者。我们可以看见远处的柱子和小岛，前景是斜躺的河神奥龙特斯（Orontes），他旁边有两个宁芙仙女，她们指着从空中飞过的里纳尔多。

凡人生命之舞

除了上文提及的寓意画，我们还会介绍普桑的一些关于道德观念的作品，其中就有一件非常精美的以凡人生命为主题的作品，4 个类似于四季的女士围成一圈跳舞。[113] 他将时间描绘成拿竖琴的坐着的老人，分别代表贫穷、劳动、富裕和奢靡的 4 位女士手拉手围成一个圈，随着他的音乐翩翩起舞，决定凡人的命运。每个人都有其对应的模样。前面是奢靡和富裕，她们穿着华丽的服饰，后者戴着珍珠和金饰，前者戴着玫瑰等鲜花做成的花环。后面的贫穷穿着土褐色的衣服，头上插着干枯的树枝，代表失去的财富。贫穷的旁边是劳动，露出肩膀和棕色皮肤的强壮手臂，看向自己的同伴，显示身体上遭受的苦难。在时间脚边，一个孩童对着手上拿的计算生命的沙漏陷入沉思。对面是他的同伴，和玩耍的孩童一样，这个孩子正用一根管子吹立即就会破碎的泡泡，象征生命的浮华和短暂。旁边是雅努斯的胸像柱。马车里的太阳神从空中飞过，他张开双臂，周围是十二宫环带，这是模仿的拉斐尔。太阳神前面是黎明女神，将白色的花朵撒满晨曦。太阳神后面是时刻女神们，一边飞，一边舞蹈。当教皇克雷芒九世还是高级教士的时候[114]，他将这个道德诗（poesy）的主题告诉了普桑[115]。尼古拉成功构思出这样一件高雅和杰出的作品，虽然人物只有 2 掌高，但他将这些人物塑造得和他一样具有崇高品质。此外他还画了以下两件作品。

时间揭示的真理

时间展开翅膀，从地面飞向空中。被压抑的真理斜躺着，时间一只手抓着真理的手臂，将她拉起来[116]，另一只手赶走嫉妒，后者咬着手臂离开，甩着毒蛇样子的头发。她的同伴诽谤坐在真理后面，挥舞着两个燃烧的火把。

注定死去的幸福

第三幅对道德观念[117]的诗意表达[118]是关于在繁华中回想起死亡。普桑描绘了一个快乐的阿卡迪亚牧羊人，他单膝跪在地上，用手指点着一个墓碑上刻的铭文并读道：我也在阿卡迪亚（ET IN ARCADIA EGO），意思是阿卡迪亚也有墓碑，死亡同样存在于欢乐之中（见图12-3）。他后面是一个头戴花环的年轻人，这人靠在墓碑上，忧郁地注视着墓碑。对面的另一个年轻人向前弯着腰，将铭文指给一个优雅的女仙看，她穿戴华丽，一只手放在他肩上，笑容凝固在脸上，陷入对死亡的沉思。在另一个相似主题的作品中，普桑还描绘了河神阿尔斐俄斯（Alpheus）。[119]

美狄亚

这幅叙事性绘画中的美狄亚故事确实是个悲剧[120]，她坐在地上，整个人陷入狂暴，把一个儿子放在膝上，愤怒地举起匕首刺向他的喉咙。坐在地上的乳母一边哭泣，一边抱着另一个已经被杀死的孩子。她转身望向美狄亚，举起一只手，恐惧于美狄亚的暴行。悲伤的伊阿宋从敞廊探出上半身，伸长双臂，徒劳地呼喊已经失去理智的妻子。面对这样残暴的行为，帕拉斯的雕像也神奇地用盾牌挡住眼睛，不去看这令人怜悯的杀戮。由此，我们可以读懂在严肃和奇异的事件中古代雕像的动作。

强抢萨宾妇女

罗穆卢斯站在高台上，高举自己的红色皇室斗篷，向他的士兵下达指令，让他们抢夺萨宾妇女。[121]画中描绘了逃跑、哭泣和警惕的萨宾人，还有凶暴和贪婪的士兵。一个女孩跟在她的老父亲身边逃跑，后者转过身，伸长手臂，喘着粗气看向一个抓住他女儿的士兵。不远处，她的同伴跌倒在地，趴在年迈母亲的膝上寻求庇护，这位坐在地上的母亲试图击退一个年轻的士兵，他一只手放在母亲身前推开她，另一只手抓住那女孩。在对面，另一个年轻女子愤怒地反抗一个士兵，她抓着士兵的头发往外拽，他正把她抱起来带走。这些人物都聚集在前景里，从远处比较小的人物可以看见一个士兵正把一个女孩从地上举起来，强行将她塞到另一个士兵的马背上，后者转过身抱住她，周围的萨宾人都在四散奔逃，罗马人用剑追击他们。画中还有新建的罗马城的建筑，一个高塔正在建造中。罗穆卢斯的旁边是神庙，前面有一个高雅的柱廊。罗穆卢斯身穿一件金色胸甲，身披斗篷，头上戴着王冠。这件作品也是为红衣主教路易吉·奥莫德而作。[122]

科里奥兰纳斯

另一件非常杰出的叙事性绘画是关于科里奥兰纳斯（Coriolanus）的，他对忘恩负义的祖国拔剑相向，但母亲的祈求说服了他，让他将剑收回剑鞘。[123] 她跪在自己儿子面前，伸出手臂阻止他，向他敞开母亲的怀抱。她身后跟着一群恳求的妇女，其中就有科里奥兰纳斯的妻子文图莉亚（Venturia），她把年幼的儿子抱给他，孩子张着手寻求父亲。谁看了都要赞叹普桑的才华！在画面另一侧，普桑画了代表罗马的女性，被遗弃的她独自站在一旁，只有躺在地上的福尔图娜陪伴着她，此时的罗马已经濒临灭亡。

在河中被发现的婴儿摩西

这幅叙事性绘画描绘了漂在尼罗河上的刚出生的摩西，以及站在岸边的母亲，她前倾身子，将装着摩西的篮子推到水流里，希望这样能救他一命。[124] 她一边伸长手臂，一边焦虑地望向自己的女儿，后者一根手指抵在唇边，示意母亲别出声，另一只手指给她看远处走来的法老的女儿特穆提斯（Thermutis），她从城里出发去往河边。摩西的父亲悲伤地转身离开，不愿看见自己的小儿子被交付于流水。另外在岸边还有一个代表尼罗河的人物，他斜躺在地上，一只手臂搂着象征埃及的斯芬克斯。这件作品现在保存在巴黎，为雅克·斯特拉的后人所有，他们还收藏了普桑的其他作品。

婴儿摩西踩在法老的王冠上

国王坐在金色的躺椅上，一个阉奴举起匕首要刺向婴儿摩西，后者正脚踩放在躺椅上的王冠。[125] 他逃向母亲的怀抱寻求庇护，转过头看着那个要刺死他的人。一个女侍拉住阉奴的手臂，坐在金色椅子上的特穆提斯张开双臂保护摩西，其他愤怒的人似乎都在宣称要判处摩西死刑，因为他的行为是不幸的征兆。这件作品和下文将提到的另一件作品是一组，都是为红衣主教卡米洛·马西莫而作，这位英明的大人现在还保存着这两件作品。[126]

摩西与亚伦对抗埃及巫师

另一件作品表现的是摩西和亚伦打败埃及巫师。[127] 摩西和亚伦都右手指向天堂的神圣力量[128]，与此同时，亚伦的蛇咬住巫师的蛇，其中一个巫师上前将他们的蛇拉了出来。法老坐在王座上。我们从中可以看到极为古老的埃及服饰，一个年轻人抱着装了尼罗河圣水的罐子，双手都包裹在袍子里；另一个人举着埃及的圣鸟，这种鸟被称作鹮（Ibis），它站在一个 T 形的棍子上。巫师们穿着白色亚麻布做成的衣服，脸也刮得很干净，头上戴着忘忧树的枝叶。

井边的利百加

利百加（Rebecca）站在井边，她是以撒（Isaac）命中注定的妻子，他的仆人向她呈上金手镯等珍贵的礼物。[129]在那些聚集在井边打水的少女中间，有一个女孩一边把桶里的水倒进水罐，一边盯着利百加收到的珍贵礼物，没有注意到水罐已经满了，水都从里面溢出来了。她的同伴单膝跪在地上，一只手扶着水罐，另一只手托起水桶，以防水溅到她身上或是继续浪费水。

大卫战胜歌利亚

年轻的大卫坐在一边，已经战胜了歌利亚。[130]从画面一侧可以看见这巨人可怕的头颅被钉在他的武器上，以作为一种战利品。另一侧是胜利女神右手将月桂冠举在大卫头上，左手拿金色王冠，表明大卫是王国的继承者。坐着的大卫前倾身子，一只手放在杀死歌利亚的剑的柄头上。他穿着简陋的天蓝色[131]牧羊人衣服，露出一边肩膀和强壮的双臂，正是这双手臂掷出石头杀死了歌利亚。大卫脚边是 3 个玩耍的丘比特，一个丘比特拿着竖琴，他的一个坐着的同伴拨动琴弦，奏出乐音，第三个丘比特举起手去拿胜利女神手上的金色王冠。这件作品的构图十分优秀，其色彩带有普桑早期的风格，现在是高级教士吉罗拉莫·卡萨纳特的藏品，他非常受人尊敬，熟知各门学科，热爱高雅艺术和绘画。[132]

所罗门的审判

所罗门坐在王座上，虽然样貌年轻，但已有了睿智和庄严的风范（见图 12-4）。他示意那个活着的婴儿应当被劈成两半，分给两个母亲。[133]真正的母亲的姿态让人心生怜悯，她出于本能的恐惧而叫喊，跪在地上，双臂张开，阻止面前的男人，他已经拔出剑，拎着婴儿的一只脚将其倒吊起来，做出要劈开婴儿的动作。假的母亲一只手扶着死去的孩子，认为活着的孩子应当被劈成两半，以残忍和恶毒的表情表示这是她应得的部分。她背后站着一个总督，敬畏地看着所罗门。一个阉奴一只手从袍子里伸出来，看上去彻底陷入混乱。他们旁边是两个女人，一个转过脸，害怕地举起手，另一个低下头，为这屠杀场面而叹息。[134]这件作品是普桑为他的朋友普安特尔而作，后者亲自肯定了这件作品的精美，认为这是普桑创作的最好的作品。[135]

通奸者

这件作品着重表现了基督对通奸者的审判[136]，那不幸的女人跪在基督脚边，她的悲伤和绝望足以让人感受到她希望为自己所犯的罪而死。基督将她指给法利赛人看，一些人弯下腰辨认写在地上的字句，一些人窃窃私语，其他人困惑或愤怒地走开，同等地表现出他们内心的恶意。

恢复视力的盲人

为了治好那个天生眼盲的男人，基督把手放在他的额头上，用大拇指触碰他的眼睛，使他恢复视力。[137]他们后面是一个年迈的犹太人，狐疑地前倾身子，专注地盯着他们，从近处观察盲人复明。虽然他的脸部分隐藏在基督的手臂后面，我们还是能从他的眼睛和眉毛看出他很在意这个神迹。盲人单膝跪地，一只手往前伸，另一只手撑在手杖上，他的虔诚和谦卑表现出他对基督话语的信仰。这个盲人的后面跪着另一个盲人，一只手探在身前，同时往前伸着一条腿，想要接近基督，另一只手放在已经被治愈的同伴肩上，另一侧的一个男人扶着他的这只手。一个抱着孩子的女人从后方看着他们。基督身后跟着3个门徒，都专注地看着基督赐予的神迹。那个弯腰的犹太人后面是另外两个犹太人，他们也热切地看着这一切，其中一个围头巾的人惊异地张开双手。这个故事发生在杰利科（Jericho）城外，可以看见山脚下优美的建筑和树林风景，另外能从使徒们身后看见河岸，一个男人靠坐在手杖边，远处还有几个人物。

基督受难

这幅受难图描绘了低着头的基督被钉死在十字架上。[138]在加略山的震动之下，坟墓纷纷裂开，一个斜躺的死人从岩石裂缝探出半边身子，他的胸膛和双臂从裹尸布中露出来。由此可以看出作品的巧思，一个站着的士兵把死人指给同伴看，后者正为基督的衣物而抓阄，其中一个人转过身，警觉地看着那个死人，举起匕首自卫。朗基努斯坐在马背上，举起长枪刺向基督。他的对面是哀悼的女圣徒，她们身后是两个仆人，他们把梯子靠在其中一个窃贼被钉死的十字架旁边，好上去打断他的双腿。窃贼正面对着我们，十字架顶部的罪名牌上写着铭文：好小偷（GESTAS LATRO）。他的同伴被钉死在另一侧的十字架上，罪名牌上写着铭文：坏小偷（DISMAS LATRO）。这个窃贼背对着我们，一个站在梯子上的仆人面向他，手里拿着用来打断他双腿的大棒。这仆人朝下看，手臂往下伸向一些正跟他说话的人，似乎在向他们要地上的什么东西。

撒非喇之死

圣彼得对亚拿尼亚（Ananias）之妻撒非喇（Sapphira）所行使的神迹确实令人唏嘘。被处死的撒非喇倒地不起[139]，一个女人冲过去扶着她，一个男人从后面用一只手拉着她，同时转身面向圣彼得，后者严肃地命令他将撒非喇埋到她丈夫的坟墓里。圣彼得身边是另外两个使徒，其中一个人指向天堂，仿佛在说撒非喇和她的丈夫理应受罚，因为他们胆敢对上帝撒谎，谎报要赠给使徒们的财产数额。围观的人们流露出强烈的恐惧之情，一个女人紧盯着死去的撒非喇，另一个将孩子抱在腿上的女人扭过身子害怕地离开，同时伸手触碰前一个女人，让她和自己一起离开这里。

圣母在逃往埃及的途中休憩

在其他宗教作品中，圣母在逃往埃及的途中休憩这件作品格外优秀。[140]圣母和圣约瑟坐在地上，疲惫地靠在一截断柱上。普桑在画中描绘了一个黑皮肤的埃及乡下男孩，他双膝跪地，向圣母献上一篮当地盛产的枣椰子。圣母微笑着拿了一些，圣子上半身靠在圣母大腿上，伸长了手臂也想拿。男孩后面站着两个埃及女人，其中一个人指着地上的枣椰子，另一个人将一罐水倒给圣约瑟，圣约瑟坐在圣母背后，伸出右手用碗接水[141]，表现出他的疲惫和想喝水的渴求。那头小毛驴也很渴，它把嘴伸进水井，伸出舌头喝水，它背上倒挂着一个空了的大肚酒瓶，瓶口是敞开的。从画面后部能看见远处的埃及城，一队祭司抬着奥西里斯（Osiris）的石棺，从一个有 4 根柱子的神庙或祭坛下面走过。另外还能看见一座金字塔，近处有一个立在基座上被做成狗的模样的阿努比斯神像。这些小型人像模仿的是保存在帕莱斯特里那（Palestrina）的古代西拉（Silla）镶嵌画。[142]

尼古拉笔下的风景画也非常值得赞赏。他为法国财政大臣米歇尔·帕萨特（Michel Passart）阁下画了两幅风景画，其中一幅是俄里翁的故事，这是个盲眼巨人，在站在他肩上的小人的对比之下可以看出他的巨大身形，小人指引着他，另一个人惊异地望着他。[143]尼古拉很荣幸能为这位品位高雅的大人服务，他在绘画上有非常高深的造诣，尼古拉为他画了一幅尤达迈达斯（Eudamidas）的遗嘱，这被认作尼古拉最好的作品之一[144]；还有一幅法利希（Faliscan）男孩们殴打男校长的叙事性绘画[145]。最后，我们将介绍有关提斯柏（Thisbe）的故事的风景画，这件作品是为骑士卡西亚诺·达尔·波佐阁下而作的。

皮剌摩斯和提斯柏

提斯柏大张双手，冲向她深爱的皮剌摩斯（Piramus）倒在地上的尸体[146]，她发狂地奔向自己的死亡末路，土地、天空等风景都显露出一股阴郁可怖的氛围。一阵旋风吹来，树木被狂风吹弯枝干。滚滚雷声响彻云间，一道闪电劈中一棵树的树干。乌云里骇人的雷电照亮了一座城堡，山丘上的几个房屋着了火。不远处，狂风带来暴雨，牧羊人和羊群四散奔逃寻找庇护所，一个骑马的男人竭尽全力把牛往城堡的方向赶，以躲避暴风雨。一头令人恐惧的雄狮从森林里跳出来，把一匹马撕成碎片，马和骑手都摔倒在地，骑手的同伴用他的长矛攻击雄狮，正是这头狮子造成了那对不幸的恋人的死亡。

尼古拉的学生和妻弟加斯帕·杜盖[147]非常出色地完成了作品里的风景部分。最后，我们还要介绍著名的安提诺乌斯雕像的测量数据和比例，直接转录自尼古拉的原作。[148]除了这些，还有一些虽然简短但非常有价值的他关于绘画的观点和笔记，遵循了莱昂纳多·达·芬奇的方法。如上文已说的，尼古拉曾经想在晚年写一部论绘画的著作，这些笔记现在保存在红衣主教卡米洛·马西莫的图书馆。普桑和皮埃尔·勒梅尔（Pierre Lemaire）阁下交流过这些笔记，后者擅长绘画，对普桑而言是非常重要的朋友。[149]

对安提诺乌斯雕像正面的测绘（见图 12-5）

从囟门 A 到锁骨末端，即肩峰与肱骨相交处 B，其长度为一个头。

从囟门 A 到三角肌顶部 C，其长度与从 C 到位置线 D 的长度相等。

从位置线 D 到乳头的长度与之相等。

从乳头到胸口 E、从三角肌 B 到位置线 D 的长度均与之相等。

因此在这些肢体部分有 5 个相等的长度。

从上肢到下体的长度为两个头：从胸口到第一层肌肉或上腹部肌纤维的长度为 $\frac{1}{3}$ 又 $\frac{3}{12}$，从第二层肌肉到肚脐的长度为 $\frac{1}{3}$ 又 $\frac{1}{12}$，总长度为 1 个头。从肚脐到耻骨的部分和上个部分是一样的分层，也就是说，下腹部第一层肌肉的长度和上腹部第一层肌肉一致，耻骨部分的长度和上腹部第二层肌肉一致，即 1 个头。两侧之间的长度为两个头。

EE 1 个头又 $\frac{2}{3}$，以及 1 个头的 $\frac{1}{20}$ 又 $\frac{4}{5}$。

F 1 个头减 $\frac{1}{20}$ 又 $\frac{3}{4}$。

G $\frac{2}{3}$ 减 $\frac{1}{12}$。

H 同样。

I $\frac{2}{4}$ 又 $\frac{1}{20}$ 的一半。

L $\frac{2}{3}$。

M $\frac{1}{3}$ 又 $\frac{2}{12}$。

N $\frac{2}{5}$。

O $\frac{1}{3}$。

P $\frac{1}{3}$ 又 $\frac{1}{12}$。

脚踝的长度为 $\frac{1}{3}$。

脚部最宽处的长度略小于 $\frac{2}{3}$。

两个乳头之间的长度为 1 个面又 $\frac{6}{20}$。

对安提诺乌斯雕像侧面的测绘（见图 12 - 6）

A $\frac{3}{5}$。

B 1 个面，$\frac{1}{3}$ 又 $\frac{1}{12}$ 的一半。

C 1 个面又 $\frac{2}{5}$。

D 1 个面又 $\frac{9}{20}$。

E 1 个面又 $\frac{2}{20}$。

F 1 个面又 $\frac{1}{6}$。

G 1 个面又 $\frac{2}{5}$。

H 1 个面又 $\dfrac{2}{20}$。

I 1 个面又 $\dfrac{1}{20}$。

L $\dfrac{2}{3}$ 又 $\dfrac{1}{12}$。

M $\dfrac{2}{3}$。

N $\dfrac{2}{3}$ 减 $\dfrac{1}{12}$。

O $\dfrac{2}{3}$。

P $\dfrac{1}{3}$ 又 $\dfrac{2}{12}$。

Q $\dfrac{1}{3}$ 又 $\dfrac{1.5}{12}$。

R $\dfrac{9}{20}$。

S $\dfrac{3}{5}$。

T 1 个头又 $\dfrac{3}{5}$。

整个脚的长度与从脚底到小腿肌肉、从小腿肌肉到膝盖的长度一致。

尼古拉·普桑关于绘画的观点[150]

大师之为学习榜样

即使在理论教学之外补充实践教学，只要这些准则没有获得确证，就无法在头脑里形成足够深刻的创作习惯，而这一习惯只能来自实践知识。相反，它们只会将年轻人引向漫长且迂回的道路，而非指引他前往最终目的地。只有好榜样才能提供有用的指导，将勤奋的学生引向快捷的路径和明确的目标。

绘画的定义以及与之相符的模仿

绘画其实就是对人类行动的模仿，这些行动适合用来模仿，其他行动本身不适合用来模仿，只能作为附属部分，而非主要部分。因此，绘画能模仿的不只是动物的行动，还有自然中的所有事物。[151]

艺术何以能够超越自然

艺术和自然没有什么不同，艺术也无法超越自然的界限，只是知识之光散落各处，出现在不同时空的不同人身上，而艺术将其综合到一起，这道知识之光从未全部或大部分地集中在某一人身上。[152]

不可能之物如何成就绘画和诗歌

亚里士多德通过宙克西斯[153]的例证说明诗人有权说不可能之物，只要它们具有更好的合理性，就像在自然之中，一个女人不可能集所有美于一身，而海伦这个人物有最高的美，也就比可能之物更完美。参见卡斯特尔维特罗。[154]

素描的边界及色彩

要想画出优美的作品，就要通过中间部分来联结边界和中心，由此边界和中心的关联既不会太弱，也不会在线条和色彩上太强，我们可以将其称为色彩以及边界之间的联系和对立。[155]

行　动

有两种手段能调动听者的注意，即行动和言说，前者具有高度的有效性，德摩斯梯尼（Demosthenes）认为行动比修辞技艺更重要，因此马尔库斯·图利乌斯（Marcus Tullius）[156]称其为身体的言说。昆体良赋予行动以极强的力量，他认为没有行动，言辞、论据和感情都毫无意义。线条和色彩同样如此。[157]

宏伟风格的几个形式

内容、构想、结构和作风

宏伟风格（grand manner）由四个方面构成，即内容（matter）、构想（conceit）、结构（structure）和作风（style）。作为其他几个方面的基础，内容和主题要是宏伟的，比如战斗、英雄事迹和神圣事物。除了作品的主题应是宏伟的，首先要注意的是画家不应困于琐碎的细节，不能违背叙事性绘画的传统，以草率的笔触处理宏伟事物，执着于庸俗的细微事物。画家应当具有的不仅是描绘主题的技艺，更是理解主题的判断力，他必须选择本质上能够被加以润色和完善的主题，有些画家之所以选择不重要的主题，是因为他们缺乏创造力。因此，画家应当避免用任何手段去描绘庸俗和低下的主题。构想是纯粹关于事物的思想造物，比如荷马和菲迪亚斯[158]关于奥林匹亚的朱庇特移天动地的姿态的构想，因此，对事物的创作必须能够表达对事物的构想。各部分的结构或构图不应矫揉造作，而应模仿自然。作风是绘画和素描的一种特殊方式和技巧，产生自每个人在运用理念时的独特才能，这种作风或品位来自自然和才能。[159]

美的理念

只有处理得当的内容才会包含美的理念，这种处理包括三个方面，即秩序（order）、模数（mode）和种类（species），也就是形式。秩序指的是各个部分的规律，模数属于数量，种类包括线条和色彩。各部分的秩序和规律将不够充分，所有肢体按自然的方式去描绘也将不够充分，除非加上模数，模数能赋予肢体和身体成比例的恰当尺寸。还要为秩序加上种类，种类使线条变得优雅，并且具有光影的和谐。从这些方面可以明显看出，只有经过非物质层面的处理，美才会存在于物质之中。我们可以由此得出，绘画就是一种关于非物质的理念，尽管美看上去是物质的，它其实表现了事物的秩序、模数和种类。绘画最为注重美的理念，因此，有的人认为只有美的理念才称得上标准，是所有优秀画家的目标。绘画作为艺术之王，是对美的热切的沉思者。[160]

新　奇

绘画中的新奇（novelty）并不在于从未有人见过这个主题，而是优秀且新奇的安排和表现，寻常和陈旧的主题由此变得特别和新颖。此处可以举多梅尼基诺的圣哲罗姆的圣餐为例，作品中的人物情感和动作都与阿戈斯蒂诺·卡拉奇的作品有所不同。

如何弥补主题的不足

如果画家想要引起人们的惊异感，即使他手头没有合适的主题，他也不应引入奇异、怪诞、不合理的事物，而是应该发挥自己的才能，以高超的风格改善作品，如他人所说的那样，使作品超越物质（Materiam superabat opus）。[161]

事物的形式

每个事物的形式取决于其相应的功能或目的，有的事物引发笑，有的事物引发恐怖，这些就是它们的形式。[162]

色彩的引诱

绘画中的色彩可以说是对眼睛的劝诱，如同诗歌中优雅的诗句。[163]

——— 注释 ———■

[1] 读者须知：对于那些仍然保留在原处的作品，其所在地点在注释里不再赘述。

[2] 贝洛里这章是普桑的第一篇传记，除此之外还有曼奇尼（1956 年），第 1 卷，第 261 页描写普桑的一个段落。之后在 1685 年，菲力比安在《名家录》【菲力比安（1725 年），《名家录》，第 8 卷，第 1-162 页】中写了《普桑传》。也可参见帕塞里（1934 年），第 320-332 页；桑德拉特（1925 年），第 257-258 页；尚特卢（1985 年），散见文中各处；《美的理念》，第 2 卷，第 406-410 页。

[3] 普桑出生于 1594 年 6 月。

[4] 瓦兰（约 1570—1634 年）是法国晚期样式主义代表画家。

[5] 德·皮莱（de Piles，1699 年），第 470 页认为这个人是乔治·拉勒芒（Georges Lalle-mand，约 1580—1636 年），和瓦兰一样，他也是一名样式主义画家。

[6] 斐迪南·埃里（Ferdinand Elle，约 1585—1637/40 年）。

[7] 亚历山大·库尔图瓦（Alexandre Courtois）是玛丽·德·美第奇的内侍。

[8] 这 6 件作品都已遗失。在 18 世纪中期，其中四件作品在巴黎的路易大帝耶稣学院（Jes-uit College of Louis le Grand）【德扎利埃·达让维尔（Dezallier d'Argenville，1749 年），第 195 页】。

[9] 参见附录。

[10] 关于红衣主教卡米洛·马西莫，参见附录。马西莫图书馆中这本依据马里诺的诗所作的素描本总共 73 页，其中 5 页是空白、1 页遗失。这本书在 20 世纪初被拆散。66 幅素描现藏于温莎堡皇家图书馆【参见布朗特（Blunt，1967 年），第 39-50 页】，其中有 16 幅出自普桑之手；另有 1 幅现藏于布达佩斯国家美术馆【参见罗森伯格和普拉特（Rosenberg and Prat，1994 年），第 6-12 页，目录 2-18】。

[11] 温莎堡皇家图书馆。普桑的素描依据的是奥维德：《变形记》，10，476-518 中关于阿多尼斯诞生的描述。

[12] 即朱里奥·罗马诺（1492—1546 年）。

[13] 已遗失。匿名画家所绘的一幅水彩临摹作现在是威廉·沃斯利（William Worsley）的藏品，霍温厄姆庄园（Hovingham Hall），约克郡。

[14] 马尔切洛·萨凯蒂（1605—1649 年）是乌尔班八世·巴贝里尼（1623 至 1644 年间任教皇）的会计。教皇侄子红衣主教弗朗切斯科·巴贝里尼（参见附录），他于 1625 年被派往巴黎，在法国和西班牙之间调停休战。

[15]《约书亚战胜亚玛力人》(*The Victory of Joshua over the Amalekites*)，现藏于埃尔米塔什博物馆，圣彼得堡，以及《约书亚战胜亚摩利人》(*The Victory of Joshua over the Amorites*)，现藏于普希金博物馆，莫斯科。第三幅战斗场景作品《基甸战胜米甸人》(*The Victory of Gideon over the Midlanites*)，现藏于梵蒂冈美术馆。

[16] 弗朗索瓦·迪凯努瓦在意大利被称为弗莱芒人弗朗切斯科。

[17] 贝洛里在《普桑传》的附录里附了测量《贝尔维德尔宫的安提诺乌斯》(比奥-克莱孟博物馆，梵蒂冈博物馆) 比例的两幅版画 (参见《美的理念》，第 2 卷，第 403 - 404 页，目录 9)。迪凯努瓦依据《贝尔维德尔宫的安提诺乌斯》制作过一个简化的青铜变体《安提诺乌斯》，现藏于柏林国家博物馆，雕塑馆。

[18]《维纳斯的礼赞》现藏于普拉多博物馆，马德里。这幅画起初收藏在费拉拉的埃斯泰城堡阿方索·德·埃斯泰的书房里。1598 年，费拉拉公国的领地被教皇收回后，红衣主教彼得罗·阿尔多布兰迪尼 (参见附录) 将这幅画和提香的《酒神的狂欢》都带到罗马。1621 年，这两幅画都被送给红衣主教卢多维科·卢多维西。1637 年，皮昂比诺亲王尼科洛·卢多维西把这两幅画献给腓力四世。参见《迪凯努瓦传》，注释 21。

[19] 现已不存。

[20]《普托和双轮车及山羊》(*Putti with Chariots and Goats*) 和《普托和山羊及面具》(*Putti with Goats and Masks*)，现藏于古代艺术国家美术馆，罗马。

[21] 马泰奥·扎克里尼 (1574—1630 年) 是一个擅长透视的画家，写了关于透视和色彩的四卷本专著【《论色彩》(*De colore*)、《论阴影》(*Della descrittione dell'ombre*)、《透视和色彩》(*Prospettiva e colore*)、《线性透视》(*Prospettiva lineale*)】，现藏于美第奇-洛伦佐图书馆，佛罗伦萨【MS 阿什伯纳姆 (Ashburnham) 1212，1 - 4】。贝尔 (1988 年)，第 103 - 114 页引用的证据表明，佛罗伦萨的手稿既不是弗朗切斯科·巴贝里尼图书馆的抄本，也不是奎里纳勒山圣希尔维斯特教堂图书馆的抄本，扎克里尼在这个戴蒂尼会教堂度过了大半生，而是 1630 年代为卡西亚诺·达尔·波佐 (Cassiano dal Pozzo) 所作的第三份抄本。普桑的妹夫让·杜盖 (Jean Dughet) 在 1636 至 1640 年间和普桑住在一起，他在 1666 年 1 月 23 日给保罗·弗雷阿尔·德·尚特卢 (Paul Fréart de Chantelou) 的一封信【出版于菲力比安 (1725 年)，《名家录》，第 8 卷，第 78 - 79 页；《书信集》(1911 年)，第 483 - 486 页】里写道，他有"关于光影的一些手稿"，是普桑让他抄写的，依据的是"保存在红衣主教巴贝里尼图书馆的原作，这本书的作者是马泰奥神父，他是多梅尼基诺的透视法老师。很多年前，普桑阁下在前往巴黎 (1640 年) 之前，让我抄写了其中很大一部分内容"。关于扎克里尼，参见《多梅尼基诺传》，注释 138；巴格利奥尼 (1642 年)，第 316 - 317 页；贝洛里 (1664 年)，第 51 - 52 页。关于卡西亚诺·达尔·波佐和尚特卢，参见附录。

[22] 安德里亚·维萨里 (Andreas Vesalius, 1514—1564 年) 写了《论人体构造》(*De humani corporis fabrica*)，巴塞尔 (Basel)，1543 年。

[23] 尼古拉·拉尔谢 (Nicolas Larchée) 是一名在罗马行医的法国外科医生。

[24] 圣格列高利教堂圣安德烈祈祷室的《圣安德烈的殉教》。

[25]《被鞭笞的圣安德烈》。

[26] 明尼阿波利斯艺术学院，明尼阿波利斯。

[27] 已遗失。

[28] 维也纳艺术史博物馆。埃根贝格亲王在 1638 至 1639 年间担任出访乌尔班八世的皇家大使。

[29] 关于古物研究者及收藏家卡西亚诺·达尔·波佐，参见附录。他雇用了包括普桑在内的一组艺术家来为他的纸上博物馆（Paper Museum）绘制罗马古物的素描。

[30] 梵蒂冈美术馆。

[31] 罗浮宫博物馆，巴黎。这件作品的主题是圣母向圣雅各显灵。

[32] 罗浮宫博物馆，巴黎。

[33]《巴尔奇图集》（1978 年），第 105 页，第 417 条。普桑作品中间那个在尸体旁边捂着鼻子的男人模仿的是马坎托尼奥·莱芒第的版画《弗里吉亚瘟疫》（The Phrygian Plague）或《瘟疫》（Il Morbetto）。

[34] 路易·弗朗索瓦·阿尔芒·德·维涅罗·迪·普莱西（Louis François Armand de Vignerot du Plessis），黎塞留及弗龙萨克公爵（duc de Richelieu et de Fronsac，1629—1715 年），红衣主教黎塞留的侄孙和继承人，输了一场赌博后，被迫于 1665 年将他的藏品卖给路易十四，包括普桑的 15 件作品。红衣主教黎塞留【阿尔芒·让·迪·普莱西（Armand Jean du Plessis），黎塞留公爵（1585—1642 年）】是路易十三的首席宰相。

[35] 普桑画过两组《七圣礼》（Seven Sacraments）。第一组由卡西亚诺·达尔·波佐委托而作，《洗礼》现藏于华盛顿国家美术馆；《坚振》（Confirmation）、《圣餐》、《临终涂油礼》（Extreme Unction）、《按立》（Ordination）和《婚礼》现在是拉特兰公爵的藏品，贝尔沃城堡，格兰瑟姆（Grantham）；《告解》（Penance）已遗失。第二组由保罗·弗雷阿尔·德·尚特卢（参见附录）委托而作，现在是萨瑟兰公爵的藏品，出借给苏格兰国家美术馆，爱丁堡。也可参见《书信集》（1911 年），散见文中各处；帕塞里（1934 年），第 327 页。

[36]《美的理念》，第 2 卷，第 431 - 432 页，目录 27。

[37] 基督左手指向天堂，右手把钥匙递给圣彼得。只有一个使徒跪在地上。

[38] J. 保罗·盖蒂博物馆，洛杉矶。

[39] 维多利亚国家美术馆（National Gallery of Victoria），墨尔本。

[40] 伦敦国家美术馆。

[41] 阿马德奥·达尔·波佐（1579—1644 年）是卡西亚诺·达尔·波佐的堂兄。

[42] 雅克·斯特拉（1596—1657 年），画家、绘图师和雕刻师，1623 至 1634 年间居住在罗马，并成为普桑的朋友。他在 1640 至 1642 年间与普桑、西蒙·乌埃（Simon Vouet）合作完成了巴黎耶稣会见习教士教堂的装饰工程。

[43] 埃尔米塔什博物馆，圣彼得堡（《美的理念》，第 2 卷，第 435 - 436 页，目录 43）。

[44] 梅尔基奥·德·吉利耶（Melchior de Gillier，1589—1669 年）是路易十四的顾问。

[45] 萨瑟兰公爵藏品，出借给苏格兰国家美术馆，爱丁堡。贝洛里描述的不是爱丁堡这一幅，而是普桑构图的已遗失的《摩西击打岩石》（Moses Striking the Rock），可见于一幅

写有铭文"尼古拉·普桑构图并润饰"（Nicolaus Poussin Invent. Et Pinxit）的版画，其创作者被认为是让·勒博特尔（Jean Lepautre）【威尔顿斯坦（Wildenstein, 1955 年），第 128 页，目录21】。贝洛里似乎不知道那件已遗失的作品，布朗特（1966 年），第 20 页认为，贝洛里描述的是那幅版画，并相信它依据的是吉利耶所有的那件作品。

[46] 目前公认的普桑为黎塞留城堡（Château de Richelieu）所绘的唯一一幅酒神图原作是《潘神的欢庆》（Triumph of Pan），现藏于修德利堡（Sudeley Castle），英格兰。《巴库斯的欢庆》（Triumph of Bacchus）的一件临摹作现藏于纳尔逊－阿特金斯艺术博物馆（Nelson-Atkins Museum of Art），堪萨斯州。《西勒诺斯的欢庆》（Triumph of Silenus）的一件临摹作现藏于伦敦国家美术馆。第四幅酒神图尚未确认，据猜测，这件作品可能指的是《尼普顿的欢庆》（Triumph of Neptune，参见注释47）。也可参见帕塞里（1934 年），第 327 页；菲力比安（1725 年），《名家录》，第 8 卷，第 27 页；尚特卢（1985 年），第 78 页。

[47] 费城艺术博物馆（Philadelphia Museum of Art）。也可参见帕塞里（1934 年），第 327 页；菲力比安（1725 年），《名家录》，第 8 卷，第 27 页；《美的理念》，第 2 卷，第 420 页，目录 16。

[48] 弗朗索瓦·撒布雷·德·诺瓦耶，当居男爵（baron de Dangu，约 1588—1645 年），1636 至 1645 年间任军事国务大臣，1638 至 1643 年间任路易十三的王室藏品总管。

[49] 尚特卢（参见附录）奉命前往罗马，将普桑带到巴黎。

[50] 原定为枫丹白露的礼拜堂所作的祭坛画从未实施。路易十三为圣日耳曼昂莱新城堡（Château Neuf de Saint-Germain-en-Laye）礼拜堂委托的《圣餐礼制》（Institution of the Eucharist）现藏于罗浮宫博物馆，巴黎。也可参见《书信集》（1911 年），第 41 页；帕塞里（1934 年），第 328、329 页。

[51] 为了给杜伊勒里宫的北翼腾出空间，钟阁（Pavillon de la Cloche）于 1659 年被路易·勒沃（Louis Le Vau，约 1612/13—1670 年）拆除。

[52] 卡洛·安多尼奥·达尔·波佐（1606—1689 年）是卡西亚诺·达尔·波佐的弟弟。

[53] 即红衣主教黎塞留。

[54] 西蒙·乌埃（1590—1649 年）于 1627 年从意大利返回巴黎后，成为首席皇室画师（premier peintre du roi），也是巴黎最受国王及皇室偏爱的艺术家。就像路易十三所说的，普桑于 1640 年到达巴黎后，乌埃失去了首席地位。

[55] 建筑师和古物研究者皮罗·利戈里奥（约 1513—1583 年）关于罗马古物的多卷线描本现藏于巴黎国家图书馆（MS BN ital. 1129）；牛津大学图书馆（MS Bodl. Canon ital. 138）；那不勒斯国家图书馆（MS XIII. B. 1-10）；图灵国家档案馆（Archivio di Stato, Turin）。

[56] 也可参见《书信集》（1911 年），第 40-42 页。

[57] 也可参见《书信集》（1991 年），第 52-53 页。

[58] 指的是利奥十世依据拉斐尔的草图为西斯廷礼拜堂委托的挂毯，现藏于维多利亚和阿尔伯特博物馆，伦敦。目前没有发现普桑为挂毯设计的旧约主题草图。

[59] 《以色列人收集吗哪》（Israelites Gathering the Manna），现藏于罗浮宫博物馆，巴黎。此

画 1639 年在罗马为保罗·弗雷阿尔·德·尚特卢而作，之后送往巴黎【参见《书信集》（1911 年），第 19 - 20 页】。

[60] 参见注释 44、45。

[61] 法兰西国王（1494—1547 年，1515 至 1547 年间在位），第一位大规模将古物和意大利建筑师及画家们引入法国的法国君王。

[62] 罗浮宫长廊的装饰工程是普桑在 1640 年被召回法国的主要原因。普桑于 1642 年回罗马后，他为长廊所作的设计就被放弃了。长廊的装饰后来毁于大火，在 17 世纪被修复，后来又被放弃。罗浮宫在 18 世纪改为博物馆后，所有装饰都被毁。普桑及其工作室为长廊所作的大量设计草图现在分散在博纳博物馆，巴约讷（Musée Bonnat, Bayonne）；罗浮宫博物馆版画和素描馆，巴黎；埃尔米塔什博物馆，圣彼得堡；温莎堡皇家图书馆。目前没有证据表明普桑如何按贝洛里所说的那样计划运用罗马古物的铸件。也可参见《书信集》（1911 年），第 141 - 146 页。

[63] 狄俄斯库里兄弟卡斯特和帕勒克及他们的战马，依据公元前 5 世纪古希腊原件而作的罗马临摹品，于 1589 年由西斯克特五世放置在奎里纳勒广场。

[64] 《法尔内塞宫的赫拉克勒斯》现藏于那不勒斯国家考古博物馆。公元前 1 世纪的雅典雕塑家格里肯的名字被刻在赫拉克勒斯的大棒上，但他不是原作者，而是原作的临摹者。根据佛罗伦萨皮蒂宫另一件临摹品上的铭文，原作者是利西波斯。

[65] 美第奇别墅，罗马【卡吉亚诺·德·阿泽维多（Cagiano de Azevedo, 1951 年），第 56 页，图片 10】。

[66] 希腊、伊特鲁里亚及罗马古物馆（Département des Antiquités Grecques, Etrusques et Romaines），罗浮宫博物馆，巴黎（《美的理念》，第 2 卷，第 418 - 420 页，目录 14、15）。

[67] 即万神殿。

[68] 关于埃拉尔，参见附录。

[69] 贝洛里明显混淆了这幅画和《圣方济各·沙勿略的神迹》，后者是撒布雷·德·诺瓦耶为巴黎耶稣会见习教士教堂委托而作（参见下文以及注释 74）。

[70] 红衣主教宫（Palais Cardinal），建于 1624 至 1645 年，由雅克·勒梅西埃（Jacques Lemercier，约 1585—1654 年）为黎塞留而建。这个建筑在 1763 年的大火中被毁了大半，后来重建。现在是皇家宫殿（Palais Royal）。

[71] 哥本哈根国家艺术博物馆（Staatens Museum for Kunst, Copenhagen）。也可参见《书信集》（1911 年），第 106 页；帕塞里（1934 年），第 329 页。

[72] 罗浮宫博物馆，巴黎。这幅画作由红衣主教黎塞留为红衣主教宫大陈列室的天顶委托而作。也可参见《书信集》（1911 年），第 106 页；帕塞里（1934 年），第 330 页。布朗特（1966 年），第 83 页，目录 122 认为，这件作品的主题是时间从嫉妒和纷争那里解救真理。

[73] 参见注释 50。贝洛里说的这幅草图可能不是现藏于温莎堡皇家图书馆的那幅。

[74] 罗浮宫博物馆，巴黎。也可参见《书信集》（1911 年），散见文中各处；尚特卢（1985 年），第 31、101 页；帕塞里（1934 年），第 330 页。

[75] 威尔顿斯坦（Wildenstein, 1955 年），第 306－307 页，目录 171。古罗马诗人维吉尔【普布留斯·维吉留斯·马罗（Publius Vergilius Maro），公元前 70—公元前 19 年】的作品除了《埃涅阿斯纪》，还有以当时的历史为背景去描绘理想的阿卡迪亚的《牧歌》，以及《农事诗》，这是描写农牧业的四卷本长诗，第一卷描述了庄稼的收成。

[76] 威尔顿斯坦（1955 年），第 308 页，目录 172。《颂歌》是古罗马抒情诗人贺拉斯【昆图斯·贺拉斯·弗拉库斯（Quintus Horatius Flaccus），公元前 65—公元前 8 年】的由 88 首诗歌组成的诗集。

[77] 威尔顿斯坦（1955 年），第 304 页，目录 169。

[78] 即雅克·勒梅西埃。

[79] 参见普桑在 1642 年 4 月写给撒布雷·德·诺瓦耶的一封信，他在信中尖锐地批评了勒梅西埃在长廊的作品【《书信集》（1911 年），第 139－147 页】。

[80] 黎塞留于 1642 年 12 月去世，红衣主教马萨林（Mazarin）继承了他的首相职位，撒布雷·德·诺瓦耶随即失宠。1643 年 4 月 10 日，路易十三批准撒布雷卸下军事国务大臣一职。他保留了自己的王室藏品总管职务，直到他于 1645 年去世。

[81] 1643 年 5 月 14 日。

[82] 路易十四在 1643 至 1715 年间在位。

[83] 路易十四于 1648 年成立巴黎皇家绘画及雕塑学院。

[84] 图拉真记功柱，落成于 113 年 5 月 18 日，以纪念这位古罗马皇帝开掘奎里纳勒山、建造图拉真广场的成就。柱子上装饰着浅浮雕，以螺旋式饰带画描绘了图拉真与达契亚（Dacia）的两次战争（101—102 年、104—106 年）。图拉真广场和图拉真记功柱的建筑师是大马士革的阿波罗多罗斯。

[85] 弗朗切斯科·普利马蒂乔（Francesco Primaticcio, 1504—1570 年）是弗朗索瓦一世在枫丹白露的首席意大利艺术家，弗朗索瓦一世分别在 1540 年和 1546 年将他派往罗马。

[86] 贝洛里这里指的是撒布雷·德·诺瓦耶命令尚特卢及其兄弟罗兰·弗雷阿尔（Roland Fréart），即德·尚布雷先生（Sieur de Chambray）依据图拉真记功柱制作的 70 个浮雕铸品。

[87] 参见注释 35。

[88] 莱昂纳多的著作由雅克·朗格卢瓦（Jacques Langlois）于 1651 年在巴黎出版，包括意大利语原本【参见莱昂纳多·达·芬奇（1651 年）】以及法语译本【《莱昂纳多·达·芬奇的论绘画……由罗兰·弗雷阿尔，德·尚布雷先生从意大利语翻译为法语》（*Traité de la peinture de Leonard da Vinci... traduit d'italien en français par R（oland）F（réart）S（ieur）d（e）C（hambray）*）】。这两个版本都配有夏尔·埃拉尔的版画插图，依据的是普桑的人像和埃拉尔的风景组成的水墨素描图。素描原件收录在一本关于莱昂纳多《论绘画》的简略抄本中，为卡西亚诺·达尔·波佐所有，现藏于米兰的安波罗修图书馆（Biblioteca Ambrosiana, MS H228）。普桑在给法国版画家亚伯拉罕·博斯（Abraham Bosse）的一封没有日期的信件中写道：“关于莱昂纳多的书，我确实绘制了人像，这些画作收录在骑士卡西亚诺·达尔·波佐阁下所有的一本书里。”【《书信集》（1911 年），第 420 页】另外有 4 本关于莱昂纳多《论绘画》的简略抄本，配了普桑的

圈子依据他的原件所作的临摹插图。现藏于圣彼得堡埃尔米塔什博物馆（MS84，第 17 号）的那本当时被尚特卢带到巴黎，似乎这本就是用来制作印刷版本的那个抄本。尚特卢在扉页上写道："在我将普桑阁下带去巴黎的旅途当中，骑士卡西亚诺·达尔·波佐阁下于 1640 年 8 月在罗马把这本书给了我。"关于莱昂纳多《论绘画》的抄本，参见施泰尼茨（Steinitz, 1958 年），第 79－90 页。关于普桑及其圈子所作的素描，参见弗里德伦德尔（Friedlaender）和布朗特（1963 年），第 26－33 页，以及罗森伯格和普拉特（1994 年），第 240－244 页，目录 129。

[89] 帕拉斯左手拿橄榄枝，而非右手。

[90] 富盖阁下的别墅指的是沃勒维孔特城堡（Château of Vaux-le-Vicomte），始建于 1656 年，由路易·勒沃为尼古拉·富盖而建，富盖自 1653 年开始任路易十四的财务总管，直到他在 1661 年因资金管理不当而被捕。这些方形石柱界碑由富盖的兄弟阿贝·路易·富盖（Abbé Louis Fouquet）向身在罗马的普桑委托而作【参见路易 1655 年 12 月 27 日和 1656 年 2 月 29 日写给尼古拉·富盖的信件，收录于《尼古拉·普桑：国际会议辑录》（Actes du colloque international Nicolas Poussin），巴黎，1960 年，第 2 卷，第 104 页】。一份尼古拉·富盖的 1665 年藏品清单列了 13 个方形石柱界碑，其中 11 个被路易十四转移到凡尔赛，现在依然可以见到【参见布朗特（1966 年），第 148－157 页】。

[91] 尚未确认。

[92] 参见注释 50、74。

[93] 圣路加学院于 1593 年由费德里科·祖卡里成立（参见附录）。学院的教学宗旨是指导年轻艺术家们的素描能力，以改革设计艺术。学院开设的课程包括艺术理论辩论和演讲。——译注

[94] 这个纪念碑并没有实施。现在无从知晓普桑墓地的位置。

[95] 罗浮宫博物馆，巴黎。也可参见《书信集》（1911 年），散见文中各处；尚特卢（1985 年），第 77、110 页。

[96] 普桑于 1630 年和安妮－玛丽·杜盖（Anne-Marie Dughet）结婚，她是风景画家加斯帕·杜盖（Gaspar Dughet, 1615—1675 年）的姐姐。

[97] 普桑戒指上信心人像的来源不是温琴佐·卡尔塔里（Vincenzo Cartari）：《古代诸神像》（Le imagini dei de antichi），威尼斯，1556 年，而是切萨雷·里帕（Cesare Ripa, 1603 年），第 81 页："信心。披散头发的女性，两只手拿着一个小船。"【关于印章以及取自普桑一封信件残页的图像，参见布朗特（1967 年），第 174 页，注释 67，以及图片 148】

[98] 卡米洛·马西莫（参见附录）于 1670 年被封为红衣主教。

[99] 普桑在 1650 年 8 月 29 日写给尚特卢的信中写道，他已经开始整理自己关于绘画的笔记【《书信集》（1911 年），第 419 页】。菲力比安在《普桑传》中引用了一封 1666 年 1 月 23 日的信，让·杜盖在信中告诉尚特卢，普桑让他抄写马泰奥·扎克里尼和维特洛（Witelo）关于光学和透视法的一些片段，这些著作收藏在红衣主教弗朗切斯科·巴贝里尼的图书馆。另外杜盖听普桑说过很多次他想写一本关于绘画的书，但从来没有动

笔。菲力比安依据这封信得出这一结论，即普桑留下的关于绘画的笔记是"他出于自用而作的研究和评论，而不是服务大众的出版作"【菲力比安（1929 年），第 80 - 81 页】。菲力比安还写过，普桑或许可以基于他的几何学、光学和透视法知识，写一本关于光影的书，但他从未对这个主题写过任何东西，因为"他满意于通过自己的画作展示他从扎克里尼、阿尔哈曾（Alhazen）和维特洛那里学到的东西。他也很欣赏阿尔布雷特·丢勒的书，还有莱昂·巴蒂斯塔·阿尔贝蒂的绘画著作"【菲力比安（1929 年），第 16 页】。关于马泰奥·扎克里尼，参见注释 21。11 世纪数学家阿尔哈曾的《透视》（Perspectiva）于 1572 年在巴塞尔出版了拉丁语译本。维特洛是 13 世纪的波兰哲学家，他是《论透视》（Perspectiva Libri）十卷本的作者，这本关于光学、几何学和透视法的著作于 1535 年出版于纽伦堡。阿尔布雷特·丢勒的几何学论著《论测绘》（Underweysung der Messung）于 1525 年出版于纽伦堡。

[100] 德累斯顿国家博物馆。

[101] 罗浮宫博物馆，巴黎。

[102] 路易吉·亚历山德罗·奥莫德（Luigi Alessandro Omodei，1608—1685 年）于 1652 年由英诺森十世封为红衣主教，他是罗马的赞助人和收藏家。

[103] 下落不明。贝洛里对这件作品的描述和并非普桑所作的一幅素描相符，这幅素描现藏于温莎堡皇家图书馆【罗森伯格和普拉特（1994 年），第 1124 页，目录 R1297】。

[104] 下落不明。贝洛里对这件作品的描述和并非普桑所作的一幅素描相符，这幅素描现藏于温莎堡皇家图书馆【罗森伯格和普拉特（1994 年），第 1126 页，目录 R1299】。

[105] 罗浮宫博物馆，巴黎。也可参见贝洛里（1664 年），第 33 页。

[106] 现已不存。除了一些细节上的出入，贝洛里对这件作品的描述和一幅素描相符，这幅素描现在是德文郡公爵藏品，查茨沃斯协议信托，查茨沃斯【罗森伯格和普拉特（1994 年），第 172 页，目录 95】。

[107] 威廉·沃斯利爵士藏品，霍温厄姆庄园，约克郡。

[108] 福格艺术博物馆，哈佛大学，剑桥。这件作品的赞助人是雅克·斯特拉（参见注释 42）。关于《巴库斯的诞生》，普桑依据的是老斐洛斯特拉托斯：《名画记》，1，14，以及奥维德：《变形记》，3，308 - 315。关于《那耳喀索斯之死》，普桑依据的是奥维德：《变形记》，3，474 - 510。

[109] 弗吉尼亚艺术博物馆，里士满（《美的理念》，第 2 卷，第 438 - 439 页，目录 46）。

[110] 波士顿艺术博物馆。

[111] 鲁昂艺术博物馆（Musée des Beaux-Arts, Rouen）。

[112] 下落不明。这件作品依据的是塔索：《耶路撒冷的解放》，14，68。贝洛里的描述和现藏于柏林国家博物馆画廊的一件作品，以及现藏于温莎堡皇家图书馆的一幅素描非常相似【罗森伯格和普拉特（1994 年），第 1132 页，目录 R1318】。

[113] 华莱士典藏馆，伦敦。布朗特（1966 年），第 81 - 82 页，目录 121 将这件作品称作《时间音乐之舞》（A Dance to the Music of Time）。

[114] 红衣主教朱里奥·罗斯波里奥西（Giulio Rospigliosi，1600—1669 年）于 1667 年被选

为教皇克雷芒九世。

[115] 贝洛里用"诗"（poesia）来指代寓意画中的道德观念。他在谈到这件作品，以及《时间揭示的真理》（*Truth Unveiled by Time*）（已遗失；参见注释116）、《我也在阿卡迪亚》（*Et in Arcadia Ego*）时用到"诗"这个概念，认为《我在阿卡迪亚》是"注定死去的幸福"（罗浮宫博物馆，巴黎）。自16世纪以来，这个概念被用在神话作品上，比如，提香为阿方索·德·埃斯泰和腓力二世所作的神话作品。为了更清楚地说明贝洛里的意思，我没有用意大利原文，而是将其译成poesy，这个词在17世纪表示对某物的诗意描述，"对某种道德观念的诗意表达"。

[116] 已遗失。这件作品的构图可见于现藏于温莎堡皇家图书馆的一幅草图【罗森伯格和普拉特（1994年），第268页，目录138v】，以及或许由埃蒂安·博代（Étienne Baudet）所作的一幅版画，现藏于巴黎国家图书馆版画部，由普桑的妻弟让·杜盖在1667到1674年间出版【威尔顿斯坦（1955年），第195－296页，目录163将这件作品称作《时间解放真理》（*Le temp délivre la vérité*）】。布朗特（1966年），第83页，目录123将其称作《时间从不和与嫉妒手上救下真理》（*Time Saving Truth from Discord and Envy*）。

[117] 参见注释115。

[118] 这件作品被称作《我也在阿卡迪亚》，罗浮宫博物馆，巴黎。布朗特（1966年），第80－81页，目录120将其称作《阿卡迪亚牧羊人》（*The Arcadian Shepherds*）。

[119] 德文郡公爵的藏品，查茨沃斯协议信托，查茨沃斯。布朗特（1966年），第80页，目录119将其称作《阿卡迪亚牧羊人》。

[120] 已遗失。贝洛里描述的可能不是一幅上色作品，而是一个已完成的素描，现藏于温莎堡皇家图书馆（《美的理念》，第2卷，第436－437页，目录44）。画中的美狄亚不是坐姿，而是站姿。

[121] 罗浮宫博物馆，巴黎（《美的理念》，第2卷，第421－423页，目录18）。

[122] 参见注释102。

[123] 莱桑德利市政厅（Hôtel-de-Ville, Les Andelys）。

[124] 阿什莫林博物馆，牛津。

[125] 罗浮宫博物馆，巴黎。同样主题的另一件作品现在是贝德福德（Bedford）公爵的藏品，沃本修道院（Woburn Abbey）。也可参见尚特卢（1985年），第199、289页。

[126] 关于红衣主教卡米洛·马西莫，参见附录。

[127] 罗浮宫博物馆，巴黎。这件作品和《婴儿摩西踩在法老的王冠上》（*The Infant Moses Trampling the Crown of Pharaoh*）是一组。布朗特（1966年），第17页，目录19将其称作《摩西将亚伦的手杖变成蛇》（*Moses Changing Aaron's Rod into a Serpent*）。

[128] 摩西和亚伦并不是都右手指向天堂。摩西右手朝上指，左手朝下指；亚伦左手朝上指，伸出右手。

[129] 罗浮宫博物馆，巴黎。布朗特（1966年），第10页，目录8将其称作《以利以谢和利百加》（*Eliezer and Rebecca*）。也可参见尚特卢（1985年），第199页。

[130] 普拉多博物馆，马德里（《美的理念》，第2卷，第417－418页，目录12）。

[131] 贝洛里知道这件作品，他在《博物馆笔记》（*Nota delli musei*）【贝洛里（1664 年），第 32、33 页】中将其列为吉罗拉莫·卡萨纳特（Girolamo Casanate，参见注释 132）的藏品，但他对其的描述可能是基于一幅版画，因为他弄反了胜利女神的双手，原作中胜利女神左手将月桂冠举在大卫头上。他也弄错了大卫和胜利女神的服饰，大卫的衣服是棕红色，胜利女神的衣服是蓝色。

[132] 吉罗拉莫·卡萨纳特（1620—1700 年）于 1673 年由克雷芒十世封为坎皮特利圣母教堂（Santa Maria in Portico）的红衣主教，于 1693 年由英诺森十二世任命为梵蒂冈图书馆管理员。

[133] 罗浮宫博物馆，巴黎。也可参见尚特卢（1985 年），第 159 页。

[134] 画面最右侧总共有 3 个人物，看上去都是女性，然而，贝洛里将她们描述为一个阉奴和两个女人，其中一个女人带着一个孩子，而且他将那个带孩子的女人露出的右手臂认成他称作阉奴的人物的手。

[135] 巴黎银行家让·普安特尔（Jean Pointel）。

[136] 罗浮宫博物馆，巴黎。也可参见尚特卢（1985 年），第 222 页。布朗特（1966 年），第 53 页，目录 76 将其称作《基督和通奸的女人》（*Christ and the Woman Taken in A-dultery*）。

[137] 罗浮宫博物馆，巴黎。布朗特（1966 年），第 52 页，目录 74 将其称作《基督治愈盲人》（*Christ Healing the Blind Man*）。

[138] 伟兹沃尔斯博物馆（Wadsworth Atheneum），哈特福德（康涅狄格州）。也可参见《书信集》（1911 年），第 268、322、339 页。

[139] 罗浮宫博物馆，巴黎。

[140] 埃尔米塔什博物馆，圣彼得堡。参见《书信集》（1911 年），散见文中各处；《美的理念》，第 2 卷，第 437－438 页，目录 45。

[141] 圣约瑟伸出的是左手，不是右手。

[142] 表现尼罗河洪水时的埃及的 2 世纪古罗马镶嵌画【巴贝里尼博物馆（Museo Prenestino Barberiniano），帕莱斯特里那】。——原注
画中没有金字塔，但有一座方尖碑。——译注

[143] 大都会博物馆，纽约。

[144] 被称作《尤达迈达斯的遗嘱》（*Testament of Eudamidas*），哥本哈根国家艺术博物馆。

[145] 这件作品的主题是卡米路斯（Camillus）和法莱里（Falerii）男校长的故事，记载于李维：《罗马史》，5，28。菲力比安（1725 年），《名录》，第 8 卷，第 25 页写道普桑画了两个版本，一个为米歇尔·帕萨特而作（现藏于诺顿·西蒙艺术博物馆，帕萨迪那），另一个为德·拉弗里利埃公爵路易·菲利波在德·拉弗里利埃别墅的长廊而作（现藏于罗浮宫博物馆，巴黎）。帕萨特（死于 1692 年）是普桑在巴黎最早的赞助人之一，他起先是财政部的审计员，后来成为财政大臣。菲利波（1598—1681 年）于 1661 年由路易十四任命为国务大臣。

[146] 施泰德艺术馆，美因河畔法兰克福（Städelsches Kunstinstitut, Frankfurt am Main）。也可参见《书信集》（1911 年），第 424 页。

[147] 加斯帕·杜盖是罗马最著名的风景画家。

[148] 两张分别为左侧和右侧的《贝尔维德尔宫的安提诺乌斯》素描现藏于比奥－克莱孟博物馆，梵蒂冈博物馆。这两张素描出现于巴黎高等艺术学院收藏的罗兰·弗雷阿尔，德·尚布雷先生著作其中一卷的第 27 页，罗兰·弗雷阿尔是尚特卢的兄弟，他和夏尔·埃拉尔为罗马的古代雕塑绘制了测量素描【《我与埃拉尔阁下于 1640 年共同测绘的罗马古代雕塑——德·尚布雷》(*Proportions que j'ay mesurées avec mons. Erard sur les originaux mesme à Rome l'année* 1640—*De Chambray*)】。左侧素描和普桑为安提诺乌斯雕像测绘的侧面像版画一致。

[149] 参见注释 150。皮埃尔·勒梅尔（约 1610—1688 年）是让·勒梅尔（Jean Lemaire）的弟弟，兄弟俩经常被弄混。他是 1632 至 1670 年间活跃于罗马的法国叙事性绘画家和临摹者，也是普桑的朋友和追随者，依据普桑的素描创作过作品。

[150] 贝洛里与普桑私交甚好，他声称普桑想要写一本论绘画的专著，布朗特反驳了这个说法，认为普桑关于绘画的观点实际上是他在阅读各种文本时做的笔记，并且对其做了辨认【布朗特（1937—1938 年）】。然而，贝洛里所说的有可能是真的。科兰托诺（Colantuono，2000 年）令人信服地论证道，普桑的观点不是阅读时随意写下的笔记，而是为了出版绘画论著而写，模仿了莱昂纳多的格言式写作。普桑运用诗学和修辞等文学理论，因为和同时代人一样，他认为绘画是诗歌或修辞的一种可见形式。

[151] 上述段落取自塔索：《论英雄诗歌》(*Discorsi del poema heroico*)，威尼斯【塔索（1959 年），第 497 页】，此处以"绘画"取代了原文的"诗歌"。

[152] 普桑在 1655 年 6 月 27 日写给尚特卢的一封信【尚特卢（1911 年），第 434 页】中更详细地展开论述了这个观点【取自昆体良：《雄辩术原理》，12，10】。

[153] 公元前 5 世纪至公元前 4 世纪的古希腊画家（普林尼：《自然史》，35，61－66）。

[154] 卡斯特尔维特罗（1576 年），第 668 页。

[155] 参见阿尔贝蒂：《论绘画》，2，48【阿尔贝蒂（1972 年），第 90、91 页】。

[156] 即西塞罗。

[157] 参见昆体良：《雄辩术原理》，11，3，1－6。

[158] 公元前 5 世纪的古希腊雕塑家菲迪亚斯是奥林匹亚宙斯神庙的宙斯（朱庇特）黄金及象牙雕像的创作者【普林尼：《自然史》，36，15－19】。

[159] 关于上述段落里的几个概念，也可参见阿戈斯蒂诺·马斯卡迪（Agostino Mascardi）：《论历史艺术》(*Dell'arte historica*)，罗马，1636 年，散见文中各处；保罗·阿雷西（Paolo Aresi）：《布道的艺术》(*L'Arte di predicar bene*)，威尼斯，1611 年，第 1 卷，第 3 部分，第 28 章；塔索：《初论诗歌艺术》(*Discorso primo dell'arte poetica*)【塔索（1959 年），第 350 页】。

[160] 上述段落和 G. P. 加卢奇（G. P. Gallucci）翻译的丢勒关于比例的著作【《论人体对称性，第四卷》(*Della simmetria dei corpi humani libri quattro*)，威尼斯，1591 年】中的一段相一致，加卢奇为这本著作添加了第五卷。普桑释义并且部分复述的这一段出现在第 57 章【《依据马奇里奥·斐奇诺（Marsilio Ficino）及画家们，什么构成了人体的美和比例》；参见布朗特（1937—1938 年），第 347 页】。加卢奇所说的马奇里奥·斐

奇诺的论述出现在斐奇诺：《柏拉图〈会饮〉义疏》（*Sopra lo amore o ver convito di Platone*），佛罗伦萨，1544 年，第 6 章（《事物要成为美的必须具备哪些条件；以及美是一种精神性的馈赠》），潘诺夫斯基（1968 年），第 138、139 页引用并翻译了这一章。马奇里奥·斐奇诺（1433—1469 年）将柏拉图的所有作品翻译成拉丁语，他也是佛罗伦萨新柏拉图学园的创始人。

[161] 这句拉丁引文出自奥维德：《变形记》，2，5。

[162] 形式概念的"相应的功能或目的"在乔凡尼·保罗·洛马佐（Giovanni Paolo Loma-zzo）：《绘画圣堂的理念》（*Idea del tempio della pittura*），米兰，1590 年，第 80 - 82 页有非常明确的表述，他将形式定义为"艺术的组成部分，我们以其来表现事物的外部形态，我们必须熟知形式，以便合理地表现所有进入想象和被眼睛看见的事物。形式有很多种类：身体的、沉思的、意指的、可见的、自然的、想象的、实践的、精神的、预兆的……所有这些形式部分在绘画中聚集在一起，普遍再现神圣、天堂和尘世之物，它们被想象、被思考、被创造，既有可怖的，也有非凡的"。

[163] 引自塔索：《论英雄诗歌》【塔索（1959 年），第 537 页】，此处以"眼睛"取代了原文的"耳朵"。

第 13 章
圭多·雷尼[1]

阿佩莱斯最受人推崇的特质是他能将优雅融入笔下的人物，其他画家在这一点上都比不上他。他将其他的绘画荣誉让给他的对手们，只在优雅上独占鳌头、睥睨众人。在这个时代，人们之所以赞赏圭多，也是因为他以优雅调和色彩，以此使自己超越其他人，为自己赢得荣誉和奖赏。圭多的高贵才华使他在思想上具有美的理念，他研习优美的形式，将其提升至完美，散播高雅的理念之光。据说，优雅之美分有朱庇特和维纳斯的特性，其存在位于这两个分别代表庄严和美丽的行星之间，因此，在这两个高雅行星的交汇之下，圭多为我们带来最神圣的作品，仿若优雅之美从天而降。圭多于 1575 圣年庆祝之时出生，此时也是格列高利十三世任教皇期间。他降生在博洛尼亚[2]，博洛尼亚因此增添了荣耀，也诞生了一个新的阿佩莱斯，这可以说是上天的旨意。当时，达尼埃莱·雷尼（Daniele Reni）是一个音乐老师，教各种乐器，也是在博洛尼亚有固定薪酬的乐师。他和受难信众会的唱诗班一起去了罗马，等他回到博洛尼亚，发现他的妻子吉内芙拉·波奇（Ginevra Pozzi）已经生下了一个漂亮的男孩。达尼埃莱感到无上的快乐，因为他曾热诚地向上帝祷告，希望上帝赐他一个儿子，而这孩子生得十分优秀，仿佛自然在塑造他时用上了她所有的技能。这孩子在受洗时被起名为圭多，随着他渐渐长大，他有了健康的体魄，这预示着他将拥有高贵的思想和品格，没有这些，其他所有美都是无用的。为了让儿子具有杰出的品性，达尼埃莱从一开始就教导他语法和音乐，训练他按乐谱演奏羽管键琴，希望他有朝一日能接替自己在博洛尼亚的乐师职位。但圭多的兴趣很早就从音乐转向绘画，他绘制素描，用黏土制作浮雕，生疏了音乐练习，这让亲自教导他的达尼埃莱很不高兴。在博洛尼亚有才华、成就高的骑士们之中，有一对很有名的来自博洛尼尼（Bolognini）家族的堂兄弟，一位是议员卡米洛，他喜欢绘画，在府上雇用了丹尼斯・卡尔瓦特，后者是弗莱芒画家，在博洛尼亚声望很高[3]；另一位是骑士马西米利亚诺（Massmiliano），他热爱音乐，非常欣赏达尼埃莱的高超演奏技艺。圭多跟着父亲一起去参加他在这两位先生府上定期开办的课程，因此结识了丹尼斯，丹尼斯发现了圭多的才华，也预见了圭多将在绘画上有一番成就，便劝说达尼埃莱不要埋没了圭多的珍贵才华。达尼埃莱并不反对自己的儿子转向绘画，他自己也很喜欢绘画，但他很伤心圭多因此而终止学习音乐，彻底抛弃音乐这门艺术，而他相信自己能让圭多在音乐上获得名利。最后他没能拒绝，不得不屈服于圭多的强烈意愿。圭多从音乐里发现绘画，这说明即使我们走上相反的道路，上天还是会将我们引向真正的目标。

作为一名画家，丹尼斯的理念是基于惯例，但他也很擅长教育和指导年轻人，因为他在绘制素描和作品时都很用心，他的素描的完成度很高，很适合用来指导学生要有勤奋的品性，这对任何艺术的基本原则而言都很关键。圭多学习能力很强，但最难得的是他的笔触之优雅，他正是以这种优雅将素描完成得很好。在坚持不懈的努力之下，他发展出一套出色的学习方式，临摹前人的浮雕和版画，尤其是阿尔伯特[4]和拉斐尔，丹尼斯的学院里收藏了很多他们的作品。现在圭多具备了良好的素描基础，丹尼斯立刻让他开始绘画，并且把他逼得越来越紧，希望能从这个专注、有才华、基础又好的年轻人身上赚到更多钱。丹尼斯让他临摹自己的铜版油画，而圭多的临摹作比原作要好得多。虽然丹尼斯卖这些临摹作比卖自己的原作赚得更多，他却吝啬得从来不分给圭多一杯羹。圭多就这样工作了几年，直到他感到厌倦，决心离开这个人，他被卡拉奇兄弟和他们的学院的名声吸引，转而投向那一边。他敢于认为自己的水平比老师所认定的更高，并且没有半途而废，这确实是年轻人的傲气。聪明的圭多知道及时远离丹尼斯，后者已经不能指导他。此时的圭多已经 20 岁，在自己的才能的驱使下，他想自荐到卢多维科・卡拉奇和他的兄弟们[5]那里，在卡拉奇兄弟门下学习他们创建的写生画法。丹尼斯意识到圭多越发疏离自己，开始和他争吵，而丹尼斯是个急性子，很容易就会发怒。有人说，有一次圭多用完了丹尼斯一种非常金贵的清漆，丹尼斯不停地恐吓他，甚至动手打他。圭多因此逃离了丹尼斯，后者徒劳地用尽各种手段祈求他回去。圭多毫不犹豫地去了卢多维科的学院，过上更好的日子，他每天为卢多维科工作几个小时，然后就能自由安排剩下的时间。虽然当时他受占主要位置的卢多维科指导，但他也很幸运地从另外两位卡拉奇兄弟那里收获良多。他见过这 3 位卡拉奇兄弟一起工作的样子，尤其是阿尼巴勒，他临摹过阿尼巴勒的素描和绘画作品，比如修士桑皮耶里所有的基督下十字架[6]，以及当时出自阿尼巴勒和其他两位卡拉奇兄弟之手的非常著名的圣洛克的布施[7]。圭多非常喜欢后一件作品，不仅为其绘制了一件小幅的临摹作，为了让更多人知道这件作品，他还为其制作了蚀刻版画，其精美程度足以受鉴赏家们认同。[8]除了这些，他还忙于不停地观察和绘制十分优美的古代头像和浮雕，卡拉奇学院里也收藏了很多这些古物，他从各个角度研究面部、侧面和抬起的头部，非常欣赏其中蕴含的美。他也很推崇拉斐尔的圣塞西利亚祭坛画[9]，同样从拉斐尔画派学到很多，不仅分别提取其中最优美的部分，还亲手临摹整件作品[10]，这些研究指导他完善自己的高雅理念。他所取得的进步可以从圣伯尔纳教堂（church of San Bernardo）的圣母加冕[11]看出来。他的其他早期作品还有博斯科圣米迦勒教堂地下室的圣尤斯塔斯[12]、博洛尼亚城外守护山的圣母修女院（nuns of the Madonna del Monte della Guardia）的玫瑰经[13]，以及博洛尼亚城里的圣马提亚教堂（church of San Mattia）的祭坛画，圭多凭借这件作品赢得了赞誉[14]。在卢多维科的学院里待了几年后，圭多离开了那里，因为他发现自己和其他人的竞争关系[15]使自己无法继续和他们协同工作。此时是 1598 年，克雷芒八世收回费拉拉领地[16]，并在这一年的年末于返程途中经过博洛尼亚，受到盛大的欢迎。他在博洛尼亚待了 3 天，为了表示对这座城市的尊敬，他在圣彼得罗尼乌教堂举办了大礼弥撒，并且履行了其他教皇职能，收获了博洛尼亚人民和议员们的赞美。公共法令宣布将为了克雷芒八世在统辖厅（Palazzo del Reggimento）[17]的立面上绘制纪念画作，包括卢多维科在内的博洛尼亚一流画家们都争抢这个委托，人们认为圭多是比较合适的选择[18]。他认为这是千载难逢的好机会，能让他获得大众瞩目，而且名利双收，因此，他非常积极地将所有精力都投入其中，充分发挥自己迄今为止习得的理念。

博洛尼亚城的教皇克雷芒八世纪念画

在宫殿立面最高的部分，圭多将教会描绘成一位高贵庄严的妇人，她坐在王座上，周身环绕云彩，右手举着象征救赎的金色十字架，左手将同样金质的一个平板或一本书撑在大腿上，上面写着教皇的教令，同时膝上还放着另一本书，一只脚踩在台子上，象征她的坚定不移。她以正面朝外的姿势坐在高处，仿佛受到神性的启发。她上方的金色横幅进一步增强了她的高贵气质，横幅中间是一只散发光芒的白鸽，象征着与圣光融合的圣灵。再往上是一群基路伯，两个小天使把云层分开。这些比真人大的人物下面是教皇盾徽的大理石雕塑。

再往下是两个代表胜利和名誉的圣女像，拿着棕榈枝和号角，相邻而坐，两人中间是一项月桂冠，暗指教皇收回费拉拉的丰功伟绩，如大理石上刻的铭文所写的那样。铭文下方是另外两个站立的圣女像，她们分别是天意和治安（Public Security），前者左手拿一把镰刀，镰刀之下是躺在她脚边的代表世界的球体，右手伸向一道从上方洒下的圣光；后者将左手臂靠在一根柱子上，手里拿象征丰饶和祝福的阿玛耳忒亚（Amalthea）之角和棕榈枝，右手拿节杖，象征由教皇的至高福佑而来的幸福和平。这个人物穿着一件天蓝色外袍，里面是一件系在胸前的白色短袍，还有一件垂到脚边的黄色衣裙。治安的所有衣服都是白色，胸脯从外袍和短袍露出来。这两个人物都有相应的象征徽章，她们身后是画出来的黑色壁龛背景。[19]

这件作品对公众展出的那天，阿尔巴尼[20]也在街对面展出他的圣母升天图，画在同一个广场的（波德斯塔宫）拱顶上[21]。圭多远离所有人，为的就是避开旁人的评比和竞争矛盾，任何公开展示自己作品的人都会为此而焦虑，因此他独自走到城外，但他刚走几步就碰到阿尔巴尼，后者也是出于同样的原因出城。他们互相打了招呼，询问对方独自一人的原因后，发现双方都是为了避开他人的批评和赞美之声。大部分的溢美之词都献给了圭多，他被称赞是一位大师，值得最高的荣誉，这件作品完美证明了他的能力，每个部分都充分展现了他的精巧构思，以及那些庄严人像的高贵仪态。然而，虽然他成功完成了这件作品，但他之后还是吃了很多苦头，因为当时他缺乏绘制壁画的经验，不熟悉灰泥的使用方法和色彩的变化，因此他不得不用油画颜料重涂色彩，这也发生在接下来要说到的这幅圣本笃叙事性绘画中。他的这种作画方式确实是件憾事，这是因为他不擅长壁画。

人们为隐居在苏比亚科的圣本笃送补给

当时橄榄会僧侣所属的博斯科圣米迦勒修道院正在进行装饰工程，博洛尼亚最好的一批画家都参与其中，再现橄榄会的创始人圣本笃的生平。圭多在苏比亚科洞穴里描绘了圣本笃像，接受补给的圣本笃欢迎来自周边乡村的人，他们都是被圣本笃的神圣和神迹吸引而来。[22]这个故事发生在通往隐修院的陡坡上。陡坡最下方是一个母亲，她一只手抱着一个小孩子，另一只手放在一个小女孩肩膀后面，女孩拿着一碗水果。往上是一只横向站着的驴子，背着一个麻布袋，不愿意爬坡。一个乡下的年轻人用力拽缰绳，他一只手拽绳子，另一只手伸向笼头，这个裸体人物非常栩栩如生。再往上是一个穿着得体的年轻牧羊女，圭多似乎想通过这个人物展示他优雅的笔触，她头上包着一块红色条纹的亚麻布，就像一顶王冠，双手捧着一篮子鸡蛋，快活地往外看，她的同伴微笑着将手和脸靠在她肩上，二人都吸引着观者的目光。从右侧洞穴口的上方可以看见圣本笃，他因节食和苦行而十分憔悴，一只手抚过白色僧袍的衣褶，另一只手接过虔诚的人们给他的一篮篮水果等赠礼。其中一个赤裸身子的农民跪在圣本笃脚边，拽着一只阉过的公羊的角，将其献给圣本笃。这个农民背后是一个探着身子的朝圣者，努力想要接近圣本笃，向他表示自己的崇敬之情。从画面远远的另一边能部分看见两个小牧羊人，其中一个人快乐且热忱地吹笛子，就像他们在乡间庆典上常做的那样。整个画面安排得当，一侧是洞穴的峭壁，另一侧是宽阔的蓝天，能看见一片树林，这些部分的色彩都很强烈，也完成得很好。这被认为是圭多最好的叙事性绘画之一。如上文提到的，这幅壁画用油画颜料画在用砖灰和蛋白混合而成的黏合层上，颜料因为干燥而从黏合层上剥离开来，壁画处于岌岌可危的境地。为了不让这幅壁画彻底损毁，圭多于1632年决定对其进行修缮，这让博洛尼亚所有人都感到很满意，大家都因为这样一件优秀的作品将消失殆尽而深感遗憾。下面这篇颂词是为赞美圭多而写，就刻在壁画下面，由著名的路易吉·曼奇尼（Luigi Manzini）写成，他当时是修道院的僧侣和诵经神父。这段铭文被刻在一个椭圆形装饰上，旁边还有两个同样出自圭多之手的画出来的普托灰泥雕像和两个胸像柱：

INGENS HOC ARTIS SVAE MIRACVLVM

TEMPORIS INCVRIA, AC FERE INVIDIA LACERVM

MAGNVS GVIDO RHENVS SPONTE MISERATVS,

VT AMORI, GENIO, GLORIAE SVAE CONSVLERET

FAMAE OCVLIS PERENNATVM RESTITVIT.

ANNO SALVTIS MDCXXXII.

（伟大的圭多·雷尼，哀悼他这件杰出的艺术奇作，它几乎毁于时间的忽视和嫉妒，他为了名誉女神而将其重塑，使她能回想起他的敬爱、才能和荣耀。于1632年。）

尽管圭多想尽办法修复这件作品，修复的结果并不成功，他的一切努力都是白费，因为他在修复的时候用了一种清漆，这种清漆让颜料干得更厉害，造成比之前还要严重的损坏，因此壁画每天都在以更快的速度消失。遭遇这样一场不幸的事件后，为了不再重蹈覆辙，圭多迫切想提升自己在壁画技巧方面的能力，他后来确实变得非常成功，不输给任何一个绘制壁画的画家。首先能证明这点的作品是他在统辖厅上部长廊和大门的各教皇浮雕像两侧画的美德像壁画[23]，他同时于 1602 年在扎尼（Zani）阁下的府邸大厅天顶上绘制了壁画。他在其中描绘了一个天使，更确切地说是一位女神，展开双翼飞在空中，举着两根交叉的魔杖，以此区分日神和夜神。日神被描绘成一个极其优雅美丽的年轻人，浑身赤裸，穿过一片明亮的背景。他举起右手，将燃烧的外袍从肩膀处掀开，张开左手，转头回望夜神，似乎在远离并驱逐夜神。夜神是一个极美的少女，一条手臂挡在头上，好像想遮住自己，双手举起一条星光熠熠的纱巾，云中的纱巾从后面完全包裹住她，她一边离开，一边也回头望向逃离她的日神，下方写着一句箴言：她驱逐阴影（HAEC EXIGIT VMBRAS）。[24]

他在扎尼宫前厅的天顶上画了坠落的法厄同。骏马们不受控制地在空中向不同的方向奔跑，而那勇敢但不熟练的驾车人弄丢了马嚼子和马鞭，恐惧地挥舞没有抓住缰绳的双手，向下凝望他将一头坠入的死亡命运。骏马的后半部分身体模仿了各种视角下的罗马奎里纳勒山的马匹雕塑。[25]完成这件作品后，圭多很快动身前往罗马，随身带走了他依据拉斐尔的圣塞西利亚绘制的临摹作[26]，和弗朗切斯科·阿尔巴尼一同出发[27]，后者与他结伴同行，也是为了亲眼看看阿尼巴勒和拉斐尔的作品，以及各个古代大理石雕塑。到达罗马后，他通过同乡的肖像画家安多尼奥·斯卡尔瓦蒂（Antonio Scalvati）[28]来满足自己的需求，借机结识了骑士弗朗切斯科·万尼[29]，后者非常赏识这个年轻人的才能，将他引荐给圣塞西利亚教堂的红衣主教保罗·埃米利奥·斯冯德拉蒂[30]，向这位红衣主教展示圭多画的圣塞西利亚临摹作。红衣主教非常乐意地买下这件临摹作，因为它临摹的是拉斐尔的作品，而且圭多的特点就是比其他任何人都擅长模仿拉斐尔笔下人物优雅的面部神态，圭多总是将他的进步归结为对拉斐尔的学习。[31]红衣主教随后让他为圣塞西利亚绘制了一幅半身像，画中的圣塞西利亚正运弓拉小提琴，在旋律中仰头望向天堂。[32]他依照拉斐尔所绘的临摹作现位于圣路易吉·迪·弗朗西斯教堂中多梅尼基诺绘制过的那个礼拜堂。由于红衣主教当时在修复特拉斯提弗列的圣塞西利亚教堂，他委托圭多为下方古代浴室里的祭坛绘制一件小幅油画，圣塞西利亚就是在那里殉教的。圭多将圣塞西利亚描绘成跪在地上，张开双臂，等待行刑人的致命一击，后者在她身后举起剑，准备砍下她的脑袋，出现在空中的天使们来迎接她。他画了通往这个祭坛的路旁边的圆形画，也是一幅油画，描绘了殉教后的圣塞西利亚，她和她的丈夫瓦莱里安一同跪在地上，后者双手交叠放在胸前，他们中间的天使把花冠递给他们。圭多的这两件作品都遵循了拉斐尔在博洛尼亚那件作品的理念。[33]红衣主教对这件作品非常满意，很大方地给了圭多很多奖赏。这位红衣主教是瓦隆布罗萨（Vallombrosa）僧侣的守护主教，他让僧侣们给圭多在圣普拉塞德修道院分配了房间，圭多和阿尔巴尼在那里住了一段时间。当时卡拉瓦乔的名声很大，很多人都被他那种基于自然的新的上色法所吸引，因此圭多想试验那样的绘画方式，为了证明自己的才华，他暂时改变了自己的优雅理念。机会很快就来了，作为罗马城外的三喷泉圣保罗教堂代理人的红衣主教彼得罗·阿尔多布兰迪尼听说了圭多的才能，委托他绘制人物为真人大小的圣彼得受难图。[34]圭多将圣彼得描绘成头朝下、双脚高举的样子，绑住圣彼得双脚的绳子从十字架的木杆穿过去。一个行刑人将梯子靠在十字架后面，一只手将钉子举在圣彼得脚上，另一只手把锤子从腰间拿下来，准备用锤子来钉钉子。另一个行刑人双臂从圣彼得腋下环抱他，抬头望向前一个人钉钉子的动作。与此同时，另一侧的第三个行刑人双手抓着绳子，使绳子不会被圣彼得的体重拉走。我们能以仰视的视角看到圣彼得，他双臂张开，双腿被吊起来，胸膛向上倾斜，他那头顶光秃、头发花白的头部也因为渴望天堂而向上抬起。画面背景是一片深色，上方露出一角天空，在天空的映衬下能看见几棵灌木。圭多在这件作品中更多依赖于自然而非自己的高贵理念，然而他将这几个裸体人物描绘得非常优雅，其笔触和构图比卡拉瓦乔高明得多，后者在众属圣母教堂也画了同样题材的作品，我们在卡拉瓦乔传记中提到过。

由于法尔内塞宫长廊极其出名，保罗五世非常欣赏阿尼巴勒的才能，也很关心阿尼巴勒遭受的病痛，就像我之前已经写过的。因此，这位心地善良的教皇下令绘画方面的工程都要交给博洛尼亚画派，当时卡拉奇学院在罗马被称为博洛尼亚画派。鉴于阿尼巴勒本人无法工作，教皇侄子、红衣主教博尔盖塞[35]向阿尼巴勒询问卡拉奇学院各个画家的能力，阿尼巴勒力荐圭多，而博尔盖塞已经听说过圭多和多梅尼基诺的大名。圭多因此先为圣西尔维娅祈祷室（Oratorio di Santa Silvia）画了天使唱诗班[36]，位于圣西尔维娅雕像所在祭坛上方的半圆形拱顶。唱诗班的天使们拿着各种各样的乐器，有的在演奏鲁特琴、小提琴和中提琴，有的在吹奏长笛、大号和管乐器，色彩的和谐和音乐的旋律相得益彰。天使们的姿态大大增强了这种和谐，有的天使露出全脸，有的只露出侧脸，还有的摆出各不相同的姿势。他们演奏的手指和精致的手部姿势相一致，也与他们浅色的服饰相匹配，从白色到各种颜色应有尽有，他们展开的翅膀也很令人喜爱。画中的装饰部分被描绘得同样高贵，唱诗班扶手处装饰了一块华丽的锦缎，天使们把乐谱放在铺了锦缎的扶手上。扶手中间另外还铺着一块红色天鹅绒，三个小丘比特站在天鹅绒上，在乐器的伴奏下对着乐谱放声高歌。天父从空中出现，张开的双臂从红色外袍伸出来，他身边还有 3 个基路伯。由于圣西尔维娅等女圣徒正是以这种方式来表达自己的信仰，因此圭多合理地在此表现天堂的乐声。对上帝而言，再没有什么歌曲能比通达天堂的虔诚祈祷更令他愉悦的了。完成这件作品后，圭多接着在旁边的圣安德烈礼拜堂绘制壁画，就在多梅尼基诺那幅壁画的对面，这件大幅叙事性绘画的壁画描绘了圣安德烈被带往殉教之所，因看见十字架而跪倒在地。[37]

　　故事的场景设置在佩特雷城外的一个乡间悬崖之下，年迈的圣安德烈出现在画面中间，对着远方建在陡峭山坡上的殉教十字架朝拜。他单膝跪在地上，看着十字架做出双手合十的祈祷手势，这十字架让我们想起救世主基督的受难。与此同时，圣安德烈的深蓝色袍子从背上滑落，露出他因年迈而日益消瘦的肩膀，3 个行刑人催促他快走。前景里的一个行刑人抓住圣安德烈的一边手臂，想要迫使他从地上起来，对面另一个行刑人抓住他的另一边，后面第三个行刑人弯着腰，双手用力拽圣安德烈缠在膝盖下面的外袍，同时往后看，好像在呼唤别人或是回应别人的呼唤。在这个动作场景的主要人物群中，最生动的裸体人物动作都表现在那些赤裸身子、光着脚的行刑人身上。他们前面的一个士兵转身朝向其他人，打着手势催促他们赶快上山，一个坐在马背上的士兵把手撑在马屁股上，停下来低头看着祈祷的圣安德烈。从更高处能看见夹在岩石和灌木中间的一些人的头部和肩膀，再往上还有更多正往山顶爬的人，远远能看见十字架两个交叉的木板。在圣安德烈背后，另一些徒步的士兵止步不前，此外还有两个穿盔甲的骑兵，其中一个骑兵指向跪地的圣安德烈。前景里有其他描绘得非常精美的人物，从这一侧看不见他们的全貌，因为他们所处的位置比较低。其中有一个扶着小男孩肩膀的母亲，她把圣安德烈指给他看。这位母亲看上去非常高贵，头上裹着头巾，肩上裹着一块白色亚麻布披肩。对面另一个母亲坐在山脚处，专注地看着粗暴的行刑人，一只手撑着下巴，另一只手抱着身旁的小男孩，画面到此结束。

　　这幅由圭多的优雅笔触完成的叙事性绘画以其精美吸引了所有人的目光，赢得了他们的赞美。他受到的赞誉如此之多，以至于红衣主教西比奥内·博尔盖塞为了让圭多专心为自己工作，任命他为自己的专属画师，提供给他与绅士相当的薪酬和等级，每个月可拿到 15 个斯库多，此外还有面包、红酒和酬金等惯例薪酬。此外，由于在府邸里找不到合适的用来作画的地方，西比奥内额外每年给他 50 个斯库多的住宿费，并且付给他非常丰厚的委托费。圭多在圣安德烈礼拜堂还画了祭坛两边圣彼得和圣保罗的站姿像壁画，建筑装饰则留给了多梅尼基诺[38]，我们在多梅尼基诺传记中已经说过。随后，在红衣主教西比奥内·博尔盖塞的委托下，圭多为他在奎里纳勒山上建造的宫殿工作，这个宫殿现在属于马扎里尼（Mazzarini）阁下，圭多在朝向广场的长廊画了欧若拉和坐在马车里的日神。[39]晨光使者欧若拉走在前面，打扮成可爱的少女模样，双手抛撒玫瑰，双臂裸露在外，身穿一件色彩鲜艳的长袍，同样鲜艳的还有她迎风飘扬的外袍，鼓起的外袍包围着她。她一边俯身朝向云朵，一边快活地回头看向照亮天空的日神。在日神后面，维纳斯的一个小丘比特双手捧着他母亲的火把，分开云朵，散发第一道晨光。[40]随后就是日神，他坐在金色马车里，手里拿着拴了4匹敏捷骏马的缰绳，骏马拉着马车、踏着云朵飞驰。同时还有跳舞的时之女神，这些快乐的女孩手牵手，脚步轻盈地踏云而过。从画面下方可以看见被地平线晨光照亮的陆地和海洋。圭多被要求暂停为西比奥内绘制作品，转而为保罗五世在梵蒂冈宫新建的住处工作，为分别位于一楼和二楼的两个房间的天顶绘制壁画。他在第一个房间画了3幅表现参孙力量的叙事性绘画，分别是撕碎狮子、击败非利士人和将加沙城门背在背上。他在第二个房间画了两个圆形画和中间的一个方形画，其高度为宽度的两倍，他在其中描绘了圣灵降临到圣母和使徒们身上，圣母坐在中间，双手合十，仰脸望向降临的圣灵。她身边坐着一些使徒，其他使徒则站在她后面，抬头望向上方的光芒，圣灵以鸽子的形态出现。他们的表情和姿态都表达出对圣灵的虔敬，他们双手放在胸前，在惊异和狂喜中双手合十，其他人则说着各自的话语。从圣母背后可以看见披散头发的抹大拉和另一个女圣徒，后者也接受了圣灵。空中的两个天使穿着白袍，将云朵推向两边，揭示出一片明亮的光芒。圭多在第一个圆形画里画了基督升天的神迹，在天空的中间，散发光芒的基督升上天堂，双臂张开，由自己的神圣之灵韵托举升天。地上是圣母和使徒们，有的使徒跪着，有的站着，惊异地抬头仰望。圭多在另一个圆形画里画了基督登山显灵的神迹，基督在空中张开双臂，身处一片白光之中，长袍和外袍都是白色的，身边是拿着律法石板的以利亚和摩西。下方山顶上是3个害怕地匍匐在地的使徒，他们抬手遮挡眼前耀眼的云朵，中间的圣约翰扬起一只手，向地面低着头，圣彼得伸手挡在眼前，圣雅各同样双手挡在失明的双眼前面，无法承受这圣光。很难用语言表达圭多的笔触在这3幅叙事性绘画中展现出的柔美、优雅和博学，与它们的神圣主题十分相符，画中人物比真人小。作品完成于1608年。

承蒙教皇恩宠，圭多被委托绘制教皇在卡瓦洛山另一个宫殿的私人礼拜堂[41]，除了作品本身的价钱，教皇还额外每个月给他100个斯库多的补贴。教皇希望这个礼拜堂的画作和装饰能尽快完成，他每天都需要在礼拜堂做弥撒以及履行其他神职事务，因此，他让圭多和其他博洛尼亚画家一起负责这个工程。圭多一开始让阿尔巴尼和安多尼奥·卡拉奇[42]参与进来，但阿尔巴尼画完礼拜堂的几个普托后，圭多很快解雇了他，安多尼奥完成圣母进殿的叙事性绘画，以及壁柱上的一些小幅美德像——阿尔巴尼和安多尼奥协力完成了上色——之后，圭多也解雇了他。圭多不愿意和其他人分摊这种能为他带来名誉的工作，虽然阿尔巴尼和多梅尼基诺等博洛尼亚画派的画家完全有能力在作品中呈现教皇的威严。最后是圭多在这个礼拜堂成功表现了圣母及天堂之美，这也确实是天意。

奎里纳勒宫教皇礼拜堂的画作

这个礼拜堂是用 4 根壁柱围出来的四方形空间，壁柱上架着 4 个拱门，拱门共同支撑穹顶。面朝入口的拱门向内延伸，形成祭坛空间，祭坛上安置了主祭坛画。祭坛上部是拱形，有华丽的灰泥装饰，祭坛画里是圣母领报的神迹[43]，这个礼拜堂就是为圣母领报而建。圭多的创作依据是天使向圣母传达的话语："圣灵要临到你身上，至高者的能力要荫庇你。"以及圣母的回应："我是主的使女，情愿照你的话成就在我身上。"[44]画中场景整个笼罩在阴影里。加百列朝圣母弯下腰，单膝跪在地上，一只手拿着象征圣母贞洁的百合花，另一只手指向上方强烈光芒中的圣灵，圣灵以鸽子的形态降临，5 个小丘比特手拉手，为马利亚被选中成为基督之母而欢呼庆祝。天使穿着金色袍子和紫色外袍，外袍以一个宝石别在胸前。圣母披着天蓝色外袍，跪在一个小脚凳上，作为主的顺从的使女，她双臂交叠，双眸低垂，接受圣灵的浸润。圣母的谦卑面容使她更加光彩照人，她虽然面庞朝下，其中却包含了对天堂的仰望。在圣母背后笼罩房间的一片阴影里，空中的一道光芒照在桌上一本摊开的书上，似乎圣母当时正在专注地做祷告，突然间发现这位神圣的信使。在这幅油画之后，圭多继续创作祭坛上方拱顶的其他壁画，他在上面画了坐在云端宝座上的天父，天使们为圣母高唱赞美。天父从蓝色外袍伸出双臂，两个丘比特从下方托着他的手臂，他那坚定的姿态表达出他永恒的精神，以及他选中纯洁的马利亚作为他唯一的儿子的母亲。一道耀眼的圣光在圣母上方铺展开，小天使和基路伯的头部在光芒之中闪耀，其下的几个小天使手牵手，快乐地为圣母舞蹈。在更下方的拱座处画着两个天使，他们分列左右两侧，照着摊在手上和膝上的乐谱歌唱，似乎也在为圣母高唱赞美。

教皇通常用来听弥撒和做祈祷的祈祷椅被放置在祭坛最右边的传布福音一侧，圭多在对面墙上画了一幅极其精美的圣母像，她正在专心致志地为年幼的圣子缝制一件小衬衣，3个小天使陪伴在她身侧（见图13-1）。圣母坐在自己房间的一张矮凳上，一只手扶着放在膝上的垫子，另一只手拿着针线，为红布缝上针脚。[45]圣母身穿的袍子在胸部绑了一条带子，一条金色发带绑住她的秀发，好似她头上戴着一顶王冠，下面的头发披散在肩上。她脚边放着装了婴儿褓裸的篮子，一个天使在旁边展开一条婴儿用的毛巾。上方的两个小天使举着在风中飘扬的飘带和手卷，一个上面写着：一个处女将怀上并诞下一个儿子（VIRGO CONCIPIET ET PARIET FILIVM），另一个上面写着：那召唤了她的主也召唤着我们（VOCAVIT IS, QVI VOCAVIT EAM）。在上面的拱腹处画着5个飞翔的小天使，他们正用橄榄枝玩耍，中间的小天使展开的手卷上写着：橄榄枝（OLIVA PVLLVLANS）。下面的扇形壁上画着另外两个小天使，拿着一株盛开红玫瑰的枝条，手里展开的手卷上写着：让我们用玫瑰为她加冕（CORO-NEMVS EAM ROSIS），这些小天使都出自阿尔巴尼之手。在对面的另一个拱门上，圭多亲自画了5个拿橄榄枝的小天使，中间的小天使展开的手卷上写着：她就像这橄榄枝（ASSIMILATA PALMAE）。旁边两个小天使拿着一束百合花，手里的手卷上写着：荆棘里的一朵百合花（LILIVM INTER SPINAS）。朝向花园的窗户的扇形壁上画着天使指示约瑟逃往埃及。[46]祭坛画的一侧是赤身裸体的亚当悲伤地将双手放在胸前，羞愧地低着头，正是他的罪使基督降世为人，而马利亚被选中成为基督的母亲；另一侧画着夏娃，但由于她赤裸的形象，教皇下令抹掉她的画像，换上了一个先知。除此之外还有祭坛对面墙上的圣母诞生，坐着的产婆将刚出生的圣母放在膝上的亚麻布上，她一动不动地坐着，专注地凝视静美的圣母，其他妇女都聚集过来想看看这新生儿，有的赶过来帮忙，其中一个女人把热水倒到水盆里，她背后的另一个女人把一块亚麻布举在壁炉前，好让亚麻布变得暖和。画中的神来一笔是一个女孩拿着一盘鸡蛋从下方走上来，她的母亲从后面扶着她，以防鸡蛋滚到地上。在画面上方的其他人物中，一个女人双手捧着一个铜盆，后面一个女孩头上顶着装了两只鸽子的篮子，同时用一只手扶着篮子。远处的圣安娜位于上方的一个房间里，两个女人在服侍她。空中是两个飞翔的小天使，一个小天使拿着香炉，另一个拿着船形香料盒（incense boat），以便让空气中充满天堂的香味。在上面的壁画中，其背景完全被一道耀眼的光芒照亮，几个基路伯的头部在光芒之中闪耀，中间坐着天父，3个小天使陪伴在他身侧。他望向圣母，张开双臂迎接她，他那红色的外袍在头顶飘扬。圣母头戴星之王冠，坐在一片云朵上升天。她双臂交叠放在胸前，脸朝向天父，萦绕着神圣的优雅和至福，衣裙和袍子都是白色，象征她纯洁的身体和灵魂。下方的天使们围坐成一圈，组成一个唱诗班，欢乐地演奏各种乐器，我们仿佛能听见这仙乐，鲁特琴、小提琴、维奥尔琴、曼陀林、手鼓、叉铃、长笛和大号共同奏出甜美的旋律，随着眼睛沉思天堂之音，听觉也被视觉唤起。

穹顶下方的三角拱上画了坐着的摩西、所罗门、大卫和以赛亚这 4 个人物，他们拿着石板，上书圣母经历的种种神迹。摩西面朝祭坛，将石板放在膝上，石板上写着箴言：圣约之神龛，见证之约柜（TABERNACVLVM FOEDE-RIS ARCHA TESTIMONII）。所罗门穿戴皇室的衣袍和王冠，一只手拿着权杖和石板，另一只手指着石板上的铭文：智慧为自己建造居所（SAPIENTIA AEDIF-ICAVIT SIBI DOMVM）。大卫一只手拿着竖琴，另一只手拿的石板上写着铭文：主为他的神龛祝圣（SANCTIFICAVIT DOMINVS TABERNACVLVM SVVM）。以赛亚面露沉思之色，他的石板上写着铭文：自耶西的根而生的分枝（VIRGA DE RADICE IESSE）。在短短 7 个月的时间里，这样一个复杂的工程于年末完成，对圭多的赞美由此与日俱增。所有人都很崇敬这些作品，教皇本人尤其表达了高度的喜爱，邀请红衣主教和达官贵人们前去观赏。骑士朱塞佩·达·阿尔皮诺[47]前去时，教皇希望当面听到他的看法，在教皇的询问之下，他答道："尊贵的教皇，我们的画是凡人所作，而这些画是天使所作。"在上文说到的奎里纳勒宫这个礼拜堂之后，圭多被召唤前去绘制圣母大殿的另一个礼拜堂，教皇急需他完成这个工程[48]，因为教皇从任期初始就开始建造这个礼拜堂，以便和另一边西斯克特建造的另一个礼拜堂相配，依照的是丰塔纳的设计图和正面图，但整个结构要华丽得多，大理石以及各种装饰也无比奢华，为的就是比当时罗马其他所有礼拜堂都豪华。这位伟大的教皇从小就十分虔诚，尤其尊崇纯洁的圣母，据传圣路加所画的圣母像被安置在保罗教堂的祭坛上，周围是珍贵的柱子和宝石装饰。[49]当时非常著名的画家、骑士朱塞佩·达·阿尔皮诺负责那里的画作，为了遵照教皇的意愿尽快完成工程，他将这些画作分别委托给其他画家[50]，聪明地留给自己最重要的部分，即穹顶三角拱的四福音传道者像和祭坛上方大扇形壁中间的叙事性绘画，祭坛位于穹顶拱门下面的空间。圭多分配到保罗五世和克雷芒八世墓碑上方的两个扇形壁，但这两个扇形壁的中间都安插了一扇大窗户，将扇形壁分割成两个部分，因此它们无法用来绘制叙事性绘画。然而，圭多十分成功地利用了这两处空间，在上面画了非常精美的人像，另外还在穹顶拱门拱腹处的间隔部分画了其他人像。

但是，在工程实施的过程中，在教皇对圭多报以赏识和恩宠，并且圭多享有赞誉的情况下，发生了万万没想到的事情，打破了圭多平静愉悦的状态，扰乱了他的心神，迫使他突然离开罗马，就像米开朗琪罗在尤里乌二世时期突然离开罗马那样。[51]这件事的起因不是好心的教皇，而是财务主管的恶劣行径，后者掌管薪酬，只愿意以他认为合理的数额发放薪酬，付给圭多在奎里纳勒宫礼拜堂的画作以极其吝啬的酬劳，批评圭多声称的自己还被拖欠一大笔钱的公正要求是狮子大开口。圭多因此不愿意绘制圣母大殿的作品，除非自己先拿到上一个委托的所有酬劳。有一天他们为此争吵的时候，那个作为财务主管的高级教士说圭多的要求是无理取闹，要是能拿到这么高的酬劳，他自己早就不做教士，也去当画家赚钱了。听到这些话后，圭多大胆地回道："阁下，您说得非常对，但我不知道您在绘画上能有多大成就，我能肯定的是，我作为一名画家，如果做高级教士，肯定能比您做得好，至少我会为别人的劳动付合理的报酬。当然，各人有各人的想法，但对我而言，我知道自己该做什么。"最糟糕的事莫过于某些贪婪又无知的人除了钱，对这世上其他事物都没有兴趣，无论那些美德和宝贵的天赋是多么高贵和值得敬佩，他们都认为这一文不值。这种人从来不会支持高雅艺术，只为别人居然推崇这种东西而怨愤，所以他们违背教皇以及其他热爱和奖赏艺术的人的慷慨之意。我在此不会提到其他显赫的艺术及其艺术家们，他们都遭遇了悲惨的对待，如果那些人恰好处在给画作发放酬劳的职位上，即使这件作品非常优秀，为众人称赞，他们也不会以品质来衡量，而只会以时间来决定酬劳，他们用花费的天数来计算金额，就像其他普通劳动那样。如果他们知道艺术家为了在画布上画出合适的一笔而耗费多少心神，他们就不会说这种话了。当一位画家达到理解人物的程度，他已然度过了几十年时间，最好的年华在痛苦、不安和努力中消耗殆尽，先是画草图，然后是上色，再是画裸体，再往下是衣褶，以及思考构图和表达情感，研习一项接着一项，永无止境。当画家终于有资格为自己的画作标价，我们的注意力不应该放在他此时花费的时间上，而是必须回想起他多年的辛苦劳作，他从孩童到成年的时间都被献给研习和艺术，得不到任何报酬。的确，如果那个高级教士将这些考虑进去，他就不会只算上圭多完成奎里纳勒宫礼拜堂所用的短短7个月，而是会更公正地评判这些优秀作品，以及他为教皇做出的杰出贡献，后者对这些作品极其欣赏。圭多发表完这番大胆的言论后，没有再咨询其他人，断然离开罗马，回到自己的故乡。回去之后，他遇到另一件难事，他为礼拜堂索要报酬的恶名被恶意传播，被认为故意要价过高。为了反驳这个不利言论，他不得不说服自己，只为圣多明我教堂贝洛伯爵（Berò）礼拜堂的纯洁男童画作[52]收100个斯库多。虽然这件作品的画幅不是很大，但画中人物达到真人的比例，表现犹太母亲们为自己被残杀的孩子而悲痛不已（见图13-2）。在主要画面里，一个母亲对着两个面无血色的死去的婴儿哭泣，她单膝跪在地上，绞着双手，悲伤地仰起脸。她旁边的另一个母亲也跪倒在地，抱着一个孩子，想要救他。她后面是一个半裸的残虐的行刑人，他朝另一个孩子挥舞匕首，把孩子从母亲膝上一把抓过去，后者痛苦地推着他的肩膀，想要阻止他。这里也表现了孩子的恐惧，他意识到自己将被杀死的命运，转身向母亲求救。画面上方是另一个露出肩膀的行刑人，这个男人一只手拿匕首，尽力伸长另一只手，拽着一个母亲的头发和头巾，后者尖叫着逃跑，怀里还抱着一个孩子。这个行刑人背后是另一个害怕被抓住而恐惧地逃跑的母亲。空中的两个小丘比特抱着两捆棕榈枝，前面那个小丘比特伸出手，将棕榈枝递给死去的纯洁孩童，作为他们殉教的奖赏。马里诺用以下诗句赞美了这件优美的作品：

Che fai, Guido, che fai?

La man, che forme angeliche dipinge,

Tratta or opre sanguigne?

Non vedi tu, che mentre il sanguinoso

Stuol di fanciulli ravvivando vai,

Nuova morte gli dai?

O nella crudeltà anco pietoso

Fabro gentil ben sai,

ch'ancor tragico caso è caro oggetto,

e che spesso l'orror va col diletto. [53]

（你在创造什么艺术，圭多？那画过天使般形式的手现在画的是杀戮？难道你没有发现，你重现这些孩童死去的模样，也是让他们再死一次？啊，文雅的创造者，即使在这种残忍之中，你也依然是仁慈的，你深知悲剧也有其可贵之处，恐惧和愉悦经常并存。）

画完这幅祭坛画后，圭多开始着手创作圣多明我墓碑上方拱顶的壁画，没人能和他竞争这个委托，不光是多明我会的神父们，其他人也一致认为应当由圭多负责，他因为上一件作品而声名鹊起。[54]然而，在圭多安静地构思这件作品，再也不想罗马杂事的时候，教皇代理突然收到教皇来信[55]，信中命令圭多立刻动身返回罗马，教皇急召他。圭多离开后，财务主管向教皇隐瞒了事实，后来教皇得知此事，对这个财务主管大为光火。红衣主教博尔盖塞为了让教皇原谅此人而故意声称圭多极其自负和专横，竟敢在不向红衣主教报告的情况下擅自离开，而好心的教皇虽然行事一向温和，在见到财务主管时也没能控制住自己，严厉地斥责他居然违背自己的意愿，冒犯了那位伟大的画家，导致后者因为遭受的不当对待而愤然离开罗马，以至于这样一位名人会控诉教皇咨詧。抱怨完后，教皇说："圭多想要什么都给他，这些无关紧要，让他立刻回来，我们想把他留在身边。"在教皇的强烈要求下，接到指示的红衣主教巴贝里尼即刻动身去见圭多，满心以为他带给圭多的是极好的消息，足以让他马上回罗马。然而事与愿违，红衣主教发现圭多另有想法，圭多的怒火因为这个告知被重新点燃，公然拒绝回罗马，其原因不在于作为他最高尚的君王和恩主的教皇，而是他不愿再遭受官员的恶劣对待，正是这些人把他逼走的。圭多固执地坚持自己的想法，红衣主教认为他的违抗太过以下犯上，是对自己权威的不敬，更是对教皇的不服。因此，红衣主教没有给圭多时间去发泄他的情绪，这在伟大的天才身上更应该被小心对待，尤其当他们遭到不公对待、他们的美德没有受到应有的尊重时。红衣主教原本打算强行囚禁圭多，强迫他服从，幸亏红衣主教的好朋友、侯爵法基内蒂[56]反对这个不合适的计划，告诫红衣主教不可如此行事，指出囚禁这样一位深受教皇尊重和恩宠的人才，只会引发教皇更大的不满，监狱是为邪恶的人所设，而不是高贵的人，圭多是一个应当被赦免的罪人，而不是被惩罚。这位大人由此让红衣主教平静下来，同样非常欣赏圭多的侯爵亲自去见了圭多，温和地劝他改变心意，让他认清教皇的召唤对他和他的美德而言其实是一种更大的荣耀，他再也不用和那个财务主管或者其他官员打交道，相反，他受到的是慷慨的教皇赋予他的仁慈和尊敬。圭多的怨恨在这一番劝说下得以平息，他去向红衣主教表达自己的敬意，接受教皇让他返回罗马的命令。他回到罗马时受到凯旋般的礼遇，每个人都称赞他的美德经受住命运残酷的迫害。他一到罗马就立刻去觐见教皇，在这之前他已经想好了说辞，以便向教皇解释自己离开的原因。他刚准备说话，教皇就打断了他，并对他说道："唉，圭多阁下，我们对你做了什么，让你这样离开，而我们还有工作需要你完成？如果你受到不公对待，那并不是我们的本意，你也完全可以告诉我们，或许有人不准你说？我们什么时候表现过不愿意看见你、听你说话？来吧，让这一切好像从未发生过，无须多言。为我们工作，让我们有理由对你表示满意。"教皇如此亲切和蔼地同圭多说话，让圭多大受感动，无法抑制地泪流满面。就像教皇所命令的那样，之后圭多提出的每项要求都得到满足，除了常规的补给，他还每个月收到 160 个斯库多，每两个星期提前收到一半数额，他由此得以全身心投入圣母大殿礼拜堂的工作。

圭多从保罗五世墓碑上方的扇形壁开始，绘制了窗户两边的空间。一边画的是穿戴盔甲和古希腊男子所着的短斗篷（chlamys）的纳尔西斯（Narses），一只手拿长枪，另一只手拿盾，盾牌上刻着圣母像，圣母保佑他战胜凶残的托提拉（Totila），他脚踩一个躺在地上的被击败的士兵，露出自己的肩膀。另一边画的是穿盔甲的赫拉克利乌斯（Heraclius），右手张开，左手掀开身侧的紫色短斗篷[57]，脚踩一个仰面躺在地上的囚徒，转头望向一个男侍高举的旗帜上的圣母像，正是圣母使他得以战胜库思老二世（Cosroes）。在支撑穹顶的这边拱门下部的中间，圭多描绘了基督用闪电击中那些不敬圣母之名的敌人。在这个拱门的檐板上，圭多在一边画了圣多明我，右手拿象征圣母的百合花，左手张开，沉思圣母的同时抬头望向天堂，旁边是两个多明我会的神父，由于空间过于狭小，这两个神父只露出头部。圭多在另一边画了与之成对的圣方济各，穿着托钵僧的服饰，双臂交叠放在胸前，旁边是两个方济各会的神父。在对面克雷芒八世墓碑上方的扇形壁上，他同样绘制了窗户两边的空间。一边是坐着的大马士革的圣约翰，露出侧面，穿着深蓝色束腰上衣和红色外袍，举起伤残的手臂，指向一个飞在空中的天使，后者转向他，为他接上被砍断的手，他因为圣母书写辩护而被砍断手，他的另一只手拿着这本书。另一边是跪在祭坛前的圣伊尔德方索，他的主教冠被放在祭坛上，穿着白色罩袍和圣带，正在准备做弥撒，朝圣母举起双手，云端的圣母降到祭坛上方，将一件红色十字褡递给圣伊尔德方索。在这两个人物的下方各有一个普托，他们手上展开的手卷上分别写着圣徒的名号。在拱门顶部的椭圆形空间里，圭多画了在圣光之中象征圣灵的鸽子。在一侧拱门的下部，圭多画了主教圣依纳爵[58]，沉浸在自己的思绪里，一只手拿赞美圣母的书，另一只手翻开书的一页，穿着希腊制式的法衣，身边也跟着两个主教圣徒。圭多在对面画了君士坦丁堡王后圣普尔喀丽亚（Pulcheria），头上戴着金冠，一只手拿权杖，另一只手放在胸前，身穿的镶白色貂皮的金袍系在腰间。礼拜堂完工对外展出时，教皇也亲临现场，虽然人们对其他作品都只是一瞥而过，但他们很关注圭多的那些作品。教皇原本对圭多的拖拉很不耐烦，他是最后一个完成任务的画家，此时教皇也驻足观看，为这些优美的画作而折服，口中啧啧称赞。在很长一段时间里，罗马没有任何一件作品能与圭多的这些作品比肩，使得那些嫉妒之语自行消声。从各地去往罗马朝圣的人们经常拜访这个礼拜堂，比起华贵的宝石或金子，或者珍稀大理石等装饰，他们更赞美圭多的优美理念，这让圭多的作品更加美名远扬。在众多赞美圭多的人中，最引人注目的是红衣主教马菲奥·巴贝里尼，即后来的乌尔班八世[59]，他尤其称赞圭多色彩的力量和人物的立体感。

DE PICTURIS GUIDONIS
RHENI IN SACELLO EXQUILINI
SANCTISSIMI DOMINI NOSTRI
PPAULI PAPAE QUINTI

Ut trahit, ut retinet, defixaque lumina fallit

Quod Rhenus celso fornice pinxit opus?

Pictorem celebras, haeres immotus et anceps

ambigis an sculptor an fit uterque simul.

Sculpta putas quae picta vides, sic undique
pulchre

prominet eximia per litus arte color. [60]

论圭多·雷尼为教皇保罗五世的埃斯奎利诺礼拜堂所作的画作

有时往前，有时向后，他欺骗我们惊异的双眼。雷尼在这高耸的拱顶上画了什么样的作品？你被震惊到无法动弹，称赞作为画家的他，但他又有两种艺术理念：他也是一位雕塑家吗，还是二者兼而有之？你以为你看见的是画出来的雕塑：借由他无与伦比的画技和笔触，非凡的色彩从各个层面迸发出来。

随着圣母大殿的完工，薪水也停止发放，圭多发现自己的希望逐渐落空，他原本以为自己会收到一些津贴，于是他下决心回博洛尼亚，尽管有熟知教皇好意的人建议他留下来。很快他便离开罗马，第二次回到博洛尼亚。在圣母大殿的礼拜堂，圭多没有遵照原本的故事，改为让一个天使而非圣母将十字褡递给做弥撒的圣伊尔德方索，教皇下令改掉这一处，由于圭多自愿离开罗马，兰弗朗科受命完成教皇的要求，使作品和神迹本身相符。因此兰弗朗科抹掉了天使，代之以圣母，就像今天我们看到的那样，这让圭多非常不满，他合理地批评了兰弗朗科的鲁莽。[61]圭多回到博洛尼亚之后，受到所有人的热烈欢迎，他们都很欣慰这位博洛尼亚最伟大的人回到他们身边。圭多继续绘制圣多明我教堂圣多明我墓碑上方的半圆形后殿和拱顶壁画，描绘了圣多明我的灵魂升上天堂。[62]在至福中升上天堂的圣多明我单膝跪在云上，双臂交叠放在胸前，抬眼望向至福的幻境，表达自己的虔诚和神圣之爱。右上方是坐在云端的基督，穿着一身白袍，张开双臂迎接圣多明我。左上方的圣母穿着蓝色外袍，也在迎接圣多明我，因为他崇敬圣母的贞洁。下面两侧各画了4个正在演奏各种乐器的天使，分别组成两个唱诗班，为圣多明我及其升天而欢唱。两个小天使托着圣多明我的外袍，从他下方云中能看见一架梯子的横档，两个小天使正爬上这架梯子，其中一个举着玫瑰，另一个拿着百合花，象征圣多明我的美德，玫瑰指的是圣母的玫瑰经，百合花指的是圣母的纯洁，正是这些美德为圣多明我架上通往天堂的云梯。拱顶最高处是在一片耀眼光芒中展开双翼的白鸽，这片光芒一直延伸到宽阔的背景里。

　　圭多随后为托钵修会教堂（church of the Mendicanti）的丝绸商人公会礼拜堂绘制了圣约伯祭坛画，表现了人们向圣约伯献礼，如上帝所想的那样，以加倍的财富来报偿约伯遭遇的不幸。画面一侧是高贵地坐在王座上的圣约伯，王座上方的一块紫色布料形成一顶华盖。圣约伯的脸散发圣光，他一只手拿权杖，同时伸出另一只手接受献礼。人们将装在碗和瓶子里的金银财宝献给圣约伯，前景里的两个年轻人弯着腰，面对面地一起抱着一只小牛犊，将它从肩上卸下来放到地上，他们的裸体展现出美丽的体态。[63]与此同时，圭多为托钵修会教堂的政府大祭坛绘制了博洛尼亚城守护圣徒们的祭坛画，博洛尼亚议员将这个委托给了被认作一流画家之最的圭多。[64]这幅祭坛画高约 16 掌，由于画中表现了两个主题，即圣母怜子的神迹和博洛尼亚城的守护圣徒们，因此圭多将画面分成两层，下面一层是守护圣徒们，上面一层被模仿成一个挂毯，再现的是被两个天使和圣母围绕的救世主，圣母哀悼受难的基督。在下面一层，圣查理[65]跪在中间，双手将十字架举在胸前，谦卑地朝十字架低下头，在沉思中露出悲伤和虔诚的神情。穿红衣主教袍的圣查理跪在一个猩红色天鹅绒垫子上。圣查理右边跪着大主教兼守护者圣彼得罗尼乌，穿着一件镶金线的红色长袍，一边祈祷，一边抬头仰望。圣彼得罗尼乌左边是站着读书的圣多明我，专注地微微低头，眼睛紧盯手上翻开的书页，也在圣查理左边[66]。在更前景的地方站着殉教者圣普罗科匹厄斯（Procopius），穿着古代军装，一只手撑在胯上。圣普罗科匹厄斯后面是圣方济各，双手交叠放在胸前，展现出内心的纯洁之爱和祈祷。底下几个画得十分精美的普托拿着各个守护圣徒的象征。在圣彼得罗尼乌背后，一个可以部分看见的普托拿着主教权杖。在底下一级的位置，一侧的两个小丘比特拿着圣彼得罗尼乌的主教冠和圣多明我的百合花，另一侧的两个小丘比特拿着斧子和象征圣普罗科匹厄斯殉教的棕榈枝。这两组小丘比特中间安插着一块平板，上面再现了博洛尼亚城，预示着这些守护圣徒将保佑博洛尼亚。上方的挂毯描绘了死去的救世主，他伸展全身，平躺在一个罩着黄布的箱子上。[67]这具赤裸的圣体看上去十分肃穆，一条手臂无力地垂下来，另一只手叠放在胸前。箱子另一边的中间站着圣母，抬头望向天堂，绞在一起的双手垂在腰间，身穿的外袍从两侧肩膀披下来围在腰间。这位悲伤的母亲为那躺在她膝边的死去的儿子而哭泣。两个天使分别站在救世主头尾两侧，悲伤地垂下双翼，前一个天使右手托着自己的脸，弯起手肘[68]，用一块纱巾擦拭眼泪；后一个天使双手交叠在胸前，温顺地垂下双眼，也在和圣母一起哀悼。所有这些人物都保有庄严和得体，和他们表现出的虔诚神情相一致。天使们即使深陷悲痛，也依然保持神圣的姿态，中间的圣母头上围着一条深色的头巾，更为她的悲伤加上一层忧郁的气质。人物背后是加略山悬崖的暗色背景，天空也很阴沉，只有几道微弱的光线从地平线露出来，隐约能看见山上的 3 个十字架。

当时在博洛尼亚只听见人们谈论这件作品，而不闻其他人的名字。的确，这件作品可以说从各个方面来看都非常值得赞美，无论是悲痛的圣母怜子（场景）[69]，还是守护圣徒们高雅且有效的构图，同时这件作品也因挂毯部分的独特主题而受到赞扬，有力果断的色彩和设计使其整体看上去非常完美，因而议员以荣誉和奖励犒赏圭多，人们也向他献上赞美。在圭多获得无数溢美之词的时候，当时博洛尼亚的教皇代理、红衣主教杜拉佐正在为自己的故乡热那亚的圣安布罗斯耶稣会教堂（Jesuit fathers' church of Sant'Ambrogio）修建一个豪华的礼拜堂，他希望圭多为这个礼拜堂绘制一幅圣母升天祭坛画，而这件作品也成为意大利最杰出的祭坛画之一。[70]

圣母升天

圣母坐在云端，双臂交叠放在胸前，抬眼望向天上的光芒，面容显露出神圣的优雅和福佑，头上是一圈耀眼的金光，照亮了四周，身穿的白袍一直拖到脚边。庄严的圣母身边围绕着小丘比特，右边一个天使高举圣母的玫瑰，象征留在她坟墓之中的天堂气息。这个天使旁边的另一个天使双手合十，做出祈祷的手势。左边一个跪着的天使手里捧着几根玫瑰花枝，两个欢笑的丘比特在他旁边嬉戏，二人都拿着一朵玫瑰，似乎在欣赏美丽的花儿。[71]画面下半部分是使徒们，当圣母的坟墓打开，圣母的圣体却不在里面，使徒们都惊异于坟墓里的奇异香气，其中一个使徒单膝跪在石板上，虔诚地双手合十，手臂靠在打开的坟墓边上，专注地望向坟墓里面。另一边的一个使徒也弯下腰，转身向另外两个前倾身子的使徒展示墓里的花朵。圣彼得的姿态展现出他的虔敬之情，他单膝跪地，张开的双臂从外袍伸出来，崇敬地抬头望向天堂，用他的眼睛追随圣母升天的脚步。对面另一个使徒弯下腰，也靠在打开的坟墓边上，一只手捧着玫瑰，另一只手将其指给站在上方的圣约翰看，后者凝望并伸手指向打开的坟墓。其他使徒聚集在后面，以各种姿态表现他们的惊奇和虔诚，有的使徒抬头望向天堂，其他使徒看向坟墓或圣母。这幅祭坛画展现了天使般优雅的形式，那些年迈圣徒流露的崇敬和虔诚的情感吸引着我们的目光。圭多不仅擅长描绘精美的形式，也很会表现年长者，这些年迈的圣徒都穿着使徒的服装，衣服上的各种褶皱以及褶皱随人物动作而表现出的极其优美的流畅性和高贵性都让人赞叹不已。由于这件作品十分优秀，在被带到热那亚之前，它就吸引了博洛尼亚的所有名流前去观看，所有艺术家也都蜂拥而至，每个艺术家都被允许前往，哪怕对方是竞争对手，圭多也一视同仁，甚至他的老师卢多维科也慕名前去，圭尔奇诺亦是如此。[72]

圭多接下来画了另一幅著名的祭坛画，即为圣玛马洛城门（Porta San Mammalo）外的托钵僧教堂主祭坛所作的基督受难图，由于这件作品十分有名，这个城门被称作圭多在托钵僧教堂的受难图之门。[73] 在十字架底部的一侧，圣母抬头望向被钉在十字架上的基督，一只手放在子宫的位置，另一只张开的手从外袍伸出来，从她极度的悲痛之中，我们仿佛看见她的灵魂也随之一起放飞。另一边的圣约翰在红色外袍之外绞着双手，也对敬爱的基督表现出悲伤和哀悼之情。抹大拉的情感同样动人，她披散头发，双眼饱含泪水，弯腰抱着十字架的支架。一道微光穿透布满天空的乌云，照在被钉死的基督头上，受难的基督似乎向天父吐出最后一口气，灵魂脱离身体，四肢显出死一般的苍白。这样令人惊叹的绘画足以唤起人们的虔诚和崇敬之情。

在罗马胜利圣母教堂的红衣主教杰西礼拜堂，有一件与之相似的出自圭多之手的小幅画作，只是缺少了抹大拉。它被放置在大理石装饰的一侧[74]，对面是红衣主教的画像，据说这也是圭多所作。很多名作现存于意大利及其他国家的教堂。圭多在这个时期创作了一件同样优美的作品，即为主干道的圣多马教堂（San Tomaso a Strada Maggiore）莱昂尼（Leoni）阁下的祭坛所作的祭坛画，画面上半部分是救世主，下半部分的地面上是使徒圣安德烈和圣方济各。[75]

与此同时，圭多受到之前的恩主、拉文纳大主教及红衣主教彼得罗·阿尔多布兰迪尼召见，为圣餐礼拜堂绘制壁画，这位红衣主教在拉文纳大教堂建造了这个奢华的礼拜堂。圭多搬到拉文纳，同行的还有他的两个得意弟子——弗朗切斯科·杰西和乔凡尼·贾科莫·塞门蒂，他们在壁画创作上都很有经验，能为圭多减轻繁重的工作量。[76]

这个礼拜堂是八边形，支撑穹顶的壁柱穿插其间，穹顶上绘制了天堂里的基督，天使们拿着象征基督受难的各种象征物。由于这个礼拜堂是献给圣餐的，祭坛画的主题是吗哪，隐喻圣餐而来的神圣食物（见图 13 - 3）。圭多描绘了站在岩石上的摩西，一只手拿手杖，另一只手伸向人们，好像在向他们宣告天赐的食物和滋养。摩西的姿态充满威严之气，从头上射出两道光线。他从外袍伸出一条手臂，展现出无比高贵的气质，表明他是人民的立法者和领导者。从摩西背后能部分看见亚伦。在摩西和亚伦对面，一群蜂拥前来捡拾吗哪的妇女跪在摩西面前。前景里一个跪在地上的人裸露肩膀，伸出一只手去捡地上的天赐食物，另一只手握着准备装满的罐子的把手。他背后的一个女人单手抱着一个装甘露的碗，另一只手蘸取其中一滴，似乎在向也拿着罐子的另一个同伴证明甘露的美味，后者正专注地听她说话。第二个女人背后的一个人一只手搭在她肩上，另一只手指向地面。[77] 在圭多的画笔之下，这些描绘得非常优美的人物都有很优雅的面部神态，包括另一个双手合十、感恩地抬头望天的女人。在这些女性人物上方，也就是画面侧边的位置，几个男人朝天高举双手，祈求上天降下甘霖，最年老的那个人跪在他们前面，双臂从外袍伸出来，双手合十，仰望天堂，向上帝表示感谢。远方的人们朝前涌来，张开衣袍，高举双手，空中的两个小天使将天上的甘露洒向人间，暗指上帝的承诺，即天堂的荣光将从云间显现。圭多在祭坛上方的拱门扇形壁画了大卫从亚希米勒（Ahimelech）[78] 手里接过圣饼，即圣餐中的面包。站立的大卫穿着盔甲和小斗篷，身后跟着他的士兵们，一只手放在身侧，另一只手拿长矛。亚希米勒从一个利未人手中接过圣饼和一个容器，将它们递给大卫。现在让我们转向穹顶，受难的救世主位于中间，他身后的明亮背景中有很多闪耀着光芒的基路伯的头部，仿佛他们置身于一个光耀的空间里。基督裸露着胸膛，身穿的白袍一直拖到脚边，左手抱着木头的十字架，右手张开以接纳凡人[79]，人们因他的受难而得到救赎，他将自己的神圣之躯通过圣餐赠予人们，而这个礼拜堂也正是为圣餐而建。在穹顶外围，天使和丘比特们围在云朵周围，展示各种与基督受难有关的象征物。在基督下方，两个青年人模样的天使将他们展开的双翼作为基督的王座，其中一个天使面朝右，双手拿长枪，另一个天使面朝左，拿芦苇秆，上面绑着沾了苦胆的海绵。这两个天使的下面是两个小丘比特，拿着十字架的罪名牌，上书 I. N. R. I.。这些人物的两侧是两组小天使，也都拿着基督受难的象征物。右边一个从云中出现的小天使拿着一个盆，在基督遭受不公的死刑判决后，彼拉多在盆里洗手。另外两个小天使拿着梯子，其他小天使抱着柱子，其中一个小天使用他娇嫩的双臂环抱柱子中间，另一个小天使从下面扛着柱子。更下方的一个小天使展开维罗妮卡的印有圣容的面纱，另一个小天使拿着锤子，还有一个小天使双手将钳子高高举过头顶。这一侧的神迹描绘到此结束，另一侧的象征物也是同样的罗列方式，再次以彼拉多用的水壶开始。一个小天使转过身展示基督被嘲时身披的紫色袍子，鞭子也是同样的展示方式。一个小天使一只手拿钉子，另一只手拿犹大的钱袋，其他的小天使都沉浸在对基督受难的沉思之中。在这两组天使之间，也就是基督背后的位置，画着 3 个天使，大天使圣米迦勒站在中间，穿着盔甲，拿着长枪和天平，后边的加百列拿着象征圣母的百合花，左边的拉斐尔一只手臂环抱身边的孩童多比雅（Tobias），多比雅手中拿着被鱼线吊起的大鱼。[80] 拿长枪和天平的圣米迦勒象征神圣的正义，人类因自己的罪而从天堂被驱逐出去。拿百合花的加百列让我们知晓基督的道成肉身，以及他通过自己的受难使人类能够获得救赎。复明的多比雅象征悔过的罪人从罪的黑暗上升到荣光。[81] 同样在祭坛上方，支撑穹顶的拱门的下部，在镀金灰泥装饰的中间画着两个拿圣餐杯的小天使。在这个曲面的下方画着两个美德像，信念穿着白袍，抬头仰望，拿圣餐杯和书本。另一边是信念的同伴纯洁，双臂环抱一只羊羔。在入口右边窗户的拱门下部和扇形壁上，中间画着一个拿烛台的小普托，下面一侧是抱着柱子的勇气，另一侧是将脸和合十的双手都朝向天堂的希望。下面的壁柱上画着圣塞巴斯蒂安和另一个拿棕榈枝的殉教圣徒。这边以及对面墙上的叙事性绘画不是圭多所作。左边拱门的下部画着两个斜躺的普托和代表世界的球体，正是基督的受难使世界得到救赎。往下是正义和仁慈以及两个小婴孩。壁柱上画着穿军装的圣希波利图（Hyppolitus），将手放在胸前，拿着棕榈枝，抬起头，对面是一个拿权杖的主教圣徒。在入口上方，面朝祭坛的拱门下部画着其他美德像，壁柱上画着圣多明我、圣塞巴斯蒂安和阿尔多布兰迪尼家族的守护圣徒们。此外还有穹顶下的 4 个三角拱，上面分别画着 4 个拿石板的坐着的先知，即麦基洗德（Melchisedek）、大卫和所罗门，象征着圣餐。[82]

各种委托源源不断地涌向圭多，没有哪个达官贵人不想在自己府上或教堂里拥有圭多的作品，借此炫耀一番。也有很多人想用他的作品大赚一笔，他的一些作品在几度转卖后卖出双倍利润。所以我们不可能一一列举圭多的众多作品，只能在最后略作提及，留待喜爱这些作品的人们去书写赞美。可以说，圭多画了如此多的画作和祭坛画，他一个人就比博洛尼亚其他所有画家赚的钱都多，虽然那些画家也都有高超的技艺。我们在此不得不为人类的愚蠢而哀叹，像圭多这样拥有美德和才华的人居然不幸地沉迷赌博，输光了自己所有的家产。更可悲的是，他将自己的名誉和高尚才华拿去碰运气，因为他无力负担持续的输钱，还有他有时无力承受的厄运，他会试图通过画作来弥补亏空，期望别人给他预支薪酬，而他后面又只能苦苦挣扎着完成这些委托。这些烦心事耗尽了他的创造力，也拖垮了他的身体，此时的他已是 67 岁，精力和体力都大不如前。炎热的 8 月初很容易威胁人的身体健康，圭多因疾病而感到虚弱和干渴，但他没有对此多上心，因为他每年都会苦夏。病情发展得十分快，最后他因高烧而病倒在床，这场病变得有致命危险。即使如此，圭多也没有意识到严重性，最后不情不愿地让医生来诊断医治。博洛尼亚最好的医生都为此前去，并得出一致意见：圭多将不久于人世，由于他本身就身体状况不佳，日渐虚弱，他的病已是回天乏术。红衣主教[83]的兄弟亚历山德罗·萨凯蒂（Alessandro Sacchetti）阁下和圭多蒂议员[84]都是圭多的挚友，他们前去宽慰圭多，表示最后的善意和友谊。他们认为圭多在生命医院（Ospedale della Vita）住的病房太热，也深受广场的噪声侵扰，圭多同意搬到他的好友、商人费里（Ferri）府中，但他满心勉强，也不愿接受那些让他来自己府上的著名骑士的邀请。他谢绝了教皇代理、红衣主教杜拉佐[85]将自己的寓所提供给他的提议，那处寓所位于宫殿花园，十分适合夏天居住。搬到费里府上后，圭多将整个房间的帷幔都挪走，在床边发现自己画的一幅年轻的圣约翰和圣子[86]，他将这幅画也撤走，换上一个木制的十字架。虽然在那里得到很好的照料，他还是想搬走，因为他已经习惯了广场的喧闹，在这个安静的小房间里反而感到忧郁，所以他搬到信任的老朋友梅塞尔·巴尔托罗·斯佩齐亚莱（Messer Bartolo Speziale）位于巴巴里街角（Volta de' Barbari）的府邸，在那里他可以听到街上的喧嚣声。他在这里待得更舒服，也很高兴能见到自己的朋友们。为了给圭多加油鼓劲，他们不仅在街上为他演奏各种乐器，还在圭多房间的隔壁演奏，这些美妙的旋律有时让他流下眼泪，也让他的思绪飘向静谧的天堂。就像那些行将就木的人很容易觉得自己在好转，圭多也没有发觉自己已是将死之人。不过，他还是借由美好的回忆说服自己接受彼世，并且求助于比任何物质都有效的神的帮助。作为虔诚的基督徒，圭多领受了圣餐，最终在病倒的第十二天晚上的第二个小时[87]无力支撑下去，于死前竭尽全力地紧抓和亲吻十字架，在托钵修会神父的臂弯里撒手人寰，肉体留在尘世，灵魂升上天堂。他死于 1642 年[88]，终年 67 岁。由于他死在托钵修会神父的臂弯里，他的遗体被换上托钵僧的装束，这也是他生前所愿，他总是对托钵修会修士和圣方济各保持虔敬之爱，圣方济各在他的作品中被描绘得十分完美。无论是运送遗体，还是将遗体摆放在圣多明我教堂，都充分表达了对他的敬重。汹涌的人潮从各个方向汇集到街道和教堂，为了满足人们见他最后一面的愿望，他的遗体停留和展示的时间比一般情况多了 3 个小时，他看上去不像已经死去，反而像在安静地沉睡。整个城市都在为他的逝世而默哀，博洛尼亚因养育出他这样的杰出人才而获得无上的荣耀。贵族们为他的精湛画技而哀悼，他的作品为他们的府邸和家族带去了名誉。市民们用泪水为他送行，因为整个城市和各个教堂都有他的作品，吸引着外地游客前去参观。他的众多学生双眼含着泪水，悲伤地哀叹那曾经指引他们的亮光已然消失无踪。穷人们不仅在他墓前，也在自己家中为他悲泣，因为他生前总是帮助这些贫困家庭。议员保罗·圭多蒂对他的敬爱远超对其他人，为了表示自己对他的真切爱意和尊重，圭多蒂将他的遗骨迎入自己家族在圣多明我教堂的礼拜堂，并且准备死后将自己的骨灰和他的骨灰安置在一起，希望能借此使他们的灵魂在天堂重遇。圭多蒂的这一举动模仿的是大西庇阿（Scipio Major）将诗人恩尼乌斯（Ennius）的骨灰迎入自己的家族墓，同时放入月桂冠和棕榈枝。[89]

　　除了我们将在下文提到的圭多的高贵品性和思想，他在外形上也被上帝塑造得体格健壮、比例得当，恰好是平均水平的身高和身材。他的身体很结实强壮，行事也很得体。他的额头宽大，双眼是清澈的天蓝色，鼻梁高挺，红润的双颊在白皙肤色的衬托下更显可爱。他的其余身体部分同样优雅。他年少时十分俊美，他的老师卢多维科就曾用他当模特来画天使，因为他还具有谦虚和腼腆的气质。即使到了老年，他的外貌也还是很出众，他把自己的头发修剪到太阳穴的位置，全白的头发使他更显庄严。[90]关于他的本性，值得一提的是他的谦逊、为人的真诚、虔诚的信仰和对邻人的同情。他举止得体，总是举手投足间尽显高贵，从不中伤他人，也从未想过卑鄙低劣之事，这些美德使他拥有高尚的品性。他从年轻时起就从未有过无节制的纵欲，一生都保持纯洁之身，虔诚地信仰圣母，所以他从来没有说过污言秽语，也没有画过淫秽之物。他的学生们出于对他的尊敬也避免这些事，他的以身作则教导的不全是艺术，更是对上帝的敬爱和正确的生活方式，这些才是知识和学习的基础。他的穿着打扮十分高雅得体，和当时有身份的人一样，同时又很朴素，不带任何浮华矫饰，他天性就不喜炫耀卖弄或装扮得高人一等。他的住所也装备得很简单，只有符合普通市民身份的必需品，没有多余的装饰，以免败坏美德，因为美德真正偏好的是自身，而不是与财富有关的身外之物。他破例为自己的房间定做了帷帐，还添了天鹅绒的椅子，但他一次又一次延后，以至于他从来没有真的用过这些东西。相比珍贵的金线布料，他更乐意用画布来装饰房间。他有一次为了方便他母亲而雇了一辆马车，他的学生们在乡间用这辆马车玩耍了一整天。他后来退了马车，一个学生告诉他，鲁本斯有一辆 6 匹马拉的大马车，他回答说，我们应当学习他人的美德，而不是排场。也正是出于这个原因，当他在城里闲逛的时候，他会离开学生们，独自一人，为的就是避免带着一群扈从，吸引别人的注意。他不仅婉拒骑士们请他去府上做客的盛情邀请，也回避集会、宴会和典礼，所以他会走最偏远的街道，或者选择在天色渐晚的时候出门，愉快地去梅塞尔·巴尔托罗的药剂师店铺听些见闻。这些交谈使他感到愉快，而赌博这种消遣对他而言有害无益。他只研究绘画，对诗歌不感兴趣，也不关心诗人们热爱的夸张等手法，他们超出事物的真实，大部分时间都在赞扬那些最不应被赞扬的东西。

他在吃的方面清心寡欲，偏好不过分烹饪的简单食物。他非常喜欢吃奶制品和水果，总是在餐桌上摆满这些食物。与之类似，虽然他在喝酒方面很节制，但他喜欢喝白葡萄酒和红葡萄酒，吃饭的时候会来一些。他不习惯也从来不喜欢在外面吃饭。虽然他和教皇代理、红衣主教萨凯蒂[91]很亲密，后者经常强烈要求他留下来，但他从不接受邀请。他总是像这样回避宴会或者在外就餐，因为他对毒药和咒语这类东西非常迷信和疑神疑鬼。他甚至拒绝别人送的食物，也因此拒绝让女人或女仆进屋，害怕会中巫术。他睡得晚，起得也晚，因为这种休息时间被认为更合理，也更有利于留存头脑中的理念，就像人年纪大了之后依然会依稀记得年幼时学过的乐曲，能为他们在琐事之外提供一些慰藉。[92]他在思想上很高傲，致力于维护自己的行业的尊严和荣耀。这一点可以从上文提到的他突然离开罗马一事看出来，他认为那个财务主管言语上冒犯了他，恶意贬低他为教皇做出的贡献。在这种情况下，他很容易就会突然动怒，丝毫不顾及或许能提及缘由的人。虽然从他的高尚品性，以及那些欣赏他、想要他的作品的人来看，他的这种无拘无束可以理解，但这有时候对他也是有害的，比如他和西班牙大使在罗马的那次遭遇，后者亲自催促他为西班牙公主[93]画一幅圣灵感孕，而圭多非常厌烦西班牙大使的频繁来访，派人传话说他不在家。急于知道作品进展到什么阶段的大使收到圭多的回复，请大人屈尊等到作品完成，在此之前不要再去打扰他，时机成熟时他自会让大人知晓。大使自此不再有进一步动作，然而，当圭多通知大使画作已完成，以及应付400个斯库多的酬劳时，大使尖锐地回答说，他在等钱从那不勒斯汇过来，让圭多不要再自找麻烦，他自会在合适的时间通知圭多。听到这个回答后，圭多大发雷霆，转身就把画作打包送到博洛尼亚。据说西班牙大使想报复他，幸而教皇安抚了大使，将画作寄回了罗马。[94]

圭多以高贵和得体的方式对待自己的艺术，当上层人士和外国人拜访他时，他必定在作画时穿上自己的斗篷，绝不做出任何呆板的举动，而是增强自己作画的手乃至整个人的优雅之感。当色彩在他的画笔下逐渐生动起来，尤其是他创作人物优美的面部神态时，在场的所有人无不惊叹不已。每位贵族、学者和绘画学生在经过博洛尼亚或逗留伦巴第时，都会被圭多的名声吸引，想去拜访他并对他致以敬意，而博洛尼亚的所有人都将他奉为崇拜的对象，人人都对他敬重有加[95]，市民、贵族、议员甚至普通人都赞美他，所以他总是为名誉所累，选择走最偏远的路。博洛尼亚这座城市学风浓厚，培养出一大批优秀学者，没有哪位诗人或演说家不曾赞颂过他的名字。在那时，每位意大利的博学之士都曾以诗歌赞颂他的美名，其数量之多足以累积成一座帕纳塞斯山，尽管他谢绝这些过度赞美的诗文。众人皆知，博洛尼亚教皇代理的红衣主教、罗马的红衣主教，以及教皇侄子们都对他表达了高度的仁慈和敬意，以善意接纳和包容他。当他在卡瓦洛山工作时，教皇保罗五世经常路过去看他，让他在创作时穿戴好[96]，因为教皇很喜欢和他聊天，而教皇对其他人又很冷漠。他曾受国王路易十三召唤，后者希望复兴法国的艺术，但圭多认为自己年事已高，不适合搬到法国。西班牙国王腓力四世非常热爱绘画，很想要他的画作，向他委托了一幅强抢海伦。[97]由于他和西班牙大使不和，这件作品没有被送往西班牙，失望的国王命令圭多给自己另画一件尺幅更大的作品，即关于参孙的寓意画。[98]然而，这件作品被耽搁了太久，直到圭多去世都没有完成。波兰国王瓦迪斯瓦夫也想要他的作品，收到他画的欧罗巴[99]后，国王写了一封热情洋溢的信感谢他，为了致敬圭多和艺术，我们将其附在下文：

> 波兰及瑞典国王瓦迪斯瓦夫四世致伟大的圭多·雷尼阁下。尊敬的阁下，我们必须以写信的方式向您表达，我们非常感谢您通过我们的秘书普奇特利（Puccitelli）送过来的欧罗巴画作。因此，我们同时向您表示对您的极大善意，使您知晓我们是多么敬重您的美德。请给我们一个机会，让我们能用行动证明自己，我们将永远准备好，愿主保佑您。
> 华沙，1640 年 3 月 3 日。[100]

各地的年轻人都涌向圭多的学院，不光意大利本土人，还有外国人。他亲切地欢迎所有人，根据他们训练的层面将他们安排在不同的房间，有的人学素描，有的人学颜料画。他很擅长教授素描和自己优美的风格，他的学生也被鼓励去学习他的画作。除了教导和提示，他也很愿意亲自修改学生的临摹作，以便从行动上指导他们。据说由于他过于认真地修改学生的临摹作，这些年轻人将修改过后的临摹作当作原作，以大价钱卖出去，这让他深受冒犯，既是因为自己的利益，也是因为别人的被骗使他感到挫败。他的得意门生包括乔凡尼·贾科莫·塞门蒂、弗朗切斯科·杰西、埃米利奥·萨冯扎尼（Emilio Savonzani）、西蒙尼·坎塔里尼（Simone Cantarini）——也被称作佩扎罗人（il Pesarese），以及乔凡尼·安德里亚·西拉尼（Giovanni Andrea Sirani），这些都是杰出的艺术家，其中坎塔里尼也很擅长在蚀刻画上学习圭多，虽然最后他从圭多的学生变成竞争者。

现在让我们谈谈圭多的天赋、知识和博学。他拥有要成为伟大画家必须具备的一切才能，同时也很勤奋研习，从在丹尼斯[101]和卡拉奇学院的少年时代开始就是如此，和他的天资相辅相成。事实上，再高的天分也必须勤奋磨炼创作技艺，这样才能将天分发挥到极致。他曾经合理地抱怨人们从未注意到他没日没夜的苦练，从不娱乐，甚至不眠不休，他们只说他的成就来自上天赋予他的才华，以为他那优美的绘画风格只是天赋使然。他说过："哪有什么天赋？这些才能都是来自勤学苦练，那些他们以为是上天启示的理念实际上来自我对古代雕像的精美头像的研究，我就是这样研究了整整 8 年，从每个侧面、每个角度临摹它们，从它们令人惊叹的和谐中提升自己的能力，这种和谐才是这些奇迹之作的真正原因。我比任何人都勤奋，累极了也不愿意在晚上休息，从不屈服于生理需求，为的就是提高工作能力，当其他人因为不愿劳作而被责骂时，我的父母却劝我不要再学了，因为我想学的实在太多了。"我从罗马的一个圭多的熟人那里得知，圭多曾经花了很多力气研究尼俄伯和她的女儿们的雕像群，原作者究竟是斯科帕斯（Scopas）还是普拉克西特利斯尚不可知，不管是谁所作，这个雕像群都是非常优秀的。[102]这个雕像群的各个部分都很值得效仿，其中非常精美的抬起的头部对圭多的崇高风格，以及他笔下抬眼的抹大拉、卢克雷蒂娅（Lucretia）和圣母人像起到很大作用，正是通过这些观察，他克服了描绘头部这一难题。有一次，一个小男孩被带到他的学院，男孩的父亲说这孩子已经能很好地画出人物的眼睛，圭多回答说："别心急，我已经画了几百万双眼睛，但我还不知道怎么才能画好。"他也很认真地研究如何画女性头部的头发、发带和面纱。至于男性的头部，他不仅重点研究老年男人的头发和胡子，也研究如何表现他们卷曲的头发和皮肤的皱纹，所以他不光擅长描绘美丽的年轻人，也很懂得如何描绘与年龄相符的年迈之人的成熟美。除此之外，他也总是在观察自然，当他在城里闲逛的时候，既会看美丽动人的少妇和少女，也会看老人和孩童，从他们身上知道如何在作品中描绘圣徒和美丽的天使们。在刻苦研习的过程中，他甚至被允许观察贵族男女，画下他们面部和手部的轮廓，而他们所有人都为能做圭多的模特而感到荣幸。阿格里真托（Agrigento）的人们也曾以这种方式协助宙克西斯完成那幅著名的海伦像。[103]他通过研究这些对象来激发自己的优美理念，但他在脑中已经时刻铭记优雅和美丽的概念，他在从少年时期开始的漫长岁月里就一直这么做，也创作出许多成功的作品。他为自己创造出的形式和理念而感到自豪，在写给教皇乌尔班八世的管家、高级教士马萨尼[104]的信中，他在评价为托钵修会而作的大天使圣米迦勒像[105]时明确这样说过。这件作品来自红衣主教弗朗切斯科·巴贝里尼的委托，我从信中摘录了几句：

> 我本想用天使的画笔和天堂的形式去描绘天堂里的大天使，但我无法升上高远的天堂，只能徒劳地在尘世里找寻。所以我看向自己在理念中确立的形式。丑的理念同样存在，但我将其留给恶魔。[106]

这就是圭多的理念和他那高尚的思想，他也经常在指导学生时说些机智的言论。曾经有个学生缠着他，让他修改自己的临摹作，他不胜其烦地说道："我很想教你一种能让你得到所有你想要的修改的方法。认真看看我的原作，它们能为你服务，你也不必再缠着我。"有一次，一个先生在看他作画时，问他哪件作品最完美，他答道："我正在画的这件作品最完美，如果我明天画了新的作品，那就是那一件最完美，最完美的永远是下一件。"他的意思是艺术创作永无止境。和所有伟大的人一样，他最优秀的那些作品都来自天赋的启发。当他搬回罗马，为圣彼得大教堂绘制阿提拉的故事这一作品时，圣彼得大教堂管理会抱怨说一年过去了他还没动手，圭多回答说，他无法强行调动自己的才能，受天赋启发的作品并不总是受人为控制。他坚持这一看法，把从圣彼得大教堂管理会那里收到的 150 个斯库多存入圣灵银行后，一言不发直接回了博洛尼亚。[107]教皇用常说的那句"画家和诗人们"（Pictoribus, atque poetis）原谅了他，教皇还说他这是太受精神上的影响，这种激励伟人完成杰出事业的冲动也注定让他不应受到任何才华上的拘束。除了优美的理念，圭多也深知如何将布料调整得丰富又优雅，不只是羊毛织物和平纹织物，还有色彩柔且多变、质地精致轻盈的丝绸织物，以及白色亚麻织物。他能用这种亚麻布恰当地描绘天使们和圣母，并且用一点黄色或玫瑰色、紫罗兰色来调和过多的白色，这些颜色也和其他强烈的色彩相和谐。关于画作的其他部分，他擅长处理轮廓、人物动作以及构图，在描绘圣徒的姿态时，他总能够保持完美的体积感、得体性和虔诚的情感。关于他的作品价格，可以说无论在博洛尼亚、伦巴第，还是意大利其他地方，他收取的薪酬都被减少了太多，因为买家已经习惯于科雷乔和阿尼巴勒那时候的低廉价格，以别人的劳动成果获取大量不义之财。

圭多试过在叠纹织物（ormuzine）[108]上作画，用强化质料的丝绸制作了一些大幅画布。他认为这种画布能更持久，因为他知道一个例子，出于建造的原因，人们将一个大理石棺椁移到教堂，将其打开后发现其中的骸骨和亚麻布衣物都已变成粉末，只有丝绸袍子还完好无损。他用这种方法画了博洛尼亚的祭坛画[109]和罗马托钵修会的圣米迦勒[110]等作品。相比其他画家，他最敬重拉斐尔和科雷乔，其次是这些画家：保罗·委罗内塞，他经常将其称作他的小保罗；在他的老师们中间，他很尊重阿尼巴勒·卡拉奇，这一点可以从他的蚀刻版画看出来，一直到阿尼巴勒去世；在他的同龄人和对手们中间，他看重多梅尼基诺，后者虽然在优美理念方面次于圭多，但在叙事、场景和人物表现力上更胜一筹，再加上高超的绘画才能，圭多总是赞美多梅尼基诺这些美好的品质。

圭多去世时，他的很多作品都尚未完成，包括为那不勒斯圣马尔蒂诺修道院所作的基督诞生图，画中的牧羊人前去膜拜圣子，神父们将这件未完成的作品就这样安放在大祭坛上。另外还有一幅为德国所作的不同构图的基督诞生图[111]，以及为博洛尼亚卡尔特会修道院（charterhouse）所作的圣布鲁诺（Bruno）祭坛画，画中的圣布鲁诺被描绘成脚踩恶魔、世界和肉体，这幅祭坛画后来由他的学生西拉尼完成[112]。此外还有很多未完成的私人委托的作品，这些作品都已被预支了薪酬，圭多的亲戚及后继人圭多·西尼奥里尼（Guido Signorini）继承了圭多的名号和美德，他提出令人满意的建议，请债权人们决定是要回薪酬，还是拿走概略的草图和只开了个头的画作，其中大部分人选择拿走这些未完成品。

—— 注释 ——■

[1] 读者须知：对于那些仍然保留在原处的作品，其所在地点在注释里不再赘述。贝洛里写的圭多·雷尼、安德里亚·萨奇和卡洛·马拉蒂传记的手稿抄本【《现代画家传，乔凡尼·彼得罗·贝洛里著，第二部分，罗马，1700 年》（Le vite de' pittori moderni/scritte da Gio: Pietro Bellori/parte seconda/in Roma MDCC）】的内容不包括在《现代艺术家传》1672 年版本里，这些抄本现藏于鲁昂公共图书馆（Bibliothèque Municipale, Rouen）【MS2506，皮亚琴蒂尼（Piacentini）于 1942 年出版】和荷兰协会监管会（Fondation Custodia at the Institut Néerlandais），巴黎。此处关于这 3 位艺术家传记的译文依据的是埃维莉娜·博雷亚（Evelina Borea）编辑的贝洛里《现代艺术家传》【贝洛里（1976

年)】,这个版本参照的是收藏在巴黎的抄本,书中的注释辨析了巴黎抄本和鲁昂抄本之间的异同。

[2] 圭多·雷尼出生于 1575 年 11 月 4 日。关于他的传记,也可参见曼奇尼(1956 年),第 1卷,第 241 页;斯堪内里(1657 年),第 113 – 114、347 – 354 页;帕塞里(1934 年),第 78 – 101 页;《美的理念》,第 2 卷,第 341 – 343 页。格列高利十三世·邦孔帕尼在1572 至 1585 年间任教皇。

[3] 弗莱芒画家丹尼斯·卡尔瓦特(1540—1619 年)于 1575 年在博洛尼亚创立了一个绘画学院。阿尔巴尼、多梅尼基诺和圭多·雷尼都在他的学院里学习过,后来都去了卡拉奇学院。

[4] 阿尔布雷特·丢勒(1471—1528 年)。

[5] 阿尼巴勒·卡拉奇和阿戈斯蒂诺·卡拉奇。卢多维科是他们的堂兄。从他们一起工作并共同成立卡拉奇学院,贝洛里就将他们称为兄弟。

[6] 已遗失。马尔瓦西亚(1841 年),第 2 卷,第 8 页写道阿尼巴勒的这件作品是铜版油画,当时修士桑皮耶里将其献给"罗马的一位大人物",又想自己留一份,于是,阿尼巴勒建议他委托圭多·雷尼绘制一件临摹作。

[7] 德累斯顿国家博物馆,古代大师画廊。

[8] 《巴尔奇图集》(1987 年),第 250 – 257 页,第 49 条;第 349 页,第 40 条;《美的理念》,第 2 卷,第 202 页,目录 2。

[9] 博洛尼亚国家美术馆。

[10] 雷尼为拉斐尔《圣塞西利亚》所绘的临摹作现藏于罗马圣路易吉·迪·弗朗西斯教堂圣塞西利亚礼拜堂,帕塞里(1934 年),第 36、83 页对此有相关记载。

[11] 博洛尼亚国家美术馆。

[12] 杜拉佐·帕拉维奇尼藏品,热那亚。也可参见马西尼(1650 年),第 355 页;帕塞里(1934 年),第 263 页。

[13] 圣路加圣母圣所(Sanctuary of the Madonna di San Luca),博洛尼亚。这件作品的主题是圣母子以玫瑰经神迹向圣多明我显圣。

[14] 目前所在不明。这件作品的主题是圣雅辛托斯的幻见。

[15] 关于卡拉奇学院的年轻画家们对雷尼的竞争和嫉妒,参见马尔瓦西亚(1841 年),第 2卷,第 10 页。

[16] 埃斯泰家族在 1242 至 1597 年间统治费拉拉。费拉拉于 1308 年成为教皇领地,克雷芒五世于 1332 年任命奥比佐·德·埃斯泰为教皇代理。阿方索二世·德·埃斯泰于 1597年去世,没有留下合法继承人,克雷芒八世于 1598 年收回费拉拉领地。

[17] 即市政厅(Palazzo Pubblico)【也被称作议员厅(Palazzo del Senato)】。"统辖"(Reggimento)是博洛尼亚的管理阶层,由选举出的贵族终生成员组成。

[18] 根据马尔瓦西亚(1841 年),第 2 卷,第 11 页的记载:"投票产生了两极分化,一些人认为卢多维科(·卡拉奇)能力更强,其他人认为(巴尔托洛梅奥·)切西是更有经验的壁画家。这个对立有利于圭多,他作为这两个竞争者之外的第三方出现,双方都很欣赏他,因此他能够统一双方意见,使他们都愿意把委托交给他。"巴尔托洛梅奥·

切西（Bartolomeo Cesi, 1556—1629 年）是反宗教改革的绘制圣像的博洛尼亚画家。

[19] 雷尼画于统辖厅立面的这些油画现已不存。雷尼为这个立面制作了一幅蚀刻版画，收录于维托里奥·贝纳奇（Vittorio Benacci）的《为教皇克雷芒八世的驾临而在博洛尼亚制作的各装置的相关描述》（*Descrittione degli Apparati fatti in Bologna per la Venuta di N. S. Papa Clemente VIII*），博洛尼亚，1599 年【《巴尔奇图集》（1982 年），第 176 页，第 25 条】。关于各种庆祝装饰的详细描述，包括雷尼为克雷芒八世驾临博洛尼亚而作的已遗失的壁画，参见《巴尔奇图集》（1987 年），第 292 - 300 页，第 7 - 15 条。如果贝洛里的描述依据的是这幅蚀刻版画，那么他正确描述了治安的姿势，但弄反了神意的双手；如果他的描述依据的是原作，那么他正确描述了神意的姿势，但弄反了治安的双手，其错误与来源有关。

[20] 关于弗朗切斯科·阿尔巴尼，参见附录。

[21] 阿尔巴尼的壁画现已不存。奥古斯丁·帕茹（Augustin Pajou）在 1752 至 1756 年间将其临摹为素描，这幅素描现藏于国家高等美术馆，藏品第 II7 号。马西尼（1650 年），第 154 - 155 页写到这件壁画位于波德斯塔宫（长廊）拱顶下方的墙上，面朝詹博洛尼亚（Giambologna）所作的海神尼普顿喷泉雕塑【统辖厅位于博洛尼亚主广场（Piazza Maggiore）西侧，波德斯塔宫位于主广场北侧，波德斯塔宫长廊的最东侧面朝詹博洛尼亚所作的喷泉雕塑和统辖厅】。阿尔巴尼的壁画主题（如帕茹的素描所展现的那样）是圣母子和圣方济各、圣多明我以及天使们。马西尼称其为《圣母与圣多明我及圣方济各》。马尔瓦西亚（1841 年），第 2 卷，第 11 页称其为《圣方济各的故事》。在帕茹的素描中，圣母子坐在云端，这或许可以解释为何贝洛里会将这幅壁画认作圣母升天图。

[22] 已被毁。也可参见斯堪内里（1657 年），第 350 - 351 页；帕塞里（1934 年），第 263 页。有两幅版画临摹了这件作品：一幅的创作者是马泰奥·博尔博尼（Matteo Borboni, 约 1616—约 1678 年）【巴尔奇（1920 年），第 19 卷，第 109 页】；另一幅的创作者是乔凡尼·马里亚·乔凡尼尼（Giovanni Maria Giovannini, 1667—1717 年）【巴尔奇（1920 年），第 19 卷，第 235 页，第 23 条】，出版于马尔瓦西亚（1649 年）。乔凡尼·马里亚·维亚尼（Giovanni Maria Viani, 1636—1700 年）所绘的一件临摹作现位于教堂的唱诗席。

[23] 已遗失。

[24] 这幅壁画于 1840 年从墙上分离下来并转移到画布上。现在是班克斯的藏品，金斯顿·莱西庄园（Bankes Collection, Kingston Lacey）。

[25] 这幅壁画还在扎尼宫的原处，扎尼宫现在是莱茵河土地开垦集团（Consorzio della Bonifica Renana）的所在地。贝洛里所说的骏马后半部分身体的模仿对象指的是狄俄斯库里兄弟卡斯特和帕勒克及其战马，这个雕塑群是公元前 5 世纪古希腊原作的罗马临摹品（在贝洛里的时代，其中一个雕塑的作者被认作菲迪亚斯），多梅尼科·丰塔纳于 1589 年为西斯克特五世将其安放在奎里纳勒广场上。

[26] 参见注释 9、10。

[27] 关于阿尔巴尼，参见附录。

[28] 安多尼奥·斯卡尔瓦蒂（1557/59—1622 年）是博洛尼亚画家，1607 至 1619 年间在罗

马圣路加学院登记在册，在那里为克雷芒八世、利奥十一世和保罗五世绘制了肖像。

[29] 弗朗切斯科·万尼（1563—1610 年）是锡耶纳画家，也是费德里科·巴罗奇的追随者。

[30] 保罗·埃米利奥·斯冯德拉蒂（Paolo Emilio Sfondrati，1560—1618 年）于 1590 年被封为红衣主教。

[31] 根据马尔瓦西亚（1841 年），第 2 卷，第 12 页，雷尼依照拉斐尔《圣塞西利亚的幻见》而作的临摹作（参见注释 10）当时位于博洛尼亚的山间圣约翰教堂左耳堂，来自红衣主教（安多尼奥·）法基内蒂的委托。

[32] 诺顿·西蒙艺术博物馆，帕萨迪那。

[33] 这两幅画现藏于特拉斯提弗列圣塞西利亚教堂的浴室礼拜堂（Cappella del Bagno）。也可参见帕塞里（1934 年），第 83 页。"博洛尼亚那件作品"指的是拉斐尔的《圣塞西利亚》。

[34] 梵蒂冈美术馆。也可参见曼奇尼（1956 年），第 1 卷，第 83、273 页；托蒂（Totti，1638 年），第 121 页；斯堪内里（1657 年），第 353 页；莫拉（Mola，1966 年），第 121 页；帕塞里（1934 年），第 86－87 页。关于红衣主教彼得罗·阿尔多布兰迪尼，参见附录。

[35] 关于红衣主教西比奥内·博尔盖塞，参见附录。

[36] 圣西尔维娅祈祷室是圣格列高利大帝辖区的三个礼拜堂之一。也可参见斯堪内里（1657 年），第 353 页；帕塞里（1934 年），第 84－85 页。

[37] 也可参见曼奇尼（1956 年），第 1 卷，第 273 页；巴格利奥尼（1642 年），第 383 页；斯堪内里（1657 年），第 353－354 页；帕塞里（1934 年），第 85－86 页；索普拉尼（Soprani，1768—1769 年），第 2 卷，第 147 页。多梅尼基诺那幅壁画的主题是被鞭笞的圣安德烈。

[38] 佩珀（1971 年），第 315－317 页，附录第 2、4、41 条出版的文件证实了帕塞里（1934 年），第 85 页的证词，即贝洛里所说的礼拜堂的"建筑装饰"也是圭多·雷尼所作。

[39] 现在是帕拉维奇尼－罗斯波里奥西宫。也可参见曼奇尼（1956 年），第 1 卷，第 278 页；斯堪内里（1657 年），第 347 页；帕塞里（1934 年），第 87 页。

[40] 这个拿火把的丘比特在欧若拉的后面、日神的前面。

[41] 即奎里纳勒宫。

[42] 安多尼奥·卡拉奇（1583？—1618 年）是阿戈斯蒂诺的儿子、阿尼巴勒的侄子，他和阿尼巴勒一起住在罗马。参见《阿尼巴勒传》以及《阿戈斯蒂诺传》。

[43] 也可参见曼奇尼（1956 年），第 81、241 页；帕塞里（1934 年），第 88－92 页；马尔瓦西亚（1841 年），第 1 卷第 373 页，第 2 卷第 15－16 页。

[44]《路加福音》，1：35，38。

[45] 陪伴圣母的不是 3 个"小天使"，而是两个小天使，以及另外两个比较大的天使。她缝制的布不是红色，而是白色。

[46] 这幅画的主题是约阿希姆领报。

[47] 参见附录。

[48] 即保罗礼拜堂（参见《多梅尼科·丰塔纳传》）。贝洛里的原文【贝洛里（1942年），第19页】是："在上文说到的奎里纳勒宫这个礼拜堂之后，圭多被召唤前去绘制圣母大殿的另一个礼拜堂，教皇急需他完成这个工程，因为教皇从任期初始就开始建造这个礼拜堂，以便和另一边西斯克特建造的另一个礼拜堂相配，依照的是丰塔纳的设计图和正面图（Dopo le med. ma cappella Quirinale era Guido sollecitato all'altre di Santa Maria Maggiore, premendo al papa che si terminasse, poiché avendola principiata fin dal principio del suo pontificato per accompagnare l'altra incontro di Sisto seguitava l'istessa pianta ed alzata del Fontana）。"这里的复数词le和altre肯定是抄录时的错误，因为这句话的其他部分先说奎里纳勒礼拜堂，后说保罗礼拜堂。"教皇"和"以便"之间缺少标点，这肯定也是抄录的错误。

[49] 圣母大殿的《圣路加所作的圣母像》（Madonna of Saint Luke）最早可以追溯到8世纪。原作被修复过几次，最近的一次是在11至13世纪之间。

[50] 除了雷尼，其他为保罗礼拜堂工作过的画家还有乔凡尼·巴格利奥尼（1566—1644年）、卢多维科·卡迪（Ludovico Cardi，1559—1613年）、多梅尼科·克雷斯蒂（1559—1638年）和巴尔达萨雷·克罗切（Baldassare Croce，1558—1628年）。保罗礼拜堂壁画的主题是圣母的神迹和胜利。关于雷尼所作壁画的主题，可参见曼奇尼（1956年），第81、241、276页；斯堪内里（1657年），第354页；帕塞里（1934年），第91－92页。

[51] 米开朗琪罗在1506年5月突然离开罗马，当时他被拒绝觐见教皇尤里乌二世，而他想向教皇讨要资金，以便将用于教皇墓碑的大理石运到罗马。贝洛里可能从瓦萨里那里得知了这个逸事【瓦萨里（1878—1885年），第7卷，第167页】。

[52] 博洛尼亚国家美术馆。这件作品的主题是虐杀纯洁男童。也可参见斯堪内里（1657年），第349页；帕塞里（1934年），第94页；《美的理念》，第2卷，第346－347页，目录6。

[53] 马里诺（1664年），第58页。

[54] 这幅壁画的主题是圣多明我的荣光。

[55] 雷尼在1613年10月19日收到壁画的第一笔薪酬。红衣主教马菲奥·巴贝里尼，也就是后来的教皇乌尔班八世，1611至1614年间任博洛尼亚教皇代理。

[56] 卢多维科·法基内蒂（Ludovico Facchinetti，死于1644年）是驻罗马的博洛尼亚大使。

[57] 贝洛里是从画面外观者的位置描述赫拉克利乌斯的。从画面内部来看的话，赫拉克利乌斯张开左手，右手掀开紫色短斗篷。他脚踩的是盾牌，不是倒地的士兵。

[58] 这个人物是三位希腊主教之一的圣西里尔（Cyril）。

[59] 乌尔班八世·巴贝里尼在1623至1644年间任教皇（参见附录）。

[60] 巴贝里尼（1620年），第67页。

[61] 参见《兰弗朗科传》，注释26。

[62] 也可参见斯堪内里（1657年），第350页。

[63] 巴黎圣母院。托钵修会教堂即怜子圣母教堂（Santa Maria della Pietà）。在巴黎抄本里，这个礼拜堂的名字是缺漏的。在鲁昂抄本里，它被认为是丝绸商人公会礼拜堂【贝洛

里（1942 年），第 25 - 26 页】。也可参见斯堪内里（1657 年），第 350 页。

[64] 博洛尼亚国家美术馆。也可参见斯堪内里（1657 年），第 350 页。

[65] 圣查理·波罗米奥，米兰大主教及红衣主教（1538—1584 年）。

[66] 圣彼得罗尼乌和圣多明我都在圣查理·波罗米奥的右边。

[67] 基督身下的不是黄布，而是白布。

[68] 这个天使用左手而不是右手托着自己的脸。

[69] 在巴黎抄本里，这处缺漏了。在鲁昂手稿里，这里写的是 lattune【贝洛里（1942 年），第 26 页】，我们现在将其理解为 l'azione。博雷亚将其解读为 azzioni，并认为这两份抄本之间的矛盾明显意味着它们都是同一份不知名抄本的转录，巴黎抄本的抄写者无法读出原本的文字，而鲁昂抄本的抄写者将其读作 lattune【贝洛里（1976 年），第 515 页，注释 c】。

[70] 这件作品的赞助人是侯爵阿戈斯蒂诺·杜拉佐（Agostino Durazzo），他于 1616 年在圣安布罗斯教堂为他的父亲贾科莫·杜拉佐（1503—1597 年）建了一个礼拜堂，后者在 1573 至 1575 年间任热那亚总督。在博洛尼亚任教皇代理的杜拉佐家族成员是阿戈斯蒂诺的侄子、热那亚大主教及红衣主教斯特凡诺·杜拉佐（Stefano Durazzo, 1594—1667 年），他在 1640 至 1642 年间担任代理职务。从安德里亚·巴布奇（Andrea Barbuzzi）在 1617 年 7 月 2 日写给曼图亚公爵斐迪南多·贡扎加的一封信中，我们得知雷尼于 1617 年完成热那亚圣安布罗斯教堂的祭坛画，信里解释了雷尼在 8 天或 10 天的时间里都无法旅行，因为他必须将刚完成的一幅画送到热那亚。雷尼在热那亚只有一件作品，因此这里指的肯定是为杜拉佐礼拜堂所作的《圣母升天》。马尔瓦西亚（1841 年），第 2 卷，第 21 页没有提及这件作品的赞助人或所在地。斯堪内里（1657 年），第 353 页和索普拉尼（1768—1769 年），第 1 卷，第 352 页以及第 2 卷，第 133 页只提到这幅祭坛画在圣安布罗斯教堂。

[71] 贝洛里从画面外观者的位置描述天使们和圣母的位置关系。

[72] 博洛尼亚画家乔凡尼·弗朗切斯科·巴尔别里（圭尔奇诺，1591—1666 年）。

[73] 博洛尼亚国家美术馆。也可参见斯堪内里（1657 年），第 350 页。

[74] 诺森伯兰公爵藏品，阿尼克城堡，诺森伯兰。也可参见帕塞里（1934 年），第 353 页。

[75] 已被解体。曾位于集市的圣多马教堂（San Tommaso del Mercato），博洛尼亚。也可参见斯堪内里（1657 年），第 350 页。

[76] 也可参见斯堪内里（1657 年），第 352 页。马尔瓦西亚（1841 年），第 2 卷，第 25 页提到了第三个协作者、一个不知名的画家马雷斯科蒂（Marescotti）。

[77] 那只指向地面的手是第二个女人的手。

[78] 贝洛里写的是 Abimelech。意大利语中没有 Ahimelech 这个名字。

[79] 基督张开的是左手，抱十字架的是右手。

[80] 贝洛里从祭坛的视角描述两组小天使、圣米迦勒以及两边的加百列和拉斐尔。

[81] 这句话的意大利原文是 "Tobia illuminato è simbolo del peccatore pentito, che dalle tenebre dell'errore discende alla luce della gloria"，句中的错误可能是抄录造成的，因鱼的胆汁而复明的不是多比雅，而是他的父亲多比（Tobit）。在拉丁文圣经中，这父子俩都叫多比

雅。更通常的说法是，父亲叫多比，儿子叫多比雅。抄本里写的是"多比雅……下降"【"Tobia... descende"（"Tobias... descends"）】到荣光，但原文肯定是"多比雅/多比上升"【"Tobia/Tobi... ascende"（"Tobit... ascends"）】到荣光。

[82] 第四个先知是以利亚，他的名字在巴黎抄本和鲁昂抄本中都被略去了。

[83] 红衣主教朱里奥·萨凯蒂（Giulio Sacchetti）在 1626 至 1635 年间任博洛尼亚教皇代理。

[84] 根据马尔瓦西亚（1841 年），第 2 卷，第 57 页，注释 1，雷尼为保罗·圭多蒂（Paolo Guidotti）议员画过一幅半身像，在当时是侯爵弗朗切斯科·圭多蒂－马尼亚尼（Francesco Guidotti-Magnani）的藏品。

[85] 红衣主教斯特凡诺·杜拉佐（参见注释70）。

[86] 尚未确认。意大利语抄本写的是雷尼在"appresso vicino al letto"发现了这幅画，也就是"在床边"，我们可以假设这是一处抄写错误，原句应该是"appeso vicino al letto"。

[87] 此处的 24 小时是从晚祷即日落后半小时开始算起。

[88] 圭多死于 8 月 18 日。

[89] 贝洛里所说的这个故事的来源是西塞罗：《为诗人阿尔奇乌斯一辩》（Pro Archia Poeta），9，22，但他做了非常大的改动："我们伟大的恩尼乌斯和非洲的征服者（Africanus，即西庇阿）交往甚密，因而在西庇阿的家族墓里建了一个恩尼乌斯的大理石雕像。"【西塞罗：《演讲集》，N. H. 沃茨（Watts）译，伦敦和纽约，1923 年，第 31 页】骨灰、月桂冠和棕榈枝都是贝洛里自己加上去的。

[90] 参见马尔瓦西亚（1841 年），第 2 卷，第 5 页的对页上雷尼的木刻版画肖像。

[91] 参见注释 83。

[92] 贝洛里关于雷尼的生活习惯的描述来自马尔瓦西亚【马尔瓦西亚（1841 年），第 2 卷，第 59 - 60 页】。

[93] 西班牙的尼德兰属地的总督，伊莎贝拉·克拉拉·尤金妮亚公主（参见附录）。这件作品曾藏于塞维利亚大教堂，后来是布里奇沃特庄园的埃尔斯米尔（Ellesmere）藏品，伦敦，毁于一战。

[94] 大都会博物馆，纽约。也可参见马尔瓦西亚（1841 年），第 2 卷，第 27 页。

[95] 这一句应该是抄写时的错误，意大利语抄本上写的是"credere al suo favore"，原本应该是"cedere al suo favore"。

[96] 也就是把帽子戴回去。

[97] 罗浮宫博物馆，巴黎。也可参见马尔瓦西亚（1841 年），第 2 卷，第 28 - 30 页；帕塞里（1934 年），第 101 页。

[98] 尚未确认。

[99] 伦敦国家美术馆（借自丹尼斯·马翁爵士藏品）。也可参见马尔瓦西亚（1841 年），第 2 卷，第 31、45 - 46 页。

[100] 这封信也出版于马尔瓦西亚（1841 年），第 2 卷，第 45 - 46 页。瓦迪斯瓦夫四世在 1632 至 1648 年间任波兰国王。

[101] 弗莱芒画家丹尼斯·卡尔瓦特（参见注释3）。

[102] 贝洛里此处沿用了普林尼:《自然史》,36,28 的说法:"无法确定所撒尼乌斯的阿波罗神庙 (Sosian Apollo) 里尼俄伯死去的孩子们这个雕像群是出自斯科帕斯还是普拉克西特利斯之手。"【普林尼:《自然史》,第 10 卷, D. E. 艾希霍尔兹译,剑桥 (马萨诸塞) 和伦敦,1971 年,第 21 - 23 页】。《尼俄伯和她的女儿们》这个雕像群是依照公元前 4 世纪古希腊原作所作的罗马临摹品,于 1583 年在主门 (Porta Maggiore) 附近的葡萄园发掘出土,大公弗朗切斯科一世·德·美第奇将其购入罗马的美第奇别墅,并记录于 1670 年藏品目录。18 世纪末期,这个雕像群被移到佛罗伦萨的乌菲齐美术馆,首次记录于 1784 年藏品目录。普拉克西特利斯和帕罗斯岛的斯科帕斯都是公元前 4 世纪的古希腊雕塑家 (普林尼:《自然史》,36,21 - 26)。

[103] 宙克西斯是公元前 5 世纪至公元前 4 世纪的古希腊画家 (普林尼:《自然史》,35,61 - 66)。普林尼所说的宙克西斯所作的画像不是海伦,而是赫拉克勒斯的母亲阿尔克墨涅 (Alcmena)。普林尼 (同上) 在罗马的菲吕帕柱廊见过宙克西斯的海伦像。据西塞罗所说,意大利南部的城市克罗同委托了这件作品。

[104] 关于乔凡尼·安多尼奥·马萨尼,参见附录。

[105] 圣灵感孕圣母教堂,罗马。也可参见帕塞里 (1934 年),第 98 页;马尔瓦西亚 (1841 年),第 2 卷,第 35 - 36 页;《美的理念》,第 2 卷,第 353 页,目录 14。

[106] 贝洛里在《美的理念》(第 59 页) 引用过同样的一段,但这里缺少最后一句 ("而我对恶魔想都不愿想,丝毫不愿让他出现在我的头脑中")。

[107] 阿提拉的故事 (《圣利奥一世和阿提拉的会面》) 由亚力山德罗·阿尔加迪制作成大理石浮雕【参见马尔瓦西亚 (1841 年),第 2 卷,第 26 页;《阿尔加迪传》】。

[108] 一种波斯丝绸。

[109] 博洛尼亚国家美术馆。也被称作《关于瘟疫的祭坛画》(pala della peste)。也可参见马尔瓦西亚 (1841 年),第 2 卷,第 37、42、57 页,他将其称作《关于誓言的大祭坛画》(pallione del voto)。这件作品由博洛尼亚参议院委托,以纪念 1630 年终止的瘟疫,最初收藏在圣多明我教堂。

[110] 参见注释 105。

[111] 伦敦国家美术馆。

[112] 所在不明。贝洛里关于这幅祭坛画后来由乔凡尼·安德里亚·西拉尼 (1610—1670 年) 完成的说法得到马尔瓦西亚【马尔瓦西亚 (1841 年),第 2 卷,第 41 页】的证实,后者写道,在雷尼那些仅有大概轮廓的未完成品 (bozzate e imperfette) 中,"我尤其记得见过为卡尔特会神父所作的圣布鲁诺像,神父们请西拉尼完成了画中恶魔、世界和肉体这些粗略的人物"。

第 14 章
安德里亚・萨奇[1]

　　罗马这座城市在每个时期都会出现在绘画、雕塑和建筑方面成绩斐然的人才，他们为这些艺术带来荣耀。我说的这种人才不仅包括在少年时期就从各地来到罗马学习知识的大量名人，也包括那些罗马的本地人，他们的杰出作品为罗马这座伟大的城市带去荣誉和名望。故乡的舒适和放纵确实经常不幸地让有的年轻人堕落成不光彩又懒散的人，但不算上这个，还是有很多人才生长在这片福地上，受到别人的鞭策和督促。所以，即使在绘画艺术重新崛起的艰难的早期，一个名为彼得罗・卡瓦里尼（Pietro Cavallini）的罗马人在绘画和雕塑上都达到很高的境界，他的一些雕塑作品留存至今。[2]后来在庇护二世任教皇时期[3]，艺术从最开始的雏形往前发展，一个名叫保罗・罗马诺（Paolo Romano）的艺术家非常擅长制作雕塑，虽然他早于博那罗蒂很多年，但他的能力丝毫不逊色于博那罗蒂，他的在圣天使大桥（Ponte Sant'Angelo）入口处的圣保罗大型雕像可以清楚地表明这点。在当下寥寥无几的优秀雕塑作品中，这个雕像独树一帜。如果说保罗有什么缺点，那就是他制作的雕塑作品实在太少，又或者我们没有相关记载，只能看到他留存至今的少量作品。[4]随后到了乌尔比诺的拉斐尔及其多产的学院的艺术盛期。有谁能说得尽对伟大的朱里奥・皮皮（Giulio Pippi）的赞美之词？他在绘画和建筑这两方面都是最杰出的。当然，皮皮的有些作品保存在罗马，更多在曼图亚，在意大利的其他城市也有很多他的著名绘画及建筑成果，他和他的老师拉斐尔一起复兴了崇高的古代艺术。[5]

　　在当今时代的众多优秀画家之中，有一个罗马本地的画家值得让我在此重书这个城市，这位天赋异禀的画家既为他的故乡，也为自己带去永恒的荣耀。此人就是安德里亚・萨奇（Andrea Sacchi）[6]，他于 1601 年出生在罗马，为贝内代托・萨奇（Benedetto Sacchi）之子。由于他出生在使徒圣安德烈节日的前夜，他的名字就取自这位使徒，在洗礼时被命名为安德里亚。[7] 他从小就有一种谦逊的品质，不仅天生就有优雅和高贵的外表，而且具有得体的礼仪和天赋的才华，后者更胜于前者，也是前者的基础。了不起的才华总是会导向对高雅艺术的强烈学习兴趣，而安德里亚的父亲就是一个画家。他从小就专注于学习素描，并在持续不断的勤学苦练中获益良多。急躁的手上功夫只会让最聪明大胆的人才沦为平庸之辈，与之相比，这种脚踏实地的做法可以更好地培养孩子。贝内代托很快发现安德里亚早早超过自己，觉得自己已不能再教他什么，机智地为他换了一位更好的老师，将他推荐给骑士朱塞佩·达·阿尔皮诺[8]，后者愉快地将他接纳到自己的学院，认为他比其他年轻人都要专注于进步。安德里亚大部分时间都在练习临摹波利多罗的单色壁画，这些壁画在当时被大量保存下来，完好无损地留在罗马各个宫殿的立面上。[9] 他也努力学习拉斐尔的作品，以及古代雕像和大理石雕塑，所以他在短短时间内就成为罗马最优秀的画家。他在 11 岁不到的年纪就证明了自己的进步，那时他拿下圣路加学院的大奖，虽然和他竞争的是年纪比他大、经验比他丰富的年轻人，但安德里亚的素描被评选为第一，他也获得了所有人的赞美。为了符合这些年轻人的水平，比赛是很简单的关于两个人物的主题，即违背上帝旨意偷吃苹果的亚当和夏娃。安德里亚十分出色地在轮廓和姿态方面描绘了这两个人物的裸体，就像我们在画里所见的那样。他至今保存着这幅素描，为的是纪念他早年拿到的这个奖，也是因为他在那场比赛中赢得圣路加学院最佳画家的荣誉。[10] 有个传统是为年轻的孩子起昵称，所以他从那时起就被叫作"安德鲁奇奥"（Andreuccio），而不是安德里亚，这一称呼也伴随了他一生，虽然他长得又高又壮。赞美总是会激励成长中的天才，安德里亚没有止步于此，而是胸怀大志，朝更高的目标迈进，幸运也没有辜负他的美德。有一天，当他独自在一个花园的房间里画画时[11]，他没有注意到红衣主教德尔·蒙特[12]轻手轻脚地靠过来看他的素描。他突然发现红衣主教，一瞬间就因纯真的窘迫而红了脸，当他起身准备离开时，红衣主教希望他留在这里继续作画，还表扬了他的谦逊、专注和才能。这位红衣主教是圣路加学院的赞助人，也重建了这个学院，这位所有高雅艺术的慷慨赞助人和善地看着安德里亚，发现他生活困窘、衣衫褴褛，便给他置办了一身新衣裳，还让他吃住在自己府上，好让这些问题不会阻碍他施展才华。安德里亚承蒙这位大人恩宠，越发想要出人头地。他早就注意到卡拉奇学院和阿尼巴勒复兴的优美风格，决定毛遂自荐到弗朗切斯科·阿尔巴尼[13]那里，后者是卡拉奇学院培养出的最杰出的人才之一，当时就住在罗马，安德里亚选择阿尔巴尼作为自己新的老师。很快，在阿尔巴尼的教导下，安德里亚熟知了绘画规则，这正是当时年少的他所需要的。他研究圣迭戈教堂礼拜堂和法尔内塞宫长廊的叙事性绘画[14]，阿尔巴尼也为这个学生所取得的巨大进步而骄傲。考虑到安德里亚在素描方面已经受到很好的教育，阿尔巴尼开始教他颜料画的基础知识和画笔的使用，就像安德里亚在线条上有出色的能力，他同样很擅长表现色彩。在这个时期，红衣主教德尔·蒙特自费建立了一个被称作虔诚之家（Casa Pia）的慈善机构，收留那些婚姻不幸的女性，他希望安德里亚在入口上方画一幅圣母子像，而安德里亚此前从未画过壁画或公开展示的作品。他先做了一些实验，弄清楚如何掌握时机和调制石膏，然后在入口上方画了抱着圣子坐在底座上的圣母，圣子似乎在学着阅读，孩子气地拿着圣约瑟的眼镜，后者在圣子面前举着一本书。安德里亚的第一件作品非常成功，也让他开始有了名气，年长的画家们难以相信这些笔触居然是一个孩子所画。由于那个机构现在换了地方，这件作品已经被移到旁边的圣基娅拉修道院（convent of Santa Chiara）。[15]红衣主教德尔·蒙特当时也在重建圣乌尔班托钵僧女修会修道院（convent of the Capuchin nuns of Sant'Urbano），鉴于安德里亚出色地完成了第一件作品，他希望安德里亚继续在这个修道院的入口上方画另一幅壁画。安德里亚在上面画了3个人像，圣乌尔班一世穿着教皇袍，双手放在胸前，脸朝向一道圣光，一个小天使拿着他的主教冠。他右边是露出侧面的圣方济各，后者一只手张开，抬头仰望；他左边是拿着圣体匣的圣克莱尔。这3个人物的画像为安德里亚赢得了更多赞赏，证明了他在阿尔巴尼的指导下所取得的进步。[16]安德里亚有一个在城边的圣约瑟修道院（San Giuseppe a Capo le Case）当修女的姊妹，那里信奉圣特蕾莎，因此他应当在修道院入口上方为这些修女绘制一幅画作，这幅精美的壁画描绘了跪在地上的圣特蕾莎沉浸在神圣的启示之中，双手合十，脸朝向一片明亮的天堂之光。[17]

　　红衣主教德尔·蒙特出于自己的喜好装饰了台伯河边的位于小河岸街（Via di Ripetta）的一个花园，如今这个花园为博尔盖塞亲王所有。红衣主教在花园里建了一个消遣用的敞廊，希望到了夏天能在这里举办晚宴，所以他命令安德里亚尽快为敞廊作画，只给了他几天时间。他不得不遵从这位恩主的意愿，虽然他完全不是一个快手画家，但他设法在规定时间内匆忙地勉强完成了敞廊装饰，红衣主教对结果表示满意，但他自己并不满意，这不符合他平常的标准，也没有他在足够时间里所能达到的较高水平。不过，由于这件作品还是比较优秀，也有一个不常见的主题，所以我们还是在此对其做一番介绍。

季节女神们从日神那里获得力量

　　拱顶中间是一幅纵向的仿架上画制式的壁画，画中人物比真人略小，分别代表崇拜日神的 4 个季节女神，从他那里获得保佑年岁顺遂的太阳神力。[18]这些季节女神是跪着的 4 位少女。第一个是夏之女神，戴着用谷穗制成的金冠，肩膀从一件黄色衣袍露出来，从阿波罗那里接过一个敞口的罐子，后者坐在云端，拿着盖子，面朝云上来找他的墨丘利和朱诺，他们代表和日神的力量相抗衡的气体，为万物生长而调和土地与各个季节。夏之女神的旁边是弯下腰的秋之女神，戴着用葡萄制成的王冠，也将手放在罐子的盖子上，似乎想像她的同伴那样打开罐子。夏之女神和秋之女神的中间是春之女神和冬之女神，前者戴着用鲜花制成的王冠，后者戴着用松枝制成的王冠。拱顶的 4 个扇形壁的侧边都有仿灰泥装饰的年轻人像，这些在四边呈坐姿的人物举着檐板，檐板上装饰着花彩，扇形壁上方则画着被叶形装饰包围的圆形画。这些扇形壁的拱门下方是寓意画，画中人物比真人小，分别是玛尔斯追求维纳斯、阿波罗将玛尔斯和维纳斯的奸情告诉伏尔甘、克瑞斯向水中仙女诉说，对面的第四幅寓意画已不见，因为这侧拱门的下方开了一个大窗户。[19]在拱顶的 4 个角上，他画了 4 个坐在灰泥檐板上的比真人大的人像，也都和季节有关。一个角上是斜躺在枕头上的维纳斯，她旁边的一个小丘比特做出拉弓射箭的姿势，这位女神象征着使自然丰饶多产的爱与愉悦的春天。另一个角上是一个半裸的女性，一件金色布料盖住她的大腿以下部分，她抬起一条手臂，手中拿一面镜子，镜子反射日神的力量，她脚边是一捆谷穗，象征夏天。第三个角上是一个农民模样的坐着的裸体人物，前臂搭在犁上，象征冬天这个适合犁地的季节。第四个角上是坐着的巴库斯，大腿上围着一张虎皮，手里拿着一个杯子，从葡萄里挤出玫瑰色的汁液。在对门大窗户的上方，他画了一幅酒神狂欢图，画中是和真人一样大的人物，西勒诺斯靠在巴库斯和迈达斯国王身前，迈达斯国王戴着一顶金冠，头上还长着一对驴耳朵，以此表达财富通常伴随着酗酒和无知。[20]画中还有 4 个狂放地奏乐和喝酒的人物。冷静持重的红衣主教希望用这个来意指这些恶德的卑劣性，表示自己的宴会是很克制的。安德里亚 18 岁的时候已经以他的博学和精湛画技收获了更多的名誉，勤奋且审慎地创作了很多作品。所以，当他们在为当时新建的圣彼得大教堂的各个祭坛准备祭坛画的时候，红衣主教德尔·蒙特计划让安德里亚和当时罗马最优秀的一批画家竞争，由于红衣主教是圣彼得大教堂管理会的主要成员之一，他成功让所有人一致同意由安德里亚负责绘制圣彼得罗妮拉（Petronilla）大祭坛画，以此更好地激发出这个年轻画家的才华，也是为了让他自己在这个年纪更受人尊敬。然而，当这个好心的红衣主教满心以为自己为安德里亚做了一件大好事，为他争取到基督教世界最伟大的教堂的委托，红衣主教却发现他另有想法，他对协议毫不知情，被通知搅得心烦意乱，也没有野心，立刻拒绝了邀请，认为这个委托应当给那些名扬四海的大师，自己这样知识浅薄、年纪太小的小卒无法胜任如此重大的任务，红衣主教德尔·蒙特无论如何都没能说服他。人人都称赞他的谦逊，他也因此赢得了别人的敬爱。圣彼得大教堂管理会接受了他提出的自己年纪太小的理由，认为如果他因年龄问题拒绝大祭坛画，那么他应当接下另外一件小幅的圣格列高利祭坛画，这个适合他的年纪。安德里亚最后接受了这个小祭坛画的委托，但他没有当时就开始动手，而是经过 6 年的磨炼，然后才完成了这件作品。那幅圣彼得罗妮拉大祭坛画委托给了琴托（Cento）的乔凡尼·弗朗切斯科·巴尔别里。[21] 我非常欣赏安德里亚的谦逊，也很希望能在当下发现这样自律自知的人才，如今每个人都争第一，丝毫不在意自己学识之浅薄，也不考虑委托的地点和义务或者作品的大小，他们越鲁莽，就越是注定失败。

安德里亚在圣彼得大教堂所作的这幅祭坛画的主题是圣格列高利大帝的神迹，圣格列高利扎破一块曾包裹殉教者遗骨的亚麻布，使鲜血从布里涌出来。

圣格列高利大帝的神迹

这位圣徒教皇曾用一块亚麻布触碰殉教者的遗骨[22]，将亚麻布封存在容器里，以此替代遗骨，让使者把亚麻布带回他们的国家。使者在半路发现此事后，立刻返回并向圣格列高利表示抗议，后者当着使者和成员们的面做弥撒、向上帝祷告，然后拿起这块亚麻布，用刀刺破布，鲜血从布里涌出来，让在场的所有人都大为震惊。安德里亚再现了教堂的内部，站在教堂里的圣格列高利穿着神父袍和十字褡，在祭坛前一只手举着那块洁白无瑕的亚麻布，另一只手用刀刺破布，鲜血从布滴到地上。他保持这个姿势，一动不动地高举亚麻布，转身将其展示给那些狐疑的使者看。其中一个主要使者跪在前面，惊异地抬头看，大张双臂。这个形象高贵的人物穿着异国服饰，一件蓝色外袍覆盖在他长长的皮革镶边的袍子外面，他的秃头顶和白发暴露在光线里，看上去非常栩栩如生。在这个使者后面，他的一个同伴在祭坛前弯着腰，一只手拿着装遗骨的容器，另一只手覆在上面，也专注地盯着这个神迹看。圣格列高利脚边跪着一个执事，面朝圣格列高利，右手拿着另一个打开的容器，左手拿着揭开的盖子。这件作品的和谐色彩只能出自优秀的色彩大师之手，在光影的强烈和柔软之间取得精巧的平衡，而出色的布料弥补了画面中没有的裸体。在背景里，高竖的戟刃从祭坛下方露出来，暗示下面有一队教皇侍卫，恰到好处地填补了这个空白。我们完全可以肯定安德里亚在这件作品中展示出的能力，当时他只有24 岁，此前经过了整整 6 年的勤奋学习，这让他比其他年轻人都远胜一筹，使他足以和那时最杰出的大师相提并论，那个时代杰作层出不穷。

很快，安德里亚绘制了一幅圣伊西多尔（Isidore）祭坛画，教皇格列高利十五世刚将他封为圣徒，这幅祭坛画被安置在罗马的献给圣伊西多尔的教堂的大祭坛上。[23] 画中的圣伊西多尔穿着农民的衣服，套红色无袖外罩，谦卑地单膝跪地，向云端的圣母张开双臂，圣母将膝上年幼的圣子展示给他看。圣母对面是一群描绘得非常精美的天使。

安德里亚通过这些作品引起了各位大人和高级教士的注意，赢得了红衣主教安多尼奥·巴贝里尼的好感，后者开始赞助他，并将他任命为自己的专属画师，慷慨地给他发放和其他人一样的薪水，还额外付给他作品的薪酬。没有哪位教皇侄子像这位大人一样大度，深受民众爱戴。[24] 当时红衣主教德尔·蒙特已经去世，安德里亚失去了第一个恩主，现在他从这位大人那里获得更大的恩宠，收获更多名利。当红衣主教弗朗切斯科·巴贝里尼委托彼得罗·达·科尔托纳绘制在四喷泉新建的巴贝里尼宫的大厅拱顶时[25]，其兄弟红衣主教安多尼奥委托安德里亚绘制巴贝里尼宫同一层的一间大会客厅拱顶上的壁画[26]。这两位无疑是当时最有名的两位年轻画家，所以他们之间产生了有益的竞争关系，两个人都想证明自己。这个会客厅的壁画主题是神圣智慧（Divine Wisdom），隐喻教皇乌尔班八世在治理教会时的崇高美德，接下来我们将介绍这幅壁画（见图 14 - 1）。

神圣智慧画像

在一片广阔天空中的金色王座上，永恒的女神庄严地端坐其上，云层为她形成一层高台。她头戴金色王冠，作为世界的女王，浑身散发纯洁的光晕，这光晕延伸到周围一大片。完全包裹着她的长长的外袍是白色的，不过她胸前露出里面穿的天蓝色上衣，日神的面庞从她胸前向世人放出无尽的光线。她垂下拿权杖的右手，明亮的权杖之眼象征她的神意，她将权杖指向下方受她管制的世界，世界被表现为一个有土地和海洋的球体。她左手拿着象征审慎的镜子，或者说她的神圣理念和至高智慧，她借此永恒地凝望和沉思自己。她撑在腿上的镜子是椭圆形，王座扶手上刻着两个金色的带翼基路伯，高台两端是两只伸着爪子的狮子，基路伯代表智慧的带翼的思想，狮子则代表智慧女神掌管世界的警觉守护。坐在王座上的女神将她肃穆的面庞转向右边，显露出她高深的思想和智慧的福佑。她的白色外袍和蓝色上衣代表她纯洁和神圣的真理。同时，在高高的云端上，两个作为女神侍从的弓箭手在驯服两头欺压人类思想的野兽，这两头野兽有着鲁莽和令人不快的嗜好，即愤怒的冲动和色欲的冲动。从右边能看见一个长着翅膀的裸体的天使，他那红色的外袍在身后飞舞，他骑在一头在空中发狂的狮子身上，左手驯服它，纠正它狂暴的路线，右手举着一支金色的箭，用爱之箭去扎这头野兽，同时拉拽拴在狮子嘴巴和脖子上的缰绳，这野兽的鬃毛在风中飞舞，它回头看向驯服它的天使，在半路转而服从他的命令。左边是另一个长着翅膀的天使，俯身飞在一片云上，也举着一支箭，不是金质而是铅质的，用来射被表现为逃跑的野兔子的感官之爱，他追在兔子后面要射中它。这些似乎就是奥维德在阿波罗和达芙妮的故事中所提到的箭：

Deque sagittifera promit duo tela pharetra

Diversorum operum：fugat hoc，facit illud

amorem.

Quod facit，auratum est，et cuspide fulget acuta，

Quod fugat，obtusum est，et habet sub arundine

plumbum. [27]

（他取出两支箭，这两支箭的作用正好相反，一支驱散恋爱的火焰，一支燃着恋爱的火焰。燃着爱情的箭是黄金打的，箭头锋利而且闪闪有光；另一支是秃头的，而且箭头是铅铸的。）

这两位神圣的弓箭手即为智慧女神的仆从，驯服色欲和愤怒，它们源自非理性的嗜好，和理性背道而驰，扰乱人类的幸福。两位弓箭手用他们的弓箭射穿两头野兽，铅质的箭射中感官之爱，金质的箭射中愤怒。在那伟大的女神的王座下方，11 个纯洁的女神似乎在她的召唤下前去参加神圣的集会，围绕在她身边。7 个女神在她右边，4 个在她左边，她们的服饰和姿态各异，在云端或站或坐，手里拿着对应她们各自属性的象征物。

右边第一位女神最靠近王座，她是神圣（Divinity），以完全正面的姿势坐在云端。她以右手的两根手指拈着一个金色三角的顶点，左手托着三角的底部，这是代表三位神的统一体的神圣自然三角。她头上戴的发带是庄严的白

色，长长的金发散在身后。她穿着闪耀金色光芒的绿色外袍，里面是白色的束腰外衣，绿色象征灵魂脱离身体的束缚，与永恒之光不朽地相互结合之后，凡人将能够理解神圣的秘密，白色则象征纯洁的信念，信念在此世向我们揭示神圣的秘密真理。在略低于神圣女神但更靠近我们视线的地方是侧身坐着的至福（Beatitude），头发在脑后挽成一个结，右手扶着金色的九弦竖琴，这竖琴使凡人的灵魂即使在尘世也能分有受祝福的上天的和谐。至福女神腿边坐着另一个女神，俯下身，半藏在云间，虔诚地转脸向外凝望，一只手按压胸脯，从乳房挤出乳汁，另一只手拿着作为自己的象征的金色稻穗，她就是从属于神圣智慧的仁爱（Charity），为世界带去养料和生命。她穿着深蓝色的缀有星星的衣袍，头戴蓝色发带，暗示神圣的哺育来自天堂。现在让我们转向更靠近前景的几位女神。勇敢（Fortitude）是一位不可被征服的果断又强大的少女，裸露半边肩膀和手臂，右手扶着一个大棒，上半身撑在左手肘上，背对我们，面朝另一位女神，后者用两根手指捏着一个衡量重量的天平。勇敢望向正义，将她视作自己的守护者和同伴，而正义一只手称量天平，另一只手撑在云上。在这两位掌管事务之正义的女神背后，另外两位女神站在云端，这一侧的女神行列到此完成。那位全身包裹在紫色衣袍里的女神是正义的奖赏（Reward），一只手举到胸前，手里拿一顶装饰着耀眼星星的金冠。旁边的女神是正义之奖赏的永恒（Eternity），头戴一顶金色王冠，一只手拿着象征永恒的衔尾蛇，也全身包裹在一件绿色外袍里，奖赏投下的阴影使她的衣服没有显出亮光。画家聪明地用这种方式暗示在我们的智慧的阴影之中，永恒的本质是无法被理解的，但这两位女神交互的目光表明，那些永远追随神圣智慧的人将能够到达群星国度。现在让我们转向左边陪伴智慧的另外 4 位女神。首先是宗教（Religion），她坐在离王座最近的地方，一只手拿着十字架，另一只手扶着放在腿上的发光的金色祭坛。她也隐藏在阴影里，穿着一件紫色衣袍，头上披着一条透明的白色头纱，一直罩到她的额头，暗指她的神秘奥义。她侧过身和站在身边的另一个女神交谈，后者双手抱着一只白天鹅，象征上帝向那些虔诚地拥护宗教的信徒所说的亲切话语，天鹅以其洁白羽毛和甜蜜歌声而为人所知。在这两位女神下方的最底层的云端上，坐着最后两位女神，其中一位女神一边手肘放在膝上，同时用这只手撑着下巴，陷入沉思。她凝望上方的神圣智慧，脚边还有一只鹰，她就是对神圣智慧沉思的睿智（Perspicacity），正是对神圣智慧的沉思构成沉思的生活，和行动的生活相比，沉思的生活更适合在此世收获永恒的智慧和至福的高尚思想。她穿着黄褐色的长袍和外袍，头发在脑后团成一个发髻。旁边是她的体态优美的同伴，后者神情愉快地斜躺在前方，弯曲的左手臂放在裸露的胸前，左手用她那深蓝色外袍的一角遮住一边胸脯，右手拿着伯伦尼斯（Berenice）的头发，象征她在群星之中的美丽。不仅如此，她戴着中间镶嵌宝石的金色发带，快活又亲切地朝外看，露出自己的胸脯和部分大腿，那件深蓝色外袍盖住她的腿。这位女神代表将灵魂引向天堂、使其与群星共同闪耀的真正的美。我们可以从这件作品看出，神圣智慧对凡人而言是强大、正义、丰饶、和谐、美丽、沉思、纯洁、虔诚、有回报、高贵、智慧、深谋远虑的，我们还能看出她以仁爱激励高贵的美德、抑制愤怒，经由畏惧将灵魂从不受节制的纵欲和恶德那儿拉回来，这就是这件博学的作品教给我们的东西。[28]

安德里亚花了很长时间完成这件作品。虽然女性人物们聚集在画面两侧，但他将她们的形象表现得各不相同，她们的位置、姿态和优美的面部神态表现出无与伦比的优雅、高贵和得体，和她们暗指的含义相符。她们的服饰也被描绘得十分华丽，举手投足富有表现力。无论是宏伟的风格还是丰富的构图，这件作品都满足了我们的眼睛和思想的所有需求。甜美且令人愉悦的色彩调配让我们越发推崇这件作品，色彩的柔美和女神们的气质相一致，值得我们报以最高的赞美。描绘女神们肢体的线条也非常精准，十分流畅。安德里亚成功完成了整体构图，更重要的是，他出色地表现了布料的轮廓和褶皱，覆盖在身体上的布料褶皱恰当地相互叠合。对那些第一印象并不好的人而言，只要他们认真思考这件作品，就会发现这些杰出的特点。所以，安德里亚充分证明了自己的优秀能力，将来的每个时代都会推崇这样一件杰作。

安德里亚于1634年左右完成并对外展出这幅天顶壁画，6年后彼得罗·达·科尔托纳完成了大厅天顶上另一幅更大的壁画[29]，这两件作品之间的竞争引发了人们对其很高的期许。在此之前的两年或三年前，安德里亚已经完成并展出圣罗慕铎（Romuald）祭坛画，位于为纪念圣罗慕铎而新建的小教堂。接下来我们将介绍这件作品，因为这也是安德里亚最优秀的作品之一。

圣罗慕铎的幻见（见图 14 - 2）

在这件祭坛画中，隐修的圣罗慕铎向修士们讲述自己的幻见，一道阶梯从尘世通往天堂，几个穿白袍的人拾阶而上，代表他所属修会的修士们。[30]圣罗慕铎坐在一棵大树下，因年迈和斋戒而面露疲色，他左手撑在手杖上，右手遥指受基督净化的人们。他们穿着隐修士的衣袍，朝高处攀登，几道光芒穿过云层。圣罗慕铎位于画面左侧[31]，对面是正认真聆听的修士们。第一个修士坐在最前面，听着圣罗慕铎的话语陷入沉思，左手抚着胡须和下巴，右手垫在左手肘下面，一动不动，专注地思考着。在这个完全沐浴在光线里的修士的旁边，另一个坐着的修士隐没在大树的阴影里，专注地看着圣罗慕铎，双手交叠放在膝上。在这两个坐着的修士旁边，大概在画面的中间部分，站着一个双手撑在手杖上的修士，也在专心聆听圣罗慕铎。他面朝外，相对比较年轻，胡须还是金色的。他身后露出另一个修士的头部，后者身子弯向一侧，因为他望向圣罗慕铎的视线被前面的修士挡住了。旁边一个修士仰着头，双手合十地祈祷，表达他也想登上天堂阶梯的愿望。这个场景安排得非常合理，在色彩和明暗法方面尤其出色。安德里亚需要在这幅叙事性绘画中表现穿着统一白色修士袍的各个人物，无论是布料褶皱还是人物体态都没有差异。他巧妙地利用画中那棵大树，一根树枝从树上垂下来，深色的树干上方是茂密的枝叶，树干上缠绕着常春藤，几束日光从上方漏下来，以高超的技法营造出一种光影的和谐氛围。布料也被描绘得极其完美，修士袍的衣褶在袖口和兜帽部分自然地滑落。除此之外，安德里亚还仔细创造了一种新颖的调和效果，即绵延不断的白色，这种白色为眼睛带来的多样感受不比其他颜色少，这不仅来自明暗法，也来自加入的几乎无法被察觉的黄色。衣服因为穿得太久而发黄，这种黄色调和了修士袍的单一白色。画面背景里是坐落于山丘上的隐修所，远处还有汩汩流淌的清泉，从几棵树木的树干中间能看见一个有十字架装饰的狭窄单间，更远处是青色的群山。天上的一大片白云画得同样美丽，这片云朵出现在前景那棵大树的树冠后方，几乎遮盖了隐修所旁边一棵棕榈树的所有树枝。云朵在天堂的光辉下裂开，接纳那些登上天堂的圣徒修士，他们一个接一个地往上走，身形在光芒中逐渐模糊，这个部分表现出非常优美的想象力。此幻见并非和圣罗慕铎向修士们的讲述同时发生，而是要更早，但安德里亚为了更清楚地表现幻见的内容，将二者画在了一起。这件作品有如此多优美的部分，它们将为安德里亚带去永恒的荣耀。可以说，无论在罗马学院，还是更著名的各个伦巴第学院，都找不出来第二个比安德里亚更擅于描绘现代性色彩的画家。

与此同时，教皇乌尔班的兄弟、红衣主教圣奥诺弗里奥建造了一座新的托钵修会教堂[32]，巴贝里尼家族为教堂的各个礼拜堂委托油画作品，红衣主教安多尼奥向安德里亚委托了离大祭坛最近的两件作品，一件是帕多瓦的圣安东尼为了证明自己父亲的清白，让死者复活[33]，另一件是圣博纳文图拉在圣母的祭坛前做弥撒[34]。

由于自己的父亲被冤枉犯了谋杀罪，圣安东尼奇迹般地瞬间从帕多瓦到了里斯本，死者的尸体被掘出后，他要求死者向众人证明自己的父亲是无辜的。圣安东尼左手握着那从坟墓里被带出来的年轻死者的右手，右手指向天堂，以上帝的名义命令死者表明指控的不公和其父的清白。死者坐在坟墓旁边的一块大理石板上，面朝圣安东尼，胸膛和一条腿从裹尸布露出来，他面色苍白、毫无血色，痛苦地喘着气，胸前还有伤口的痕迹。在死者下方，掘墓人从坟墓口探出身子，部分肩膀和裸露的手臂伸在外面，放在梯子第一级横档上的手里握着一根点燃的蜡烛，正注视着死者复生的神迹。他以这个姿势露出自己的后脑勺，黑色的头发和强壮的肉体与死者苍白的肤色形成对比。在死者上方，一个近乎全裸的年轻人停下动作望向他们，手里还抱着死者的棺材，也专注地看着这一神迹。在圣安东尼和死者中间，可以看见一个突然出现的贵族，他张开双臂往后退，因震惊而高扬眉毛。随着他往后退的动作，我们得以看见另一个贵族，后者一边看着圣安东尼引发的神迹，一边用手帕捂住鼻子，暗示坟墓里散发的臭气。年轻的侍僧穿着白色罩袍，跪在圣安东尼身后，惊异地张开双手。侍僧的上方是一个迫切想看看发生什么的男人，他的头部和胸膛往前伸，一只手放在侍僧肩上，就好像他正在后面努力踮着脚，一件蓝色外袍罩在他肩上。这个故事发生在一个教堂里，在一道敞开的拱门前面，两个丘比特举着圣安东尼的圣物，即百合花和打开的书。

大约在同个时间段，圣彼得大教堂管理会委托安德里亚为 4 个地下祭坛绘制 4 幅祭坛画，这些祭坛对应穹顶墩柱上的 4 个大型雕像：圣维罗妮卡、圣赫勒拿、圣朗基努斯和使徒圣安德烈[35]，这 4 件作品的上半部分都是圆弧形[36]。安德里亚在第一件作品里画的是基督被十字架的重量压倒，基督双手、双膝触地，两个行刑人强迫他起身，其中一个行刑人推开维罗妮卡，后者虔诚地跪在地上，手里拿着印有基督圣容的面纱。后面是正用手指着他们的骑在马上的士兵队长。在第二件作品里，圣赫勒拿笔直地站着，脚边躺着一个复活的包着裹尸布的死人，她将张开的双臂从威严的金色外袍伸出来，认出真正的十字架，正是这个十字架使神迹得以发生。第三件作品是圣朗基努斯的殉教，他双手被绑，跪在地上，赤裸的身上披着一件（布料）[37]，等待刽子手的致命一击，后者在他后面举起剑，准备砍下他的头颅，一个飞在空中的小丘比特拿着殉教的王冠。第四件作品非常精美，描绘的是使徒圣安德烈，他跪在十字架前，张开双臂，表达对十字架的膜拜。圣安德烈的形象十分高贵，年迈的使徒以侧面示人，上半身裸露在外，下半身裹在一件黄色布料里，沉浸于殉教的激情，后面一个士兵催促他快走，另一个士兵指向刑具。

安德里亚还为圣彼得大教堂绘制了一件巨幅水粉画草图，画中的圣托马斯·阿奎那是圣利奥礼拜堂穹顶三角拱上的罗马天主教四博士之一。坐着的圣托马斯·阿奎那身穿多明我会的修士服，大腿上摊着一本书，左手放在书上，右手指向使徒彼得和保罗，他们正向阿奎那解释书上的一段经文。这件精美且宏伟的草图现在还悬挂在四喷泉的巴贝里尼宫大厅，卡兰德拉将这幅草图制作成了镶嵌画。[38]

与此同时，安德里亚计划实现自己长久以来的梦想，即环游意大利，亲眼看看伦巴第地区各位大师的作品[39]，尤其是他在色彩方面极其推崇的科雷乔。他首先去了博洛尼亚，因为他非常偏爱卡拉奇兄弟的作品，他认为卡拉奇学院是阿尔巴尼对自己的指导的源头。他在那里依照阿戈斯蒂诺的圣哲罗姆领受圣餐绘制了一件小幅临摹作[40]，他在罗马时经常参观多梅尼基诺那幅圣哲罗姆领受圣餐。阿尔巴尼十分亲切地向他表示欢迎，为了向这位老好人表示谢意，他为阿尔巴尼画了一幅肖像画。[41]他从博洛尼亚去了帕尔玛，急于拜见科雷乔的作品，此人的作品极少在伦巴第之外的地方。他被帕尔玛大教堂穹顶上和谐的天堂景象所震撼[42]，临摹下画中的大部分人物：升天的圣母、使徒们、众多天使。他就像其他年轻画家，或者早年的自己那样，用红色粉笔来临摹，这样一位技艺高超的大师居然如此耐心地在那儿临摹，实在令人惊讶。[43]这可以归为他对研究的热爱，正是这份热爱让他重新寻回年轻时的勤奋，即使年岁已高，安德里亚也总是说他才刚刚开始学习。他从帕尔玛去了摩德纳、曼图亚和威尼斯，那里的大师之作召唤他前去。他在那一年的年末回到自己的故乡，他接下的众多委托还在等着他完成。他在离开的时候特意延后托钵僧教堂第二幅关于圣博纳文图拉的作品，这件作品和第一件关于帕多瓦的圣安东尼的作品是一组，因此他立刻开始动手绘制。红衣主教安多尼奥坚决要求安德里亚不可再推后，因为其他作品都已经完成了。

这件作品的主题是为圣母崇拜立下诸多敬拜礼仪的圣博纳文图拉复兴圣方济各设立的仪式，让修士们每周六以圣母的名义举行弥撒。画中的圣母出现在祭坛上方的一朵云上，圣子站在她膝上，而圣博纳文图拉跪在地上，穿着主教袍，还有白色罩袍和金色大圆衣（cope）。他一只手拿香炉，以焚香敬仰圣母，另一只手放在一本打开的书上，一个也参与弥撒的单膝跪拜的天使为他举着书。在他的另一侧，另一个天使用香炉散播香气。前景里有两个小天使，一个小天使坐在祭坛的台阶上，双手捧着一个银质的船形香炉，另一个站着的小天使拿着权杖，面朝他的同伴，用一个金色的勺子搅拌船形香炉，好让香气充盈祭坛台阶。圣博纳文图拉的红衣主教帽放在台阶上，他的主教冠则放在祭坛上。

众人对这件作品期盼已久，人人都想从中看到新的来自伦巴第的上色法。受到科雷乔柔和风格的影响，他的色彩变得越发甜美，和之前那件帕多瓦的圣安东尼以及上文提到的其他作品相比，显出更强的晕染效果。画中的教堂内部透视和拱廊出自罗马的菲利波·加利亚尔迪（Filippo Gagliardi）之手，他因这种背景透视而著名。[44]

他的一个姊妹在城边的圣约瑟修道院做修女，他为这个修道院的教堂的大祭坛画了一件小幅祭坛画，画中的圣约瑟坐着睡过去，手肘放在驴子的驮鞍上，手撑着下巴，天使从天而降，碰触他的外套来唤醒他，指示他逃往埃及。旁边是跪着朝拜的圣母，正对着臂弯里的圣子陷入沉思。[45]由于底层用的材料太过劣质，这幅精美的画作损耗严重，几乎要彻底消失。卡洛·马拉蒂阁下秉持着对老师的敬爱之情，将其修复如初，也复原了之前提到的那幅修道院入口上方的圣特蕾莎像。

在卡蒂纳利圣查理教堂有安德里亚晚期的一件作品，即圣安娜之死，画中的圣母将圣子抱给圣安娜看，圣子伸出手去拥抱她，圣母背后是圣约瑟。[46]。画中还有一些描绘得十分精美的哀悼的人物。其中一个女人背朝外，手里举的托盘上放着一个杯子，她旁边是另一个双手合十祈祷的女人。另一侧还有一个跪着的女人，正掩面哭泣，用手帕擦眼泪。在画面上方，几个天使掀起一块布料，使房间显得开阔。3个基路伯陪伴着圣安娜，好似她已经享受到了至福。坐在床边的人物身穿作为圣约阿希姆象征的白色外袍，他之所以出现在画面里，是出于仪式方面的考虑，因为从时间线上来说，他比圣安娜早去世很多年。

虽然安德里亚总是专注于绘画，但他也没有忽视对建筑的研究。[47]他对建筑有强烈的兴趣，不仅研读建筑方面的专著，还热衷于当时发现的精美古物。作为圣多明我会的守护者，红衣主教安多尼奥修复了罗马学院对面破旧不堪的神庙遗址圣母教堂，安德里亚将其改造成如今美观又宽敞的样子，布置了圣器收藏室的各色装饰，绘制了祭坛上的油画，画中是基督上十字架，基督脚边是多明我会的几位圣徒。[48]右边的圣多明我一只手拿着修会的律令之书，另一只手指着书上的题铭。旁边的圣托马斯·阿奎那双手放在胸前，脸上露出沉思的神情。左边的殉教者圣彼得拿着棕榈枝，圣安东尼指向十字架上的基督，锡耶纳的圣凯瑟琳跪地朝拜基督。上方的一幅椭圆形壁画里是飞在空中的小丘比特，他们拿着百合花、王冠和棕榈枝等属于圣徒们的信物。

安德里亚在罗马学院耶稣会药房的拱顶画了一幅关于圣依纳爵和圣方济各·沙勿略的壁画。圣依纳爵呈坐姿，穿着神父袍和红色大圆衣，手里拿着律令之书。旁边的圣方济各呈跪姿，穿着白色罩袍，将一朵百合花献给圣母膝上的圣子。后面是圣葛斯默（Cosmas）和圣达米安（Damian），他们是药师的守护圣徒。

　　灵魂按惯例被描绘成孩童模样，他在深渊的悬崖边上寻求守护天使的帮助，后者抓着他的头发，助他逃脱恶魔的魔掌，恶魔愤恨地咬着双手，潜入深渊。[49]

　　说了这么多安德里亚的作品后，在接着介绍他在罗马城内外的其他作品之前，我们需要稍微离题，说说他的样貌和为人。安德里亚在创作时不会任性而为，完成的速度不算快，也不会热血上头，总是谨慎、有条不紊地进行创作。有的画家被称赞为伟大的创作者，因为他们有众多作品，能又快又多地想出构图，然而，如果对其略加思索，就会发现这些作品经不起博学之士的推敲。安德里亚总是花大量时间创作和完善作品的各个部分，从不允许任何线条或笔触越过对自然模仿的极限。他年轻时画素描就非常谨慎和完备，此后也一直坚持这么做，这点从他的裸体人像就能看出来，这些人像都用了非常高超的阴影画法。[50]出于这个原因，他在自己家中办了很多年教授裸体画像的学院，其中好几个学生由此精进了技艺，成为著名画家。他笔下的轮廓富有柔和的光影变化，甜美又不失层次。不仅如此，他的叙事性绘画中神圣、肃穆的事物也总是蕴含着高贵感，同时又丰润流畅，不仅作品整体，人物也是如此。此外还有优美的面部神态和优雅的布料，他以一种毫不做作的简朴方式表现裸体身上的布料。他在这方面确实超越了同时代的其他画家。他在色彩上也成就颇高，他效仿科雷乔甜美和晕染的色彩风格，但又有非常深的色调，这点上他也超越了同时代的其他画家，为罗马画派在色彩领域增光添彩，展示出他是卡拉奇兄弟的追随者和继承者。安德里亚深知什么是好的、完美的，总是相信自己对事物的第一感觉，但他长久的思索使他在创作时耗费大量时间，因此有的人指责他懒惰且愚钝，和那些以作品数量众多而出名的画家相比，他显得优柔寡断。然而，只要仔细看待安德里亚的作品，就会发现他的作品数量并不少，而他在自己的一生里只能创作出以研究为基础的有限的作品，而不是极容易满足的技艺性质的作品。因此他继续缓慢地进行创作，当别人指责他速度太慢时，他就会回答："我之所以慢，是因为我心存畏惧，我时刻铭记我的作品将经受拉斐尔和阿尼巴勒的验视，他们让我不敢造次。"他还会补充说，那些不愿花费时间打磨作品、只满足于表面功夫的画家就像那些把东西在外面摆得好看、仓库里却空空如也的商人。有的人指责多梅尼基诺，说他本身没有能力，靠着挪用别人的作品才出名，也就是那幅圣哲罗姆[51]，安德里亚对此回应说此人全然不懂。当时还是个年轻人的卡洛·马拉蒂在他门下学习，出色的研习能力深受他赏识，他对马拉蒂说："卡洛，如果有人去布商的店里买布料，但只找到一种，他对此肯定感到不满，如果他去了下一家，发现这家店摆满毛纺布、丝绸和刺绣，他肯定会对这些琳琅满目的珍贵布料表示满意，因为仓库里应有尽有。"他将多梅尼基诺的作品比作这个货源充足的仓库，虽没有摆在外面，但仓库里面都是无上的作品。[52]从我的亲身经验来说，如果一件精美的作品被指控是剽窃而来的，其原因在于某人因嫉妒而起的怨恨之情，他只能用这种方式来贬低对方，但他不知道这样只会越发证明和赞美这件作品。安德里亚对多梅尼基诺的作品抱有无限的敬意。[53]有一天，他和卡洛在圣路易吉·迪·弗朗西斯教堂的圣塞西利亚礼拜堂，对多梅尼基诺的作品沉思良久后，他说："卡洛，你对这件优美的画作有何感想？如果它在梵蒂冈宫的拉斐尔厅，岂不是能形成有趣的对话？有的人不愿意花精力在研究上，但我认为研究始终是最值得赞赏的。"他还说过："卡洛，我知道你有理由对我不满。"卡洛答道："我怎么会对您不满呢，我对您十分感激，是您教会我所有知识。"安德里亚说："正是因为我教你认识到什么是优美和优秀的画作，你才会对我不满，因为所有获得这知识的人都永无宁日，对自己的作品从不满意。"卡洛说："困难之处在于我认识到自己在绘画上的极限，我临摹了拉斐尔的作品这么多年，您也仁慈地以最好的艺术准则指导了我许多年，我对此烂熟于心，时刻谨记。然而，当我动手创作时，却仿佛从未见过或听过这些有价值的东西，我总是在努力。因此我决定不再从事绘画，从此抛下画笔。"听见自己的学生这样说，安德里亚便如此宽慰他："继续勤奋学习吧，卡洛，虽然你无法如自己所愿的那样优秀，但你也不像你所想的那样无能。"安德里亚总是将拉斐尔尊为绘画之神，崇敬拉斐尔这位天才的神圣品质。偶尔会有去了梵蒂冈宫的年轻学生把自己的临摹作拿给他修正，他将素描摆在面前，一动不动地盯着它看，良久之后，他动情地赞美道："他们试图让我相信拉斐尔不是天使，并非如此，他就是位天使，他就是位天使。"他会热切地喃喃自语，仿佛陷入迷狂般激动不已，而学生只觉得震惊和困惑。[54]不光是卡洛，包括其他人和我在内，都不止一次听他说过，他为了学习色彩而去威尼斯和伦巴第旅行，返回罗马后，他前去梵蒂冈宫觐见教皇，同时出于自己的兴趣参观拉斐尔厅，生怕那些画作的色彩不能再像之前那样带给他满足和愉悦，因为他的眼睛已经习惯于伦巴第的色彩。他怀揣这样的想法，驻足在第一个画厅凝视阿提拉的故事，着迷于这些画作显露出的和谐。他立刻为自己的错误感到羞赧，因为他从中发现了提香、科雷乔等伦巴第最优秀的大师笔下色彩的融合，更重要的是，他发现了拉斐尔本人的独特智慧。我在此处重申这点，以反驳那些不公正地抨击拉斐尔的色彩的人，我在其他地方也提过这一显而易见的事实。[55]回到安德里亚缓慢的创作过程，虽然他合理地安排时间，但他确实耽于享乐，拖累了自己的工作进度。随着年岁渐长，小病小痛的侵袭和痛风使他不得不卧床休息，这更加耽误了他的创作。他徒劳地哀悼自己没能留下一件名震四方的杰作。出于这个原因，尽管身体状况不佳，他还是以强大的意志力接下罗马的法国圣路易教堂拱顶的委托。作为法兰西国王守护者[56]的红衣主教安多尼奥从法国回来后，致力于将圣路易教堂，尤其是里面的拱顶装饰得富丽堂皇，他将这个工程交给安德里亚。安德里亚遵循拱顶下方支撑檐板的壁柱的排列方式，用同样数量的画出来的灰泥和镀金饰带划分拱顶空间，各种饰带画中穿插着普托、胸像柱和裸体人像。他原计划在拱顶中间的饰带上方安置一幅带画框装饰的仿架上画制式的大型壁画，描绘圣路易的荣光，而拱顶两端是两幅有各种装饰的大幅椭圆形壁画，用来再现圣路易在陆地和海上的胜利之战。檐板上排列着和壁柱位置及数量相一致的各个法兰西国王雕像，他们脚下是奴隶和战利品。然而，这样一件宏伟的作品并没有实现，虽然红衣主教安多尼奥不断督促他，但他用各种理由搪塞，以至于最后他彻底病倒，空有一腔热情，没能为红衣主教交出任何实际成果。脚手架在教堂门上立了好几年，直到他去世。现在教堂里只有他以明暗法画的一些极其精美的裸体人像，暗示这项工程之宏伟。安德里亚预见到自己已无药可救，为了补偿自己的不幸，他将这个委托转交给自己的学生卡洛·马拉蒂，连同他绘制的所有素描和草图，以及脚手架的钥匙，好让卡洛接着使用。[57]红衣主教安多尼奥对安德里亚的这一决定十分满意，认可这个年轻画家的能力，卡洛必定能为法兰西国王增添荣耀，而他如今也确实成为著名画家，值得我去书写他的不朽名誉。但是，当卡洛准备在这项工程中施展自己的才华时，红衣主教安多尼奥回到法国，被其他事务分了心，将工程计划搁置一边，此后再没有进一步指示。安德里亚因痛风而长期卧病在床，治疗之后也毫无起色，高烧又在后来 9 个月的时间里使他变得极度虚弱，最后他饱受折磨、形容枯槁，已是半死不活。因长期卧床，他的肩膀也非常酸痛，这让他更觉痛苦。他因接二连三的打击而日渐憔悴，最终在 1661 年 6 月 21 日的第十五个时辰[58]魂归天堂，时年 61 岁 6 个月。他对病痛抱有极大的忍耐力，以诚挚的悔罪之心表现自己的虔诚信仰和救赎。他尤其信奉守护圣徒圣腓力·内里，这个圣徒的画像常年挂在他房间里，他直到生命最后一刻都在凝望这画像。他的遗体存放在城边的阿尔奇奥内圣尼古拉教区教堂（parish church of San Nicola in Arcione at Capo le Case），预备运往拉特兰圣约翰教堂。出于对骑士朱塞佩·达·阿尔皮诺这位最初的老师的喜爱和纪念，他在遗嘱中表示希望葬在阿尔皮诺墓地的对面。安德里亚的墓碑也在那里，大理石墓碑上是纳蒂尼为他绘制的肖像。[59]纳蒂尼是他在绘画领

域的学生，直到他生命的最后一刻都在友善地照顾病重的他。我负责构思刻在
墓碑上的铭文，全文如下：

D. O. M.

ANDREAS SACCHIVS ROMANVS

HIC EST

QVI CVM DIV AETERNITATI PINXERIT

VEL MORTVVS IN HOC TVMVLO FAMAE AETERNVM

VIVIT

DIVINAE SAPIENTIAE MYSTERIA DIVINIS PENE

COLORIBVS

IN BARBERINIS AEDIBVS EXPRESSIT

BASILICAM VATICANAM，BAPTISTERIVM

LATERANENSE

PICTVRIS SVIS DECORAVIT.

INDE

VRBANI VIII PONT. MAX.

AC EMINENTISSIMI PRINCIPIS CARDINALIS

ANTONII

BARBERINI

BENEFICENTIAM ET GRATIAM PROMERITVS

OPERVM，ET NOMINIS GLORIA APVD SVOS

EXTEROSQVE SVPERSTES

PICTVRAE，AC VITAE LINEAS ABSOLVIT.

DIE XXI JVNIJ A. M. DC. LXI. AE. LXII

（致伟大的上帝。这里躺着罗马的安德里亚·萨奇，他为永恒而
画，现在永远地沉睡在这荣誉的墓碑之下。他在巴贝里尼宫以高雅的
色彩与笔触表现了神圣智慧。圣彼得大教堂和拉特兰洗礼堂都有他的
作品。他先后服侍过仁慈的教皇乌尔班八世和杰出的红衣主教安多尼
奥·巴贝里尼。他的作品和名誉在家族和他人心中永存。他于 1661
年 6 月 21 日画完了自己的绘画生涯和人生的最后一笔，时年 62 岁。）

不过，安德里亚的骨灰至今还留在一开始的墓里，没有移到拉特兰。[60]他

在遗嘱中将自己在伦巴第临摹的科雷乔穹顶壁画的所有习作和草图都留给红衣主教安多尼奥，剩余草图则分配给其他人，包括为他送终的学生们。[61] 虽然卡洛·马拉蒂也在场，但他没有留给卡洛任何东西。安德里亚对卡洛如此说道："卡洛，我不留给你任何草图，因为你已经熟知如何完善自己的作品，把这些草图让给其他更有需要的人吧。"安德里亚并不富有，他开销很大，在生命的最后几年又很少工作。他在打磨作品上耗费了太多精力，对自己的付出不求回报，从不要求得到公正的报酬，而他很晚才意识到这是致命的。他年轻时饱受艰辛，没有获得任何好处，更糟糕的是，他没有为疾病和年迈做好充足的准备，疾病很多时候都因精神状况而起，而年迈之人总是有更多需求。的确，很多人最后疾病缠身，因为他们太过谦逊，而不是所谓的怯懦，比如不幸的科雷乔和阿尼巴勒。有的人无耻地以之为例，反驳贫困的艺术家要求的正当补偿，剥夺他们所有的合理报酬，将他们推向贫穷和劳苦，而他们理应获得报偿和援助。这些人在面对自己的恶习时却又十分宽容。安德里亚身材高大，外形高贵，身体强健，肤色红润，额头宽大，头发乌黑，黑色的双眼略微有些浮肿。[62] 他的言谈举止也很高雅，和贵族名流的交流方式非常得体，他们也都乐于与他交谈。

我们将回到安德里亚的作品，尤其是他在罗马的那些作品，对其做简要的介绍。乌尔班八世修复了拉特兰的君士坦丁洗礼堂，命令安德里亚负责建筑、画作及装饰。[63] 安德里亚虽然完成了其他部分，但严重推后了绘画工作，以至于在乌尔班逝世、英诺森继位后[64]，他被要求加快速度。这个工程被耽误了如此之久，教皇对此感到很生气，他希望这个工程能在下个圣年即 1650 年完成，他当时正在彻底翻新圣彼得大教堂的 5 个侧廊。安德里亚因此急忙重新开始工作。[65] 这个洗礼堂邻近拉特兰教堂，被称作施洗约翰洗礼堂（San Giovanni in Fonte），是圆形的结构，环形的柱子支撑着洗礼堂。[66] 洗礼堂的底层空间和墙壁被壁柱隔开，其间的 5 幅大型叙事性绘画描绘了君士坦丁的伟绩，其中十字架的幻见、战斗和胜利被分配给其他画家。[67] 剩余两幅是依据安德里亚的草图而作。一幅表现了尼西亚议会（Council of Nicaea），君士坦丁拒绝审判主教，将诽谤者投入火中，将他们交付于神圣的审判。[68] 不仅如此，君士坦丁向主教表达无比的虔诚，他甚至亲吻主教因信仰和对基督的敬爱而承受的伤口。安德里亚将君士坦丁描绘成头戴月桂枝，身穿金色外袍，位于圣殿之中。君士坦丁右手扶着一位主教的手臂，凑上去亲吻后者手上被切断手指的伤口，左手将装满控诉书的银火盆和金色三脚架推到地上，一个穿罩袍的神父单膝跪地，用火炬点灯。君士坦丁身后是众多穿法衣的主教，远处的其他人分坐王座两侧。另一件作品表现了偶像破坏和基督的胜利。[69]一个神父双手拢在披肩下，从圣殿门口的教士们手中接过银十字架，后者穿着罩袍，手里拿着烛台，前方一个教士为十字架的神圣木材焚香。两个人将雕像的头部和折断的手臂扔到地上，并且用脚踩踏，一个士兵驱赶一个异教祭司，而忠诚的信徒们正聚集前来膜拜。前一件作品由安德里亚的学生卡洛·马尼奥尼（Carlo Magnoni）[70]全权负责，依据安德里亚的草图而作，后一件作品由卡洛·马拉蒂和马尼奥尼合力完成，马拉蒂也是由此开始绘制壁画。在洗礼堂上方的鼓座，安德里亚画了 8 幅关于施洗约翰生平的油画：天使向撒迦利亚显形，后者身处圣殿，穿着神父袍，手里拿着香炉；圣母往见；基督降生；圣撒迦利亚为施洗约翰取名，众人惊异地发现撒迦利亚恢复了说话的能力。安德里亚在另一件作品中描绘了还是孩童的施洗约翰希望前往荒野，他跪在父亲面前，后者为他献上祝福。除此之外，还有在荒野传教、基督受洗和施洗约翰被砍头而殉教。这些都是安德里亚所作的非常杰出的布面油画和镶嵌画，令人遗憾的是，这些作品的状况都在逐渐恶化，尤其是那幅基督受洗。此外，在壁柱第一层柱头的上方，安德里亚以 8 个墙面上的窗户隔开饰带，区间里是绿色圆形画，圆形画周围是金色花环和拿着各式象征物的普托。这些普托有真人大小，位于护墙板或第二层柱头上，他们用与下方叙事性绘画相一致的武器、战利品、徽章和圣物等玩耍。每个圆形画的里面是君士坦丁的头像和他建造的巴西利卡和教堂。在两扇门上方是教皇乌尔班八世头像和他翻新的洗礼堂及教堂的圆形画，下方是一些守护神和各种建筑及绘画工具，象征洗礼堂的翻新工程。

安德里亚还为这位教皇绘制了一幅基督头戴荆冕的壁画，在奎里纳勒宫一个小礼拜堂的祭坛上方。[71]在红衣主教安多尼奥任修道院副院长的阿文丁山的教堂里，他为大祭坛画了一件作品……[72]

在福利尼奥（Foligno）的奥拉托利会教堂，有一幅出自安德里亚之手的圣灵感孕。[73]在佩鲁吉亚的另一个奥拉托利会教堂有安德里亚画的洁净礼，圣殿入口处的圣母将圣子递给年迈的西缅，后者被利未人搀扶着。[74]这件构图丰富的作品里还有两个穿白袍的天使，他们从云端降临，跪在地上朝拜，其他小天使在空中焚香。前景里的一个年轻男人提着一篮白鸽进献给圣殿。后面的圣约瑟是半身像，手里拿着一支点燃的蜡烛。女先知安娜转过身指着圣子，长着翅膀的基路伯围绕着她。[75]

在列蒂（Rieti）的圣安德烈女修道院教堂（church of the nuns of Sant'Andrea）的大祭坛上有一幅圣安德烈殉教，他的双臂双腿在十字架上被伸开，脸朝向天堂，已准备好献出生命。两个天使分立两侧，准备迎接他的殉教，另一个天使在中间为他举着王冠。[76]

在卡梅里诺（Camerino），红衣主教吉奥里[77]所建的街上的圣母教堂（church of Santa Maria in Via）也有一件安德里亚的作品，画中的圣方济各·保拉跪在地上，面朝会众，指向天空中显示的自己的律令：CHARITAS（慈善）。画面里还有一个圣徒。[78]

在弗利的大教堂著名的火焰圣母礼拜堂（chapel of Madonna del Fuoco），除了其他名家的作品，半圆形后殿上还有安德里亚所作的圣彼得像。圣彼得双手捧着一本打开的书，一个天使在他上方拿着钥匙。[79]

在马耳他的奥拉托利会教堂有一件作品，画中的圣腓力·内里穿着白色十字裙，跪在祭坛前的垫子上，朝坐在云端的施洗约翰张开双臂，后者右手指给他看上方的光芒，左手拿着芦苇做的十字架。在圣腓力脚边，一个小天使拿着剑和象征殉教的棕榈枝。在下方，另一个面向圣腓力的小天使坐在地上，手里拿着圣腓力的律令之书和百合花。[80]

在兰斯（Reims）的托钵僧教堂，有一件作品描绘了云端的圣母，圣子在她膝上，帕多瓦的圣安东尼跪在云上，将象征纯洁的百合花献给圣子。同样谦卑和虔诚的圣方济各陪在他身旁，一只手从背后引导他，另一只手放在胸前表达敬爱。[81]画面右下方是坐着的圣彼得，将上方的圣母指给穿隐士衣服的圣安东尼看，圣安东尼的面部被描绘成教皇乌尔班八世的模样。我的书房里收藏着这件作品的小幅草图，从中可以看出这是非常精美的作品。

安德里亚为红衣主教安多尼奥画过很多私人作品，这些杰出的作品现藏于巴贝里尼宫，足以被称赞为当今最珍贵的画作之一，其中包括圣方济各与贫穷结合。[82]这是件很虔诚的作品，画中的圣方济各跪在悬崖边的十字架前面，十字架插在岩石上。他用一只手的两根手指捏着戒指，另一只手张开，表达他的爱意。他对面的贫穷被表现成一位衣衫褴褛的女性，光着脚，面容憔悴，穿着破破烂烂的衣服。她左手向圣方济各示意十字架，伸出右手准备从他那里接过戒指。圣方济各脚边是一个翻倒的金色高脚杯，钱币散落在地，表示对财富的鄙弃和拒绝，取而代之的是草根、根茎和野草。另一幅精美的画作是关于三位抹大拉，这三位名字相同的女圣徒坐在云端（见图 14 - 3）[83]。忏悔的抹大拉位于中间，一只手从圣抹大拉·德·帕奇手中接过百合花，另一只手指向天堂，她即将因自己的圣洁而升上天堂。对面是印度女王，更确切地说是中国女王圣抹大拉，头戴散发耀眼的金色光芒的王冠，右手拿着象征殉教的燃烧的煤块，穿着充满异域风情的绣有各种小动物的白色罩袍。[84]同样精美的还有基督受洗图，河边的施洗约翰单膝跪在一块岩石上，用杯子舀起河水倒在基督头上，天使们在侍奉基督。[85]永恒的天父出现在上方的光芒中，指向他深爱的儿子。这件作品的构图也被用于拉特兰的君士坦丁洗礼堂的基督受洗图。巴贝里尼宫里还有安德里亚原本为圣彼得大教堂的大祭坛画而作的精美的草图模板（modello），描绘的是基督向圣彼得说：喂养我的羊（Pasce oves meas）。站着的基督做出言说的动作，其他门徒或近或远，还能看见大海和挂着渔网的船只。[86]安德里亚画过一幅铜版画，画中的亚当为亚伯哀悼，后者被自己的哥哥杀死。亚伯赤裸的尸体横陈在地，亚当跪在旁边，悲痛地一只手遮住流泪的双眼，另一只手哀伤地扬起。[87]安德里亚画过一件关于罗得（Lot）[88]的作品，罗得开垦葡萄园，尝过美味的葡萄酒后，赤身裸体地醉倒在地，一条手臂枕在脑袋下面，垂下另一条手臂，手里还拿着空了的酒杯。他面色绯红，双目因沉睡而紧闭。前景里的含（Ham）嘲笑地双手指着自己的父亲，后者连下体都裸露在外。诺亚的另外两个儿子从后面走过去，转过脸去不看他，肩上扛着一件斗篷，准备披在他身上。[89]安德里亚画了一件关于夏甲（Hagar）的作品，画中的天使指着水，而她年幼的儿子躺在地上，快要渴死。[90]此外还有一幅寓意画，代达罗斯用蜡为伊卡洛斯做出翅膀，后者举起手臂，好调整羽毛，他转动裸露胸膛的姿势非常优美。[91]

最后，我们要提到安德里亚画的一些肖像画，他在这方面有超常的才能，因为他擅于上色。他也是位非常出色的肖像画家，亲手创作过各种高贵主题的作品。

安德里亚为多明我会的神父莫斯特罗（Padre Mostro）画过肖像，后者以其智慧和博学而著称。画中的莫斯特罗有圆圆的脑袋，头发蓬松，呈正面像，使鼻子看起来更高挺，如果换成其他角度就会显得鼻子太短。[92]安德里亚在前往伦巴第时途经博洛尼亚，受到他的老师阿尔巴尼的热情款待，因此他为阿尔巴尼画了一幅肖像画，并且在世时一直带在身边，后来这件作品理所应当地留给了卡洛·马拉蒂阁下，后者出于对阿尔巴尼和安德里亚的敬爱，也始终保存着它。画中的阿尔巴尼有着健康、红润的肤色，完美记录下这位善良、令人敬佩的老人的模样。[93]安德里亚和乔凡尼·克里斯托法诺（Giovanni Cristofano）是极好的朋友，后者是著名诗人，也是红衣主教加埃塔诺（Gaetano）的秘书，因此安德里亚将绘画描绘成一位半身像的女性，她一只手指向已经画好的椭圆形肖像，另一只手扶着肖像画，手里还拿着调色板和画刷。[94]他为高级教士梅利尼画过肖像，后者是罗塔法庭（Rota）的一名法官，精通法律条令，画中的他坐在书房里，穿着白色貂皮，一只手放在椅子扶手上，另一只手放在一本打开的书的书页上，仿佛正在记下其中一段文字。[95]

最能体现安德里亚高超技艺的是他为马克·安多尼奥·帕斯夸里尼（Marc'Antonio Pasqualini）所作的肖像画，后者是当时著名的乐师和高音歌唱家，也是安德里亚非常要好的朋友，二人都供职于红衣主教安多尼奥·巴贝里尼府上。[96]这不是一幅简单的肖像画，而是有着极其优雅的构图，安德里亚将帕斯夸里尼画成穿着牧羊人的衣服，阿波罗为他加冕。他双手放在某种键盘乐器上，或者更准确地说是有琴键的羽管键琴，琴弦像竖琴一样笔直地竖起，他一边演奏，一边把脸朝向画面外。这是个非常优美的真人大小的人像。他穿着长及膝盖的白色外袍，一件毛皮斜披在肩上。对面是阿波罗，一只手将月桂冠戴在帕斯夸里尼头上，放在身侧的另一只手拿着七弦竖琴。阿波罗脚边躺着一个被绑起来的萨提尔，象征竞争和诽谤。

—— 注释 ——■

[1] 读者须知：对于那些仍然保留在原处的作品，其所在地点在注释里不再赘述。

[2] 彼得罗·卡瓦里尼（约 1241—1330 年之后）是罗马壁画家和镶嵌画家。贝洛里将他认作雕塑家的来源可能是瓦萨里，后者说过"有人证实彼得罗（·卡瓦里尼）成功制作过一些雕塑作品"，"罗马城外的圣保罗教堂的十字架即为他的作品"【瓦萨里（1878—1885 年），第 1 卷，第 541 页】。瓦萨里的这一陈述并没有出现在《艺苑名人传》第一版（1550 年）。瓦萨里之所以将其加入第二版，可能是因为瓦萨里知道卡瓦里尼在墙外的圣保罗教堂工作过，并认为他就是阿诺尔夫·迪·坎比奥（Arnolfo di Cambio，死于约 1302 年）提过的那个名叫彼得罗的搭档，坎比奥在墙外的圣保罗教堂的祭坛华盖上刻的铭文"HOC OPUS FECIT ARNOLFUS CUM SUO SOCIO PETRO"中提过这点。墙外的圣保罗教堂圣餐礼拜堂的一个木制十字架被认为是瓦萨里提到的那个十字架。然而，除了瓦萨里的记述，没有任何文件或形式上的证据表明卡瓦里尼是一个雕塑家。

[3] 埃伊尼阿斯·西尔维乌斯·皮科罗米尼（Enea Silvio Piccolomini，1405—1464 年），于 1458年被选为教皇。

[4] 保罗·罗马诺【保罗·迪·马里亚尼·迪·图奇奥·塔科内·达·塞泽（Paolo di Mariani di Tuccio Taccone da Sezze），死于约 1470 年】在那个时期拥有罗马最大的雕塑工作室，也是庇护二世偏爱的雕塑家。

[5] 朱里奥·罗马诺（Giulio Romano，1499? —1546 年）于 1524 年离开罗马前往曼图亚，他在曼图亚的作品包括罗马式大教堂的重建，以及德泰宫和总督府（Palazzo Ducale）内部的装饰。

[6] 大致和贝洛里同时期的关于萨奇的传记可见于帕塞里（1934 年），第 291 -304 页。参见《美的理念》，第 2 卷，第 442 -444 页。

[7] 萨奇父亲的名字不是贝内代托·萨奇，而是来自费尔莫的尼古拉·佩莱格里尼（Nicola

Pellegrini from Fermo)。萨奇的出生年份不是 1601 年，而是 1599 年或 1600 年。

[8] 关于骑士朱塞佩·达·阿尔皮诺，参见附录。

[9] 波利多罗·卡尔达拉·达·卡拉瓦乔（约 1500—1543 年）在罗马宫殿立面上所作的壁画现已不存。

[10] 萨奇所作的亚当和夏娃素描至今没有确定是哪幅。

[11] 在巴黎和鲁昂这两份抄本中，此处的意大利原文都是 "se ne stava ritirato a disegnare una stanza in un giardino"。"una stanza in un giardino" 这一句应该是由 "一个房间/在一个花园里" 这两个部分组成，其中一个——很有可能是第一个——是贝洛里在出版时准备删掉的。

[12] 关于红衣主教弗朗切斯科·马里亚·德尔·蒙特（1549—1627 年），参见附录。也可参见曼奇尼（1956 年），第 1 卷，第 225－226 页；巴格利奥尼（1642 年），第 136 页；《卡拉瓦乔传》。

[13] 参见附录。

[14] 即阿尼巴勒·卡拉奇及其学院在西班牙圣雅各教堂和法尔内塞宫长廊所作的壁画。

[15] 现已不存。根据赫斯（Hess）【帕塞里（1934 年），第 292 页，注释 3】的说法，这幅壁画在 19 世纪中期重建圣基娅拉修道院的时候被毁。

[16] 现已不存。也可参见帕塞里（1934 年），第 292－293 页。

[17] 现已不存。也可参见帕塞里（1934 年），第 292 页。圣特蕾莎于 1622 年封圣。

[18] 现已不存。也可参见帕塞里（1934 年），第 293 页。目前没有找到显示红衣主教德尔·蒙特委托萨奇装饰的敞廊的罗马地图。

[19] 贝洛里的描述比较难理解，"各个拱门的下方（spaces under the arches）" 和 "这侧拱门的下方（space beneath the arch）" 都不是对 sottarco 的精准翻译，这个词通常意指拱腹。拱腹处不可能容得下贝洛里所说的取代第四幅神话壁画的大窗户，所以可能他的意思是拱门上的一个扇形窗，虽然我们无法确定这些空间到底是什么样子的。

[20] 贝洛里对这件作品的描述和萨奇所作的一幅红色粉笔的酒神狂欢草图一致，藏于大英博物馆版画和素描馆。

[21] 巴尔别里，通常被称作圭尔奇诺（1591—1666 年），他所作的祭坛画现藏于卡比托利欧美术馆，罗马。

[22] 圣器收藏室，圣彼得大教堂，罗马。

[23] 圣伊西多尔教堂（Sant'Isidoro），罗马。也可参见帕塞里（1934 年），第 293 页。圣伊西多尔于 1622 年封圣。

[24] 关于红衣主教安多尼奥·巴贝里尼（1607—1671 年），参见附录。

[25] 关于红衣主教弗朗切斯科·巴贝里尼和彼得罗·达·科尔托纳，参见附录。彼得罗·达·科尔托纳（1597—1669 年）在巴贝里尼宫大厅拱顶所作的这幅壁画的主题是神圣神意的隐喻及其在教皇乌尔班八世治下的成就。

[26] 世界地图厅（Sala del Mappamondo），如今属于古代艺术国家美术馆。

[27] 奥维德：《变形记》，1，468－471。第一句里的 Deque 应该是 eque，promit 应该是 prompsit。——原注

此处参考的中译本是奥维德：《变形记》，杨周翰译，人民文学出版社 2008 年版，第 14 页。——译注

[28] 这幅天顶壁画的图式可见于梵蒂冈图书馆，巴贝里尼第 6250 号【参见因奇萨·德拉·罗切塔（Incisa della Rocchetta，1924），第 64 页】，其中对几个人物及其附属物的说明既不同于贝洛里或 G. 特蒂《奎里纳勒山的巴贝里尼宫》，罗马，1642 年，第 83 - 85 页的描述，也不同于帕塞里（1934 年），第 295 - 296 页的描述。巴贝里尼文件认为，这个图式系统的来源是《所罗门智训》，7 - 8【《所罗门智训》（liber sapientiae）在拉丁文圣经中被称作克雷芒经文（Vulgata Clementina），在克雷芒八世任教皇的第一年出版】。基于萨奇构图的一幅布面油画现藏于古代艺术国家美术馆，巴贝里尼宫，罗马（《美的理念》，第 2 卷，第 453 页，目录 10）。

[29] 萨奇这幅壁画的报酬支付时期从 1629 年 12 月一直延续到 1630 年末，但缺失最后的薪酬支付日期。萨瑟兰·哈里斯（1977 年），第 58 页提供了证明，这件作品最晚于 1631 年 9 月完成，比彼得罗·达·科尔托纳《神意的隐喻》（1632—1639 年）早 8 年，而不是 6 年。

[30] 梵蒂冈美术馆。也可参见帕塞里（1934 年），第 297、301 - 302 页；《美的理念》，第 2 卷，第 445 - 447 页，目录 3。

[31] 从画面外观者的位置来看的话，圣罗慕铎位于画面右侧。——译注

[32] 圣灵感孕圣母教堂。红衣主教圣奥诺弗里奥指的是老安多尼奥·巴贝里尼（Antonio Barberini the elder）。

[33] 也可参见帕塞里（1934 年），第 297 页。

[34] 萨瑟兰·哈里斯（1977 年），第 78 页，目录 45 认为这件作品的主题是圣博纳文图拉的幻见。关于贝洛里对这件作品所作的描述，可参见帕塞里（1934 年），第 299 页。

[35] 参见《迪凯努瓦传》，注释 34 - 38。

[36] 这 4 幅祭坛画现藏于正典圣器收藏室，圣彼得大教堂，罗马。也可参见巴格利奥尼（1639 年），第 39 - 40 页；帕塞里（1934 年），第 298 页。

[37] 此处在巴黎和鲁昂抄本中都缺漏了。博雷亚认为，原词或许是 paesaggio，即"风景"【贝洛里（1976 年），第 551 页，注释 6】。但贝洛里的意思更可能指的是围在圣朗基努斯裸体上的布料。

[38] 1631 年，萨奇被委托为圣利奥礼拜堂（即现在的柱子圣母礼拜堂）和圣米迦勒礼拜堂 8 个三角拱的其中 4 个绘制草图。另外 4 个三角拱的草图委托分别交给兰弗朗科、卡洛·佩莱格里尼和罗马内利。萨奇所绘的草图分别是为圣米迦勒礼拜堂三角拱所作的《圣利奥一世》和《圣狄奥尼修斯》（即古希腊雅典最高法院法官圣狄奥尼修斯），为圣利奥礼拜堂三角拱所作的《大马士革的圣约翰》，以及《圣托马斯·阿奎那和圣彼得及圣保罗》。圣利奥礼拜堂和圣米迦勒礼拜堂的镶嵌画是乔凡尼·巴蒂斯塔·卡兰德拉（1586—1644 年）所作。也可参见《兰弗朗科传》，注释 49；巴格利奥尼（1639 年），第 31、33 页；帕塞里（1934 年），第 166 页，注释 1。

[39] 伦巴第地区被认为包括整个波河流域。

[40] 萨奇的临摹作现已不存。

[41] 普拉多博物馆，马德里。

[42] 即科雷乔的错视壁画《圣母升天》。

[43] 萨奇依照科雷乔的壁画所绘的临摹作尚未确认。

[44] 菲利波·加利亚尔迪（1606—1659 年）是背景透视方面的专家，写了一本《论透视》（*Trattato della prospettiva*），现藏于罗马圣路加学院。

[45] 萨瑟兰·哈里斯（1977 年），第 100 页，目录 80 认为这件作品的主题是圣约瑟的梦。也可参见帕塞里（1934 年），第 30 页。

[46] 也可参见帕塞里（1934 年），第 3 页，注释 6。

[47] 根据帕塞里（1934 年），第 303 页，萨奇设计了自己在罗马的住处。安多尼奥·杰拉尔迪（Antonio Geraldi）将萨奇称作建筑师与画家（Architetto e Pittore）。从他的描述可知，萨奇于 1639 年 9 月 27 日为耶稣会的百年庆典设计了耶稣教堂的装饰【安多尼奥·杰拉尔迪：《关于在耶稣教堂举办的百年庆典的记录》（*Relazione della solenne Festa fatta ecc. nella chiesa professa della C. di Giesù per rendimento di grazie a S. D. M.*），罗马，1939 年）】。

[48] 萨奇在 1639 年 6 月 11 日从红衣主教安多尼奥·巴贝里尼那里收到一笔总计 965.8 个斯库多的酬劳，这笔钱对单幅祭坛画而言金额过于庞大，更可能来自对锡耶纳的圣凯瑟琳礼拜堂的设计。红衣主教安多尼奥将圣凯瑟琳殉教的这个房间从修道院原址移到神庙遗址圣母教堂圣器收藏室的祭坛后面【参见萨瑟兰·哈里斯（1977 年），第 79 - 81 页】。

[49] 列蒂（Rieti）大教堂。这一段的开头似乎被漏掉了，因为没有提及地点。

[50] 很多素描现藏于温莎堡皇家图书馆。

[51] 兰弗朗科指责多梅尼基诺的《圣哲罗姆最后的圣餐》（梵蒂冈美术馆）剽窃了阿戈斯蒂诺·卡拉奇的《圣哲罗姆领受圣餐》（博洛尼亚国家美术馆）。参见《多梅尼基诺传》，注释 53、54。

[52] 萨奇对马拉蒂说的这番话也收录在帕塞里（1934 年），第 303 页，有微小改动。

[53] 关于多梅尼基诺所受到的剽窃指控，以及 17 世纪中期独创和借鉴之间的纷争，参见克罗珀尔（1984 年），第 122 - 128 页。

[54] 萨奇和马拉蒂的对话也收录于帕塞里（1934 年），第 302 页，有微小改动。

[55] 参见贝洛里（1751 年），第 237 - 238 页。

[56] 红衣主教安多尼奥·巴贝里尼守护法国在罗马的利益。

[57] 萨奇为圣路易吉·迪·弗朗西斯教堂拱顶所作的 31 幅草图现藏于温莎堡皇家图书馆。另有一幅现藏于圣费尔南多学院（Academia di San Fernando），马德里。也可参见帕塞里（1934 年），第 301、304 页。

[58] 时间从日落后半小时开始算起，因此萨奇死于中午。

[59] 彼得罗·保罗·纳蒂尼（Pietro Paolo Naldini，约 1615—1691 年），画家、雕塑家和灰泥装饰艺术家（stuccoist）。

[60] 这个计划最终还是得以实施，萨奇和骑士达·阿尔皮诺的墓都在拉特兰圣约翰教堂半

圆形后殿的左侧走廊。

[61] 除了马拉蒂，萨奇的学生还有路易吉·加尔奇（Luigi Garzi，1638—1721 年）、皮斯托亚的贾钦托·吉米尼亚尼（Giacinto Gimignani of Pistoia，1611—1681 年）、阿戈斯蒂诺·西拉（Agostino Scilla，1629—1700 年）。

[62] 卡洛·马拉蒂为萨奇所画的一幅肖像画现藏于普拉多博物馆，马德里。

[63] 根据巴格利奥尼（1642 年），第 180 页，负责洗礼堂建筑修复的不是萨奇，而是多梅尼科·卡斯特利（Domenico Castelli，约 1582—1657 年）。

[64] 英诺森十世·潘菲利在 1644 至 1655 年间任教皇（参见附录）。

[65] 关于萨奇等人为拉特兰洗礼堂所作的装饰，也可参见帕塞里（1934 年），第 299 - 300 页。

[66] 拉特兰洗礼堂也被称作施洗约翰洗礼堂，其结构不是圆形，而是和大多数洗礼堂一样是八边形。贝洛里在此处及其他地方所说的"圆形"有可能指的是该建筑是中央结构。

[67] 《君士坦丁在米尔维安桥战役之前幻见十字架》（*Constantine's Vision of the True Cross before the Battle of the Milvian Bridge*）是贾钦托·吉米尼亚尼所作。《君士坦丁在米尔维安桥战役中战胜马克森提乌斯》（*Constantine Defeating Maxentius at the Battle of the Milvian Bridge*）和《君士坦丁战胜马克森提乌斯后进入罗马》（*Constantine's Triumphal Entry into Rome after the Defeat of Maxentius*）是安德里亚·卡玛塞（1602—1649 年）所作。

[68] 萨瑟兰·哈里斯（1977 年），第 85 页，目录 53 认为这件作品的主题是在尼西亚议会上焚毁异教书籍。

[69] 萨瑟兰·哈里斯（1977 年），第 85 页，目录 53 认为这件作品的主题是君士坦丁建立基督教和命令毁坏异教偶像。

[70] 卡洛·马尼奥尼（约 1620—1653 年）是萨奇的学生和助手。

[71] 这个礼拜堂在法国占领罗马期间（1809—1814 年）被毁。

[72] 《圣母子与卡帕多西亚的圣巴西略》（*The Madonna and Child with Saint Basil of Cappadocia*），主教堂，圣母修道院（Casa del Vescovo，Santa Maria del Priorato）。在巴黎抄本和鲁昂抄本中，原本描述作品主题的后半句话都缺漏了。

[73] 福利尼奥的良善耶稣祈祷室（Oratorio del Buon Gesù in Foligno）在 1944 年 5 月 16 日的轰炸中被毁。

[74] 即《基督进殿》（*Presentation of Christ in the Temple*），翁布里亚国家美术馆（Galleria Nazionale dell'Umbria），佩鲁吉亚。

[75] 贝洛里声称朝拜圣母和圣子的两个天使从云端降临，但画面里并没有任何云彩。拿着一篮白鸽的人不是男性，而是女性。在基督进殿主题的作品中，拿白鸽的要么是约瑟，要么是圣母的女仆【参见雷奥（Réau，1957 年），第 264 页；霍尔（1974 年），第 251 页】。

[76] 圣斯科拉丝蒂卡修道院（Santa Scolastica），列蒂。这件作品是否出自萨奇之手尚且存疑。

[77] 红衣主教安杰洛·吉奥里（Angelo Giori，1586—1662 年）自 1632 年起担任乌尔班八世的事务主管（Maestro di Camera），自 1639 年起担任教皇的大臣。他在 1639 至 1643 年

间重建了街上的圣母教堂，向萨奇委托了一些装饰品。巴黎抄本和鲁昂抄本分别将他的名字记为 Giovo 和 Giovio，博雷亚则将其记为 Giorio【贝洛里（1976 年），第 564 页】。

［78］另一个圣徒是圣方济各·德·萨勒（Saint Francis de Sales，1665 年封圣）。贝洛里所说的显示在空中的文字 CHARITAS 现在已经看不见了。

［79］弗利市政美术馆（Pinacoteca Comunale, Forlì）。

［80］曾藏于圣腓力·内里祈祷室，胜利圣母教堂，瓦莱塔，马耳他。这件作品在二战的轰炸中被毁。

［81］兰斯的托钵僧教堂于 1790 年被毁。

［82］曾是科尔西尼藏品，佛罗伦萨。现所在不明。

［83］依据萨瑟兰·哈里斯（《美的理念》，第 2 卷，447－448 页）的说法，贝洛里知道的是红衣主教安多尼奥·巴贝里尼收藏的一件临摹作。原作是为佛罗伦萨的圣马利亚·抹大拉·德·帕奇教堂（Santa Maria Maddalena dei Pazzi）所绘，现藏于佛罗伦萨的圣护教堂（San Salvi）（借自乌菲齐美术馆）。萨奇画过与圣护教堂那件作品略有不同的一幅草图，现藏于古代艺术国家美术馆，巴贝里尼宫，罗马。

［84］里夏（Richa，1754—1762 年），第 1 卷，第 316 页认为这个人物是被祝福的日本的马利亚·抹大拉，她是多明我会的三级教士，于 1627 年在长崎被绑在火堆上烧死。

［85］这件作品收录于红衣主教安多尼奥·巴贝里尼 1671 年去世时制作的藏品目录【拉文（Lavin，1975 年），第 308、326 条】，以及后续的巴贝里尼藏品目录【参见萨瑟兰·哈里斯（1977 年），第 88－89 页，目录 59】。

［86］曾藏于巴贝里尼宫，罗马。现所在不明。这幅草图模板列在红衣主教安多尼奥·巴贝里尼的 1671 年藏品目录中【拉文（1975 年），第 297 页，第 123 条】。萨奇从圣彼得大教堂管理会收过两笔酬劳，共计 100 个斯库多，但他并未完成这件作品。留存了该构图的一幅素描现藏于佛罗伦萨乌菲齐美术馆版画和素描馆。

［87］所在不明。这个主题的作品有多个版本。一个版本列在红衣主教安多尼奥·巴贝里尼的 1644 年藏品目录中【拉文（1975 年），第 175－176 页，第 503 条】，现已不存，但其构图可见于弗雷德里克·霍尔特梅尔（Frédéric Hortemel，约 1688—1738 年）所作的一幅版画，现藏于大英博物馆版画和素描馆。有 3 个版本记录在萨奇家族的 1661 年藏品目录中【萨瑟兰·哈里斯（1977 年），第 120－121 页，第 165、223、237 条】。其中一个版本于 1662 年被巴贝里尼家族从萨奇后人那里买走，列在红衣主教安多尼奥·巴贝里尼的 1671 年藏品目录中【拉文（1975 年），第 315 页，第 478 条】和 1672 年藏品目录中【拉文（1975 年），第 358 页，第 351 条】，以及乌尔班八世的侄孙、亲王马菲奥·巴贝里尼的 1686 年藏品目录中【拉文（1975 年），第 401 页，第 168 条】，现藏于明尼阿波利斯艺术学院，被认为是萨奇的工作室所作。然而，没有地方提到这些版本是铜版画。也可参见帕塞里（1934 年），第 304 页。

［88］实则为诺亚。

［89］这个主题总共有 11 个版本记录在 17 和 18 世纪的文献中，其中 4 个版本留存至今【柏林国家博物馆画廊；维奇奥宫，卡坦扎罗（Salone Vecchio, Prefettura, Catanzaro）；罗

斯波里奥西宫，罗马；维也纳艺术史博物馆】。

[90] 威尔士国家博物馆，加的夫（National Museum of Wales，Cardiff）。萨瑟兰·哈里斯（1977 年），第 63 页，目录 22 认为这件作品的主题是荒野中的夏甲和以实玛利（Ishmael）。

[91] 这个主题总共有 4 个版本记录在 17 和 18 世纪的文献中。其中两个版本留存至今，一个现藏于罗西宫美术馆（Galleria di Palazzo Rossi），热那亚；另一个现藏于多利亚潘菲利宫，罗马。《美的理念》，第 2 卷，第 451 - 452 页，目录 8。

[92] 尚未确认。

[93] 普拉多博物馆，马德里。《美的理念》，第 2 卷，第 490 页，目录 10。

[94] 尚未确认。

[95] 博尔盖塞美术馆，罗马。克莱门特·梅利尼（Clemente Merlini，1590—1642 年）是教皇法庭的一名法官。

[96] 大都会博物馆，纽约。《美的理念》，第 2 卷，第 449 - 450 页，目录 6。

第 15 章
卡洛·马拉蒂^[1]

乔凡尼·彼得罗·贝洛里致卡洛·马拉蒂阁下:

当我书写最杰出画家的传记,记录他们值得流芳百世的作品时,我总是牢记这是应当谨慎对待的工作,避免涉及那些为艺术和名誉而争斗不休的尚在人世的画家,因为每个人都想为自己争得最高的荣耀,厌恶知晓其他人的名声,谴责作家无论出于好心还是恶意,只会武断地分发月桂冠。然而,卡洛阁下,考虑到您拥有无与伦比的才华,我还是情不自禁地拿起笔,即使我对您的美德画像的呈现比不上您日益增长的名望;即使您是我们的同时代人,享有天赐的健康体魄,不受岁月侵扰,让您的手能继续画出最高贵的笔触。因此,我书写并赞美您,毫不畏惧嫉恨的讽刺,也不在意被称作谄媚者或骗子。我在过去许多年里都对您充满感激之情,您在最开始研究绘画时就对我表示欢迎,我一直热切关注您的研究以及声名鹊起的才华,所有人都不得不崇拜您,即使是那些嫉妒不已的人。有的人被无知或敌意驱使,易于激起病态或过激的性格,若他们指责我过于推崇您的声望,您的作品将是我最有力的反驳。您的杰作总是在各个教堂、府邸和王宫里熠熠生辉,它们展示了您的高尚理念,正是这些理念使您几乎抵达天堂。激励我书写的还有我关于您的记忆,虽然您现在成功战胜了嫉妒,把她踩在脚下,但嫉妒作为欺骗的帮手和伴侣,将自己和欺骗的武器合而为一,以贬低美德,他们撕咬、狂叫,甚至攻击已死之人。在当下,我们看到那些逝去的最伟大的天才的名声和事迹都遭到贬斥,他们的纯洁被践踏。他们的杰作将他们送往繁星之处,现在却被说得一无是处。正因如此，您的虔诚和善良更值得被赞颂。您尊敬伟人的遗产，借由他们留下来的知识，完美地遵循其指引和脚步，您还为他们建造纪念碑，以供后人瞻仰。[2] 最后，尊敬的阁下，我还要提到您的其他美德，您为色彩赋予了生命，也使我的肖像画栩栩如生[3]，让我有了第二次生命。您的画笔战胜了自然，我的短暂生命原本受限于命运三女神的命运之线，是您让我的生命在另一条更好的丝线上获得了永生。尊敬的阁下，我还想要祈求您的原谅，在对您的美德画像的描绘中，我无法找到可与您相匹配的线条或光线，只能尽力画出对您的模糊速写。我越是接近您的外观和美德，这速写就越生动。

卡洛·马拉蒂阁下的生平和画作

奥斯曼帝国的苏莱曼大帝入侵伊利里亚（Illyria）并称王，那里也被称作斯拉沃尼亚（Slavonia）。亚得里亚海（Adriatic Sea）沿岸的许多基督教家庭前往安科纳（Ancona）避难，这是交界处最便利的城市。这批移民中就有马泰奥·马拉蒂（Matteo Maratti）和他两个年幼的儿子，其中一个儿子托马索结过一次婚，后来在安科纳的卡梅拉诺地区（Camerano）又结了婚，娶了马西尼家族的寡妇福斯蒂娜（Faustina），这个家族在当地是名门望族。托马索和妻子有过一个女儿，但很快就夭折了。他年岁渐长，很难再要小孩，便向圣查理[4]许愿，因而有了一个儿子，取名为卡洛，这孩子在 1625 年 5 月 15 日降生[5]。卡洛很小的时候就表现出绘画天赋，他的母亲带他去教堂，那时的他还不会说话，就对着祭坛画比画，而福斯蒂娜已经有个行为有些古怪的做画家的大儿子[6]，她说："我太不幸了，这个儿子也想当画家。"卡洛先在父亲那里接受了精心的培育，后来被送去学校进一步学习文学，但相比课程写作，他在本能的驱使下，更想在书页上画精美的人像，他也总能自然地模仿出来。他的老师认为这些人像有可圈可点之处。这位谨慎负责的老师没有扼制他这难能可贵的才华，而是发现他的画技日益进步，预示着他日后将大有可为。卡洛就这么长大了，坚持不懈地临摹市场上经常出售的印刷作和画作，因此他会从母亲那里偷拿几个硬币，他那 84 岁高龄的父亲已经去世。在这些印刷作中，他尤其喜欢那些上了色的。他会碾碎红葡萄、红樱桃和花草，用它们的汁液来模仿那些色调，并且用在自己的线稿上，以为自己得出了不起的发现。然而，这些颜色很快就消退了，他为自己做的无用功而伤心。有一天，他因药剂师药箱里有各种颜色的材料而眼前一亮，非常满意地买了一些，虽然他表现出过度的急切，不得不为各色材料和自己的迫切而付了超常的价钱。他就这样在没有任何指导的情况下自学，后来他在家里发现同母异父的哥哥贝尔纳北奥用过的一本绘画准则书，如上文提到的，此人从事绘画工作，当时在故乡之外的地方生活。卡洛极其热切地学习这本书，夜以继日地临摹书中的所有画作，在无人指导的情况下，这份勤奋好学有助于发展他的模仿能力。当他还是 10 岁或 11 岁的年纪时，他无法抑制自己想去罗马提升自我的渴望，贝尔纳北奥已去了罗马生活，但这想法太过大胆，他没有勇气吐露真心。卡洛向卡杜奇（Carducci）家族的多梅尼科求助，这位阁下作为贝尔纳北奥的朋友，给他写信，并寄去卡洛画的素描，希望他会认同卡洛的才能。这持续了一段时间，直到贝尔纳北奥被频繁的请求弄得烦不胜烦，决定先测试卡洛，给他寄了一幅画着眼睛、鼻子、嘴巴等部分的素描，这是贝尔纳北奥用墨水笔画的，让他拿去临摹。虽然卡洛此前已对这些基本要素做了训练，但他迫切想突破自己，使出浑身解数来达到目的。他别出心裁地把半张白纸盖在贝尔纳北奥给他的那张素描上，仔细地用粉笔临摹后，再用墨水笔非常精准地勾线。通过这种方法临摹完后，他将素描寄给贝尔纳北奥，后者对其高度的精准性感到十分怀疑，要求他以其他大小再临摹一次，分别画出更大和更小的尺寸。卡洛非常精确地画出两种尺寸，贝尔纳北奥就此和安德里亚·卡玛塞[7]交流了一番。卡玛塞是当时罗马最好的老师之一，他对卡洛的素描及其才华大加赞赏，因而贝尔纳北奥认为卡洛应该去罗马。这个计划得到卡洛父亲生前的好友堂·科林奇奥·贝宁坎珀（Don Corinzio Benin-campo）的支持，他曾是圣马西尼亚诺（San Massignano）的教区神父，圣马西尼亚诺是个离卡洛出生地不远的要塞小镇。贝宁坎珀因其美德，当时是乌尔班八世的侄子、行政长官堂·塔代奥·巴贝里尼（Don Taddeo Barberini）的第一秘书。[8]

出于对卡洛父亲的友谊和怀念，以及自己对绘画的浓厚兴趣，贝宁坎珀向卡洛伸出援手。卡洛得以在 11 岁前往罗马投奔贝尔纳北奥，后者亲自指导了他一年，随后将他送往安德里亚·萨奇的学院，安德里亚在当时已名满天下。安德里亚从卡洛身上看出很高的天赋，而且卡洛关于拉斐尔作品的临摹作显出极大的潜力，安德里亚便非常乐意收他为徒，卡洛热切地投入学院的课程，在 25 年之久的时间里持之以恒地钻研，直到安德里亚去世。[9]卡洛在梵蒂冈宫的拉斐尔厅和长廊，以及安德里亚的写生课上努力提升自己的能力，超越其他所有人，包括那些比他学习时间更久的人，他也被越来越多人知道。由于年纪尚小，人们称他为安德里亚·萨奇门下的卡鲁齐奥（Carluccio），而不是卡洛，他在很长时间里都以这个昵称在罗马等地出名。然而，我们不应忘记他为了取得这样伟大的成就而付出的努力，其中艰辛对那些从未经历过艰难险阻的人而言是难以理解的，而美德女神的住所恰恰就在最险峻的高处。为了追求美德，卡洛从未有过一丝懈怠，他有良好的习惯，从不做年少轻薄之事。他每一天都在学习拉斐尔的杰作，专注于从拉斐尔厅的壁画习得最精美的艺术。他总是第一个到、最后一个走，不畏严寒酷暑，也不怕极端的季节天气。他可以在冬天不取暖，也能够在夏天不睡觉。至于吃喝方面，他总是只带一点点面包和酒水，还有其他充饥的小食。他白天在那里临摹，晚上就离开圣彼得大教堂和拉斐尔厅，前往安德里亚的学院，而安德里亚住在遥远的四喷泉方向的拉塞拉街（Via Rasella）。结束学院的课程后，他会顶着夜色前往更远的特拉斯提弗列，一直走到蒙托里奥的圣彼得教堂，贝尔纳比奥就住在那附近。无论刮风下雨，没有任何阻碍能拖累他的脚步。他在家稍作休憩，便立刻开始晚上的研究，以他自己的构图锻炼创造力，用草图和素描练习构图。对所有想要成为独当一面的画家的人来说，这种研究都是非常必要的。不知不觉，他就这么愉快地在静谧的夜晚一直画下去，将脑海中的优美理念付诸笔尖，而他的头脑里充满各种极其精美的形式。他工作到深夜，很多时候都忘记要上床休息，一边画一边就毫无知觉地睡了过去。他在睡梦中以为自己还在画，手里的粉笔架都掉到了地上，有时油灯还燃尽了，他就这么待在黑暗里。有一次，贝尔纳比奥问他在干什么，他在梦中回答"我在画画"，贝尔纳比奥回道："灯都灭了，你怎么画？"然后卡洛才意识到自己睡着了，对这种以为醒着实则睡着的迷蒙状态感到非常惊奇。他就这样从夜晚干到破晓，然后继续前往圣彼得大教堂开始白天的工作。这种作息习惯对身体很不好，神奇的是，在这种作息下他也健康地活到了现在，托上帝的福佑，他也没有患过任何影响健康的病痛，使他在身心上都拥有无穷的精力。的确，年幼的卡洛在那些年里始终保持谨慎和恰当的生活方式，避免因暴饮暴食影响自己的温和性情。他也回避其他会损害人之本性的缺乏节制的行为，这对那些需要耗费大量心力和才能的人来说尤其如此。虽然上文提及的这些事情对有的人来说可能显得毫无用处，但我认为它们都很有用，有必要将其记录在此，以激励年轻人，告诉他们要想一分耕耘一分收获，就不能害怕付出。如果他们实在吃不了苦，至少卡洛的例子也会教育他们不要挥霍宝贵的光阴，免得到老徒劳悔恨，人到晚年却毫无美德和建树，只有美德和建树才能使我们能无愧于人生。如果说卡洛付出了极大的努力，那么他的才华也相应地收获了极大的回报，他的素描广受好评，因为无人能出其右。贝尔纳北奥从中赚到很多钱，经常将其卖给对绘画感兴趣的外来人，这些作品同时包含了大师的技巧、勤勉和十分精确的模仿，这是很难得的。有一次，安德里亚把自己的一幅素描借给他临摹学习，他非常完美地再现出每一笔，以至于安德里亚错把他的临摹作当成原作，原作也就留在了他那里。他对这一交换感到很满意，也认为不应该向安德里亚指出这个错误，后者都没认出自己的作品。还有一次，著名的雕塑家、弗莱芒人弗朗索瓦[10]非常崇拜安德里亚，他有一天在安德里亚家中，当时卡洛正好完成了依照隆加拉（Lungara）的基吉长廊壁画[11]所绘的两件大幅临摹作，即众神集会和普赛克的婚礼。弗朗索瓦一看见这两件临摹作就非常想要，虽然卡洛恭敬地表示可以把它们作为礼物送给他，他还是坚持要花钱买，付给卡洛一笔恰当的报酬。

现在我们要介绍的是卡洛最初的一些作品。首先要提到上文说到的堂·科林奇奥，他熟知卡洛付出的不懈努力和坚持的工作习惯，希望能帮他一把，也考察一下他的能力，便向他委托了几件作品：圣彼得和圣保罗的两幅半身像，以及真人大小的站立的大卫像。[12]堂·科林奇奥对这3件作品非常满意，又向他提出另一个委托，即天使们托着圣母升上天堂的圣母升天图，他以17岁的年纪非常成功地完成了这件作品。[13]此后，堂·科林奇奥又推荐他为家乡诺切拉翁布拉（Nocera Umbra）的几个修女画一幅祭坛画，卡洛在画中描绘了圣母的诞生，更完美地证明了他的能力。[14]他大受鼓舞，为自己的家乡卡梅拉诺画了一幅祭坛画，圣母膝上的圣子向圣莫尼卡做出祝福的手势，后者跪在圣子脚边亲吻他的双脚，此外还有圣奥古斯丁和圣多明我，这幅祭坛画为卡洛在自己家乡带来了荣誉。[15]在此期间，堂·科林奇奥把他举荐给行政长官堂·塔代奥·巴贝里尼，让他负责蒙特罗顿多学院教堂（collegiate church of Monterotondo）的一幅祭坛画，这个教堂是塔代奥的叔叔乌尔班八世新建的。他在画中表现了拿着战无不胜的十字旗帜的大天使米迦勒，还有云端的使徒彼得和保罗、雅各。[16]

然而，命运对待年轻的卡洛也有不公正的时候，他那好管闲事的哥哥贝尔纳北奥就是他成长路上的绊脚石。贝尔纳北奥急于利用卡洛的能力，强迫他潦草快速地完成作品，不让他花费时间专心研究。虽然贝尔纳北奥也不缺才能，但他总是抛下画笔，沉迷赌博。卡洛自觉难以忍受贝尔纳北奥的古怪行径，开始疏远他，违背他的意愿。贝尔纳北奥称卡洛不知感恩，无理地抱怨和鸣不平，愤怒地认为自己为他付出了太多。但是，对于所谓的与人为善，如果你要求的回报多于你应得的，那么你就失去了对方对你的感恩。卡洛为了摆脱这让他不安的状况，决定离开罗马一段时间，回到自己的家乡。这确实是个很正确的决定，卡洛远离了那些烦心事，和阿尔贝里奇结下亲密的友谊，后者当时是安科纳的地方长官，也是一位非常德高望重的高级教士，后来成为很有威望的红衣主教[17]，在世期间对卡洛爱护有加，在之后的麻烦事中也是一位善良且公正的拥护者。卡洛在安科纳待了一年零几个月，画了一些私人委托的作品，也为阿尔贝里奇阁下画了几件作品。之后他返回罗马，为了在平静的环境下继续自己的研究，他决心离开贝尔纳北奥。贝尔纳北奥得知此事后，开始以间接的要求来骚扰他，让他赔偿住在自己家里时的开销。他们共同的朋友认为这场诉讼若拖得太久，会极大地阻碍卡洛的成长，权宜之计是尽快结束纷争。鉴于贝尔纳北奥抚育了卡洛 9 年，按照每个月 6 个斯库多来算，卡洛总共应付给贝尔纳北奥 648 个斯库多，而贝尔纳北奥应列出他在这 9 年里通过售卖卡洛的画作赚到的金额，这是一大笔钱，如果双方公正相待，那他就是债权人。作为这场诉讼的调解人的安德里亚·萨奇为了平息纷争，使卡洛能回归平静生活，选了一种很明智的方法，让卡洛额外赠给贝尔纳北奥 80 个斯库多，这场诉讼由此得以结束。

在这些纷扰中，卡洛也没有止步不前，他为木匠圣约瑟教堂（church of San Giuseppe de'Falegnami）画了一幅基督诞生祭坛画，这也是他在罗马创作的第一件公开展出的祭坛画。画中的圣母抱着马槽里的圣子，站在一旁的圣约瑟张开一只手膜拜圣子，另一边是膜拜圣子的一男一女两个牧羊人，空中的两个天使拿着一个香炉和一个船形香料盒。他在英诺森十世任期内的 1650 圣年创作了这件作品，所有人都对其表示十分期待，其程度超越了他们对这个年仅 25 岁的年轻人应有的期望。在随后的 1652 年，他完成了圣伊西多尔教堂[18]圣约瑟礼拜堂的装饰工作，这个委托来自弗拉维奥·艾拉莱昂纳（Flavio Alaleona）阁下，这位罗马贵族是这个礼拜堂的赞助人。中间人是乔凡尼·彼得罗·贝洛里，他是这篇传记的作者，自卡洛进入安德里亚·萨奇的学院开始，他就见证了卡洛的美好品格及其在绘画上的天赋，认为卡洛最能胜任这项委托，他们之间维系着高尚的友谊。卡洛在礼拜堂的祭坛上方画了圣约瑟的婚礼，圣约瑟正准备将戒指戴在圣母手上，中间的神父托着她的手。这件作品的一侧是逃往埃及，年迈的圣约瑟正跨过一条小溪，一只手拄着手杖，另一只手伸向圣母。跟在他后面的圣母怀抱圣子，一边慢慢迈步，一边盯着圣子，仿佛怕吵醒他。卡洛在这个人物身上展现了圭多那种无比优美的理念[19]，赤裸着身子的圣子包裹在褥褓里，而蓝色外袍从圣母的手臂往下延展开来。另一侧是圣约瑟之死，他奄奄一息地躺在床上，呼出最后一口气，灵魂回归天堂，一边是基督向他祝福，另一边是悲伤地注视着他的圣母，她的双手在膝上绞在一起。[20]

上方是另外两幅叙事性绘画的扇形壁画，一幅是基督诞生，圣子躺在干草堆上，散发的光芒照在圣母和牧羊人身上；对面的另一幅是圣约瑟之梦，天使在梦中告诉他马利亚将圣灵感孕。

当卡洛绘制这个礼拜堂时，礼拜堂装饰工程的赞助人艾拉莱昂纳阁下去世了，其继任者是律师埃尔科莱·隆科尼（Ercole Ronconi），他精通律法，对卡洛的美德和作品都非常尊敬，继续委托卡洛绘制上方的拱顶或者说小圆顶。画中的圣约瑟在天使们的簇拥下荣升天堂，旧约和新约的各个圣徒环绕云间，整个画面调和得很甜美。这件作品倾注了卡洛的高超技艺，但它正日渐消失，因为雨水的侵蚀，湿气透过并损坏了颜料。[21] 其原因是那些本应维护画作的人的漠不关心，后人只想着挥霍遗产，对家族成员的纪念和虔诚之心毫不感恩。虽然卡洛的辛勤劳动只收到十分微薄的回报，他还是兢兢业业地完成了工作。

几年之后，卡洛为对面的基督上十字架礼拜堂做了装饰工作，其赞助人是亲王夫人堂娜·科斯坦扎·卢多维西·潘菲利（Donna Costanza Ludovisi Pamphili），这是位非常虔诚的女士。他在中间画了十字架上的基督，死去的基督面朝天堂。紧接着这幅基督受难图，他在两面侧墙上画了两幅布面油画，一幅是被鞭笞的基督，基督双臂被绑在柱子上，因一个行刑人的鞭打而弯下腰；对面一幅是基督因沉重的十字架而摔倒，一只手撑地，一个行刑人伸出手驱赶维罗妮卡，后者跪地拿着面纱。[22] 在上方的扇形壁上，一侧是花园里的苦恼，跪在地上的基督朝天使拿的圣餐杯伸出手；另一侧是戴荆冕的基督，两个行刑人在嘲弄他，一个人俯身在他膝盖处，把一根芦苇当作权杖给他，另一个人把荆冕戴在他头上。

在高处的小圆顶上画着十字架的胜利，天使们膜拜荣光里的十字架，这些人物按仰视的视角安排得很协调。这个礼拜堂的叙事性绘画都完成得相当好，相比前一个委托，慷慨的亲王夫人付给他更丰厚的报酬。接下来要介绍的是骑士席尔瓦所有的圣灵感孕礼拜堂的画作，虽然它是在几年之后完成的。画中的圣母站在一个代表世界的球体上，脚踩一条毒蛇的头，圣母臂弯里的圣子用一个十字形状的长矛刺死毒蛇。在圣母双脚的后面、球体的上方是一轮弯月，四周散发耀眼的光芒。下方是两个从云中现身的天使，一个指着被圣母脚踩、被圣子刺死的毒蛇，另一个双手放在胸前，专注地注视着被消灭的原罪。这 3 个礼拜堂的画作之杰出可以从年轻人的蜂拥而至看出来，他们经常去临摹这些画作，使修士们烦不胜烦，非常不想让他们进去，因为有的人缺乏敬畏之心，粗鲁地污损墙面。

与此同时，亚历山大七世继任教皇[23]，主持了很多建筑工程。有一天，他和骑士贝尔尼尼交谈，询问后者年轻人中有谁擅长绘画，贝尔尼尼回答说最优秀的就是卡洛。教皇想亲眼看看卡洛的作品，发现卡洛画的一小幅精美的基督诞生图[24]，感到非常满意，给了他 30 个西班牙金币达布隆（doubloon）作为报酬，同时向他致以赞赏。当时卡洛完成了圣奥古斯丁像，这件作品是为阿拉特里（Alatri）公爵夫人[25]新建的修道院[26]而作，这个修道院在蒙托里奥的圣彼得教堂再往下的地方。教皇想看看这幅圣奥古斯丁像，以及另一件关于圣三位一体神迹的作品，画中是相信自己能用杯子把海水全部舀进洞里的男孩，他指向空中象征三位一体的等边三角形。卡洛将这件作品带去并觐见教皇，后者对其十分满意，和卡洛讨论了很久的绘画，并对绘画发表了博学的高见。教皇还对卡洛的作品表达了高度赞美，画中的几个小天使专注地沉思这伟大的神迹。卡洛对教皇的见解做出非常得体的回应，因为他不仅聪慧，而且做好了充分的准备去解释自己的艺术。这位教皇从上任就开始主持各种建筑工程，尤其注重装饰和平圣母教堂（church of Santa Maria della Pace），因为那里安葬着他的先人们。教堂里原本位于圆顶下方的 3 幅大型画作要被替换成圣母生平的系列作品，只留下锡耶纳的巴尔达萨雷（Baldassare of Siena）[27]所作的第四幅圣母进殿。教皇命令卡洛负责其中一幅，虽然他有权挑选位置光线最好的第一幅基督诞生，但他谦逊地将其让给更年长的画家拉斐罗·万尼（Rafaello Vanni）[28]，选了第二幅圣母往见，尽管这个位置因对面窗户的反射而看不清细节。画中的圣母走上古式柱廊的台阶，她和圣以利沙伯朝对方伸出双臂，往上是也伸出双臂向下走的撒迦利亚。为了暗示旅途，卡洛将圣约瑟画成跟在圣母身后，正转过身指示几个人把卸到地上的货物搬上去。令人遗憾的是，暴露在阳光里对油画而言是致命的，这样一件优秀的作品正逐渐消失。出于自身利益的考虑，卡洛曾计划将其重画成壁画，把原作的布面油画带走，但他工作日益繁重，脱不开身。教皇希望用绘画装饰卡瓦洛山的奎里纳勒宫长廊，卡洛同样受召前去，由他负责长廊头部的主叙事性绘画，他画的是人物比真人大的基督诞生壁画。在棚顶上方，一道光芒穿云而出，基路伯和小天使们手持荣耀铭牌、撒播鲜花，仿佛天堂降临尘世。下方的圣母跪在地上，双臂环绕着躺在马槽草堆上的圣子，一边是一个天使亲吻圣子娇嫩的小手，另一边是站着的圣约瑟，将圣子指给两侧的牧羊人看，他们拜倒在地、伸出双手，表现出膜拜和惊异等各种情感，还有牧羊人献上礼物。画中人物表现出很强的感染力，展现了卡洛已经具备能胜任大型作品和壁画的大师品质。后来，这件作品因墙面岌岌可危而受损，卡洛对其进行了修复，我们将在下文提及此事。长廊尾部是弗朗切斯科·莫拉（Francesco Mola）[29]所作的与之配对的约瑟及其兄弟们，这两幅叙事性绘画被认为是长廊里最出色的作品，他们各获得 100 个斯库多的奖励。这个长廊装饰于 1657 年完工，其间教皇下令，为了方便画家们工作，在那段瘟疫流行时期，他们可以在宫中有舒适的住所。[30] 教皇还希望装饰同在这个宫殿的皇室厅，作为建筑师和画家都同样出色的彼得罗·达·科尔托纳此前已被委托负责皇室厅和长廊。然而，就像经常发生的那样，亚历山大去世，这个工程被撤销，画作也没有完成。

教皇依然对卡洛恩宠有加，向他委托了锡耶纳大教堂那个奢华礼拜堂的两幅祭坛画，即圣以利沙伯往见和逃往埃及。在后一件作品中，卡洛重复使用了之前圣母跨过小溪的构图，但做了一些改动。圣约瑟为了更方便圣母过河，一只脚踩在岸边，另一只脚踏在溪水中间的一块石头上，他以这个姿势伸出双手，从圣母那里接过圣子。圣母一边把圣子递出去，一边焦虑地回头看，生怕被追兵赶上。卡洛在画中加入了一些小天使和基路伯，陪伴并指引他们在荒野中前进的道路，溪边还有柳树。教皇非常喜爱这件作品的构图，想要一幅与之相同的小幅铜版画，好放在自己的房间里，卡洛同样认真地完成了这件作品。[31] 卡洛接着为教皇的一个侄子堂·阿戈斯蒂诺·基吉画了锡耶纳圣奥古斯丁教堂的圣灵感孕祭坛画。画中的圣母穿着白色长袍，脚踩盘绕在代表世界的球体上的毒蛇，圣子用长矛刺死它。球体旁边的一个天使指着圣母脚边被刺死的原罪之敌。下方是穿着主教袍的维拉诺瓦（Villanova）的圣多马以及圣方济各·德·萨勒，他们跪在云上，虔诚地仰望圣灵感孕的神迹。这些人物身边都陪伴着天使，与主题相符。卡洛还为这位教皇画了 3 件小幅的铜版画，分别是成圣的圣方济各·德·萨勒和维拉诺瓦的圣多马，以及圣灵感孕。教皇对这 3 件作品十分满意，将它们挂在自己祈祷用的矮台上方。[32] 在此期间，卡洛在罗马为耶路撒冷圣十字教堂画了一幅祭坛画，其赞助人是西多会（Cistercian）修士梅尔奇（Melzi），画作内容是维克托四世（Victor IV）的事迹。维克托四世是伪教皇皮耶尔·利奥内的继任者，受圣伯尔纳劝诫后，将教皇之位让给基督合法的代理人英诺森二世。[33] 维克托跪在真正的教皇脚边，已经脱下各种教皇象征。他双手指向钥匙，将它们献给教皇，钥匙上放着教皇冠，他旁边的一个年轻人托着钥匙和教皇冠。教皇张开右手祝福维克托，后者显得谦卑和忏悔。圣伯尔纳穿着白色僧侣袍，散发出圣洁和虔诚的气质。卡洛的这件作品比其他早期作品都要成功，色彩更加和谐流畅，其余部分也都符合完美的作品应有的水平。卡洛还为法兰西国王的国务大臣德·拉弗里利埃先生画了一件作品，画中的皇帝奥古斯都在经历了内战和外乱后向和平女神献祭，关闭雅努斯神庙。[34] 依据献祭者的传统，奥古斯都戴着头巾，将圆盘举在祭坛上方。一个也戴头巾的祭司关上青铜大门，另一个人熄灭战利品上方代表战争的火把。和平女神从天而降，向奥古斯都伸出橄榄枝。卡洛将这个构图同样用在为高级治安官堂·洛伦佐·科隆纳（Don Lorenzo Colonna）[35]而作的一幅较大的布面油画中。

在亚历山大任教皇期间，威尼斯大使萨格雷多[36]正用装饰和画作翻新罗马的圣马可教堂，卡洛受命创作了一幅博士来拜，画中有站着的圣母，圣子面朝博士中最年长的那位，后者向圣子膜拜的同时献上礼物。虽然这个礼拜堂很小，但人物都画得十分逼真，后被放大成真人大小。卡洛随后在对面另一个礼拜堂的侧墙上画了两幅美德像壁画，一幅是拿着镜子和蛇这类传统象征的审慎，另一幅是双手捧着一只白鸽的纯洁。[37]这两个人物都极其优雅美丽，上方还有小天使们拿着她们的器物和铭文：ESTOTE PRVDENTES SICVT SERPENTES, SIMPLICES VT COLVMBAE（你们要灵巧像蛇，驯良像鸽子）。[38]红衣主教安多尼奥·巴贝里尼[39]将中间的画作委托给安德里亚·萨奇，虽然安德里亚已经开始着手工作，但他的去世使这件作品没有完成，我们在安德里亚传记里已经提过。[40]当时的安德里亚年事已高，长期饱受痛风等疾病之苦，大部分时间都只能躺在病床上，无法进行创作。红衣主教对安德里亚的遭遇表示同情，为了减轻他的工作量，红衣主教决定也委任卡洛。这位大人不仅在行动中展现自己的慷慨大方，而且对安德里亚和卡洛一视同仁，始终为卡洛提供同等的报酬，总是对他表示敬意。卡洛时不时为红衣主教绘制各种作品。他所作的肖像画广受好评，他也为红衣主教创作了两幅肖像画。其中一幅是站着的安多尼奥穿着红衣主教袍和短斗篷，胸前别着圣灵会（Order of the Holy Spirit）的徽章。画面一侧是一道掀开的门帷，帷幕后面的房间里挂着织花锦缎；另一侧是一张桌子，桌上摆着一个象牙雕刻的基督受难十字架、一个铃铛、红色四角帽和一些纸张。[41]我们不应忽略这些细节，这些东西在大型肖像画中非常有用，特别是可以用来避免孤立人物，卡洛在这方面很好地发挥了自己的才能，其他部分亦是如此。另一幅是穿着红衣主教袍的安多尼奥的半身像，他一只手拿一封信，另一只手放在椅子扶手上，暗示困扰他的虚弱体质。[42]安德里亚·萨奇在世时，红衣主教曾向他委托真人大小的十二使徒站姿像。安德里亚完成第一幅圣彼得像[43]后就去世了，因而卡洛接过剩余的工作，画了其中 6 位使徒，其情感符合使徒们的身份。圣保罗作为平民的博士，与雅典哲学家在无名之神的祭坛边展开辩论，他一只手拿卷轴，伸出另一只手，向人们传播福音书的信条。圣大雅各（James Major）穿着朝圣者的衣服，拿着朝圣的手杖往前迈步。圣小雅各（James Minor）的脚边是铁质的狼牙棒，他正是被狼牙棒攻击而死。圣巴多罗买拿着象征他的殉教的刀。圣马太脸朝向天堂，受神的启发而写下手上拿的福音书，脚边是一个钱包和翻倒的钱币，暗示他曾是收税员。圣西门仰望天堂，脚边是倒地摔碎的一座偶像，表明他的反偶像崇拜。红衣主教卡洛·巴贝里尼（Carlo Barberini）后来又向卡洛委托了一幅使徒像，即第七幅的使徒圣马提亚。圣马提亚以十分优雅的姿势拿着一把戟，远处是一个建筑，或者说是入口处有两根巨大柱子的城市，他伸出右手食指，似乎在告诉异教徒要遵循福音书。[44]卡洛还为这位红衣主教画了其他作品，后来被转赠给其他人，而使徒画像系列被留在巴贝里尼宫。如上文所说，在堂·科林奇奥的引荐下，卡洛自初到罗马就为巴贝里尼这个最为荣耀的家族服务，他还为乌尔班八世的侄孙堂·马菲奥创作了一些作品，尤其是为马菲奥在帕莱斯特里那宫殿的附属教堂所作的圣罗莎莉亚祭坛画，以还愿1656年瘟疫时这座城市许下的誓言。圣罗莎莉亚跪在略微升离地面的云朵上，双臂和面庞都朝向天堂，为深受瘟疫之苦的人们祈祷和求情。同时，一束光芒照亮天空，天使将剑收回剑鞘，表明圣罗莎莉亚的祈祷使上帝平息了怒气，不再施加苦难。卡洛也表现出平民们的虔诚和瘟疫的恐怖。前景里的一个男人扶着一个快要死去的女人，其他人也倒地不起。远处是一个掘墓人拽着裸露的尸体的脚，把他们拖进坟墓。为了隐喻圣罗莎莉亚的名字，卡洛在她身后画了一个拿玫瑰的小天使。这件作品背面的画布被山岩严重磨损，因而被转移到罗马[45]，原位替换上一件帕维亚的弗朗切斯科·雷亚莱（Francesco Reale of Pavia）所作的很好的临摹作，他是卡洛的学生，很擅长绘画，但在几年前去世了。卡洛还为堂·马菲奥画过其他各种构图的作品，我们将对其做一个概述，因为它们产生自卡洛的优美理念，后被马菲奥转赠给各位名流人士。卡洛画过一幅多明我会修女利马的圣罗莎（Saint Rose of Lima），画中是对着怀里的圣子陷入沉思的圣罗莎和几个天使，这件作品被送给威尼斯行政长官萨格雷多。[46]卡洛也画过一幅非常精美的圣母子像，被送给梅尔加伯爵（count of Melgar），他是国王[47]派去出访克雷芒九世的大使。与之几乎一样的一件作品被送给红衣主教尼德哈德，当时他也作为国王的大使待在罗马，后来他在遗嘱中将其赠给英诺森十一世。[48]除此之外，卡洛还画了一幅圣约瑟、圣母、圣子和膜拜圣子的年幼的圣约翰，它被送给奥地利的堂·约翰（Don John of Austria）。另一幅是在床上熟睡的圣子和两个天使，其中一个天使低头亲吻圣子的手，这件作品留存在巴贝里尼宫。[49]卡洛非常擅长描绘虔诚的神情，还有极其甜美的关于天使和圣母子的神圣理念，他也确实画了很多这种作品，很多人被他的优雅笔触吸引，委托他创作这类作品，这一优点是他的高贵才能之一。然而，嫉妒的獠牙总是在伸向他，有的人因嫉妒而贬低他，阻止他参与大型作品。他们反过来利用他的优点，说他只会画小幅的圣母像，是专画圣母像的卡鲁齐奥，仿佛他无法胜任大型作品。但这些言论对才华横溢的卡洛而言不痛不痒，相反，他对此感到很自豪，总是说："我何其有幸能描绘圣母，而圣母作为基督之母，值得我去描绘。"他认为，以思想去接近神圣之物是最伟大的绘画事业之一，因为仅凭人类才能不足以将神圣之美和人类形式相结合。他认为，至今只有伟大的拉斐尔和圭多·雷尼拥有这样的独特能力，当然在绘画领域也有其他大师，他们在其他方面有值得称赞之处。虽然他在当时已经通过各个公开和私人作品充分证明了自己的能力，可以胜任任何一种主题，但他们还是会说卡洛既没有独创性，也画不了大型作品，他耗费大量时间，却又完不成工作。他们用这种说辞从他手里夺走机会和委托，损害他的名誉，让那些只会道听途说地理解绘画的人信以为真。但是，如果我们公正地思考，就会发现这些杰作和大型画作中蕴含的优点，这是无可置疑的，而他们对卡洛的深思熟虑所作的批评又是多么错误。卡洛的思虑建立在优秀的设计以及明智、坚定的首要原理之上，而不是单纯的惯例，没有想法的惯例只是缥缈的承诺，最终一事无成。

后来克雷芒九世即位，当他还是红衣主教的时候，卡洛就已觐见过他几次。克雷芒拥有圣徒般的品质，也是伟大的君主，在每个学识领域都很博学，十分热爱绘画，因此他对卡洛抱有很高的敬意。由于擅长肖像画，卡洛受召为班基耶里家族（Banchieri）的一个孩子绘制肖像画，这孩子是教皇一位侄子的幼子。卡洛将他描绘成在花园里拿着一捧鲜花的模样，看上去就好像他还想顽皮地再摘几朵花。[50]这件肖像画完成得十分好，教皇便让卡洛为红衣主教贾科莫·罗斯波里奥西（Giacomo Rospigliosi）绘制一幅肖像画，他是教皇最伟大和慷慨的侄子。[51]这幅肖像画完成后，教皇让卡洛亲自带着画去见他。卡洛去觐见教皇，受到亲切的接待。教皇对自己侄子的肖像画表达了赞美之后，转头对卡洛说道："你什么时候为我画一幅肖像画？"对这个突然的提议，卡洛回答道："全听您的吩咐。"这位教皇在节日期间的习惯是离群索居，在阿文丁山的圣撒比纳宫（Santa Sabina）这个古老的教皇住所休息，在那里一直待到圣灰星期三（Ash Wednesday）。因此卡洛补充道："我认为接下来的节日期间比较适合，因为您习惯去圣撒比纳宫休息，那时您不会那么忙。"克雷芒也认为那个时候比较好，肖像画也就在那时开始创作。这件逼真的作品再怎么赞美都不为过，既栩栩如生，又忠于自然，但我们也要注意到作品的其他重要部分，它们表现出教皇的威严和仁慈。画中的教皇几乎呈正面像，坐在一把深红色的天鹅绒椅子上，戴着帽子，长及膝盖的白色罩袍外是红色短斗篷。他一只手放在一本书上，另一只手放在椅子扶手上，身边是一张写字桌，桌上放着一个金铃铛和一张便笺，便笺上写着：Alla Santità di Nostro Signore Clemente IX per Carlo Maratti（卡洛·马拉蒂为尊敬的克雷芒九世而作），巧妙地以此迎合教皇。在背景的深红色门帷衬托下，画面显出很好的明暗和立体感。作品用高超的技法描绘得非常精致，不仅重要的主要部分，每个细节都是如此，比如罩袍的精美布料，甚至椅子的金色钉子和流苏的光泽、椅子扶手上因长期使用而轻微磨损的天鹅绒，以及其他细微的部分。卡洛在肖像画和其他所有绘画研究上都颇有见地，他最注重的就是观察，除了面部特征，还有身体的自然姿态和每个人的习惯性姿势，无论是警惕的、活泼的，还是沉稳的、严肃的，每个人都会在他的习惯性四肢姿势里感到舒适。因此，除了其他赞美，教皇特意提到这点，其他为他绘制肖像画的画家总让他长时间维持不舒服的姿势，而卡洛为他作画时，他就感觉不到时间的流逝，仿佛只是在享受闲暇。这种惬意可以清楚地从肖像画中教皇的姿势看出来，他处于完全放松的状态，外貌流露出年迈之人的疲惫和虚弱，面庞却又保持着威严，如我们现在在罗斯波里奥西宫看到的那样。[52]卡洛创作这件作品的时候，发生过两件事。一件事是他有一天为教皇作画时，眼看着教皇在椅子上慢慢失去意识，陷入四肢无力，马上就要摔倒，就好像中风了。卡洛当时孤立无援、不知所措，不知如何是好，只能立刻冲过去，用自己的膝盖抵住教皇的膝盖，把他推回去，好让他不要被自己的体重拉着摔到地上。卡洛就这样慌张地站了一会儿，正准备摇铃叫人时，教皇自己恢复呼吸，清醒了过来。卡洛立刻退回自己作画的座位上，没有提及刚才发生的事，虽然他受了不小的惊吓，面对如此大的危险，唯恐教皇发生什么不测。教皇身体状况上的变化给卡洛的创作带来很大困难，因为教皇刚才突然失去力气，眼睛和面庞都没了神采，也就失去了生动性，哪怕只是一个点，最细微的变化都会让生动性减弱乃至消失。面对这样的困难，卡洛的优雅理念帮了大忙，在开始创作之前，他就已经非常专注地观察过教皇，在头脑中形成了教皇的生动形象，所以当教皇萎靡不振时，他就回想自己的理念，直到教皇恢复精神，重回之前的外貌和自然面目。上文说到卡洛在创作时是坐在教皇面前，这是很不可思议的，在其他画家和雕塑家身上从未发生过这种事，无论他们多么有名，能够被允许为至高的教皇和君王制作肖像画和雕像。这当然是因为在这幅肖像画创作期间，克雷芒始终表现出善良和仁慈，他会说："一个人工作的时候得是舒舒服服的。"这指的是绘画这类创造性的工作，手上的工作服从于思想的运作。这独特的荣誉不仅属于卡洛，也属于全体绘画艺术，这句话理应和其他关于绘画的赞美之词一同流芳百世。我们还要说到另外一件事，这件事比前一件还要重要，也很令人惊奇。卡洛完成对教皇头部的描绘后，想要调整一下帽子，得到允许后，他行了跪礼并接近教皇。看哪，他惊讶地从近处发现教皇那威严的面庞熠熠生辉，散发无比的光芒。卡洛不禁怀疑自己的眼睛，凑上前去确认，再次看见教皇的脸在发光，第三次还是如此。这并不是敬畏或不安导致的幻觉，因为卡洛很习惯和教皇相处，已经有过类似的接触，他对此非常确定，可以发誓做证。描绘完面部后，卡洛在家里完成了剩余部分。他将肖像画带给教皇，后者表达了满意和尊敬，群臣和贵族们也都报之以掌声，赞美作品及其创作者。如我们所说的，卡洛没有给教皇造成任何困扰，相反，他让教皇能舒适地坐在椅子里。

克雷芒考虑过各个宏伟的标志性建筑，最后选择了最符合他的虔诚之心的地方，即翻新和扩建圣母大殿的旧半圆形后殿，用最好的大理石、雕塑和画作来装点内部，在外部加上柱廊，以方便来朝拜圣母大殿的信徒们。

骑士贝尔尼尼受召负责这个计划，在教皇的催促下，为了尽快开始外部工程，他已经开始为石灰华的切割工作打好基础、做好安排。教皇年事已高、身体欠佳，希望在有生之年能亲眼看到工程完工。在这个关头，教皇没有忘记卡洛，委托他为后殿绘制与高贵装饰相匹配的新画作。但再怎么紧急和勤奋都于事无补，教皇的猝然去世使计划和工作被中断，这个工程本来能够为教皇和卡洛的名誉增光添彩，因为圣母大殿是个如此高贵的地方。不过，圣母大殿依然有其优美之处，因为继任的教皇克雷芒十世[53]修复了有古老镶嵌画[54]的半圆形后殿，建造了宏伟的新立面[55]。我们还应当提到另一件克雷芒九世对卡洛关爱有加的逸事，发生在被祝福的腓力·贝尼奇（Blessed Philip Benizi）封圣的时候。依据传统，在仪式期间，一件表现圣徒神迹的作品要被呈给教皇，而克雷芒要求修会会长[56]把这件作品交由卡洛负责。后来教皇问他这种作品一般会付多少报酬，他回答说画作加上画框总共会拿到300个斯库多，教皇觉得数额太少，对会长补充道："这300个斯库多你单付给卡洛的画作，其余的由我们承担。"教皇亲自选择的主题是无赖和妓女们在树下赌博作乐、口出狂言，不听从圣腓力·贝尼奇的警告，最终被闪电击中，和大树一起燃烧起来。

克雷芒九世在封圣仪式之前就去世了，所以这件作品被转给继任者克雷芒十世，留存在阿尔蒂里宫（Palazzo Altieri），由红衣主教帕鲁佐[57]看管，和其他名贵画作保存在一起。这位教皇也对卡洛爱护有加，委托他为神庙遗址圣母教堂里自己的礼拜堂创作献给圣徒们的祭坛画。卡洛在画中描绘了教皇封圣的5位圣徒。相对于人物数量的众多，画幅极其有限，因此他将圣母放置在上方，她双手放在胸前，向上凝望。下方的圣彼得双手做出将新封的圣徒们引向天堂的姿势，卡洛通过这个构图来表示圣徒们虽然还在地面上方的云朵上，但他们将升上天堂。在画面一侧，穿着多明我会修士服的圣路易·贝尔特兰（Louis Bertrán）单膝跪地，手里拿着基督受难十字架。他对面是穿着多明我会修女服跪拜的圣罗莎，她双眸低垂，双手放在胸前，暗示她的谦卑。后面是穿白色罩袍的圣方济各·博尔吉亚（Francis Borgia）和拿着百合花及十字架的圣腓力·贝尼奇，再往后是穿神父袍和圣带的圣卡耶坦。[58] 圣母的两侧是天使和圣徒们，隐在光芒对比下的阴影里，其中有坐着的教皇圣庇护五世。虽然画幅很小，但画中人物都安排得很优雅。大概也是在这个时候，卡洛为阿斯科利的橄榄会教堂（church of the Olivetan fathers in Ascoli）创作了一件献给圣弗兰切斯卡·罗马娜的作品，在天使的陪伴下，她从圣母手中接过圣子，圣母位于云端，远处可以看见风景。[59] 克雷芒十世在任期间，位于耶稣广场（Piazza del Gesù）的阿尔蒂里家族的古老宫殿阿尔蒂里宫经历扩建，卡洛受命绘制大厅的天顶。作品的主题是宽厚（Clemency），隐喻教皇的名字和他的美德，有赖于红衣主教阿尔蒂里[60]的明智管理（见图 15－1）。卡洛在这个狭窄空间里的创作也很成功，作画区域被一道过长的灰泥画框限制，如果能在整个拱顶上进行创作，效果会更好。如果他的画笔能决定绘制的方式，卡洛本来希望能如此实施，从而在这样一件宏伟的作品里充分发挥自己的才华。[61]

宽厚画像

宽厚坐在云端的一道彩虹上，环绕她的耀眼光芒里有 7 颗闪耀的星星，这是教皇的象征。她一手拿神意的眼之权杖，一手把橄榄枝伸到代表世界的球体上方，两个丘比特托着球体，其中一个丘比特展开一个手卷[62]，上面写着诗人克劳狄的箴言：CVSTOS CLEMENTIA MVNDI（宽厚，世界的守护者），意指在教皇统治下和平幸福的基督教世界。下面坐着正义及另外两位美德女神：审慎和勇气。正义抬头望向宽厚，仿佛在景仰宽厚的美丽和光芒，一手拿着打开的律法书，一手拿着罗盘，她正是用罗盘衡量奖赏和惩罚。她旁边的一个丘比特拿着束棒，准备用它来痛击和惩罚不公举动。坐在正义右边的审慎穿着帕拉斯的服饰，戴着头盔，一只手放在盾牌上，盾牌上有象征阿尔蒂里家族的 7 颗星星。她上方是两个玩耍的丘比特，一个拿着意指红衣主教阿尔蒂里的红衣主教帽子，另一个拿着暗示红衣主教阿尔蒂里在管理公共事务时的审慎的舵柄。在正义的左边站着代表勇气的英勇青年，一张狮皮罩在他的头上和胸前，他拿着一面旌旗，代表作为神圣教会旗手的教皇侄子堂·加斯帕洛·阿尔蒂里

（Don Gasparo Altieri）。除了这些美德，公众幸福（Public Weal）俯视地面，守护凡人的利益，脚边是墨丘利的节杖，手上拿着向外倾倒馈赠之物的阿玛耳忒亚之角。画面里还有代表四季的 4 个孩童，象征岁月的幸福。一个孩子拿着装满玫瑰等春日鲜花的篮子，另一个孩子抱着一捆象征夏天的麦穗，他前面一个长着翅膀的青年拿着满兜的葡萄等秋日水果，第四个孩子从罐子往外倾倒霜雪。画面顶部是另外几个拿着教皇徽章、钥匙和教皇冠的丘比特。这就是以宽厚为主题的作品，卡洛借其展示了自己高贵的绘画才华，他凭自己的才能画出拱顶上的大型人像群，再加上生动的色彩，就好像他一直在从事壁画创作，画面十分纯净，毫无矫饰，营造出完美的协调效果，这在当今已是非常难得一见了。如上文所说，他从一开始就受到画框限制，只能在拱顶中间作画。卡洛曾经警示的问题成了真，窗户附近的区域看上去太过空白单调，因此必须加上更多人像和装饰，采用其他区隔方式，以此支撑中间的画作，使其他空间里都有人像，而拱顶原本可以扩展成完整的构架，只需要很少的补充，就能变成一个尺幅更大、排列更好的空间。中间放置宽厚画像的第一层空间尚未完成，脚手架还在原处，等着后面依据乔凡尼·彼得罗·贝洛里的设计继续完成。此时卡洛已经在素描和草图中为其他部分创作出高超的构图，准备以他的画笔来实施。我们将在下文介绍这些作品，以便在此提供对拱顶整体的理解。大厅檐板上方窗户的各个扇形壁之间是三角形空间，两边侧墙上的三角形空间里各有 3幅画作。另外在大厅头部和尾部有两扇窗户，窗户两旁各有两幅画作，一个窗户在入口上方，另一个窗户正对入口。我们的介绍从最后这个位置开始，窗户两边是两位庄严的美德女神，即宗教和信仰，前者一手拿神圣的十字架，一手拿供奉给天堂的香料罐子，偶像崇拜倒在她脚边，朱庇特神庙因被闪电击中而燃烧。她的同伴信仰一手拿旧约和新约之书，一手拿象征圣餐的圣餐杯，脚踩九头蛇，脚边是被镣铐束缚的正在咬自己手臂的异教。大厅入口上方的空间里是神圣智慧和福音真理（Evangelic Truth）。神圣智慧作为宇宙的统治者，拿着节杖和有启示录七封印的书，书中是神圣的奥秘，她旁边的丘比特愤怒地驱赶不忠诚的无知。福音真理一只脚踩在面具上，一只手举着光芒四射的太阳，另一只手威吓虚假，虚假因无法忍受阳光而双手挡住脸。接下来要说到的是两边侧墙窗户的扇形壁之间穿插的三角形空间。右边的第一个三角形空间里是神圣的基督教罗马，她的胸前和盾牌上都有十字架记号，台伯河向她呈上已洗净的纯洁的双胞胎，象征着洗礼。随后是借由基督的仁慈而得以降临于世的和平，脚边是被锁链绑缚的地狱之怒（Fury of Avernus），她一手拿橄榄枝，一手指向一个天使，天使手中的手卷上写着箴言：ET IN TERRA PAX（和平降临于世）。

第三个拱肩上是英勇的基督教美德（Christian Virtue）和永恒的至福奖赏（Reward of Beatitude），她们都朝对方伸出手，后者用不朽的星星为前者加冕。以上就是右边侧墙拱肩上的画作。左边侧墙上描绘的是世界的四个部分。第一个是欧洲，第二个是非洲，后两个是亚洲和美洲，还有它们各自对应的象征，表明它们都归于至高无上的教皇，四福音书已传遍世界每个角落。卡洛将画作主题分成这四个部分，其构图也很适合于墙面空间。他开始着手创作这些装饰，想要将下面的三角形空间和上面绘有宽厚画像的空间相结合。由于宽厚画像的周围已经有一道真的灰泥画框，他在此基础上加了另一道用明暗法画出来的画框，看上去不像是画出来的，更像是雕刻出来的浮雕。为了营造出这种视觉效果，他在每扇窗户的扇形壁上方加了真的镀金灰泥浮雕，其形态是女像柱的头部，仿佛它们在支撑着那道明暗法的画框。扇形壁上也装饰着真的镀金灰泥。窗户开在厚厚的墙壁里面，窗户两边的墙面上是用明暗法画的站姿人像[63]，也是同样的主题。在每扇窗户的楣梁上以逼真的色彩画着坐在贝壳里的普托，他们手上拿着各种宗教象征。这个高贵的拱顶作品还有其他装饰，交杂的真假装饰足以达到以假乱真的效果。[64]

卡洛感觉自己在构图和大型壁画方面的创作能力得到了加强，这得益于他在色彩上获得的宝贵经验。因此，当教会[65]找到他时，他欣然接受了为圣彼得大教堂的圣母进殿礼拜堂创作镶嵌画的委托，即为礼拜堂的圆顶、三角拱和3扇窗户的两侧空间构思草图，这些草图将被进一步画成布面水粉画，作为镶嵌画的草图模板。其他礼拜堂由彼得罗·达·科尔托纳等画家负责提供草图。[66]圆顶画作的主题围绕着圣母，这个礼拜堂也是献给她的。这个主题取自《启示录》，圣母戴着星之王冠，身披阳光，脚踩月亮，凶残的恶龙及其追随者试图袭击神之子，大天使米迦勒和天使们赶来保护他，击退试图吞噬他的恶龙。这个场景暗指纯洁的圣母，正是她的圣灵感孕使恶魔和原罪得以被毁灭。[67]卡洛完成三角拱或者说圆顶下方的三角形空间，以及3扇窗户的两侧空间的最初草图后，法比奥·克里斯托法尼（Fabio Cristofani）将其最终完成，这是一位出色的画家和镶嵌师。[68]剩下的还有圆顶其他部分的草图，即整个圆顶的大部分，卡洛在一件大幅草图中完成了这些部分的构图。下文将介绍目前已有的构图，也是基于对圣母的幻见。

圣约翰关于圣母圣灵感孕的幻见

圆顶朝外的一面是在天使们的簇拥下从明亮的天空现身的永恒天父，他一只手放在代表世界的球体上，另一只手伸向圣母，使圣母永远脱离人类的原罪，成为上帝唯一的儿子的母亲。上帝面前的圣母坐在云端，作为上帝的忠诚仆从，她谦恭地张开双手，低着头，透过她的面庞可以感受到她圣洁的灵魂。她穿着白色长袍和蓝色外袍，笼罩在阳光中，脚踩月亮，从天而降的两个丘比特用星之王冠为她加冕。上帝和圣母周围是徐徐展开的天堂景色，后面是耀眼宽阔的背景，更准确地说是明亮的最高天（empyrean），里面环绕着模样超凡的天使，他们虔诚地向神圣的圣母弯腰朝拜，她被永恒天父选中，成为凡间和天界的女王。有的天使凝望和赞赏她的美丽，有的天使向她跪地朝拜，有的天使尊敬地把双手叠放在胸前，还有的天使照着乐谱歌唱圣母之名，赞美她为人世带去幸福和救赎。加百列拿着象征圣母领报的百合花。不远处的正义及和平相互拥抱，后者举着橄榄枝，正是基督使和平重回世间，他是正义之太阳，也是圣母之子。有个跪拜的天使拿着剑，暗指面前圣灵感孕的圣母，他象征着我们的祖先亚当从伊甸园被驱逐出去，又重回伊甸园，圣母使他的罪得以赦免，召回被放逐的凡人。圆顶剩余部分描绘了两个战斗天使击败试图阻碍圣灵感孕的不敬的恶魔们。最前面是在中间战斗的大天使米迦勒，他穿着闪闪发亮的盔甲，将长矛刺向地狱的九头蛇，后者虽然受了致命伤，却还是把尾巴伸向天堂，妄图拉下天上的繁星。[69] 一群英勇无畏的战斗天使和米迦勒一同战斗，他们向恶魔挥舞闪电、火把和弓箭，有的恶魔无法承受战场和天堂的光芒，用双手捂住眼睛，转身逃跑，表现了他们在坠落时感到的恐惧。有些战栗的恶魔从眼睛和嘴巴流露出愤怒之情，有的恶魔狂怒地咬自己的双手和嘴唇，在怒火和仇恨的驱使下，发誓会再次以战争和浩劫进犯天堂。所有恶魔都被英勇的天使们击败，坠向深渊。其中最生动的是一个天使的情感，他驱赶一个恶魔，一只手推开恶魔的肩膀，另一只手指向下方的黑暗深渊，意味着恶魔注定被囚禁在深渊，经受永无止境的酷刑。这些人物分布在圆顶四周，上方是一片延伸到采光亭的光芒，采光亭周围装饰着一圈玫瑰和百合花环，还有基路伯和棕榈枝，象征着属于基督和马利亚的战斗天使打败了地狱恶魔。在这件伟大的作品中，除了占据主要位置的天使，坠落的恶魔也刻画得很好，表达出他们的恐惧之情。这几个裸体人物群做出大胆的动作，从各种角度摆出极难以短缩法表现的姿势，如我们在这个经过深思熟虑的线稿设计图中所看到的，卡洛将以之为基础为镶嵌画绘制草图。现在剩下的就是已完成的圆顶下方三角拱和 3 扇窗户的两侧空间的镶嵌画，也是由法比奥制作而成。这些画作再现了各种关于圣母的纯洁和圣灵感孕的象征，均取自旧约。在右边朝外的第一个三角拱镶嵌画中，诺亚张开双臂迎接返回方舟的鸽子，鸽子嘴里叼着代表和平的橄榄枝，橄榄枝既象征着圣母，也承载着和平，罪恶已被消灭。当圣母进殿的时候，她也在神庙接过白鸽，这件作品就隐喻了这点。在左边的三角拱镶嵌画中，坐着的亚伦穿着神父袍，双手拿着一个香炉，他也是圣母的象征，与开花的枝条有关：从耶西的本必发一条，从他根生的枝子必结果实（Et egredietur Virga de radice Jesse）。[70]对面是和这两幅相对应的另外两幅三角拱镶嵌画。基甸单膝跪地，将从羊毛挤出来的露水滴到一个盆里，而圣母就被比作盆：从羊毛中拧出满盆的露水来（Sicut ros in vellus descendens）。[71]巴兰（Balaam）指着空中的星星：有星要出于雅各（Orietur stella ex Jacob）。[72]接下来要说到的是扇形壁窗户两边的空间。右边第一个是穿着战士盔甲的约书亚（Joshua），他转过身面朝西边的太阳，做出让太阳停下的动作，为了胜利而延长白天的时间，这和圣母是一样的，圣母诞下圣子，使正义之太阳得以停下，战胜人类的原罪。跪在地上的以利亚发出预言，指向自大海升上天空的一小片云彩，这朵云就是圣母的象征。在左边窗户的旁边，摩西为了见上帝而脱下鞋子，上帝通过烈火中完好无损的荆棘丛召唤他[73]，象征着圣母的纯洁无瑕：摩西看见的不被火焰伤到半分的荆棘，我们认为它代表着你应当保有的纯洁，也是我们现在所赞美的（Rubetum, quem viderat Moses incombustum conservatum agnovimus tuam laudatum virginitatem）。摩西分开红海、淹死法老后，摩西的姐姐米利暗（Miriam）和另一个希伯来妇人一同拿着小手鼓跳舞，向上帝献上歌声，如同圣母吟唱颂歌。在朝外的第三扇窗户旁边，帐篷里的犹滴一手举着何洛弗尼被砍下的头颅，抓着他的头发，一手拿着剑，高贵地看向床上何洛弗尼鲜血淋漓的残躯。雅亿（Jael）抓着锤子，同时指向西西拉（Sisera）被钉子钉穿的头颅。为三角拱和窗户两侧空间所作的水粉画草图中的人物和镶嵌画中的人物是同等大小，这些草图现在挂在卡瓦洛山的教皇宫殿即奎里纳勒宫皇室厅墙上，均配有镀金画框，以便人们欣赏。

卡洛于1672年回到阔别已久的故乡，当他去洛雷托的圣所教堂供奉时，他发现教堂里那些极好的祭坛画都处于岌岌可危的境地，如果不加以修复，就会面临毁坏的结局，尤其是阿尼巴勒·卡拉奇所作的圣母诞生图。因为管理不力，这件作品遭到在墙后筑巢的大量蝙蝠的破坏，它们使画布变得潮湿。出于对阿尼巴勒这位大师的尊敬，他立刻着手抢救这件作品。他认为仅仅用木板加固画布是不够的，想将其移到更安全的地方。他将这一情况告知教堂守护人、红衣主教阿尔蒂里[74]，后者同样迅速地赶了过去，这件作品被移到教堂的圣器收藏室，以妥当地保存它[75]。巴罗奇所作的著名的圣母领报图[76]和洛伦佐·洛托（Lorenzo Lotto）所作的祭坛画[77]也都被移到圣器收藏室，卡洛清理了后一件作品，使其恢复到良好的状态。他不止一次地表现出自己对绘画艺术的热爱，以及对杰作的保护和欣赏。卡洛待在安科纳的时候也没有停止工作，乔凡尼·彼得罗·南布里尼（Giovan Pietro Nembrini）委托他为奥拉托利会教堂的大祭坛创作祭坛画，这个教堂是献给巴里的圣尼古拉（Saint Nicholas of Bari）的。画面上方是坐着的圣母，圣子靠在她大腿上，向圣方济各·德·萨勒做出祝福的手势，后者双手放在胸前，跪在云上，旁边的主教圣尼古拉一手拿权杖，一手指向圣方济各，意指他的成圣。在圣尼古拉下方，一个小天使拿着一本有 3 个金铃铛的书，这是圣尼古拉的传统象征。再往下的前景里是圣奥古斯丁[78]，他也坐在云端，膝上放着一本书，一边转过头，一边指着书，好像在和谁说话。当这幅祭坛画对外展出时，卡洛也在场，受到使他的名号传遍整个家乡的高度赞美。[79]

　　我们在之前提到卡洛为教皇克雷芒九世所作的极其精美的肖像画，出于事情的发展顺序，我们当时无法继续介绍他创作的其他肖像画，现在可以回到这点。他时常会创作肖像画，因为他在这个方面非常擅长。除了上文已经说到的他为红衣主教安多尼奥·巴贝里尼所作的两幅肖像画，我们将从他最早的肖像画作品说起，那时他在绘制小兄弟会教堂（church of the Friars Minor）的圣伊西多尔礼拜堂。[80]他为方济各会年鉴作者、修士卢克·瓦丁（Luke Wadding）画了一幅肖像画，画中的瓦丁将笔举在书的上方。[81]他还为小兄弟会教堂圣约瑟礼拜堂的赞助人、精通法律知识的律师埃尔科莱·隆科尼画了肖像画，画中隆科尼的正面像栩栩如生。[82]同样生动的还有雷茨红衣主教[83]的肖像画，以及年轻的圣保罗伯爵[84]的肖像画，这两幅都是半身像，当时他们都在罗马。卡洛为红衣主教卡米洛·马西莫[85]画了一幅肖像画，当时马西莫被选为红衣主教。这位大人总是对卡洛亲切有加，非常欣赏他的美德，在艺术上也很博学。这幅肖像画比半身像大，画中的马西莫一手拿便笺，一手放在写字桌上，从一个房间的门帷后面可以部分看见一小幅隐藏在阴影里的圣母怜子图。在亚历山大七世任教皇时期，卡洛为布伦瑞克（Braunschweig）亲王及其夫人画了两幅很精美的半身像。[86]当卡洛教白金汉公爵如何画画时，他为年轻的公爵画了一幅肖像画[87]，这件作品表现出公爵的内在精神。公爵从祖先那里继承了对绘画的热爱，对卡洛充满敬爱之情，希望卡洛能和自己一起回英格兰，以便将他引荐给国王查理。[88]他被召唤去宫廷，之前已有鲁本斯和凡·戴克享此殊荣，我们在他们的传记中提过。但卡洛认为自己不适合宫廷生活，自认不能和那两位大师相提并论，谦逊地婉拒了公爵，回复说他要在意大利精进自己的研究，以便更好地为陛下效劳。他接着为几位来到罗马的英国贵族绘制了多幅肖像画，而他们也付给他极高的报酬。其中桑德兰伯爵的站姿肖像画是他高雅地靠在大理石基座上[89]，罗斯康芒伯爵的站姿肖像画是他一只手做出指挥的手势[90]，二人都优雅地打扮成穿着古典服饰的俊美模样。他也为埃克塞特伯爵[91]和托马斯·艾沙姆爵士画过肖像画，后者呈坐姿，手里拿着妻子的一幅迷你肖像画[92]。他画过查理·福克斯（Charles Fox）阁下[93]和约翰·赫伯特（John Herbert）阁下[94]，后者是一位著名的绘画鉴赏家，十分欣赏卡洛的作品。除了这幅肖像画，他还让卡洛画了两幅半身像，分别是抹大拉在荒野中沉思天使向她展示的十字架，以及井边的撒玛利亚妇人跪在基督面前。[95]我们无法在此尽数卡洛为外国贵宾等人画过的所有肖像画。然而，他难以将精力集中在肖像画上，鉴于手头还有很多其他工作，他不再专注于创作肖像画，虽然丰厚的报酬让他心动，那些青睐他的贵族出手都很阔绰。他通常能以站姿的全身像拿到 150 个斯库多，其余尺寸的肖像画报酬按比例类推。关于那些送往英格兰的作品，此处再补充两幅于 1691 年创作的非常精美的肖像画，一幅为梅尔福特侯爵而作，这位品德高尚且英勇无畏的大人由詹姆斯国王在动荡时期派往罗马教廷，另一幅为侯爵夫人而作，这两件成对的大幅肖像画中的人物都是真人大小。[96]他将侯爵描绘成坐姿，穿着爵位服，身披深红色天鹅绒斗篷和公爵风格的毛皮，圣安德烈会（Order of Saint Andrew）的徽章别在他胸前。他一只手放在椅子扶手上，一匹织花金色锦缎盖在桌子上，桌上摆着公爵帽和一些信件及书本。衣服装饰和人物动作及神情透露出十足的魅力。他笔直地望向画面外，仿佛在和某人说话。画面背景是一个房间的内部，透过掀开的门帷可以看见有柱子的高雅建筑。在对应的侯爵夫人肖像画中，她穿着非正式的深蓝色袍子和红色锦缎罩衣，罩衣盖过她的一侧手臂，优雅地垂在她身后。她穿着这身衣服，在画廊里闲庭信步。她娴静地将一只手伸进喷泉的潺潺流水中，水流进贝壳里，一个大理石雕刻的普托从下面托着贝壳。这两幅肖像画绘制得非常好，既因为栩栩如生的效果，也因为丰富的装饰，它们不仅作为肖像画被赞赏，在人物作品方面同样出色。[97]

我们接下来将介绍卡洛为志同道合的朋友和熟人所作的肖像画，他也很乐意为他们绘制肖像画，其中就有出于对老师的纪念而自留的安德里亚·萨奇[98]肖像画，以及夏尔·埃拉尔肖像画，这是一位伟大的画家，在罗马的法国皇家学院教授绘画、雕塑和建筑。画中的埃拉尔是坐着的半身像，穿着边缘缝了天鹅绒的黑色斗篷，以正面示人，一只手放在胯上——这是他的习惯动作——另一只手放在书上，这本书象征着他出版的莱昂纳多·达·芬奇和莱昂·巴蒂斯塔·阿尔贝蒂等人关于建筑及装饰的著作。[99]最精美的就是米歇尔 - 昂热·

德·拉肖斯穿着非正式服装的半身像[100]，他一只手拿着一个徽章，因为他在古物和绘画领域十分博学，是位杰出的鉴赏家，手里有卡洛的几幅很珍贵的画作。在另一幅半身像中，卡洛描绘的是乔凡尼·彼得罗·贝洛里指着自己写的画家传记一书[101]，他伸出手，用手指触摸书页，转头向外看。这幅肖像画是如此生动，摒弃了一切艺术臆造，灌注了所有自然力量，那些每天都来欣赏这件作品的人可以作证。这幅肖像画的价值更在于它是画家出于友谊之情的赠礼。同样值得赞美的还有加斯帕洛·马尔卡奇奥尼（Gasparo Marcaccioni）的肖像画，他是红衣主教安多尼奥·巴贝里尼的图书管理员和首席大臣。画中的加斯帕洛双手打开一卷书，里面写着从 1 到 2、从 2 到 4、从 4 到 8 这三组偶数，以及从 1 到 3、从 3 到 9、从 9 到 27 这三组奇数，下方是一句箴言：NVMERIS NATVRA GVBERNAT（自然由数字统治）。[102]

　　介绍完这么多肖像画后，让我们回到卡洛的主要作品，他在最困难的工作中充分运用自己的才华，兼具勤奋和敏锐，取得越来越大的成就。当王后艾莱奥诺拉还在世，红衣主教阿尔贝里奇在德国任罗马教廷大使时，阿尔贝里奇将卡洛引荐给王后，后者非常热爱绘画艺术，也热衷于学习绘画，能画出很好的素描。[103]作为圣约瑟的供奉人，她委托卡洛为自己在维也纳的礼拜堂绘制一幅圣约瑟之死。卡洛从红衣主教那里接到这个委托后，创作了一幅完成度很高的草图，王后对其深感满意，也很珍视。卡洛随后绘制了高约 18 掌的顶部是拱形的布面油画，画中人物比真人大。年迈的圣约瑟虚弱地躺在病床上，一只手放在半裸的胸膛上，神色萎靡，眼神呆滞，正呼出最后一口气。基督站在他脚边，向他送去祝福，圣母悲伤地坐在另一边，十指交叉的双手放在膝上。前景里两个天使虔诚地跪在床边，他们旁边的第三个天使双手举着一个金质容器，散发香气的烟雾飘向天堂，象征着圣约瑟在世时践行的美德。两个天使从上方的云层现身，虔敬地注视着将死的圣约瑟，似乎在等着迎接他纯洁的灵魂，将他的灵魂引向至福。他们前面是 3 个带翼的小天使，其中一个小天使拿着圣约瑟开花的枝条。3 个基路伯紧邻圣约瑟的病床。天堂在这个房间中敞开。[104]在佛罗伦萨议员彼得罗·内利（Pietro Nerli）阁下的要求下，卡洛为罗马的圣约翰教堂绘制了一幅圣腓力·内里画像，圣腓力按照传统方式被描绘成穿着十字褡做弥撒。他跪在祭坛台阶上，虔诚地张开双臂，因享见天主而狂喜。画面上方是坐在云端的圣母，圣子低头看着圣腓力，一个丘比特将一朵洁白的百合花递给圣子，象征着圣腓力的纯洁（见图 15-2）。从圣腓力背后可以部分看见他的学生巴罗尼奥，后者有过几次这种幻见。[105]

　　教皇英诺森十一世即位[106]时，卡洛为耶稣教堂绘制了一幅圣方济各·沙勿略的大型祭坛画，这个教堂是财务主管、高级教士内格罗尼（Negroni）所建，他如今是备受尊敬的红衣主教。作品描绘的是圣方济各之死，当他去中国传教时，在一个小岛上魂归天堂。死去的圣方济各躺在地上，穿着神父袍、白色罩袍和圣带，身处一个废弃的小茅屋。他的面庞歪在肩膀上，葡萄牙人和印第安人赶来朝拜他的圣体。画面一侧是穿着华丽、头戴一顶红色天鹅绒帽子的船长，转过身朝后看，一只手往前伸，似乎在指引人们瞻仰圣方济各。画面下方是两个跪在地上的水手，一个人亲吻圣方济各的手，另一个人悲伤地紧握双手。圣方济各背后跪着一个全身穿戴铁盔甲的士兵，手里拿着一个燃烧的火炬。远处是另一个扛着长枪的士兵，加快脚步赶来，将躺在地上的圣方济各指给一个跟着他前来的印度人看，后者虔诚地将双手举在胸前，戴着象征自己国家的用各色羽毛制成的头饰。从更远处可以看见一个抱着一撮火炬的年轻人。最远处露出海洋一角，海上的船只暗指海上航行。一群天使和丘比特在上方的天空显现，向圣方济各的圣体抛洒玫瑰和鲜花，圣方济各的纯洁灵魂已升上天堂。这些人物是真人的一倍半大小。但这件作品被对面一扇大窗户透进来的光线直射，同时被柱子的影子笼罩，因而很难看清作品的色彩。虽然卡洛将其重画了两次，并且将圣方济各的长袍从黑色改成白色，但收效甚微。如果将这件作品移到一个光线更好的地方，观看感受会好得多。[107]

在卡洛参与创作的众多公开和私人作品中，他为法兰西国王路易十四所作的那幅画作可以说是他笔下最伟大的作品之一。

这件作品的主题是达芙妮变形成月桂树的神话。达芙妮被描绘成正试图逃离追赶她的阿波罗，因为筋疲力尽而停下来，双手变成枝叶，双脚变成在地上扎根的月桂树树根。阿波罗被描绘成热切地追赶达芙妮，差一点就能将她抱进怀中（见图15-3）。对面是坐在水边的珀纽斯，向女儿伸出双手帮助她。河神阿皮达努斯（Apidanus）被描绘成和水中仙女们一起观望这一奇景。胜过阿波罗的丘比特扬起翅膀飞在半空，自负地举着自己的弓和箭。我们已依据色彩以及与奥维德诗句[108]的对比（在最后提及）[109]，对卡洛这件作品做了详细描述。这件作品每边长12掌，画中人物比真人略小。慷慨的国王为这件作品付给卡洛1250个斯库多的高价。[110]

完成这件作品后，卡洛又创作了两幅尺寸更大的描绘四季的布面油画，画中人物是真人大小。红衣主教波托卡雷罗[111]向卡洛委托这组作品，以赠给西班牙国王查理[112]。由于这个作品主题完全是诗意和想象的，卡洛把这几个人物和众神置于略高于地面的云彩上。芙罗拉、克瑞斯和巴库斯代表3个季节，第四个是冬，在两个画布上两两成组。第一幅画作里是春和冬，双面的雅努斯右手拿一把钥匙，左手伸向并准备打开新年之门。云中的金色大门上刻有十二宫图。雅努斯暂停动作，转过年轻的那张面庞，召唤静谧的西风神，他们被描绘成两个长着翅膀的俊美的年轻人，从下方飞过，嘴中吐出温暖柔和的气息。春是一位微笑甜美的少女，几个丘比特托举着她，其中两个丘比特拿着一瓶鲜花，另一个丘比特拿着火把，时之女神们宁静地跟在她身后，而她将嫩枝和玫瑰洒向大地。在雅努斯的另一边，一片浓密的灵气在空中散开，东风神（Eurus）和北风神各自抱着一个瓮，从瓮里往外倒冰雪。下方一个丘比特生气地朝冬挥舞燃烧的火把，将他赶走。一个赤裸身子的老人瑟瑟发抖，把外袍在头顶撑开，抵挡从天而降的霜雪。第二幅画作里是被表现为克瑞斯和巴库斯的夏和秋，前者准备离开，后者刚刚抵达，带来丰收。离去的克瑞斯单膝跪在金色马车上，似乎在向巴库斯道别，转身望向他，象征着他们共同孕育了人世的生机。巴库斯坐在云彩中间，一只手拿着酒神杖，另一只手拿着成熟的红葡萄，将它们献给克瑞斯，后者抓着燃烧的火把，出发去寻找自己失踪的女儿普洛塞庇娜（Proserpina）。她一边驾驭长着翅膀的蛇，一边教导特里普托勒摩斯（Triptolemus）如何让谷物丰收，后者站在克瑞斯的马车上，从杯子向外倾撒种子。马车下方是两个可爱的小男孩，一个男孩左手抱着一捆麦穗，右手展示一个桃子，另一个男孩展示的是一个甜瓜和两朵康乃馨。前景里还有无花果、西瓜等夏天的水果。巴库斯脚边是两个玩耍的孩童，一个将葡萄递给一只喜爱葡萄酒的母老虎，另一个仰望巴库斯。更远处有一个供奉给巴库斯的装满葡萄酒的大银质双耳瓶。画面中还有喝得醉醺醺的快乐又滑稽的酒神女祭司们，正在快活地嬉戏。在巴库斯旁边，一个抱着葡萄叶和葡萄的萨提尔转身面向两个欢快的宁芙仙女。巴库斯身后的另一个萨提尔扛着一袋装得满满的葡萄酒囊，被重量压得弯下腰。旁边也有两个宁芙仙女，一个把酒杯递给萨提尔，希望他给自己满上，另一个伸出手，也想来一杯。西风神从空中飞过，他被描绘成长着蝴蝶翅膀的俊美青年，用轻柔的呼吸给炎热的季节降温，以迎接充满他的馈赠的平静秋日。[113] 卡洛以非凡的才华创作出这两件作品，他一开始在达芙妮那件作品上花费了很多时间，到了这两件作品，他完全解放了自己的才能和双手，在几个月的时间里就构想并完善了这样复杂的作品。卡洛引入新的梨木材质的黑色画框，仿的是乌木画框，黑色画框上是精致的镀金雕刻，这种画框如今到处都有，为画作增添了不少优雅气质。这两件送往西班牙的作品就用到这种极其繁复的画框，慷慨的国王为了作品以及卡洛付出的努力而付给他非常丰厚的报酬。

　　除了这些送往外国的杰作，卡洛也同时为罗马的教堂以及被他的名望吸引来的名流创作各种作品。他刚于 1679 年完成为耶稣教堂而作的圣方济各·沙勿略祭坛画，就开始着手绘制圣布莱斯和圣塞巴斯蒂安祭坛画，这幅祭坛画是为罗马圣查理教堂里献给这两位圣徒的祭坛而作。画面前景里是主教圣布莱斯准备殉教，即在监狱台阶上被铁梳子撕成碎片。他被扒光衣服，高举过头的双手被绑在绳子上，朝上拉向横梁的滚轮，好将他示众，也方便行刑人动作。一个穿盔甲的人抱着他的大腿，把他抬起来，后面一个行刑人拉绳子，另一个凶恶且不耐烦的行刑人用手里的铁梳子恐吓他，要把他的皮肉撕成碎片。转动的绳子把圣布莱斯的手臂逐渐拉直，而他的脸庞始终朝向天堂，对酷刑毫不畏惧，也不在意假神父的威胁，后者伸出一只手的手指斥责他，另一只手把点燃的不敬的祭坛指给他看。与此同时，坐在一边的执政官冷眼旁观这场酷刑。一个信奉基督教的妇人面露悲伤，单膝跪地，专注地凝望圣布莱斯的殉教，一只手拿一方手帕擦拭泪水，另一只手放在跪在她身边的小儿子肩上。从她背后可以看见一个戴头巾的妇人的头部，也在全神贯注地看着这一切。画面更上方是一个全副武装拿长矛的士兵，将圣布莱斯的主教冠、权杖和其他服饰扔到地上。在监狱大门的上方，一个天使拿着王冠和棕榈枝从天而降。赞助人要求卡洛同时表现圣布莱斯和圣塞巴斯蒂安的殉教，因此他别出心裁地利用画面上半部分来表现升天的圣塞巴斯蒂安。圣塞巴斯蒂安张开双臂，扬起的脸笼罩在耀眼的光芒里，在天使和丘比特们的托举下飞向天堂，其中一个丘比特拿着象征他的殉教的弓箭，另一个拿着棕榈枝和士兵头盔。卡洛由此完成了委托，将两个主题结合在一件作品里，画中是从各种视角表现的姿态优美的裸体人物，其完成度如此之高，我们不仅可以认为它传达了卡洛的美德，也可以将其视作当今最值得赞美的作品之一，虽然它至今没有对外展示，尚未放在原本应在的位置。[114]即使卡洛不停地工作，还是有人指责他做事拖沓、犹豫不决，而他在两年这样短的时间里完成了多达 22 件或大或小的作品，有的上文已经提及，还有的我们将在下文介绍，同时他还受到那些等着他完工的人的不断要求甚至骚扰。他被大量工作所困，心理和精神都得不到休息，而精神和头脑相关。由于高强度、长时间的工作，他面临着生命危险，最起码也是对他原本的强健体魄的威胁。有天晚上他经历了突发的头部体液[115]流动，使他喉头紧锁，无法呼吸。幸好他获得了即时的救治和放血，这次激烈的体液流动停止了，他也恢复了健康。从那以后，他避免穷尽精力，不愿再因为不利于身体健康的过度工作使自己遭受这类疾病发作。他认为，对绘画全身心的投入和必要的思考需要调动灵魂和身体所有部分。绘画研究不是那些一知半解的人所想的那样，他们以为绘画不过是手上的体力活，但实际上双手只是一种辅助工具，他们被只懂惯

图13-1 圭多·雷尼：《圣母为圣子缝衣》，
1609—1611年，湿壁画，奎里纳勒宫（罗马）

图13-2 圭多·雷尼：
《虐杀无辜男童》，1611年，布
面油画，268cm×170cm，博洛
尼亚国家美术馆（博洛尼亚）

图13-3 圭多·雷尼：
《收集吗哪》，1614—1615年，
布面油画，280cm×170cm，拉
文纳大教堂（拉文纳）

图14-1　安德里亚·萨奇:《神圣智慧的隐喻》, 1629—1631年, 湿壁画, 巴贝里尼宫 (罗马)

图14-2　安德里亚·萨奇:《圣罗慕铎的幻见》, 约1631年, 布面油画, 310cm×175cm, 梵蒂冈美术馆 (梵蒂冈城)

图14-3　安德里亚·萨奇:《三位抹大拉》, 1634年, 布面油画, 68cm×50.5cm, 古代艺术国家美术馆 (罗马)

图 15-1 卡洛·马拉蒂：《宽厚画像》，
1674—1676年，湿壁画，阿尔蒂里宫（罗马）

图 15-2 卡洛·马拉蒂：《圣母向圣腓力·内里
显灵》，约1675年，布面油画，343cm×197cm，皮蒂
宫（罗马）

图15-3　卡洛·马拉蒂：《阿波罗追逐达芙妮》，1681年，布面油画，221.2cm×224cm，比利时皇家艺术博物馆（布鲁塞尔）

例、不会思考的画家迷惑了。现在让我们搁置这个话题，回到作品上来。卡洛画了一幅圣母诞生图，由隶属于德意志民族的圣灵圣母教堂（Santa Maria dell'Anima）的代理人委托，以放置在圣器收藏室的其中一面墙上。画中有跪在地上的圣约阿希姆，感谢上帝赐给他这个新生儿，以及产婆们和远处刚生完孩子的圣安娜，这是一件很优秀的作品。这件作品被放在圣器收藏室后，有的人反对说好的价钱，提出要削减报酬，认为应该将这笔钱用在真扎诺（Genzano）的葡萄园上，因为那里产很好的葡萄酒。但卡洛坚持原本的价钱，他们就把作品还了回去。卡洛没有反对，立刻把作品带走，转手卖给萨克森家族的利佩（Lippe）伯爵，拿到比之前多得多的报酬。[116]他随后完成了为新教堂里奥拉齐奥·斯帕达侯爵的礼拜堂所绘的画作，这个礼拜堂有无比奢华的大理石等装饰，献给圣母、圣查理和圣依纳爵·罗耀拉，圣依纳爵是斯帕达家族的守护圣徒。[117]圣子坐在圣母膝上，圣母坐在云上有大理石基座的金色王座上。一侧的圣查理单膝跪在王座台阶上，张开双臂做出祈祷的动作，他作为调解人，将虔诚信徒们的誓言和祷告传达给圣母。他旁边是两个丘比特，一个拿着铭牌，另一个指着铭牌念出上面的字：HVMILITAS（谦卑）。另一侧的圣依纳爵穿着神父袍和十字褡，将他的律法之书呈给圣子，一个天使托着书。圣依纳爵转脸望向会众，一只手打开书，另一只手指着题名：AD MAJOREM DEI GLORIAM REGVLA SOCIETATIS JESVS（献给荣耀的上帝，耶稣会律法）。在画面另一头，一个天使站在圣母的王座边上，上方一个小丘比特掀开帷幕，光芒从基路伯和天使们中间穿过，其中一个天使指向下方的圣母和守护圣徒们。这是一件以至高优美而著称的作品，吸引所有人前来观赏，甚至骑士贝尔尼尼都慕名前来，特意去看了好几次。他在不久前又去看了，转头对跟他一起去的画家说："这就是绘画应有的样子。"到了 1686 年，众属圣母教堂里红衣主教阿尔德拉诺·西博的礼拜堂完工，里面有华丽的大理石、柱子等装饰，为了使所有东西都和豪华装饰相衬，红衣主教将中间献给圣母圣灵感孕的画作交给卡洛。[118]教会三博士格列高利、奥古斯丁、克里索斯托[119]以及福音传道者圣约翰陪伴着圣母，圣约翰在《启示录》中预见了伟大的神迹，而另外 3 位圣徒也赞美圣母及其纯洁的圣灵感孕。圣母坐在一片洁白的云朵上，月亮从她脚下升起，身后是环绕着光圈的太阳。周围是一圈基路伯和丘比特，他们的半透明身体显现在明亮的蔚蓝色中，侍奉着圣母。圣母穿着蓝色外袍，戴着星之王冠，优雅地张开双臂，抬头望向至福。画面下方，圣约翰在手肘处弯曲右手臂，指向上方孕育了纯洁圣子的圣母。死去的恶龙躺在格列高利脚边，格列高利专注地聆听圣约翰的话语，把手里的笔悬在放于膝上的书本之上，仰望被天使簇拥着坐在神圣王座上的圣母。克里索斯托站在格列高利身后，这位早期教会博士低头看着格列高利的书，这本书和他的教义一致，因为他称圣母为最受祝福的、最纯洁的。这个场景设置在一片开阔的空间中，位于神庙入口的大理石台阶上。卡洛以这种方式表现天堂神迹，将教会三博士描绘得十分高贵，令人印象深刻，吸引每个人前去欣赏。完成这件备受赞美的祭坛画后，他立刻完成了另一幅较小的被祝福的圣斯坦尼斯拉斯，这是为见习耶稣会圣安德烈教堂（church of Sant'Andrea of the Jesuit Novitiate）[120]而作，表现了圣母向圣斯坦尼斯拉斯显灵，将圣子递给他。站着的圣母做出将圣子递给圣斯坦尼斯拉斯的动作，后者跪在一级台阶上，双臂盖在一块布料下面，伸出手去接圣子。圣洁从年轻的圣斯坦尼斯拉斯的面庞散发出来。他身边站着两个天使，代表他纯洁和神圣的思想。天堂景象在画面上方展开。这件小幅的祭坛画也很精美。

后来在 1689 年，凭借另一幅祭坛画，卡洛的名誉更上一层楼。这件作品是为圣山圣母教堂（church of the Madonna di Montesanto）里弗朗切斯科·蒙蒂奥尼（Francesco Montioni）阁下的礼拜堂而作，这个礼拜堂是献给蒙蒂奥尼供奉的圣方济各、圣母和使徒圣雅各的。虽然这个礼拜堂空间很小，但其价值在于丰富且精致的装饰，包括最好的大理石和卡洛画作的色彩。[121]很难用语言充分描述画中的圣方济各那谦卑又虔诚的情感，他跪在地上，双手放在胸前，向圣母的脚低下头。圣母坐在金色王座上，怀里抱着圣子，一只脚踩在也是金色的小矮凳上，同时抬起另一只脚，好让圣方济各亲吻这只脚。圣方济各身后的圣雅各正准备启程去朝圣，他突然停下动作，转头望向圣子，一只手张开，另一只手拿着他将要传教的福音书，朝圣者标志性的手杖靠在他肩上。

这个时期是英诺森十一世任教皇。[122]这位教皇的所有心思都放在对抗土耳其人上，土耳其士兵裹挟着整个亚洲的气势兵临维也纳城下，势必要攻入匈牙利，卡洛也就没有机会觐见教皇，虽然教皇已经知晓了他的美德。教皇经常造访卡瓦洛山上由圭多·雷尼绘制的秘密礼拜堂[123]，他非常热心于改善大众道德观念，当他看见精美的圣母缝衣画像时，虽然圣母的模样十分谦卑，但他依然认为圣母的胸脯裸露得太多，因此他下令让卡洛修改此处，其他人不准插手。卡洛自觉陷入两难境地，一方面他必须服从教皇命令，另一方面他不愿更改圭多这位伟大画家的作品的任何一处。作为一个事事小心谨慎的人，他想出了既能满足教皇的要求，又能保证作品完整性的方法。他运用混了阿拉伯胶的各色蜡粉，如教皇想要的，在圣母胸前画了一道罩纱，可以很牢固地粘在上面。如果用海绵擦拭，原本的颜色就能显现出来。教皇对这件事非常上心，下了命令之后就离开卡瓦洛山去了圣彼得大教堂，后来他再回到这个礼拜堂，对此记忆犹新，立刻就去查看那道罩纱，并表示非常满意。作为回礼，他赠给卡洛 100 个羔羊圆章（Agnus Dei）[124]，以及放在银托盘上的两副手套，卡洛将其视作自己收过的最珍贵的馈赠。1688 年，当暹罗使臣远道而来朝拜教皇时，除了其他宗教礼物，英诺森还送给暹罗国王一幅卡洛的小型画作，画中的圣母抱着圣子，圣子在她膝上的垫子上，孩子气地面朝圣母，给她看代表帕多瓦的圣安东尼的纯洁的百合花，圣安东尼恭敬地将双手放在胸前。教皇很喜爱这些半身像，这些优雅的人像散发出纯洁和虔诚之情，但据说这幅画在回程中遭受了巨大损伤。[125]教皇对卡洛的偏爱和尊敬是显而易见的，教皇得知由于保管员的失职，拉斐尔厅的画作处于十分不好的状况，尤其是圣餐[126]和雅典学院这两幅叙事性绘画，虽然他正忙于国家要务，还是倍感担忧，这种使梵蒂冈宫在各国面前倍增荣耀的珍贵作品不应消失。教皇召见卡洛，任命他为监管人，负责修复这些画作。损害主要来自那些前来临摹画作的人，他们离画面太近，动用梯子、脚手架等机械，敲击和刮擦墙面，甚至用水和清漆来描摹人物轮廓，使画作颜色污损。卡洛着手准备修复，既是出于教皇的命令，也是因为他自己对拉斐尔的代表作品非常敬爱，认为它们是自己平日研究和学习的基础。他在房间四面围上一圈装有铁条的铁栏杆，使人们的双手和工具远离墙面，避免让他们触碰画面。不仅如此，他要求在房间里保持安静，以便于人们为了提升自己而集中精力研究这样优秀的作品。长此以往，圣餐和雅典学院这两幅壁画将有希望恢复原本的面貌。[127]

在教皇侄子堂·利维奥·奥代斯卡尔基（Don Livio Odescalchi）的委托下，卡洛参与了克雷申奇奥·奥诺弗里所作的一幅大型板上风景画，狄安娜从云端降临世间，发出狩猎的信号。她向一个宁芙仙女说话，后者系好厚底靴，热切地看着狄安娜。狄安娜是画面中最美丽的那位，前景里的其他仙女在猎犬的指引下，循着动物留下的踪迹出发。[128]卡洛还为这位大人画过同样构图的一幅夏与秋，和之前送往西班牙的那件作品有些微不同。[129]

英诺森十一世去世后，亚历山大八世继任成为教皇[130]，在这位教皇短暂的在任期间，卡洛没有机会为教皇服务，虽然教皇非常欣赏他和他的作品。正是在这个时期，我们在上文提到的卡洛在卡瓦洛山[131]长廊画的那幅基督诞生图遭到来自墙面的损伤，那是庭院拱门上的一道砖石墙面，因为重量而开始凹陷，有可能崩塌。拱门和墙面得到加固后，卡洛被召唤前去修复壁画。在修复的过程中，他做了整体的改进，加强了色彩，使其看起来完全成了另一件作品。教皇看到之后感到非常满意，毫不吝啬地表示自己的喜爱之情。有天早上，教皇从教皇礼拜堂出来，身后跟着大臣们和法国大使肖尔纳公爵[132]，当他穿过皇室厅时，他和公爵驻足停留了一会儿，向后者赞美墙上挂的卡洛为圣彼得大教堂镶嵌画所作的水粉画草图，上文提到过这些草图。鉴于教皇已在各种情况下表示过善意，卡洛认为应当向教皇呈上自己的作品，他在高约 3 掌的画布上绘制了一幅非常虔诚的画作，画中的圣母对着死去的基督悲伤不已。她一只手抓着自己的蓝色外袍，另一只手伸向坟墓，转身面朝一个天使。天使向她展示荆棘冠，伸出一根手指触碰尖锐的荆棘，这是基督受难的神迹。在不远处，从加略山下来的女圣徒们走近坟墓。整个画面的背景和色彩都比较阴沉，衬托出圣母的悲伤，圣母这一人物比半身像略小。这件作品被急匆匆地带给教皇，卡洛没能亲自按确定的时间将其呈给教皇，因为亚历山大突然因急病过世。这件作品如今属于教皇侄子、红衣主教奥托博尼。[133]卡洛在为尼科洛·马里亚·帕拉维奇尼阁下所绘的作品中用到与之几乎相同的构图。他留了这件作品的一幅素描，将这幅素描完善后也给了这位大人，后者将其和卡洛的其他作品放在一起，我们将在最后提到这些作品。[134]

到了 1690 年，从卡洛接下为新建的科尔索圣查理教堂（church of San Carlo al Corso）绘制主祭坛画的委托开始，已过去了五年多，他终于画完最后一笔，在同年的圣查理节对外展出。[135]这样一座宏伟的教堂是当时在罗马的虔诚的米兰人民所建，巨大的主祭坛缺少一幅主祭坛画。在教堂管理会以及守护者、红衣主教路易吉·奥莫德[136]的一致同意下，卡洛被认为是负责这个重要工作的不二人选，因为他的作品不断展出，他也越来越名声大噪。然而，有的人试图横加阻碍，重复那些卡洛只会画小幅私人作品的陈词滥调。卡洛因此非常乐意地接下这个尺幅几乎达到 40 掌高，也非常宽的作品的委托，感到自己最想做的就是这样的大型作品。他做好充分的准备，从来不忽视必要的研究。他在画面中表现的是这样一个幻见：圣查理在尘世完成美德践行后，从人间升到天堂的基督座前，基督将他迎入至福，意指圣查理的封圣。[137]

圣查理荣升天堂迎入至福

天堂在一片宽广又明亮的光芒中展开，如太阳般耀眼的光芒环绕着基督。基督高雅地端坐在天使和云朵组成的王座上，张开手臂将圣查理迎入至福。[138]再没有什么比这件作品更好地以人类形象表现基督。基督庄严的神圣面容和圣洁的胸膛散发天堂的柔光，他的白色外袍从肩膀、大腿一直垂到双脚。在基督对面，稍下方的云朵王座上坐着面朝基督的圣母。出现在画中的圣母为人间留下最美丽和纯洁的典范。她穿着蓝色外袍，转身面向基督，一只手放在胸前，如虔诚的母亲那样把另一只手指向圣查理，似乎在将圣查理引荐给基督，而基督总是对圣母怀有最大的关爱。至于圣查理这位飞升天堂的圣徒人物，其色彩也同样神圣。他跪在云端，朝基督伸出双臂，同时热切地凝望基督，就好像他已得见天堂景象，与基督一起迎入至福。圣查理位于圣母脚边，穿着红衣主教袍和紫色[139]外袍及短斗篷，整个场景都因此而显得高贵。在不远处的基督脚边，一个坐在云端的天使拿着象征圣查理的谦卑的铭牌，他和对面一个丘比特都指着铭牌上的箴言：HVMILITAS（谦卑）。再往下是教会博士及米兰大主教安布罗斯，穿戴主教袍、主教冠和金色短斗篷，单膝跪在云上，双手捧着放在膝上的一本打开的书，转头面向跪在基督面前的圣查理，似乎也在为后者的升天而感到喜悦，因为圣查理作为他的后继者，继承了他的神父职责，守护米兰人民。出于圣安布罗斯的象征，下方一个天使拿着他的权杖，他脚边的一个丘比特拿着鞭子，他当时正是用这鞭子斥责不忠的阿里乌斯教异端，反驳他们的谬论。在圣安布罗斯对面的画面角落里，同为米兰守护者的圣塞巴斯蒂安出现在更远的天空中，以十分优美的姿势坐在云上，穿着军服，抬头仰望，一只手悬空，另一只手拿着象征殉教的弓箭。他旁边坐着一个拿着他的头盔的小天使，这个天使因为距离原因隐藏在不起眼的地方，使张力集中在其他人物身上。除此之外，圣查理背后还有两个位于画面边缘处的跪着的天使。在最上方的拱形画框旁边，几个天使低头看着升上天堂的圣查理。如上文所说，这件出色的作品于 1690 年的圣查理节对外展出，到场的有众多红衣主教、高级教士和大主教，因为那一天在这个礼拜堂隆重地庆祝节日。卡洛·马拉蒂的名字响彻全场，他和圣查理有同样的名字[140]，欢呼声在整座城市回荡，让那些鄙弃他的对手感到迷惑不解。总有这种人存在，他们固执地坚持卡洛永远无法完美地完成这类大型作品，但他们也不得不承认人们对卡洛的赞誉。卡洛在这件作品中展示了自己绘制大型作品的能力，前景里的人物高达 22 掌，那个拿着圣安布罗斯的鞭子的丘比特高 12 掌，虽然从远处看，他好像只比真人略大。确实，整件作品高度达到 39 掌，宽度达到 23 掌多，其面积甚至达到大圆顶的三分之一。因此，卡洛为了合理地根据视角、距离、空间和整体协调性来设计人物比例，在将要放置画作的祭坛上工作，有的时候仅凭绘画规则无法满足视觉要求，偶然因素和环境会影响观看。为了更好地装饰作品，他为其配了画框，画框上雕刻着镀成金色和铜绿色的叶形装饰。现在装上的画框只是模型，后面还要以青铜制作，再在顶部加上两个拿棕榈枝的天使，这样才配得上这样高贵的教堂里最宏伟的祭坛，乃至整个国家的荣耀。为了给这件作品以及大祭坛所在的半圆形后殿的装饰腾出更多空间，卡洛清除了部分障碍物，在壁柱外部覆上圣门大理石（portasanta）[141]，将壁柱在黑白两色的背景上设置成两两一组，使得后殿和整个教堂看起来光鲜华丽。凭借优秀的设计才能，卡洛证明了自己很擅长布置建筑中的装饰，将各个部分安排得井井有条，这对人物绘画而言是很重要的。卡洛还设计了祭坛的背面，圣查理的心脏就保存在那里的大理石瓮里。要说这件作品有什么不足之处，唯一的遗憾就是它没有在红衣主教奥莫德生前完成[142]，他渴望能亲眼看见成品。这位伟大的红衣主教十分虔诚，为了建造这座新教堂，大方地捐了7万多个斯库多，我们相信，他的慷慨将使他能与圣查理在天堂共享至福。

卡洛的绘画生涯还在继续，各种委托源源不断地涌向他。他从不让作品离开自己的视线，直到他在作品中完全发挥出自己的创造力，这个过程有时会持续很久。他于1692年完成被丢弃在台伯河边的罗穆卢斯和雷穆斯，这幅大型叙事性绘画是为侯爵尼科洛·马里亚·帕拉维奇尼而作。如上文所说，这位大人喜好精美的画作，愿意耗费12年时间等待这件作品完成。卡洛每天都在画中添上几笔，尽量在自己能力范围内将其变得更加完美。我们接下来就要介绍这件作品。

被丢弃在台伯河边的罗穆卢斯和雷穆斯

作品表现的是刚出生的罗穆卢斯和雷穆斯被丢弃在台伯河边，等着被淹死在河里。[143]画面中间是一个单膝跪在岸边的牧羊人，抱起双胞胎的其中一个，将他递给阿卡·劳伦缇雅（Acca Larentia），后者匆匆赶到，伸出双手准备去抱婴儿。这件作品通过劳伦缇雅接过孩子的动作，非常生动地表现出一位母亲的感情，她刚在分娩时失去了一个儿子，这从她那敞开的胀奶的胸脯可以看出来。劳伦缇雅旁边跟着一个女仆，她停下脚步，惊讶地张开双手，看着岸边躺在篮子里的另一个双胞胎，他裹在褪褓里，在平静的睡梦中紧闭双眼。作品中同样精巧的部分还有那个小男孩，他孩子气地想去看看小婴儿，却又不敢上前，紧紧依偎在劳伦缇雅身边，悄悄地朝婴儿投去一瞥。王室畜群的牧羊人首领浮士德勒（Faustulus）做出准备离开的动作，把外袍系起来，一手牵着马匹的缰绳，一手指向自己的妻子劳伦缇雅，催促她照料双胞胎。马匹对迟迟不动身感到很不耐烦，急切地向前踏步，以独特的情感填补了画面左侧。[144]画面的诗意在右侧更加明显，代表台伯河的男性人物和两个宁芙仙女躺在一起，意指这个故事的发生地。河神斜躺在岸边，伸长双腿，向画面外展示自己肌肉发达的后背。他一只手撑在地上，另一只手扶着桨，戴着沼泽芦苇做成的头冠，转头看向双胞胎，预示着他们中的一人将以金冠和棕榈枝为他带来荣耀。一个宁芙仙女坐在他旁边，侧过身子，靠在一个瓮上，潺潺流水从瓮里流淌出来。另一个宁芙仙女露出全脸，一根手指放在唇边以示安静，就像水中仙女经常做的那样，这甚至可能是在劝诫嫉妒之人不可胡言乱语。这两位宁芙仙女虽然没有露出全部身体，但她们和台伯河神一起组成的人像群展现了线条和色彩的柔和与力量，卡洛在其中用到最多的形式，使作品具备完美画作必要的所有要素。画面里还有这个主题的其他特征，给双胞胎喂奶的母狼仁慈地履行了母亲的职责，她从岸边逃走，怜悯地回头望向双胞胎，仿佛为不得不丢下他们感到悲伤，野兽的残忍本性被转换成人类感情。台伯河神的上方是一棵枝叶繁茂的无花果树，母狼曾在这树下给双胞胎喂奶。画面远处是拉丁人的山丘和田地，遍布畜群、小屋和牧羊人的居所，罗马城将在那里崛起，成为世界之巅。

　　为这件作品收尾时，卡洛为教皇[145]总管、高级教士埃尔科莱·维斯康蒂（Ercole Visconti）绘制了一幅非常精美的八边形画作，放置于维斯康蒂的弗拉斯卡蒂别墅一个房间的天顶。这个房间前面的 3 个房间和一个大厅有其他画家所作的寓意画和十分精美的间隔装饰。作为对维斯康蒂的名字和美德的隐喻，这件作品表现了战胜九头蛇的赫拉克勒斯，这是他的伟绩之一。他停下动作，看着九头蛇，放下大棒，转而拿起另一个武器，好烧掉九头蛇。赫拉克勒斯笔直地站着，一只手放在身侧，另一只放在岩石上的手抓着火把，正准备用火把烧掉可以复活的九头蛇的脖子。我们可以隐约看见赫拉克勒斯强壮的胸膛，他低头看着躺在地上死去的九头蛇，在烟与火中，它被砍下的几个头颅浸在血泊和毒液里。赫拉克勒斯这个高贵的人物全身散发力量。画面里那两个长着翅膀的小男孩或者说守护神充分展现了卡洛的才华。一个小男孩强壮有力，一只手指着被砍下头颅的烧着的九头蛇，拽着同伴的胳膊，想向前靠近九头蛇，而另一个小男孩虚弱胆小，害怕地朝后退，缩回手脚，因此前者代表勇气，后者代表恐惧。上方另一个长着翅膀的小男孩拿着两个金苹果掠过天空，这两个金苹果是赫拉克勒斯从金苹果园带回来的。这些人物都是以远处的视角绘制而成。镶嵌在周围的镀金浮雕饰带使这件八边形作品的单色画框变得比较华丽，四方形饰带的 4 个角上是 4 幅胜利画像和金棕榈枝，还有其他象征赫拉克勒斯及其伟绩的装饰物。[146]

　　至今为止，我们已经介绍了这位博学且勤奋的画家的主要作品，以及他无人不知的名号。但由于信息的缺失，我们没有介绍完他所有的作品，因此将在最后提到一些作品。他显然还会创作出更多的优秀作品，感谢上帝，他在 65 岁的高龄还维持着十分健康的身心状态，感官、精神、体力及研究等对绘画而言必要的能力都没有任何退化。对所有了解他的工作方式的人而言，这的确是难以置信的。包括伟人在内的其他画家总是随着年岁渐长而日益虚弱，但卡洛恰恰相反，他年纪越大，就越是强壮，晚期之作反而是他最好的作品。之所以会这样，可以说是因为他基础牢靠，依靠的不是某种易变的行为或自然习性，这些东西会随着力量流失和年纪增长而减弱和消失，而是最坚实的艺术基础，从自然以及伟大画家最优美的形式汲取力量，他一生都在思索这个，每天都通过画笔使自己变得越来越有活力。关于卡洛的绘画研究，上文已经提到很多，此处只需再补充几句对他的美德和知识的赞赏。他总是遵循自己的原初意愿，在古代及当下大师的引导下，选择并模仿自然的美，大师们为他指出正确的道路，教导他避免犯错。从他最初到罗马，拉斐尔对他的启发是最大的。他总说对于其他大师，他满足于以思想临摹他们的作品，尽量将他们的作品融入自己的理念，尤其是卡拉奇、科雷乔、提香和圭多·雷尼的杰作。他崇尚他们的作品，以及作品中人物甜美又高贵的面部神态、处理布料褶皱的精巧方式。但对于拉斐尔，除了理念，他总能从作品中发现更多其他可供思考的部分。他认为，在模仿自然之美方面，阿尼巴勒是最接近拉斐尔的。所以，虽然他去各地旅行，通过寻找各种完美形式来巩固自己的能力，但他从未忘记时不时回顾乌尔比诺的拉斐尔。实际上，他对拉斐尔的学习频率远比几次来得多，即使到了已经成为大师的壮年，他也会去梵蒂冈宫的拉斐尔厅临摹，谦虚地继续他从学生时期就形成的习惯。

当他无法从自然得出令自己满意的优美线条或者思想、身体的某种动作等，就更是如此了，他会转而求助博学的雅典神庙[147]，拉斐尔在那些复杂构图中安置了众多人物，为我们提供了绘画中完美模仿的例证。卡洛拥有将大师的美和美德保留在头脑中，从而为自己所用的高超能力，这可以从他的作品看出来，他通过自己的作品使最优秀的画家的优雅和优势得以发扬光大，尤其是他们最为人称道的特点。作为美的生产者，这样的美德和思想是十分有用的，可以说是提升自我最有效的方法。如卡洛所说，对那些不知道如何吸收别人的长处并将其转化为自己才能的养分的人而言，研究是毫无意义的。卡洛就是这样坚持工作，取得进步。至于他的作品，他总是先确定主题，在草图中设定构图，然后依据自然完善整体，每个不想越过自然界限、沉迷于艺术创作的画家都不应忘记自然。除了这些牢固基础，他还会时刻谨记安德里亚·萨奇传授给他的准则，这位老师既有博学的艺术知识，又很擅长艺术创作，那些准则确实让他获益匪浅，因为它们来自伟大的卡拉奇学院。安德里亚的老师是阿尔巴尼，而阿尔巴尼的老师是卢多维科和阿尼巴勒。安德里亚依照准则训练卡洛，告诉他可以使他高人一等的珍贵规则和有益经验。他总说好的学院可以教出好的学生，反过来，如果老师不懂得好的艺术准则，那么所有努力都是徒劳，或者说事倍功半。关于这点，我们已经看到太多人迷失在老师的错误道路上。因此，卡洛警示说，现在好学院太少了，人们只会在意见的基础上仅凭异想天开画画，他担心绘画这门艺术走不长远。虽然有很多有才之士用他们的作品教育过并且正在教育我们正确的道路，但这也于事无补，因为人们对他们不理不睬，走上不归路，而这正是因为那些自称新的大师的自负之人的错误指导。这些人在学院里和书本上说拉斐尔的作品枯燥无味、毫无感情，说他的风格是"雕塑般的"（statuelike），这是个当下流行的术语。[148] 他们声称拉斐尔没有任何英勇灵动的精神，他的作品都是由学生们完善的。有的人宣扬常人难以想象的无知言论，更不用说那些能以理智对话的人对此做何感想了。所以，诗人博斯基尼以肖像画家的口吻得出一个标志性结论，当别人问他对拉斐尔有何看法时，他扮了个鬼脸，怪声怪调地如此说道："拉斐尔嘛，说句老实话，因为我是个坦率又真诚的人，我必须要说，我一点也不喜欢他。"[149] 所以，卡洛总是激烈地反对不应学习拉斐尔、因为他的风格又枯燥又是"雕塑般的"这一当下的主流观点，他回击说他们的脑子才是石头和燧石做的。他引用普桑这位博学的画家的话作为证明，普桑总因拉斐尔的卓越而赞美他是神圣的。卡洛提过老师安德里亚·萨奇的真情实感，后者曾宣称在绘画这门领域，拉斐尔不是凡人，而是天使，他会十分激动地涨红了脸，一直重复这句话。一个愚笨的画家曾指导一个年轻人不要染指拉斐尔，他会因此陷入摆脱不掉的麻烦，并且永远不会成为一名画家，卡洛回答道："有谁比他教出了更多为绘画带去荣耀的画家和学生？"当今那些秉持这种观点的老师也是同样的无知，他们如此教育别人："做那么多研究又有何用？模仿自然就足以满足眼睛。能画出好的色彩的人就懂了百分之九十九的绘画。"听信这类指导的年轻人回避研究，逐渐远离他们应该追求的目标。绘画具有的不再是自然的形式，而是空洞精神的表象和幻影，在所有方面都远离真正使我们达至完美模仿的真理。正因如此，我们的时代徒劳地哀叹再也没有好的画家，学院培养不出好的学生，那些重要的委托作品都完成得十分差，必要的研究和准则已然被彻底忽视。这种错误的指导使好的精神寸步难行。卡洛提醒人们必须遵循那个人的道路，要跟随圣齐奥（Sanzio）[150]，他让年轻人去梵蒂冈宫学习，那里是最著名和博学的学院，同时也不忘之前提过的那些大师。卡洛鄙弃另一种老师或者说审查员，他们学了透视学或解剖学的一两种线条，看到一幅画就找灭点和肌肉，责骂、纠正、指责和批评最优秀的大师，而他们自己如此无知，徒劳地想要变得无所不知，却又不把自己引以为豪的教给别人的那些准则用到实践中。有个人擅长在拉斐尔、阿尼巴勒·卡拉奇等最有名的大师的作品中寻找光学上的错误，以此指导别人，而他自己犯的光学错误更严重，虽然也并没有人会看他的作品，卡洛对他说："你就像个书呆子，懂得所有语法规则，却一句拉丁语都说不出来。"卡洛始终认为透视学和解剖学对画家而言很重要，前者有利于正确地布置和透视人物和物体，后者帮助画出自然的肌肉动作、关节弯曲和骨骼结构，肢体和肉体以之为支撑，这两点是绘画的基础，可以调节视觉、规范人物。然而，他认为年轻人不应太过执着于这两点，而忽视其他难懂且重要的方面，比如过于追求规整的圆形或深层的肉体，只要学到关于这两点足够多的知识，不会在人体上犯错就可以了。关于这个，我们要提到卡洛为卡皮奥侯爵所作的一幅十分精美的素描，当时卡皮奥侯爵是被派去出访英诺森十一世的国王大使，这位大人热爱绘画，收集了众多画作、雕塑和大理石，还有古今知名画家创作的大量素描，并将其仔细整理成三十卷本，他也委托了当时罗马最著名的艺术家们。[151]这些素描的主题总体上关涉绘画，具体内容交由每个画家自行决定。卡洛选择的主题是绘画学院，以不同人物代表各种研究：几何学、光学、解剖学、素描和色彩。[152]画面中间是一位教透视学的老师，他用双手指示面前的线条，同时转身面对学生，向他们解释视觉的首要原则和模式。画架上支着一幅画布，画布上是视觉锥体，锥体的顶部在眼睛，底部在物体表面。老师后面的一个年轻人全神贯注，显示出学习的热切，手臂下夹着作品集和手卷。他脚边是另一个年轻人，单膝跪在地上，拿着摆了罗盘的算盘，正计算几何人体。在视觉锥体的下方写着一句箴言：足够即可（TANTO CHE BASTI），也就是上文说到的，年轻人学到足够多的准则后，就应当进入下一阶段。在对面的解剖学部分，学生们专注地观察台子上的一副骨架，一位老人在教授年轻人肌肉结构，台子上写着同样的箴言：足够即可。画面上方是一道带有拱门的柱廊，上面摆放着格里肯[153]所作的法尔内塞宫的赫拉克勒斯雕像，两边是克莱奥梅尼[154]的美第奇维纳斯雕像和贝尔维德尔宫的安提诺乌斯雕像[155]，他们的肢体或强壮或年轻或纤美，但这些雕像下方是一句非常不同的箴言：永远不够（MAI A BAS-TANZA），因为完美的绘画来自对优秀雕塑的学习，以及对自然的模仿。事实上，米开朗琪罗从未因解剖知识而受到赞美，相反，他在解剖上走得太远，创作的人物被批评过于夸张，他的宏伟风格得益于对贝尔维德尔宫的赫拉克勒斯躯干雕塑的模仿。[156]画面另一侧是关于透视法，从天而降的美惠三女神坐在云端，为有才华的艺术家们送去祝福，她们低头看向各类研究、作品和实践，将馈赠分给欣赏的人，对应的箴言是：没有美惠三女神，所有努力都是白费

（SENZA LE GRAZIE È INDARNO OGNI FATICA）。最后，画家前面的凳子上放着画笔和颜料盘，等待画家们用它们开始工作，追求绘画目标，此处的箴言劝诫人们努力工作：唯有艺术创作能带来奖励和荣耀（CON L'OPRA SOL PRE-MIO ED ONOR S'ACQUISTA）。卡洛以这种方式传达自己对绘画相关研究的见解，有些人虽然有聪明的头脑，却迷失了方向，在这种或那种研究分支上止步不前，不涉足对好的画家、好的绘画创作而言最重要的方面。的确，解剖学和线条素描从属于确定的规则，任何人都可以学得很好，就像学生们从小就在学校里学习几何学，但它并不适用于其他源自创造力的学习方式，这要求我们从自然以及完美模仿了自然的作品寻找典范，以便从自然获取使艺术家及他们的作品达至非凡的理念和形式。卡洛总是热心于理解艺术准则，有时会谈论自己的见解，提出明智的相关概念，以敏锐的洞察力做出回复，那些听过他高见的人对其深信不疑，他的意见确实总是有用的。

一个学者曾问卡洛裸体和布料哪个更难画，他回答说："布料。"另一个人认为裸体更难画，他举例说轮廓线条的难处在于人体的各种姿势和动作，用长篇大论证明自己的观点。卡洛耐心地听完，补充道："我只说布料的一个难点，而且我认为裸体的整体形式来自自然。布料没有任何自然形式，完全依赖于艺术，需要依靠知识才能知道如何表现布料。因此，艺术家在学习如何从各个姿势和形式表现裸体时，可以借助自然，他可以从中知道自然的线条。这无法用在衣料褶皱上，褶皱完全是艺术性的，受到裸体的限制。我们发现相比覆盖在裸体上的布料，很多画家和雕塑家能通过勤奋的模仿更好地表现裸体，因为找不到布料的模仿对象，需要在更难的模式中运用艺术技巧。"有的人认为色彩是绘画的形式，而素描是绘画的质料，卡洛说："先生，并非如此，我们不能认为素描是受制于线条的简单的几何学和质料，它其实以自然为典范，是塑造人物的主要规范。如果轮廓线条被抹掉，人物也就不复存在，整个形式都消失了，也就能很明显地看出这点。相反，如果色彩被抹掉，线条使相似性和模仿本质得以留存，事物以其本来面貌被呈现给我们，丢失的只有颜色的偶然因素。"[157] 他也说过绘画是了不起的发明，或者用斐洛斯特拉托斯的话说，是众神的发明[158]。由于眼睛的习惯，绘画不被认为是真实的，常见的视觉上的无知混乱了绘画之美，这种无知被画作精美的表象欺骗，注意不到真正的形式。

现在我们要说到的是卡洛的为人。他在教育学生时，对每个人都很亲切。他对学生总是很平易近人，不仅在言语上，在实际指导上也是如此。他从他们手中一会儿拿过铅笔，一会儿接过画笔，修正他们作品的不足，解决疑难，用他的准则对其加以改善。他甚至会重画人物的头部等部位，有的学生既从他的指导受益，还把他修改过后的习作卖了个好价钱。在创作方面，他协助学生绘制素描，改进他们的构图，还完善他们的草图。

为了充分表现卡洛的善良，我们还应提到他好几次不辞辛劳地行慈善之举，亲自为有些人重画整件作品，知道他们急需帮助。他不仅对学生尽心尽力，有时还有一些工匠为他或者他家人干了不需要多少钱的小活儿，到了付钱的时候，他们拒绝酬劳，告诉卡洛自己家境贫穷，使卡洛深感同情，把自己的一些作品给他们，好让他们能为女儿筹到嫁妆或者还债，减轻家庭负担。对品德高尚的贵族、教会人士和朋友们，他总是很乐意为他们绘制素描，要么拿去送给其他人，要么在有需要的时候用于书本或建筑装饰的版画，他也很擅长这个，通常他不会收取任何报酬，除非是对方慷慨的回礼。关于他的谦逊温和，从未听过他说同行的坏话，即使那些人对他口出狂言。相反，他总是不吝赞美，很少批评别人，即使他完全有理由批评他们，同时他又不容忍那些根据自己的喜好随意攻击其他画家的人。有个人滔滔不绝地指责最受尊敬的大师们的作品，一会儿说这位大师不好，一会儿说那位大师不行，卡洛告诫他，说坏话容易，鞋匠都能指出来错误[159]，甚至孩童和笨蛋都可以，但真正难的是发现好作品的美，以及如何合理地赞美它。经常出现的情况是，最坏的作品获得赞赏，最好的作品却被批评。卡洛有时会公然反对有的作者的言论，此人认为瑞典女王收藏的安多尼奥·达·科雷乔倍受敬仰的作品[160]看上去像是女画家或普通女人的手笔[161]，还声称古代雕塑是"雕塑般的"风格[162]，拉斐尔枯燥无味，其思想之浅薄如同乌尔比诺的陶工[163]。让我们暂且不提不公正的批评，回到卡洛赞美其他画家时的善意。当同行请他为自己的作品提意见时，他会很巧妙地指出他们的不足之处，丝毫没有作为大师的自大自满，礼貌且温和的劝告方式使他们不仅不会感到不适，还很乐意采纳他的意见。有些赞助人会请他为委托的作品提修改意见，为了不让画家感到难堪，他会先称赞作品中好的部分，然后平和地指出错误，使画家能顺利接受并改正，赞助人和画家双方都很满意。不久之前，有位大人对自己委托的长廊壁画不满意，咨询过的几位画家都认为应该把壁画刮掉。他有个做红衣主教的亲戚，红衣主教听说此事后，建议他不要着急做决定，先听听卡洛的意见。卡洛受召前去，仔细审阅壁画后，他告诉在场的所有人，那位画家完成得非常好，充分发挥了力所能及的最大能力。这位大人在选择那位画家之前已经知道了该人的绘画风格，并且对其表示认可，而那位画家为了让赞助人满意，也为了给自己赢得荣耀，竭尽全力完成了委托，完成度超越了自己的其他作品。卡洛以这个理由成功说服赞助人，让他打消了之前的念头。同样的事情也发生在一个穹顶委托上，卡洛的善意扭转了情势，其严重性比前一个高得多。卡洛对待朋友十分亲切，总是对他们友善以待，在需要的时候赠给他们自己的素描或画作。要记录下所有的相关事例不免过于冗长，但是为了不遗留任何空白，我们还是在此介绍不久前发生的一件事。朱塞佩·盖齐阁下是位画家，也是圣路加学院的秘书[164]，他买了卡拉奇兄弟两幅非常精美的素描，对它们的珍视程度超过其他作品，一幅表现的是天使们展示圣餐，另一幅则是米兰的圣查理为了驱逐瘟疫而游行[165]。卡洛非常热衷于收集伟大画家的素描，虽然他已经收藏了很多精美的素描[166]，但他还是请盖齐把这两幅素描给他。盖齐虽心有不舍，但还是把它们送到卡洛府上，并且作为补偿，希望他回赠自己几件他的作品。为了表示自己对盖齐的迅速回应发自内心的感激，虽然非常繁忙，但他以盖齐的教名为主题，特意创作了一幅圆形画，坐着的圣约瑟拥抱圣子，圣子双手环绕年迈的圣约瑟的脖子，画面十分动人。[167]完成这幅圆形画后，就像盖齐很快就同意转让，卡洛也立刻回之以善意，将作品送到他府上。1687 年，盖齐被选为罗通达神庙艺术家协会的代理人，这个协会以圣地的圣约瑟为守护圣徒，他委托了一幅圣约瑟的版画，在自己的就任典礼上将其分发给所有协会成员和绘画爱好者，同时作了一篇颂词。[168]有时候卡洛看上某些精美的素描，原主人不愿意出售，只要求卡洛用自己的作品来交换，这对卡洛而言其实是不利的，他就是这样一个十分热爱艺术的谦让的人。他对艺术的热爱可以说极其强烈，虽然好的素描很少见，但他还是设法收集到大量素描，目前已有了 16 本素描集，花了大价钱装订起来，而且他还在收集更多体现了大师们优美理念的素描。他对那些慷慨地将收藏转让给他的人满怀感激之情，比如他很感谢安多尼奥·波利蒂（Antonio Politi），后者帮他搜集和购买优秀艺术家的画作、素描和草图模板。作为谢礼，他为波利蒂绘制了一幅圣母的半身像，圣母靠在垫子上，一边环抱圣子，一边给他披上褓裸，后面的圣约瑟把脸靠在小臂上，前面的小圣约翰把手放在胸前，手里拿着带铭牌的十字架，铭牌上写着：看，上帝的羔羊（ECCE AGNVS DEI），远处是一个小村庄。这些精美的人像饱含他笔下最优美的理念。这件作品现在属于品位非凡的修士阿邦迪奥·雷佐尼可（Abbondio Rezzonico）。[169]除了素描，他还收藏了多梅尼基诺在罗马和那不勒斯的作品的大量研究草图，其中就有一幅圣母被天使们托举着升上天堂的圣母升天图的草图，这幅椭圆形的草图完成度很高，原本是为穹顶准备的，人物比真人略大，但最后没有实施。之所以特意提到这一幅，是因为它完成和保存得很好，可以从多梅尼基诺的高贵作品看出他的才华。[170]关于阿尼巴勒·卡拉奇的稀有作品，阿尼巴勒为罗马圣格列高利教堂绘制了一幅圣格列高利祭坛画，卡洛收藏了这件作品的小幅草图[171]，还有法尔内塞宫长廊酒神狂欢图的一幅关于西勒诺斯和女祭司们的草图，这是一件十分精美的习作[172]。卡洛的大部分草图藏品都出自多梅尼基诺之手，数量达到125幅，因为他买下了多梅尼基诺的学生拉斯潘蒂诺的工作室，后者收集了大量的草图和素描。[173]此外，卡洛还保留了自己早年间临摹拉斐尔的习作集，从中可以看出他早期作品的质量，以最精准的模仿达到最高的完善度。除了这本习作集，他还留着关于帕纳塞斯山、阿提拉和赫利奥多罗斯（Heliodorus）的大尺幅习作，已经因为学生们的传阅临摹而磨损。不仅如此，卡洛还收集了很多珍贵画作，用它们来装饰房间，并且组建了一个小型画廊，藏品包括：一件拉斐尔的小幅板上画，使徒们将棺椁里死去的圣母送往坟墓，人物尺寸都很小[174]；花园里的基督，天使向他展示圣餐杯，这是卢多维科·卡拉奇所作的一件出色的小幅画作[175]；安多尼奥·达·科雷乔的两件小幅画作，分别是圣普拉希德（Saint Placidus）的殉教，以及死去的基督与女圣徒们，绘于帕尔玛[176]；朱里奥·罗马诺的一件作品，画中是圣安娜、圣母和拥抱圣约翰的圣子[177]。另外还有其他著名画家的作品，此处不再一一列举。[178]

关于卡洛的早期习作，他依据阿尼巴勒·卡拉奇的撒玛利亚妇人制作了蚀刻版画。阿尼巴勒的这件作品是一幅十分精美的铜版画，之前收藏在佩鲁吉亚的奥迪（Oddi）府上，现在被送去弗兰德斯。[179]他还依据圣格列高利教堂里多梅尼基诺的圣安德烈的殉教[180]，以及拉斐尔的赫利奥多罗斯叙事性绘画[181]制作了蚀刻版画。为了进一步考验自己，他自己构图并制作了小尺幅的版画，包括圣母诞生[182]、圣灵感孕[183]、圣母往见[184]、圣母升天[185]、天使们膜拜降生的基督[186]、博士来拜[187]、圣母和拥抱圣约翰的圣子[188]、展示圣子的圣母和抹大拉[189]、圣凯瑟琳的神秘婚礼[190]。

关于卡洛作品的价格，有些人认为要价过高。可以说在圭多之后，也有一部分人通过多次转手卡洛的作品来牟取暴利，卡洛因此决定提高报价，将利润归为己有，这也是为了让其他画家能获得更高的报酬。罗马的画家们尤其应该感谢他，正是因为他开了这个先例，他们才能拿到以前不曾有过的高酬劳。有个赞助人抱怨卡洛漫天要价，用阿尼巴勒·卡拉奇的例子说，卡洛一件作品的要价比阿尼巴勒在法尔内塞宫整个长廊作品的报酬还高，后者仅仅花了500个金斯库多，卡洛回道："这对那样一位伟人来说是很不幸的。所以，我请求您不要将我变成像他一样不幸的人。"另一个人无理地要求他减少作品要价，因为他在几天之内就完成了，卡洛说："尊敬的阁下，您错了，这件作品并非几日的功夫。请您注意到我实际上花了40年来完成您委托的作品，从我最初学画到现在，我花了整整40年的时间来达到这件作品的程度，而您认为我只用了一天。"我们从未发现他因为竞争心理或贪婪利益从别人那里抢走委托，无论这个委托有多么重要，别人却不止一次从他那里抢走委托。

与之相反，卡洛从不贸然推销自己，受到他人召唤才会上前，允许每个人去追求各自的利益。说实话，如果他坚持，当时罗马最伟大的作品都会是他的手笔。有一次，一位亲王对一个知名画家非常生气，决定销毁后者在自己领地的宫殿所作的壁画，也确实这么做了。在实施之前，他派一个随从去询问卡洛是否愿意接下重画的委托，除了这个宫殿，他还说可以将罗马的一个穹顶壁画委托交给卡洛。卡洛表达了对亲王的感激，表示自己十分愿意为亲王作画，但他明确认为不应该毁掉那位知名画家的壁画，相反，他极力劝说亲王放下芥蒂，看在那人优点的份儿上，原谅其不敬之处，这样也能为亲王本人带去更多荣誉。卡洛总是无私地展示自己高贵的品性，从他那受人尊敬的宽宏大度的行为也能看出他的仁慈宽厚，此处必须要提到他所做的一件值得称赞的不寻常之事。卡洛得知一位外国贵族准备买下一对精美的卡斯特和帕勒克雕像，这个雕像群被认为是罗马最著名的雕塑之一。罗马的珍贵艺术品日益流失海外，卡洛对此感到很惋惜，为了避免这组雕像遭受同样的命运，他提出自己将其买下，不惜任何代价，以便把它捐献给罗马议会[191]，和卡比托利欧山的其他著名雕像放在一起。卡洛将这个计划告诉红衣主教阿佐里尼[192]，阿佐里尼转而告诉瑞典女王克里斯蒂娜，她非常热爱这类珍品，亲自写信给卡洛，让他立刻代表她去交易，交易也确实顺利达成了。当卡洛为此去觐见女王时，她告诉卡洛，自己同等地敬佩他的高贵思想和高超技艺。卡洛对此回应道："这对雕像能归您所有，我感到无比欣慰，我希望它们很快会被放置到我原计划的地点，您也会收获无上荣光。"如果形势稳定，再加上王室安排，这个计划将很容易实施。卡洛对拉斐尔和阿尼巴勒的名号和作品时刻怀有敬意，这使他尊崇他们的遗骨，在万神殿对他们表示长久的纪念，在那里为他们建造了高贵的大理石纪念碑，上面有这两位最伟大的绘画大师各自的肖像画。在献给拉斐尔的旧铭文下方缺了他的肖像画，卡洛将其补上。这幅肖像画嵌在壁柱的椭圆形壁龛里[193]，另外还加了以下悼词：

VT VIDEANT POSTERIORIS DECVS, AC VENVSTATEM

CVIVS GRATIAS MENTEMQVE CAELESTEM IN

PICTVRIS

ADMIRANTVR

RAPHAELIS SANCTII VRBINATIS PICTORVM

PRINCIPIS

IN TVMVLO SPIRANTEM EX MARMORE VVLTVM

CARLVS MARATTVS TAM EXIMII VIRI MEMORIA

VENERATVS

AD PERPETVVM VIRTVTIS EXEMPLAR ET

INCITAMENTVM

P. AN. MDCLXXIV

（为了让后来人看见他高雅又美丽的面庞，他的高贵气质和神圣思想存在于他的画作中，卡洛·马拉蒂将这幅大理石上栩栩如生的画像放置在乌尔比诺的拉斐尔·圣齐奥的墓碑上，他是最一流的画家，以纪念这样一位伟人，作为使其美德永存的例证和激励。于1647年。）

祭坛边的另一个壁柱上是圣母雕像，他同样在椭圆形壁龛里放置了一幅阿尼巴勒的肖像画[194]，下面是另一则悼词：

D. O. M.

ANNIBAL CARRACIVS BONONIENSIS

HIC EST

RAPHAELI SANCTIO VRBINATI

VT ARTE, INGENIO, FAMA, SIC TVMVLO PROXIMVS

PAR VTRIQVE FVNVS ET GLORIA

DISPAR FORTVNA

AEQVAM VIRTVTI RAPHAEL TVLIT

ANNIBAL INIQVAM.

DECESSIT DIE XV JVLII AN. MDCIX AE. XXXXIX

CAROLVS MARATTVS SVMMI PICTORIS

NOMEN ET STVDIA COLENS P. A. MDCLXXIIII

ARTE MEA VIVIT NATVRA, ET VIVIT IN ARTE

MENS DECVS ET NOMEN, CAETERA MORTIS

ERANT. [195]

（致最伟大的天父。这里沉睡着博洛尼亚的阿尼巴勒·卡拉奇，以他的技艺、天赋和名誉，他被葬在乌尔比诺的拉斐尔·圣齐奥旁边。虽然他们在技艺上不相上下，但命运大不相同：拉斐尔取得了与其美德相符的成功，阿尼巴勒却没有。他死于 1609 年 7 月 15 日，享年 49 岁。卡洛·马拉蒂为了纪念这位伟大画家的名号和成就，于 1674 年建造了这个纪念碑。凭借我的艺术，也是在我的艺术中，自然永存。而其他的一切：思想、荣耀和名誉，属于死亡。）

　　这则悼词暗示了阿尼巴勒从法尔内塞宫长廊等作品收到的微薄酬劳，再加上忧郁症，加速了他生命最后的时光。

　　卡洛因他的美德和才华受到所有认识他的人赏识，也赢得了每个人的尊敬，除了几个刻意针对他的人，他们自视甚高，总是攻击伟大的人，说对方的坏话。除此之外，如上文所说，卡洛还深受亲王、高级教士和红衣主教乃至教皇们赏识。作为人之常情，如果当前国内的形势没有让他感到如此担忧，他能过得更好，很难想象他如何在忧心忡忡的情况下还能高效地将自己的精力用到各种困难的作品上。卡洛还享有一个极高的荣誉，他为国王[196]绘制了那幅达芙妮后，除了相应的报酬，国王还正式将他任命为自己的宫廷画师，对他的才能致以非常高的敬意和赞美。托斯卡纳的科西莫三世殿下现在是佛罗伦萨的统治者，当时他请卡洛给自己一幅他的自画像，好将其和其他著名画家的自画像挂在一起。[197]卡洛将自画像送过去后，殿下赠给他一个在长廊制作的十分精美的陈列柜，还有 72 罐珍贵的蒸馏而成的油和药剂。不仅如此，殿下还送给他一个嵌有自己画像的金吊坠，以表自己的感激之情，还说既然他有了卡洛的画像，那么卡洛就应当也有他的一幅画像。在维也纳对战土耳其人时取得光荣胜利的波兰国王约翰三世也送给卡洛一个有他画像的金吊坠，链子同样是金质的，以感谢卡洛为自己做出的贡献。卡洛把这些赠礼都保存起来，因为它们是对自己才能的奖励。[198]最近，议员尼科洛·米凯利（Nicolò Micheli）向卡洛表示了十分高的赞誉，米凯利是一位著名的学者，也是文学和人才的守护者。卡洛为配合米凯利的高雅品位，创作了一幅春之女神画像，这位微笑的少女头戴玫瑰花做成的花环，坐在一片绿色的草地上，两个丘比特递给她鲜花，而她正编织爱的花环。[199]米凯利非常欣赏这个精美的人像，召集阿德里亚（Adria）的诗人们为她献上赞美，并将这些诗篇集结成一本名为《才华之花》（Fiori d'ingegno）的小书，将其献给米兰多拉（Mirandola）公爵亚历山德罗·皮科（Alessandro Pico）殿下。里面还收录了乔凡尼·巴蒂斯塔·马尼亚维尼（Giovan Battista Magnavini）的一篇博学的论述，马尼亚维尼收藏了 1685 年版的《才华之花》。

谢龙制作了一个刻有卡洛画像的精美圆章，他是一位很有名的圆章雕刻家[200]，上面还有卡洛的名字：卡洛·马拉蒂（Carolus Marattus）。圆章背面是对成为优秀画家所必需的两个美德的隐喻：才华和艺术，他们凝望并陪伴对方。才华一只手放在胸前，另一只手放在象征他的丰饶的阿玛耳忒亚之角上，他背上长着翅膀，代表迅疾的才华。艺术，也就是绘画，戴着不朽的月桂冠，一只手拿着颜料盘和画笔，脚边是一个罗盘和一张画布，旁边有一句箴言：艺术和才华并存（ARS GENIVSQVE SIMVL）。[201]

还需要提到的是，为了使自己免于遭受年岁渐长带来的压力和不适——我们也衷心希望上帝保佑他身体健康，好让绘画繁荣下去——卡洛选择居住在离罗马不远的舒适的真扎诺，那里以珍贵的葡萄酒和肥沃的土壤而闻名，是个有利于身心健康的平和的隐居地。他建了一个非常宽敞的住所，还开辟了一小块土地，足以为他提供可免除一切烦扰的悠闲时光。这是他长时间工作应得的回报。还有很多卡洛创作的私人作品没有提到，我们接下来将列举其中最出色的几幅，它们备受尊敬地保存在各位大人府上。

红衣主教保罗·萨维利[202]对卡洛非常赏识，对他满怀敬爱，也很重视他的作品。这位大人经常去拜访他，借助他的作品培养自己的品位，其中有两幅欧罗巴和阿里阿德涅的大型作品。阿里阿德涅坐在石头上，被抛弃的她形单影只、哀叹不已。她一只手以悲伤的姿势托着面颊，另一只手悲痛地张开，旁边一个小丘比特把美丽的她指给巴库斯看，后者从印度凯旋。被阿里阿德涅迷住的巴库斯安慰她，并请她嫁给他。他左手拿酒神杖，右手指给她看天上的星之王冠，暗示她将变成永恒的明星。两个小丘比特在空中嬉戏，一个也指着星之王冠，另一个向王冠报以赞叹。阿里阿德涅脚边是另外两个俏皮的孩童，从宝箱拿出金银财宝，快乐的酒神女祭司们在巴库斯身后的岸边舞蹈。[203]在另一件作品中，欧罗巴坐在公牛背上，公牛正要离开岸边潜入大海。欧罗巴害怕地一只手抓着牛角，伸出另一只手呼唤同伴，后者在不远的草地上采集鲜花、编织花环。其中一个人害怕地伸出双手，另一个人因欧罗巴的呼喊而停下手里的活儿，猛然转过身。远处是一片汪洋大海。[204]红衣主教萨维利死后，品德高尚的塞米纳拉（Seminara）公爵乔凡尼·巴蒂斯塔·斯皮内利（Giovanni Battista Spinelli）在罗马任高级教士时看见这两件人物为真人大小的作品，要求卡洛为这两件作品绘制临摹作，这也是为了使他的画作达至完善、收获最大的赞赏。[205]

卡洛还为红衣主教萨维利创作了两幅关于绘画和雕塑的半身像，作为赠礼送给当时是那不勒斯总督的卡皮奥侯爵，十分热爱卡洛画作的侯爵极其欣赏这两件作品。[206]他还为红衣主教萨维利画了一幅基督坐在马大（Martha）和抹大拉家里，也非常优秀[207]，以及一件小幅的忏悔的抹大拉，天使向她展示十字架[208]。卡洛为高级治安官堂·洛伦佐·奥诺弗里奥·科隆纳创作了一幅狄安娜和阿克泰翁，画中优美的风景由加斯帕绘制，这件作品的高是宽的两倍，人物比真人小。站立的狄安娜伸手指向阿克泰翁，这年轻的猎人因看见狄安娜这一鲁莽行径而被变成公鹿，鹿角从他头上长出来。几个宁芙仙女在河里游泳，其他人遮掩自己裸露的腰腹和四肢。狄安娜居住的野外洞穴惬意宜人，绿树成荫，潺潺流水汇聚到水池里。这件杰作现在属于侯爵尼科洛·帕拉维奇尼[209]，这位大人还收藏了卡洛的其他作品，下面将一一介绍。有一幅构思有趣的狄安娜单人画像，她坐在林间的一个喷泉旁边，双脚浸在泉水里，好像听到有谁在接近的声音，转过脸的同时弯着腰，一只手挡住股间，张开另一只手保护自己。摆出这个独特姿势的裸体的狄安娜被笼罩在树干投下的柔和阴影中，她的弓和箭袋都挂在这棵树上，而她的肩膀、秀发和额头暴露在阳光下。[210]如上文所说，当卡洛为圣彼得大教堂的礼拜堂和圆顶镶嵌画绘制草图时[211]，他依据其中 4 幅叙事性绘画创作了 4 件小幅作品，侯爵对其很中意。绘制场所的不同使它们比最初的构图更丰富，值得在此处特意提及。在第一幅中，远处是被淹死的法老和他的军队，近处的岸边是摩西的姐姐米利暗和另一个希伯来妇人快活地摇着小手鼓跳舞，赞美上帝让他们能双脚不沾水地越过大海。[212]第二幅是约书亚朝太阳和月亮伸出手，为了获得胜利而让日月暂停运行。[213]第三幅是雅亿拿着锤子，将头部被钉子刺穿而死的西西拉指给以色列队长巴拉（Barath）看。[214]第四幅是帐篷里的犹滴割下何洛弗尼的头颅，一只手抓着他的头发将头颅举起来，另一只手拿着剑，高贵地凝望床上何洛弗尼的残躯，背后一个年迈的妇人惊惧地跪在地上。[215]除了这 4 件作品，还有两件同样尺幅的作品，一幅是圣约阿希姆和圣安娜双手合十向远处光辉的圣母朝拜，另一幅是云上的福音传道者圣约翰，一手放在膝上的书本上，一手悬空拿着笔，正在沉思圣母的圣灵感孕神迹，圣母在远处。[216]卡洛在另一件尺幅更大的作品中也描绘了这个主题，用到不同的构图。圣约翰以侧面示人，拿笔的一只手悬空，另一只手放在书上，仰望空中的圣母，她脚踩一条盘绕在代表世界的球体上的恶龙。圣约翰的脚边加上了两个相互拥抱的丘比特，代表基督对圣约翰的偏爱。[217]侯爵还有一幅卡洛所作的以色列人大战非利士人，大卫双手举起歌利亚沉重的大剑，后者倒在地上，大卫准备用剑砍下歌利亚的头颅。各队士兵混战在一起，其中一个士兵站在马背上，正要逃跑。这幅叙事性绘画从卡洛早年就开始创作，他后来将其进行重绘，使它成为他笔下十分杰出的一件作品。[218]卡洛为侯爵创作了一件尺幅不是很大的作品，即圣母逃往埃及，她坐在一条小溪和一棵棕榈树旁边，圣子一只手放在圣母腿上，另一只手伸向圣约瑟，后者带给圣子用斗篷装着的一捧鲜花。画面上方是几个小天使，从树上采下枣椰子，递给树下的同伴，好献给圣子。其中一个小天使跪在圣母面前，用水晶瓶给她装水。远处是几个牵着母驴去吃草的天使。[219]卡洛画了专注聆听基督话语的井边的撒玛利亚妇人，远处是从城里回来的使徒们。[220]卡洛还为侯爵画了车轮圣凯瑟琳的画像，她跪在圣子面前，圣母膝上的圣子将戒指递给他的新娘圣凯瑟琳，远处是圣约瑟。[221]另外还有卡洛为红衣主教马西莫所作的一幅孩童模样的圣约翰的半身像，他脸朝外，抱着一只羔羊，这幅椭圆形的画作和圭多的圣哲罗姆半身像是一对。[222]卡洛还为这位红衣主教画了一幅肖像，画中代表绘画的女士微笑地拿着画笔[223]，以及一件大尺幅的水果静物画，一个女性伸手去摘葡萄藤上的葡萄[224]。

当卡洛接受红衣主教阿尔德拉诺·西博[225]的委托，为众属圣母教堂创作圣灵感孕的画作时，他还为红衣主教绘制了一幅圣母之死的私人作品，使徒们围绕在圣母身边，而她的圣洁灵魂升上天堂。圣母躺在床上，面庞因为头放在枕头上而略微抬起，一只手放在胸前，仿佛沉浸在平静的睡梦中。她呼出最后一口气，灵魂升入基督所在的至福之处。一侧的圣彼得拿着点燃的蜡烛，另一侧是圣约翰，二人都向圣母之死致以虔诚的敬意。其他使徒也各自表现出虔诚和悲伤的情感，双手合十放在胸前，有的人吟诵圣歌和赞美诗。远处是戴头巾的女圣徒们和一个为葬礼拿来火炬的男人。这幅叙事性绘画充满丰富的情感描绘，卡洛将其完成得如此完美，可以说是如今最受尊敬的作品之一。[226]

卡洛于1679年为费兰特·卡波尼（Ferrante Capponi）阁下创作了一幅诗意的维纳斯画像，荆棘刺伤了她的脚，她的血把白玫瑰变成红得发紫的颜色。她把娇嫩的脚放在一株鲜嫩的植物上，丘比特单膝跪地，一只手放在伤口旁，另一只手展示给维纳斯看从她脚上拔出的荆棘刺，地上遍布白色和红色玫瑰。维纳斯优美的体态从覆盖在她股间的布料之下显露出来。她看着荆棘刺，没有抱怨伤口，看上去似乎很高兴因她的血而诞生了新的红玫瑰。维纳斯背后的一个小丘比特抱着一只鸽子，空中的另一个丘比特解开鸽子的束缚，让它自由飞翔。[227]

我们已经介绍完卡洛到1694年为止创作的众多作品，现在教皇英诺森十二世[228]接任教皇之位，在红衣主教乔凡尼·弗朗切斯科·阿尔巴尼[229]的引荐下，卡洛有机会蒙受这位教皇的恩宠。这位红衣主教拥有丰厚的学识，精通各类学科领域，包括绘画。卡洛在红衣主教面前激烈地指责绘画艺术只取得微小的进步，而人们对美丽的事物漠不关心，年轻人不再学习拉斐尔和米开朗琪罗。因为这场对话，红衣主教和卡洛来到梵蒂冈宫教皇礼拜堂的最后的审判面前，这幅伟大的叙事性绘画名闻天下，如今却变得破败不堪，几近消失，没有获得任何保护措施，被灰尘、空气、气流和火硝侵蚀。[230]红衣主教阿尔巴尼将这个混乱的情况告诉教皇后，为了进行补救，教皇希望亲自听听卡洛的意见，卡洛证实了必须采取保护措施，并且充分展示了自己的热忱。教皇不仅让他在自己任期内担任这个礼拜堂的监管人，而且作为对卡洛美德的偏爱和信任，延续了英诺森十一世将他作为拉斐尔厅监管人的任命。教皇为此在 1693 年 6 月 9 日写了一份简报，我们将这份简报的大意摘录如下，既是因为这是卡洛的荣誉，也是因为红衣主教阿尔巴尼的博学文采。[231]

Innocentius Papa XII

Dilecte fili, salutem, et apostolicam benedictionem. Sincerae fidei et devotionis affectus quem erga Nos et hanc Sanctam Sedem gerere comprobaris, nec non eximia, ac plane singularis picturae peritia, solertia, diligentia, probitas et integritas, quibus personam tuam novimus insignitam, Nos adducent, ut opera tua in ijs, quae nobis maxime cordi sunt, libentissime utamur. Cum itaque, sicut accepimus alias felicis recordationis Innocentius Papa XI. Praedecessor noster tibi officium custodis picturarum quondam Raphaelis Sanctij Urbinatis pictoris celeberrimi in quibusdam Palatij in Vaticano siti mansionibus existentium concesserit, et assignaverit; tuque officium hujusmodi hactenus recte et fideliter exercueris: hinc est quod Nos sperantes te idem officium in posterum quoque pari fide ac diligentia et integritate gesturum esse, nec non aliarum similiter egregiarum picturarum, quae sive in Cappella Pontificia, sive in aliis quibusvis Palatij hujusmodi locis rerperiuntur, custodiae, et conservationi, quantum cum Domino possumus prospicere, teque specialis favore gratiae prosequi volentes, et a quibusvis excommunicationis, suspensionis et interdicti, alijsque ecclesiasticis setentijs, censuris et poenis a iure vel ab homine quavis [occasione] vel causa litis, si quibus quomodolibet innodatus existis, ad effectum praesentium dumtaxat consequendum harum serie absolventes et absolutum fore censentes; motu proprio, nun ad tuam vel alterius pro te Nobis super hoc oblatae petitionis Instantiam, sed ex certa scientia, et mera deliberatione nostris

in te praefato Custodis Picturarum Raphaelis nuncupatarum in Palatio Ponti-
ficio supradicto existentium hujusmodi officio, cum omnibus et singulis illius
honoribus, facultatibus, provisionibus, salarijs, regalijs et emolumentis, ac
oneribus solitis et consuetis ad tui vitam authoritate apostolica tenore prae-
sentium confirmamus. Praeterea tibi officiuum praedictum, ejusque facul-
tates ad caeteras omnes picturas, quae sive in memorata Cappella Pontifi-
cia, sive in alijs quibusvis eiusdem Palatij mansionibus, ac locis reperiun-
tur, cum particulari superintendentis omnium picturarum palatij huiusmodi
titulo authoritate et tenore praefatis extendimus et ampliamus. Mandantes
propterea dilectis filijs palatij nostri apostolici Praefecto, ac Thesaurario nos-
tro generali, caeterisque omnibus et singulis, ad quos spectat et pro tempore
spectabit, ut tibi de provisionibus, salarijs, regalijs et emolumentis praedic-
tis suo tempo respondeant, et responderi curent. Tibique in omnibus idem
officium concernentibus faveant et assistant, pareantque, et obediant re-
spective. Non obstantibus costitutionibus et ordinationibus Apostolicis, cae-
terisque contrarijs quibuscumque. Datum Romae apud Sanctam Mariam Ma-
iorem sub anulo piscatoris, die IX Junij MDCXCIII anno 2.

J. F. card. Albanus

教皇英诺森十二世

亲爱的子民，向你致以问候和圣徒的祝福。你向我们和圣座展示
了你诚挚的信仰和忠诚，还有你关于绘画的出色的专业知识、技艺、
慎重、诚实和正直，我们从这些品质看出你杰出的品格，这让我们很
欣赏你在这些对我们而言很重要的事务上做出的努力。因此，我们也
像教皇英诺森十一世那样感受到你的付出。我们的前任将你任命为监
管人，负责最著名的画家、故去的乌尔比诺的拉斐尔·圣齐奥的画
作，这些画作位于梵蒂冈教皇宫殿的某处。迄今为止，你尽职尽责地
履行了这个义务，我们希望你能以同样的忠诚、勤劳和正直在未来继
续从事这份工作，并且你会同时负责教皇礼拜堂和梵蒂冈宫其他地方
的著名画作的保护工作。在上帝允许我们预见的范围内，我们会诚挚
地以荣誉回报你做出的特殊贡献。我们判定你可以免于逐出教会、停
职和禁行这类刑罚，以及所有其他教会刑罚、斥责和惩罚，无论在何
种情况下或诉讼中动用教会的或人为的法律，假如你以某种方式被卷
入此类纷争；我们诚挚地使你免于这些惩罚，是为了让你能完成当前

涉及的职责。关于你向我们提出的请求，不是出于你或他人的要求，而是因为你表现出的专业性和我们真诚的关怀，我们自愿任命你为之前提到的梵蒂冈宫拉斐尔画作的监管人，并提供相应的荣誉、职位、补给、薪水、权利、特权和报酬，以及教皇宫殿官方和这篇简报赋予你的维持生计的通常义务。不仅如此，借以教皇宫殿官方和这篇简报，我们还特别任命你为之前提到的梵蒂冈宫所有画作的监管人，负责范围包括前面提到的教皇礼拜堂以及梵蒂冈宫任何地点的所有画作。除此之外，对于教皇宫殿子民、圣器守司和财务主管等在当下和将来与这个职位相关的集体和个人，我们命令他们应当在合适的时候提供给你之前提到的补给、薪水、权利、特权和报酬，保证你的需要都得到满足。所有与此职位相关的事务，他们都应当听命于你，辅助并服从你，同意你的相应需求。教皇宫殿机构以及其余各方均对此没有异议。于罗马的圣母大殿，加盖圣彼得之印，1693 年 6 月 9 日，我们任期的第二年。

　　红衣主教 G. F. 阿尔巴尼

　　他们希望卡洛能以他一贯的热情和美德挽救岌岌可危的梵蒂冈宫壁画，就像他对隆加拉的基吉长廊的拉斐尔壁画[232]所做的修复工作。基吉长廊壁画有几处受损严重，濒临消失，卡洛将扇形画和装饰恢复到原本的美丽和完整，仿佛出自拉斐尔之手。最大胆的画家都会因为这个操作之困难而颤抖，而卡洛用一小只粉笔和蜡笔就完美地修复了轮廓线条和色彩。[233]在此期间，出于信众和教会的信仰，他为将在卡瓦洛山的教皇宫殿[234]庭院里展出的圣母子镶嵌画绘制了油画草图。在这幅精美的圣母子像里，圣母穿着蓝色外袍，抱着一旁的圣子，圣子举起右手做出赐福的手势，他站在窗户栏杆的中间，就好像圣母在将他展示给人们看，人物大小和距离成比例。[235]他也为神圣罗马帝国亲王、列支敦士登和尼克尔斯堡（Nikolsburg）家族统管者约翰·安德里亚创作了一幅拔示巴的叙事性绘画。[236]拔示巴坐在喷泉边，两个侍女陪伴在侧。她似乎刚沐浴完，一只手拈起散开的头发，另一只手用梳子打理头发，一条天蓝色的布料覆盖在她股间。她一只脚浸在水里，抬起的另一只脚放在其中一个侍女膝上，后者轻柔地用亚麻布擦干她沾了水的娇嫩的腿。她对面的另一个侍女双手捧着一面有金色装饰的镜子。拔示巴转身面朝镜子，凝望镜子里自己的娇艳面庞，这镜子就是她的美丽顾问。清水从白色大理石喷泉流出来，喷泉的精致基座上有一只海豚，后面是一个静谧的花园。喷泉周围是一道栏杆，拔示巴坐在栏杆上面的坐垫上，让自己安全地远离所有人的视线，却没能躲过下流邪恶的大卫王的眼睛，他正从高处的敞廊眺望拔示巴。

也是在这个时期，卡洛为弗朗切斯科·蒙蒂奥尼阁下创作了 6 个门头装饰，蒙蒂奥尼的虔诚和宽宏本性已在上文的圣山圣母教堂礼拜堂提及。卡洛为几处饰带画了各种视角下嬉戏的普托，他们拿的花环彩带是弗莱芒人弗朗索瓦……[237] 所作。原本背景是一片浅蓝色，卡洛将其设计成黑色，营造出极其精妙的效果和更好的立体感，这是当今的流行做法。[238] 侯爵尼科洛·马里亚·帕拉维奇尼很喜爱这些门头装饰，卡洛为他创作了 4 个同样形制的门头装饰，更改了普托们的玩耍姿态。[239] 卡洛还为蒙蒂奥尼阁下创作了 6 幅著名女性的半身像，分别是：克娄巴特拉在一个酒杯上方举着珍珠；罗马人卢克雷蒂娅拿着匕首准备刺死自己；女诗人普罗巴·法尔科尼娅（Proba Falconia）沉思着仰起头，还有她用来整理摘录集的荷马、维吉尔和奥维德的著作；贞女图蒂娅（Tutia）手里拿着滤网。[240]

各种人都在源源不断地向卡洛提出委托，他会拒绝很多委托，免得让等待作品完成的赞助人的请求被一再推迟。他接下的重要委托中有一件是为帕勒莫兄弟会[241] 所作的玫瑰经祭坛画，兄弟会成员们为了新建的祈祷室而向他提出这个委托，以画作为礼拜堂增光添彩，向圣母及其玫瑰经表达敬爱之情。

玫瑰经祭坛画

在这幅祭坛画中，圣母坐在以昂贵大理石为基座的华丽的金王座上，高台像祭坛或神庙那样比地面高出两级台阶。[242] 画面上方的一个普托双手掀开一道绿色帷幕，露出明亮的天空和 4 个基路伯。圣母姿态庄严，穿着蓝色外袍，脚踩一个有金线装饰的绿色垫子，抱着站在她腿上的圣子，圣子在她的帮助和代求下分发玫瑰经神迹的念珠，而她回应虔诚的教友们的请愿和祈祷。画面下方是四位贞洁女圣徒罗莎莉亚、罗莎、奥利瓦（Oliva）和锡耶纳的凯瑟琳，还有圣托马斯·阿奎那和圣多明我。圣奥利瓦和圣罗莎坐在王座高台的中间，圣奥利瓦双手展开一串念珠，愉快地凝望着它，她旁边的圣罗莎也转头看着念珠，朝它伸出一只手，另一只手在胸前怀抱玫瑰。圣罗莎莉亚站在前面，面朝圣多明我张开双手，后者站在离王座更近的高处，弯下腰，一只手将念珠递给罗莎莉亚。他旁边的一个天使双手捧着一篮天堂的鲜花，准备将其分发给圣母的信徒们。圣罗莎莉亚这个人物被描绘得非常优美，她几乎完全背朝画面外，飘逸的秀发从脑后的发髻披散下来，黄色的外袍从肩膀垂下，在腰部系了个结。锡耶纳的圣凯瑟琳站在高台另一边，面朝外，将书本和十字架拿在身侧，朝圣子伸出右手，圣子平静地面向她，递给她一串念珠。圣凯瑟琳接过天赐的礼物，面庞流露出纯洁和圣洁的虔诚之情。在画面最边缘的后方，圣托马斯露出部分身体，胸前有太阳的印记，一只手拿着作为教会博士身份象征的书本，目光朝向后方，似乎在邀请虔诚的信徒沉思玫瑰经神迹。在这件精美的作品中还有两个天使，圣母身后的那个天使展开翅膀悬在半空，举着一盆天堂的玫瑰，仿佛刚从天堂降临。另一个小天使站在地面上，一只手张开以示庆祝，高举另一只手，指向上方的圣母，也在邀请每个人庄严、虔诚地沉思玫瑰经。圣罗莎莉亚脚边的地上放着象征她的纯洁的百合花和骷髅头，以纪念瘟疫的死者和帕勒莫的解放。这件作品的画幅高……掌，由 9 个比真人大的主要人物构成。卡洛通过勤奋的研究，赋予这些人物在沉思玫瑰经神迹时极其虔诚的情绪，使作品达至完美，配得上兄弟会成员付给他的 1500 个斯库多的酬劳。他们耐心地花了很多年等待作品完成，卡洛在当前的 1695 年添上了最后一笔。卡洛在这一年夏天完工，决定将其送往帕勒莫，满足赞助人的不断要求。如同命运也希望以一阵顺风来为这件作品增光添彩，或者说这是来自作品的敬献对象——圣母本人的福佑，仅用了 5 天时间，作品就被安全送到了。兄弟会成员们知道后，立刻把作品带到圣丽塔教堂，准备将其安置在祭坛或新建的玫瑰经祈祷室的礼拜堂，以供众人瞻仰。如果说他们已经迫不及待地等待了太久，那么人们欣赏作品的激动之情更是溢于言表。所有民众、贵族和教众都蜂拥而至，赞美之声此起彼伏，崇敬圣母的圣洁之美和 4 位贞洁女圣徒虔诚的情感，同时赞赏卡洛将天堂的色彩带到这个教堂。除此之外，他们也赞美兄弟会成员选择了这样一位了不起的大师和如此高尚的理念，这件作品将作为帕勒莫和西西里的不朽点缀，那里自古就以雕像和绘画著名，如今又因这件作品增添了新的荣耀。为了证明他们对卡洛的尊重，以及对他的作品的赞赏，我们将玫瑰经兄弟会主管写给卡洛的感谢信附在下面：

尊敬的阁下，

如果说一开始的想法只是对您的高超艺术的普遍认可，使众多教友一致同意以您的价值连城、深思熟虑的作品来让我们的兄弟会在帕勒莫独树一帜，那么现在我们收到已完成的作品，我们的眼睛对其精美之处怎么都看不够，全国人民都赶来欣赏它的美丽、得体、设计以及其他所有优点。我们获得各位贵族和整个教会的同意，将其保存在我们的祈祷室，福佑子孙后代。这件珍宝在经过漫长的时间后，将使这片无比虔诚的土地因其伟大和神圣而为人称道。因此，对这样一件与我们的初心相符的画作，我们应当向您致以最诚挚的感谢，您运用您的才能和双手，圆满实现了我们的期望，我们真心亲吻您这双受人尊敬的手一千遍，重申我们对您的感激。

帕勒莫，1695 年 8 月 4 日

最虔诚的仆人

圣丽塔玫瑰经协会的主管和副主管

堂·温琴佐·穆尔索（Don Vincenzo Murso），主管

堂·乔凡尼·安多尼奥·卢加罗（Don Giovanni Antonio Lugaro），副主管

弗朗切斯科·安多尼奥·威格勒佐内（Francesco Antonio Viglenzone），副主管

在这幅玫瑰经祭坛画收尾期间，品德高尚且十分虔诚的维拉弗兰卡（Villafranca）亲王出于对圣罗莎莉亚的拥护，委托卡洛绘制一幅她的画像，画中的圣罗莎莉亚鄙弃尘世，独自隐居在一个洞穴里。她光着脚，头发散开，单膝跪地，将自己的名字刻在石头上。她一只手拿凿子和木槌，做出击打的动作，在石头上雕刻自己的名字：EGO ROSALIA ROSARVM DOMINI FILIA AMORE JESV CHRISTI IN HOC ANTRO ABITARE DECREVI（我，玫瑰之罗莎莉亚，我主的女儿，因敬爱耶稣基督隐居于此处洞穴）。石头上放着一根鞭子、一个骷髅头、一个十字架和一本书，洞穴上方是两个凝望她的基路伯。[243]

注释 ■

[1] 读者须知：对于那些仍然保留在原处的作品，其所在地点在注释里不再赘述。

[2] 指的是马拉蒂在万神殿为拉斐尔和阿尼巴勒·卡拉奇所作的纪念碑，还有保罗·纳蒂尼（1614—1691 年）所作的半身像和贝洛里所作的碑文。——原注

在《安德里亚·萨奇传》注释 59 中，纳蒂尼的出生年份标注的是 "约 1615"，与此处不同，特此注明。——译注

[3] 私人收藏，罗马。参见《美的理念》，第 2 卷，第 492 页，目录 13。

[4] 圣查理·波罗米奥，在意大利语中是圣卡洛·波罗米奥（San Carlo Borromeo）。

[5] 贝洛里是最早为马拉蒂写传记的作家。这篇传记最早收录于《17 世纪著名画家们的肖像画》（*Ritratti di alcuni celebri pittori del secolo XVII*），罗马，1731 年，第 147 - 251 页，后

来以《画家卡洛·马拉蒂传，乔凡尼·彼得罗·贝洛里著，1689 年；由他人续写和结尾》（*Vita di Carlo Maratti pittore scritta da Gianpietro Bellori fin all'anno MDCLXXXIX. Continuata, e terminata da altri*）为名再版，罗马，1732 年，书中包括书商福斯托·阿米代（Fausto Amidei）为画家阿戈斯蒂诺·马苏奇（Agostino Masucci）所写的献词。依据《17 世纪著名画家们的肖像画》的致读者前言，贝洛里在 1689 年后不再写马拉蒂的传记，弗朗切斯科·普利梅利奥（Francesco Primerio）续写到 1695 年，1713 年马拉蒂去世时完成。然而，贝洛里 1690 年才开始写马拉蒂的传记，一直写到 1695 年，马拉蒂在这一年完成帕勒莫的玫瑰经祭坛画。《17 世纪著名画家们的肖像画》和《画家卡洛·马拉蒂传》都将马拉蒂的传记写到 1713 年。虽然有猜测认为福斯托·阿米代——他出资出版了 1732 年的《画家卡洛·马拉蒂传》——和维森特·维多利亚（Vicente Victoria）可能是续写者，但续写者究竟是谁，至今仍不清楚。圭多·雷尼、安德里亚·萨奇和卡洛·马拉蒂的传记可见于巴黎抄本（荷兰协会监管会）和鲁昂抄本【鲁昂公共图书馆，MS2506；参见《雷尼传》，注释 1；贝洛里（1976 年），第 571 页，注释 1；《美的理念》，第 2 卷，第 456 – 458 页】。

[6] 贝尔纳北奥·弗朗西奥尼（Bernabeo Francioni），生卒年不详。

[7] 关于卡玛塞（1602—1649 年），可参见帕塞里（1934 年），第 168 – 173 页。

[8] 塔代奥·巴贝里尼（1603—1647 年）于 1631 年由乌尔班八世任命为罗马行政长官。

[9] 安德里亚·萨奇死于 1661 年，而马拉蒂生于 1625 年，因此他于 1636 年，也就是 11 岁时进入萨奇的学院。

[10] 弗莱芒雕塑家弗朗索瓦·迪凯努瓦在意大利被称为弗莱芒人弗朗切斯科。

[11] 法尔内西纳别墅由巴尔达萨雷·佩鲁齐在 1508 至 1511 年间为阿戈斯蒂诺·基吉建造。其长廊装饰的丘比特与普赛克壁画群出自拉斐尔及其助手之手。

[12] 这 3 件作品至今尚未确认。

[13] 可见于一幅签名为"卡洛·马拉蒂构图并制作"（Carolus Maratus inven. et fecit）的版画，国家版画馆（Gabinetto Nazionale delle Stampe），罗马【《巴尔奇图集》（1987 年），第 30 页，第 8 条】，以及一幅没有签名的版画，没有收录于《巴尔奇图集》，现藏于版画馆，米兰【因奇西奥尼（Incisioni, 1976 年），目录 80】。

[14] 圣基娅拉修道院，诺切拉翁布拉。

[15] 教区教堂（Chiesa Parrochiale），卡梅拉诺。

[16] 蒙特罗顿多大教堂。

[17] 安科纳的地方长官是高级教士马里奥·阿尔贝里奇（Mario Alberizzi，1611—1680 年），于 1657 年被封为红衣主教。

[18] 罗马的圣伊西多尔教堂建于 1620 至 1630 年间，依据的是菲利斯·安多尼奥·卡索尼（Felice Antonio Casoni，1559—1634 年）的设计。

[19] 即圭多·雷尼。

[20]《圣母的婚礼》和《圣约瑟之死》于 1798 年失踪，后来替换上临摹作。

[21] 这个礼拜堂的装饰工程在 1653 年弗拉维奥·艾拉莱昂纳去世后才开始。穹顶壁画现在已经彻底损毁。

[22] 这3幅油画都在1798年不知所踪。

[23] 亚历山大七世·基吉（Alexander VII Chigi）在1655至1667年间任教皇（参见附录）。

[24] 基吉藏品，罗马。

[25] 卡米拉·维吉尼娅·萨维利·法尔内塞（Camilla Virginia Savelli Farnese）。

[26] 七苦圣母教堂（Santa Maria dei Sette Dolori）。

[27] 巴尔达萨雷·佩鲁齐，锡耶纳建筑师及画家（1481—1537年）（参见注释11）。

[28] 锡耶纳画家（1587—1673年）。

[29] 皮耶尔·弗朗切斯科·莫拉（Pier Francesco Mola，1612—1666年）。参见帕塞里（1934年），第367－372页。

[30] 在法国占领罗马期间（1809—1814年），这个长廊被分隔成黄厅（Sala Gialla）、王座厅（Sala del Trono）和大使厅（Sala degli Ambasciatori）。马拉蒂的壁画位于大使厅，莫拉的壁画位于黄厅。

[31] 位于锡耶纳大教堂右侧耳室的誓言礼拜堂（Cappella del Voto）。《圣以利沙伯往见》还在原位置。《逃往埃及》最初在誓言礼拜堂，后来和卡洛为亚历山大七世而作的小幅铜版画一起放在古代艺术国家美术馆，科尔西尼宫，罗马。《美的理念》，第2卷，第461－462页，目录5。

[32] 这3幅铜版画至今尚未确认。

[33] 阿纳克里特二世，即皮耶尔·利奥内，又名彼得罗·迪·利奥内（Anacletus II；Pier Leone, or Pietro di Leone），于1130年被选为伪教皇，和英诺森二世对立，后者受到克莱尔沃（Clairvaux）的圣伯尔纳和大部分基督教国家承认。教皇对立一直持续到1138年阿纳克里特二世去世，阿纳克里特的继任者维克托四世弃权，英诺森二世成为教皇。

[34] 里尔艺术博物馆。路易·菲利波，德·拉弗里利埃公爵（1598—1681年）自1661年起担任路易十四的国务大臣。《美的理念》，第2卷，第459－460页，目录1。

[35] 科隆纳宫，罗马。洛伦佐·奥诺弗里奥·科隆纳（Lorenzo Onofrio Colonna，1637—1689年）在其父马坎托尼奥死后继承了高级治安官（High Constable）名号。

[36] 尼科洛·萨格雷多（Niccolò Sagredo）在1651至1656年间在罗马任威尼斯大使。

[37] 巴黎抄本和鲁昂抄本中写的都是"Innocenza in candida colomba"（纯洁和白鸽）。博雷亚在贝洛里（1976年），第587页将其改为"in candida［veste con la candida］colomba"（白袍和白鸽）。然而，既然贝洛里在上文只提及审慎的象征物，那么他有可能也只提到白鸽，那个介词只是他本人或抄写者的手误。

[38]《马太福音》，10：16。

[39] 关于安德里亚·萨奇的主要赞助人、红衣主教安多尼奥·巴贝里尼，参见附录。

[40] 事实上，贝洛里并没有在《萨奇传》提及这件作品。

[41] 古代艺术国家美术馆，巴贝里尼宫，罗马。《美的理念》，第2卷，第463－465页，目录7。

[42] 诺森伯兰公爵藏品，阿尼克城堡，诺森伯兰。

[43] 古代艺术国家美术馆，巴贝里尼宫。

[44] 关于贝洛里提到的这7幅使徒画像，其中6幅——大雅各、巴多罗买、小雅各、保罗、

马太和西门——列在红衣主教安多尼奥·巴贝里尼的藏品目录（1671 年）和卡洛·巴贝里尼的藏品目录（1692—1704 年）中。《圣大雅各》现藏于利兹市立美术馆（City Art Gallery, Leeds）；《圣小雅各》现为爱德华多·阿尔马贾（Edoardo Almagià）的藏品，罗马；其余 4 幅现藏于古代艺术国家美术馆，罗马【参见拉文（1975 年），第 497 – 498 页】。贝洛里所说的马拉蒂为红衣主教卡洛·巴贝里尼而作的《圣马提亚》至今未找到，它既没有列在卡洛·巴贝里尼的藏品目录中，也没有出现在《画家卡洛·马拉蒂传，乔凡尼·彼得罗·贝洛里著，1689 年》，罗马，1732 年这本书中。

[45] 依据梅泽蒂（Mezzetti, 1955 年），第 323 页，第 40 条，以及博雷亚的贝洛里（1976 年），第 389 页，注释 1，这件作品现藏于科尔西尼宫，帕里奥内街（Via del Parione），佛罗伦萨。它没有列在《佛罗伦萨科尔西尼家族藏品目录》（*Catalogo della Galleria dei Principi Corsini in Firenze*），佛罗伦萨，1886 年这本书中。

[46] 有一件这个主题的作品现藏于古代艺术国家美术馆，科尔西尼宫，罗马，但尚不确定这是否出自马拉蒂之手。

[47] 即西班牙国王查理二世（Charles II），1665 至 1700 年间在位。

[48] 这两件作品都尚未确认。克雷芒九世·罗斯波里奥西（Clement IX Rospigliosi）在 1667 至 1669 年间任教皇；英诺森十一世·奥代斯卡尔基（Innocent XI Odescalchi）在 1676 至 1689 年间任教皇。奥地利耶稣会教士约翰内斯·艾伯哈德·尼德哈德（Johannes Eberhard Nidhard）于 1672 年由克雷芒十世封为红衣主教。严格来说，他不是腓力四世的大使，腓力四世的遗孀、奥地利的玛丽亚·安娜王后（Queen Maria Anna of Austria）在 1665 至 1677 年间作为西班牙王国的摄政王，她于 1669 年任命尼德哈德为大使。

[49] 尚未确认。

[50] 尚未确认。

[51] 马拉蒂为贾科莫·罗斯波里奥西（1628—1684 年，于 1667 年被选为红衣主教）所作的几幅肖像画现分别藏于罗斯波里奥西宫，罗马；帕拉维奇尼美术馆，罗马；私人收藏。

[52] 梵蒂冈美术馆。《美的理念》，第 2 卷，第 462 – 463 页，目录 6。

[53] 克雷芒十世·阿尔蒂里（Clement X Altieri），1670 至 1675 年间任教皇。

[54] 即雅各布·托里蒂（Jacopo Torriti）于 1295 年所作的镶嵌画，以及凯旋门上可追溯到西斯克特三世时期的古典晚期镶嵌画。

[55] 半圆形后殿的立面由卡洛·拉伊纳尔迪（Carlo Rainaldi）于 1673 年完成。

[56] 即圣母之仆修会（Order of the Servites, or Servants of Mary）。

[57] 帕鲁佐·帕鲁奇·德利·阿尔贝托尼（Paluzzo Paluzzi degli Albertoni，1623—1698 年）被克雷芒十世·阿尔蒂里收养，封为教皇侄子及红衣主教。圣腓力·贝尼奇于 1671 年封圣。这件作品最起码直到 1963 年都在阿尔蒂里宫，现藏于古代艺术国家美术馆，巴贝里尼宫。

[58] 这 5 个圣徒都于 1671 年封圣。

[59] 圣大天使教堂，阿斯科利皮切诺（Sant'Angelo Magno, Ascoli Piceno）。

[60] 即教皇侄子帕鲁佐·帕鲁奇。参见注释 57。

[61] 两幅布面油画的草图模板现为意大利银行机构（Associazione Bancaria Italiana）藏品，

阿尔蒂里宫，罗马。《美的理念》，第 2 卷，第 466－468 页，目录 10、11。

[62] 这个小爱神在球体上方，而不是托着它。他也不是展开手卷，而是拿着一个石板。

[63] 意大利原文是 "nelle grossezze de'muri delle finestre che s'aprono in mezzo di qua e di la sono dipinte figure in piedi..."。在贝洛里（1976 年），第 598 页，博雷亚在 "di qua e di là"（在两边）和 "sono dipinte"（被画上）中间加了一个逗号，使句子的意思变成窗户开在两边，在厚厚的墙壁里面有画的人像。虽然我们无法求证博雷亚参照的巴黎抄本，但在鲁昂抄本中，此处没有逗号。把逗号移到"在两边"之前似乎更可信，即窗户开在扇形壁的中间，人像画在窗户两边的斜面上。

[64] 蒙塔古（1978 年），第 337－339 页指出，巴黎抄本和鲁昂抄本关于两边侧墙拱肩上画作的描述和 1731 年印刷本不一致，后者的记录是每边侧墙上将有四个主题，她推测贝洛里不知道每边侧墙上只有 3 个拱肩。她还出版了梵蒂冈图书馆（巴贝里尼第 4342 号）收藏的一份设计手稿，这份手稿给出每边侧墙上 4 个拱肩的画作主题。关于马拉蒂为一些拱肩所作的草图，参见蒙塔古（1978 年），第 339－340 页。关于《神圣智慧》《和平》《荣耀为美德加冕》的草图，参见《美的理念》，第 2 卷，第 468－470 页，目录 13－15。

[65] 即圣彼得大教堂管理会。

[66] 彼得罗·达·科尔托纳（参见附录）为圣餐礼拜堂的圆顶和三角拱、圣塞巴斯蒂安礼拜堂的三角拱和扇形壁【和拉法埃莱·万尼（Raffaele Vanni）】、圣塞巴斯蒂安礼拜堂和圣母怜子礼拜堂的圆顶【和奇罗·费里（Ciro Ferri），约 1634—1689 年】设计了镶嵌画。

[67] 在马拉蒂的监督下，圆顶镶嵌画的草图由朱塞佩·巴尔托洛梅奥·基亚里（Giuseppe Bartolomeo Chiari，1654—1727 年）完成，这些草图现已不存。相关的一幅素描及几张最初草图现藏于杜塞尔多夫艺术博物馆版画和素描馆（Graphische Sammlung, Kunstmuseum, Düsseldorf）。这幅镶嵌画由朱塞佩·康蒂完成。

[68] 三角拱的草图现已不存。最初草图现藏于杜塞尔多夫艺术博物馆版画和素描馆。扇形壁（即 3 扇窗户的两侧空间）镶嵌画的草图现藏于赐福敞廊，圣彼得大教堂，罗马。参见《美的理念》，第 2 卷，第 474－475 页，目录 20。三角拱和扇形壁的镶嵌画由法比奥·克里斯托法尼（1610/20—1689 年）和朱塞佩·康蒂合力完成。

[69] 文本里写的是 "star seco"，这是对 "trar seco" 的误写。这一处的来源是《启示录》，12：3－4："天上又现出异象来，有一条大红龙，七头十角，七头上戴着七个冠冕。他的尾巴拖拉着天上星辰的三分之一，摔在地上。"

[70]《以赛亚书》，11：1。三角拱镶嵌画在 1683 至 1685 年间完成，贝洛里看到的是完整版本，但画中并没有任何铭文，所以这一句以及下文引用的其他圣经文字可能指的是图像依据的文本。

[71]《士师记》，6：36－40。

[72]《民数记》，24：17。

[73]《出埃及记》，3：2（"摩西观看，不料，荆棘被火烧着，却没有烧毁"）。

[74] 教皇侄子、红衣主教帕鲁佐·帕鲁奇·阿尔蒂里（参见注释57）于1671年被任命为洛雷托圣所保护人。

[75] 罗浮宫博物馆，巴黎。

[76] 梵蒂冈美术馆。

[77]《圣克利斯多夫、圣洛克和圣塞巴斯蒂安》（*Saints Christopher, Roch, and Sebastian*），使徒宫（Palazzo Apostolico），洛雷托。

[78] 这个前景里的人物是圣安布罗斯。

[79] 安科纳市政美术馆（Pinacoteca Comunale, Ancona）。这件作品的一幅墨水草图现藏于杜塞尔多夫艺术博物馆（《美的理念》，第2卷，第465页，目录8）。

[80] 圣灵感孕礼拜堂祭坛的《圣灵感孕》，圣伊西多尔教堂，罗马。

[81] 圣伊西多尔教堂，罗马。

[82] 尚未确认。

[83] 私人收藏，慕尼黑。《美的理念》，第2卷，第460页，目录2。画中人是雷茨红衣主教让-弗朗索瓦-保罗·德·贡第（Jean-François-Paul de Gondi, Cardinal de Retz, 1613—1679年），他于1655年由亚历山大七世任命为巴黎大主教，这幅肖像画也大概是在这个时期创作的。

[84] 尚未确认。

[85] 马西莫宫，罗马。关于红衣主教卡米洛·马西莫，参见附录。

[86] 尚未确认。画中人是布伦瑞克公爵和公爵夫人。

[87] 尚未确认。

[88] 查理二世（1630—1685年，1660至1685年间在位）。

[89] 斯宾塞伯爵，奥尔索普（Althorp），北安普敦郡（Northampton）。画中人是第二任桑德兰伯爵罗伯特·斯宾塞（Robert Spencer, second earl of Sunderland）。

[90] 斯宾塞伯爵，奥尔索普，北安普敦郡。画中人是第四任罗斯康芒伯爵文特沃斯·狄龙（Wentworth Dillon, fourth earl of Roscommon, 1633? —1685年）。

[91] 尚未确认。第五任埃克塞特伯爵（earl of Exeter，死于1700年）在1680至1685年间去过两次意大利。

[92] 兰波特庄园维护信托（Lamport Hall Preservation Trust），北安普顿郡。《美的理念》，第2卷，第470-471页，目录16。第三任艾沙姆准男爵托马斯·艾沙姆爵士（Sir Thomas Isham, third baronet Isham, 1657—1681年）1676至1678年间在意大利逗留。

[93] 伊尔切斯特伯爵（earl of Ilchester）藏品，麦尔布里（Melbury），多尔切斯特（Dorchester）。

[94] 内殿律师学院（Inner Temple），伦敦。

[95] 伯利庄园（Burghley House），斯坦福，林肯郡。

[96] 约翰·德拉蒙德（John Drummond）于1686年被封为梅尔福特伯爵（earl of Melfort），詹姆斯二世在随后的1688年被流放法国。这里的伯爵夫人指的是他的第二任妻子尤菲米娅（Euphemia）。这两幅肖像画都尚未确认。

[97] 在17世纪，"人物作品"（compositions with figures，即叙事画）被认为高于肖像画。

[98] 普拉多博物馆，马德里。《美的理念》，第 2 卷，第 490 – 491 页，目录 11。

[99] 尚未确认。

[100] 可见于尼科洛·比利（Niccolò Billy）所作的一幅版画，上面写着 "MICHAEL ANGE-LUS CAUSEUS DE LA CHAUSSE PARISIENSIS"【梅泽蒂（1955 年），第 296 页，图片 52】。米歇尔 - 昂热·德·拉肖斯（Michel-Ange de la Chausse，约 1655—1724 年）是一名活跃在罗马的法国古物研究者，他和贝洛里一起合写了第二版《罗马洞穴及纳索尼墓地的古代绘画》（ *Le pitture antiche delle grotte di Roma e del sepolcro de'Nasoni* ），罗马，1706 年【第一版是贝洛里（1680 年）】。

[101] 布里甘蒂藏品，罗马【《美的理念》，第 2 卷，第 492 页，目录 13】。

[102] 尚未确认。

[103] 王后艾莱奥诺拉（曼图亚的艾莱奥诺拉·贡扎加）（Eleonora Gonzaga of Mantua），国王斐迪南三世（1630—1686 年）的妻子。

[104] 维也纳艺术史博物馆。

[105] 帕拉提那美术馆，皮蒂宫，佛罗伦萨。红衣主教切萨雷·巴罗尼奥（Cesare Baronio，1538—1607 年）是圣腓力·内里的追随者，也是《教会年鉴》（ *Annales ecclesiastici* ）的作者。

[106] 1676 年。

[107] 这件作品现在被放置在教堂右边耳堂的祭坛上，其设计者是彼得罗·达·科尔托纳。

[108] 奥维德：《变形记》，1，525 – 555。

[109] 各抄本和皮亚琴蒂尼版本没有区分这句话。鉴于这句话看上去与其他部分脱节，我们猜测它是贝洛里为了提醒自己而加上去的笔记。

[110] 比利时皇家艺术博物馆，布鲁塞尔。

[111] 路易·曼努埃尔·费南德兹·德·波托卡雷罗（Luís Manuel Fernández de Portocarrero，1625—1709 年）。

[112] 查理二世（1661—1700 年，1665 至 1700 年间在位）。

[113] 尚未确认。《冬与春》的构图可见于罗伯特·凡·奥德纳尔德（Robert van Aude-naerde，1663—1743 年）所作的一幅版画，现藏于巴黎国家图书馆。《夏与秋》的几幅构图草图现在分别在德文郡公爵藏品，查茨沃斯协议信托，查茨沃斯；杜塞尔多夫艺术博物馆；乌菲齐美术馆版画和素描馆，佛罗伦萨。

[114] 现藏于卡里尼亚诺圣母教堂（Santa Maria di Carignano），热那亚。

[115] 此处的"体液"（humor）指的是决定人的气质的四种血液类型，即多血质、黏液质、胆汁质和抑郁质。——译注

[116] 比克堡城堡（Bückeburg Castle），萨克森。

[117] 新教堂（瓦利切拉圣母教堂）的斯帕达礼拜堂由卡洛·拉伊纳尔迪设计（1611—1691 年）。

[118] 阿尔德拉诺·西博（Alderano Cybo，1613—1700 年）于 1644 年由英诺森十世封为红衣主教。西博礼拜堂由卡洛·丰塔纳（1634—1714 年）重新建造和装饰。

[119] 圣约翰·克里索斯托（Saint John Chrysostom，约 344—407 年）。

[120] 奎里纳勒山的圣安德烈教堂（Sant'Andrea al Quirinale）。这件作品的主题是波兰耶稣会教士斯坦尼斯拉斯·科斯特卡（Stanislas Kostka, 1550—1568 年）的幻见，他于 1670 年受祝福，1725 年封圣。

[121] 赞助人弗朗切斯科·蒙蒂奥尼是来自斯波莱托的银行家，死于 1716 年。这个礼拜堂由托马索·马太（Tommaso Mattei）设计，他是卡洛·丰塔纳的学生、圣路加学院成员。

[122] 贝内代托·奥代斯卡尔基（Benedetto Odescalchi）于 1676 年被选为教皇英诺森十一世。

[123] 奎里纳勒宫礼拜堂。

[124] 受过教皇祝福的印有复活节羔羊图案的蜡制圆章。

[125] 尚未确认。

[126] 即《圣体辩论》（*Disputa*）。

[127] 贝洛里去世 6 年后，马拉蒂在 1702 年 3 月至 1703 年 7 月期间修复了拉斐尔的壁画。

[128] 尚未确认。克雷申奇奥·奥诺弗里（Crescenzio Onofri, 1632—1698 年）是一名风景画家，画中人物通常由其他人负责。

[129] 尚未确认。

[130] 彼得罗·奥托博尼（Pietro Ottoboni, 1610—1691 年）于 1689 年被选为教皇亚历山大八世。

[131] 奎里纳勒宫。

[132] 肖尔纳公爵夏尔·德·阿尔贝·德·艾利（Charles d'Albert d'Ailly, duc de Chaulnes, 1625—1698 年），在克雷芒九世、克雷芒十世和亚历山大八世的教皇选举期间，路易十四曾派他作为大使造访罗马，以促进法国的利益。

[133] 尚未确认。教皇侄子彼得罗·奥托博尼（1667—1740 年）于 1689 年被封为红衣主教，是当时罗马最活跃的赞助人之一。

[134] 尚未确认。侯爵尼科洛·马里亚·帕拉维奇尼（Nicolò Maria Pallavicini, 1650—1714 年）是罗马的重要收藏家，也是马拉蒂的密友，向马拉蒂委托了 18 件作品。

[135] 科尔索圣查理教堂由奥诺里奥·隆吉（Onorio Longhi）设计，于 1612 年开工，约 1680 年完工。

[136] 红衣主教路易吉·亚历山德罗·奥莫德（1608—1685 年）是罗马伦巴第兄弟会（Confraternity of Lombards）的红衣主教保护人，也是重要的艺术赞助人。

[137] 圣查理·波罗米奥（1538—1584 年），米兰大主教，于 1610 年封圣。

[138] 这幅祭坛画的草图模板现藏于科尔索圣查理教堂的伦巴第兄弟会，罗马。《美的理念》，第 2 卷，第 472 - 473 页，目录 18。

[139] 即深红色。

[140] "查理"（Charles）在意大利语里即为"卡洛"（Carlo）。——译注

[141] 从希俄斯岛采集的一种大理石，之所以起这个名字，是因为这种大理石被用于圣彼得大教堂圣门的侧壁【参见博尔基尼（Borghini, 1989 年），第 285 - 286 页】。

[142] 红衣主教奥莫德死于 1685 年。

［143］无忧宫画廊，普鲁士宫殿及园林基金会，柏林－勃兰登堡州，波茨坦。

［144］从画面外观者的位置来说，贝洛里说的"左侧"其实是右侧。同样的，下文的"右侧"实为左侧。——译注

［145］英诺森十二世（1615—1700 年，于 1691 年被选为教皇）。

［146］这个别墅在二战时被毁。

［147］即梵蒂冈宫拉斐尔厅的《雅典学院》等壁画。

［148］术语"雕塑般的"（statuino）由马尔瓦西亚提出，用来谴责拉斐尔和阿尼巴勒·卡拉奇的风格枯燥无味、毫无感情，因为他们的风格以古希腊及罗马雕塑为基础，而不是对自然的观察。在批评阿尼巴勒待在罗马而不是回到家乡博洛尼亚时，马尔瓦西亚说阿尼巴勒如此艰苦地在法尔内塞宫长廊工作，以至于它"极大地限制了他在自然上的才能，所以他也堕落成雕塑般的风格"【马尔瓦西亚（1841 年），第 1 卷，第 346 页】。卢多维科后来去了罗马，他意识到"雕塑般的绘画方式完全不符合他的自然本性"（第 264 页）。阿尼巴勒自己在 1580 年 4 月 18 日写给卢多维科的信中说，拉斐尔的《圣塞西利亚的幻见》（博洛尼亚国家美术馆）"曾经对我而言是个奇迹，现在就像是木头雕出来的，坚硬又锋利"【马尔瓦西亚（1841 年），第 1 卷，第 269 页；译文见萨默斯凯尔（2000 年），第 96 页】。为了反驳马尔瓦西亚、为拉斐尔辩护，西班牙教士维森特·维多利亚（1658—1712 年）——在意大利也被称作温琴佐·维多利亚（Vincenzo Vittoria）——认为"雕塑不是雕塑般的样式主义（maniera statuina）的原因，作者（马尔瓦西亚）批评雕塑枯燥无味、毫无感情；相反，雕塑将艺术家脑中最优美的理念和绘画中最好的东西展现了出来"【维多利亚（1703 年），第 34 页】。

［149］博斯基尼（Boschini，1960 年），第 58 页。这里的肖像画家指的是迭戈·委拉斯凯兹（1599—1660 年），他在 1629 至 1631、1649 至 1651 年间待在意大利。贝洛里称他为肖像画家是带有不屑之情的，因为在 17 世纪，肖像画被认为低于叙事画（也可参见注释 97）。

［150］即拉斐尔。

［151］堂·加斯帕·德·哈洛·古兹曼（Don Gaspar de Haro y Guzmán），在意大利被称为卡皮奥侯爵（Marquis del Carpio）。他于 1677 年担任驻罗马教廷的西班牙大使，先后在罗马和那不勒斯作为重要的赞助人和收藏家。他从 1682 年开始任那不勒斯总督，直到 1687 年去世。

［152］德文郡公爵藏品，查茨沃斯协议信托，查茨沃斯。《美的理念》，第 2 卷，第 483 页，目录 1。

［153］公元前 1 世纪的雅典雕塑家格里肯（参见 G. K. 纳格勒：《新版艺术家大辞典》，第 15 卷，慕尼黑，1837 年，第 243 页），他的名字被刻在《法尔内塞宫的赫拉克勒斯》（那不勒斯国家考古博物馆）的大棒上。格里肯依照原件制作了一个临摹品，佛罗伦萨皮蒂宫另一个临摹品上的铭文表明，原作者是公元前 4 世纪的古希腊雕塑家利西波斯。

［154］公元前 1 世纪的古希腊雕塑家，他的名字被刻在《美第奇的维纳斯》的底座上，这个雕像现藏于佛罗伦萨的乌菲齐美术馆，是依据公元前 4 世纪古希腊雕塑家普拉克西特

利斯圈内的一个雕像所作的临摹品。

[155] 比奥－克莱孟博物馆，梵蒂冈博物馆。

[156] 贝洛里不止一次表示过对米开朗琪罗的异议。在《致读者》中，他认为米开朗琪罗的雕像"比不上古代雕塑"。在《阿尼巴勒·卡拉奇传》中，他声称阿尼巴勒的优点"是米开朗琪罗不具备的，他实际上缺乏创造力"；在《迪凯努瓦传》中，贝洛里指责米开朗琪罗把丘比特制作得"像赫拉克勒斯一样肌肉发达，毫无柔软可言"，批评他"并没有使雕塑达到极致，仅仅完善了轮廓，这只会使我们更加在意那些不足的方面，而不是将他奉为典范"。贝洛里将贝尔维德尔宫的躯干雕像（比奥－克莱孟博物馆，梵蒂冈博物馆）认作赫拉克勒斯是纯粹的猜测。

[157] 多梅尼基诺在写给安杰洛尼的第四封信中表述过类似的绘画观点。

[158] 小斐洛斯特拉托斯：《名画记》，1，导论【斐洛斯特拉托斯（1931 年），第 3 页】。贝洛里可能从尤尼乌斯（1637 年），第 50 页借用了这句话。

[159] 这里引用的典故是鞋匠正确地指出阿佩莱斯作品中鞋子的错误，但接着越界批评解剖方面（普林尼：《自然史》，35，36）。

[160] 瑞典女王克里斯蒂娜的 1652 年藏品目录列了 4 件科雷乔的作品。女王逝于 1689 年，她的藏品都转给了红衣主教德乔·阿佐里尼，这一年的藏品目录列了 12 件科雷乔的作品，包括其他人的几幅临摹作。

[161] 马尔瓦西亚（1841 年），第 1 卷，第 270 页。

[162] 参见注释 148。

[163] "乌尔比诺的陶工"一说出自马尔瓦西亚，他在《费尔西纳画家传》（*Felsina pittrice*）初版的几份抄本中以此批评拉斐尔："除了（梵蒂冈宫拉斐尔厅壁画包含的）如此杰出和高贵的观念，还有什么能进入乌尔比诺的陶工那浅薄的思想。"【马尔瓦西亚（1841 年），第 1 卷，第 337 页，注释 1】马尔瓦西亚在终版里把后半句改成"如伟大的拉斐尔般博学多才的思想"【译文见萨默斯凯尔（2000 年），第 273 页，注释 434】。关于"陶工"这个词，贝洛里用的是 vasaio，马尔瓦西亚用的是 boccalaio。

[164] 朱塞佩·盖齐（Giuseppe Ghezzi），画家和版画家（1634—1721 年）。

[165] 这两幅素描都尚未确认。

[166] 马拉蒂的藏品包括大约 2000 幅素描，这些素描在 1773 年经由安德里亚·普罗卡奇尼（Andrea Procaccini）——他是马拉蒂的学生，担任西班牙国王腓力五世的宫廷画师——传给马德里的圣费尔南多学院。

[167] 尚未确认。

[168] 尼古拉·多利尼（Nicolas Dorigny，1658—1746 年）所作的版画，《手绘素描》（*Handzeichnungen*，1967 年），第 151 页，图片 20。罗通达神庙指的是万神殿。圣地的圣约瑟协会（Compagnia di San Giovanni di Terrasanta），也被称作万神殿艺术家协会（Congregazione dei Virtuosi al Pantheon），是 1542 年由艺术家和建筑师们成立的罗马协会，其集会地点和献给圣地的圣约瑟的礼拜堂都在万神殿。【这个协会如今是万神殿艺术家及学者高等教皇学院（Pontificia Insigne Accademia di Belle Arti e Lettere dei Virtuosi al Pantheon）】

[169] 尚未确认。

[170] "没有实施的圣母与天使们的大型圣母升天图，为其所作的草图"列在弗朗切斯科·拉斯潘蒂诺的藏品目录中【贝托罗蒂（1886 年），第 170 页】。关于拉斯潘蒂诺，参见注释 173。这幅草图现已不存。

[171] 所在不明。这件作品的构图可见于阿尼巴勒·卡拉奇所作的一些素描，这些素描现在分别在德文郡公爵藏品，查茨沃斯协议信托，查茨沃斯；温莎堡皇家图书馆。

[172] 马尔凯国家美术馆，乌尔比诺。

[173] 画家及版画家弗朗切斯科·拉斯潘蒂诺【帕塞里（1934 年），第 65 页称他为阿西西的弗朗切斯科·拉斯潘蒂诺】，1637 至 1664 年间活跃在罗马，是多梅尼基诺的助手和继承人。他的素描藏品目录出版于贝托罗蒂（1886 年），第 169－176 页。

[174] 尚未确认。

[175] 贝洛里的描述符合被归到卢多维科名下的 3 件小幅铜版画，一件曾藏于马蒂森美术馆（Matthiesen Fine Art），伦敦；另外两件是私人收藏，布罗吉（Brogi）认为这两件是马蒂森美术馆版本的临摹作【布罗吉（2001 年），第 202－204 页，目录 90－92，图片 192－194】。

[176] 普拉多博物馆，马德里。这两件作品是收藏于帕尔玛国家美术馆的《圣普拉希德与圣普莱维娅的殉教》（*Martyrdom of Saint Placidus and Saint Flavia*）和《圣母怜子》的临摹作。这两件作品是科雷乔为帕尔玛的福音传道者圣约翰教堂（San Giovanni Evangelista）良善礼拜堂（Del Bono Chapel）而作。贝洛里将前者称为"圣普拉希德的殉教"的说法和雷斯塔（Resta, 1958 年），第 35 页一致，后者也简单地将其称为"圣普拉希德的殉教"。

[177] 已遗失。

[178] 参见加利（Galli, 1927、1928 年）。

[179] 《巴尔奇图集》（1987 年），第 29－39 页，第 7 条。

[180] 《巴尔奇图集》（1987 年），第 34 页，第 11 条。

[181] 临摹自艾略多罗室（Stanza d'Eliodoro）的《赫利奥多罗斯被逐出圣殿》（*Expulsion of Heliodorus from the Temple*）。《巴尔奇图集》（1987 年），第 35 页，第 13 条。《美的理念》，第 2 卷，第 400－401 页，目录 3。

[182] 《巴尔奇图集》（1987 年），第 24 页，第 1 条。

[183] 《巴尔奇图集》（1987 年），第 25 页，第 2 条。

[184] 《巴尔奇图集》（1987 年），第 26 页，第 3 条。《美的理念》，第 2 卷，第 460－461 页，目录 4。

[185] 《巴尔奇图集》（1987 年），第 30 页，第 8 条。

[186] 《巴尔奇图集》（1987 年），第 27 页，第 4 条。

[187] 马拉蒂制作过两幅这个主题的蚀刻版画【《巴尔奇图集》（1987 年），第 28 页，第 5 条；第 38 页，第 15 条】。

[188] 《巴尔奇图集》（1987 年），第 31 页，第 9 条。

[189]《巴尔奇图集》（1987 年），第 29 页，第 6 条。

[190]《巴尔奇图集》（1987 年），第 33 页，第 10 条。

[191] 这个雕像群记录在卢多维西的 1623 年藏品目录中，被卖给卡米洛·马西莫。克里斯
　　　蒂娜女王于 1678 年从马西莫那里将其买下，现藏于普拉多博物馆，马德里。

[192] 德乔·阿佐里尼（1623—1689 年），瑞典女王克里斯蒂娜的顾问和继承人。

[193]《美的理念》，第 2 卷，第 478－489 页，目录 25。保罗·纳蒂尼所作的半身像于 1820
　　　年被移到卡比托利欧雕像厅（Protomoteca Capitolina），罗马。关于彼得罗·本博（Pi-
　　　etro Bembo）所作的拉斐尔墓碑上的"旧铭文"，以及对其构成、背景和变体的讨论，
　　　参见希尔曼（Shearman，2003 年），第 1 卷，第 640－647 页。

[194]《美的理念》，第 2 卷，第 478－479 页，目录 29。保罗·纳蒂尼所作的半身像现藏于
　　　卡比托利欧雕像厅。

[195] 关于万神殿里纪念拉斐尔和阿尼巴勒的半身像和铭文，参见瓦兹宾斯基（1988 年）
　　　和斯巴蒂（2001 年），第 79－83、98 页。蒙塔纳里（Montanari，2002 年），第 321
　　　页，注释 30 引用了贝洛里的朋友斯特凡诺·奇普里亚尼（Stefano Cipriani）在 1674 年
　　　7 月 14 日写给红衣主教莱奥波尔多·德·美第奇的一封信，信中说拉斐尔和阿尼巴
　　　勒·卡拉奇半身像旁边拉丁文铭文的作者是"乔凡尼·彼得罗·贝洛里阁下"。

[196] 即路易十四。

[197] 乌菲齐美术馆，佛罗伦萨。《美的理念》，第 2 卷，第 491－492 页，目录 12。大公科
　　　西莫三世·德·美第奇在 1670 至 1723 年间统治佛罗伦萨。

[198] 这两个吊坠都尚未确认。约翰三世，即约翰·索别斯基（John Sobieski），于 1638 年
　　　从土耳其人的围攻中解救了维也纳。

[199] 所在不明。相关的一幅素描现藏于安波罗修美术馆（Pinacoteca Ambrosiana），米兰。

[200] 让－夏尔－弗朗索瓦·谢龙（Jean-Charles-François Chéron，1635—1698 年）。

[201] 尚未确认。依据这个圆章制成的版画可见于《17 世纪著名画家们的肖像画》，罗马，
　　　1731 年中的《马拉蒂传》第 1 页。

[202] 保罗·萨维利（Paolo Savelli，死于 1685 年），于 1664 年由亚历山大七世封为红衣
　　　主教。

[203] 尚未确认。

[204] 爱尔兰国家美术馆，都柏林。

[205] 所在不明。

[206] 这两件作品都尚未确认。关于卡皮奥侯爵，参见注释 151。

[207] 尚未确认。

[208] 尚未确认。

[209] 德文郡公爵藏品，查茨沃斯协议信托，查茨沃斯，德比郡。风景画家加斯帕·杜盖是
　　　尼古拉·普桑的妻弟（参见《普桑传》，注释 96、147）。

[210] 所在不明【可见于鲁道夫（Rudolph，1995 年），第 61 页，图片 10】。一幅临摹作现
　　　藏于巴伐利亚国家绘画收藏馆，施莱斯海姆。

[211] 参见注释68－73。

[212] 布西里·维奇（Busiri Vici）藏品，罗马。

[213] 尚未确认。

[214] 圣路加学院，罗马。《美的理念》，第2卷，第474－475页，目录20。

[215] 可见于吉罗拉莫·费罗尼（Girolamo Ferroni, 1687—1730年）临摹的一幅版画。

[216] 尚未确认。

[217] 阿姆斯特丹国家博物馆。

[218] 尚未确认。

[219] 罗索宫市政画廊，热那亚。这件作品的右下角写着年份1680，马拉蒂在那一年寻求学生尼科洛·贝雷托尼（Niccolò Berrettoni, 1637—1682年）的帮助，鲁道夫【鲁道夫（1995年），第195页，注释91】认为贝雷托尼负责画天使们和圣约瑟的头部。

[220] 黑兹利特、谷登及福克斯画廊（Property of Hazlitt, Gooden and Fox），伦敦。《美的理念》，第2卷，第473－474页，目录19。

[221] 尚未确认。

[222] 这两件作品都所在不明。

[223] 尚未确认。

[224] 埃尔米塔什博物馆，圣彼得堡。只有那个女性人像是马拉蒂所作。水果静物出自克里斯蒂安·贝伦茨（Christian Berentz）之手。作品上有签名"克里斯蒂安·贝伦茨作，罗马，1689"（Christian Berentz fecit Roma 1689）【参见鲁道夫（1995年），第62页】。

[225] 参见注释118。

[226] 阿尔巴尼别墅，罗马。

[227] 尚未确认。一件这个主题的作品列于马拉蒂死后的作品目录【加利（1928年），第68页】。

[228] 英诺森十二世在1691至1700年间任教皇。

[229] 乔凡尼·弗朗切斯科·阿尔巴尼（Giovanni Francesco Albani, 死于1721年）于1690年被封为红衣主教，于1700年成为教皇克雷芒十一世。

[230] 根据曼奇尼（1956年），第1卷，第43页，西斯廷礼拜堂壁画的灰尘清理工作开始于1625年。

[231] 关于简报的精确抄本，参见雷迪格·德·坎波斯和比亚杰蒂（Redig de Campos and Biagetti, 1944年），第185－186页。

[232] 参见注释11。

[233] 也可参见贝洛里（1751年），第199－206页。

[234] 奎里纳勒宫。

[235] 梵蒂冈美术馆。

[236] 列支敦士登亲王藏品，瓦杜兹。

[237] 弗朗索瓦·瓦尔内坦（François Varnertam）或弗朗茨·维尔纳·冯·塔姆（Franz Werner von Tamm, 1658—1724年）。帕斯科利（1730—1736年），第2卷，第369－

371 页提到他和马拉蒂的合作。

[238] 蒙蒂奥尼宫的其中两个门头装饰现藏于罗浮宫博物馆，巴黎。另有一个现藏于阿尔贝蒂纳版画收藏馆，维也纳。还有一个现在是曼图亚的私人收藏。剩下两个尚未确认。关于罗浮宫博物馆的其中一个门头装饰，参见《美的理念》，第 2 卷，第 475 - 476 页，目录 21。

[239] 马拉蒂负责人像，弗朗茨·维尔纳·冯·塔姆负责鲜花静物（参见注释 237）。为尼科洛·马里亚·帕拉维奇尼创作的这 4 个门头装饰现藏于帕拉维奇尼 - 罗斯波里奥西宫的帕拉维奇尼画廊。这些门头装饰是尼科洛·马里亚为自己的住所帕拉维奇尼宫而委托的，列于帕拉维奇尼宫 1714 年藏品目录【鲁道夫（1995 年），第 220 页】，尼科洛·马里亚在这一年去世。帕拉维奇尼 - 罗斯波里奥西宫由西皮奥内·博尔盖塞（参见附录）在 1613 至 1617 年间建成，后续所有者在 17 世纪将其不断扩建，尼科洛·马里亚的堂妹玛丽亚·卡米拉·帕拉维奇尼·罗斯波里奥西（Maria Camilla Pallavicini Rospigliosi）于 1708 年继承了这个府邸。

[240]《克娄巴特拉》现藏于威尼斯宫国家博物馆，罗马。其中 4 幅尚未确认。《卢克雷蒂娅》可见于杜塞尔多夫艺术博物馆版画和素描收藏馆，以和温莎堡皇家图书馆的一些素描。《图蒂娅》可见于杜塞尔多夫艺术博物馆版画和素描收藏馆的一幅临摹自马拉蒂画作的素描。

[241] 圣丽塔玫瑰经协会（Company of the Most Holy Rosary of Saint Rita）。

[242] 圣齐塔祈祷室（Oratorio di Santa Zita），帕勒莫。

[243] 这件作品尚未确认。一幅最初草图现藏于柏林国家博物馆版画和素描收藏馆。《美的理念》，第 2 卷，第 447 - 448 页，目录 23。

术　语　表

度量单位

臂（braccio romano）：26.38 英寸或 67 厘米

仗（canna）：10 掌 = 7.33 英尺或 2.23 米

磅（libra）：罗马单位的磅 = 12 盎司或 330 克

分（minuto）：1 掌或 1 臂的 $\frac{1}{60}$

盎司（oncia）：1 掌的 $\frac{1}{12}$ = 0.73 英寸或 1.8 厘米

掌（palmo）：8.79 英寸或 22.3 厘米

足（piede romano）：$1\frac{1}{3}$ 掌 = 11.72 英寸或 29.7 厘米

货币单位

金斯库多（Roman scudo d'oro）：重 3391 克的金币

斯库多（scudo）：重 31788 克的银币

多匹亚（doppia）：重 6781 克的金币

术　语

情感（affetti）：艺术作品中的情感表现

面部神态（arie di testa）：字面意思是"面部神态"，指的是头部和面部的姿态和表情

干壁画技法（a secco）：在已经干燥的灰泥上作画

草拟图（bozzetto）：绘画或雕塑的最初草图或模型

骑士（cavaliere）：骑士（knight）或有身份的先生

仰视（dal sotto in su）：字面意思是"从下往上看"，指的是在顶部画作中以从下往上的视角描绘事物

设计（disegno）：作为绘画、雕塑和建筑艺术之基础的构思能力，因此设计类艺术指的是视觉艺术

单日灰泥区域（giornata）：严格来说指的是在一天时间内，一幅壁画中铺设好的灰泥区域，实际上一天之内可以准备好几个这样的灰泥区域

叙事性绘画（istoria）：艺术中的叙事画，可以是虚构故事，也可以是历史故事

样式主义（maniera）：样式主义（Mannerism）

草图模板（modello）：为绘画或雕塑准备的草图或模型

执政官（Podestà）：中世纪及后来的时期，意大利小镇每年选举出的地方执政官

错视（quadratura）：壁画装饰中画出来的建筑错视，强调透视法和短缩法

仿架上画（quadro riportato）：壁画装饰中画出来的架上画

火炬（torcia，torchio）：由两根或更多蜡烛绑在一起做成的细长蜡烛捆

附　录

1. 阿古奇，乔凡尼·巴蒂斯塔（Agucchi, Giovanni Battista）

乔凡尼·巴蒂斯塔·阿古奇（1570—1632 年）是高级教士、外交家和学者，也是家乡博洛尼亚的杰拉蒂学院的成员之一。他在 1596 至 1621 年间担任红衣主教彼得罗·阿尔多布兰迪尼的管家，1621 至 1623 年间担任教皇格列高利十五世的私人秘书。1623 年，教皇乌尔班八世任命他为罗马教廷驻威尼斯大使，他直到逝世一直担任这个职位。他最著名的一本书是《绘画专论》，本书片段于 1646 年由乔凡尼·安纳斯塔西奥·莫西尼（此为乔凡尼·安多尼奥·马萨尼的笔名，关于此人的生平，参见本附录）在罗马出版，西蒙·吉兰为阿尼巴勒·卡拉奇的作品制作过版画集，这个出版的片段就是作为此版画集的序言。阿古奇的《绘画专论》是与多梅尼基诺商榷而成的，阿尼巴勒·卡拉奇也可能参与其中。这本著作的重要性在于，它是关于卡拉奇兄弟，特别是阿尼巴勒的艺术最早的关键性论述，也是对古典主义艺术理论影响深远的阐释。据这本著作所说，艺术家应当遵循古典艺术的先例，挑选和改进自然中最美的部分，以构成他想象中完美的美的理念。《绘画专论》影响广泛，不仅在意大利，在贝洛里的《论理念》演讲中最显著，而且远及法国，在《论理念》出现的15 年前，阿古奇关于古典主义美学的阐释可见于亚伯拉罕·博斯的《论感觉》（*Sentimens*）【博斯（1649 年），第 32 - 33、96、99 页】。阿古奇的著作也是第一部关于意大利 16 和 17 世纪绘画的历史论著，它根据风格划分了罗马、威尼斯、伦巴第和托斯卡纳这些不同流派的绘画。

2. 阿尔巴尼，弗朗切斯科（Albani, Francesco）

弗朗切斯科·阿尔巴尼（1578—1660 年）以田园牧歌式的风景画和神话主题的小幅画作而闻名。他是博洛尼亚本地人，卡拉奇兄弟创办的启程者学院的学生，深受阿尼巴勒·卡拉奇的古典主义影响。1601 年秋天，他搬去罗马，与阿尼巴勒·卡拉奇、多梅尼基诺、兰弗朗科以及圭多·雷尼有过诸多合作。他于 1617 年返回博洛尼亚，完成了博洛尼亚家族的大幅祭坛画的委托，还为一位外国赞助人绘制了一些架上画。他是安德里亚·萨奇的老师。在 1630 年代，他开始写一本关于绘画中的古典主义美学的著作，其笔记在马尔瓦西亚为他写的传记中出版【马尔瓦西亚（1841 年），第 2 卷，第 143 – 197 页】。

3. 阿尔伯特，红衣主教大公（Albert, Cardinal Archduke）

红衣主教、奥地利大公阿尔伯特（1559—1621 年）是皇帝马克西米利安二世最小的儿子，西班牙国王腓力二世的外甥。他是罗马耶路撒冷圣十字教堂的大主教、托莱多的红衣主教、葡萄牙和西班牙总督。1599 年，他与腓力二世的女儿伊莎贝拉·克拉拉·尤金妮亚公主结婚，共治尼德兰天主教区，直到他于 1621 年去世。1609 年，阿尔伯特签署了《十二年休战协议》，使尼德兰在一段动荡岁月后恢复稳定。大公夫妇收藏了大量绘画，主要是尼德兰画家的作品。他们也是鲁本斯的赞助人，鲁本斯于 1609 年由意大利返回安特卫普后开始为他们服务。

4. 阿尔多布兰迪尼，彼得罗（Aldobrandini, Pietro）

彼得罗·阿尔多布兰迪尼（1572—1621 年）是克雷芒八世的侄子，于 1593 年被封为红衣主教。作为一个在罗马政界和艺术界颇有权势的人，他是骑士达·阿尔皮诺、费德里科·祖卡里、阿尼巴勒·卡拉奇、多梅尼基诺和圭多·雷尼的赞助人。在他主持的建筑工程中，为了修复特拉斯提弗列圣母教堂，他委托多梅尼基诺绘制了天顶。他还委托多梅尼基诺创作了《狄安娜的狩猎》（博尔盖塞美术馆），以及弗拉斯卡蒂的阿尔多布兰迪尼别墅阿波罗厅的壁画。他委托阿尼巴勒·卡拉奇及其学生绘制罗马的阿尔多布兰迪尼宫（现在的多利亚潘菲利宫）的扇形画，现仅存阿尼巴勒的《逃往埃及》。

5. 亚历山大七世（法比奥·基吉）【Alexander VII (Fabio Chigi)】

亚历山大七世（1599—1667 年）于 1652 年被封为红衣主教，1655 年被选为教皇。作为艺术与建筑的赞助人，他的目标是复兴古罗马的辉煌。为此，他委任吉安·洛伦佐·贝尔尼尼为他的专属雕塑家和罗马主要建筑项目的总建筑师。1656 年，他委托贝尔尼尼设计圣彼得大教堂前的纪念广场，以及教堂大祭坛后的圣彼得宝座。作为城市设计者，亚历山大七世清理并拉直了街道，使交通更便利。他建造了被宏伟建筑环绕的广场，例如南边是圣山圣母教堂和奇迹圣母教堂的人民广场。他的少数几件大型绘画委托包括奎里纳勒宫长廊里取自旧约和新约的画作，由彼得罗·达·科尔托纳和包括卡洛·马拉蒂在内的其他艺术家绘制。他还委托马拉蒂绘制长廊一端的基督诞生图，以及和平圣母教堂的圣母往见祭坛画，亚历山大将其视为城市复兴计划的一部分。

6. 安杰洛尼，弗朗切斯科（Angeloni, Francesco）

弗朗切斯科·安杰洛尼（1587—1652 年）是 17 世纪罗马的历史学家、古物研究者、收藏家、艺术界及文人圈名人。他是后来的教皇克雷芒八世伊波利托·阿尔多布兰迪尼的秘书，以及教皇的首席公证人。他拥有罗马最重要的收藏之一，他称之为安杰洛尼博物馆（Museo Angelonio），乔凡尼·巴蒂斯塔·费拉里（Giovan Battista Ferrari）称其为罗马博物馆（Musaeum Romanum）。其藏品包括 16 和 17 世纪的画作和素描（后者包含阿尼巴勒·卡拉奇为法尔内塞宫长廊画的素描），还有科学器具、自然奇珍、古物、罗马王室圆章。贝洛里似乎是他的后人，贝洛里至少从 21 岁起就住在他位于宾西亚丘陵的府上，他鼓励贝洛里从事文学和古物研究。他将遗产传给贝洛里，但他的两个兄弟不满于这个遗嘱，贝洛里只留下府邸和少量藏品。安杰洛尼是乔凡尼·巴蒂斯塔·阿古奇和普桑的密友，与多梅尼基诺保持多年的书信往来。他的《从尤利乌斯·恺撒到君士坦丁大帝的罗马史，配有古代圆章图绘》（*L'Historia Augusta da Giulio Cesare a Costantino il Magno illustrata con la verità delle antiche medaglie*）第二版是贝洛里编辑的【参见贝洛里（1985 年）】。

7. 巴贝里尼，安多尼奥（Barberini, Antonio）

安多尼奥·巴贝里尼（1607—1671 年）是教皇乌尔班八世最小的侄子，教皇于 1628 年封他为圣奥诺弗里奥的红衣主教。他在巴贝里尼宫收藏了大量绘画，记录在 1633 至 1672 年间的 5 份藏品目录中【参见拉文（1975 年），第 150 - 188、330 - 352 页】。他还委托制作了巴贝里尼宫导览手册（Aedes Barberinae ad Quirinalem）。在宫殿的剧场里，他上演了由贝尔尼尼、彼得罗·达·科尔托纳、安德里亚·萨奇和安德里亚·卡玛塞设计布景的歌剧。他是安德里亚·萨奇的主要赞助人，为其引荐了重要的教皇委托。萨奇也是他装饰巴贝里尼宫时的艺术顾问。萨奇在世界地图厅这个通往宫殿礼拜堂的会客厅的拱顶上绘制了神圣智慧寓意画。萨奇的学生卡洛·马拉蒂画过安多尼奥的肖像（参见《美的理念》，第 2 卷，第 463 - 465 页，目录 7）。

8. 巴贝里尼，弗朗切斯科（Barberini, Francesco）

弗朗切斯科·巴贝里尼（1597—1679 年）是乌尔班八世的侄子，于 1623 年被封为红衣主教，1632 年成为教皇的副大臣。他是科学和艺术领域的重要赞助人、圣路加学院的守护者，也是巴贝里尼宫文学院的建立者。他委托彼得罗·达·科尔托纳在巴贝里尼宫制作了展现君士坦丁生平故事的系列挂毯。1632 年，他委托科尔托纳在巴贝里尼宫大厅的天顶上绘制了壁画《神意的隐喻》。他在担任圣彼得大教堂管理会成员时，帮助彼得罗·达·科尔托纳、乔凡尼·兰弗朗科和安德里亚·萨奇拿到圣彼得大教堂的委托。他的绘画、雕塑和装饰艺术作品收藏列在 1623 至 1687 年间的 9 份藏品目录中【参见拉文（1975 年），第 71 - 203、218 - 263、352 - 362、422 - 424 页】。他是普桑的赞助人，委托普桑画了两个版本的《提图斯攻占耶路撒冷》（一个所在不明，另一个现藏于维也纳艺术史博物馆）。卡西亚诺·达尔·波佐在他的图书馆担任管理员，馆里收藏了莱昂纳多的笔记，以及马泰奥·扎克里尼关于透视法和色彩的一份手稿。

9. 博尔盖塞，西比奥内（卡法雷利）【Borghese, Scipione（Cafarelli）】

西比奥内·卡法雷利·博尔盖塞（1576？—1633 年）是教皇保罗五世的侄子，保罗鼓励他收集古典和现代的艺术作品，委任给他获利丰厚的职位，他利用收益为博尔盖塞家族在罗马乡村购置大片地产。1616 年，他开始在教皇划给他的卡拉卡拉浴场（Baths of Caracalla）地皮上修建一所花园宫殿（即现在的帕拉维奇尼－罗斯波里奥西宫）。宫殿旁边别墅的主大厅天顶上是圭多·雷尼所作的壁画《欧若拉》，圭多当时是红衣主教的家臣，在红衣主教的引荐下拿到重要的教皇委托。1612 年，西比奥内开始建造和装饰博尔盖塞别墅，将自己的绘画、古物和现代雕塑藏品都放在这里。

10. 卡拉奇，卢多维科（Carracci, Ludovico）

卢多维科·卡拉奇（1555—1619 年）是阿戈斯蒂诺·卡拉奇和阿尼巴勒·卡拉奇的堂兄，也是阿尼巴勒的第一位老师。他和两个堂弟于 1582 年在博洛尼亚创立了卡拉奇学院，他担任院长。从 1602 年 5 月 31 日到 7 月 13 日，资料显示他在此期间参与法尔内塞宫长廊拱顶的绘制工作。据马尔瓦西亚【（1841 年），第 1 卷，第 264 页】的记载，他在晚年的时候重回罗马。作为卡拉奇学院院长，他有很多学生，包括多梅尼基诺、弗朗切斯科·阿尔巴尼和圭多·雷尼。卢多维科师从博洛尼亚画家卡米洛·普罗卡奇尼，后来受到费德里科·巴罗奇、科雷乔，尤其是阿尼巴勒·卡拉奇的影响。从 1580 年代到 1590 年代初，他和两个堂弟一起绘制了博洛尼亚的法瓦宫和马尼亚尼宫的壁画，并且开始接受博洛尼亚名门望族的祭坛画委托。卢多维科于 1603 年 1 月 18 日在博洛尼亚死亡圣母医院教堂主持了阿戈斯蒂诺的葬礼，并参与葬礼的装饰工作。

11. 卡西亚诺·达尔·波佐（Cassiano dal Pozzo）

卡西亚诺·达尔·波佐（1588—1657 年）是学者和收藏家，乌尔班八世任教皇期间（1623—1644 年）是巴贝里尼家族的家臣（他是红衣主教弗朗切斯科·巴贝里尼的图书管理员），在罗马艺术界和文人圈是位颇有影响力的人物。他在比萨学习法律时，在大学及其植物园经由文人圈的熏陶，对艺术和科学产生兴趣，放弃法律职业，于 1612 年搬到罗马。他早年间沉浸于阅读古希腊和拉丁作家的著述，专注于古物研究。在 1625 年和 1626 年，他陪同红衣主教弗朗切斯科·巴贝里尼前往法国和西班牙执行任务。回到罗马后，他被选为佛罗伦萨文学院秕糠学院（Accademia della Crusca）成员。他委托普桑绘制古物的素描，拥有大概 50 幅普桑的画作，包括第一组《七圣事》。除了绘画收藏，他在基亚瓦里街（Via dei Chievari）的府邸里还收藏了圆章、古物素描和自然史标本，府上还有一个博物馆和一个古代及现代书籍的图书馆。卡西亚诺收藏素描是为了构建古代和自然世界的一部视觉百科全书，他称之为纸上博物馆（大部分藏品现位于温莎堡皇家图书馆）。随着乌尔班八世于 1644 年去世，红衣主教弗朗切斯科·巴贝里尼在 1646 至 1648 年间被驱逐到巴黎，卡西亚诺失去在教皇圈内的职位，但他于 1655 年法比奥·基吉被选为教皇亚历山大七世后恢复了职务。

12. 切萨里，朱塞佩（骑士达·阿尔皮诺）【Cesari, Giuseppe（Cavaliere d'Arpino）】

朱塞佩·切萨里·达·阿尔皮诺（1568—1640 年）由克雷芒八世封为基督骑士。他是样式主义风格的罗马画家和学者，受到拉斐尔、提香、科雷乔和米开朗琪罗影响。贝洛里批评他模仿其他艺术家的作品，而不是参照被美的理念改造后的自然。他是圣路加学院成员，1599 年和 1629 年被选为院长。1592 年，克雷芒八世·阿尔多布兰迪尼被选为教皇，他成为教皇的首席画家，也享有教皇侄子、红衣主教彼得罗·阿尔多布兰迪尼的偏爱。在克雷芒八世的委托下，他在卡比托利欧山的保守宫绘制了古罗马历史的系列壁画。教皇给他的重要委托是设计圣彼得大教堂圆顶的镶嵌画。1605 年，保罗五世·博尔盖塞逮捕了他，将他的绘画收藏充公。不过 5 年之后，教皇委托他绘制圣母大殿保罗礼拜堂的壁画。

13. 德·尚特卢先生，保罗·弗雷阿尔（Chantelou, Paul Fréart, Sieur de）

保罗·弗雷阿尔，德·尚特卢先生（1609？—1694 年）是他的表兄弗朗索瓦·撒布雷·德·诺瓦耶的秘书，诺瓦耶在 1638 至 1645 年间任皇家事务总管，1639 至 1640 年间将尚特卢派往意大利。尚特卢回国时也将普桑带去了巴黎，标志着一段友谊的开始，他们之间的书信往来一直持续到 1665 年普桑去世。贝尔尼尼 1665 年去法国为路易十四工作时，尚特卢是贝尔尼尼的向导和陪同。他在贝尔尼尼留法的 5 个月里写下的日记是非常珍贵的资料，记载了贝尔尼尼在巴黎的活动，以及贝尔尼尼关于艺术和建筑的观点。作为收藏家，尚特卢拥有依照阿尼巴勒·卡拉奇、多梅尼基诺和拉斐尔原作绘制的临摹作，还有普桑的原作，包括第二组《七圣事》。他还有莱昂纳多·达·芬奇《论绘画》的一份残缺抄本，普桑为其绘制了素描插图。

14. 克里斯蒂娜，瑞典女王（Christina, queen of Sweden）

克里斯蒂娜（1626—1689 年）是古斯塔夫一世（1496—1560 年）的曾孙女，古斯塔夫二世·阿道夫（1594—1632 年）的女儿和继承人。她受过人文主义教育，1632 至 1654 年间任瑞典女王。一年后，她转信天主教，永久定居罗马。她在罗马组建了自己的圈子，赞助之多可与教皇比肩。她拥有著名的绘画和圆章收藏，其中大部分来自 1648 年瑞典军队占领布拉格时掠夺的神圣罗马帝国皇帝鲁道夫二世的藏品。她在罗马进一步充实了收藏，在贝尔尼尼的建议下增添了意大利艺术家的作品，包括贝尔尼尼的一些雕塑。在 1676 年或 1677 年，贝洛里成为她的图书管理员和古物研究员。1695 年，贝洛里出版了关于她的圆章藏品的研究，作为弗朗切斯科·安杰洛尼《罗马史》第二版的附录【参见贝洛里（1685 年）】。她的图书馆和藏品都被安置于她的府邸即隆加拉街的利亚里奥宫，她于 1686 年在那里建立了一个雕塑学院。她去世之后，藏品最终被拆分。她的藏品起先赠给她的顾问、红衣主教德乔·阿佐里尼，他去世后，大部分藏品被他的侄子和后人卖给布拉恰诺公爵利维奥·奥代斯卡尔基。

15. 克雷芒八世（伊波利托·阿尔多布兰迪尼）【Clement VIII（Ippolito Aldobrandini）】

克雷芒八世（1536—1605 年）于 1585 年被封为红衣主教，1592 年被选为教皇。他之所以主持艺术和建筑工程，是为了将罗马打造成天主教的中心和古罗马荣光的继承者。他是乔凡尼·巴蒂斯塔·阿古奇和阿尼巴勒·卡拉奇的赞助人。为了准备 1600 大赦年，他修复了很多罗马的古代及现代教堂。他也启动了拉特兰圣约翰教堂和圣彼得大教堂的大规模装饰项目，完成了西斯克特五世开始的工程。他委托贾科莫·德拉·波尔塔在圣彼得大教堂建造一个新的大祭坛，让骑士达·阿尔皮诺设计穹顶的镶嵌画。骑士达·阿尔皮诺也负责拉特兰圣约翰教堂的装饰工程，他和助手们在耳堂绘制了君士坦丁生平的壁画。克雷芒监工了罗马乡村的桥梁和要塞建设，并且下令实施米开朗琪罗为卡比托利欧山的宫殿留下的设计图。克雷芒于 1595 年赦免法兰西国王亨利四世，后者于 1594 年转信天主教，教廷的政治和文化倾向随之变成亲法而不是亲西班牙，直到英诺森十世于 1644 年被选为教皇。

16. 德尔·蒙特，弗朗切斯科·马里亚（Del Monte, Francesco Maria）

弗朗切斯科·马里亚·波旁·德尔·蒙特（1549—1627 年）在乌尔比诺的德拉·洛韦雷宫廷接受教育。1581 年，他开始为红衣主教斐迪南多·德·美第奇工作，后者于 1588 年继任成为托斯卡纳大公，放弃自己的红衣主教之位，并劝说西斯克特五世将德尔·蒙特封为红衣主教。他的 1627 年玛德玛宫（Palazzo Madama）藏品目录中列了 16 和 17 世纪意大利名家的画作，包括骑士达·阿尔皮诺、卡拉瓦乔、阿尼巴勒·卡拉奇和圭多·雷尼的作品【参见弗罗梅尔（1971 年），第 30 – 59 页】。他在圣彼得大教堂管理会和圣路加学院担任要务。他是卡拉瓦乔的第一位赞助人，卡拉瓦乔从 1596 年或 1597 年开始，至少到 1600 年 11 月都住在玛德玛宫。他至少有卡拉瓦乔的 9 件作品，包括《乐师们》（大都会博物馆，纽约）、《鲁特琴演奏者》（私人收藏，纽约）、《亚历山大的圣凯瑟琳》（提森－波涅米萨博物馆，马德里）、《纸牌作弊者》（金贝尔艺术博物馆，沃斯堡）和《施洗约翰》（卡比托利欧美术馆，罗马）。他也委托卡拉瓦乔用一幅朱庇特、尼普顿和普鲁托的油画装饰自己在品奇阿纳城门边的别墅的天顶，这里现在是卢多维西别墅。1599 年，他为卡拉瓦乔争取到圣路易吉·迪·弗朗西斯教堂康塔雷利礼拜堂的《圣马太蒙召》和《圣马太的殉教》这两件作品的委托。他于 1620 年成为安德里亚·萨奇的赞助人，但他向萨奇委托的作品现已遗失或被毁。

17. 埃拉尔，夏尔（Errard, Charles）

夏尔·埃拉尔（约 1606/9—1689 年）是法国画家、建筑师和作家。他在 1627 至 1643 年间旅居罗马，与各路学者、艺术家、赞助人往来，包括尚特卢和贝洛里。他依照阿尼巴勒·卡拉奇的作品绘制临摹作，也为罗马古物绘制素描。1633 年，他被选为圣路加学院成员。他于 1643 年回到巴黎，1648 年成为绘画和雕塑皇家学院的创立者之一。他和罗兰·弗雷阿尔·德·尚布雷合作翻译了莱昂纳多·达·芬奇的《论绘画》，并设计了书中的插图，由其他人负责将其制成版画，法文版《论绘画》（*Traité de la peinture*）于 1651 年在巴黎出版。他生命的最后 20 年是在罗马度过的，他从 1666 年罗马的法兰西学院成立到 1684 年是学院主管，从 1672 年到 1678 年是圣路加学院院长。他为贝洛里 1672 年版《现代艺术家传》的出版拉到法国赞助，而且和贝洛里一起设计了插图。他依照科尔贝的盾徽为卷首版画绘制了一幅墨水素描（私人收藏，法国）（参见《美的理念》，第 2 卷，第 492 - 493 页，图片 14.1），可能还为书中的《论理念》和各个艺术家传记章节设计了配套的寓意版画，由法兰西学院的艺术家完成。1683 年，作为他的保护人的科尔贝去世后，他辞去了法兰西学院主管一职。

18. 法尔内塞，奥多阿尔多（Farnese, Odoardo）

奥多阿尔多·法尔内塞（1573—1626 年）出生于帕尔玛，是尼德兰南部地区总督、帕尔玛和皮亚琴察公爵亚历山德罗·法尔内塞之子。1580 年，他被派往罗马，接受古物研究者弗尔维奥·奥尔西尼指导。他于 1591 年由格列高利十四世封为红衣主教。在 1595 年 2 月写给其兄拉努奇奥的一封信中，他说他雇用了几个月前到罗马的卡拉奇兄弟为新建成的法尔内塞宫大厅绘制关于他们的父亲亚历山德罗·法尔内塞事迹的壁画。阿尼巴勒和阿戈斯蒂诺·卡拉奇确实于 1594 年秋去了罗马，但他们后来回了博洛尼亚。阿尼巴勒于 1595 年回到罗马，但大厅的壁画从未实施。红衣主教奥多阿尔多于 1597 年委托阿尼巴勒为书房和长廊绘制壁画。阿尼巴勒及其学生在 1598 至 1602 年间进行长廊和书房壁画的绘制工作，阿戈斯蒂诺在 1599 年 1 月至 4 月参与长廊拱顶壁画的绘制工作。红衣主教奥多阿尔多也向阿尼巴勒及其学生提出其他委托，包括阿尼巴勒的 5 幅画作，以及多梅尼基诺为朱利亚街对面的法尔内塞宫后面的花园敞廊或书房所作的 3 幅壁画。在阿尼巴勒的引荐下，红衣主教给了多梅尼基诺人生中第一个独立系列壁画的委托，即格罗塔斐拉塔修道院创建者礼拜堂的圣尼鲁斯生平壁画。

19. 斐迪南，红衣主教大公亲王（Ferdinand，Cardinal Infante Arch-duke）

红衣主教、奥地利大公斐迪南亲王（1609—1641 年）是西班牙国王腓力三世和奥地利的玛格丽特的第三个儿子、腓力四世的弟弟，1634 至 1641 年间任尼德兰天主教区总督。1633 至 1634 年间哈布斯堡王朝遭到瑞典军队袭击时，他参与了诺德林根战役（1634 年 9 月），奥地利和西班牙军队重挫瑞典军队。1635 年，他胜利进驻安特卫普，鲁本斯为此设计了装饰。1636 年，斐迪南任命鲁本斯为他的宫廷画师，并且负责监督鲁本斯为腓力四世绘制的神话主题系列作品。

20. 朱斯蒂尼亚尼，温琴佐（Giustiniani，Vincenzo）

温琴佐·朱斯蒂尼亚尼（1564—1637 年）是当时最开明的赞助人和收藏家之一，以书信的形式写下一系列关于绘画、雕塑和建筑等主题的论述。朱斯蒂尼亚尼宫的 1638 年藏品目录列了 16 世纪及当下艺术家的 500 多件画作，包括卡拉瓦乔的 15 件作品。朱斯蒂尼亚尼在他的绘画论述中将卡拉瓦乔视作和阿尼巴勒·卡拉奇、圭多·雷尼同等高度。1609 年，他委托弗朗切斯科·阿尔巴尼和多梅尼基诺为他位于苏特利的巴萨诺镇上的府邸绘制法厄同神话和狄安娜女神生平的壁画。他是克劳德·洛兰、彼得罗·泰斯塔（Pietro Testa）和普桑的赞助人，收藏古代和现代雕塑，包括弗朗索瓦·迪凯努瓦的青铜雕像《墨丘利》。有一卷记录他的藏品的版画集《朱斯蒂尼亚尼画廊》（*Galleria Giustiniani*）于 1631 年出版，约阿希姆·冯·桑德拉特（Joachim von Sandrart）暂居朱斯蒂尼亚尼宫时负责监督这个版画集的制作。

21. 英诺森十世（乔凡尼·巴蒂斯塔·潘菲利）【Innocent X（Giovanni Battista Pamphili）】

英诺森十世（1574—1655 年）于 1627 年被封为红衣主教，1644 年被选为教皇。他当选教皇后，教廷的政治和文化同盟从法国转向西班牙。1649 年春，英诺森迎接委拉斯凯兹，腓力四世派后者去罗马购买古代雕像铸件，以及委托艺术作品。委拉斯凯兹在罗马时为教皇绘制了肖像画（多利亚潘菲利美术馆）。他在罗马教廷遇见亚历山德罗·阿尔加迪，后者是英诺森偏爱的雕塑家。他委托阿尔加迪为王宫制作装饰性雕塑，包括 4 个炭架，其中两个在阿兰胡埃斯岛园的喷泉。1645 年，罗马议会委托阿尔加迪在保守宫创作一个教皇的青铜纪念雕像。英诺森主持的主要建筑工程是让弗朗切斯科·博罗米尼改造拉特兰圣约翰教堂，以及潘菲利宫所在的纳沃那广场，他打算将这个广场改建成罗马最宏伟的公共广场。1652 年，他委托拉伊纳尔迪重建广场西边的圣阿格尼丝教堂，次年博罗米尼接替了拉伊纳尔迪。在广场中间，贝尔尼尼建造了四河喷泉，喷泉中央矗立着从马克西姆赛车场运来的方尖碑。

22. 伊莎贝拉·克拉拉·尤金妮亚，大公夫人 (Isabella Clara Eugenia, Infanta Archduchess)

大公夫人伊莎贝拉·克拉拉·尤金妮亚公主（1566—1633 年）是西班牙国王腓力二世的女儿。1599 年，她嫁给大公奥地利的阿尔伯特，共治尼德兰天主教区，直到阿尔伯特于 1621 年去世。此后她担任总督，直到她也去世。鲁本斯自 1609 年回国后就为她工作，她于 1625 年委托鲁本斯为马德里的王室赤足女修道院设计了系列挂毯（仍在原处）。她也出现在红衣主教斐迪南亲王进驻安特卫普的装饰中。凡·戴克绘制了一幅她打扮成贫穷的克莱尔（她成为遗孀后就采用这个装扮）的肖像画，现藏于都灵的萨包达美术馆。

23. 马里诺，詹巴蒂斯塔 (Marino, Giambattista)

詹巴蒂斯塔·马里诺（1569—1625 年）是 16 世纪末到 17 世纪初最著名的意大利诗人。他在 1602 至 1609 年间是红衣主教彼得罗·阿尔多布兰迪尼的家臣，1615 至 1623 年间在王后玛丽·德·美第奇的邀请下前往巴黎。他在巴黎遇见普桑，委托后者为奥维德《变形记》绘制插图素描。普桑也为马里诺的史诗《阿多尼斯》（1622 年）绘制了插图。据贝洛里所说，马里诺本想让普桑和自己一起去罗马，但普桑当时无法离开。马里诺是《绘画》（*La Pittura*，都灵，1614 年）的作者，这本关于绘画的著作阐述了何为"设计"艺术，强调想象（fantasia）之为艺术创作的钥匙。他作为赞助人和收藏家的艺术品位及知识可见于《画廊》（威尼斯，1619 年），里面收录了 600 篇关于 16 和 17 世纪艺术家及其作品的诗歌。贝洛里所说的卡拉瓦乔为马里诺所作的肖像画尚未确认。

24．马萨尼，乔凡尼·安多尼奥（Massani, Giovanni Antonio）

高级教士乔凡尼·安多尼奥·马萨尼在 1632 至 1644 年间担任乌尔班八世的内务主管（maestro di casa）。他也是乔凡尼·巴蒂斯塔·阿古奇的秘书，继承了后者的手稿。1646 年，他以乔凡尼·安纳斯塔西奥·莫西尼这一假名出版了阿古奇《绘画专论》的片段，将其作为《阿尼巴勒·卡拉奇的 80 幅人像素描，西蒙·吉兰将其制作成蚀刻版画》的序言，这是西蒙·吉兰依据阿尼巴勒·卡拉奇为博洛尼亚工匠所作的素描而制作的蚀刻版画集。

25．马西莫，卡米洛（Massimo, Camillo）

卡米洛·马西莫（1620—1677 年）是古代及现代绘画的著名赞助人和收藏家，尤其是普桑和卡洛·马拉蒂的作品。他委托普桑绘制了《婴儿摩西踩在法老的王冠上》和《摩西将亚伦的手杖变成蛇》（均藏于罗浮宫博物馆，巴黎），还收购了普桑为乔凡尼·巴蒂斯塔·马里诺创作奥维德主题作品时的素描。1654 年，英诺森十世任命他为出访腓力四世的罗马教廷大使，但于 1665 年被召回，因为据说他在西班牙宫廷表现出反法情绪，而亚历山大七世希望和法国保持友好关系。回到罗马后，他全身心投入自己的收藏和图书馆。他是贝洛里一生的挚友，二人都对古代艺术抱有热情，贝洛里还将一份关于罗马铭文的研究献给了他【参见贝洛里（1673 年）】。他委托彼得罗·桑蒂·巴尔托利（1615—1700 年）依照罗马镶嵌画和画作制作版画。克雷芒十世·阿尔蒂里（1670 至 1676 年间任教皇）封他为红衣主教后，他协助贝洛里保护罗马遗产。他帮助卡洛·马拉蒂拿到教皇的家族府邸即位于耶稣广场的阿尔蒂里宫大厅的天顶壁画委托，其主题"宽厚的胜利"来自贝洛里的构想。

26．潘菲利，卡米洛（Pamphili, Camillo）

卡米洛·潘菲利亲王（1622—1666 年）是英诺森十世的侄子，1644 年被封为红衣主教。1647 年，他卸任红衣主教一职，和奥林匹娅·阿尔多布兰迪尼（1623—1681 年）结婚，让教皇很不满。他于 1651 年与教皇和解后，监督了纳沃那广场的圣阿格尼丝教堂的重建工程，这个工程由吉罗拉莫·拉伊纳尔迪和弗朗切斯科·博罗米尼负责。他在任红衣主教期间，委托亚历山德罗·阿尔加迪负责雅尼库鲁姆山的清新别墅（多利亚潘菲利别墅）的建造和装饰工程，设计内部的灰泥装饰。

27. 保罗五世（卡米洛·博尔盖塞）【Paul V（Camillo Borghese）】

保罗五世（1552—1621 年）于 1605 年被选为教皇。他主持的主要建筑项目是完善圣彼得大教堂，在布拉曼特和米开朗琪罗的希腊十字式设计的基础上，加上卡洛·马德诺（1556—1629 年）建造的立面和纵向中殿，并且为奎里纳勒宫加上两边侧翼，由弗拉米尼奥·蓬奇奥（1560？—1613 年）开始，由马德诺完成。1610 年，圭多·雷尼为奎里纳勒宫教皇私人的圣母领报礼拜堂绘制了圣母生平壁画。保罗也委托蓬奇奥设计了圣母大殿的保罗礼拜堂，作为他自己的家族和前任教皇克雷芒八世家族的葬礼礼拜堂。这个礼拜堂装饰着有色大理石、骑士达·阿尔皮诺和圭多·雷尼等当下画家的壁画，以及当下雕塑家的雕像和浮雕。1608 年，红衣主教西皮奥内·博尔盖塞为雷尼争取到委托，用参孙故事的 3 幅壁画装饰梵蒂冈宫保罗五世住所中阿尔多布兰迪尼婚礼厅（Sala delle Nozze Aldobrandini）的天顶，以及用《基督变容》、《基督升天》和《基督降临》这 3 件作品装饰贵妇厅（Sala delle Dame）的天顶。

28. 彼得罗·达·科尔托纳（彼得罗·贝雷蒂尼）【Pietro da Cortona（Pietro Berrettini）】

彼得罗·达·科尔托纳（1586—1669 年）是画家和建筑师，和吉安·洛伦佐·贝尔尼尼、弗朗切斯科·博罗米尼并称巴洛克盛期罗马最杰出的三位艺术家。1620 年代早期，他是卡西亚诺·达尔·波佐艺术圈的成员，为卡西亚诺的纸上博物馆绘制古物的素描（温莎堡皇家图书馆）。1632 年，红衣主教弗朗切斯科·巴贝里尼委托他为巴贝里尼宫大厅天顶绘制壁画《神意的隐喻》。他另一个重要的罗马壁画委托是装饰瓦利切拉圣母教堂的穹顶。他为圣彼得大教堂的圣餐礼拜堂、圣塞巴斯蒂安礼拜堂和圣母怜子礼拜堂的镶嵌画绘制了草图。1640 年代，他在佛罗伦萨皮蒂宫大公住所的天顶和温室厅（Sala della Stufa）四周墙壁上绘制了壁画。他接到的主要建筑委托有圣玛蒂娜和路加圣教堂、圣路加学院会客厅、拉塔街的圣母教堂（Santa Maria in Via Lata）以及和平圣母教堂，都在罗马。

29. 西斯克特五世（菲利斯·佩雷蒂）【Sixtus V（Felice Peretti）】

西斯克特五世（1520—1590 年）于 1585 年被选为教皇。他之所以赞助艺术，是因为他崇尚罗马是世间万物之中心这个传统理想。他一就任教皇，就立刻委托多梅尼科·丰塔纳和马泰奥·卡斯特利（Matteo Castelli，1525—1616年）重建亚历山大水渠（Acqua Alessandrina），为了纪念教皇，这个罗马水渠后来改名为菲利斯水渠。在水渠的尽头，丰塔纳和其兄乔凡尼（1540—1614年）一起设计了一个罗马凯旋门式的喷泉。新的供水系统使西斯克特能够改建整个罗马。在他的指示下，丰塔纳规划了笔直的城市大道网络，以连接罗马的主要教堂，大道两端有作为路标的方尖碑。1586年，丰塔纳将圣彼得大教堂南边的圣器收藏室旁边的一个方尖碑移到大教堂的立面之前。将这个方尖碑改为献给天主教之前，西斯克特对其做了驱邪仪式，在顶部安了十字架。为了彰显基督教对异教的胜利，西斯克特在图拉真柱和马可·奥勒留柱顶部放置了圣彼得和圣保罗雕像。他委托托马索·劳雷蒂（Tommaso Laureti，1530？—1602年）在梵蒂冈宫君士坦丁厅（Sala di Costantino）的天顶上绘制壁画《信仰的胜利》。在他的委托下，丰塔纳设计了拉特兰圣约翰教堂的赐福敞廊，指挥了圣母大殿西斯廷礼拜堂（或圣诞礼拜堂）的建造和装饰工程，并且建造了3个宫殿：一个新的拉特兰宫、奎里纳勒宫，以及横跨梵蒂冈宫贝尔维德尔庭院的用来安置梵蒂冈图书馆的一栋五层建筑。

30. 乌尔班八世（马菲奥·巴贝里尼）【Urban VIII（Maffeo Barberini）】

乌尔班八世（1568—1644年）于1606年由保罗五世封为红衣主教，1623年被选为教皇。他在职业生涯早期是出访亨利四世的教廷大使，一直很欣赏法国王室对艺术家和诗人们的赞助。他在罗马收藏绘画，相关记录可见于1608年和1623年的藏品目录【拉文（1975年），第64-71页】，他还拥有一个很重要的图书馆。他以马菲奥·巴贝里尼为名写了拉丁语、希腊语和托斯卡纳语的诗歌。他的《诗》（Poemata）【巴贝里尼（1620年）】中有一篇赞美圭多·雷尼的诗歌。作为教皇，他通过赞助艺术和建筑来彰显天主教会的荣光，为此他积极装饰刚完工的圣彼得大教堂的内部。他委托贝尔尼尼在祭坛上方建一顶华盖，设计他的墓碑，以及在四角墩柱开凿神龛，用来安置迪凯努瓦、安德里亚·博尔吉、弗朗切斯科·莫奇和贝尔尼尼自己制作的雕像。他修复了拉特兰洗礼堂，委托安德里亚·萨奇用关于施洗约翰生平的作品来装饰这个洗礼堂。萨奇也监督了卡洛·马拉蒂、安德里亚·卡玛塞等人在回廊墙壁上绘制的君士坦丁生平壁画。乌尔班在冈多菲堡（Castel Gandolfo）建了一处别墅，由卡洛·马德诺设计，那里至今仍是教皇的夏日避暑之地。

31. 祖卡里，费德里科（Zuccari, Federico）

费德里科·祖卡里（1540/42—1609 年）是样式主义画家，于 1593 年成立了罗马圣路加学院，将其作为比佛罗伦萨设计学院更革新的同类学院，他在 1565 年和 1575 至 1585 年间是佛罗伦萨设计学院成员。他写了《绘画、雕塑和建筑的理念》（*L'Idea de'pittori, scultori ed architetti*，都灵，1607 年）。贝洛里认为艺术家应当遵循古代艺术的榜样，选择自然里最美的部分，从而在自己的想象中形成完美的美的理念，而祖卡里信奉自圣托马斯·阿奎那《神学大全》（*Summa Theologicae*）而来的信念，认为艺术家的理念是上帝根植于他头脑中的。为了回应天特会议（Council of Trent，1543—1563 年）关于神圣图像的决议，他发展出一种反宗教改革的风格，强调传道的宗教内容，其典型代表是他在罗马的掌旗者圣露西教堂（Santa Lucia del Gonfalone）祈祷室所作的基督受难系列壁画。1561 年，他和费德里科·巴罗奇共同完成梵蒂冈花园里庇护四世别墅的壁画。他和其兄塔代奥（1529—1566 年）合作了各个宗教和世俗画委托，包括卡普拉罗拉的梵蒂冈宫皇室厅壁画。他在 1572 至 1584 年间担任万神殿艺术家协会的长期理事（Reggente perpetuo），这是个成立于 16 世纪中期的大型人文主义艺术家组织。

索　引

Aristotle：亚里士多德

Arno river：阿尔诺河

Arnolfo di Cambio：阿诺尔夫·迪·坎比奥

Arundel, Thomas Howard, earl of：阿伦德尔伯爵托马斯·霍华德

Ascoli Piceno：阿斯科利·皮切诺

Assisi：阿西西

Athens：雅典

Aubigny, Catherine Howard, duchess of：欧比尼公爵夫人凯瑟琳·霍华德

Augustus, emperor：皇帝奥古斯都

Azzolini, Decio, the elder, cardinal：红衣主教老德乔·阿佐里尼

Azzolini, Decio, the younger, cardinal：红衣主教小德乔·阿佐里尼

B

Badalocchio, Sisto：西斯托·巴答罗丘

Baglione, Giovanni：乔凡尼·巴格利奥尼

Baker, Thomas：托马斯·贝克

Balbi, Francesco Maria：弗朗切斯科·马里亚·巴尔比

Balbi, Giovanni Paolo：乔凡尼·保罗·巴尔比

Balbi family：巴尔比家族

Bandini, Ottavio, cardinal：红衣主教奥塔维奥·班迪尼

Baratta, Francesco：弗朗切斯科·巴拉塔

Baratta, Giovanni Maria：乔凡尼·马里亚·巴拉塔

Barberini, Antonio, the elder, cardinal：红衣主教老安多尼奥·巴贝里尼

Barberini, Antonio, the younger, cardinal：红衣主教小安多尼奥·巴贝里尼

Barberini, Carlo, cardinal：红衣主教卡洛·巴贝里尼

Barberini, Francesco, cardinal：红衣主教弗朗切斯科·巴贝里尼

Barberini, Maffeo, prince：亲王马菲奥·巴贝里尼

Barberini, Taddeo：塔代奥·巴贝里尼

Barberini family：巴贝里尼家族

Barbetti, Marsibilia：马西比利亚·巴尔贝蒂

Barocci, Ambrogio I：安布罗乔一世·巴罗奇

Barocci, Ambrogio II：安布罗乔二世·巴罗奇

Barocci, Ambrogio III：安布罗乔三世·巴罗奇

Barocci, Federico：费德里科·巴罗奇

Barocci, Giovanni Alberto：乔凡尼·阿尔伯托·巴罗奇

Barocci, Giovanni Battista：乔凡尼·巴蒂斯塔·巴罗奇

C

Calandra, Giovanni Battista：乔凡尼·巴蒂斯塔·卡兰德拉

Caligula, emperor：皇帝卡利古拉

Callimachus：卡利马科斯

Callistratus：卡利斯特拉托斯

Calvaert, Denys：丹尼斯·卡尔瓦特

Camassei, Andrea：安德里亚·卡玛塞

Camerano：卡梅拉诺

Camerino：卡梅里诺

Campi, Antonio：安多尼奥·坎皮

Campomorto：坎珀摩尔托

Canini, Giovanni Angelo：乔凡尼·安杰洛·卡尼尼

Cantarini, Simone：西蒙尼·坎塔里尼

Capponi, Ferrante：费兰特·卡波尼

Caprarola：卡普拉罗拉

Capucchi, Martino：马尔蒂诺·卡普奇

Caracciolo, Giovanni Battista：乔凡尼·巴蒂斯塔·卡拉奇奥罗

Caravaggio, Michelangelo Merisi da：米开朗琪罗·梅里西·达·卡拉瓦乔

Carducchi, Domenico：多梅尼科·卡尔杜齐

Carpio, Gaspar de Haro y Guzmán, marquis del：卡皮奥侯爵加斯帕·德·哈洛·古兹曼

Carracci, Agostino：阿戈斯蒂诺·卡拉奇

Carracci, Annibale：阿尼巴勒·卡拉奇

Carracci, Antonio, the elder：老安多尼奥·卡拉奇

Carracci, Antonio, the younger：小安多尼奥·卡拉奇

Carracci, Ludovico：卢多维科·卡拉奇

Cartari, Vincenzo：温琴佐·卡尔塔里

Casanate, Girolamo, cardinal：红衣主教吉罗拉莫·卡萨纳特

Castel Rodrigo, Manuel de Moura y Corte Real, marquis of：卡斯特·罗德里戈侯爵，曼努埃尔·德·莫拉·科尔特·雷亚尔

Castelli, Domenico：多梅尼科·卡斯特利

Castello, Bernardo：贝尔纳多·卡斯特罗

Castelvetro, Ludovico：卢多维科·卡斯特尔维特罗

Castiglione, Baldassare：巴尔达萨雷·卡斯蒂利奥尼

Castile, kings of：卡斯提尔国王

Castro, Francisco de：弗朗西斯科·德·卡斯特罗

D

Dal Pozzo, Amadeo：阿马德奥·达尔·波佐

Dal Pozzo, Carlo Antonio：卡洛·安多尼奥·达尔·波佐

Dal Pozzo, Cassiano：卡西亚诺·达尔·波佐

Dante：但丁

Danube river：多瑙河

Dati, Carlo Roberto：卡洛·罗伯托·达蒂

De Franchis family：德·弗朗西斯家族

Del Monte, Francesco Maria, cardinal：红衣主教弗朗切斯科·马里亚·德尔·蒙特

Della Marca, Giovan Battista：乔凡尼·巴蒂斯塔·德拉·马卡

Della Porta, Giacomo：贾科莫·德拉·波尔塔

Della Porta, Giovanni Battista：乔凡尼·巴蒂斯塔·德拉·波尔塔

Della Rovere, Francesco Maria II, duke of Urbino：乌尔比诺公爵弗朗切斯科·马里亚二世·德拉·洛韦雷

Della Rovere, Giuliano：朱利亚诺·德拉·洛韦雷

Della Rovere, Giulio, cardinal：红衣主教朱里奥·德拉·洛韦雷

Della Rovere, Guidobaldo II, duke of Urbino：乌尔比诺公爵圭多巴尔多二世·德拉·洛韦雷

Della Rovere, Ippolito：伊波利托·德拉·洛韦雷

Della Rovere, Lavinia, marchesa del Vasto：瓦斯托侯爵夫人拉维妮娅·德拉·洛韦雷

Demetrius：德米特里

Democritus：德谟克利特

Demosthenes：德摩斯梯尼

Dempsey, Charles：查理·德姆西

De Piles, Roger：罗杰·德·皮莱

De'Rossi, Giovanni Giacomo：乔凡尼·贾科莫·德·罗西

De Vecchi, Giovanni：乔凡尼·德·韦基

Descartes, René：勒内·笛卡尔

Digby, Kenelm：肯内姆·迪格比

Dionysius：狄奥尼修斯

Domenichino：多梅尼基诺

Donatello：多纳泰罗

Doni, Giovanni Battista：乔凡尼·巴蒂斯塔·多尼

Doria, Giovanni, cardinal：红衣主教乔凡尼·多利亚

Dorigny, Nicolas：尼古拉·多利尼

Du Fresnoy, Charles-Alphonse：查理-阿方索·迪·弗雷努瓦

W

X

Z

参考文献

Aglionby, W., *Painting illustrated in three diallogues*, London, 1685.

Alberti, L. B., *On Painting and on Sculpture*, trans. C. Grayson, London, 1972.

Albertini, F., *Opusculum de mirabilibus novae et veteris urbis Romae*, Rome, 1510.

Alpers, S., *The Decorations of the Torre de la Parada*, Corpus Rubenianum, IX, Brussels, 1971.

Anderson, J., "The Sala di Agostino Carracci in the Palazzo del Giardino," *The Art Bulletin*, LII, 1970, pp. 41 – 48.

Aschengreen-Piacenti, K., *Il Museo degli Argenti a Firenze*, Milan, 1968.

Baglione, G., *Le nove chiese di Roma*, Rome, 1639.

    Le vite de' pittori, scultori et architetti : dal pontificato di Gregorio XIII del 1572 in fino a' tempi di papa Urbano Ottavo nel 1642, Rome, 1642.

    Le vite de' pittori, scultori et architetti; dal pontificato di Gregorio XIII del 1572 in fino a' tempi di papa Urbano Ottavo nel 1642, Rome, 1642, ed. V. Mariani, Rome, 1935.

    Le vite de' pittori, scultori et architetti : dal pontificato de Gregorio XIII del 1572 in fino a' tempi di Urbano Ottavo nel 1642, Rome, 1642, ed. J. Hess and H. Röttgen, Vatican City, 1995.

Baldinucci, F., *Vita del cavaliere Gio. Lorenzo Bernini*, Rome, 1682.

Barberini, M., *Poemata*, Paris, 1620.

Barbieri, P., "La 'Scambuca Linea' di Fabio Colonna e il 'Trecembalo' di Scipione Stella, con notizie sugli strumenti enarmonici del Domenichino," *La musica a Napoli durante il seicento*, Rome, 1987, pp. 209 – 216.

Barocchi, P., "Gli strumenti di Bellori," *L'Idea del Bello*, I, Rome, 2000, pp. 55 – 71.

    "Il bibliotecario Antonio Magliabecchi, Leopoldo de' Medici, Bellori e Montfaucon," *Ad Alessandro Conti* (1946 – 1994), Pisa, 1996, pp. 171 – 220.

Barrionuevo, G., *Panegyricus Hispanis Marchionis Casani*, Naples, 1616.

Bartoli, P. S., and G. P. Bellori, *Gli antichi sepolcri overo mausolei romani et etruschi trovati in Roma et in altri luoghi celebri nelli quali si contengono molte erudite memorie*, Rome, 1697.

Bartsch, A., *Le peintre graveur*, XVIII – XIX, Vienna, 1818, ed. Würzburg, 1920.

Battisti, E., "Il Bellori come critico," Bellori, G. P., *Le vite de' pittori, scultori e architetti moderni* [1672], Genoa, 1967, pp. VII – XXX.

Baudi di Vesme, A., *L'arte in Piemonte dal XVI al XVIII secolo*, I, Turin, 1963.

Bell, J. C. "Cassiano dal Pozzo's Copy of the Zaccolini Manuscripts," *Journal of the Warburg and Courtauld Institutes*, LI, 1988, pp. 103 – 140.

"Introduction," *Art History in the Age of Bellori. Scholarship and Cultural Politics in Seventeenth-Century Rome*, Cambridge and New York, 2002, pp. 1 – 52.

Bellori, G. P., *Nota delli musei, librerie, galerie, et ornamenti di statue e pitture, ne' palazzi, nelle case, e ne' giardini di Roma*, Rome, 1664.

Le vite de' pittori, scultori e architetti moderni, Rome, 1672.

Le vite de' pittori, scultori e architetti moderni, Rome, 1672, ed. E. Borea, Turin, 1976.

Fragmenta vestigii veteris Romae ex lapidibus Farnesianis nunc primum in lucem edita cum notis Jo. Petri Bellorii ad Eminentiss. ac Reverendiss. Camillum Maximum S. R. E. Cardinalem, Rome, 1673 [1673a].

Colonna Traiana eretta dal Senato e Popolo Romano all'Imperadore Traiano Augusto nel suo Foro in Roma, scolpita con l'historie della guerra dacica la prima e la seconda espedizione a vittoria contro il re Decebalo, nuovamente disegnata et intagliata da Pietro Santi Bartoli con l'espositione latina d'Alfonso Ciaccone, compendiata nella vulgare lingua sotto ciascuna imagine, accresciuta di medaglie, inscrittioni e trofei da Gio. Pietro Bellori, Rome, n. d. [1673b].

Imagines Veteris ac Novi Testamenti a Raphaele Sanctio Urbinate in Vaticani Palatii xystiis mira picturae elegantia expressae, Rome, 1675.

Selecti nummi duo Antoniniani, quorum primus Anni Novi auspicia, alter Commodum ad Annium Verum Caesares exhibet ex Bibliotheca Eminentissimi Principis Camilli Cardinalis Maximi, Rome, 1676.

Galeriae Farnesianae Icones Romae in aedibus Sereniss. Ducis Parmensis ab Annibale Carroccio ad veterum aemulationem posterorumque admirationem coloribus expressae cum ipsarum monocromatibus et ornamentis a Petro Aquila delineatae incisae. Rome, n. d. [1677a].

Imagines Farnesiani cubiculi cum ipsarum monocromatibus et ornamentis Romae in aedibus Serenissimi Ducis Parmensis ab Annibale Carraccio aeternitati pictae a Petro Aquila delineatae incisae, Rome, n. d. [1677b].

Columna Antoniniana Marci Aureli Antonini Augusti rebus gestis insignis Germanis simul et Sarmatis gemino bello devictus ex S. C. Romae in Antonini Foro ad viam Flaminiam erecta ac utriusque belli imaginibus anaglyphice insculptae nunc primum a Petro Sancte Bartolo iuxta delineationes in Bibliotheca Barberina adservatas a se cum antiquis ipsius columnae signis collatas, aere incisa et in lucem edita cum notis excerptis et declarationibus Io. Petri Bellorii, Rome, n. d. [1679].

Le pitture antiche del sepolcro de' Nasonii nella via Flaminia designate ed intagliate alla similitudine degli antichi originali da Pietro Santi Bartoli, descritte ed illustrate da Gio: Pietro Bellori, Rome, 1680 [1680a].

Sigismundi Augusti Mantuam adeuntis profectio ac triumphus. . . anno MCCCXXXII, *opus ex archetypo Julii Romani a Francisco Primaticcio Mantuae in Ducali Palatio quod del T nuncupatur*, *plastica atque anaglyphica sculptura mire elaboratum. . . cum notis Jo. Petri Bellorii a Petro Sancti Bartoli ex veteri exemplari traductum aerique incisum*, Rome, n. d. [1680b].

Veterum illustrium philosophorum, *poetarum*, *rhetorum et oratorum imagines ex vetustis nummis*, *gemmis*, *hermis*, *aliisque antiquis monumentis desumptae*, *a Johanne Petro Bellorio Christinae Reginae Augustae bibliothecario et antiquario expositionibus illustratae*, Rome, 1685 [1685a].

L'Historia Augusta da Giulio Cesare a Costantino il Magno illustrata con la verità dell'antiche medaglie da Francesco Angeloni, *seconda impressione con l'emendationi postume del medesimo autore e col supplimento de' rovesci che mancavano nelle loro tavole*, *tratti dal tesoro delle medaglie della Regina Christina Augusta e descritti da Giovan Pietro Bellori*, *bibliotecario et antiquario di Sua Maestà*, Rome, 1685 [1685b].

Veteres arcus Augustorum triumphis insignes ex reliquiis quae Romae adhuc supersunt cum imaginibus triumphalibus restituti antiquis nummis notisque Jo. Petri Bellorii illustrati, Rome, 1690.

Le antiche lucerne sepolcrali figurate raccolte dalle cave sotterranee e grotte di Roma, *Nelle quali si contengono molte erudite memorie*, *Disegnate ed intagliate nelle loro forme da Pietro Santi Bartoli*, *divise in tre parti con l'osservationi di Gio. Pietro Bellori*, Rome, 1691.

Psyches et Amoris nuptiae in fabula a Raphaele Sanctio Urbinate. . . Romae in Farnesianis hortis expressa a Nicolae Dorigny ad similitudinem delineata et aeri incisa at a Io. Petro Bellorio notis illustrata, Rome, 1693.

Descrizzione delle imagini dipinte da Raffaelle d'Urbino nelle camere del Palazzo Apostolico Vaticano, *di Gio. Pietro Bellori alla Santità di Nostro Signore Papa Innocenzo duodecimo*, Rome, 1695.

Descrizzione delle imagini dipinte da Rafaelle d'Urbino nelle camere del Palazzo Apostolico Vaticano, *e nella Farnesina alla Lungara*, *con alcuni ragionamenti in onore delle sue opere*, *e della pittura e scultura*, Rome, 1751.

"J. P. Bellori," in "Documents inédits relatifs à l'histoire des arts en France," *Archives de l'Art Français*, I, 1851 – 52, pp. 30 – 33.

Le vite inedite del Bellori, I: *Giovan Pietro Bellori*, *Vite di Guido Reni*, *Andrea Sacchi e Carlo Maratti trascitte dipl*, *dal manoscritto MS. 2506 della Biblioteca Municipale di Rouen*, ed. M. Piacentini, Rome, 1942.

The Lives of Annibale & Agostino Carracci, trans. C. Enggass, University Park and London, 1968.

Bertolotti, A., *Artisti Bolognesi*, *Ferraresi ed alcuni altri del già stato pontificio nei secoli XV*, *XVI e XVII*, Bologna, 1886.

Blunt, A., "Poussin's Notes on Painting," *Journal of the Warburg and Courtauld Institutes*, I,

1937 – 1938, pp. 344 – 351.

The Paintings of Nicolas Poussin: A Critical Catalogue, London, 1966.

Nicholas Poussin, New York, 1967.

Bohlin, D. DeGrazia, *Prints and Drawings by the Carracci Family: A Catalogue Raisonné*, Washington, 1979.

Bondait, O., "Félibien lecteur de Bellori. Des *Vite de' pittori moderni* aux *Entretiens sur les plus excellens peintres*," *L'Idéal classique: Les échanges artistiques entre Rome et Paris au temps de Bellori* (1640 – 1700), Paris, 2002, pp. 86 – 104 [2002a].

"Les périodiques savants et la littérature artistique entre France et Italie (1660 – 1715)," *L'Idéal classique: Les échanges artistiques entre Rome et Paris au temps de Bellori* (1640 – 1700), Paris, 2002, pp. 363 – 380 [2002b].

Borea, E., *Caravaggio e Caravaggeschi nelle gallerie di Firenze*, Florence, 1970.

"Giovan Pietro Bellori e la 《commodità delle stampe》," *Documentary Culture: Florence and Rome from Grand-duke Ferdinand I to Pope Alexander VII*, Bologna, 1992, pp. 263 – 285.

"Bellori 1645. Una lettera a Francesco Albani e la biografia di Caravaggio," *Prospettiva*, 100, 2001, pp. 57 – 69.

Borghini, G., *Marmi antichi*, Rome, 1989.

Boschini, M., *La carta del navegar pitoresco*, Venice, 1660.

Bosse, A., *Sentimens sur la distinction des diverses manières de peinture, dessein &gravure, & des originaux d'avec leurs copies*, Paris, 1649.

Boyer, J. – C., "La publication des ' Vite ': une affaire française?" *L'Idéal classique: Les échanges artistiques entre Rome et Paris au temps de Bellori* (1640 – 1700), Paris, 2002, pp. 71 – 85.

Briganti, G., *Pietro da Cortona, o della pittura barocca*, 2nd ed., Florence, 1982.

Briganti, G., A. Chastel, and R. Zapperi, *Gli amori degli Dei. Nuove indagine sulla Galleria Farnese*, Rome, 1987.

Brown, C., *The Drawings of Anthony Van Dyck*, New York, 1991.

Cagiano de Azevedo, M., *Le antichità di Villa Medici*, Rome, 1951.

Caillemer, E., "L'abbé Nicaise et sa correpondence," *Académie des Sciences, Belles-Lettres et Arts de Lyon, classe Lettres*, XXI, 1885.

Capucci, M., "Dalla biografia alla storia. Note sulla formazione della storiografia artistica nel Seicento," *Studi Secenteschi*, IX, 1968, pp. 81 – 125.

Castelvetro, L., *Poetica d'Aristotele vulgarizzata et esposta*, Basel, 1576.

Celio, G., *Delli nomi dell'artefici della pittura che sono in alcune chiese, facciate e palazzi di Roma*, Naples, 1638.

Chantelou, P. F. de, *Journal de voyage du cavalier Bernini en France*, Paris, 1665, trans. M.

Corbett, ed. A. Blunt, Princeton, 1985.

Journal de voyage du cavalier Bernini en France, ed. M. Stanić, Paris, 2001.

Cipriani, A., "Bellori ovvero l'Accademia," *L'Idea del Bello*, II, Rome, 2000, pp. 480 – 482.

Colantuono, A., "Poussin's *Osservazioni sopra la pittura*: Notes or Aphorisms?" *Studi Secenteschi*, XIL, 2000, pp. 285 – 311.

Connors, J., Review of G. Baglione, *Le vite de' pittori, scultori et architetti: dal pontificato di Gregorio XIII in fino a' tempi di papa Urbano Ottavo nel 1642*, ed. J. Hess and H. Röttgen, Vatican City, 1998, *Journal of the Society of Architectural Historians*, 57, 1998, pp. 469 – 471.

"Poussin detrattore di Borromini," *Francesco Borromini. Atti del conveqno internazionale*, Milan, 2000, pp. 191 – 204.

Correspondence de Nicolas Poussin, ed. C. Jouanny, *Archives de l'Art Français*, V, 1911.

Cropper, E., *The Ideal of Painting: Pietro Testa's Düsseldorf Notebook*, Princeton, 1984 [1984a].

"New Documents Concerning Domenichino's *Last Communion of St. Jerome*," *The Burlington Magazine*, CXXXVI, 1984, pp. 149 – 151 [1984b].

" 'La più bella antichità che sappiate desiderare': History and Style in Giovan Pietro Bellori's 'Lives' ," *Kunst und Kunsttheorie 1400 – 1900*, Wiesbaden, 1991, pp. 145 – 173.

"L'Idea di Bellori," *L'Idea del Bello*, I, Rome, 2000, pp. 81 – 86.

Cropper, E., and C. Dempsey, "The State of Research in Italian Painting of the Seventeenth Century," *The Art Bulletin*, LXIX, 1987, pp. 495 – 509.

Nicolas Poussin: Friendship and the Love of Painting, Princeton, 1996.

De Dominici, B., *Vite dei pittori scultori ed architetti Napolitani*, Naples, 1742 – 1744, ed. 1840.

Delaporte, Y., "André Félibien en Italie (1647 – 1649)," *Gazette des Beaux-Arts*, LI, 1958, pp. 193 – 214.

De Mambro Santos, R., *Arcadie del Vero. Arte e teoria nella Roma del Seicento*, Rome, 2001.

De Marchi, A. G., "Annibale e non Domenichino (una rettifica importante)," *Paragone*, LII, 37 – 38, 2001, pp. 120 – 127.

Dempsey, C., "Et nos cedamus amori: Observations on the Farnese Gallery," *The Art Bulletin*, L, 1968, pp. 363 – 374.

"Some Observations on the Education of Artists in Florence and Bologna during the Later Sixteenth Century," *The Art Bulletin*, LXII, 1980, pp. 551 – 569.

"Annibal Carrache au Palais Farnèse," *Le Palais Farnèse*, I, i, Rome, 1981, pp. 269 – 311.

The Farnese Gallery in Rome, New York, 1995.

Annibale Carracci and the Beginnings of the Baroque Style, 2nd ed., Fiesole, 2000.

De Piles, R., *Abrégé de la vie des peintres avec des réflections sur les ouvrages*, Paris, 1699.

De Poorter, N., *The Eucharist Series*, Corpus Rubenianum, II, Brussels, 1978.

Dezallier d'Argenville, *Voyage pittoresque de Paris*, Paris, 1749.

D' Hulst, R. A., and M. Vandemen, *The Old Testament*, Corpus Rubenianum, III, London and New York, 1989.

  Domenichino 1581 – 1641, Milan, 1996.

Donahue, K., "Bellori, Giovan Pietro," *Dizionario biografico degli Italiani*, Rome, 1965, VII, pp. 781 – 789.

Emiliani, A., *Federico Barocci*: *Urbino* 1555 – 1612, Bologna, 1985.

Fea, C. C. F. I., "Memorie di varie escavazione fatti in Roma, e nei luoghi suburbani vivente Pietro Santi Bartoli," *Miscellanea filologica, critica e antiquaria*, I, Rome, 1790, pp. ccxxii – cclxxiii.

Félibien, A., *Entretiens sur les vies et sur les ouvrages des plus exellens peintres anciens et modernes, avec la vie des architectes* [Paris, 1666 – 1688], Trévoux, 1725.

  Entretiens sur Nicolas Poussin, ed. J. Aynard, Paris, 1929.

  Entretiens sur les vies et sur les ouvrages des plus excellents peintres anciens e modernes, ed. R. Désmoris, Paris, 1987.

Felini, P. M., *Trattato nuovo delle cose maravigliose dell'alma città di Roma*, Rome, 1610.

Forster, G., *Ansichten vom Niederrhein, von Brabant, Flandern, Holland, England und Frankreich, im April, Mai und Juni* 1790, ed. W. Büchner, Leipzig, 1868.

Friedlaender, W., *Caravaggio Studies*, Princeton, 1955.

Friedlaender, W., and A. Blunt, *The Drawings of Nicolas Poussin*, IV, London, 1963.

Frommel, C. L., "Caravaggios Frühwerke und der Kardinal Francesco Maria Del Monte," *Storia dell Arte*, 9 – 10, 1971, pp. 5 – 52.

Fusconi, G., "Un taccuino di disegni di Raymond Lafage e il Palazzo alle Quattro Fontane di Roma," *Camillo Massimo collezionista di antichità. Fonti e materiali*, Rome, 1966, pp. 45 – 65.

  "Cassiano dal Pozzo e altri antiquari romani tra Cinque e Seicento," *Il Disegno. I grandi collezionisti*, Milan, 1992, pp. 58 – 67.

Galli, R., "I tesori d'arte di un pittore del Seicento (Carlo Maratti)," *L'Archiginnasio*, XXII, 1927, pp. 217 – 238; XXIII, 1928, pp. 59 – 78.

Gevartius, C., *Pompa Introitus Honori Serenissimi Principis Ferdinandi Austriae Hispanarum Infantis &c. in Urbis Antverpiam*, Antwerp, 1642, reprint New York, 1971.

Ginzburg, S., "Giovan Battista Agucchi e la sua cerchia," *Poussin et Rome*, Paris, 1996, pp. 273 – 292.

Ginzburg Carignani, S., *Annibale Carracci a Roma. Gli affreschi di Palazzo Farnese*, Rome, 2000.

Giornale de' letterati, 1673, Anonymous review *of Le Vite de' pittoli, scultori et architetti moderni, scritte da Giovan Pietro Bellori, parte prima. In* 4°, *Roma, per li successori del Mascardi in Giornale de' letterati*, 1673, pp. 77 – 89.

Giustiniani, V., "Discorsi sulla pittura," *Discorsi sulle arti e sui mestieri*, ed. A. Banti, Florence, 1981.

Hall, J., *Dictionary of Subjects and Symbols in Art*, London, 1974.

Handzeichnungen von Andrea Sacchi und Carlo Maratti, ed. A. Sutherland Harris and E. Schaar, Düsseldorf, 1967.

Hansmann, M., " 'Vive immagini celebri': La choix des oeuvres et des artistes dans les 'Vite' de Giovanni Pietro Bellori," *Les vies d'artistes*, Paris, 1996, pp. 125 – 147.

    " 'Con modo nuovo li descrive': Bellori's Descriptive Method," *Art History in the Age of Bellori. Scholarship and Cultural Politics in Seventeenth-Century Rome*, Cambridge and New York, 2002, pp. 224 – 238.

Haskell, F., *Patrons and Painters. A Study in the Relations between Italian Art and Society in the Age of the Baroque*, Oxford, 1963.

Herklotz, I., *Cassiano dal Pozzo und die Archäologie des 17. Jahrhunderts*, Munich, 1999.

Hibbard, H., *Caravaggio*, New York, 1983.

Holt, E. G., ed., *Literary Sources of Art History: An Anthology of Texts from Theophilus to Goethe*, Princeton, 1947.

    A Documentary History of Art, Garden City, 1958.

    L'Idea del Bello: Viaggio per Roma nel seicento con Giovan Pietro Bellori, Rome, 2000.

    The Illustrated Bartsch, 27, *The Works of Marcantonio Raimondi and His School*, ed. K. Oberhuber, New York, 1978.

    The Illustrated Bartsch, 34, *Italian Artists of the Sixteenth Century*, ed. S. Buffa, New York, 1982 [1982a].

    The Illustrated Bartsch, 39, *Italian Masters of the Sixteenth Century*, ed. D. De G. Bohlin, New York, 1980.

    The Illustrated Bartsch, 39, *Commentary*, Part 1, *Italian Masters of the Sixteenth Century*, ed. B. Bohn, New York, 1995.

    The Illustrated Bartsch, 39, *Commentary*, Part 2, *Italian Masters of the Sixteenth Century*, ed. B. Bohn, New York, 1996.

    The Illustrated Bartsch, 40, *Italian Masters of the Sixteenth and Seventeenth Centuries*, ed. V. Birke, New York, 1982 [1982b].

    The Illustrated Bartsch, 40, *Commentary*, Part 1, *Italian Masters of the Sixteenth and Seventeenth Centuries*, ed. V. Birke, New York, 1987 [1987a].

    The Illustrated Bartsch, 42, *Italian Masters of the Seventeenth Century*, ed. J. Spike, New York, 1981.

    The Illustrated Bartsch, 44, *Italian Masters of the Seventeenth Century*, ed. P. Bellini and M.

C. Leach, New York, 1983.

The Illustrated Bartsch, 45, *Italian Masters of the Seventeenth Century*, ed. M. C. Leach and R. W. Wallace, New York, 1982 [1982c].

The Illustrated Bartsch, 47, *Commentary*, *Part 1*, *Italian Masters of the Seventeenth Century*, ed. P. Bellini, New York, 1987 [1987b].

Incisa della Rocchetta, G., "Notizie inedite su Andrea Sacchi," *L'Arte*, XXVII, 1924, pp. 60 – 76.

Incisioni dal XV al XIX secolo, Gabinetto delle Stampe, Milan, 1976.

Jaffe, M., *Van Dyck's Antwerp Sketchbook*, London, 1966.

Rubens. Catalogo completo, Milan, 1989.

Junius, F., *De pictura veterum libri tres*, Amsterdam, 1637.

The Painting of the Ancients, London, 1638, ed. K. Aldrich, P. Fehl, and R. Fehl, Berkeley, 1991.

Kliemann, J., *Il bersaglio dell'arte. La "Caccia di Diana" di Domenichino nella Galleria Borghese*, Rome, 2001.

Krautheimer, R., *The Rome of Alexander VII 1655 – 1667*, Princeton, 1985.

Lang, A., *The Homeric Hymns*, London, 1899.

Lanzi, L., *Storia pittorica della Italia, dal risorgimento delle belle arti fin presso al fine del XVIII secolo*, ed. M. Capucci, Florence, 1968 – 1974.

Larsen, E., *The Paintings of Anthony Van Dyck*, Frenen, 1988.

Lavin, M. A., *Seventeenth-Century Barberini Documents and Inventories of Art*, New York, 1975.

Lee, R., "Ut pictura poesis: The Humanist Theory of Painting," *The Art Bulletin*, XXII, 1940, pp. 197 – 269.

Leonardo da Vinci, *Trattato della pittura... nuovamente dato luce da Raffaelle du Fresne*, Paris, 1651.

Leonardo on Painting: An Anthology of Writings by Leonardo da Vinci, ed. M. Kemp, New Haven and London, 1989.

Lhote, J. - F., "Les *Vite* de 1672 de Bellori: Hypothèses de réconstitution du programme iconographique et théorique," *Revue d'Art Canadienne/Canadian Art Review*, XIV, 1987, pp. 75 – 89.

Longhi, R., *Mostra del Caravaggio*, Milan, 1951.

"Momenti della pittura bolognese" [1934], *Opere complete*, VI, *Lavori in Valpadana*, Florence, 1973, pp. 189 – 205.

"Proposte per un critica d'arte" [1950], *Opere complete*, XIII, *Critica d'arte e buongoverno*, Florence, 1985, pp. 9 – 20.

Macioce, Stefania, *Michelangelo Merisi da Caravaggio: Fonti e documenti* 1532 – 1724, Rome, 2003.

Mahon, D., *Studies in Seicento Art and Theory*, London, 1947.

Malvasia, C. C., *Felsina pittrice. Vite de' pittori bolognesi*, Bologna, 1678, ed. G. Zanotti, Bologna, 1841.

    Il Claustro di San Michele in Bosco di Bologna, Bologna, 1694.

Mancini, G., *Considerazioni sulla pittura* (1621), ed. A. Marucchi, Rome, 1956, I, pp. 1 – 263.

Marino, G. B., *La Galleria*, Venice, 1619, ed. 1664.

Martin, J. R., *The Farnese Gallery*, Princeton, 1965.

    The Ceiling Paintings for the Jesuit Church in Antwerp, Corpus Rubenianum, I, Brussels, 1968.

    The Decorations for the Pompa Introitus Ferdinandi, Corpus Rubenianum, XVI, Brussels, 1972.

Masini, A., *Bologna perlustrata*, Bologna, 1650; 2nd ed., Bologna, 1666.

Mercati, M., *Degli obelischi di Roma di mons. Michele Mercati protonotario apostolico*, Rome, 1589.

Mezzetti, A., "Contributi a Carlo Maratti," *Rivista dell'Istituto Nazionale d'Archeologia e Storia dell'Arte*, N. S., IV, 1955, pp. 253 – 354.

Michel, C., "Bellori et l'Académie royale de peinture et de sculpture: une admiration bien tempérée," *L'Idéal classique. Les échanges artistiques entre Rome et Paris au temps de Bellori* (1640 – 1700), Paris, 2002, pp. 105 – 116.

Mola, G. B., *Breve racconto delle migliore opere di scultura e pittura fatte in Roma*, Rome, 1663, ed. K. Noehles, *Quellen und Schriften zur bildenden Kunst*, I, Berlin, 1966.

Montagu, J., "Bellori, Maratti and the Palazzo Altieri," *Journal of the Warburg and Courtauld Institutes*, XLI, 1978, pp. 334 – 340.

    Alessandro Algardi, New Haven and London, 1985.

Montanari, T, "Gian Lorenzo Bernini e Sforza Pallavicino," *Prospettiva*, 87 – 88, 1997, pp. 42 – 68.

    "Pierre Cureau de la Chambre e la prima biografia di Gian Lorenzo Bernini," *Paragone*, L, 24 – 25, 1999, pp. 103 – 132.

    "La politica culturale di Giovan Pietro Bellori," *L'Idea del Bello*, Rome, I, 2000, pp. 39 – 49 [2002a].

    "Gli esordi di Giovan Pietro Bellori e l'Amorino-Attis di Donatello," *Annali della Scuola Normale di Pisa. Classe di Lettere e Filosofia IV*, "Quaderni," 1 – 2, 2000, pp. 213 – 217 [2000b].

    "Bellori e la politica artistica di Luigi XIV," *L'Idéal classique. Les échanges artistiques entre*

Rome et Paris au temps de Bellori (1640 – 1700), Paris, 2002, pp. 117 – 138 [2002a].

"Bellori and Christina of Sweden," *Art History in the Age of Bellori. Scholarship and Cultural Politics in Seventeenth-Century Rome*, Cambridge and New York, 2002, pp. 94 – 126 [2002b].

Nicodemi, G., "Le note di Sebastiano Resta ad un esemplare dell'Abecedario pittorico di Pellegrino Orlandi," *Studi storici in memoria di Mons. Angelo Mercati*, Milan, 1956, pp. 263 – 326.

Olsen, H., *Federico Barocci*, Copenhagen, 1962.

Orbaan, J. A., *Documenti sul Barocco in Roma*, Rome, 1920.

Pace, C., *Félibien's Life of Poussin*, London, 1981.

"Semplice traduttore. Bellori and the Parallel between Poetry and Painting," *Word and Image*, 17, 2001, pp. 233 – 242.

Pace, C., and J. Bell, "Allegorical Engravings in Bellori's Lives," *Art History in the Age of Bellori. Scholarship and Cultural Politics in Seventeenth-Century Rome*, Cambridge and New York, 2002, pp. 191 – 223.

Pacheco, F., *El arte de la pintura*, Seville, 1649, ed. F. J. Sanchez Canton, Madrid, 1956.

Panofsky, E., *Idea: A Concept in Art History*, Columbia (SC), 1968.

Pascoli, L., *Vite de pittori, scultori, ed architetti moderni*, Rome, 1730 – 1736.

Passeri, G. B., *Le vite de pittori, scultori ed architetti che hanno lavorato in Roma morti dal* 1641 *sino al* 1673, Rome, 1772, ed. J. Hess, *Die Künstlerbiographien von Giovanni Battista Passeri*, Leipzig and Vienna, 1934.

Pepper, S., "Guido Reni's Roman Account Books, I, The Account Book," *The Burlington Magazine*, CXIII, 189, 1971, pp. 309 – 317.

Perini, G., "L'epistolario del Malvasia. Primi frammenti: le lettere all'Aprosio," *Studi Secenteschi*, XXV, 1984, pp. 183 – 230.

"L'arte di descrivere la tecnica dell'ecfrasi in Malvasia e Bellori," *I Tatti Studies*, 3, 1989, pp. 175 – 206.

Gli scritti dei Carracci: Ludovico, Annibale, Agostino, Antonio e Giovanni Antonio, Bologna, 1990.

"Il Poussin di Bellori," *Poussin et Rome*, Paris, 1996, pp. 293 – 308 [1996a].

"Paura di volare," *Domenichino* 1581 – 1641, Milan, 1996, pp. 57 – 119 [1996b].

"*Belloriana methodus*: a Scholar's Bibiungsgeschichte in Seventeenth-Century Rome," *Art History in the Age of Bellori. Scholarship and Cultural Politics in Seventeenth- Century Rome*, Cambridge and New York, 2002, pp. 55 – 74.

Philostratus, *Imagines, Callistratus, Descriptions*, trans. A. Fairbanks, Cambridge (MA) and London, 1931.

Piacentini, M., *Le vite inedite del Bellori*, Rome, 1942.

Pillsbury, E. P., and L. S. Richards, *The Graphic Art of Federico Barocci*, New Haven, 1978.

Pino, B., *Nuova scelta di lettere*, II, Venice, 1582.

Pinto, V., "Le diverse ragioni delle opere d'arte," *Rivista di Estetica*, 40, 2000, pp. 86 – 109.

Planiscig, L., *Die Bronzeplastiken*, *Kunsthistorisches Museum in Wien*, Vienna, 1924.

Pollitt, J. J., *The Art of Greece* 1400 – 31 *BC*, Englewood Cliffs, 1965.

Pope-Hennessy, J., *The Drawings of Domenichino in the Collection of His Majesty the King at Windsor Castle*, London, 1948.

Poussin, N., *Lettres et propos sur l'art*, ed. A. Blunt, Paris, 1989.

Previtali, G., *La fortuna dei primitivi. Dal Vasari ai neoclassici*, Turin, 1964.

"Introduzione," G. B. Bellori, *Vite de' pittori, scultori et architetti moderni*, ed. E. Borea, Turin, 1976, pp. IX – LX.

Prosperi Valenti Rodinò, S., "La collezione di disegni," *L'Idea del Bello*, Rome, II, 2000, pp. 524 – 526.

Raggio, O., "Alessandro Algardi e gli stucchi di Villa Pamphili," *Paragone*, XXII, 251, 1971, pp. 3 – 17.

Réau, L., *Iconographie de l'Art Chrétien*, II, ii, Paris, 1957.

Redig de Campos, D., and B. Biagetti, *Il Giudizio Universale di Michelangelo*, Milan, 1944.

Resta, S., *Correggio a Roma*, ed. A. E. Popham, Parma, 1958.

Richa, G., *Notizie istoriche delle chiese Fiorentine*, Florence, 1754 – 1762.

Ridolfi, C., *Le maraviglie dell'arte ovvero le vite degli illustri pittori veneti e dello Stato*, Venice, 1648.

Le maraviglie dell'arte ovvero le vite degli illustri pittori veneti e dello Stato, Venice, 1648, ed. Padua, 1840.

Ripa, C., *Iconologia*, Rome, 1603, ed. 2000.

Ritratti di alcuni pittori celebri del secolo XVII disegnati ed intagliati in rame dal cavaliere Ottavio Lioni, con le Vite de' medesimi tratte da vari autori accresciute d'annotazioni, si è aggiunta la Vita di Carlo Maratti scritta da Gio. Pietro Bellori fin all'anno 1689, *e terminata da altri, non più stampata*, Rome, 1731.

Roland, M., "Van Dyck's Holy Family with Partridges: Catholic and Classical Imagery at the English Court," *Artibus et Historiae*, 29, 1994, pp. 121 – 133.

Roma 1630. *Il trionfo del pennello*, ed. O. Bonfait, Milan, 1994.

Romani, V., "Le biblioteche di Giovan Pietro Bellori," *Nuovi Annali della Scuola Speciale per Archivisti e Bibliotecari*, XII, 1998, pp. 165 – 189.

Rooses, M., *L'oeuvre de P. P. Rubens*, Antwerp, 1886 – 1892.

Rosenberg, P., and L. A. Prat, *Nicolas Poussin 1994 – 1664. Catalogue raisonné des dessins*, Milan, 1994.

Rudolph, S., *Nicolò Maria Pallavicini. L'ascesa al Tempio della Virtù attraverso il Mecenatismo*, Rome, 1995.

"Vincenzo Vittoria fra pitture, poesie e polemiche," *Labyrinthos*, VII – VIII, 1988 – 1989, pp. 223 – 266.

Salerno, L., "The Picture Gallery of Vincenzo Giustiniani II: The Inventory, Part I," *The Burlington Magazine*, CII, 1960, pp. 93 – 104.

"The Picture Gallery of Vincenzo Giustiniani III: The Inventory, Part II," *The Burlington Magazine*, CII, 1960, pp. 135 – 148.

Sandrat, J. von, *Academie der Bau-, Bild- und Malerey-Künste von 1675*, ed. A. R. Peltzer, Munich, 1925.

Academia nobilissimae artis pictoriae, Nuremberg, 1683.

Scannelli, F., *Il microcosmo della pittura*, Cesena, 1657.

Schleier, E., "Lanfrancos Malereien in der Sakramentskappelle in S. Paolo fuori le mura: das wieder gefundene Bild des 'Wachtenfalls' (I)," *Arte Antica e Moderna*, 1965, pp. 62 – 81.

Schlosser, J. von, *La letteratura artistica*, ed. O. Kurz, Florence, 1964.

Schudt, L., *Le guide di Roma*, Vienna and Augsburg, 1930.

Sciberras, K., " 'Frater Michael Angelus in tumultu': The Cause of Caravaggio's Imprisonment in Malta," *The Burlington Magazine*, CXLIV, 2002, pp. 229 – 231.

Shearman, J., *Raphael in Early Modern Sources* (1483 – 1602), New Haven and London, 2003.

Skippon, P., "An Account of a Journey made thro' parts of the Low Countries, Germany, Italy and France," in A. Churchill, *A Collection of Voyages and Travels*, VI, London, 1752.

Smith O'Neil, M., "Giovanni Bellori's *Alla Pittura* in Giovanni Baglione's *Vite*," *Storia dell'Arte*, 96, 1999, pp. 153 – 164.

Solinas, F., " 'Giovanni ben intendenti del disegno.' Poussin e il Museo cartaceo," *Poussin et Rome*, Paris, 1996, pp. 215 – 240.

Soprani, R., *Delle vite de'pittori, scultori, ed architetti Genovesi*, Genoa, 1674, ed. 1768 – 1769.

Sparti, D. L., "Il *Musaeum Romanum* di Francesco Angeloni. La quadreria," *Paragone*, XLIX, 17, 1998, pp. 49 – 76 [1998a].

"Il Museaeum Romanum di Francesco Angeloni. Formazione e dispersione," *Paragone*, XLIX, 22, 1998, pp. 47 – 80. [1998b].

"Giovan Pietro Bellori and Annibale Carracci's Self-Portraits. From the *Vite* to the Artist's Funerary Monument," *Mitteilungen des kunsthistorischen Institutes in Florenz*, XLV, 2001, pp. 60 – 101.

"La formazione di Giovan Pietro Bellori, la nascita delle Vite e il loro scopo," *Studi di Storia dell'Arte*, 13, 2002, pp. 177 – 248.

Spear, R., *Domenichino*, New Haven and London, 1982.

The Divine Guido: Religion, Sex, Money, and Art in the World of Guido Reni, New Haven and London, 1997.

Spezzaferro, L., "Le collezioni di ' alcuni gentiluomini particolari' e il mercato: appunti su Lelio Guidiccioni e Francesco Angeloni," *Poussin et Rome*, Paris, 1996, pp. 241 – 255.

Spike, J. T., "A Rediscovered Modello for the Caprara Altarpiece by Annibale Carracci," *Studi di Storia dell'Arte*, 13, 2002, pp. 251 – 258.

Spinazzola, V., "La Certosa di San Martino, II. L'arte ed il seicento nella Certosa," *Napoli Nobilissima*, XI, 1902, pp. 161 – 170.

Steinitz, K., *Leonardo da Vinci's Trattato della Pittura*, Copenhagen, 1958.

Summerscale, A., *Malvasia's Life of the Carracci*, University Park, 2000.

Sutherland Harris, A., "A Contribution to Andrea Camassei Studies," *The Art Bulletin*, LII, 1970, pp. 49 – 70.

Andrea Sacchi, Princeton, 1977.

Tasso, T., *Prose*, ed. E. Mazzali, Milan, 1959.

Thuillier, J., and J. Foucart, *Rubens' Life of Marie de Medici*, trans. R. E. Wolf, New York, 1967.

Totti, P., *Ritratto di Roma moderna*, Rome, 1638.

Turner, N., "Ferrante Carlo's *Descrittione della Cupola di S. Andrea della Valle dipinta dal Cavalier Gio: Lanfranchi*; A Source for Bellori's Descriptive Method," *Storia dell'Arte*, 12, 1971, pp. 297 – 325.

Federico Barocci, Paris, 2000.

Tutini, C., *Memorie della vita, miracoli e culto di San Gennaro Martire, Vescovo di Benevento, e Principal Protettor della Città di Napoli*, Naples, 1633.

Vaes, M., "Le séjour de Van Dyck en Italie," *Bulletin de l'Institut Historique Belge de Rome*, 1924, pp. 163 – 234.

Van Mander, K., *Het Schilder-Boek*, Haarlem, 1604.

Vannugli, A., "Le postille de Sebastiano Resta al Baglione e al Vasari, al Sandrart e all'Orlandi: un'introduzione storico-bibliografica," *Bollettino d'Arte*, LXXVI, 70, 1991, pp. 145 – 154.

Varoli Piazza, R., *Raffaello. La loggia di Amore e Psiche alla Farnesina*, Milan, 2002.

Vasari, G., *Le vite de' più eccellenti pittori, scultori ed architettori Italiani da Cimabue insino a tempi nostri*, Florence, 1568, ed. G. Milanesi, Florence, 1878 – 1885.

Le vite de' più eccellenti pittori, scultori e architettori, Bologna, 1647.

Le vite de' più eccellenti pittori, scultori e architettori nelle redazioni del 1550 e 1568, III, ed. R. Bettarini and P. Barocchi, Florence, 1966.

Victoria, V, *Osservazioni sopra il libro della Felsina Pittrice per difesa di Raffaello da Urbino, dei Carrocci, e della loro scuola. Pubblicate, e divise in sette lettere*, Rome, 1703.

Vlieghe, H., *Rubens Portraits of Identified Sitters Painted in Antwerp*, Corpus Rubenianum, XIX, part 2, London, 1987.

Voorhelm Schneevogt, C. G., *Catalogue des estampes gravées d'après Rubens*, Haarlem, 1873.

Waddy, P., *Seventeenth Century Roman Palaces*, New York and Cambridge (MA), 1990.

Waquet, F., "Qu'est-ce que la République des Lettres? Essai sémantique historique," *Bibliothèque de l'? cole des Chartes*, 147, 1989. pp. 477 - 502.

Wazbinski, Z., "Annibale Carracci e l'Accademia di San Luca. A proposito di un monumento eretto in Pantheon nel 1674," *Les Carrache et les décors profanes*, Rome, 1988, pp. 557 - 615.

Wildenstein, G., "Les graveurs de Poussin au XVIIe siècle," *Gazette des Beaux-Arts*, XLVI, 1955, pp. 73 - 371.

Witte, A., "Il camerino degli Eremiti. Iconografia e funzione degli affreschi di Lanfranco," *Giovanni Lanfranco. Un pittore barocco tra Parma, Roma e Napoli*, Milan, 2001, pp. 53 - 59.

Wölfflin, H., *Kunstgeschichtliche Grundbegriffe*, Munich, 1915.

Zapped, R., "Per la storia della Galleria Farnese. Nuove ricerche e precisazioni documentarie," *Bollettino d'Arte*, LXXXVI, 118, 2001, pp. 87 - 102.

YE BOOK

让 思 想 流 动 起 来

官 方 微 博: @壹卷YeBook
官 方 豆 瓣: 壹卷YeBook
微信公众号: 壹卷YeBook
媒 体 联 系: yebook2019@163.com

壹卷工作室
微信公众号